신채호
문학 주해

신채호 문학 주해

申采浩 文學 註解

신채호 지음 ◎ 김주현 주해

경북대학교출판부

주해

김주현 金宙鉉

밤하늘에 별이 하늘 가득 빛을 발하는 소백산 자락 부석에서 태어났다. 자라면서 가통을 적실히 지켜나가라는 가친의 뜻에 따라 학문의 길로 접어들었다. 이상·김동리·최인훈 등에 깊은 관심을 갖고 연구하였으며, 최근 신채호를 비롯한 애국계몽기 문인들에 대해 집중 연구를 하고 있다. 저서로는 『이상 소설 연구』(1999), 『정본 이상문학전집』(전3권, 2005), 『신채호문학연구초』(2012), 『김동리 소설 연구』(2013), 『실험과 해체－이상 문학 연구』(2014), 『계몽과 혁명－신채호의 삶과 문학』(2015), 『화두를 찾아서－문학의 화두, 삶의 화두』(2017) 등이 있으며, 편저로는 『백세 노승의 미인담』(2004), 『이상단편선-날개』(2005), 『단재신채호전집』(2008) 등이 있다.

신채호 문학 주해

찍은 날 2018년 6월 21일 • **펴낸 날** 2018년 6월 25일
지은이 신채호 • **주해** 김주현 • **펴낸이** 김상동 • **펴낸 곳** 경북대학교출판부
출판등록 1973년 10월 10일 ㉣97호 • **주소** 대구광역시 북구 대학로 80
전화 053-950-6741~3 • **팩스** 053-953-4692 • **E-mail** press@knu.ac.kr
Homepage www.knupress.com
ISBN 978-89-7180-488-9 93810

정가는 뒤표지에 있습니다.
파본은 바꾸어 드립니다.

이 저서는 2014년도 정부(교육부)의 재원으로 한국연구재단의 지원을 받아 연구되었음
(NRF-2014S1A6A4A02025677)

머리말

이상전집 주해서를 내면서도 그랬지만 단재 문학 주석 작업을 하면서 왜 이 작업을 시작했는지 몇 번이나 후회했다. 애초부터 수월할 것이라 생각한 것은 아니지만, 나는 생각했던 것보다 훨씬 많은 어려움들에 직면했다. 단재는 너무나 많은 책들을 읽었고, 그 책들마저 과거의 전적들이다. 그래서 자료의 원천이나 존재조차 확인하기 어려운 것들이 적지 않았다. 재작년 중국에서 6개월 머물면서 1차 작업을 마무리했다. 나는 거의 매일 국가도서관에 들러 마이크로필름을 수없이 돌려 가며 자료를 찾았다.

그러다 보니 오른쪽 어깨와 손목 관절이 견디지 못했다. 그래도 시간이 충분하지 않을뿐더러 주석 작업에 적지 않은 시간이 소요되는 까닭에 고통을 참아 가며 작업을 이어갔다. 그리고 또 한동안 중단했던 재작업을 작년 중국에 있으면서 다시 이어갔다. 미비한 것을 보완하고 잘못된 것들을 찾아가며 작업을 했다. 하마나 끝날까, 이제는 마무리될까 정말 고군분투했다. 단재는 감옥에서 50분 사역을 하고 10분 쉬는 시간에 책을 보았다고 했는데, 그에 비한다면 나의 일은 지나친 엄살일지도 모른다.

수없이 얽힌 실타래를 풀 듯 하나하나 의문 나는 것들을 짚어 가며 주석을 달아 갔다. 단재는 마치 내가 모르던 세계로 나를 이끄는 것만 같았다. 덕분에 가외로 얻은 것도 많지만, 내겐 너무나 버거운 짐이었다. 주석을 하면서 인터넷을 통해 많은 도움을 받았다. 두산백과, 중국인물사전, 국어사전 등 각종 사전을 참조 또는 활용하였다. 어떤 경우는 각종 블로그에 익명의 필자들이 올려놓은 글을 참조하기도 했다. 가능하면 하나하나에 비판적 의식을 갖고 단재의 의미에 가까이 다가가기 위해 노력했다.

이번 주석 작업을 하면서 텍스트에 들어 있는 적지 않은 오류들을 바로잡을 수 있었다. 그리고 주석이 필요한 낱말들이 하나하나 제 의미를 찾아갈 때 그래도 행복했다. 이제 그 짐을 벗으려 한다. 이것이 마지막은 아니다. 아직도 제대로 풀지 못한 것들이 적지 않다. 그리고 나 또한 오류가 있을 것으로 생각한다. 그래서 또 다른 연구자가 나서서 나의 부족함을 메우고 심화해 주었으면 하는 바람이다. 뒷사람이 밟고 일어설 디딤돌이 될 수 있다면 나는 언제든 나의 등을 허락할 것이다. 이것을 바탕으로 단재가 더 많이 알려지길 희망한다. 아직 갈 길은 멀고 험하다.

정말 긴 터널을 빠져 나온 느낌이다. 이 주해 작업에 꼼꼼히 교정을 봐준 김동현, 전계성에게 고마움을 전한다. 그리고 어려운 작업에 동참해준 경북대학교출판부에도 감사드린다. 그들의 도움이 있었기에 이 작업이 마무리될 수 있었다.

2018년 6월 복현언덕에서

김주현

목 차

일러두기

1. 원문 표기는 가능하면 최초 발표본을 대상으로 하였고, 최초 발표본이 불완전한 경우(「익모초」)는 이후 판본을 참고로 하여 작품 전체를 복원하였다. 유고본의 경우 김병민 선집을 저본으로 하였으며 북한의 선집도 참조하였다.
2. 소설 「지구성미래몽」과 비평 「근금 국문소설 저자의 주의」, 「극계개량론」, 「국문연구회 위원 제씨에게 권고함」, 「천희당시화」 등 5편은 무서명으로 발표되었지만 단재의 작품으로 인정할 만한 근거가 충분하기에 함께 실었다.
3. 원문의 띄어쓰기는 현재 방식에 준해 하였다. 그러나 한문의 경우 특별한 띄어쓰기 방식이 존재하지 않아 가독성을 살리는 입장에서 했다.
4. 원문에는 없지만 가독성을 위해 쉼표, 마침표, 느낌표, 물음표 등을 첨가하였다. 원래 있는 경우도 있지만, 없는 경우 전체 문맥의 통일성을 위해 넣었다.
5. 대화 및 인용의 경우 「 」 표시를 넣었으며, 아울러 「 」, 『 』, 〈 〉 등 원문에 있는 부호들은 그대로 살려두었다.
6. 가독성을 위해 일부 행과 단락을 임의로 나누었다.
7. 원문의 명백한 오기나 오식은 바로잡았다. 판본마다 표기의 차이가 있는 경우 주석에서 제시했다.
8. 일본과 중국의 인명, 지명의 한자 독음은 통상적(通常的)인 우리말로 달았다.(豐臣秀吉 → 풍신수길 등)
9. 원문에 대한 이해를 돕기 위해 필요한 사항들은 주석을 달았다.
10. 일반적으로 알려진 내용과 다른, 단재의 독특한 해석이나 풀이를 주석에서 제시하였다.

소설

익모초

디구셩미력몽

셤하늘

百歲老僧의 美人談

龍과 龍의 大激戰

익모초[1]

삼척 비봉면 봉릭장(飛鳳面鳳來市) 압산 봉황산(鳳凰山)[2] 봉오리에 검은 구름 한 장이 써 들어오며 텬동소릭[3]가 우루루 쌍쌍 ᄒᆞ더니 소락비 ᄒᆞᆫ줄기에 왼[4] 장군[5]들이 산지사방[6]으로 흐터진다.

봉릭 장터에서 삼 마장[7]쯤[8] 되ᄂᆞᆫ 데서 마을이 잇으니 그 동명은 뎡문동(旌門洞)이라. 그 동리 압에 뎡문[9]이 잇ᄂᆞᆫ 고로 뎡문동이라 ᄒᆞᄂᆞᆫ딕, 그 뎡문은 뉘 집 뎡문인고 ᄒᆞ니 봉릭장에서 그 동리 접어들면 바로 길가 쳣직 집에 사ᄂᆞᆫ 김장하 씨의 고조[10] 김효ᄌᆞ의 뎡문이라.

김효ᄌᆞ의 일홈은 상원인딕 일즉 부모에게 효성이 지극ᄒᆞ여 가세는 비록 ᄀᆞᆫ난ᄒᆞ나[11] 남의 집의 품도 팔며 일도 부즈런이 ᄒᆞ여 부모의 상[12]의 고기가

---

1 이 작품은 1908년 3월(제3호)에 『가정잡지』에 첫회가 실렸으며, 총 6회에 걸쳐 연재되었을 것으로 보인다. 단재는 『가정잡지』 1908년 1월호(제2년 창간호)부터 편집 및 발행을 맡았으며, 이 잡지는 현재 제1호(1908.1.5.), 제3호(1908.3.?), 제7호(1908.8.25.) 등 3호가 남아있다. 「익모초」는 제3호에 첫회가 연재되고 제7호에는 미완인 채로 5회로 추정되는 연재분이 실려 있으며, 작자의 이름으로 신채호가 명기되어 있다. 소설의 일부(7호 연재분)가 단재신채호전집간행위원회에 의해 발굴되어 『개정판 단재신채호전집(하)』(형설출판사, 1977)에 실렸으며, 이후 필자가 제3호를 추가 발굴하여 『단재신채호전집 제7권 문학편』(독립기념관 독립운동연구소, 2008)에 실었다. 그런데 박건회가 편한 『쳔리경(千里鏡)』(조선서관, 1912)에 「김장하와 쇠완길」이라는 이름으로 이 작품 전체가 실린 것이 최근 확인되었다. 두 판본 사이에는 일부 표기에 차이가 있기에 여기에서는 첫발표본인 『가정잡지』 연재본을 기저로 하고, 『쳔리경』에 실린 내용을 참고하여 작품 전체를 복원했다.

2 봉황산(鳳凰山): 삼척시 정상동에 있는 산으로, 산 정상에서 삼척 시내가 한눈에 보인다. 높이 149m.

3 텬동소릭: 천둥소리.

4 왼: 웬, 어떠한.

5 장군: 장꾼. 시장에서 물건을 사고파는 사람들을 뜻함.

6 산지사방: 散之四方. 사방으로 흩어짐.

7 마장: 거리의 단위. 오 리나 십 리가 못 되는 거리를 이른다.

8 마장쯤: 『쳔리경』에는 '마장은'으로 제시됨.

9 뎡문: 旌門. 충신, 효자, 열녀 들을 표창하기 위하여 그 집 앞에 세우던 붉은 문.

10 고조: 古祖. 할아버지.

11 ᄀᆞᆫ난ᄒᆞ나: 가난하나.

써나지 안코 만일 친환[13]이 잇으면 잠시을[14] 써나지 안으며 밤에 옷끈을 풀지 안는 고로, 강원 일도 닉에서 김상원이라 ᄒᆞ면 다 츌텬지 효ᄌᆞ[15] 쥴 아는 고로, 그 ᄉᆞ후에 유림의 뎡소[16]가 분운ᄒᆞ고[17] 조뎡의 공론이 잇더니, 필경

숙종조때[18] 와서 뎡문을 세우라 ᄒᆞ시고 사ᄋᆡᆨ[19]ᄭᆞ지 ᄒᆞ셧는ᄃᆡ, 김장하 씨가 그 ᄌᆞ손으로 가뎡지학[20]이 잇으서 그 부모 ᄉᆡᆼ존ᄒᆞ엿을 때 효도로 셤겻고 지금은 김씨의 나가[21] 예슌둘이오, 아달이 삼형뎨니 맛아달은 셜흔살이오, 둘재 아달은 시물일곱살이오, 셋재는 열여덜살이라. 그 아달들도 효셩이 ᄆᆡ우 장ᄒᆞ더라.

이때 김장하 씨의 아달 형뎨는 먼 들노[22] 나가 감농[23]ᄒᆞ다가 우의[24]가 잇는 것을 보고 급히 돌아오더니, 중로에서[25] 비를 맛나[26] 남의 집으로 잠간 비피ᄒᆞ려 들어가 밋쳐[27] 못 오는ᄃᆡ, 김장하 씨 마ᄋᆞᆷ의[28] 궁굼ᄒᆞ던지[29] 마루 우에 혼자 나가 건일면서[30] 혼자말노[31] 하는 말이,

「이ᄋᆡ들은 왜 안이 오나? 어ᄃᆡ쯤 오다가 비를 맛나노?[32] 아마 함싹[33] 마잣

---

12 상: 床. 음식을 차리는 소반.
13 친환: 親患. 부모의 병환.
14 잠시을: 잠시를. 『천리경』에는 '잠시를'로 수정.
15 츌텬지 효ᄌᆞ: 出天之孝子. 하늘이 낸 효자.
16 뎡소: 呈訴. 소장을 관청에 냄.
17 분운ᄒᆞ고: 紛紜하고. 떠들썩하여 복잡하고.
18 숙종조때: 조선 19대 왕 이순(李焞)의 재위 시절(1674~1720)을 말함. 한편 이전 시대에 왕을 높이기 위해 행을 달리하여 앞에 내세우는 관습을 보여준다.
19 사ᄋᆡᆨ: 賜額. 임금이 사당에 이름을 지어 줌.
20 가뎡지학: 家庭之學. 가정에서의 가르침.
21 나가: 나이가.
22 들노: 들로.
23 감농: 監農. 농사짓는 일을 보살피고 감독함. 한편 『천리경』에서는 '결농'으로 수정됨.
24 우의: 雨意. 비 올 듯한 기운.
25 중로에서: 中路에서. 오가는 길의 중간에서.
26 맛나: 만나.
27 밋쳐: 미처.
28 마ᄋᆞᆷ의: 『천리경』에는 '마음에'로 수정됨.
29 궁굼ᄒᆞ던지: 궁금하던지.
30 건일면서: 거닐면서.
31 혼자말노: 혼잣말로.
32 맛나노: 만났노.
33 함싹: 조금도 남김없이 골고루 폭 젖은 모양.

지.[34] 오다가 ᄉᆡ온골[35] 리덕삼의 집으로 들어갓나? 그리나[36] 들어갓으면 조ᄏᆡᆺ지만,[37] 아마 오다가 중로에서 마졋기가 십상팔구[38]지. 이ᄋᆡ, 삼홍아! 네가 우비ᄒᆞ고[39] 네 형덜 오나 좀 가보와라. 삼홍아, 삼홍아!」

건너 사랑방에서 「대학지도ᄂᆞᆫ ᄌᆡ명명덕ᄒᆞ며 ᄌᆡ신민ᄒᆞ며 ᄌᆡ지어지션」[40]이라 ᄒᆞ고 흥이 나서 읽다가 삼홍을 불우는 소리에 글소리를 쑥 긋치고,[41] 예 ᄒᆞ고 나오ᄂᆞᆫ 아ᄒᆡ는 곳 김장하 씨의 셋ᄌᆡ 아달 삼홍이더라.

삼홍이 김장하 씨 압헤 와서 예 ᄒᆞ고 서 가로ᄃᆡ, 「불으섯읍니가?」

김장하씨 가로ᄃᆡ, 「오 네가 급히 우비ᄒᆞ고 가서 네 형들 오나 좀 보와라.」

삼홍이가 「예!」 ᄒᆞ고 달려가며 김장하 씨ᄂᆞᆫ 사랑문을 닷치고[42] 안으로 들어가더라. 문은 막 닷치자마자[43] ᄒᆞᄂᆞᆫᄃᆡ 사랑마루 우에 웬 신발 소ᄅᆡ가 나며 깃침[44]을 애함[45] ᄒᆞᆫ다.

김씨가 안으로 ᄒᆡᆼᄒᆞ다가[46] 그 사람 소ᄅᆡ 나는 것을 듯고, 다시 돌아서서 사랑문을 열며,

「게 누구냐?」(문)

「예 내오.」(답)

「내라니, 내가 누구란 말이냐?」(문)

두 번재[47]는 대답 안코 방문을 열고 썩 들어서는ᄃᆡ 나은[48] 한 이십 가량이

---

34 마잣지: 맞았지. 『천리경』에는 '맛자지'로 오식됨.
35 ᄉᆡ온골: 『천리경』은 'ᄉᆡ오골'로 수정.
36 그리나: 그곳으로나.
37 조ᄏᆡᆺ지만: 좋겠지만. 『천리경』에는 '조깃지만'으로 오식됨.
38 십상팔구: 十常八九. 열 가운데 여덟이나 아홉.
39 우비ᄒᆞ고: 雨備하고. 雨備(비를 피하기 위해 사용하는 물건, 즉 우산이나 비옷, 삿갓, 도롱이 등)를 하고.
40 大學之道 在明明德 在新民 在至於至善. 『대학』의 첫머리에 나오는 구절로 "큰 배움의 길은 밝은 덕을 밝히는 데 있고, 백성을 새롭게 하는 데 있으며, 지극한 선에 이르는 데 있다."는 뜻이다.
41 긋치고: 그치고. 『천리경』에는 'ᄭᅳᆫ고'(끊고)로 수정됨.
42 닷치고: 닫히고. 여기에서는 '닫고'가 옳다.
43 닷치자마자: 닫히자마자. 내용상 '막 닫히려 하는데'가 적합하다.
44 깃침: 기침. 타인에게 자신의 존재를 알리기 위해 내뱉는 숨소리.
45 애함: 어험!
46 ᄒᆡᆼᄒᆞ다가: 行하다가. 가다가. 『천리경』에는 '향ᄒᆞ다가'로 수정됨.
47 두 번재: 두 번째 질문. 『천리경』에는 '두 먼ᄌᆡ'로 오식됨.
48 나은: 나이는.

나 되여 보이고 얼골은 과히 고을 것도 업고 과히 험ᄒᆞ지도 안이ᄒᆞᆫ 떡거머리[49] 총각ᄋᆞ흰ᄃᆡ 등에는 쌀 두어 말이나 팔아 지고 손에는 익모초[50] 한 대공[51] 썩거 들엇더라.

김씨가 ᄌᆡᄎᆞ 누구냐고 물어도 ᄃᆡ답ᄒᆞ지 안이ᄒᆞ고 위션[52] 진[53] 신발부터 글으더니[54] 질목[55] 쎄고 쌀짐 벗어노코 제 집 들어오듯 ᄒᆞ더니 김씨ᄃᆞ려[56] ᄒᆞ는 말이,

「ᄃᆡᆨ이 이 집 주인이오?」(문)

「오냐, 내가 주인이다.」(답)

「여보 방 차서 어ᄃᆡ 자겟소.」(문)

김씨가 그 ᄋᆞ희 거동을 보고 긔가 막히고 입이 벙벙ᄒᆞ여 말이 안 나온다. 혼자 쇽말노 ᄒᆞ는 말이

허허 세샹에 오래 살면 별일을 다 보는 것이로고!

완만ᄒᆞ다[57] 완만ᄒᆞ다 ᄒᆞᆫ들 저러케 완만ᄒᆞᆫ ᄋᆞ희 년셕이 어ᄃᆡ 잇나……

지각이 못나 그러ᄒᆞᆫ가 이십이나 되여 보이는ᄃᆡ……

숙ᄆᆡᆨ[58]이라 그러ᄒᆞᆫ가 얼골이 과히 숙ᄆᆡᆨ스럽지 안이ᄒᆞᆫ데……

삼쳑이 암만 두뫼[59]라 ᄒᆞᆫ들 어ᄃᆡ 그런[60] 놈이 잇던고……

이리져리 ᄉᆡᆼ각ᄒᆞ며 그 ᄋᆞ희를 물끌음이[61] 보다가 다시 뭇는다

---

49 떡거머리: 떠꺼머리. 장가나 시집갈 나이가 된 총각이나 처녀가 땋아 늘인 머리.
50 익모초: 益母草, 꿀풀과의 두해살이풀. 높이는 1미터 정도이며, 잎은 마주나고 잎자루가 길다. 7~9월에 엷은 홍자색 꽃이 윤산(輪繖) 화서로 잎겨드랑이에서 피고 열매는 다섯 갈래가 지는 분과(分果)이며 약재로 쓰인다.
51 대공: 대궁=대. 초본 식물의 줄기.
52 위션: 爲先. 우선.
53 진: 젖은.
54 글으더니: 끄르더니. (신발끈을) 풀더니, (신발을) 벗더니.
55 질목: 버선이나 양말 따위를 여러 겹 기워서 밑창이 두툼하게 만들어 주로 밭일할 때 신었던 것.
56 김씨ᄃᆞ려: 김씨더러.
57 완만ᄒᆞ다: 頑慢하다. 성질이 모질고 거만하다.
58 숙ᄆᆡᆨ: 숙맥. 사리 분별을 못하고 세상 물정을 잘 모르는 사람.
59 두뫼: 두메. 도회에서 멀리 떨어져 사람이 많이 살지 않는 변두리나 깊은 곳. 『천리경』은 '두메'로 제시.
60 그런: 『천리경』에는 '져런'으로 수정됨.
61 물끌음이: 물끄러미.

「여보게, 저, 총각 어듸 산단니?」(김)

「엇싸[62] 그 냥반 참 잔소리 대단ᄒᆞ구. 숨이나 좀 돌으거던[63] 사는 듸를 뭇던지 죽는 듸를 뭇던지[64] ᄒᆞ오.」(총각)

「밋쳐[65] 들어 안지도 안히서 어듸 사나 어듸셔 왓느냐 ᄒᆞ고 겁[66] ᄎᆞᆺ차[67] 물으니 그런 법이 어듸 잇소?」

「듹은 셩픔이 매우 급ᄒᆞᆫ가 보오만는 나는 셩픔이 매우 눅은[68] 사람이오.」

「어듸 듹 뭇구 십은 대로 물어보시오, 나는 듸답 좀 못ᄒᆞ겟소.」

「여보 듹이 썩국 몃 그릇이나 먹엇소?」[69]

「허 참……」

김씨가 그 완만ᄒᆞᆫ 말벌읏[70]에 참기도 무던이 참엇거니와[71] 다시 더 참을 수는 업다.

잡아내어 버릇을 좀 가ᄅᆞ치랴고 금돌아

불으랴 ᄒᆞ다가 다시 뭇득[72] ᄉᆡᆼ각ᄒᆞᆫ다.[73]

옛 셩인 말숨에도 분ᄉᆞ란(忿思難)[74]이라 ᄒᆞ셧거든……

내 아모리 분이 난들 엇지 잠간 참지 못ᄒᆞ리오?

황[75] 저놈이 밋친 놈이거나 어리셕은 놈 안이면 무숨 곡졀[76]이 잇는 일이라.

내 엇지 경솔ᄒᆞᆫ 거조[77]를 ᄒᆞ리오.

---

62 엇싸: 아따. 앗다! 못마땅해서 빈정거릴 때, 하찮게 여길 때 내는 소리. 『천리경』에는 '압다'로 수정.

63 돌으거던: 돌리거든.

64 사는 듸를 뭇던지 죽는 듸를 뭇던지: 일종의 언어유희로 단재가 소설에서 즐겨 사용하는 방법이다.

65 밋쳐: 미처.

66 겁: 겹, 곧 거듭. 거듭 연달아서. 두 가지 질문을 동시에 거듭 물어서 그렇게 표현함.

67 ᄎᆞᆺ차: 좇아.

68 눅은: 너그러운.

69 썩국 몃 그릇이나 먹엇소: '나이가 얼마냐'를 묻는 말이다.

70 말벌읏: 말버릇.

71 참엇거니와: 『천리경』에는 '참거니와'로 수정됨.

72 뭇득: 문득.

73 ᄉᆡᆼ각ᄒᆞᆫ다: 생각한다. 『천리경』에는 'ᄉᆡᆼ각한다'로 수정됨.

74 분ᄉᆞ란(忿思難): 분할 때에는 나중의 어려움을 생각하라는 뜻으로, 흥분하여 함부로 행동하다가는 나중에 처리하기 어려운 일이 생기기 쉬움을 이르는 말.

75 황: 況. 하물며.

76 곡졀: 曲折. 이런저런 복잡한 사정이나 까닭.

ᄒᆞ고 다시 웃으며 말ᄒᆞᆫ다.

「여보게 이 총각 내가 뭇기는 넘어 급히 물엇네만는 그다지[78] ᄒᆞᆯ 것이야 무엇 잇나?」

「늙은이 ᄃᆡ졉도 좀 안이 ᄒᆞ나?」

「허 허 허……」

김씨는 그러케 공손이 뭇는데, 그 총각은 졈졈 더 완만ᄒᆞ여지는 모양이라. 아가리가 함부로 쑬은 창군녁[79]인지 말이 아모 버르장이 업서 펄펄 나온다.

「여보 이 냥반 나 먹엇으면 ᄃᆡᆨ 나 먹엇지 내 샹관이 무엇이오?」

「여보 나도 나쌀[80]이나 먹엇소.」

「내가 ᄋᆞ히라고 그러케 만만ᄒᆞ여 보이오?」

「여보 나도 사십 년만 지나면 쉰여덜이오.」

이러케 함부로 말이 나오니, 당장 광경을 보면 김씨는 륙십 로인이오 그 총각은 이십이 못 된 ᄋᆞ힌ᄃᆡ, 김씨의 공손ᄒᆞᆷ은 도로혀 ᄋᆞ히가 로인 ᄃᆡ졉ᄒᆞ는 것 ᄀᆞᆺ고, 총각ᄋᆞ히의 완만ᄒᆞᆷ은 도로혀 로인이 ᄋᆞ히들과 슈작ᄒᆞᆷ[81]과 ᄀᆞᆺᄒᆞ며, ᄯᅩ 그 총각ᄋᆞ히가 쥬인의 자리에 엄연이 올나 안잣고 김씨는 손ᄀᆞᆺ티[82] 운묵에[83] 가 안잣더라.

김씨가 일변 분ᄒᆞ기도 ᄒᆞ고 긔막히기도 ᄒᆞ고 의심도 나고 겁도 나고 웃읍기도[84] ᄒᆞ던 ᄎᆞ에 사람 한 ᄯᅦ[85]가 몰녀 들어온다.

「소는 저긔 매어라!」

「쟝긔[86]는 저긔 갓다 두어라!」

---

77 거조: 擧措. 말이나 행동 따위를 하는 태도.
78 그다지: 그렇게까지. 그 정도로.
79 창군녁: 창구녁. 창구멍. 이 역시 언어유희의 일종이다.
80 나쌀: 나잇살. 『천리경』에는 '낫쏠'로 수정됨.
81 슈작ᄒᆞᆷ: 서로 말을 주고받음.
82 손ᄀᆞᆺ티: 손님같이.
83 운묵에: 윗목에. 『천리경』에는 '우목에'로 오식됨.
84 웃읍기도: 『천리경』에는 '웃기도'로 오식됨.
85 한 ᄯᅦ: 한 무리.
86 쟝긔: 연장. 또는 쟁기를 일컫기도 함.

「옷 말이게[87] 불 좀 가져 오너라!」

ᄒᆞ며 여러 십 명이 들어오니 이는 다 누군고 ᄒᆞ니, 김장하 씨의 ᄋᆞ들 삼형뎨와 김장하 씨 집의 일ᄒᆞ러 온 사람들일너라.

김씨가 문을 열며 ᄒᆞ는 말이,

「인제들 오나? 춥지? 비들[88] 만이나 안 마잣나? 어서 방으로 들어오게! 그 쇼와 연장[89]은 다 거긔 그ᄃᆡ로 두게, 내가 금돌이 불너 치우라 ᄒᆞᆯ 것이니. 이ᄋᆡ 삼홍아 너희들 삼형뎨도 어서 들어오나라! 어 웬[90] 비가 그러케 돌디에[91] 쏘다지는 비도 잇나?」

김씨 말ᄉᆞᆺ에 혹 비 얼마 안이 마잣다고 ᄃᆡ답ᄒᆞ는 이도 잇으며, 혹 신발 ᄊᆡᆺ고 들어간다고 ᄃᆡ답ᄒᆞ는 이도 잇으며, 혹 요ᄉᆡ 비가 무엇이 춥기야 ᄒᆞ겟습니가 ᄃᆡ답ᄒᆞ는 이도 잇으며, 혹 ᄎᆞᄎᆞ 들어가요 ᄒᆞ고 ᄃᆡ답ᄒᆞ는 이도 잇으며, 그 둘ᄌᆡ ᄋᆞ들과 셋ᄌᆡ ᄋᆞ들은 안으로 들어가고 그 맛ᄋᆞ들은 사랑[92]으로 들어온다. 그런데 그 완만ᄒᆞ고 담대ᄒᆞ고 긔탄업고 버릇업시 알엣목에[93] 안자 함부로 직걸이던[94] 총각ᄋᆞ히[95]가 사람 만은[96] 것을 보고 겁이 낫던지 어ᄂᆞ 틈에 웃목 한구셕에 가서 가만이 ᄭᅵ여 안잣더라.

김장하 씨의 맛ᄋᆞ들 일홈은 지완이오 ᄌᆞ는 ᄌᆞ션인ᄃᆡ, 키가 훨신 크고 몸집이 부대ᄒᆞ고[97] 수염은 배곱에 달낙 말낙 ᄒᆞ고[98] 말소ᄅᆡ 웅장ᄒᆞ여 아모라도 보면 점잔키도 ᄒᆞ고 힘도 만허 보일 만ᄒᆞ더라.

방으로 들어오다가 그 총각을 보고 이 ᄋᆡ가 왼 ᄋᆡ냐? ᄒᆞᆫᄃᆡ 그 총각이 간

---

87 말이게: 말리게.
88 비들: 비를.
89 연쟝: 연장. 일을 할 때 사용하는 도구.
90 어 웬: 『천리경』에는 '어 왼'으로 수정됨.
91 돌디에: 졸지에. 『천리경』에는 '졸디에'로 수정. 갑작스럽게.
92 사랑: 사랑방. 집의 안채와 떨어져 있는, 바깥주인이 거처하며 손님을 접대하는 곳.
93 알엣목에: 아랫목에. 온돌방에서 아궁이에 가까운 쪽의 방바닥. 다른 곳보다 따뜻해서 그곳이 상석이 된다.
94 직걸이던: 지껄이던.
95 총각ᄋᆞ히: 『가정잡지』에는 '촉각ᄋᆞ히'로 오식됨.
96 만은: '만흔'의 오식. 많은.
97 부대ᄒᆞ고: 富大하고, 뚱뚱하며 크고.
98 달낙 말낙 ᄒᆞ고: 닿을락 말락 하고.

신이 ᄃᆡ답ᄒᆞ는 모양이라.

「예, 지나가는 아ᄒᆡ요.」

김지완 씨가 젼에 그 부친에게 ᄒᆞ는 말버릇은 듯지 못ᄒᆞᆫ 고로 그 말을 완만ᄒᆞᆫ 말이라 ᄒᆞ야 ᄃᆡ단이 ᄎᆡᆨ망ᄒᆞᆫ다.[99]

「요?[100] 요라니? 네가 ᄇᆡᄒᆞᆫ 말이 요쁀이란 말이냐? 아ᄒᆡ요? 요라니?」

ᄒᆞ고 ᄎᆡᆨ망ᄒᆞ는ᄃᆡ, 그 총각은 고ᄀᆡ를 숙이고 듯기만 ᄒᆞᆫ다.

김장하 씨는 요라는 말보다 더 긔가 막힌 말을 만이 들은 ᄯᅳᆺ이라, 일변 웃슨[101] ᄉᆡᆼ각도 나고 일변는 그 총각ᄋᆡ ᄒᆞ는 모양이 슈샹[102]도 ᄒᆞ니 그 아ᄃᆞᆯ다려 ᄒᆞ는 말이,

「이ᄋᆡ 지완아 고만두어라! 졔가[103] 문견[104]이 업셔 그런 것이다. 남의 집에 온 아ᄒᆡ가 엇지 누구를 업시녀여[105] 보와 그럴 리가 잇게ᄂᆞᆫ냐? 이ᄋᆡ, 고만두어라!」

김지완 씨가 그 부친 말슴이 이런 고로 ᄎᆡᆨ망ᄒᆞ는 말을 긋치고 다시 한 마ᄃᆡ를 뭇는다.

「이ᄋᆡ 총각애야 네 집은 어ᄃᆡ냐?」(문)

「예, 우리집은 계룡두산속[106] 욋단[107] 집이오.」(답)

김지완[108] 씨 그 말을 듯고 웃셔 갈아ᄃᆡ, ᄇᆡᄒᆞᆫ 말이 참 요쁀이라고 ᄒᆞ며 다시 다른 말을 문는다.

「이ᄋᆡ 네 셩명이 무엇시냐?」(문)

「예, 나는 최완길[109]이요.」(답)

---

99 ᄎᆡᆨ망ᄒᆞᆫ다: 責望한다. 잘못을 꾸짖거나 나무라며 못마땅하게 여긴다.
100 요: 최완길이 "…아해요"라고 대답하자 그 끝말을 꼬리 잡고 야단치는 것. 그러므로 "요"에서부터 "요라니"까지 5행은 모두 김지완의 독백이다. 이 역시 언어유희이다.
101 웃슨: 우스운.
102 슈샹: 殊常. 보통과는 달리 이상하여 의심스러움.
103 졔가: 저 아이가.
104 문견: 聞見. 보거나 듣거나 하여 깨달아 얻은 지식.
105 업시녀여: 업신여겨. 『천리경』에는 '업시여녁'으로 오식됨.
106 계룡두산속: 계룡 두메 산속, 곧 '계룡 두메 산골'을 뜻할 것으로 보임.
107 욋단: 외딴.
108 김지완: 『천리경』에는 '깁지완'으로 오식됨.

「시하[110]이냐?」(문)

「어만이만[111] 잇소.」(답)

「네 부친은 너 몃 살 되엿슬 ᄯᆡ에 돌아가셧나냐?」(문)

「아마 져 다셧 살 먹엇슬 ᄯᆡ라지요.」(답)

문답ᄒᆞ는 말이 ᄭᅳᆺ이 못 나셔 셕반[112]이 나온다. 셕반을 ᄃᆡᄒᆞ더니 왼 방안 사람들이 다 밥에만 졍신이 잇는ᄃᆡ, 그즁에 김장하 씨와 최완길 두 사람은 밥은 ᄃᆡᄒᆞ엿여도 ᄉᆡᆼ각은 밥에 잇지 안이ᄒᆞᆫ 모양인ᄃᆡ, ᄉᆡᆼ각은 두 사람이 다 가튼 양이로ᄃᆡ ᄉᆡᆼ각ᄒᆞ는 일은 다 ᄃᆞᆯ은 모양이라.

김장하 씨는 가만가만 고ᄀᆡ를 ᄭᅳ덕어리니 반짐작[113]이나 ᄒᆞᆫ 모양이요, 최완길은 무ᄉᆞᆷ 의심이 잔득 나는ᄃᆡ 누구다려 뭇기도 맛당치 안코 안이 물을나니 틈이 업는지라. 셕반을 파ᄒᆞᆫ 후 누가 와서 김지완 씨의 ᄌᆞ를[114]

「ᄌᆞ셰이! ᄌᆞ셰이!」

ᄒᆞ고 불으거ᄂᆞᆯ 김지완이 그 목쇼ᄅᆡ 들은즉, 이웃 친구 아모라 문을 열며,

「왜 불으는가?」

ᄒᆞᆫ즉 그 ᄃᆡ답이

「져 알에 동ᄂᆡ 용ᄒᆞᆫ[115] 의원이 왓다는ᄃᆡ 자네 안이 가 보랴는가?」

김지완이 그 말을 듯더니, 곳 일어서며 두 아오를 불너서 그 부친의 이부자리를 잘 펴라 ᄒᆞ고, 그 부친 압페서, 「ᄀᆞᆺ다 오겟슴니다.」 ᄒᆞ고 가니 원ᄅᆡ 김지완 씨의 ᄃᆡ부인[116]이 ᄒᆡ소증[117]이 잇는 고로 명의[118] 왓단 말을 듯고 가는 모양이더라.

---

109 최완길: 『천리경』에는 ‘ᄎᆈ완길’과 ‘최완길’이 혼재되어 있어 ‘최완길’로 통일했다.
110 시하: 侍下. 부모나 조부모를 모시고 있는 처지.
111 어만이만: 어머니만.
112 셕반: 夕飯. 저녁밥.
113 반짐작: 半斟酌. 대충 어림잡아 헤아림.
114 ᄌᆞ를: 字를. 이름(또는 그에 준하는 것)을.
115 용ᄒᆞᆫ: 뛰어나고 신통한.
116 ᄃᆡ부인: 大夫人. 남의 어머니를 높여 부르는 말.
117 ᄒᆡ소증: 咳嗽症. 기침 증세.
118 명의: 名醫. 병을 잘 고치기로 이름난 의사.

최완길은 더욱 무슴 의심이 나던지 혼자 중얼거리기도 ᄒᆞ며, 두 눈이 휘둥구러지고 무슴 말을 물을 듯 물을 듯ᄒᆞ되, 뭇지도 안코 혼자 쇽으로 ᄋᆡ쓰는 모양이더라.

최완길이만 속으로 ᄋᆡ쓸 ᄲᅮᆫ 아니라, 김장하 씨도 최완길의 거동을 이샹히 녁여 연구ᄒᆞ고 ᄉᆡᆼ각ᄒᆞ너라고 역시 ᄃᆡ단히 ᄋᆡ쓰는 모양이더라.

졀으고 졀은[119] 녀름밤이라 시간은 얼마나 되야던지,

비가 번젹 들며[120] 구름이 활닥 것치ᄂᆞᆫᄃᆡ 창문이 환ᄒᆞ거ᄂᆞᆯ,

영창[121]을 밀고 본즉 ᄃᆞᆯ이 발서 중쳔에 놉히 올나왓더라.

마을 사람은 허여지고[122] 문박게 인젹은 고요ᄒᆞᆫᄃᆡ 신 소ᄅᆡ[123] 자박자박 나니, 이는 김장하씨 맛ᄌᆞ졔[124] 지완 씨가 옴이더라.

희ᄉᆡᆨ이 만면ᄒᆞᆫᄃᆡ[125] 방에 드러와 그 부친 압헤 서며,

「ᄀᆞᆺ다 왓슴이다.」

ᄒᆞ며 ᄯᅩ,

「어머니 병환에 신효ᄒᆞᆫ[126] 약을 그 의원에게 엇어 와슴이다.」

ᄒᆞᆫ즉 김장하[127] 씨가 그 약이 무슴 약이냐 물은ᄃᆡ 김지완 씨가 동골동골ᄒᆞᆫ 환약을 ᄂᆡ녀노며[128] 왈,

「요ᄉᆡ 의원이 항투[129]로 이 약 ᄌᆡ료는 가라쳐 주지 안으나 이 근쳐 동ᄂᆡ 다년[130] ᄒᆡ소ᄒᆞ든[131] 로인들이 이 약 ᄒᆞᆫ 봉지에 효험 보지 안은 쟈가 업나니 어머니 병환도 아마 이 약 ᄒᆞᆫ 봉지면 거근될[132] 듯ᄒᆞ오이다.」

---

119 졀으고 졀은: 짧고 짧은.
120 들며: 그치며.
121 영창: 映窓. 방을 밝게 하기 위하여 방과 마루 사이에 낸 두 쪽의 미닫이.
122 허여지고: 헤어지고.
123 신 소ᄅᆡ: 신발 소리.
124 맛ᄌᆞ졔: 맏자제.
125 희ᄉᆡᆨ이 만면ᄒᆞᆫᄃᆡ: 喜色이 滿面한데. 기쁜 기색이 얼굴에 가득한데.
126 신효ᄒᆞᆫ: 神效한. 신기한 효과가 있는.
127 김장하: 『천리경』에는 '김쟝하'와 '김장하'가 혼재되어 있어 '김장하'로 통일했다.
128 ᄂᆡ녀노며: 내어놓으며.
129 항투: 恒套. 항상 하는 말투. 일상적인 말투.
130 다년: 多年. 여러 해.
131 ᄒᆡ소ᄒᆞ든: 기침하던.

김장하 씨가 그 말을 듯고 ᄃᆡ단히 반가워ᄒᆞ더라. 이러케 셔로 부ᄌᆞ간 몃 마ᄃᆡ 문답ᄒᆞ다가,

김지완 씨가 곳 일러나며 두 아오를 불너 각각 졔 침방[133]으로 가셔 자라 ᄒᆞᆯᄉᆡ,

김지완 씨 삼형졔가 다 나가ᄆᆡ, 그 방에 안진 사ᄅᆞᆷ이 단지 김장하 씨와 최완길 두 사ᄅᆞᆷ이라,

최완길이 좌우로 도라보더니 그졔야 그 혼자 ᄒᆡ쓰던[134] 말을 ᄒᆞᆫ다,

「여보, 로인!」(문)

「왜?」(답)

「아마 로인이 텬하쟝사이시지요?」(문)

김장하 씨 허허 우수며 ᄒᆞᄂᆞᆫ 말이,

「이야, 이 늙는 사ᄅᆞᆷ이 힘이 무슴 힘이냐? ᄂᆡ 팔둑을 보아라!」

ᄒᆞ고 그 힘줄이 풀읏풀읏ᄒᆞᆫ 팔둑을 ᄂᆡ여노은ᄃᆡ 최완길이 ᄒᆞᄂᆞᆫ 말이,

「여보, 팔둑 고만두고 로인 머리터럭[135]이 하야케 셰인 것을 보며 로인의 이 빠진 것을 보며 로인의 얼골 파리ᄒᆞᆫ 것을 보며 로인 말 ᄒᆞᆫ참 ᄒᆞ다가 ᄀᆞᆺ버ᄒᆞ는[136] 것을 뵈오니 누가 보기에 로인이 힘 만타 ᄒᆞ리오만은 ᄂᆡ ᄉᆡᆼ각에는 아마 이 쳔디 안에 졔일 가는 쟝ᄉᆞ[137]인 듯ᄒᆞ오이다.」

김장하 씨 그 지각업는 아ᄒᆡ와 수작ᄒᆞ기가 무슴 자미[138]야 잇슬리오만은 마ᄋᆞᆷ에 그 텬진시러운[139] 것이 귀ᄒᆞᆯ ᄲᅮᆫ 아니라, 그 버릇 업고 말ᄒᆞᆯ 줄 모ᄅᆞ는 것을 보니 그 ᄉᆞᆫᄭᅩᆯ에셔[140] 커나셔[141] 아모란 줄 모르는 것이 ᄋᆡ셕ᄒᆞ야 ᄀᆡ유식일[142] 마ᄋᆞᆷ이 간졀ᄒᆞᆫ 고로 무슴 말을 뭇던지 다 그 뭇는 ᄃᆡ로 다 ᄃᆡ답ᄒᆞᆫ다.

---

132 거근될: 去根될. 병의 근원을 없앨.
133 침방: 寢房. 잠을 자는 방. 침실.
134 ᄒᆡ쓰던: '애쓰던' 또는 '했으(면 하)던' 정도의 의미일 듯.
135 머리터럭: 머리털. 머리카락.
136 ᄀᆞᆺ버ᄒᆞ는: 가빠하는. 숨이 차서 힘겨워하는.
137 쟝ᄉᆞ: 壯士. 몸이 우람하고 힘이 아주 센 사람.
138 자미: 滋味. 재미.
139 텬진시러운: 天眞스러운. 꾸밈이나 거짓이 없이 자연 그대로 깨끗하고 순진한.
140 ᄉᆞᆫᄭᅩᆯ에셔: 산골에서.
141 커나셔: 커놓아서. 커놔서.
142 ᄀᆡ유식일: 開諭시킬. 사리를 알아듣도록 잘 타이를.

「오, 네가 무엇을 보고 날다려[143] 텬하쟝ᄉᆞ라 ᄒᆞ나냐, 어ᄃᆡ 좀 알자?」

최완길이 ᄒᆞᄂᆞᆫ 말이,

「여보, 로인 맛ᄌᆞ졔도 힘ᄭᆞᆯ[144]이나 쓰지요?」(문)

「그러치.」(답)

「여보 로인 둘ᄌᆡ ᄌᆞ졔도 힘ᄭᆞᆯ이나 쓰지오?」(문)

「그러치.」(답)

「여보 로인 셋ᄶᆡ 자졔도 아해는 아해나 ᄯᆞᄅᆡ[145] 힘은 쓰지오?」(문)

「그러치.」(답)

「그러면 로인 힘 셰인 것은 알 닐 아니오?」(문)

「왜?」(김씨 반문)

「로인의 자졔 ᄉᆞᆷ형졔가 다 힘 업는 ᄉᆞᄅᆞᆷ 아닌ᄃᆡ 도로혀 로인 ᄋᆞᇁ헤셔[146] 다 쉼젹 못ᄒᆞᄂᆞᆫ 모양이라. 그 쟝졍[147]의 쥬먹을 가지고도 로인 ᄒᆞᆫ번 ᄶᅵ릴 ᄉᆡᆼ각 못ᄒᆞ며 그 근장ᄒᆞᆫ[148] 다리 가지고도 로인 ᄒᆞᆫ번 찰 ᄉᆡᆼ각 못ᄒᆞ며 눈을 가지고도 로인 ᄒᆞᆫ번 흘길 ᄉᆡᆼ각 못ᄒᆞ며 닙을 가지고도 로인 ᄒᆞᆫ번 ᄭᅮ짓을 ᄉᆡᆼ각 못ᄒᆞ고 마치 로인을 죵놈이 상뎐[149] ᄃᆡ졉ᄒᆞ듯 ᄒᆞ야 로인이 이리 오나라 ᄒᆞ면 예 ᄒᆞ며 로인이 져리 가거라 ᄒᆞ면 예 ᄒᆞ고 로인은 가마니[150] 안졋ᄂᆞᆫᄃᆡ 밥상 들어다 쥬며 로인은 가마니 안졋ᄂᆞᆫᄃᆡ 쟘ᄶᅡ리[151] 펴 주고 로인은 가마니 안졋ᄂᆞᆫᄃᆡ 롱ᄉᆞ디여[152] 버러먹이니[153] 로인이 만일 쟝ᄉᆞ가 아니면 그러케 로인을 겁ᄂᆡ여 예예 ᄒᆞᆯ 어리석은 ᄌᆞ식이 잇겟소?」

「헤, 참!」

---

143 날다려: 나더러.
144 힘ᄭᆞᆯ: 힘꼴. '힘'을 낮잡아 이르는 말.
145 ᄯᆞᄅᆡ: 또래. 나이나 수준이 서로 비슷한 무리.
146 ᄋᆞᇁ헤셔: 앞에서.
147 쟝졍: 壯丁. 나이가 젊고 기운이 좋은 남자.
148 근장ᄒᆞᆫ: 健壯한. 몸이 튼튼하고 기운이 센.
149 상뎐: 上典. 윗사람. 주인.
150 가마니: 가만히.
151 쟘ᄶᅡ리: 잠자리. 이부자리.
152 롱ᄉᆞ디여: 농사지어.
153 버러먹이니: 벌어먹이니.

「쏘 안에 계신 안로인 ᄒᆞᆫ 분도 아마 큰 상ᄉᆞ[154]인가 보오. 그러치 안으면 기침 좀 ᄂᆞᆫ다고 밤즁에 가셔 의원 보고 약 지어 오너라고 황황할[155] 리가 닛겟소? 여보 로인, 로인의 힘이 참 얼마나 되오 좀 압시다.」

김장하 씨가 그 말을 듯더니 기가 잔득 ᄆᆡᆨ혀 말 ᄒᆞᆫ 목음 아니 나오고 한숨만 한번 쉰다.

「후유!」

최완길이 그 한숨 쉬난 것을 보더니 ᄒᆞᄂᆞᆫ 말이,

「여보 진중[156] 고만 부리고 힘이 얼마나 셋가[157] 이약이나 좀 ᄒᆞ시오?」

김장하 씨가 그 말은 ᄃᆡ답ᄒᆞ지 안코 눈을 감고 혼자 속으로 연구ᄒᆞ며 ᄒᆞᄂᆞᆫ 말이,

「아ᄒᆡ가 엇지ᄒᆞᆫ 아ᄒᆡᆫ고 참 이상ᄒᆞᆫ 아ᄒᆡ로다. 셰상에 어ᄃᆡ 졔 부모 모르ᄂᆞᆫ 아ᄒᆡ가 잇나, 참 이상ᄒᆞ다. 셰상에 혹 부모에게 불효ᄒᆞᄂᆞᆫ 자식은 잇지만은 부모를 젼혀 무엇인지 모로ᄂᆞᆫ 사ᄅᆞᆷ도 잇나? 아모리 아ᄒᆡ지만, 아모것도 모루는 찰숙ᄆᆡᆨ[158]도 아닌ᄃᆡ, 참 이상ᄒᆞ도다. 아마 일즉 부상[159]을 당ᄒᆞ고 어미졋 알에서[160] 본데업시[161] 커나서[162] 그러ᄒᆞᆫ 것이지. 내 어ᄃᆡ 찬찬이 무러 그 소이년[163]을 아러 보리라.」

ᄒᆞ고 김장하 씨가 담ᄇᆡᄃᆡ를 톡톡 쓰더니 최완길다려 닐너 왈,

「내 힘이 얼마 세고 아니 센 것은 챠챠 말할 터이니, 너 ᄂᆡ가 문는[164] 말브터 ᄃᆡ답ᄒᆞ여라!」(문)

「예.」(답)

---

154 상ᄉᆞ: 上司. 벼슬이나 지위가 높은 사람.
155 황황할: 遑遑할. 갈팡질팡 어쩔 줄 모르게 급할.
156 진중: 鎭重. 무게가 있고 점잖음.
157 셋가: '센가'의 오식.
158 찰숙ᄆᆡᆨ: 매우 심한 숙맥. 제대로 된 숙맥.
159 부상: 父喪. 아버지상.
160 어미졋 알에서: 어미젖 아래서.
161 본데업시: 본데없이. 보고 배운 것이 없이.
162 커나서: 커놓아서. 커서. 자라서.
163 소이년: 所以然. 그리된 까닭. 이유나 원인.
164 문는: 묻는.

「네가 악가 다셧 살에 너의 부친이 도라가셧다고 ᄒᆞ얏지.」(문)

「예.」(답)

「네가 지금 자시하라[165]고 하얏지.」(문)

「예.」(답)

「너 사ᄂᆞᆫ 곳이 깁흔 산속인ᄃᆡ 좌우에 이웃집도 업고 뒤에는 쳔길 만길 되ᄂᆞᆫ 장산[166]이오, 압흐로ᄂᆞᆫ 십리나 나와야 사ᄅᆞᆷ 사ᄂᆞᆫ 동내가 잇서?」(김)

「예, 그럿소.」(최)

「어른이 무르면 그러소이다 ᄒᆞ고 ᄃᆡ답ᄒᆞᄂᆞᆫ 법이오, 그럿쇼 ᄒᆞᄂᆞᆫ 법은 업ᄂᆞᆫ이라.」(김)

「예, 잘못ᄒᆞ엿소.」(최)

김장하 씨가 최완길의 ᄃᆡ답에 그럿소 ᄒᆞᄂᆞᆫ 솟ᄌᆞ토[167]가 어른 압헤 ᄒᆞᄂᆞᆫ 말토[168]가 안닌 고로 그 그릇ᄒᆞᆫ 것을 ᄭᆡ우쳐 쥬랴고 ᄎᆡᆨ망ᄒᆞᄂᆞᆫ 중인ᄃᆡ ᄯᅩ 그 ᄃᆡ답에 솟ᄌᆞ 잘못ᄒᆞ얏소 ᄒᆞᆫ 솟자로 다ᄂᆞᆫ 것을 보고 혼자 속말노 ᄒᆞ되 오냐 너의 세 살부터 구둔[169] 혀를 엇지 잠싼 ᄉᆡ이에[170] 곤치리오.[171] 그 말은 그만 두고 내 차차 악가[172] 뭇던 말이나 무르리라 ᄒᆞ고 다시 무러 왈,

「그런ᄃᆡ 너의 집 식구ᄂᆞᆫ 단지 너의 모ᄌᆞᄲᅮᆫ이냐?」(문)

「예.」(답)

「너의 모친의 년세[173]ᄂᆞᆫ 얼마나 되얏나냐?」(문)

「물나요.[174] 아마 한 륙십 가차윗지요.」[175](답)

---

165 자시하라: 문맥상 自恃하라 또는 自是하라는 것과는 거리가 있다. 내용상 '자세히 하라'를 구어투로 그렇게 쓴 게 아닌가 한다. 앞에 "여보 진중 고만 부리고 힘이 얼마나 셋가 (자세히) 이약이나 좀 ᄒᆞ시오"라는 구절이 있기 때문이다.

166 장산: 壯山. 웅장하고 큰 산.

167 솟ᄌᆞ토: "…하엿소", "…그럿소"처럼 "-소"로 마무리하는 말투.

168 말토: 말투.

169 구둔: 굳은.

170 ᄉᆡ이에: 사이에.

171 곤치리오: 고치리오.

172 악가: 아까.

173 년세: 年歲. 연세. 나이의 높임말.

174 물나요: '몰라요'를 구어체로 적은 것.

175 가차윗지요: 가까웠지요.

「너는 열여달이야?」(문)

「예.」(답)

「그러면 너의 모친은 늙고 너는 졀문[176] 아희이니, 네 힘이 너의 모친보다 시깃구나.」[177](문)

「예.」(답)

「그러면 네 힘이 너의 모친보다 세면 너의 모친이 항상 네게 지깃수나?」

최완길이가 이 말을 듯더니 신이 난다. 신이 나서 디답ᄒᆞ는 말이,

「암, 그러치요. 나 어려슬 ᄯᅢ에는 내 힘이 과년[178] 우리 어머니만 못ᄒᆞ엿서요. 힘이 어머니만 못ᄒᆞᆫ 고로 왼갓 스름[179] 다 밧엇소. 어린 종아리를 사졍업시 피가 나도록 회초리로 휘갈니던 일도 당ᄒᆞ얏고, 불 ᄯᅢ던 부지강이[180]로 억기 ᄯᅢ리던 일도 당ᄒᆞ얏고, 머리 빗다가 빗등으로 머리 ᄶᅢ린 것도 당ᄒᆞ얏고, 모진 소리로 ᄭᅮ지는 것도 당ᄒᆞ얏고, 기타 왼갓 스름 다 당ᄒᆞ얏소. 나무 아니 ᄒᆞᆫ다고도 ᄶᅢ리고 밥 더듸 먹는다고도 ᄯᅢ리고 잠 늣게 잔다고도 ᄯᅢ리고 옷만 좀 험이[181] 입어도 ᄶᅢ리고 머리 잘 안니 빗는다고도 ᄶᅢ리고 신 안니 숨는다고도 ᄶᅢ리고 밧 자조 아니 ᄆᆡᆫ다고도 ᄶᅢ리고 스속[182] 멍셕에 식[183] 아니 본다고도 ᄯᅢ리고 참의밧테[184] 거름 안 ᄂᆡᆫ다고도 ᄯᅢ리고 마당 자조 아니 쓴다고도 ᄶᅢ리고 심지어 ᄯᅳᆯ 압헤 풀 아니 ᄲᅡᆸ는다고도 ᄶᅢ리고, ᄯᅢ리지 안으면 ᄭᅮ짓고 ᄭᅮ짓지 안으면 ᄯᅢ리여, 긔믹힌 스름을 다 줍듸다. 그러케 스름을 밧고 잇더니 한번은 ᄯᅳᆯ에 오좀 누엇다고 붓들고 ᄯᅢ리랴 ᄒᆞ기에 골이 슬금이[185] 나서 팔을 ᄲᅮ리치고 돌쳐 션즉[186] 우리 어머니가 곡구러지기[187]에 내가 ᄯᅢ리려

---

176 졀문: 젊은.
177 시깃구나: 세겠구나.
178 과년: 과연.
179 스름: 설움.
180 부지강이: 부지깽이.
181 험이: 험히. 험하게.
182 스속: 黍粟. 기장과 조를 아울러 이르는 말. 또는 '조'를 그렇게 부름.
183 식: 새. 멍석에 널어 둔 조를 새가 와서 먹지 못하도록 지키지 않았다는 것.
184 참의밧테: 참외밭에.
185 슬금이: 슬그머니.
186 돌쳐 션즉: 돌이켜 선즉. 돌아선즉.

던 ᄆᆡ를 ᄊᆡ서 가지고 내가 우리 어머니를……」

최완길이는 한참 신이 나서 뎌 어머니에게 불효ᄒᆞᆫ ᄒᆡᆼ실ᄒᆞ던 이약이을 ᄒᆞ랴 ᄒᆞ는ᄃᆡ, 김장하 씨는 ᄀᆡ가 싹 ᄆᆡᆨ혀 안졋다가 탁 드러누며 한숨을 쉰다.

「후유!」

최완길이가 김장하 씨의 한숨 쉬는 걸을 보더니 뎌 ᄒᆞ던 말을 쑥 그치고 문는 말이,

「여보 ᄃᆡᆨ도 늙어서 힘이 챠차 업서지고 ᄃᆡᆨ 아달들은 뎜뎜 장셩ᄒᆞ야 근력이 늘어가ᄆᆡ ᄃᆡᆨ 힘이 아달들을 제어ᄒᆞᆯ[188] 수가 업스리니 그것을 ᄉᆡᆼ각ᄒᆞ고 한숨을 쉬지요? 아마 그렇치요? 아마 뎡녕[189] 그렇치요?」

김장하 씨가 들은 쳬도 안코 혼자 속으로 ᄉᆡᆼ각ᄒᆞ여 본다.

부모 모루ᄂᆞᆫ ᄌᆞ식도 잇나?

부모에게 불효ᄒᆞᄂᆞᆫ ᄌᆞ식은 혹 잇지만은,

부모에게 불효ᄒᆞᆫ ᄉᆞ실을 졔 입으로 졔가 것침업시[190] 말ᄒᆞᄂᆞᆫ 놈도 잇나?

부모에게 불효ᄒᆞᆫ ᄉᆞ실을 들어 졔 입으로 자랑ᄉᆞᆷ어 ᄒᆞᄂᆞᆫ 놈을 내 오날 츠음 보앗고나.

이놈이 밉친[191] 놈이라 그런가?

이놈이 어리셕은 숙ᄆᆡᆨ놈이라 그런가?

이놈을 아마 법으로 다사리는 것이 올치!

이놈을 아마 종아리를 쳐서 부모에게 불효ᄒᆞᆫ 것이 죄 되ᄂᆞᆫ 줄을 알게 ᄒᆞ는 것이 올치!

김장하 씨가 이리져리 ᄉᆡᆼ각ᄒᆞ다가 홀연히 옛 이약이 ᄒᆞ나이 ᄉᆡᆼ각난다.

ᄉᆡᆼ각나ᄂᆞᆫ 이약이ᄂᆞᆫ 무ᄉᆞᆷ 이약인고 ᄒᆞ니 옛젹 오리 리졍승이 불효ᄌᆞ 효ᄌᆞ ᄆᆡᆫ든 이약이라.

---

187 곡구러지기: 고꾸라지기.
188 제어ᄒᆞᆯ: 制御할. 상대편을 억눌러서 제 마음대로 다룸.
189 뎡녕: 정녕.
190 것침업시: 거침없이. 거리낌없이.
191 밉친: 미친. '밋친'의 오식.

오리 리원익(梧里 李元翼)[192]씨가 황히감사 되야쓸 씩에 한 빅셩이 송ᄉ[193]를 들엇ᄂᆞᆫᄃᆡ 그 송ᄉᆞᄂᆞᆫ 무숨 송사인고 ᄒᆞ니, 아비가 졔 ᄌᆞ식ᄒᆞᆫ틔 맛고 졔 아달 죄 다실여[194] 달나ᄂᆞᆫ 송ᄉᆞ라. 오리가 그 원피고를 다 불너 세우고 원고다려 문왈, 네 ᄌᆞ식이 과연 너를 ᄯᅢ리더냐? 답왈, 과연이오이다. 오리가 다시 피고다려[195] 문왈, 네가 과연 네 아비를 ᄯᅵ련나냐? 답왈, 과연이오이다. 오리 왈, 네가 네 아비 치던[196] 형용을 ᄒᆞ여라! 피고가 그 말을 듯더니 제 아비 ᄲᅣᆷ을 졀걱[197] 우리며[198] 왈, 이러케 쳣습이다. 오리가 그 모양을 보고 즉시 싱각ᄒᆞ여 왈, 뎌 빅셩이 만일 마음이 흉악ᄒᆞ야 제 아비를 쳣슬진ᄃᆡ 졔 집에서ᄂᆞᆫ 암만 쳣슬지라도 관졍[199]에 들어와서ᄂᆞᆫ 아니 쳣다고 ᄒᆞᆯ지어날, 뎌 빅셩의 ᄒᆞᄂᆞᆫ 모양을 본즉 아비ᄂᆞᆫ 의례히 칠 것으로 아ᄂᆞᆫ 것 ᄀᆞᆺᄒᆞ니 참 이상ᄒᆞᆫ 일이라. 내가 ᄎᆡ근ᄒᆞ여[200] 무러보ᄂᆞᆫ 것이 가ᄒᆞ다 ᄒᆞ고, 원고를 불너 올여[201] 가만히 무러 왈, 녜 ᄌᆞ식이 너를 치기 시작ᄒᆞᆫ 지가 아마 여러 ᄒᆡ 되얏지? 원고 왈, 과연 그러ᄒᆞ오이다. 오리 왈, 몃 살부터 시작ᄒᆞ여 아비를 쳣나냐? 답왈, 뎌것이 뎨 만싱독ᄌᆞ[202]인 고로 항상 사랑ᄒᆞ고 귀ᄒᆞ야 십여 년을 무릅 우에서 키윗난ᄃᆡ 무릅 우에서 쉬염[203] ᄲᅡᆸ고 ᄲᅣᆷ치던 버릇이 장셩ᄒᆞᆫ 후에도 굿엇나이다.[204] 오리가 그 말을 들은 후에 그 원고를 물너가라 ᄒᆞ고 피고를 불너 문왈, 네가 오ᄂᆞᆯ 죽ᄂᆞᆫ 줄을 아ᄂᆞᆫ가? 피고가 ᄭᅡᆷ짝 놀ᄂᆡ여 왈, 의신이 무숨 죄로 죽난이잇가? 오리 왈, 부모 치ᄂᆞᆫ 놈은 죽ᄂᆞᆫ 법이니라. 피고 왈, 부모ᄂᆞᆫ

---

192 李元翼(1547~1634): 조선 중기의 명신. 호는 오리(梧里). 저서에 『오리집』, 『오리일기』가 있다.
193 송ᄉᆞ: 訟事. 백성끼리 분쟁이 있을 때, 관부에 호소하여 판결을 구하던 일.
194 다실여: 다스려.
195 피고다려: 피고더러. 피고에게.
196 치던: 주먹이나 손바닥으로 때리던.
197 졀걱: '덜컥' 또는 '철썩'일 것이나 전자일 가능성이 높음.
198 우리며: 후리며. 휘둘러 치며.
199 관졍: 官廷. 관가. 벼슬아치들이 나랏일을 보던 집.
200 ᄎᆡ근ᄒᆞ여: 採根하여. 독촉하여 또는 근원을 캐어.
201 불너 올여: 불러 올려.
202 만싱독ᄌᆞ: 晚生獨子. 늦게 얻은 독자.
203 쉬염: 수염.
204 굿엇나이다: 굳었나이다.

무엇이완ᄃᆡ 부모를 치면 죄가 죽ᄂᆞᆫ ᄃᆡ 이르난잇가? 오리가 이에 부모의 소중ᄒᆞᆫ 이약이를 한참 ᄒᆞᆫ즉 피고가 눈물이 벌억벌억[205] 쏘다디며 왈, 의신이 과연 부모가 무엇인지 모르고 이런 죄를 지엇스니 살여주시면 자금[206] 니후에ᄂᆞᆫ 다시 이런 죄를 범치 아니ᄒᆞ리이다. 오리 왈, ᄇᆡᆨ셩을 가라치지 안코 죄주ᄂᆞᆫ 것은 불가ᄒᆞ다 효유ᄒᆞ여[207] 보내더니, 그 사ᄅᆞᆷ이 드ᄃᆡ여 희긔ᄒᆞ여[208] 효ᄌᆞ로 세상에 들이니라.[209]

김장하 씨가 오리의 ᄒᆞᆫ 닐을 ᄉᆡᆼ각ᄒᆞ고, 나도 뎌 아희를 회긔ᄒᆞ도록 효유ᄒᆞ리라 ᄉᆡᆼ각ᄒᆞ엿다.

김장하 씨ᄂᆞᆫ 이런 ᄉᆡᆼ각ᄒᆞ느라고 듯도 안은 ᄉᆡ이에 최완길은 뎌 어미에게 불효ᄒᆞᆫ 힝실ᄒᆞ던 이약이를 만이 만이 ᄒᆞ엿다.

김장하 씨가 최완길다려 일너 왈, 이ᄋᆡ 그 이약이[210] 고만ᄒᆞ여라, 내가 너에게 무를 말이 잇다.

「너를 누가 난노?」[211](문)

「우리 어머니지요.」(답)

「너를 누가 길넌노?」[212](문)

「우리 어머니지요.」(답)

「네 어렷슬 ᄯᅢ에 누가 너를 안어주고 업어주엇노?」(문)

「우리 어머니지요.」(답)

「너를 옷 입피고[213] 먹여 키운 이가 누구뇨?」(문)

「우리 어머니지요.」(답)

---

205 벌억벌억: 여기에서는 '벌컥벌컥'이 옳을 듯.
206 자금: 自今. 지금.
207 효유ᄒᆞ여: 曉諭하여. 알아듣도록 타일러서.
208 희긔ᄒᆞ여: '회긔ᄒᆞ여'의 오식.
209 들이니라: 들리니라. 알려지니라. 드러내니라.
210 이약이: 이야기.
211 난노: 낳았느냐.
212 길넌노: 길렀느냐.
213 입피고: 입히고.

「네가 추어[214] ᄒᆞ면 츄은 걱졍ᄒᆞ고 네가 주리면[215] 주리ᄂᆞᆫ 걱졍ᄒᆞᄂᆞᆫ 이가 누구뇨?」(문)

「우리 어머니지요.」(답)

「네가 병이 나면 불 켜 노코 잠 한숨 못 자며 밤을 ᄉᆡ우[216] 이가 누구뇨?」(문)

「우리 어머니지요.」(답)

김장하 씨가 이에 최완길을 압흐로 닥어안지라[217] ᄒᆞ고, 부모가 아ᄒᆡ 나서[218] 기르ᄂᆞᆫ ᄃᆡ ᄋᆡ쓰는 일과 안코 밧어[219] 키우ᄂᆞᆫ 일을 일일히 이약이ᄒᆞ며 그런고로 ᄌᆞ식이 부모에게 효도ᄒᆞᄂᆞᆫ 일을 자셰히 이약이ᄒᆞᆫᄃᆡ, 최완길이 홀연 감동ᄒᆞ야 눈물이 비 오듯 ᄒᆞ더니,

> ᄀᆡ쟈왈 지나[220] 쳥국 문종황뎨[221] ᄯᅢ에 법국[222] 군ᄉᆞ가 원명원[223]을 불사르고 쳥인을 다수히 사로잡어다가 역ᄉᆞ[224]를 식이ᄂᆞᆫᄃᆡ 오라 ᄒᆞ면 오고 가라 ᄒᆞ면 가고, ᄯᅢ리면 맛고 ᄭᅮ지즈면 밧ᄂᆞᆫ지라. 법국 사람이 써ᄒᆞ되 셰계[225]에 노예셩 만은 쟈ᄂᆞᆫ 쳥국 사람 갓ᄒᆞᆫ 쟈가 업스며, 셰게에 나라 사랑ᄒᆞᆯ 줄 모로ᄂᆞᆫ 쟈도 쳥국인 갓ᄒᆞᆫ 쟈가 업스며 셰게에 부려먹기 쉬운 쟈도 쳥국인 갓ᄒᆞᆫ 쟈가 업다 ᄒᆞ엿더니, ᄒᆞ로ᄂᆞᆫ 법국 사람이 쳥국인을 ᄃᆡᄒᆞ야 너의 부모가 소와 말 갓다고 욕을 ᄒᆞᆫ즉 쳥국 사람들이 일졔히 역ᄉᆞ

---

214 추어: 추워.
215 주리면: 굶주리면. 배고프면.
216 ᄉᆡ우: 'ᄉᆡ우ᄂᆞᆫ'에서 끝 글자가 탈자된 듯. 한숨도 자지 아니하고 밤을 지낸.
217 닥어안지라: 다가앉으라.
218 나서: 낳아서.
219 안코 밧어: 안고 받아.
220 지나: 支那. China. 중국.
221 문종황뎨: 애신각라혁저(愛新覺羅奕詝, 1831~1861). 咸豊帝. 청나라 제9대 황제. 애로호 사건을 계기로 체결된 천진조약의 비준 문제로 분쟁이 일어 영국·프랑스군이 북경에 침범하자 열하(熱河)의 이궁으로 피난, 병사하였다. 재위 기간은 1850~1861년이다.
222 법국: 法國. 프랑스.
223 원명원: 圓明園. 중국 청나라 때, 북경 교외의 해정(海淀)에 건설한 이궁(離宮). 강희제 때 건설하기 시작하여 건륭제 때 완성한 것으로, 바로크식 건축과 대분수(大噴水)로 세상에 널리 알려졌으나 1860년 영불 연합군과의 싸움에서 불에 타 없어졌다.
224 역ᄉᆞ: 役事. 토목이나 건축 따위의 공사.
225 셰게: 세계.

ᄒᆞ던 독긔[226]를 덜고 일어나 싸호코자 ᄒᆞ거ᄂᆞᆯ, 법국 사람이 그 모양을 보고 탄식ᄒᆞ여 왈, ᄂᆡ가 쳥국인은 준준ᄒᆞᆫ[227] 동물과 갓치 ᄋᆡ국심이 업ᄂᆞᆫ 쟈인 줄 아라써니 이졔 이것을 본즉 쳥국인이 엇지 ᄋᆡ국심이 업스리오, 다만 가족사랑 ᄒᆞᄂᆞᆫ 마암에 나라사랑이 ᄲᆡᄭᅵᆫ[228] 바가 됨이로다 ᄒᆞ엿도다.

슯푸다, 쳥국인이 ᄋᆡ국심 업슴이 아니라 가족 ᄉᆡᆼ각에 나라 사랑ᄒᆞᄂᆞᆫ 마암을 이졋고, 최완길이 부모 사랑ᄒᆞᄂᆞᆫ 마암이 업슴이 아니라 가라치지 아니ᄒᆞᆫ 고로 부모 사랑ᄒᆞᄂᆞᆫ 방법을 모룸이로다.[229]

ᄒᆞᄂᆞᆫ 말이

「ᄂᆡ가 김션ᄉᆡᆼ 말ᄉᆞᆷ을 듯고 부모에게 죄 지은 일을 죽음이 맛당ᄒᆞ오이다. 이놈은 죄악이 만어[230] ᄉᆞ람의 도리를 하나도 ᄒᆡᆼᄒᆞ지 못ᄒᆞ고, 다만 져를 괴롭게 ᄒᆞ면 무론[231] 누구이든지[232] 졔 힘대로 대젹ᄒᆞᄂᆞᆫ 것이 텬디간에 의례이 ᄒᆞᆯ ᄌᆞ로 알아ᄂᆞ이다. 벽항궁쵼[233]에 보고 ᄇᆡ혼 것 업ᄉᆞ오니 원간[234] 도리를 알 바이 업ᄉᆞᆸ고 외ᄶᅡ로 자라나 이 남의 허ᄂᆞᆫ 것도 보지 못ᄒᆞ옴으로 이 텬디간 용납지 못ᄒᆞᆯ 놈이 션ᄉᆡᆼ의 여러 ᄌᆞ제가 효ᄒᆡᆼ을 가다듬ᄂᆞᆫ 것을 보고 도로혀 션ᄉᆡᆼ의 힘이 셰어 ᄌᆞ졔들을 억졔ᄒᆞᄂᆞᆫ 줄노 예탁ᄒᆞ엿스니[235] 이러ᄒᆞᆫ 불상한 놈이 어대 잇게ᄂᆞ잇가? 지금 말ᄉᆞᆷ을 듯ᄌᆞ온즉 ᄉᆞᄅᆞᆷ이 부모를 효양치[236] 아니ᄒᆞ면 ᄉᆞ람의 면목을 써스나 ᄉᆞ람이 아니라 ᄒᆞ시니 ᄉᆞ람이 ᄉᆞᄅᆞᆷ이 아니면 ᄉᆞᆯ어 무엇ᄒᆞ며 ᄯᅩᄒᆞᆫ 그 불샹ᄒᆞᆷ이 한이 잇ᄉᆞ오릿가? 져와 ᄀᆞᆺ흔 ᄉᆞ람이 아닌 ᄌᆞ를 그쳐럼 지도허여 주시나, 몽ᄆᆡᄒᆞᆫ 지각이 ᄌᆞ셰이 알기 어려우니

---

226 독긔: 도끼.
227 준준ᄒᆞᆫ: 蠢蠢한. 어리석고 미련한.
228 ᄲᆡᄭᅵᆫ: 빼앗긴.
229 ‘긔쟈왈’ 이하 내용은 부분은 『가정잡지』(1908.7.)에 실려 있지만, 『천리경』에는 빠져 있다.
230 만어: 많아.
231 무론: 물론. 말할 것도 없이.
232 누구이든지: 『천리경』에는 ‘누구이듬지’로 오식.
233 벽항궁촌: 僻巷窮村. 궁벽한 곳에 외따로 떨어져 있는 가난한 마을.
234 원간: ‘워낙’의 방언. 원칸, 원캉 등으로 쓰임. 원체, 본디부터.
235 예탁ᄒᆞ엿스니: 豫度ᄒᆞ엿스니. 헤아려 짐작하였으니.
236 효양치: 孝養치. 효로써 봉양하지.

바라건ᄃᆡ 더욱이 불상이 여기ᄉᆞ ᄌᆞ셔이 지도ᄒᆞ여 주쇼셔. 졔가 맛당히 몸이 맛도록 힘ᄒᆞ게ᄂᆞ이다.」

ᄒᆞᆫ즉, 김장하 씨가 일변으로 그 ᄇᆡ호지 못ᄒᆞᆷ을 칙은이[237] 여긔고, 그 감동ᄒᆞ미 진경에 소사난 것슬 더욱 감동ᄒᆞ야 눈물을 ᄲᅮ리며 왈,

「총각은 ᄌᆞ셔히 드르라. 부모을 셤기ᄆᆡ 그 조목[238]이 ᄆᆡ우 만으나 다만 두 가지에 그치나니, 하나은 뜻을 봉양ᄒᆞᆷ이요, 하나은 그 입과 몸을 봉양ᄒᆞ는 것시니, 입과 몸을 봉양치 아니ᄒᆞ면 능히 쳔년을 살기 어렵고 뜻을 봉양치[239] 아니ᄒᆞ면 마음이 편안치 못허나니, 그럼으로 ᄉᆞᄅᆞᆷ의 ᄌᆞ식된 ᄌᆡ[240] 맛당이[241] 그 부모의게 ᄃᆡᄒᆞ야 그 힘을 다 ᄒᆞᆯ지니 이러ᄒᆞ면 셰상에 ᄌᆞ식된 직분을 힘ᄒᆞᆫ다 ᄒᆞᆯ지로되 부모가 ᄌᆞ식의게 향ᄒᆞ는 뜻에 비ᄒᆞ면 쳔만분의 일에 지나지 못ᄒᆞᄂᆞ이라.」

ᄒᆞᆫ즉 그 총각이 머리를 굽혀 자셔이 듯고 가더라. 최완길[242]은 쳔진니라[243] 능히 도라슴[244]이 여ᄎᆞ히 신속ᄒᆞ엿스니 셰상에 졔일 돌리기 어려운 ᄌᆞᄂᆞᆫ 제가 스사로 만반[245] 사물을 안다 ᄌᆞ랑ᄒᆞ는 ᄉᆞ람이라. 제 허물을 알고도 감초고ᄌᆞ ᄒᆞ야 졸연이[246] 곳치지 못ᄒᆞᄂᆞ니 보시ᄂᆞᆫ 이는 져기[247] 감동이 될진져.

— 박건회, 『쳔리경』, 조선서관, 1912

237 칙은이: 측은히.
238 조목: 條目, 낱낱의 부분.
239 봉양치: 『천리경』에는 '붕양치'로 오식됨.
240 ᄌᆡ: ᄌᆞㅣ. 자는. 곧 사람은.
241 맛당이: 마땅히.
242 최완길: 『천리경』에는 '최왓길'로 오식됨.
243 쳔진니라: 天眞이라, 아주 깨끗하고 순진하니라.
244 도라슴: 돌아섬, 곧 불효를 회개함.
245 만반: 滿般. 갖가지. 모든.
246 졸연이: 졸연히. 갑작스럽게.
247 져기: 적이. 꽤 어지간한 정도로.

◎ 해설

「익모초」는 1908년 3월부터 『가정잡지』에 실렸던 작품이다. 『가정잡지』는 결호가 많아 이 소설의 전모를 파악하기 어려웠다. 최근 이 작품이 「김장하와 최완길」이라는 이름으로 『천리경』(조선서관, 1912)에 실린 사실이 밝혀졌다. 비록 박건회가 『천리경』의 저자로 나와 있지만, 『가정잡지』 제2권 제7호에는 「익모초」의 저자가 '신채호'로 밝혀져 있어 이 작품을 단재의 작품으로 보는 데는 전혀 문제가 없다. 「익모초」는 현재까지 알려진 단재의 첫소설에 해당된다.

「익모초」는 설화적 형식에 효 의식을 일깨운 작품으로 형식이나 주제적인 측면에서 보면 다소 고전적이다. 이 작품은 홀어머니 슬하에서 자라 버릇이 없는 최완길에게 효를 가르쳐 개유시키는 내용이다. 이 소설에는 두 개의 일화가 제시되었는데, 하나는 이원익의 일화로 그 역시 효를 가르치는 내용이다. 또 하나는 청국인의 예화로 그들이 국가보다 부모를 중히 여기는 모습을 제시했다. 이 소설에서 단재는 효를 통해서 충으로 나아가고, 무지를 깨우쳐서 앎과 실천으로 나아가는 모습을 강조하였다.

단재가 「익모초」를 '가정소설'로 인식했다는 것은 여러 가지 점에서 시사적이다. 그가 「익모초」를 소설로 규정한 것은 그 나름대로 형상화 측면을 염두에 두었기 때문으로 보인다. 제목부터 '어머니를 유익하게 하는 풀'이라 하여 무지/불효에서 각성/효도로, 무지/불충에서 각성/충국으로 나아가는 모습을 상징적으로 제시한다. 이 소설이 단순히 효에 그치지 않고 나라 사랑으로 나아감으로써 가정 국가를 하나의 단위로 인식하는 단재의 애국정신을 엿볼 수 있다.

디구셩미ᄅᆡ몽[1]

우셰ᄌᆞ[2]ᄂᆞᆫ 단군 이후 ᄉᆞ쳔여 년 시ᄃᆡ 사ᄅᆞᆷ이라. 일즉 교화가 ᄇᆞᆰ지 못ᄒᆞ고 풍쇽이 아ᄅᆞᆷ답지 못ᄒᆞᆫ 것을 근심ᄒᆞ야 혹 쳥년을 교육ᄒᆞ며 혹 지ᄉᆞ[3]를 권고ᄒᆞ고 혹 완고[4]를 경셩[5]ᄒᆞ기 위ᄒᆞ야 셰샹에 도라ᄃᆞᆫ닌 지 몃 ᄒᆡ에 ᄒᆞᆫ 사람도 ᄭᆡ닷[6] 쟈 업고 도로혀 지목ᄒᆞ기[7]를 광패ᄒᆞᆫ[8] 쟈ㅣ라 ᄒᆞ며 죠롱ᄒᆞ기를 허황ᄒᆞᆫ 쟈ㅣ라 ᄒᆞ야 인류로 ᄃᆡ졉지[9] 아니ᄒᆞ거ᄂᆞᆯ. 우셰ᄌᆞㅣ ᄌᆞ탄ᄌᆞ가[10]ᄒᆞ다가 창ᄌᆞ 속에 더운 피가 ᄭᅳᆯ음을 금치 못ᄒᆞ야 일일은 표연히[11] 멀니 놀 ᄯᅳᆺ을 두ᄆᆡ 손에 잡고 일반 동포에게 권고ᄒᆞ랴던 일쳬 잡지와 월보를 다 집어더지고[12] 니러서니. 그 ᄒᆡᆼ장을 볼작시면[13] 쳥려쟝[14] 일개와 셔ᄉᆡ집신[15] 일 쌍이며 조고마

1 디구셩미ᄅᆡ몽: 地球星未來夢. 이 작품은 무서명으로 국문판 『대한매일신보』(1909.7.15.~8.10.)에 19회 연재되었다. 김영민, 권영민 등에 의해 개화기 문학선집에 수록되면서 널리 알려졌다. (김영민 외 편, 『근대계몽기 단형 서사문학 자료전집』, 소명출판, 2003; 권영민, 『풍자 우화 그리고 계몽담론』, 서울대출판부, 2008) 신채호는 地球라는 말을 「몽견제갈량」, 「꿈하늘」, 「용과 용의 대격전」 등 무수한 작품에서 쓰고 있다. 김주현은 「디구셩미ᄅᆡ몽」을 신채호의 작품으로 확정(「〈디구셩미ᄅᆡ몽〉의 저자와 그 의미」, 『현대소설연구』 제47호, 2011.8)한 바 있다. 주석에서 선학들의 설명도 참조했음을 밝혀둔다.

2 우셰ᄌᆞ: 憂世子. 세상일을 근심하는 사람.

3 지ᄉᆞ: 志士. 뜻있는 선비, 나라와 민족을 위하여 제 몸을 바쳐 일하려는 뜻을 가진 사람.

4 완고: 頑固. 융통성이 없이 올곧고 고집이 셈.

5 경성: 警醒. 정신을 차려 그릇된 행동을 하지 않도록 타일러 깨우침.

6 ᄭᆡ닷: 'ᄭᆡ닷ᄂᆞᆫ'에서 끝 글자가 탈자된 것으로 보인다.

7 지목ᄒᆞ기: 指目ᄒᆞ기. 가리키기.

8 광패ᄒᆞᆫ: 狂悖한. 미친 사람처럼 말과 행동이 사납고 막된.

9 ᄃᆡ졉지: 마땅하게 예로 대하지. 대우하지.

10 ᄌᆞ탄ᄌᆞ가: 自彈自歌, 혼자 거문고를 타고 노래를 부름. 또는 自歎自歌, 즉 자기의 일에 대하여 탄식하고 스스로 노래 부름.

11 표연히: 飄然히. 가볍게 훌쩍.

12 집어더지고: 집어던지고.

13 볼작시면: 주로 판소리에 많이 등장하는 말로 "보면" 정도의 뜻.

14 쳥려쟝: 靑藜杖. 명아줏대로 만든 지팡이.

15 셔ᄉᆡ집신: 새짚신, 억새로 삼은 신. 셔새는 '소새', 즉 억새를 뜻함.

ᄒᆞᆫ 보ㅅ짐[16] 뒤에 소라표ᄌᆞ[17] ᄒᆞᆫ 개를 ᄃᆞᆯ엇더라. 십 리 ᄇᆡᆨ 리 쳔 리를 뎡쳐업시 ᄃᆞ니다가 ᄒᆞᆫ 곳을 다다르니,

산명슈려[18] ᄒᆞ뎌 동텬이 별유텬디비인간[19]이니 폭포슈ᄂᆞᆫ ᄇᆡᆨ릉포[20]가 ᄃᆞᆯ녀잇고 무림슈쥭[21]은 청포쟝[22]을 둘너잇ᄂᆞᆫᄃᆡ, 우ᄂᆞ니 ᄋᆡᆼ무 원앙이오 조으ᄂᆞ니 노루 사슴이며 츔츄ᄂᆞ니 ᄇᆡᆨ학이오 긔화요초[23]ᄂᆞᆫ 이 셰샹에셔 보지 못ᄒᆞ던 바ㅣ라.

우셰ᄌᆞㅣ 홀노 방황ᄒᆞ며 ᄉᆞ면을 도라보니 각ᄉᆡᆨ[24] 식물과 동물은 긔긔괴괴[25]ᄒᆞᆫ 즁에 동물 즁 ᄀᆞ쟝 령귀ᄒᆞᆫ[26] 사ᄅᆞᆷ은 ᄌᆞ긔 일신 외에 ᄒᆞᆫ나도 못 볼너라. 보ㅅ짐에 ᄃᆞᆯ엇던 표ᄌᆞ를 ᄯᅦ여 들고 폭포가에 나아가셔 희고 맑은 물을 두세 번 ᄲᅥ 마시고 긔엄긔엄[27] ᄯᅩ ᄒᆞᆫ 고ᄀᆡ에 올나가니, 층암졀벽[28]은 버려잇고[29] ᄇᆡᆨ운은 막막ᄒᆞᆫᄃᆡ 뵈이ᄂᆞ니 쳥텬이오 들니ᄂᆞ니 물소ᄅᆡ라. 구븨구븨 긴 등[30]을 도라 샹샹봉[31]에 올나가셔 젼후 좌우를 ᄂᆞ려다 보니, 동셔양 낫연긔[32]ᄂᆞᆫ 눈압헤 ᄂᆞ즉ᄒᆞ고 태양태음[33]과 모든 별이 머리 우헤 멀지 안타. 금잔ᄃᆡᄂᆞᆫ ᄉᆞ면에 평포ᄒᆞ고[34] 쳔년 늙은 회화나무ᄂᆞᆫ 록음이 울울ᄒᆞᆫᄃᆡ 오ᄯᅩᆨ오ᄯᅩᆨ 괴셕이오 번듯번듯 반셕[35]이라.

---

16 보ㅅ짐: 등에 지기 위하여 물건을 보자기에 싸서 꾸린 짐.
17 소라표ᄌᆞ: 소라 껍질을 잘라 만든 표주박.
18 산명슈려: 山明水麗. 산과 물이 맑고 깨끗하다
19 별유텬디비인간: 別有天地非人間. 이백의 한시 「산중문답」의 구절로 "인간 세상이 아닌 별천지에 있다"는 뜻.
20 ᄇᆡᆨ릉포: 白綾布. 흰빛의 얇은 비단포.
21 무림슈쥭: 茂林修竹. 무성한 수풀과 긴 대나무.
22 청포쟝: 青布帳. 푸른빛의 천으로 만든 휘장.
23 긔화요초: 琪花瑤草. 옥같이 고운 풀에 핀 구슬같이 아름다운 꽃.
24 각ᄉᆡᆨ: 各色. 여러 가지.
25 긔긔괴괴: 奇奇怪怪. 매우 기이하고 괴상함.
26 령귀ᄒᆞᆫ: 靈鬼한. 靈鬼는 '신령스럽거나 괴이한 귀신'을 뜻하는데, '영귀한'은 '신령스럽고 괴이한' 정도의 의미.
27 긔엄긔엄: 자꾸 기어가거나 기는 듯이 움직이는 모양.
28 층암졀벽: 層巖絶壁. 몹시 험한 바위가 겹겹으로 쌓인 낭떠러지.
29 버려잇고: 벌여 있고. 늘어서 있고.
30 등: 등성이.
31 샹샹봉: 上上峯. 여러 봉우리 가운데 가장 높은 봉우리.
32 낫연긔: 낮에 피어오르는 연기.
33 태양태음: 太陽太陰. 해와 달.
34 평포ᄒᆞ고: 平鋪ᄒᆞ고. 평평하게 펴고.

우셰ᄌᆞ ㅣ 괴셕 우에 보ㅅ짐을 버셔 놋코 반셕으로 옴겨 안ᄌᆞ 시원ᄒᆞᆫ 바ᄅᆞᆷ을 쏘이더니, 홀연 인젹[36]이 나며 ᄒᆞᆫ 늙은 즁이 머리에 치포곳갈[37]을 쓰고 억ᄀᆡ에 오ᄉᆡᆨ가ᄉᆞ[38]를 메이고 손에 셕쟝[39]을 들고 발에 ᄇᆡᆨ운리[40]를 신고 휘젹휘젹 올나오더니, 한숨 쉬며 관셰음보살 쥬져안지며 남무아미타불.

겻히 사ᄅᆞᆷ을 보ᄂᆞᆫ 듯 못 보ᄂᆞᆫ 듯 다시 긴 소ᄅᆡ로 계음[41] 일쟝을 부르니,

어어어 봉헌일판향
으으으 덕용란ᄉᆞ의이이이
어어어 근반진ᄉᆞ계
으으으 엽뷰오슈미이이이[42]
어어어 불샹ᄒᆞ다 뎌 창ᄉᆡᆼ[43]들
으으으 극락셰계[44] 어ᄃᆡ 두고
어어어 칼산디옥[45] 왜 찻슴나
으으으 방아질 작도질[46] 뎌 형벌을
으으으 압허ᄒᆞᆫ들 뉘 말닐가
어어어 불샹ᄒᆞ다 뎌 창ᄉᆡᆼ들

---

35 반셕: 盤石. 넓고 평평한 큰 돌.
36 인젹: 人跡. 사람의 발자취.
37 치포곳갈: 검은빛이 나는 베로 만든 고깔.
38 오ᄉᆡᆨ가ᄉᆞ: 五色袈裟. 다섯 가지 색깔로 된 가사. 가사는 승려가 장삼 위에, 왼쪽 어깨에서 오른쪽 겨드랑이 밑으로 걸쳐 입는 법의(法衣)를 말함.
39 셕쟝: 錫杖. 승려가 짚는 지팡이. 錫杖은 신채호의 「최도통전」에서 현린선사가 "飄然히 一錫杖으로 軍門을 來叩ᄒᆞ니"라고 하여 제시된다.
40 ᄇᆡᆨ운리: 白雲履. 흰 구름 신발.
41 계음: 偈音=偈頌. 불덕(佛德)을 찬미하고 교리를 서술한 4구절의 시구.
42 「상주권공할향(常主勸供-喝香)」의 "奉獻一片香 德用難思議 根盤塵沙界 葉覆五須彌"이다. "한 조각 향이오나 정성으로 올리나니, 향의 덕을 어찌 헤아릴 수 있으오리까. 아래로 티끌 같은 사바세계 비치옵고, 위로는 다섯 수미계도 그늘을 덮습니다." 그리고 마지막 구절이 『대한매일신보』 원문에는 '엽슈오슈미이이이'처럼 보이지만, '엽뷰오슈미이이이'가 옳기에 그렇게 바로잡았다.
43 창ᄉᆡᆼ: 蒼生. 세상의 모든 사람.
44 극락셰계: 極樂世界. 아미타불이 살고 있는 정토(淨土)로, 괴로움이 없으며 지극히 안락하고 자유로운 세상.
45 칼산디옥: 죄인을 칼나무 끝에 올려놓고 곧 떨어지게 하되, 손으로 칼나무를 잡으면 전신이 백 토막 나고 발로 칼산을 디디면 몸이 천 토막 나도록 발겨지는 지옥.
46 작도질: 작두질. 작두로 무엇을 동강동강 썰거나 자르는 일.

ᄋᆞᄋᆞᄋᆞ 몸 망ᄒᆞ고 나라ᄯᆞ지
어어어 나라업ᄂᆞᆫ 뎌 귀신들
ᄋᆞᄋᆞᄋᆞ 참혹ᄒᆞ다 뎌 죄악을
어어어 닥치ᄂᆞ니 형벌이오
ᄋᆞᄋᆞᄋᆞ 부르ᄂᆞ니 노례귀[47]라
어어어 ᄉᆡᆼ젼에 나라 일코
ᄋᆞᄋᆞᄋᆞ 환ᄉᆡᆼᄒᆞᆫ들 어ᄃᆡ 가나
어어어 어둠침침 염라부[48]에
ᄋᆞᄋᆞᄋᆞ 쳔년만년 ᄀᆡᆨ귀[49]로다
어어어 불샹ᄒᆞ다 뎌 창ᄉᆡᆼ들
ᄋᆞᄋᆞᄋᆞ 어셔어셔 지식 넓혀
어어어 망국죄인 되지 마라
ᄋᆞᄋᆞᄋᆞ 불샹ᄒᆞ다 뎌 챵ᄉᆡᆼ들
어어어 남무아미타불

그 소ᄅᆡ가 쳐량강개ᄒᆞ[50] 쳥산이 참담ᄒᆞ고[51] 류슈[52]가 오열ᄒᆞ니[53] 원ᄀᆡᆨ[54]의 눈물이 옷깃을 젹시더라.

우셰ᄌᆞㅣ 손을 드러 길게 읍ᄒᆞ고[55] 무ᄅᆞᄃᆡ,

「대ᄉᆞᄂᆞᆫ 어ᄂᆞ 명산에 잇스며 어ᄃᆡ로 향ᄒᆞ며 법호[56]ᄂᆞᆫ 무엇이라 ᄒᆞᄂᆞ뇨?」

---

47 노례귀: 奴隷鬼. 노예 귀신.
48 염라부: 閻羅府. 지옥의 주신(主神)인 염라대왕이 지배하는 유명계(幽冥界).
49 ᄀᆡᆨ귀: 客鬼. 떠돌아다니는 귀신.
50 쳐량강개ᄒᆞ: 凄凉慷慨ᄒᆞ. 처량할 뿐만 아니라 강개하고. 원문에는 '쳐량강개ᄒᆞ'라 하여 '고'가 탈자된 것으로 보인다.
51 참담ᄒᆞ고: 慘憺하고. 어둠침침하고 쓸쓸하고.
52 류슈: 流水. 흐르는 물.
53 오열ᄒᆞ니: 嗚咽하니. 목메어 우니.
54 원ᄀᆡᆨ: 遠客. 먼 데서 온 손님.
55 읍ᄒᆞ고: 揖하고. 두 손을 맞잡아 얼굴 앞으로 들어 올리고 허리를 앞으로 공손히 구부렸다가 몸을 펴면서 손을 내리고.
56 법호: 法號. 승려의 아호.

그 즁이 합쟝ᄒᆞ여 공근히[57] 답례ᄒᆞ고 닐ᄋᆞᄃᆡ,

「쇼승의 칭호ᄂᆞᆫ 원쟝법ᄉᆞ[58]ㅣ라 ᄒᆞ옵ᄂᆞᆫᄃᆡ 지금 춍령[59]을 넘어 쳔리 졍ᄒᆡ[60]를 지나 이곳에 왓거니와, 이 산은 우리 불가[61]의 유명ᄒᆞᆫ 슈미산[62]이라 션ᄉᆡᆼ은 뉘신지 엇지 이곳에 니르시뇨?」

우셰ᄌᆞㅣ 왈, 「나ᄂᆞᆫ 대한뎨국에 우셰ᄌᆞㅣ라 칭ᄒᆞᄂᆞᆫ 광ᄀᆡᆨ[63]이니 우리 민족의 부패ᄒᆞᆷ과 국셰의 빈약ᄒᆞᆷ을 근심ᄒᆞ야 월보와 잡지를 발간ᄒᆞ야 셰상 사ᄅᆞᆷ을 ᄀᆡ도[64]ᄒᆞ기로 일을 ᄉᆞᆷ더니 ᄒᆞ나도 ᄭᆡ닷ᄂᆞᆫ 쟈ᄂᆞᆫ 업고 졈졈 비참ᄒᆞᆫ 디경에 ᄲᅡ지ᄆᆡ, 내 비록 불ᄀᆞᆺ흔 열혈이 ᄭᅳ르나 ᄒᆞᆫ 손으로 건질 수 업ᄂᆞᆫ 고로 ᄌᆞ연화에 ᄯᅴ여[65] 셰계에 멀니 놀어 흉회[66]를 펼가 ᄒᆞ다가 우연히 이곳에 왓거니와, 나도 이왕 불경[67]을 대강 열람ᄒᆞ여 계음[68]과 인도[69]를 만히 알엇스나 지금 대ᄉᆞ의 부르ᄂᆞᆫ 계음은 이왕에 보도 듯도 못ᄒᆞ엿스니 그 계음은 무ᄉᆞᆷ ᄯᅳᆺ이며 소ᄅᆡᄂᆞᆫ 엇지 그리 비챵ᄒᆞ뇨?」[70]

법ᄉᆞㅣ 왈, 「쇼승이 이번에 옥경[71]으로 가다가 염라부에 잠간 들녓더니, 염라부 ᄉᆞ무가 ᄇᆡᆨ여 년 이ᄅᆡ로 대단히 분답ᄒᆞ다[72]ᄂᆞᆫᄃᆡ 참혹ᄒᆞᆫ 형벌을 당ᄒᆞ

---

57 공근히: 恭謹히. 공손하고 조심성이 있게.

58 원쟝법ᄉᆞ: 圓藏法師. '법사'란 불법에 통달하고 언제나 청정한 수행을 닦아 남의 스승이 되어 사람을 교화하는 승려를 말함.

59 춍령: 葱嶺. 파미르[Pamir]의 중국명. '세계의 지붕'이라 불리우는 중앙아시아의 산지(山地). 단재는 「대동역사」에서 "葱嶺의 塞이 南蹝의 籬를 防치 못할지니"라 하여 '총령'을 언급했다.

60 졍ᄒᆡ: 淨海. '千里'라는 표현으로 보아 아랄해[Aral Sea](남북 최장 길이 약 430km, 동서 너비 약 290km)로 보인다. 아랄해는 과거에 물이 맑은 것으로 유명했기 때문이다. 현재는 개발로 인해 사막화가 급속히 진행되어 그 크기가 과거의 1/10 수준으로 줄어들었다.

61 불가: 佛家. 불교를 믿는 사람. 또는 그들의 사회.

62 슈미산: 須彌山. 불교의 우주관에서, 세계의 중앙에 있다는 산.

63 광ᄀᆡᆨ: 狂客. 말이나 행동에 있어서 광기가 있는 자.

64 ᄀᆡ도: 開導. 깨우쳐 이끔.

65 ᄯᅴ여: 떠, 달떠, 열기가 올라서 진정하지 못하다.

66 흉회: 胸懷. 가슴속에 품은 회포.

67 불경: 佛經. 불교경전.

68 계음: 偈音. 偈頌. 불교적 교리를 담은 한시의 한 형태.

69 인도: 人道. 사람으로서 마땅히 지켜야 할 도리.

70 비챵ᄒᆞ뇨: 悲愴하뇨. 서글프뇨. 슬프뇨.

71 옥경: 玉京. 하늘 위에 옥황상제가 산다고 하는 가상적인 서울. 신채호의 「류화전」에도 "玉京 仙娥", "玉京 瑤臺"가 나온다.

72 분답ᄒᆞ다: 紛沓ᄒᆞ다. 북적북적하고 복잡하다.

ᄂᆞᆫ 쟈도 무수ᄒᆞ고 슈치되ᄂᆞᆫ 욕을 당ᄒᆞᄂᆞᆫ 쟈도 무수ᄒᆞ야 광경이 슈참[73]ᄒᆞ기로 경관[74]에게 그 소이연[75]을 무른즉 눈쌀을 찡긔며[76] ᄃᆡ답ᄒᆞᄃᆡ ᄇᆡᆨ여 년 젼에ᄂᆞᆫ ᄉᆞ무가 이다지 번극[77]ᄒᆞ지 안터니 근ᄅᆡ에ᄂᆞᆫ 뎌 망국 민족들을 쳐치ᄒᆞ기에 대단히 골몰ᄒᆞ야 안비ᄅᆞᆯ 막ᄀᆡ[78]ᄒᆞ며 ᄯᅩ 이젼에ᄂᆞᆫ 사ᄅᆞᆷ의 샹벌을 쳐결ᄒᆞ야[79] 동셔양 각국에 륜회환ᄉᆡᆼ[80]케 ᄒᆞ더니 지금은 망국 민족 즁에 죄업ᄂᆞᆫ 쟈ᄅᆞᆯ 환ᄉᆡᆼ케 ᄒᆞ고져 ᄒᆞ나 다른 됴흔 나라에 보내려 ᄒᆞ면 그곳 산쳔 신령이 다 슬희여ᄒᆞ고[81] 제 나라로 보내려 ᄒᆞᆫ즉 그곳은 타국 식민[82]이 이믜 구역마다 ᄀᆞ득이 찻스니 다시 변통무로[83]요, ᄯᅩᄂᆞᆫ 환ᄉᆡᆼ케 ᄒᆞᆯ 만ᄒᆞᆫ ᄌᆞ격도 몃 개 못 되니 이럼으로 염라부가 쟝ᄎᆞᆺ[84] 터지게 된지라.

ᄋᆡ급[85] 인도 파란[86] 월남 여러 나라의 몃억만 인죵이 오ᄂᆞᆫ ᄃᆡ로 다시 가든 못ᄒᆞ니, 이런 죰은 구역에 모라두기만 ᄒᆞ면 몃 ᄒᆡ 못 되여셔 염라부ᄂᆞᆫ 망국 민족의 셰계가 되겟슨즉[87] 그 아니 걱졍이뇨? 이 일노써 부즁[88]에셔 날마다 회의ᄅᆞᆯ ᄒᆞ나 지금ᄭᆞ지 결말이 업스니,

혹은 제 나라ᄅᆞᆯ 제가 망ᄒᆞ고 갈 곳이 업스니 여긔 두어 무엇에 쓰리오.

---

73 슈참: 愁慘. 을씨년스럽고 구슬픔 또는 몹시 비참함.
74 경관: 警官. 경찰관.
75 소이연: 所以然. 그리된 까닭.
76 찡긔며: 찡그리며.
77 번극: 繁劇. 몹시 번거롭고 바쁨.
78 안비ᄅᆞᆯ 막ᄀᆡ: 眼鼻莫開. 눈코 뜰 새 없는 것. 몹시 바빠 어쩔 수 없음을 뜻함.
79 쳐결ᄒᆞ야: 處決하여. 결정하고 조치하여.
80 륜회환ᄉᆡᆼ: 輪回還生. 윤회란 수레바퀴가 끊임없이 구르는 것과 같이, 중생이 번뇌와 업에 의하여 삼계 육도(三界六道)의 생사 세계를 그치지 아니하고 돌고 도는 일이며, 환생이란 열반계로부터 부활함 또는 그런 일을 뜻한다.
81 슬희여ᄒᆞ고: 厭惡하고. 싫어하고.
82 식민: 植民. 본국(本國)과는 다른 차별적 지배를 받고 있는 지역에 자국민이 영주할 목적으로 이주하여 경제적으로 개척하며 활동하는 일. 또는 그 이주민.
83 변통무로: 變通無路. 변통할 만한 길이 없음.
84 쟝ᄎᆞᆺ: 장차.
85 ᄋᆡ급: 埃及. 이집트.
86 파란: 波蘭. 폴란드.
87 염라부ᄂᆞᆫ 망국 민족의 셰계가 되겟슨즉: 신채호의 「爲國民大韓新聞招魂」의 구절 "韓國이 興ᄒᆞᄂᆞᆫ 日에ᄂᆞᆫ 爾祖先의 榮光이 輝赫ᄒᆞ고 爾子孫의 幸福이 多大ᄒᆞᆯ 섇더러 爾身도 天國에 登輝ᄒᆞ야 長久安樂을 享ᄒᆞᆯ지며 韓國이 亡ᄒᆞᄂᆞᆫ 日에ᄂᆞᆫ 爾祖先의 恥辱이 莫雪ᄒᆞ고 爾子孫의 悲境을 難除ᄒᆞᆯ 섇더러 爾身도 地獄에 陷ᄒᆞ야 萬劫苦痛을 受ᄒᆞᆯ지어ᄂᆞᆯ"에도 나온다.
88 부즁: 府中. 관아. 구체적으로 염라부의 관아.

아모리 참혹ᄒᆞᆯ지라도 디옥[89] 몃만 간을 더 지어 그 속에 모라너코 그 문을 영영 봉쇄ᄒᆞ면 도로나 좀 졍결ᄒᆞ리라 ᄒᆞ고, 혹은 망국 인죵이 ᄒᆡ마다 늘고 ᄃᆞᆯ마다 더ᄒᆞ니 디옥을 짓ᄂᆞᆫ ᄃᆡ로 차면 ᄯᅡᆼ도 한뎡이 잇지 현금[90] 셰계상에 빈약ᄒᆞ고 우ᄆᆡᄒᆞᆫ 나라이 간간히 잇스니 그 나라들이 ᄎᆞ례로 망ᄒᆞ면 우리 부즁은 더욱 곤난치 아니리오. 찰하리 뎌 인죵들을 소나 ᄆᆞᆯ이나 개나 도야지로 환ᄉᆡᆼ케 ᄒᆞ야 뎌 빈약ᄒᆞᆫ 나라에 보내여 우리 부즁을 안졍케 ᄒᆞᆷ이 됴타 ᄒᆞ고,

혹은 모라다가 불에 ᄐᆡ오쟈 ᄒᆞ고 혹은 물에 ᄯᅴ우쟈 ᄒᆞ며 혹은 모다[91] 방아에 바슈쟈[92] ᄒᆞ고 혹은 ᄆᆡᆺ돌에 갈쟈[93] ᄒᆞ야 공론[94]이 불일ᄒᆞ나,[95] 나ᄂᆞᆫ 보건ᄃᆡ 뎌 망국 인죵에 짐짓 작죄ᄒᆞᆫ[96] 쟈도 잇고 모로고 작죄ᄒᆞᆫ 쟈도 잇스나 ᄀᆞ쟝 무죄ᄒᆞ고 불샹ᄒᆞᆫ 쟈ᄂᆞᆫ 나라를 위ᄒᆞ여 몸을 도라보지 아니ᄒᆞ다가 힘이 밋지 못ᄒᆞ야 ᄌᆞ살ᄒᆞ든지 혹 뎍인의게[97] 죽은 사ᄅᆞᆷ들이야 엇지 망국인으로 ᄃᆡ우ᄅᆞᆯ ᄒᆞ리마ᄂᆞᆫ 환ᄉᆡᆼᄒᆞᆯ 곳은 ᄯᅩᄒᆞᆫ 업스니 그 아니 참혹ᄒᆞ며,

ᄯᅩ 그 사ᄅᆞᆷ들이 ᄋᆡ걸복걸[98]ᄒᆞᄃᆡ 우리 민족을 살녀달나 우리 민족을 구완ᄒᆞ여[99] 달나 우리 민족을 실노 뎌 디경에 모라 너흐면 우리ᄂᆞᆫ 몬져 가겟다 ᄒᆞ야 무수히 상지ᄒᆞ니[100] 그 졍경을 ᄎᆞᆷ아 괄시ᄒᆞᆯ 수 업고 그 츙직[101]을 과연 박ᄃᆡᄒᆞᆯ[102] 수 업슴으로 아직 결뎡치 못ᄒᆞ엿스나 쟝ᄎᆞᆺ 별 방침을 쓸 터인ᄃᆡ,

---

89 디옥: 地獄. 죄업을 짓고 매우 심한 괴로움의 세계에 난 중생이나 그런 중생의 세계. 또는 그런 생존. 섬부주의 땅 밑, 철위산의 바깥 변두리 어두운 곳에 있다고 한다. 팔대 지옥, 팔한 지옥 따위의 136종이 있다.

90 현금: 現今. 바로 지금.

91 모다: 모두, 모두 다.

92 방아지옥: 죄인을 방아 속에 넣고 찧어 몸이 천 조각 나고 피가 낭자하여 매일 만생만사(萬生萬死)하는 그런 지옥.

93 맷돌지옥: 커다란 맷돌 틈으로 죄인을 갈아서 가루를 내는 지옥. 신채호는 「꿈하늘」에서 "맷돌로 갈어 업시하야 새싹이 안 날지니 이는 맷돌地獄"이라고 하였다.

94 공론: 公論. 여럿이 의논함. 또는 그런 의논. 여론.

95 불일ᄒᆞ나: 不一하나. 한결같지 아니하나.

96 작죄ᄒᆞᆫ: 作罪한. 죄 지은.

97 뎍인의게: 敵人에게. 원수에게.

98 ᄋᆡ걸복걸: 哀乞伏乞. 소원 따위를 들어 달라고 애처롭게 사정하며 간절히 빎.

99 구완ᄒᆞ여: "救援하여"를 입말 그대로 적다 보니 그렇게 됨. 어려움이나 위험에 빠진 사람을 구하여.

100 상지ᄒᆞ니: 相持ᄒᆞ니. 서로 자기의 의견만을 고집하고 양보하지 아니하니.

101 츙직: 忠直. 충성스럽고 정직함.

102 박ᄃᆡᄒᆞᆯ: 薄待할. 인정 없이 모질게 대할.

뎌 츙군ᄋᆡ국[103] ᄒᆞ든 ᄉᆞ름을 겻헤 두고ᄂᆞᆫ ᄎᆞᆷ아 거조[104]ᄒᆞ기 어렵기로 상뎨[105]ᄭᅴ 주달ᄒᆞ야[106] 모모 졔씨ᄂᆞᆫ텬당[107]으로 가게 ᄒᆞᆫ다 ᄒᆞ니 쇼승이 그 말을 듯고 모골[108]이 송연ᄒᆞ야[109] 도라오던 ᄎᆞ이라. 이곳에 니ᄅᆞ러 본즉 동셔양이 눈압헤 버려잇스니 뎌 쇽에 쏘 몃 나라의 망국 인죵이 잇슬지 알지 못ᄒᆞᆷ으로 우리 불가의 대ᄌᆞ대비[110]ᄒᆞᆫ ᄆᆞᄋᆞᆷ으로 계음 일 편을 새로 지어 불넛더니 션ᄉᆡᆼ이 무르시니 감히 은휘치[111] 못ᄒᆞ노이다.」

우셰자ㅣ 그 외오ᄂᆞᆫ 소ᄅᆡᄅᆞᆯ 듯고 이믜 긔ᄉᆡᆨ[112]이 비참ᄒᆞ든 ᄎᆞ에 쏘 이 셜명을 드르니 엇지 감동치 아니리오 인ᄒᆞ여 방셩대곡[113]ᄒᆞ다가 맛ᄎᆞᆷᄂᆡ 불셩인ᄉᆞ[114]ᄒᆞ거ᄂᆞᆯ 법ᄉᆞㅣ 만단위로[115] ᄒᆞ되,

「쳥컨ᄃᆡ 션ᄉᆡᆼ은 졍신을 찰혀 쇼승의 말ᄉᆞᆷ을 드르소셔. 그 광경을 목도ᄒᆞᆫ[116] 쇼승도 견디ᄂᆞᆫᄃᆡ 남의 나라 흥망셩쇠에 그리 슬허ᄒᆞᆯ[117] 일이 무엇이니잇고?」

우셰ᄌᆞㅣ ᄒᆞᆫ 손으로 금잔듸를 ᄯᅳᆺ으며 쏘 ᄒᆞᆫ 손을 반셕을 두다리고 「민족 민족」 ᄒᆞ고 부르니,

법ᄉᆞㅣ 왈, 「인도 ᄋᆡ급은 망ᄒᆞᆫ 지 ᄇᆡᆨ년식이나 다 되엿고 파란 월남은 쏘ᄒᆞᆫ 니웃 나라이 아니라 엇지 션ᄉᆡᆼ은 이ᄀᆞᆺ치 과도히[118] 슬허ᄒᆞ시ᄂᆞ뇨?」

우셰ᄌᆞㅣ 일향[119] 아모 말이 업고 다만 「ᄋᆡ고, 하ᄂᆞ님 하ᄂᆞ님」 소리ᄲᅮᆫ이라 .

---

103 츙군ᄋᆡ국: 忠君愛國. 임금에 충성하고 나라를 사랑함.
104 거조: 擧措. 어떤 일을 꾸미거나 처리하기 위한 조치.
105 상뎨: 上帝. 하느님. 여기에서는 옥황상제를 말함.
106 주달ᄒᆞ야: 奏達하여. 임금께 아뢰어.
107 텬당: 天堂. 천국, 극락정토.
108 모골: 毛骨. 털과 뼈를 아울러 이르는 말.
109 송연ᄒᆞ야: 悚然하여. 두려워 몸을 옹송그릴 정도로 오싹 소름이 끼치는 듯하여.
110 대ᄌᆞ대비: 大慈大悲. 넓고 커서 끝이 없는 부처와 보살의 자비. 특히 관세음보살이 중생을 사랑하고 불쌍히 여기는 마음을 이른다.
111 은휘치: 隱諱하지. 숨기지.
112 긔ᄉᆡᆨ: 氣色. 마음의 작용으로 얼굴에 드러나는 빛. 얼굴빛.
113 방셩대곡: 放聲大哭. 큰 소리로 몹시 슬프게 곡을 함.
114 불셩인ᄉᆞ: 不省人事=人事不省. 제 몸에 벌어지는 일을 모를 만큼 정신을 잃은 상태.
115 만단위로: 萬端慰勞. 온갖 방법으로 괴로움을 덜어 주거나 슬픔을 달래 줌.
116 목도ᄒᆞᆫ: 目睹ᄒᆞᆫ. 목격한.
117 슬허ᄒᆞᆯ: 슬퍼할
118 과도히: 過度히. 정도가 지나치게.

법ᄉᆞㅣ ᄒᆞᆯ일업시[120] 잔듸밧헤 물너안ᄌᆞ[121] ᄒᆞᆫ숨을 쉬고 남무아미타불을 외오더라.

우셰ᄌᆞㅣ 법ᄉᆞ를 향ᄒᆞ여 왈, 「여보 대ᄉᆞ 내 말ᄉᆞᆷ 드러보시오. 나ᄂᆞᆫ 인도 ᄋᆡ급의 민족을 슬허ᄒᆞᄂᆞᆫ 것이 아니라 우리 대한 민족을 슬허ᄒᆞ며, 파란 월남의 국ᄉᆞ를 슬허ᄒᆞᄂᆞᆫ 것이 아니라 우리 대한 국ᄉᆞ를 슬허ᄒᆞ노라. 우리 신셩ᄒᆞ신 단군의 ᄌᆞ손의 디옥이 목젼에 잇도다. 여보 대ᄉᆞ 우리 대한에 절ᄉᆞᄒᆞᆫ[122] 민영환[123]씨를 혹 맛나 보앗ᄂᆞᆫ지, 과연 대ᄉᆞ의 말ᄉᆞᆷ과 ᄀᆞᆺᄒᆞᆯ진ᄃᆡ 민츙졍도 환ᄉᆡᆼᄒᆞᆯ 긔한[124]이 묘연[125]ᄒᆞ리로다.」

법ᄉᆞㅣ 왈, 「션ᄉᆡᆼ은 참으시오. 쇼승은 염라부에셔 대한 국민 엇더타 ᄒᆞᄂᆞᆫ 말은 못 드럿스나 셜령 대한이 위ᄐᆡᄒᆞᆫ 디경[126]이라도 민지가 ᄀᆡ명되야 졍치 법령이 ᄇᆞᆰ어지면 극락세계 엇지 못 되오리잇가?」

우셰ᄌᆞㅣ 눈물을 씻고 니러 안ᄌᆞ 가ᄉᆞ[127] 삼쟝을 부르니,

「뎨일쟝 불샹ᄒᆞ다 민츙졍[128]은 츙국ᄋᆡ민 그 아닌가 셰셰ᄉᆡᆼᄉᆡᆼ 됴흔 싸에 부귀영화를 누리련만 아마도 환ᄉᆡᆼ은 무긔ᄒᆞ니[129] 텬당에나

뎨이쟝 신셩ᄒᆞ신 우리 민족 단군 후예 그 아닌가 례악문물[130] 뎌 의관[131]으로 텰문디옥[132]이 웬일인가 우리 동포 어셔 ᄭᆡ오 깁흔 잠을

---

119 일향: 一晑. 잠깐, 잠시 동안.
120 ᄒᆞᆯ일업시: 하릴없이.
121 물너안ᄌᆞ: 있던 자리에서 물러나 앉아.
122 절ᄉᆞᄒᆞᆫ: 節死한. 절개를 지키어 죽은.
123 민영환: 1861~1905. 조선 고종 때의 문신. 특명 전권 공사로 러시아 황제의 대관식에 특파되었고, 을사조약이 체결되자 조약의 폐기를 상소하였으나 뜻을 이루지 못하자 국민과 각국 공사에게 고하는 유서를 남기고 자결하였다.
124 긔한: 期限. 어느 때까지를 기약함.
125 묘연: 杳然. 그윽하고 아득하다.
126 디경: 地境. 형편, 처지.
127 가ᄉᆞ: 歌詞. 노랫말.
128 민츙졍: 閔忠正. 忠正은 민영환(1861~1905)의 시호. 신채호는 「정육과 애국」에서 "閔忠正 乙巳의 칼은 古大臣 報恩의 遺風이오"라고 노래했고, 「血碧碧竹猗猗」(『황성신문』, 1906.7.7.)에서 민충정공을 노래했을 뿐만 아니라 「精靈不昧」(『대매』, 1908.1.16.)에도 그를 등장시켰다.
129 무긔ᄒᆞ니: 無期하니. 기약할 수 없으니.
130 례악문물: 禮樂文物. 예악은 예법과 음악을 아울러 이르는 말이며, 문물은 정치, 경제, 종교, 예술, 법률 따위를 일컬음.
131 의관: 衣冠. 문물이 열리고 예의가 바른 풍속.

뎨삼장 뎌긔 가ᄂᆞᆫ 뎌 기럭아 ᄇᆡᆨ두산이 어ᄃᆡ ᄆᆡ뇨 원장법ᄉᆞ 이 말ᄉᆞᆷ을 젼ᄒᆡ 주쇼 우리 국민 텬당 디옥을 다 ᄇᆞ리고 셰셰 ᄉᆡᆼ환」[133]

그 소ᄅᆡ 장렴 단렴[134]과 평셩 상셩[135]이 쳐쳐졀졀[136]ᄒᆞ야 심양강샹 밤ᄃᆞᆯ에 비파셩[137]을 듯ᄂᆞᆫ 듯 연남시 가을 바ᄅᆞᆷ에 격쥭셩[138]을 맛난 듯 남ᄋᆞ의 강ᄒᆞᆫ 챵ᄌᆞ라도 거의 거의 슬어질 듯ᄒᆞᄆᆡ, 법ᄉᆞㅣ 듯다가 셕장으로 ᄯᅡ을 두다리면셔 방셩대곡[139]ᄒᆞ여 왈,

「몰낫셰라 몰낫셰라 국민 관계 몰낫셰라 우리 시님[140] 셕가셰존[141]ᄭᅴ셔 쳔승지국[142] ᄇᆞ리시고 발이ᄯᅵ[143] ᄒᆞᆫ개와 셕장 ᄒᆞ나로 텬하에 쥬류[144]ᄒᆞ셧스나 나라의 관계ᄂᆞᆫ 말ᄉᆞᆷ 업셧스니 우리 불도[145]의 목뎍은 텬하도 불관[146]이오 국가도 불관이오, 다만 일신이 청정ᄒᆞᆫ[147] ᄯᅡ에셔 양ᄉᆡᆼᄒᆞ다가[148] 텬당에 오르기가 뎨일 발원[149]이러니 지금 션ᄉᆡᆼ의 말ᄉᆞᆷ을 드른즉 일신도 여ᄉᆞ[150]오 텬당도 불관ᄒᆞ고 언필칭[151] 국가라 민족이라 ᄒᆞ니, 션ᄉᆡᆼ의 도가 참 광졔챵ᄉᆡᆼ[152]ᄒᆞᄂᆞᆫ 본의라 국민 관계가 이러ᄐᆞᆺ시 지즁ᄒᆞ도다.」[153]

---

132 텰문디옥: 鐵門地獄. 철문으로 된 지옥, 아주 굳게 만들어진 지옥.
133 셰셰 ᄉᆡᆼ환: 世世生還. 대대로 살아 돌아옴.
134 장렴 단렴: 長斂短斂. 곧 암송에서 긴 음과 짧은 음을 의미하는 것으로 보임.
135 평셩 상셩: 平聲上聲. 평성은 낮은 소리, 상성은 낮은 데서 높은 데로 가는 소리이다. 중국 한자, 중세 국어에는 4성이 있는데, 이밖에도 입성과 거성이 있다.
136 쳐쳐졀졀: 凄凄切切. 몹시 처량하고 애절함.
137 비파셩: 琵琶聲. 백낙천의 시 「琵琶行」을 인유.
138 격쥭셩: 擊竹聲. 향엄지한의 게송 「香嚴擊竹」을 인유.
139 방셩대곡: 放聲大哭. 목 놓아 소리 높여 욺.
140 시님: 스님의 입말.
141 셕가셰존: 석가모니.
142 쳔승지국: 千乘之國. 병거(兵車) 천 대를 갖출 힘이 있는 나라라는 뜻으로, 제후가 다스리는 나라를 이르는 말.
143 발이ᄯᅵ: 바리때. 절에서 쓰는 승려의 공양 그릇.
144 쥬류: 周流. 두루 돌아다님.
145 불도: 佛徒. 불교도. 또는 佛道, 즉 부처의 가르침.
146 불관: 不關. 관계치 않음. 개의하지 않음.
147 청정ᄒᆞᆫ: 淸淨한. 맑고 깨끗한.
148 양ᄉᆡᆼᄒᆞ다가: 養生하다가. 병에 걸리지 아니하도록 건강 관리를 잘하여 오래 살기를 꾀하다가.
149 발원: 發願. 신이나 부처에게 소원을 빎.
150 여ᄉᆞ: 餘事. 그다지 중요하게 생각지 않은 일.
151 언필칭: 言必稱. 말을 할 때마다 이르기를.
152 광졔챵ᄉᆡᆼ: 廣濟蒼生. 널리 백성을 구제함. 신채호는 「편고승려동포」에서 한국 불교의 도를 "救世" 및 "國家主義"라고 설명했다.

우셰ᄌᆞㅣ 왈, 「대ᄉᆞᄂᆞᆫ ᄉᆞ리[154]로 슬허ᄒᆞ거니와, 나ᄂᆞᆫ 진뎡으로[155] 슬허ᄒᆞ노니 방ᄌᆞ[156] 우리 한국 형편이 말이 못 되엿스니 쥰쥰무지[157] 뎌 챵ᄉᆡᆼ들 엇지ᄒᆞ면 구원ᄒᆞ리오?」

법ᄉᆞㅣ 왈, 「나도 ᄯᅩᄒᆞᆫ 진뎡으로 슬허ᄒᆞᄂᆞᆫ 일이 잇스니 뎌 망ᄒᆞᆫ 나라 즁에 인도ᄂᆞᆫ 곳 우리 조국이라. 그 나라 폭원[158]이 광대ᄒᆞ고 물산[159]이 풍부ᄒᆞ야 동양에 뎨일 락토[160]ㅣ라 ᄒᆞ더니, 그 ᄇᆡᆨ셩의 지식이 몽ᄆᆡᄒᆞ야 일개 영국 샹ᄃᆡ의게[161] 망ᄒᆞᆫ 바ㅣ 되여 그 민족이 염라부 디옥에 가셔 뎌 고ᄉᆡᆼ을 당ᄒᆞ니 그 아니 가련ᄒᆞᆫ가? 이번에 염라부에 갓슬 ᄯᅢ에 그 참혹ᄒᆞᆫ 경경[162]을 보고 다만 보통 ᄌᆞ비ᄒᆞᆫ ᄆᆞ음으로 불샹ᄒᆞ다 ᄒᆞ엿더니 지금 션ᄉᆡᆼ의 말ᄉᆞᆷ을 드른즉 진품관계[163]가 이ᄀᆞᆺ치 소즁ᄒᆞ고, ᄯᅩ 텬당의 락이 환ᄉᆡᆼᄒᆞᄂᆞᆫ 락만 못ᄒᆞ다 ᄒᆞ니 소승도 환ᄉᆡᆼᄒᆞ랴면 갈 곳이 젼혀 업고 비록 텬당에ᄂᆞᆫ 왕ᄅᆡᄒᆞ나 망문투식[164]ᄒᆞᄂᆞᆫ 과ᄀᆡᆨ[165]과 다른 것이 업스니, 텰학박ᄉᆞ[166]의 말에 젼문학[167]이 보통지식만 못ᄒᆞ다 ᄒᆞ더니 나의 몃십 년 젼심ᄒᆞ뎐[168] 우리의 지식으로ᄂᆞᆫ 지금 션ᄉᆡᆼ의 말ᄉᆞᆷ이 아니면 국민관계의 진리를 ᄭᆡ듯지 못ᄒᆞ엿스리로다. 불샹ᄒᆞ다 우리 인도 이억만 민족이여 갈 ᄃᆡ 업시 텰문 디옥이로다, 몰낫셰라 국민 관계 이러ᄒᆞᆫ가.」

우셰ᄌᆞㅣ 왈, 「대ᄉᆞᄂᆞᆫ 이왕[169]을 슬허ᄒᆞ고 나ᄂᆞᆫ 쟝ᄅᆡ를 슬허ᄒᆞ니, 피ᄎᆞ가

---

153 지즁ᄒᆞ도다: 至重하도다. 지극히 중요하다.
154 ᄉᆞ리: 私利. 사사로운 이해 관계.
155 진뎡으로: 眞情으로. 참되고 애틋한 정이나 마음으로.
156 방ᄌᆞ: 바야흐로.
157 쥰쥰무지: 蠢蠢無知=蠢蠢無識. 굼뜨고 어리석어 아무것도 아는 것이 없음.
158 폭원: 幅圓. 땅이나 지역의 넓이.
159 물산: 物産. 그 지방에서 생산되는 물품.
160 락토: 樂土. 늘 즐겁고 행복하게 살 수 있는 좋은 땅.
161 샹ᄃᆡ의게: 商隊에게. 商隊는 '商業部隊'의 준말 정도로 이해됨. 영국은 동인도회사를 통해 인도를 식민지화함. 또는 '相對에게', 곧 서로 겨룬 대상에게.
162 경경: 情景. 사람이 처하여 있는 모습이나 형편.
163 진품관계: 진짜와 가짜의 관계.
164 망문투식: 望門投食. 노자가 떨어졌을 때에 남의 집을 찾아가서 얻어먹음.
165 과ᄀᆡᆨ: 過客. 나그네.
166 텰학박ᄉᆞ: 철학박사.
167 젼문학: 專門學. 전문적으로 연구하여야 할 고도의 학문. 곧 전공 학문.
168 젼심ᄒᆞ뎐: 專心하던. 마음을 오로지 한곳에만 기울이던.

다 당쟝 슬음은 아닌즉 이왕 슬음은 회복ᄒᆞ기를 ᄉᆡᆼ각ᄒᆞ고 쟝ᄅᆡ 슬음은 면ᄒᆞ기를 ᄉᆡᆼ각홈이 가ᄒᆞ니, 우리 헌헌ᄒᆞᆫ[170] 팔쳑 남ᄋᆞ[171]가 엇지 ᄋᆞ녀ᄌᆞ[172]의 ᄐᆡ도로 울고 세월을 보내리오 량국 형편을 토론ᄒᆞ야 션후지칙[173]을 연구홈이 엇더ᄒᆞ뇨?」

법ᄉᆞ가 가사ㅅ자락으로 눈물은 씻고 니러 안ᄌᆞ ᄒᆞᆫ숨 쉬며, 「관셰음보살 남무아미타불.」

우셰ᄌᆞㅣ 왈, 「우리나라ᄂᆞᆫ 황ᄒᆡ와 일본ᄒᆡ[174] ᄉᆞ이에 돌츌ᄒᆞᆫ 삼쳔리 반도국으로 몃ᄇᆡᆨ 년 지나[175]에 관계가 잇슴을 인ᄒᆞ여 텬하 대셰에 어둡고 ᄯᅩ 국민의 지식이 몽ᄆᆡᄒᆞ야 고식지계[176]로만 구챠히 지내다가 현금 뎌 디경이 되엿거니와, 인도 ᄀᆞᆺᄒᆞᆫ 대국은 면젹이 쳔여만 방리[177]오, 인구가 이억여 만이나 가령 인도인 수십 인이 영인 일 명을 ᄃᆡ뎍ᄒᆞᆯ지라도 족히 뎌당ᄒᆞᆯ[178] 거시어ᄂᆞᆯ 엇지ᄒᆞ야 버들ㅅ입만ᄒᆞᆫ 적은 영국에 뎌러ᄐᆞᆺ 참혹ᄒᆞᆫ 디경을 당ᄒᆞᄂᆞ뇨?」

법ᄉᆞㅣ 왈, 「우리나라 이억여 만 민족이 뎌 이천여 만 인죵에게 이 학ᄃᆡ를 당ᄒᆞᄂᆞᆫ 것은 다름 아니라 민심이 ᄒᆡ산ᄒᆞ야[179] 단톄가 못 되엿스니 비록 다수ᄒᆞᆫ 국민이라도 쇼수 단결된 ᄃᆡ뎍[180]을 뎌당치 못홈이로다.

우리 인도의 망ᄒᆞᆫ 연원을 궁구ᄒᆞ면 우리 불도의 죄라 ᄒᆞᄂᆞᆫ 지목[181]은 면치 못ᄒᆞᆯ지라. 젼국 남녀 즁에 총명ᄒᆞ고 영민ᄒᆞ다ᄂᆞᆫ 쟈ᄂᆞᆫ 다 고샹ᄒᆞ다 ᄌᆞ칭

---

169 이왕: 已往. 지금보다 이전. 여기에서는 과거의 일.
170 헌헌ᄒᆞᆫ: 軒軒한. 풍채가 당당하고 빼어난.
171 팔척 남ᄋᆞ: 八尺男兒. "팔척장승의 사나이"란 말이 있는데, 키가 매우 큰 사나이를 뜻함. 참고로 1척은 30.3cm이니 2m 42cm가량을 말한다.
172 ᄋᆞ녀ᄌᆞ: 兒女子. '여자'를 낮잡아 이르는 말.
173 션후지칙: 善後之策. 뒷갈망을 잘하려는 계책.
174 일본ᄒᆡ: 東海를 말함. 원장법사가 한국을 잘 모르리라는 소설적 설정으로 인해 "황해와 동해 사이"로 하면 안 되기에 그렇게 표현한 것으로 보임. "ᄯᅩ 이샹ᄒᆞᆫ 말 ᄒᆞᆫ 마ᄃᆡ가 잇스니 대한 말노 번역ᄒᆞ면 셜마라 ᄒᆞᄂᆞᆫ 말인ᄃᆡ" 역시 그러한 맥락에서 한 표현임. 또는 일본의 태평양 쪽 바다를 '일본해'라고 지칭하기도 했는데, 한국의 위치를 분명히 하기 위해 그것을 지칭했을 가능성도 있다.
175 지나: 支那. 진(秦)의 와전. 중국의 다른 이름.
176 고식지계: 姑息之計. 당장의 편한 것만을 택하는 일시적이며 임시변통의 계책을 이르는 말.
177 방리: 方里. 사방으로 일 리(里)가 되는 넓이.
178 뎌당ᄒᆞᆯ: 抵當할. 맞서서 겨룸.
179 ᄒᆡ산ᄒᆞ야: 解散하여. 흩어져.
180 ᄃᆡ뎍: 對敵. 적이나 어떤 세력, 힘 따위와 맞서 겨룸 또는 그 상대.
181 지목: 指目. 어떠하다고 가리켜 정함.

ᄒᆞ야[182] 국ᄉᆞ[183]이니 민족이니 ᄒᆞᄂᆞᆫ 거슨 언론[184]도 업고 일신만 닥그면 극락세계로 도라간다 ᄒᆞ고 혹 두문불츌[185]ᄒᆞ며 혹 명산에 드러가ᄆᆡ 민국대세[186]ᄂᆞᆫ 샹관이 업시 일편향[187]을 봉헌[188]ᄒᆞᆷ으로 셰월을 보내니 나랏일은 뉘가 ᄒᆞ며, ᄯᅩ 그 다음에 조곰 지식잇다 ᄒᆞᄂᆞᆫ 쟈ᄂᆞᆫ 허황ᄒᆞᆫ 비긔[189]만 밋고 운수만 기다려 외국에 쟝챵대포[190]ᄂᆞᆫ 쓸ᄃᆡ업고 ᄯᅢ만 도라오면 뎌희[191]가 ᄌᆞ멸ᄒᆞᆫ다[192] ᄒᆞ야 두 손ᄉᆞᆺ 밋고 안ᄌᆞᆺ스니 나랏일은 뉘가 ᄒᆞ며. 그ᄂᆞᆷ아 쥰쥰무식ᄒᆞᆫ 쟈들이야 비록 몃억만 인이라도 쓸ᄃᆡ업거니와 영국인이 드러올 ᄯᅢᄅᆞᆯ 당ᄒᆞ야 문졍[193]도 ᄒᆞ고 담판도 ᄒᆞ여 약됴[194]를 ᄒᆞ든지 항거를 ᄒᆞ엿스면 엇지 이 디경이 되엿스리오마ᄂᆞᆫ 뎌희[195]ᄂᆞᆫ 외국인을 ᄒᆞᆫ번 보ᄆᆡ 텬신[196]을 맛난 듯 아귀[197]를 본듯 일시에 쥐구녕 게구녕을 차쟈 흣허졋스며 그 즁에도 뎨일 가쇼 탄ᄒᆞᆯ[198] 일은 ᄒᆞᆫ 농부가 밧츨 갈다가 셕함[199]을 엇어 열고 본즉 그 속에 참셔[200]가 잇스되 모년 모월 모일에 텬신이 강림ᄒᆞ야 외국 사ᄅᆞᆷ을 다 죽인다 ᄒᆞᆫ지라. 그 농부가 그 참셔ᄅᆞᆯ 젼국에 젼포ᄒᆞᄆᆡ[201] 젼국 사ᄅᆞᆷ들이 영국의 압졔ᄅᆞᆯ 괴로와ᄒᆞ야 긔반[202]을 벗슬 도리를 셔로 연구ᄒᆞ고 분발ᄒᆞᆯ 즈음에 이 글을 보고 다

---

182 ᄌᆞ칭ᄒᆞ야: 自稱하여. 자기 자신이나 자기가 한 일을 스스로 칭찬하여.
183 국ᄉᆞ: 國事. 나랏일.
184 언론: 言論. 말로 논함.
185 두문불츌: 杜門不出. 문을 닫고 나서지 아니함.
186 민국대세: 民國大勢. 나라가 진행되어 가는 결정적인 형세. 나라 형편.
187 일편향: 一片香. 한 조각 향.
188 봉헌: 奉獻. 물건을 받들어 바침.
189 비긔: 祕記. 사람의 길흉화복을 미리 예언하여 적은 기록.
190 쟝챵대포: 長槍大砲. 자루 긴 창과 대포.
191 뎌희: 저들, 곧 '영국'을 말함.
192 ᄌᆞ멸ᄒᆞᆫ다: 自滅한다. 스스로 자신을 망치거나 멸망한다.
193 문졍: 問情. 관리를 보내어 사정을 묻는 일.
194 약됴: 約條. 조건을 붙여서 약속함. 조약, 계약.
195 뎌희: 우리, 곧 '인도인'을 말함.
196 텬신: 天神. 하늘에 있는 신. 여기에서는 구세주로서의 천신이 아니라 인간의 생사여탈권을 쥔 공포스런 존재로서의 천신의 의미를 지니는 듯.
197 아귀: 餓鬼. 계율을 어기거나 탐욕을 부려 아귀도에 떨어진 귀신으로, 몸이 앙상하게 마르고 배가 엄청나게 큰데, 목구멍이 바늘구멍 같아서 음식을 먹을 수 없어 늘 굶주림으로 괴로워함.
198 가쇼 탄ᄒᆞᆯ: 可笑歎할. 가소롭고 탄식할.
199 셕함: 石函. 돌로 만든 함.
200 참셔: 讖書. 미래의 일에 대한 주술적 예언을 기록한 책.
201 젼포ᄒᆞᄆᆡ: 傳布하매. 전하여 널리 퍼뜨리매.

희불ᄌᆞ승[203]ᄒᆞ야 셔로 말ᄒᆞ되 뎌 영국이 아모리 강셩ᄒᆞ여도 필경은[204] 망ᄒᆞᆯ 날이 잇도다, 우리나라 사ᄅᆞᆷ은 아못됴록 몸을 조심ᄒᆞ야 독ᄉᆞ ᄀᆞᆺ고 옷빗치 ᄀᆞᆺ흔 영국인과 겨르지 말고 싸흘 달나든지 집은 달나든지 걱정말고 다 주고 모년 모월 모일만 기다리면 그ᄯᅢᄂᆞᆫ 우리 하ᄂᆞ님이 뎌희들을 다 죽이실지라.

아모리 뎌희들이 모든 거슬 다 뎜령ᄒᆞ야도 필경은 우리 인도ㅅ사ᄅᆞᆷ의 일을 ᄒᆞ여주ᄂᆞᆫ 거시라 ᄒᆞ야 아모 계칙 업시 토디 가옥 외에도 각항[205] 물건을 청구ᄒᆞᄂᆞᆫ ᄃᆡ로 부슈텽명[206]ᄒᆞ며, 다만 기ᄃᆞ리ᄂᆞ니 모년 모월 모일이러니 그 ᄒᆡ를 당ᄒᆞᄆᆡ 젼국 사ᄅᆞᆷ들이 농샹공업을 다 폐지ᄒᆞ야 영인[207]에게 맛기고 그 날이 니르ᄆᆡ 큰 경졀[208]이나 맛난 ᄃᆞᆺ이 곳곳이 노름노리 ᄒᆞᄂᆞᆫ 경황이 대단ᄒᆞ며 하ᄂᆞᆯ만 쳐다보더니, 그날이 다 지나고 그 밤이 도라오ᄆᆡ 쳥텬명월[209]에 쳘업ᄂᆞᆫ ᄃᆞᆰ은 ᄒᆞᆫ 홰 두 홰 울도록 텬신이 ᄂᆞ리기ᄂᆞᆫ 고샤ᄒᆞ고 디귀[210]도 오지 아니ᄒᆞ니, 젼국 사ᄅᆞᆷ이 그졔야 허황ᄒᆞᆷ을 ᄭᆡ다르나 후회막급[211]이라 엇지 ᄒᆞᆯ 수 업셧고,

ᄯᅩ 영인이 방곡[212]을 엄히 ᄒᆞ야 일두곡[213]도 매ᄆᆡ가 업스니 불샹ᄒᆞᆫ 인도 사ᄅᆞᆷ들은 농ᄉᆞ ᄒᆞᆫ 포긔 못 짓고 무엇을 먹으며 무엇을 닙으리오? 아모리 인죵은 만으나 뎌 병뎡량족[214]한 강뎍[215]을 엇지 항거ᄒᆞ리오? 가위불망이ᄌᆞ망[216]이라. 그 참셔ᄂᆞᆫ 엇더ᄒᆞᆫ 못슬 놈이 ᄆᆞᆫᄃᆞ러셔 인도 젼국 민족을 속이고

---

202 긔반: 羈絆, 원 의미는 '굴레'이나, 여기에서는 자유를 억압하고 속박함을 뜻함. 단재는 "羈絆 脫免이 計"(「대한의 희망」), "羈絆脫却의 道"(「동양주의에 대한 비평」) 등에서 같은 표현을 썼다.
203 희불ᄌᆞ승: 喜不自勝. 어찌할 바를 모를 만큼 매우 기쁨.
204 필경은: 畢竟은. 마침내, 결국은.
205 각항: 各項. 갖가지.
206 부슈텽명: 俯首聽命. 고개를 숙이고 명령을 따른다는 뜻으로, 윗사람의 위엄에 눌려 명령대로 좇아 행함.
207 영인: 英人. 영국사람.
208 경졀: 慶節. 온 국민이 기념하는 경사스러운 날.
209 쳥텬명월: 靑天明月.
210 디귀: 地鬼. 땅의 귀신.
211 후회막급: 後悔莫及. 이미 잘못된 뒤에 아무리 후회하여도 다시 어찌할 수가 없음.
212 방곡: 防穀. 곡식을 다른 곳으로 실어 내보내지 못하게 막음.
213 일두곡: 一斗穀. 한 말의 곡식.
214 병뎡량족: 兵精糧足. 병사는 정예하고 군량은 넉넉함.
215 강뎍: 强敵. 강한 적.
216 가위불망이ᄌᆞ망: 可謂不亡而自亡. 즉 망할 수 있지 않았지만 스스로 망했다 할 만하다.

영인은 움 안에셔 ᄯᅥᆨ을 밧게 ᄒᆞ엿ᄂᆞᆫ지[217] 그 아니 분ᄒᆞ고도 통곡ᄒᆞᆯ 일이뇨? ᄯᅩ 이샹ᄒᆞᆫ 말 ᄒᆞᆫ 마ᄃᆡ가 잇스니 대한말노 번역ᄒᆞ면 셜마라 ᄒᆞᄂᆞᆫ 말인ᄃᆡ 인도 젼국 ᄉᆞᄅᆞᆷ들이 셜마셜마 ᄒᆞᄂᆞᆫ 말이 입의 ᄭᅳᆫ치지 아니ᄒᆞ야 큰 ᄇᆞᄅᆞᆷ이 부러도 셜마, 큰 비가 와도 셜마, 언필칭 셜마 ᄒᆞ더니, 영인이 처음에 변방을 침노ᄒᆞᄆᆡ[218] 셜마 엇더ᄒᆞ랴, ᄂᆡ디[219]에 드러와도 셜마 엇더ᄒᆞ랴, ᄌᆡ경을 관할ᄒᆞ야도 셜마, 가옥을 ᄲᅦ앗겨도 셜마, ᄒᆞᆫ편으로 죽으면셔도 셜마 셜마 ᄒᆞ야, 쥐에게 ᄯᅳᆺ기ᄂᆞᆫ ᄃᆞᆰ과 ᄀᆞᆺ치 멱통[220]에 거의 올나오도록 알지 못ᄒᆞ고 셜마ㅅ쇼ᄅᆡ ᄒᆞᆫ 마ᄃᆡ에 쳔여만 방리 됴흔 강산이 다 ᄯᅥ나갓스니 엇지 아니 원통ᄒᆞ리오. 대한국에도 만일 이ᄀᆞᆺ흔 비긔와 셜마ㅅ소ᄅᆡ가 잇스면 필경은 뎌 인도의 젼쳘[221]이 멀지 아니ᄒᆞ리로다.」

우셰ᄌᆞ ㅣ 왈, 「그 비긔나 셜마ᄂᆞᆫ 오히려 헐후[222]ᄒᆞ도다. 우리나라 형편은 창졸간에[223] 다 말ᄒᆞᆯ 수 업거니와, 비긔로 말ᄒᆞᆯ지라도 도션비결[224]이니 졍감록[225]이니 토뎡비긔[226]이니 ᄒᆞᄂᆞᆫ 여러 가지 말이 ᄒᆞ나도 실디[227]ᄂᆞᆫ 업고 어리셕은 ᄉᆞᄅᆞᆷ 밋츨 만ᄒᆞᆫ ᄎᆡᆨ이 몃 권이오, ᄯᅩ 셜마보다 심ᄒᆞᆫ 말이 잇스니 혹은 아니 된다 혹은 ᄒᆞᆯ 수 업다 ᄒᆞ야 셰샹에 ᄒᆞᆯ 일은 ᄒᆞ나도 업시 견ᄃᆡ다가 지금 뎌러ᄒᆞᆫ 어려운 디경을 당ᄒᆞ야 진개[228] 아니된다, 진개 ᄒᆞᆯ 수 업다 ᄒᆞ야

---

217 "움 안에서 떡 받는다"는 생각지도 않던 좋은 물건을 얻었을 때 쓰는 말.
218 침노ᄒᆞᄆᆡ: 侵擄하매. 남의 나라를 불법으로 쳐들어가거나 쳐들어오매.
219 ᄂᆡ디: 內地. 해안이나 변두리로부터 깊숙이 들어간 안쪽 지역. 중심 지역.
220 멱통: 산멱통. 살아 있는 동물의 목구멍.
221 젼쳘: 前轍. 앞에 지나간 수레바퀴의 자국이라는 뜻으로, 이전 사람의 그릇된 일이나 행동의 자취를 이르는 말.
222 헐후: 歇后. 대수롭지 아니함.
223 창졸간에: 倉卒間에. 미처 어찌할 수 없이 매우 급작스러운 사이에.
224 도션비결: 道詵秘訣. 도선(道詵)국사가 쓴 예언서.
225 졍감록: 鄭鑑錄. 조선 중기 이후 민간에 성행하였던, 국가운명·생민존망(生民存亡)에 관한 예언서·신앙서. 신채호는 「예언가가 본 무진」에서 "鄭鑑錄은 報復的 心理로 造作한 것인 고로 秘訣될 價値가 적"기 때문에 "나는 鄭鑑錄은 秘訣 外로 驅逐"한다고 했다.
226 토뎡비긔: 土亭秘訣. 조선 명종 때에 토정 이지함이 지었다고 하는 일종의 도참서. 태세·월건·일진 따위를 숫자로 따지고, 『주역』의 음양설에 기초하여 일 년의 길흉화복을 점치는 데에 쓴다.
227 실디: 實地. 실제의 처지나 경우.
228 진개: 眞個. 과연 참으로. 신채호는 『을지문덕』에서 "眞個是拳拳服膺ᄒᆞᆯ 格言이로다"와 "眞個 惨澹手腕으로 外族과 爭衡ᄒᆞ랴ᄂᆞᆫ……", 그리고 「東洋主義에 對ᄒᆞᆫ 批評」에서 "彼東양主義를 唱ᄒᆞᄂᆞᆫ 者도 眞個 東양을 爲ᄒᆞᆷ이 아니라 但只 此主義를 利用하야 國家ᄅᆞᆯ 救코ᄌᆞ ᄒᆞᆷ이라" 등 여러 군데 '眞個'를

교육을 ᄒᆞ여도 아니 된다, 양병[229]을 ᄒᆞ여도 ᄒᆞᆯ 수 업다, 화륜션[230] 압헤ᄂᆞᆫ 아니 되겟다, 대포 머리에ᄂᆞᆫ ᄒᆞᆯ 수 업다, 내지 몃ᄇᆡᆨ 년이라도 아니 되겟다, 몃쳔 년이라도 ᄒᆞᆯ 수 업다 ᄒᆞ니 그 ᄇᆡᆨ셩의 졍도로 엇지 된다ᄂᆞᆫ 일과 ᄒᆞᆯ 수 잇다ᄂᆞᆫ 말이 잇스리오?

나ᄂᆞᆫ 드르니 인도국이 지금은 보통으로 즁등 학식이 된다 ᄒᆞ니 비그라 셜마라 ᄒᆞᄂᆞᆫ 지각[231]이야 놈어 잇스리오. 불원간에[232] 샹등 지식이 되면 외면으로라도 문명 졍의를 쥬쟝ᄒᆞᄂᆞᆫ 뎌 영국이 엇지 샹등 인민의 ᄌᆞ유를 허락지 아니ᄒᆞ며, 셜혹 허락지 아니ᄒᆞᆯ지라도 ᄌᆞ유ᄂᆞᆫ 내게 잇ᄂᆞᆫ 것이니 북미합즁국을 보지 못ᄒᆞᄂᆞᆫ가? 그와 ᄀᆞᆺ치 필경 독립이 되ᄂᆞᆫ 날에ᄂᆞᆫ 뎌 염라부에 ᄀᆞᆺ치여 잇ᄂᆞᆫ 사ᄅᆞᆷ들ᄭᆞ지 쇽량ᄒᆞ여[233] 환ᄉᆡᆼ케 ᄒᆞ려니와, 우리 대한은 국민의 보통 지식이 잇ᄂᆞᆫ 쟈도 몃 사ᄅᆞᆷ이 못 되니, 어ᄂᆞ 때에 즁등이니 샹등이니 ᄒᆞᄂᆞᆫ 것을 바ᄅᆞ며, 수ᄇᆡᆨ 년 이ᄅᆡ로 소위 졍치니 법률이니 군뎨이니 교육이니 ᄒᆞᄂᆞᆫ 문구를 말ᄒᆞᆯ진ᄃᆡ ᄎᆞᆷ아 붓그러워 말을 못ᄒᆞ겟노라.」

법ᄉᆞㅣ 왈, 「인도와 대한 형편을 말노ᄂᆞᆫ 다ᄒᆞ기 어려오니, 우리 동ᄒᆡᆼᄒᆞ야 옥경에 가셔 그 형편을 ᄌᆞ세히 목도ᄒᆞᄂᆞᆫ 거시 엇더ᄒᆞ뇨?」

우셰ᄌᆞㅣ 왈, 「나ᄂᆞᆫ 쇽인[234]이라 옥경에 엇지 임의로 가며, 간들 엇지 그 형편을 목도ᄒᆞᆯ 방법이 잇스리오?」

법ᄉᆞㅣ 왈, 「션ᄉᆡᆼ이 비록 쇽인이나 잠시 나의 뒤를 ᄯᆞ라가면 옥경에셔 괄ᄃᆡ[235]가 업슬 터이오. ᄯᅩ 옥경에 원찰ᄃᆡ[236]가 잇스니 그곳에 올나보면 다만 인도와 한국만 볼 ᄲᅮᆫ 아니라 텬하 만국 형편이 모다 눈 압헤 잇스니 션ᄉᆡᆼ은 동ᄒᆡᆼᄒᆞ기를 ᄉᆞ양치 마르쇼셔!」

사용했다.
229 양병: 養兵. 군사를 양성함.
230 화륜션: 火輪船. 예전에, 기선(汽船)을 이르던 말.
231 지각: 知覺. 사물의 이치나 도리를 분별하는 능력. 알아서 깨달음.
232 불원간에: 不遠間에. 머지않아.
233 쇽량ᄒᆞ여: 贖良하여. 몸값을 받고 노비의 신분을 풀어 주어서 양민이 되게 하여.
234 쇽인: 俗人. 불가에서 승려가 아닌 일반 사람을 이르는 말.
235 괄ᄃᆡ: 恝待. 업신여겨 소홀히 대접함.
236 원찰ᄃᆡ: 遠察臺. 먼 곳을 살필 수 있는 시설.

우셰ᄌᆞㅣ 왈, 「내 이믜 ᄒᆡᆼ역[237]을 앗기지 아니ᄒᆞ고 이곳ᄭᆞ지 왓다가 하ᄂᆞᆯ이 지시ᄒᆞ샤 고명ᄒᆞᆫ 대ᄉᆞ를 맛낫스니 동ᄒᆡᆼᄒᆞᆷ은 불감쳥이언뎡 고소원[238]이로이다.」

법ᄉᆞㅣ 바랑[239]에셔 실과[240]와 차를 내여놋코 돌 우헤 ᄎᆞ관[241]을 걸고 옥ᄀᆞᆺ ᄒᆞᆫ ᄉᆡ암물을 ᄡᅥ다가 붓고 솔ㅅ방울노 불을 ᄶᅵ여 차를 다리여 괴셕 우헤 그러안ᄌᆞ[242] 각각 ᄒᆞᆫ 표ᄌᆞ를 ᄯᅡ라 마시고 실과를 먹으니 졍신이 쇄락ᄒᆞ야[243] 표연히 인간 밧긔 나온 ᄃᆞᆺᄒᆞ더라.

다과[244]를 맛친 후에 ᄉᆡᄋᆞᆷ물에 손을 씻고 각각 ᄒᆡᆼ장[245]을 단속ᄒᆞ야 압서거니 뒤셔거니 ᄇᆡᆨ운가으로 셔셔히 나아갈ᄉᆡ, 력로[246]에 구경ᄒᆞᆫ 명산대찰[247]이며 문답ᄒᆞᆫ 리셜 학셜[248]은 이로 다 긔록ᄒᆞᆯ 수 업더라.

ᄒᆞᆫ 곳에 니르니 가든 길이 ᄭᅳᆫ치고 젼후좌우가 다 절벽이라. 명ᄉᆞ[249]ᄂᆞᆫ 비단ᄀᆞᆺ치 둘너잇고 고셕[250]은 ᄇᆡᆨ옥ᄀᆞᆺ치 버려잇ᄂᆞᆫᄃᆡ ᄂᆞᆯ즘승 길즘승은 영향[251]도 업고 다만 긔화이초[252]가 ᄉᆞ이ᄉᆞ이 만발ᄒᆞᆫᄃᆡ, 두 사ᄅᆞᆷ이 돌우에 안ᄌᆞ 두어 시간을 쉬고 다시 바위틈으로 도라가니, 동학[253]은 졈졈 좁아지며 다시ᄂᆞᆫ 졉촉ᄒᆞᆯ[254] 곳이 업고, 다만 쳔장 만쟝[255]되ᄂᆞᆫ 셕벽[256] 우에 쇠ᄉᆞ슬을 느리고 교ᄌᆞ[257] ᄒᆞ나를 ᄃᆞᆯ앗ᄂᆞᆫᄃᆡ, ᄌᆞ셰히 치어다보니 그 모졔[258]가 영국 론돈[259]에 디하

---

237 ᄒᆡᆼ역: 行役. 여행의 피로와 괴로움.
238 불감쳥이언뎡 고소원: 不敢請固所願. 감히 청하지는 못하지만 마음속으로 원래부터 바라는 바임.
239 바랑: 승려가 등에 지고 다니는 자루 모양의 큰 주머니.
240 실과: 實果. 과일.
241 ᄎᆞ관: 茶罐. 차를 끓여 담는 그릇.
242 그러안ᄌᆞ: 걸어앉아. 높은 곳에 궁둥이를 붙이고 두 다리를 늘어뜨리고 앉아.
243 쇄락ᄒᆞ야: 灑落하여. 기분이나 몸이 상쾌하고 깨끗하여.
244 다과: 茶果. 차와 과일.
245 ᄒᆡᆼ장: 行裝. 여행할 때 쓰는 물건과 차림.
246 력로: 歷路. 지나가는 길.
247 명산대찰: 名山大刹. 이름난 산과 큰 사찰.
248 리셜 학셜: 理說學說. 이론과 학설.
249 명ᄉᆞ: 明沙. 아주 곱고 깨끗한 모래.
250 고셕: 古石=怪石. 괴상하게 생긴 돌.
251 영향: 影響. 어떤 사물의 효과나 작용이 다른 것에 미치는 일. 여기에서는 그림자나 자취 정도의 뜻.
252 긔화이초: 奇花異草. 진귀한 꽃과 풀.
253 동학: 洞壑. 깊고 큰 골짜기.
254 졉촉ᄒᆞᆯ: 接觸할. 서로 맞닿을.
255 쳔장 만쟝: 天仗萬丈. 높이가 천 길, 만 길이나 된다는 뜻으로, 아주 높거나 대단함을 이르는 말.
256 셕벽: 石壁. 돌로 쌓은 벽이나 담.
257 교ᄌᆞ: 轎子. 가마. 신채호의 「류화전」에는 "金轎에 오름을 재촉하는지라" 하여 "金轎"가 나오는

텰도를 통ᄒᆞᄂᆞᆫ 길과 ᄀᆞᆺ치 ᄯᅮᆨ게[260]를 덥고 황금 대ᄌᆞ로 ᄡᅧᆺ스되, 옥경남문이라 ᄒᆞ엿ᄂᆞᆫ지라.

우셰ᄌᆞㅣ 왈, 「옥경문이 뎌러ᄐᆞᆺ 굿게 닷치엿스니 엇지 열며, ᄯᅩ 쳔쟝 만쟝을 엇지 오르리오?」

법ᄉᆞㅣ 왈, 「션ᄉᆡᆼ은 념려 마르쇼셔. 이 문이 본ᄅᆡ ᄌᆞ시로브터 유시ᄭᆞ지[261] 열어 두고 그 다음에ᄂᆞᆫ 닷치ᄂᆞ니. 우리가 더ᄃᆡ[262] 와셔 시간을 어긔엿스나 쇼승은 익히 왕ᄅᆡᄒᆞᆫ 고로 무샹시라도[263] 능히 츌입ᄒᆞᄂᆞᆫ 도리[264]가 잇스니, 다만 션ᄉᆡᆼ은 쇼승 뒤만 ᄯᅡ르쇼셔.」

두 사ᄅᆞᆷ이 그 텰ᄉᆞ 교ᄌᆞ에 안ᄌᆞ셔 텰ᄉᆞ를 두어 번 흔드니 홀연 돌문이 졀노[265] 열니며, 긔계 돌니ᄂᆞᆫ 소ᄅᆡ가 나더니 텰ᄉᆞ가 졈졈 ᄶᆞᆯ너지며 교ᄌᆞᄂᆞᆫ ᄯᅡ라 올나가더라. 문에 니ᄅᆞ러ᄂᆞᆫ 문 직힌 쟈가 법ᄉᆞ를 영졉ᄒᆞ여 경례ᄒᆞ고 우셰ᄌᆞ의 명쳡[266]을 밧아 이윽히 보다가 말ᄒᆞ되,

「이 사ᄅᆞᆷ의 셩명은 ᄉᆡᆼ소ᄒᆞ니 잠간 잇셔 텬뎡[267]에 픔ᄒᆞᆫ[268] 후 명령을 기ᄃᆞ림이 가ᄒᆞᆯ가 ᄒᆞ노라.」 ᄒᆞ거늘,

법ᄉᆞㅣ 바랑을 열고 지필을 내여 보증셔 일쟝을 ᄡᅥ셔 주니 ᄒᆞ엿스ᄃᆡ

우셰ᄌᆞ

쥬지[269] 디구셩 동반구 한국

데, "텰ᄉᆞ 교ᄌᆞ"는 이를 일컫는 것으로 보인다.

258 모졔: 模製=模作. 본떠서 만듦.
259 론돈: 런던.
260 ᄯᅮᆨ게: 두께. 곧 뚜껑.
261 ᄌᆞ시로브터 유시ᄭᆞ지: 자시는 밤 11시~새벽 1시, 유시는 오후 5시~7시. 그러므로 일반적으로 밤 0시부터 오후 6시까지를 말함.
262 더ᄃᆡ: 더디게. 늦게.
263 무샹시라도: 無常時라도, 일정한 때가 없이.
264 도리: 道理. 어떤 일을 해 나갈 방법.
265 졀노: 절로. 저절로.
266 명쳡: 名帖=名銜. 명함.
267 텬뎡: 天庭. 천제가 사는 궁궐. 천국 조정.
268 픔ᄒᆞᆫ: 稟한. 어떤 일의 가부나 의견 따위를 글이나 말로 묻고.
269 쥬지: 住址=住所. 주소.

직업 독셔
우인이 옥경에 유람ᄒᆞ기 위ᄒᆞ야 남문에 입ᄒᆞᆯ 시에 ᄎᆞ 증셔를 젹홈
연 월 일 보증인 원쟝법ᄉᆞ

쓰기를 맛초ᄃᆡ[270] 슈문쟝[271]을 주며 두어 말노 셜명ᄒᆞ니, 슈문쟝이 밧아 슈ᄃᆡ[272]에 너코 홍긔ᄅᆞᆯ 둘너 허입[273]ᄒᆞᄂᆞᆫ지라. 량인이 드러가다가 ᄒᆞᆫ 언덕에 올나 ᄇᆞ라보니 과연 ᄇᆡᆨ옥셰계라. 구쳔팔ᄇᆡᆨ 방리쯤 되ᄂᆞᆫ 들에 고루거각[274]이 즐비ᄒᆞ야 그 졔도ᄂᆞᆫ 양옥ᄀᆞᆺ치 칠팔 층 혹 십여 층인ᄃᆡ 모다 ᄇᆡᆨ옥을 각기[275] 지엇고, 즁앙에셔 ᄉᆞ방으로 통ᄒᆞᆫ 대로와 방방곡곡[276]에 쇼로ᄂᆞᆫ 모다 금강셕[277] ᄀᆞᆺ흔 돌을 ᄡᆞ라 틔ᄭᆞᆯ ᄒᆞᆫ 졈이 업고 은빗 ᄀᆞᆺ흔 큰 하슈[278]ᄂᆞᆫ 즁심을 씌여 흐르ᄂᆞᆫᄃᆡ, 무지ᄀᆡ ᄀᆞᆺ흔 텰교ᄂᆞᆫ 곳곳 ᄲᅢ쳐 왕ᄅᆡᄒᆞᄂᆞᆫ 사ᄅᆞᆷ이 락역부졀[279]ᄒᆞ더라.

우셰ᄌᆞ ㅣ 평ᄉᆡᆼ에 처음 보ᄂᆞᆫ 쟝관[280]이라 법ᄉᆞ를 불너 닐ᄋᆞᄃᆡ,

「ᄭᅮᆷ에도 ᄉᆡᆼ각지 못ᄒᆞ던 옥경을 눈으로 보니 가위 촌계관쳥[281]이라 쳥컨ᄃᆡ 대ᄉᆞᄂᆞᆫ 자셰히 ᄀᆞ르치쇼셔.」

법ᄉᆞ ㅣ 왈, 「션ᄉᆡᆼ은 드르쇼셔. 디구셩 가온ᄃᆡ 조고마ᄒᆞᆫ 파리쓰 피득보 론돈 워슁돈[282]이라 ᄒᆞᄂᆞᆫ 소위 대도회[283]도 몃 ᄒᆡ 동안에 다 구경ᄒᆞ기 어렵거든

---

270 맛초ᄃᆡ: 마치되.
271 슈문쟝: 守門將. 각 궁궐이나 성의 문을 지키던 무관.
272 슈ᄃᆡ: 手帒. 손에 들고 다니는 작은 주머니.
273 허입: 許入. 들어오는 것을 허락함.
274 고루거각: 高樓巨閣. 높고 크게 지은 집.
275 각기: 各其. 각각. 저마다.
276 방방곡곡: 坊坊曲曲. 한 군데도 빠짐이 없는 모든 곳. 도처.
277 금강셕: 金剛石. 천연의 광물 중에서는 제일 단단하고 광택이 매우 아름다우며, 광선의 굴절률이 커서 반짝거린다. 신채호는 천국(님나라)을 "금으로 지은 집에 옥으로 싸은 담이 얼은얼은하고 ᄯᅡᆼ에 ᄭᆞᆯ닌 것은 모다 眞珠며 金剛石이오"라고 말했다.
278 하슈: 河水. 강이나 시내의 물.
279 락역부졀: 絡繹不絶. 왕래가 잦아 소식이 끊이지 아니함.
280 쟝관: 壯觀. 훌륭하고 장대한 광경.
281 촌계관쳥: 村鷄官廳. 촌닭이 관청(官廳)에 간 것 같다는 속담으로, 경험이 없어서 어리둥절하는 사람을 두고 이르는 말.
282 파리쓰 피득보 론돈 워슁돈: 파리, 페테르스부르그(레닌그라드), 런던, 워싱턴. 프랑스, 러시아, 영국, 미국의 수도.
283 대도회: 大都會. 대도시.

ᄒᆞ믈며 옥경을 낫낫치 말ᄒᆞ리오? 그러나 그 거쳐와 음식이나 대강 말ᄒᆞ리이다. 셩중에 허다ᄒᆞᆫ 가옥은 동양 온돌과 셔양 란로 ᄀᆞᆺ한 것은 업시 태양셩[284]의 도ㅅ수를 맛초아[285] ᄉᆞ시 한온[286]이 평균ᄒᆞ며 쥬야도 업스니 등쵹[287]이 쓸ᄃᆡ업고, 각ᄉᆡᆨ 물화[288]ᄂᆞᆫ 각 셩신[289]에서 조공[290]밧아 어용ᄒᆞᄆᆡ[291] 슐과 ᄎᆞ와 과실과 그외에 여러 가지 진슈승찬[292]과 일용즙물[293]이 다 본곳[294] 소산이 아니라 디구 각 경셩[295]에 외방 물건이 모혀들 듯 각 셩신에셔 진샹[296]ᄒᆞᄂᆞ이다.」

우셰ᄌᆞㅣ 왈, 「각 셩신에셔 조공ᄒᆞᆫ다 ᄒᆞ니 우리 디구셩에셔도 필연 조공ᄒᆞᄂᆞᆫ 물건이 잇스리로다.」

법ᄉᆞㅣ 왈, 「디구셩에셔 소산ᄒᆞᄂᆞᆫ[297] 용샹ᄒᆞᆫ[298] 물건이야 엇지 옥경 소용에 합당ᄒᆞ리오? ᄎᆞᄎᆞ 이곳 경황[299]을 보시면 ᄌᆞ연 알니이다.」

우셰ᄌᆞㅣ 왈, 「우리 이믜 이에 니ᄅᆞ럿스니 쳥컨ᄃᆡ 법ᄉᆞᄂᆞᆫ 슈고[300]를 앗기지 말고 골고로[301] 인도ᄒᆞ여 구경케 ᄒᆞ여 주쇼셔!」

법ᄉᆞㅣ 왈, 「이런 광ᄃᆡᄒᆞᆫ 셰계를 낫낫치 구경ᄒᆞ기 심히 어려우니 위션[302] 텬당브터 가ᄉᆞ이다.」 ᄒᆞ고 의관을 정졔ᄒᆞᆫ 후에 손을 셔로 닛ᄭᅳᆯ고 대로로

---

284 태양셩: 太陽星. 태양.
285 맛초아: 맞추어.
286 한온: 寒溫. 날씨의 차고 따뜻함. 온도.
287 등쵹: 燈燭. 등불과 촛불.
288 물화: 物貨. 물품과 재화(財貨).
289 셩신: 星辰. 별.
290 조공: 朝貢. 종속국이 종주국에 때를 맞추어 예물을 바치던 일. 또는 그 예물. 신채호는 「룡과 룡의 대격전」에서도 "上帝나 天使나 其他 天國의 鬼衆들이 몃萬年 동안이나 아모 勞動도 안코 地上에서 올니는 貢物과 祭物을 바더 먹고 살어왓다."고 했다.
291 어용ᄒᆞᄆᆡ: 御用하매. 임금 또는 정부에서 쓰매.
292 진슈승찬: 珍羞盛饌. 푸짐하게 잘 차린 맛있는 음식.
293 일용즙물: 日用什物. 집안에서 날마다 쓰는 기구.
294 본곳: 본곳. 본고장. 어떤 활동이나 생산이 이루어지는 본디의 중심지.
295 경셩: 京城. 수도, 서울.
296 진샹: 進上. 진귀한 물품이나 지방의 토산물 따위를 임금에게 바침.
297 소산ᄒᆞᄂᆞᆫ: 所産하는. 생산되는.
298 용샹ᄒᆞᆫ: 庸常한. 중요하게 여길 만하지 아니하고 예사로운. 보통의.
299 경황: 景況. 정신적·시간적인 여유나 형편.
300 슈고: 수고. 일을 하느라고 힘을 들이고 애를 씀.
301 골고로: 골고루.
302 위션: 爲先. 우선. 먼저.

좇ᄎᆞ가다가 하슈를 건너 동편으로 수십 리를 힝ᄒᆞᆯᄉᆡ, 길에 ᄃᆞ니ᄂᆞᆫ 사ᄅᆞᆷ들이 무론 남려로쇼ᄒᆞ고 낫낫치 의복이 션명ᄒᆞ고[303] 용모가 단졍ᄒᆞᆫᄃᆡ 혹 ᄉᆞ슴도 ᄐᆞ고 혹 학도 ᄐᆞ고 혹 쳥려쟝으로 보힝도 ᄒᆞᄆᆡ 긔샹이 무비츈풍화긔[304]니, 짐짓 셩인샤회[305]이나 신션 춍즁[306]이러라.

홀연 ᄒᆞᆫ 고귀한 문을 당ᄒᆞ니, 머리를 들어 볼 ᄯᅢ에 광ᄎᆡ가 눈을 쏘ᄂᆞᆫ ᄇᆡᆨ옥 현판에 큰 글ᄌᆞ로 보션문이라 썻더라.

보션문 안에 드러서 보니 뎡뎐[307]은 십여 층인ᄃᆡ 장광[308]이 각 수ᄇᆡᆨ 미돌[309]이오 동셔 ᄒᆡᆼ각[310]은 광이 십여 미돌이오 쟝이 수ᄇᆡᆨ 미돌을 쌔쳣스니, 각ᄉᆡᆨ 진슈보옥[311]으로 ᄭᆞ며셔 휘황찬란ᄒᆞᆫ 것이 사ᄅᆞᆷ의 졍신이 현황ᄒᆞ더라.[312]

우셰ᄌᆞㅣ 문왈, 「뎌 뎐각은 무ᄉᆞᆷ 집이뇨?」

법ᄉᆞㅣ 왈, 「뎡뎐은 보션당이오 동셔ᄒᆡᆼ각은 보션ᄌᆡ니 다 연향ᄒᆞᄂᆞᆫ[313] 집이라. 명졀이나 혹 경졀을 당ᄒᆞ면 샹뎨ᄭᅴ셔 ᄉᆞ찬[314]ᄒᆞ샤 대셩인 대츙신과 효ᄌᆞ렬부[315]를 뎡당[316]에 모흐고, 그 ᄂᆞᆷ어 쳘인군ᄌᆞ[317]ᄂᆞᆫ 동셔ᄒᆡᆼ각에 모흐고 이샹ᄒᆞᆫ 풍악과 여러 가지 식물[318]노 ᄃᆡ졉ᄒᆞᄂᆞ니, 이ᄂᆞᆫ 다 인간에 업ᄂᆞᆫ 바ㅣ니라.」

우셰ᄌᆞㅣ 왈, 「즉금[319]은 그 여러 사ᄅᆞᆷ들이 다 어ᄃᆡ 잇ᄂᆞ뇨?」

법ᄉᆞㅣ 왈, 「평샹시ᄂᆞᆫ 각기 쳐소가 잇ᄂᆞ니 뎌 북문 밧그로 나가면 ᄌᆞ연

---

303 션명ᄒᆞ고: 鮮明ᄒᆞ고. 산뜻하고 뚜렷하여 다른 것과 혼동되지 않고.
304 무비츈풍화긔: 無非春風和氣. 아니 그러한 것이 없이 모두 봄날의 화창한 기운이라는 말.
305 셩인샤회: 聖人社會.
306 신션 춍즁: 神仙叢中. 선선의 무리.
307 뎡뎐: 正殿. 한가운데 있는 전각. 왕이 나와서 조회(朝會)를 하던 궁전.
308 장광: 長廣. 길이와 폭.
309 미돌: 米突. 미터(meter).
310 ᄒᆡᆼ각: 行閣. 궁궐, 절 따위의 정당(正堂) 앞이나 좌우에 지은 줄행랑.
311 진슈보옥: 珍秀寶玉. 진귀하고 뛰어난 보석.
312 현황ᄒᆞ더라: 眩煌하더라. 정신이 어지럽고 황홀하더라.
313 연향ᄒᆞᄂᆞᆫ: 宴饗하는. 잔치를 베풀어 손님을 접대하는.
314 ᄉᆞ찬: 賜饌. 임금이 아랫사람에게 음식을 내려 줌.
315 효ᄌᆞ렬부: 孝子烈婦.
316 뎡당: 正堂. 정전(正殿).
317 쳘인군ᄌᆞ: 哲人君子. '철인'은 어질고 사리에 밝은 사람을, '군자'는 행실이 어질고 덕과 학식이 높은 사람을 말한다.
318 식물: 食物. 먹을거리. 음식물.
319 즉금: 卽今. 지금.

알니이다.」 ᄒᆞ고 우셰ᄌᆞ를 인도ᄒᆞ야 뎐각과 후원[320]을 다 구경ᄒᆞᆫ 후에 북문 밧그로 나가니, 그곳이 극히 광활ᄒᆞ야 슈셕[321]이 쳥결ᄒᆞ고 림쳔[322]이 유슈[323] ᄒᆞᆫᄃᆡ 초가도 잇고 와가[324]도 잇스니, 그 제도가 극히 졍쇄ᄒᆞ야[325] 혹 긔이ᄒᆞᆫ 쏫나무로 취병을 틀어[326] 문도 내고 혹 ᄃᆡ를 심어 울도 ᄉᆞᆷ고 혹 바위를 뚤어 길도 내고 혹 셕간슈[327]를 ᄃᆡ여 련못도 ᄑᆞ고 각ᄉᆡᆨ 화초와 괴셕이 일망무졔[328] ᄒᆞᆫᄃᆡ, 틈틈이 ᄉᆞ통오달[329]ᄒᆞᆫ 길이 거믜줄 얼키듯 ᄒᆞ엿더라.

이리뎌리 두루 구경할 졔, 혹 쥬렴 속에셔 거믄고 소ᄅᆡ도 나며, 혹 뎡ᄌᆞ 우에셔 이삼 로인이 바둑도 두며, 혹 쏫가지를 썩거 들고 쏫밧헤셔 왕ᄅᆡᄒᆞ는 부인도 잇고, 혹 ᄎᆡᄉᆡᆨ옷[330]을 닙고 피리도 불며 공도 치는 ᄋᆞᄒᆡ들도 잇스며, 엇던 사ᄅᆞᆷ은 관[331]을 버셔 셕벽에 걸고 돌을 의지ᄒᆞ여 글을 보는ᄃᆡ, 학은 츔을 츄고 솔방울은 졀노 써러지니 운치[332]가 이ᄀᆺ치 쳥한[333]ᄒᆞ더라.

법ᄉᆞ가 우셰ᄌᆞ를 다시 인도ᄒᆞ야 조고마ᄒᆞᆫ 셕교[334]를 건너 ᄒᆞᆫ 집을 차져 가니, 그 집이 ᄀᆞ장 졍쇄ᄒᆞᆫᄃᆡ 문압헤셔 ᄉᆞ슴이 놀며 소나무 가지에 거믄고를 걸고 괴셕 우에 차관[335]을 노왓스며, 쳠하[336]에 쥬렴[337]을 드리워 노코 젹젹히[338] 사람은 업더라.

법ᄉᆞㅣ 즁문 압헤 나아가 부르니 ᄒᆞᆫ 동ᄌᆞ[339]ㅣ 나오는지라.

---

320 뎐각과 후원: 殿閣과 後園. '전각'은 궁궐을, '후원'은 건물 뒤에 만든 정원이나 동산을 말한다.
321 슈셕: 樹石. 나무와 돌을 아울러 이르는 말.
322 림쳔: 林泉, 숲속의 샘.
323 유슈: 幽邃. 깊숙하고 그윽함. 또는 有數, 곧 손꼽을 만큼 두드러지고 훌륭함.
324 와가: 瓦家. 기와집.
325 졍쇄ᄒᆞ야: 精灑하여. 매우 맑고 깨끗하여.
326 취병을 틀어: 翠屛을 틀어. 꽃나무의 가지를 이리저리 틀어서 문이나 병풍 모양으로 만들어.
327 셕간슈: 石間水. 바위틈에서 나오는 샘물.
328 일망무졔: 一望無際. 아득하게 끝없이 멀어서, 눈을 가리는 것이 없음.
329 ᄉᆞ통오달: 四通五達. 도로나 교통망, 통신망 따위가 이리저리 사방으로 통함.
330 ᄎᆡᄉᆡᆨ옷: 彩色옷. 여러 가지 고운 색깔의 천으로 지은 옷.
331 관: 冠. 검은 머리카락이나 말총으로 엮어 만든 쓰개.
332 운치: 韻致. 고상하고 우아한 멋.
333 쳥한: 淸閑. 맑고 깨끗하며 한가함.
334 셕교: 石橋. 돌다리.
335 차관: 茶罐. 찻물을 끓이는 그릇.
336 쳠하: 처마.
337 쥬렴: 珠簾. 구슬 따위를 꿰어 만든 발.
338 젹젹히: 寂寂히. 조용하고 쓸쓸히.

법ᄉᆞㅣ 왈, 「너의 시님이 계시냐?」

동ᄌᆞㅣ 왈, 「우리 시님은 어졔 요지연[340]에 가셧다가 오ᄂᆞᆯ 아ᄎᆞᆷ에 도라오셔셔 지금 취침ᄒᆞ셧ᄂᆞ이다.」

법ᄉᆞㅣ 왈, 「나ᄂᆞᆫ 원장법ᄉᆞㅣ라 ᄒᆞᄂᆞᆫ 사ᄅᆞᆷ인ᄃᆡ 너의 시님과 동문슈업[341] ᄒᆞᆫ 계분[342]이 잇스니 긔침[343]ᄒᆞ시기를 기ᄃᆞ려 나의 옴을 고ᄒᆞ라!」

동ᄌᆞㅣ 드러가더니 이윽고 ᄒᆞᆫ 로승이 나오거ᄂᆞᆯ,

법ᄉᆞㅣ 합쟝 ᄇᆡ례ᄒᆞ니 로승이 답례ᄒᆞ고 곳 인도ᄒᆞ여 안으로 드러가며 반갑게 슈작ᄒᆞ되,[344]

「그동안 어ᄃᆡ로 유람ᄒᆞ시다가 지금이야 오시뇨?」

법ᄉᆞㅣ 좌뎡[345]ᄒᆞᆫ 후에 닐ᄋᆞᄃᆡ,

「쇼승은 근ᄅᆡ에 디구셩 유람ᄒᆞᆯᄉᆡ, 인도국으로부터 총령을 넘어 염라부에 잠간 들넛고, 지금 이곳에 왓기로 대ᄉᆞ를 심방[346]ᄒᆞ노이다.」

로승 왈, 「차쟈 오시니 감샤ᄒᆞ오이다. 동ᄒᆡᆼᄒᆞ신 손님은 뉘시니잇가?」

법ᄉᆞㅣ 왈, 「손님은 디구셩 동반구 한국에 사ᄂᆞᆫ 우셰ᄌᆞㅣ라 ᄒᆞᄂᆞᆫ 사람인ᄃᆡ, 츙국ᄋᆡ민[347]ᄒᆞᄂᆞᆫ ᄆᆞᄋᆞᆷ이 ᄀᆞᆫ졀ᄒᆞ여 민지[348]를 발달ᄒᆞ기로 ᄌᆞ임[349]ᄒᆞ더니 ᄉᆞ불여의[350]ᄒᆞᄆᆡ 셰계샹으로 도라ᄃᆞᆫ니며 유람ᄒᆞ다가 슈미산에셔 쇼승을 맛나 그 ᄯᅳᆺ을 말ᄒᆞᄂᆞᆫᄃᆡ, 쇼승으로 더브러 지긔가 샹합[351]ᄒᆞ기로 이곳ᄭᆞ지 동ᄒᆡᆼᄒᆞ엿ᄂᆞ이다.」

---

339 동ᄌᆞ: 童子. 승려가 되려고 절에서 공부하면서 아직 출가하지 아니한 사내아이.
340 요지연: 瑤池淵. 중국 곤륜산에 있다는 못. 신선이 살았다고 하며, 주나라 목왕이 서왕모를 만났다는 이야기로 유명하다.
341 동문슈업: 同門修業. 한 스승 밑에서 함께 학문을 닦음.
342 계분: 契分. 친한 벗 사이의 두터운 정분.
343 긔침: 起枕 또는 起寢. 잠을 깨어 일어남.
344 슈작ᄒᆞ되: 酬酌하되. 서로 말을 주고받되.
345 좌뎡: 坐定. 자리 잡아 앉음.
346 심방: 尋訪. 방문하여 찾아봄.
347 츙국ᄋᆡ민: 忠國愛民. 나라에 충성하고 백성을 사랑함.
348 민지: 民智. 국민의 슬기나 지혜.
349 ᄌᆞ임: 自任. 임무를 자기가 스스로 맡음. 어떤 일에 대하여 자기가 적임이라고 자부함.
350 ᄉᆞ불여의: 事不如意. 일이 뜻대로 되지 아니함.
351 지긔가 샹합: 志氣相合. 두 사람 사이의 의지와 기개가 서로 잘 맞음.

로승이 다시 문밧게 나아가 우셰ᄌᆞ에게 합장 ᄇᆡ례ᄒᆞ니, 우셰ᄌᆞㅣ 답례ᄒᆞ고 무ᄅᆞᄃᆡ,

「대ᄉᆞᄂᆞᆫ 누구시완ᄃᆡ 나 ᄀᆞᆺ흔 쇽ᄀᆡᆨ[352]을 이ᄀᆞᆺ치 관ᄃᆡ[353]를 ᄒᆞ시ᄂᆞ뇨?」

로승 왈, 「션ᄉᆡᆼ의 셩화[354]를 일ᄌᆞᆨ 듯지 못ᄒᆞ엿슴으로 즉시 영졉지 못ᄒᆞ엿스니, 션ᄉᆡᆼ은 용셔ᄒᆞ쇼서! 쇼승은 ᄒᆡ월존ᄌᆞ[355]라 칭ᄒᆞᄂᆞᆫᄃᆡ, 뎌 법ᄉᆞᄭᅴ 놉흔 일홈을 듯ᄉᆞ온즉 쇼승이 무숨 복력[356] 잇셔, 오늘날 션ᄉᆡᆼ이 왕림ᄒᆞ시니 폐호[357]에 ᄉᆡᆼᄉᆡᆨ[358]이 적지 아니ᄒᆞ여이다.」

우셰ᄌᆞㅣ 존ᄌᆞ를 ᄯᅡ라 당샹[359]으로 올나갈ᄉᆡ. ᄉᆞ면을 ᄉᆞᆲ혀보니 수ᄇᆡᆨ 권 경문[360]은 문갑[361] 우에 ᄊᆞ여잇고, 벽람가ᄉᆞ[362]ᄂᆞᆫ 홰ᄉᄃᆡ[363]에 걸여잇고, 고실은 연상[364] 우에 념쥬[365]로 눌너 노앗ᄂᆞᆫᄃᆡ, 각ᄉᆡᆨ 문방졔구[366]ᄂᆞᆫ ᄀᆞ장 졍결[367]ᄒᆞ야 그림 속과 방불[368]ᄒᆞ더라.

—『대한매일신보』, 1909.7.15~8.10.

---

352 쇽ᄀᆡᆨ: 俗客. 속세에서 온 손님.
353 관ᄃᆡ: 款待. 친절히 대하거나 정성껏 대접함.
354 셩화: 聲華. 세상에 널리 알려진 명성. 높은 이름.
355 ᄒᆡ월존ᄌᆞ: 海月尊者. '해월'은 '바다 위에 뜬 달'을 일컫는데, 자유롭게 떠돈다는 의미를 지녔다. '존자'는 학문과 덕행이 뛰어난 부처의 제자를 높여 이르는 말이다.
356 복력: 福力. 복을 누리는 힘.
357 폐호: 弊戶. 저희집. 자기 집을 낮추어 부른 말.
358 ᄉᆡᆼᄉᆡᆨ: 生色. 활기 있는 기색.
359 당샹: 堂上. 대청 위.
360 경문: 經文. 불경의 문구 또는 도교의 경전.
361 문갑: 文匣. 문서나 문구 따위를 넣어 두는 방세간. 서랍이 여러 개 달려 있거나 문짝이 달려 있고, 흔히 두 짝을 포개어 놓게 되어 있다.
362 벽람가ᄉᆞ: 碧藍袈裟. 밝은 남색 가사.
363 홰ᄉᄃᆡ: 옷을 걸 수 있게 만든 막대.
364 연상: 硯箱. 벼룻집.
365 념쥬: 念珠. 염불할 때에, 손으로 돌려 개수를 세거나 손목 또는 목에 거는 법구(法具).
366 문방졔구: 文房諸具. 문방구.
367 졍결: 淨潔. 매우 깨끗하고 깔끔함.
368 방불: 彷佛. 거의 비슷함.

◎ 해설

「디구셩미릐몽」은 1909년 7월 15일부터 8월 10일까지 총 19회에 걸쳐 『대한매일신보』 한글판에 무서명으로 연재된 소설이다. 일찍부터 개화기 문학선집에 실림으로써 그 중요성이 인식되었지만, 작가를 특정하기 어려웠기 때문에 본격적인 논의는 이뤄지지 않았다. 이 작품의 저자에 대해서는 여러 추정이 있어왔지만, 최근 필자가 신채호임을 밝혔다. 단재는 애국계몽기 '국문소설'의 중요성을 강조하였는데, 이 작품은 그러한 실천에 해당된다.

「디구셩미릐몽」은 몽유 형식의 작품이다. 우세자는 대한에서 출발하여 유랑하다가 수미산에 도착한다. 원장법사는 염라부에 들렀다가 오는 길에 우세자를 만나 염라부 사정을 전한다. 원장법사는 이승의 사람이면서 염라부와 옥경을 넘나드는 인물이다. 두 사람은 인도가 망하게 된 원인, 조선의 현실 등에 대해 토론한다. 그들은 함께 옥경으로 가서 옥경의 모습을 구경하고 해월존자를 만난다. 꿈의 형식은 현실적으로 다다르기 어려운 공간에 이르기 위한 장치로서 설정된 것이다.

또한 이 작품은 '토론'이라는 장치를 활용하고 있다. 이 작품은 원장법사와 우세자의 대화가 중심을 이룬다. 원장법사는 인도인·불교승이고, 우세자는 대한인·계몽가이다. 이들은 인도와 대한 "량국 형편을 토론ᄒᆞ야 션후지칙을 연구"하려 한다. 우세자는 원장법사를 통해서 인도의 상황에 대해 듣게 되고, 원장법사는 우세자의 애국 민족정신을 통해 자신의 수양이 잘못되었음을 깨닫는다. 우세자는 우리 민족이 어서 깊은 잠에서 깨어나고 또한 천당 지옥 다 버리고 '세세 생환'하기를 염원했다. 이 작품은 민족의식을 고양하고 독립정신을 고취한 작품이라는 점에서 그 의의가 크다 하겠다.

ᄭᅮᆷ하늘[1]

序

「ᄭᅮᆷ하늘」이라는 이 글을 짓고 나니 ᄭᅩᆨ 讀者에게 할 말삼이 셰 가지가 잇습니다.

一. 한놈은 元來 ᄭᅮᆷ 만흔 놈으로 近日에는 더욱 ᄭᅮᆷ이 만허 긴 밤에 긴 잠이 들면 ᄭᅮᆷ도 그와 갓이 길어 잠과 ᄭᅮᆷ이 서로 終始하며[2] ᄯᅩ 그ᄲᅮᆫ만 안이라 곳 멀건 대낫에 안저 두 눈을 멀둥멀둥히 ᄡᅳ고도 ᄭᅮᆷ 갓흔 디경이 만허 님나라[3]에 들어가 檀君ᄭᅦ 절도 하며 번개로 칼을 치며 平生 미워하는 놈의 목도 ᄭᅳᆫ어보며 飛行機도 안이 타도 한 몸이 헐헐 날너 萬里 天空에 돌아도 단이며 놀앙이[4] 검덕이[5] 신동이[6] 불근동이를 한 집에 모와 노코 노래도 하여 보

---

1 이 작품은 국한문체로 씌어진 단재의 자필 유고이다. 1960년대 북한에서 발견되어 국문체로 바뀐 채 김주철의 주해와 함께 『문학신문』(1964.10.20.~11.3.)에 5회에 걸쳐 소개되었다. 그러나 많은 부분이 누락되었으며 또한 마지막 부분에 "수고에 의하면 여기서 끝났는데 그 이후 부분은 어떻게 되었는지 알 수 없다"라는 편집자의 말이 붙어 있다. 이후 『조선문학』(1964.12.)에 실리고, 『룡과 룡의 대격전』(조선문학예술총동맹출판사, 1966)에 실렸다. 남한에서는 그것을 판본으로 하고 문체를 다시 국한문체로 돌려 『단재신채호전집(보유)』(형설출판사, 1975)에 실었다. 이로 인해 텍스트의 오류가 적지 않았다. 김병민은 북한에 있는 단재 유고를 직접 필사하여 『신채호문학유고선집』(연변대학출판사, 1994)을 간행하였다. 국내에서는 김주현에 의해 『백세노승의 미인담(외)』(도서출판 범우, 2004)에서 누락되지 않은 「꿈하늘」이 소개되었으며, 『단재신채호전집 제7권 문학편』(한국독립운동사연구소, 2008)에서 북한 선집과 김병민 선집 「꿈하늘」이 나란히 소개되었다. 여기에서는 김병민의 유고선집을 저본으로 하여 작품을 소개했다. 한편 「꿈하늘」의 주해는 김주철로부터 비롯되며, 이후 김주현의 주석이 나왔고, 최근에는 글누림(양문규 편, 『신채호·안국선 작품선』, 글누림, 2011)에서도 주석이 나왔다.

2 終始하며: 처음부터 끝까지 계속하며.

3 님나라: 天國 또는 神國. 여기에서는 역사 속 인물들이 사는 세계.

4 놀앙이: 노랑이.

5 검덕이: 검둥이.

6 신동이: 흰둥이. 노랑이, 검둥이, 흰둥이는 세계 각 인종을 드러내는 듯.

니 한놈은 발서부터 꿈나라의 백셩이니 讀者 여러분이여, 이 글을 꿈꾸고 지은 줄 아시지 말으시고 곳 꿈이 지은 줄로 아시압소서.

二. 글을 짓는 사람들이 흔히 排鋪[7]가 잇서 몬저 머리는 엇더케 내리리라, 가온대는 엇더케 버리리라, 쏘리는 엇더케 마르리라[8]는 大意를 잡은 뒤에 붓을 댄다지만, 한놈의 이 글은 아모 排鋪업시 오직 붓끗 가는 대로 맥기여 붓끗치 하늘로 올라가면 하늘로 딸어 올나가며, 짱속으로 들어가면 짱속으로 딸어 들어가며, 안지면 딸어 안지며 셔면 딸어 셔서 마듸마듸 나오는 대로 지은 글이니 讀者 여러분이시여, 이 글을 볼 째에 압뒤가 맛지 안는다, 위아래가 文體가 달다[9] 그런 말은 말으소서.

三. 自由 못하는 몸이니 붓이나 自由하자고 마음대로 놀아 이 글 속에 美人보다 향내나는 꼿과도 니야기하며 평시에 사모하던 옛적 聖賢과 英雄들도 만나보며 올흔팔이 왼팔도 되야 보며 한놈이 여들 놈도 되여, 너무 事實에 각갑지 안한 詩的 神話[10]도 잇지만 그 가온대 들어 말한 歷史上 일은 낫낫이 古記[11]나 三國史記나 三國遺事나 高句麗史[12]나 廣史[13]나 繹史[14] 갓흔 속에서 參照하야 쓴 말이니 讀者 여러분이시여, 셕지 말고 갈너 보시소서. 讀者에게 말삼은 끗낫습니다. 이졔 著者의 졔 말할 거시 두 가지가 잇습니다.

一. 책 짓는 사람들이 모다 그 책을 만히 사보면 하는 마음이 잇지만 한놈은 이 마음이 업습니다. 다만 바라는 바이 우리 안 어늬 곳에던지 한놈갓히

---

7 排鋪: 머리를 써서 일을 조리 있게 계획함. 또는 그런 속마음.
8 마르리라: 마무르다.
9 달다: 다르다.
10 詩的 神話: 북한 선집에는 '시적(詩的)·신화적(神話的)'으로 되어 있다.
11 古記: 단군의 사적을 기록한 최고의 문헌. 지금은 전하지 않으나, 김부식이 『삼국사기』를 편찬할 때 참조한 책이다.
12 高句麗史: 高麗史의 오류인 듯하다. 북한의 선집에는 '고려사'로 수정되었다. 高麗史는 김종서, 정인지가 1449년(세종 31)에 편찬하기 시작해 1451년(문종 원년)에 완성된 고려 시대 역사서이다.
13 廣史: 조선 시대의 학자 김려(金鑢)가 편찬한 야사(野史) 전집. 정조 때 편찬한 『창가루외사(倉可樓外史)』를 만년에 교정·필사하여 『광사』라고 개칭하였다. 전체를 10집으로 나누고,각 1집을 20책으로 엮은 방대한 분량이다.
14 繹史: 조선 시대 영·정조 때의 한치윤이 지은 역사책, 『海東繹史』를 말함.

어리셔어 두 팔로 太白山[15]을 안으며 한 닙으로 東海물을 말니고[16] 기나긴 半萬年 時間 안의 노픈 뫼, 나진 골, 피는 꼿, 지는 닙흘 세면서 넉 업시 안저 눈물 흘니는 또 한 놈이 잇서 이 글을 보면 할 뿐이니이다.

二. 책 짓는 사람들이 흔히 그 책으로 무삼 影響이 잇스면 하지만 한놈은 그러치 안함니다. 다만 바라는 바 이 글 보는 이가 우리나라도 美國 갓허저라 德國 갓허저라 하는 생각이나 업스면 할 뿐이니이다.

檀君4249년[17] 3월 18일

한놈 씀

第一章

때는 檀君 紀元 四千二百四十 몃 해[18] 어늬 달 어늬 날이던가. 따는 서울이던가, 시골이던가, 海外 어대던가, 도모지 記憶할 수 업는대 이 몸은 어대로서 왓는지 듯지도 보지도 못하던 크나큰 無窮花 몃만 길 되는 가지 위 널으기[19]가 큰 房만한 꼿송히에 안젓더라. 별안간 하늘 한복판이 딱 갈너지며 그 속에 불그레한 光線이 쎄처[20] 나오더니 半空에 테를 지어 둘우고 그 위에 뭉을뭉을한 고흔 구름으로 갓 쓰고 그 光線보다 뎌 불근 비츠로 두루매기 입은 天官[21]이 안저 올흔손으로 번개칼을 둘으며 우레 갓흔 소리로 워여[22] 갈오대

「人間에는 싸홈[23]뿐이니라. 싸홈에 니기면 살고, 지면 죽나니 님의 命令이 이러하니라.」

그 소리가 딱 그치며 光線도 天官도 다 간 곳 업고 햇살이 탁 퍼지며 왼

---

15 太白山: 여기에서는 白頭山을 뜻함.
16 말니고: 말리고. 마르게 하고.
17 檀君4249년: 1916년.
18 四千二百四十 몃 해: 4241(1908)~4249(1916)년 사이.
19 널으기: 넓기.
20 쎄쳐: 비치어.
21 天官: 님나라(天國)의 관리.
22 워여: 외워. 북한 선집에는 '말하여'로 수정됨.
23 싸홈: 싸움. 김병민 선집에는 이것이 '싸흠'으로 나와 있으며, '싸흠', '싸홈', '싸움'이 매우 혼란스럽게 씌어 있다. 「지구성미래몽」에는 '싸호코자'라는 단어가 나오며 또한 「을지문덕전」, 「이순신전」의 번역에 '싸홈'을 쓰고 있어 이 작품에서 '싸흠'은 '싸홈'으로 바꾸었으며, '싸움'은 그대로 두었다.

바닥이 번듯하더니 이졔는 사람 소리가 시작한다. 동편으로 닷동다리[24] 갓춘 빗헤 둥근테를 둘은 五圓旗가 쓰며 그 旗 밋헤 사람이 덥혀[25] 오는데 머리에 쓴 것과 몸에 裝束[26]한 것이 모다 異常하나 말소리를 들으매 分明한 우리나라 사람이오, 다만 身體의 壯健[27]과 威風의 凛凛함이 前에 보지 못한 이들이더라. 쏘 西편으로 左龍右鳳[28] 그린 旗 밋헤 數百萬 군사가 몰여오는데 쁠도치고 꼬리 도친 놈,[29] 목 업는 놈, 팔 업는 놈, 처음 보는 괴샹한 물건들이 달려드는데 그 뒤에는 찬바람 탁탁 치더라.

이때에 한놈이 송구한 마음이 업지 안하나 쏘는 好奇心이 버럭 나, 이 몸이 곳 無窮花 가지 아래로 나려가 구경코자 하더니 꼿송히 비글비글[30] 우스며

「너는 여긔 안저거라. 이곳을 써나면 天地가 캄캄하여 아모것도 안이 보히리라.」

하거늘 들던 궁둥이를 다시 부치고 안지니 난대업는 구름ㅅ쟝이 어대서 써둘어와 해비츨 가리우며 소낵비가 노 날니듯[31] 퍼부어 平地가 바다 되얏는대, 한편으로 울으르 쾅쾅 소리가 나며 거의 「모질」다는 두 字로만 形容하기 어려운 바람이 일어 나무를 치면 나무가 썩거지고[32] 돌을 치면 돌이 날고 집이나 山이나 닥치는 대로 부시는 그 氣勢로 바다를 건드리니 바람도 크지만 바다도 큰 물이라 서로 지지 안하랴고 바람이 물을 치면 물도 바람을 처 바람과 물이 半空中에서 接戰할새 미리[33]가 우는 듯 고래가 쒸는 듯 千兵萬馬가 닷는 듯 바람이 클사록 물결이 놉하 왼 地球가 들먹들먹하더라.

「바람이 불거나 물결이 치거나 우리는 우리대로 싸워보자.」

---

24 닷동다리: 옛 군복 소매에 등급을 다섯 가지 색으로 표한 것.
25 덥혀: 덮여. (오원기에) 휩싸여.
26 裝束: 몸을 꾸며 차림.
27 壯健: 김병민 선집에는 '裝健'으로 오식되어 있다.
28 左龍右鳳: 왼쪽에는 용, 오른쪽에는 봉황새.
29 쁠 도치고 꼬리 도친 놈: 북한 선집에는 '뿔 돋친 놈, 꼬리 돋친 놈'으로 되어 있다.
30 비글비글: 북한 선집에는 '빙글빙글'로 제시됨. 입술을 슬며시 벌릴 듯 말 듯 하면서 소리 없이 부드럽게 웃는 모양.
31 노 날니듯: 북한 선집에는 '놀란듯'으로 되어 있다.
32 썩거지고: 꺾어지고.
33 미리: 용.

하는 소리가 들이더니 악가 보던 동편의 五圓旗[34]와 西편의 龍鳳旗[35] 밋헤서 모와 잇는 두 편 將卒들이 눈들을 불읍써고[36] 서로 죽이려 달녀드니 바다에는 바람과 물의 싸홈이오, 물 우에는 두 편 將卒의 싸홈이더라.

그러나 이 싸홈은 東洋歷史나 西洋歷史에서 보던 싸홈은 안이더라. 싸우는 사람들이 손에는 아모 연장도 가지지 안코 오직 입을 쌱쌱 블이면[37] 그 목구멍에서 불도 나오며 물도 나오며 칼도 나오며 활살도 나와, 칼이 칼과 싸우며 활이 활과 싸우며 불과 물이 서로 치다가 내종에는 사람을 마추니, 그 맛는 사람은 목이 쩔어지면 팔로 싸우며 팔이 쩔어지면 또 다리로 싸우다가 씃씃내 살이 다 쩔어지고 쎠가 한아도 업시 부서져야 고만두는 싸홈이라. 몃 時 몃 分이 못 되야 죽음이 千里나 덥히고 비린내 짱에 코를 들을 수 업스며, 피를 하도 쑬여 하늘써지 발가케 물들엇도다.

한놈이 이를 보고

「宇宙가 이갓치 慘惡[38]한 마당인가.」

하며 참다 못해 눈을 감우니 쏫송이가 다시 빙글빙글 우스며

「한놈아 눈을 써라. 네 이대지[39] 약하냐? 이것이 宇宙의 本面目[40]이니라. 네가 안이 왓스면 할 일 업지만 임이 온 바에는 싸움에 參加하여야 하나니 그러치 안하면 도로혀 너의 責任만 放棄[41]함이니라. 한놈아 눈을 쌀리 써라.」

하거늘 한놈이 할일업시 두 손으로 눈물을 닥고 눈을 들어 살피니 그 새이에 발서 싸움이 씃난는지 天地가 괴괴하며, 風雨도 또한 멀니 간지라 해는 발근[42] 들어 왼 바닥이 쌋쌋한대[43] 깁흔 구름을 헤치고 신션의 풍류소리

---

34 五圓旗: 다섯 개의 원이 그려진 기. 고구려를 상징하는 기로 나타남.
35 龍鳳旗: 용과 봉이 그려진 기. 수나라를 상징하는 기로 나타남.
36 불읍써고: 부릅뜨고.
37 블이면: 벌이면.
38 慘惡: 참혹하고 흉악함.
39 이대지: 이다지. 이러한 정도로.
40 本面目: 본래의 면목. 본모습.
41 放棄: 버리고 돌아보지 아니함.
42 발근: 북한 선집에는 '발끈'으로 제시됨. 물체 따위가 갑자기 솟아오르거나 가려져 있다가 나타나는 모양.
43 쌋쌋한대: 따뜻한데.

가 나려오니 인졔부터 慘惡한 소리는 물너가고 平和한 소리가 대신함인가 보더라. 이 소리 밋헤 나오는 사람들은 곳 별 사람들이 안이라, 악가 五圓旗를 밧고 동편 陣에 섯던 將卒들이니 대개 西편 陣을 깨쳐 數百萬 賊兵을 씨 업이 죽이고 勝戰鼓를 울니며 돌아옴이라. 一員大將이 압머리에서 인도하는대 金花折風巾[44]을 쓰고 억개엔 魚麟章[45]이며 몸엔 皂衣[46]를 입엇더라. 그 얼골이 말근 듯 위엄 잇고 매운 듯 인자하야 얼는 보면 부처 갓고 一邊으로 범 갓터 보기에 사랑도 실업고[47] 무섭기도 하더라. 그가 한놈의 안진 無窮花 나무로 향하야 오더니 문득 꼿을 보고 눈물을 흘니며

「허허 無窮花가 피엇고나.」

하더니 壯烈한 音調로 노래를 한쟝 한다.

이 꼿이 무삼 꼿이냐
피엽슬음한[48] 머리(大白頭山)[49]의 얼이오
불고스음[50] 고흔 아참(朝鮮)의 빗히로다
이 꼿을 붓도두랴면[51]

---

44 金花折風巾: 절풍건이란 위로 솟아 있고 밑으로 넓게 퍼진 삼각형 모양 비슷한 고깔 형태의 쓰개이다. 『남제서(南齊書)』에는 귀인과 대관인(大官人)·관인들이 절풍을 썼다고 하였으며, 『삼국지』 위지 동이전, 『후한서』·『양서(梁書)』·『통전(通典)』에는 고구려 관인이 절풍건을 썼다고 하였다. 또 『남사 南史』에는 관인이 절풍변을 썼다고 하였다. 『북사(北史)』에 보면, 고구려인들은 모두 머리에 고깔(弁)과 같은 형태의 절풍을 썼다고 한다. 사인(士人)들이 쓰는 것은 2개의 새깃을 꽂고, 귀인이 쓰는 것은 붉은 비단(紫羅)으로 만들어 금은장식을 하여 소골이라 하였다는 기록이 있다. 금화절풍건이란 황금으로 만든 꽃을 단 절풍건을 의미하는 것으로 보인다.

45 魚麟章: 북한 선집에는 '魚鱗章'으로 썼는데, 옳은 것으로 보인다. 곧, 물고기의 비늘무늬.

46 皂衣: 단재는 「조선사」에서 "高句麗의 선배가 皂帛을 입어 皂衣라 稱"하였다고 했다. 아울러 "帛衣라 함은 圖經이 이른바 『皂帛』으로 腰를 束하므로 名"했다고 했다. 단재는 "淵蓋蘇文이 皂衣의 首領"이라 하여 고구려 시대에 선인들이 조의를 입거나 허리에 둘렀다고 설명했다. 북한 선집에는 "검은 의복으로 고려 시기 관리들이 조정에서 입던 옷"으로 설명하였다.

47 사랑도 실업고: 사랑스럽고. 곧 '사랑스럽기도 하고'라는 뜻.

48 피엽슬음한: '희엽스름한'의 오식일 듯. 희스름한, 희뿌연. 북한 선집에는 '희여스름한'으로 수정됨.

49 大白頭山: '피엽슬음한 머리'를 뜻함. 이 부분을 북한 선집에는 '白頭山'으로 표기되었다. 단재는 이 작품에서 백두산을 '太白山'이라고 표기한 것으로 보아 원래 '태백산'이던 것을 북한 선집에는 '白頭山'으로, 김병민 선집에는 '大白頭山'으로 썼을 것으로 보인다. 희엽스름(白) 한머리(太頭 또는 太山) 또는 희엽스름한(白) 머리(頭)로 읽을 수 있다.

50 불고스음: 불그스름.

51 붓도두랴면: 북돋우려면.

비도 말고 바람도 말고[52]

피물만 ᄲ래주면 그 ᄭᅩᆺ이 잘 잘하리[53]

여날[54] 우리 全盛할 ᄯᅢ에

이 ᄭᅩᆺ헤 구경 가니 ᄭᅩᆺ송이가 크기도 하더라

한 엽흔[55] 黃海 渤海[56]를 건너 大陸을 덥고

ᄯᅩ 한 엽흔 滿洲를 지나 우수리[57]에 늘어젓더니

어이해 오날날은

ᄭᅩᆺ이 이다지 여휏느냐

이 몸도 일즉 當年 薩水 平壤 모든 싸움[58]에

팔쑥으로 비짱 삼고 가삼이 방패되야

ᄭᅩᆺ밧허 을[59] 노릇해

西方의 들어운[60] 물

---

52 비도 말고 바람도 말고: 이 구절이 북한 선집에는 "비도 맞고 바람도 맞고"로 되어 있다. 어느 구절이 맞는 지는 확실치 않으나 '핏물만'으로 보아 '비도 말고 바람도 말고'가 맞는 것으로 풀이된다.

53 잘하리: 자라리.

54 여날: 북한 선집에는 '옛날'로 제시됨. 내용상 적합한 것으로 보인다.

55 엽흔: 북한 선집에는 '잎은'으로 제시됨.

56 渤海: 요동반도와 산동반도 사이의 바다.

57 우수리: 우수리강이 있는 지역. 우수리는 중국 동북 지방 동쪽과 러시아 공화국 사이에 있는 국경하천이다. 러시아명은 우수리강(Ussuri R.)이다. 흑룡강(黑龍江)의 지류로 동북 지방의 남동쪽 지역이 된다. 우수(ussu)가 몽골 어로 '물'을 뜻하고 리(里)가 '장소'를 뜻하는 접미사이므로, 지명은 '물이 있는 곳'이라는 의미이다. 1860년 북경조약(北京條約)에 의하여 우수리강의 동쪽 지방인 연해주(沿海州)가 러시아의 영토가 되었다. 단재는 우리 영토가 서쪽으로 산동지역과 북쪽으로 만주, 우수리 지역에 이르렀다고 본 것이다. 단재의 영토의식이 잘 드러난 구문이다.

58 薩水…싸움: 고구려 영양왕 23년(612)에 수나라의 양제가 고구려를 정복하려고 수륙 양로를 통해 쳐들어왔다. 수나라 육군은 일단 탁군(涿郡: 지금의 北京)에 집결, 좌우 각각 12군으로 편성하였는데, 동원된 병력은 모두 113만 3800명, 군량운반자의 수는 정규군의 배가 되었다. 그러나 고구려군의 완강한 저항으로 막대한 희생을 치르면서 겨우 요하 도하작전에 성공한 수군은 곧 요동성(遼東城)을 포위, 공격했으나, 다시 고구려군의 완강한 저항을 받았다. 이에 수나라는 우중문(于仲文)·우문술(宇文述) 등을 지휘관으로 한 30만 5천명의 별동대를 편성해 평양성 30리 지점에까지 진군하였다. 을지문덕이 지휘하는 고구려군은 거짓 항복을 청해 퇴각할 구실을 만들어주는 척하면서 일대 추격전을 전개하였다. 특히, 퇴각하는 수군이 살수를 건너고 있을 때 이들을 배후에서 공격해 수나라 장수 신세웅(辛世雄)이 전사하는 등 대대적인 전과를 올려 요동성까지 살아간 병력은 겨우 2,700명에 불과했다고 한다. 한편, 수나라 해군은 바다를 건너 패수(浿水: 지금의 대동강)를 거슬러 올라가 평양성을 공격하려 했으나, 왕제(王弟) 고건무(高建武)가 지휘하는 고구려 결사대에 의해 막대한 피해를 입고 후퇴하였다. 이처럼 수륙양면에서 막대한 손실을 입은 수나라는 요동성 공격을 중단하고 총퇴각함으로써 그들의 침략도 실패로 끝났다.

59 을: '울'의 오식인 듯. 북한 선집에는 '울타리'로 제시됨.

震壇[61]의 봄빗헤 물들지 못하도록
젓 먹은 힘써지 들이엇다
이 곳이 어이해
오날은 이 꼴이 되엿느냐
님이 이를 아시리니 물을 조곰[62]

한쟝 노래가 다 마추지[63] 못한 모양이나 목이 메여 더 하지 못하며 눈물을 씨시니[64] 無窮花 송이도 그 노래에 무삼 늑김이 잇섯던지 눈물을 흘니며 淸新한[65] 노래로 화답하는데,

봄비슴[66]의 고흔 치마, 님이 나를 주시도다
님의 恩德 갑흐랴 하야
내 얼골을 씨다듬고
비바람과 싸우면서
震檀의 아름다움 쉬임 업이 자랑하랴고
나도 이리 파린한다[67]
英雄의 시원한 눈물
烈士의 매운 피물
사발로 박아치[68]로 동의[69]로 가져오너라

---

60 들어운: 더러운 또는 들어온.
61 震壇: 震檀. 북한 선집에서는 '조선'으로 번역했지만, 여기에서는 그대로 하였다. 우리나라를 예스럽게 이르는 말의 하나. 진(震)은 중국의 동쪽을 뜻하고, 단(檀)은 우리나라의 시조가 단군인 까닭이라고 한다.
62 님이 이를 아시리니 물을 조곰: 북한 선집에는 이 행이 아예 빠져 있다.
63 마추지: 마치지. 북한 선집에는 '맞추지'로 제시됨.
64 씨시니: 북한 선집에는 '씻으니'로 제시됨. 한편 단재 전집에는 '눈물을 씨시니'를 '눈물에 젖으니'로 고쳤다.
65 淸新한: 맑고 산뜻한.
66 봄비슴: 봄 명절에 입는 옷.
67 파린한다: 파리하다의 오식인 듯. 북한 선집에는 '파리하다'로 제시됨.
68 박아치: 바가지.
69 동의: 동이. 질그릇의 하나. 흔히 물 긷는 데 쓰는 것으로 보통 둥글고 배가 부르고 아가리가

내 너무 목말으다

그 소리 더욱 압흐고 절이여[70] 頑惡한 돌이나 나무들도 모다 일어나 슬픔으로 서로 화답하는 듯하더라. 쏫송히 위에 안젓던 한놈은 두 노래 쯧헤 크게 늑기여 짱에 업들여서 울며 일어나지 못하니 쏫송이가 쏘 가만히 「한놈아」 불으며 쑤짓되,

「울음을 썩 그처라. 世上 일은 슯다고 닛는 것이 안이니라.」

하거늘 한놈이 고개을 들어 左右를 살피니 악가 노래하던 大將이 곳 압헤 섯더라. 그 얼골을 자셰히 쓰더 보니 마치 언제 뵈온 어른 갓다. 한참 서슴다가[71]

「아! 인졔야 생각나는고. 눈매듭과 니마살과 채수염이며 쏘 裝束한 것을 둘우본즉 일즉 平安道 安州 南門밧 碑石에 삭여잇는 彫像과 갓흐니 제가 꿈에라도 한 번 보면 하던 乙支文德이신져.」

하고 일어나 절하며 무삼 말을 물으랴 하나 무엇이라고 稱呼할는지 몰나 다시 서슴우니 異常타. 乙支文德 그이는 檀君 二千年頃의 어른이오, 한놈은 檀君 四千二百四十一年[72]에 난 아기라. 그 어간이[73] 二千年이나 되난대 二千年前의 어른이로[74] 二千年 뒤의 아기를 맛나 慈愛한 품이 마치 친구나 집안 갓다. 그이가 곳 한놈을 향하야 우스시며,

「그대가 나의 稱呼에 서슴느냐? 곳 선배라 불음이 가하니라. 대개 檀君 한배쎄서[75] 太白山에 나리사 三神五帝[76]를 위하시며 三京五部[77]를 베푸시고

넓으며 양옆으로 손잡이가 달려 있다.

70 절이여: 저리어.

71 서슴다가: 기본형은 '서슴다'. 머뭇머뭇 망설이다.

72 四千二百四十一年: 1908년.

73 어간이: 사이가.

74 어른이로: '어른으로'의 오식인 듯. 북한 선집에는 '어른으로'로 제시됨.

75 檀君 한배쎄서: 한배는 대종교에서 단군을 높여 부르는 말. 북한 선집에는 '단군이'로 씀.

76 三神五帝: 고대 신화에 나오는 신들을 일컬음. 고대 신화에 나오는 신들의 이름. 단재는 「조선사」에서 '三神'은 三一神(天一, 地一, 太一)과 같은 것으로 "『말한·불한·신한』은 三神에서 源한 者인대 義로서 天一 地一 太一이 되고 音으로서 馬韓 卞韓 辰韓이" 되었다고 보았으며, '五帝'는 東西南北中 五方의 神으로 "『돗가 개가 소가 말가 신가』 等 五『가』가 곳 五方神을 가라친 것이니, 次序로

이를 萬世 子孫으로 하여곰 직히게 하랴 하실새 三符五戒[78]로 倫理를 세우시며 三郎五加[79]로 教育을 맛게 하시니 이것이 우리나라 宗教的 武士魂의 發生한 처음이라. 이 魂이 三國時代에 와서는 드대여 쏫 피듯 불붓는 듯하야 사람마다 武士를 놉히며 졀하고 서로 아름다운 일홈[80]을 지어 자랑할새 新羅는 少年의 武士를 사랑하야 도령이라 일홈하니 三國史記에 젹힌 仙郎이 그 뜻 번역이오, 百濟는 壯年의 武士을 사랑하야 수두라 일홈하니 三國史記에 젹힌 바 蘇塗가 그 音 번역이오, 高句麗는 君子실어온[81] 武士를 사랑하야 선배라 일홈하니 三國史記에 젹힌바 先人이 그 音과 뜻을 이올나한[82] 번역이라. 이제[83] 나는 高句麗의 사람이니 그대가 나를 선배라 불으면 가하니라.」

한놈이 이때 다시 高句麗의 졀로 한 무릅은 세우고 한 무릅을 꿀어 공손히 졀한 뒤에

「선배님이시여. 악가 동편 서편에 갈너셔서 싸우던[84] 두 陣[85]이 다 어늬

말하면 말한이 불한을 낫코 불한이 신한을 나앗"다고 했다.

77 三京五部: 세 서울과 다섯 지방. 단재는 「조선사」에서 "三京을 두어 三한이 分駐하며 三한의 下에 돗가 개가 소가 말가 신가의 五가를 두고, 全國을 東南西北中 五部에 나누어 五가가 中央의 五個 國務大臣이 되는 동시에 五部를 分治하는 五個의 地方長官이 되고 신가는 五가의 首位가 되며, 戰時에는 五部 人民으로써 中前後左右의 五軍을 組織하야 신가가 中軍大元帥가 되고, 其他 四가가 前後左右의 四元師가 되"었다고 했다.

78 三符五戒: '三符'는 『삼국유사』의 단군신화에 나오는 "天符印 三箇", 곧 "風伯雨師雲師"로 보이며, '五戒'는 원광법사가 말한 〈세속오계〉를 지칭한 것으로 보인다.

79 三郎五加: 세 정승과 다섯 대신. 단재는 「조선상고문화사」에서 "三郎도 高句麗 以前에 반드시 三仙이나 三仙人이라 일홈하고 三郎이라 일홈하지 안이한 것일 터인데, 『新羅』에서 先人의 일홈을 郎이라 하면서 드대여 三郎으로 곳치고 三郎寺를 지어 尊奉"하엿다 하며, "三郎은 仙史가 온대 첫 『도령』"이라 했다. 아울러 '五加'는 "夫餘의 『五加』와 『高句麗』의 『五部』와 『百濟』의 『五方』과 『渤海』 『高麗』 乃至 『契丹』(遼) 女眞(金)의 『五京』은 『檀君』의 治制에서 나온 자"이며, "五加는 곳 共和政府의 長官"이라 했다.

80 일홈: 이름. 김병민 선집에는 이것이 '일흠'으로 나와 있으며, '일흠', '일홈'이 매우 혼란스럽게 씌어 있다. 「익모초」뿐만 아니라 「조선사」에도 '일홈'이라 썼기 때문에 혼란을 피하기 위해 '일흠'을 '일홈'으로 통일했다.

81 君子실어온: 君子스러운.

82 이올나한: 북한 선집에는 '아울러한'으로 제시됨. 즉 음과 뜻을 아우른 번역이라는 말이다. 아마도 '아올나'를 '이올나'로 오식한 듯.

83 이제: 김병민 선집에는 '이졔'와 '이제'가 혼용되어 있다. 단재는 「익모초」에서 '이졔'를, 「조선사」에서는 '이제'를 썼기에 따로 통일하지 않고 그대로 두었다.

84 싸우던: 김병민 선집에는 이것이 '싸우면'으로 나와 있다. 이 작품에서 어떤 것은 '--면'으로, 어떤 것은 '--던'으로 매우 혼란스럽게 씌어 있다. 그뿐만 인쇄 상태가 고르지 못해 두 글자를

나라의 陣이냐?」

물운대 선배님이 대답하되

「동편은 우리 高句麗의 陣이오, 서편은 수나라의 陣이니라.」

한놈이 놀래며 의심 빗흐로 압헤 나아가 갈오대,

「놈은 듯자오니 사람이 죽으면 착한 이의 넉슨 天堂으로 가며 모진 이의 넉슨 地獄으로 간다더니 이졔 그 말이 다 그진말[86]임닛가? 그러면 靈界[87]도 肉界[88]도 갓하 항상 칼로 질으며 총으로 쏘어 서로 죽이는 慘狀이 잇습니다.」

선배님이 허허 탄식하시며 하시는 말이

「그러하다. 靈界는 肉界의 射影[89]이니 肉界에 싸움이 ᄭᅳᆺ치지 안는 날에는 靈界의 싸움도 ᄭᅳᆺ치지 안느니라. 대져 宗教家 始祖된 釋迦나 예수가 天堂이니 地獄이니 한 말은 별로히 寓意[90]한 곳이 잇거늘 어리석은 사람들이 그 말을 집어먹고 消化가 못 되야 亡國滅族 모든 病을 알는도다. 그대는 부대[91] 내 말을 삭이어[92] 들을지어다. 소가 개를 나치 못하고 복숭화 나무에 오얏 열매가 맷지 못하나니 肉界의 싸움이 엇지 靈界의 平和를 나흐리오. 그럼으로 肉界의 아희는 靈界에 가서도 아희요, 肉界의 어른은 靈界에 가서도 어른이며, 肉界의 샹젼은 靈界에 가서도 샹젼이오, 肉界의 죵은 靈界에 가서도 죵이니, 靈界에서 놉다 낫다 슯다 질겁다 하는 가비(鬼神)들이 모다 肉界에서 밧던 ᄉᆞᆯ과 한가지라. 나를 말하더래도 일즉 살물(薩水)싸움의 勝利者됨으로 오늘 靈界에서도 항상 勝利者의 자리를 차지하고셔 隋主 楊廣[93]은 그ᄯᅢ의 戰

정확히 구분하기도 어렵다. 「익모초」에는 '--면'의 형태가, 「조선사」에는 '--던'의 형태가 보인다. 그렇지만 혼란을 피하기 위해 '--던'의 형태로 통일했다.

85 陣: 김병민 선집에는 '陳'으로 표기되었는데, 이는 오식이 분명하다. 이후에도 진영을 뜻하는 곳에 쓴 '陳'을 모두 '陣'으로 바로잡았다.

86 그진말: 거짓말.

87 靈界: 죽은 뒤에 영혼이 가서 머문다는 영혼의 세계.

88 肉界: '영계(靈)'와 반대로 현 인간의 육신이 머무는 현실 세계. 인간 세상.

89 射影: 비친 그림자. 이는 곧 영계(저승 세계)와 육계(이승 세계)가 서로 그림자처럼 대칭한다는 말로 "靈界도 肉界도 갓하"에서 잘 드러난다.

90 寓意: 사물에 의탁하여 뜻을 표현하는 것.

91 부대: 부디.

92 삭이어: 새겨.

93 楊廣(569~618): 隋煬帝의 이름. 중국 수(隋)나라의 제2대 황제. 만리장성을 수축하고 대운하를

敗者됨으로 오날도 이갓히 패하야 군사를 二百萬이나 죽이고 쓺히 돌아감이 어늘 이졔 亡한 나라의 種子로서 혹 부쳐에게 빌며 上帝께 긔도하야 죽은 뒤의 天堂을 구하랴 하니 엇지 눈을 감고 해를 보랴 함과 달으리오.」

乙支선배의 말이 끈치자마자 하늘에 불근 구룸이 닐어 스사로 글씨가 되야 씨엿스되

「올타, 올타, 乙支文德의 말이 참 올타. 肉界나 靈界나 모다 勝利者의 판이니 天堂이란 것은 오직 주먹 큰 자의 차지하는 집이오, 주먹이 약하면 地獄으로 쪽기어 가느리라.」 하얏더라.

第二章

(一) 왼몸이 올흔몸과 싸우다

(二) 薩水戰役의 情形이 이러하다

(三) 乙支文德도 暗殺黨을 組織하얏더라

(四) 沙法名[94]이 구름을 타고 지나가다

한놈이 일즉 내 나라 歷史에 눈이 쓰자 乙支文德을 崇拜하는 마음이 간졀하나 그의 對한 傳記를 짓고 십은 마음이 밧버 미처 모든 글월에 考據[95]하지 못하고, 다만 東史綱目[96]의 젹힌 바에 의거하야 필경 傳記도 안이오, 論文도 안인 『四千載第一偉人乙支文德』[97]이라 한 조고마한 冊子를 지어 世上에 發佈한 일이 잇섯더라. 한놈은 대개 처음 이 누리에 나려올 쌔에 情과

완공하였다. 3차례 고구려를 침입하였으나 대패하였고 각지에서 민란이 일어나 수나라가 멸망에 이르게 하였다. 재위 기간은 604~618년이다.

94 沙法名: 백제 시대의 장군. 동성왕의 명을 받아 장군 찬수류(贊首流)·해례곤(解禮昆)·목간나(木干那) 등과 함께 대군을 거느리고 위군(魏軍)을 쳐서 대파하였다. 이 공로로 동성왕은 제나라에 사법명을 정로장군(征虜將軍)에 제수해줄 것을 청하여 그 제수를 받았다. 생몰 연대 미상.

95 考據: 참고하여 근거로 삼음.

96 東史綱目: 조선 후기 안정복이 쓴 역사책. 단군조선에서 고려말까지를 다룬 통사이다. 한편 단재는 망명을 떠나면서 『동사강목』 한 질을 갖고 간 것으로 알려져 있다.

97 『四千載第一偉人乙支文德』: 단재가 1908년에 쓴 을지문덕 전기.

恨의 뭉턱이를 가지고 온 몸이라. 나면 갈 곳이 업스며, 들면 잘 곳이 업고, 울면 미들 만한 니가 업스며, 굴면 사랑할 만한 아오가 업시 한 놈으로 와 한 놈으로 가는 한놈이라. 사람이 고되면 근본을 생각한다더니 한놈도 그리 함인지 하도 의지할 곳이 업스매 생각하는 것은 죠샹의 일뿐이라.

東明聖祖[98]의 귀가 얼마나 길던가. 眞興大帝[99]의 눈이 얼마나 크던가. 落花巖에 썰어지던 美人이 몃치던가. 隋煬帝를 쏘던 壯士가 누구던가. 東城帝[100]의 臨流閣[101]의 놉히가 백 길이 못 되던가. 眞平帝의 聖帝帶[102]가 열 발이 더 되던가. 東牟[103]의 놉흔 山에 大祚榮[104] 太祖의 자최를 조샹하며, 態津의 가는 물에 階伯[105]將軍의 매움을 눈물하고, 솔나무를 보면 率居[106]의 그림을 본 듯하며, 새소리를 들으면 玉寶高[107]의 노래를 듯는 듯하야, 몃치 못 되

98 東明聖祖: 고주몽(高朱蒙, BC 58~BC 19). 고구려의 시조. 『삼국사기』에 따르면 동부여의 금와왕이 데려온 하백(河伯)의 딸 유화(柳花)가 낳은 알에서 나왔다고 한다. 활을 잘 쏘고 영특하여 왕자들이 시기해 죽이려 하자 이를 피해 졸본부여로 남하하여 고구려를 세웠다. 재위 기간은 BC 37~BC 19년이다.

99 眞興大帝: 김삼맥종(金三麥宗, 534~576). 신라 제24대 왕. 한강 하류 지역을 빼앗아 삼국 통일의 기반을 마련하였고, 변경에 순수비를 세웠다. 팔관회를 처음 열었으며, 황룡사를 지어 불교 진흥에 힘썼다. 또 화랑 제도를 창시하고 『국사(國史)』를 편찬케 하였으며, 가야금을 제작·연주하게 하는 등 문화 창달에도 이바지하였다. 재위 기간은 540~576년이다.

100 東城帝(?~501): 부여모대(扶餘牟大, 백제의 제24대 왕. 제22대 문주왕(文周王)의 동생인 곤지(昆支)의 아들로서 담력이 뛰어나고 활을 쏘는 솜씨가 빼어났다. 동성왕은 삼근왕(三斤王) 때 병관좌평(兵官佐平) 해구(解仇)의 반란을 평정하고 실권을 장악한 진로(眞老) 등의 세력에 의해 옹립되었다. 재위 기간은 479~501년이다. 김병민 선집에는 東明帝로 오기됨.

101 臨流閣: 백제 동성왕 때 세운 정자인데 높이 다섯 길이 된다고 한다.

102 聖帝帶: 신라의 소위 세 가지 보물 중의 하나로서 『삼국유사』에 보면 하늘이 진평왕에게 내린 띠라고 한다.

103 東牟: 지금 돈화(敦化) 동쪽 발해 시조 대조영이 당나라 세력을 물리치고 처음으로 진(震) 나라를 선포한 곳.

104 大祚榮(?~719): 발해의 시조 고왕(高王). 고구려 유민. 당의 대장군 이해고(李楷固)의 군사를 천문령(天門嶺)에서 격파하고, 읍루(挹婁)의 동모산(東牟山)에 홀한성(忽汗城)을 쌓고, 말갈(靺鞨)과 고구려의 남은 무리를 모아 나라를 세워 국호를 진(震)이라 하고 스스로 왕이 되어 연호를 천통(天統)이라 하였다. 재위 기간은 699~719년이다.

105 階伯(?~660): 백제 말기의 장군. 660년에 나당 연합군이 백제로 쳐들어오자, 결사대 5천 명을 이끌고 황산벌에서 신라 장수 김유신과 네 차례 싸운 끝에 전사하였다.

106 率居: 통일신라 시대의 화가. 그가 그린 대표적인 것은 황룡사의 「노송도(老松圖)」이다. 이 밖에 불교회화로 분황사의 「관음보살도」와 진주 단속사의 「유마상」·「단군초상」·「진흥왕대렵도팔폭」을 그렸다고 한다. 생몰 연대 미상.

107 玉寶高: 통일 신라 때의 거문고의 대가. 지리산의 운상원(雲上院:雲峰)에서 50년 동안 거문고의 기법을 닦고, 「상원곡(上院曲)」, 「중원곡(中院曲)」 등 30곡의 새로운 거문고가락을 지어 신라에 거문고가 널리 퍼지게 하였다고 한다. 생몰 연대 미상.

는 골이 기나긴 五千年 時間 속으로 오락가락하야 꿈에라도 우리 先代의 큰 사람 한번 만나고자 그리던 마음으로 이졔 크나큰 乙支文德을 맛난 판이니 뭇고 십은 말이며 하고 십흔 말이 엇지 한아 둘쁜이리오만은 이샹타, 그의 靈界에 對한 니야기를 들으며 골이 펄덕펄덕하고 가삼이 더근배근[108]하야 아모 말도 물을 경황이 업고, 의심과 무섬이 五月 하늘의 구름 모히듯 하더니 드대여 心身의 이샹한 作用이 닌다.

올흔손이 졀잇졀잇하더니 차차 거저 어대써지 쌔쳣는지 그 끗흘 볼 수 업고, 손가락 다섯이 모다 손 한아식 되여 길길히 길어지며, 그 손가락 끗헤 다시 손가락이 나며 그 손가락 끗헤 다시 손이 되여, 아들이 손자를 나며 손자가 증손을 나니 한 손이 멧萬 손이 되고, 왼손도 여보라드시[109] 올흔손대로[110] 되여 또 멧萬 손이 되더니, 올흔손에 짤닌 손들이 낫낫히 풀은 긔를 들며, 왼손에 짤닌 손들은 낫낫히 불근 긔[111]를 들고, 두 편을 갈너 싸움을 시작하는대 풀은 긔 밋헤 모힌 손이 일졔히 범이 되여 아가리를 싹싹 버리며 달녀들더니, 불근 긔 밋헤 모힌 손들은 노루가 되여 달아나더라. 달어나다가는 큰물이 압헤 쏵 막키여 할일없는 디경이 되니, 노루가 일졔히 고기가 되여 물속으로 들어간다. 범들이 배암이 되야 쪼치니, 고기들은 쮕이 되어 썰썰 푸두둑 쮕이 되어, 물 밧긔로 향하야 날더라.

배암들이 다시 매가 되여 쪼친즉 쮕들이 늘흔 들에 가 나려안저 큰 뫼[112]가 되니 배암들이 이에 불덩이가 되여 뫼에 대고 탁 튀여 뫼는 쪼각쪼각 부서지고 왼 바닥이 불빗치 되더라.

부서진 뫼 쪼각이 하늘로 날아가며 구름이 되여 비를 퍽퍽 주니 불은 써

108 더근배근: 북한 선집에는 '어근버근'으로 쓰고 있다. 그러나 그것은 '사리가 꼭 맞지 않아 흔들리는 모양, 사람들의 마음이 화합하지 않는 모양'이라는 의미로 부적절하다. 그냥 '두근두근' 정도의 의미인 것 같다.

109 여보라드시: 여봐란듯이.

110 올흔손대로: 오른손처럼, 오른손 모양.

111 불근 긔: 북한 선집에는 '검은 기'로 잘못 쓰고 있다.

112 큰 뫼: 북한 선집에는 이 문장 이후 '뫼' 3군데를 '매'로 잘못 쓰고 있다. 이것은 앞의 '매(鷹)'가 아니라 '뫼(山)'이다.

지고 바람이 닐어 구룸을 헤치랴고 天地를 뒤집는다.

이 싸움이 한놈의 손씃에서 난 싸움이지만 한놈의 손씃흐로 말니울 도리는 아조 업다. 구경이나 하자 눈을 부비더니 안진 밋헤 無窮花 송이가 혀를 차며 하는 말이

「애달다. 무삼 일이냐? 쇠가 쇠를 먹고 살이 살을 먹는단 말[113]이냐.」

한놈이 그 말슴에 소름이 몸에 쫙 끼치며 입이 벙벙한이 안젓다가

「무삼 말슴임닛가? 언제는 싸우라 하시더니 인제는 싸우지 말나 함닛가?」

하며 돌녀 물으니 쏫송이가 어엽분[114] 소리로 대답하되

「싸우거던 내가 남하고 싸워야 싸움이지, 내가 나하고 싸우면 이는 自殺이오, 싸움이 안이니라.」

한놈이 밧싹 달녀들며 뭇되

「내란 말은 무엇을 가라치시는 말임닛가? 눈을 크게 쓰면 宇宙가 모다 내 몸이오, 젹게 쓰면 올흔팔이 왼팔다려 남이라 할 만하지 안함닛가?」

쏫송이가 날캅게[115] 깨쳐 갈오대

「내란 範圍는 時代를 쌀어 줄고 느나니 家族主義의 時代는 家族이 내요, 國家主義의 時代에는 國家가 내라. 만일 時代를 압서 가다가는 다리가 씨저지고 時代를 뒤서 오다가는 머리가 불어지나니[116] 네가 오날이 무삼 時代인지 아느냐? 씨리시[117]는 地方熱로 强國의 資格을 일코, 인도는 部落思想으로 亡國의 禍를 어드니라.」

한놈이 이 말에 크게 늑기여 感謝한 눈물을 쐴이고[118] 인해 왼손으로 올흔손을 만지니 다시 젼날의 올흔손이오, 올흔손으로 왼손을 만치니 쏘한 젼날의 왼손이러다. 겻헤는 乙支文德이 해빗흘 안고 안저 神誌秘詞[119]의

113 쇠가 쇠를 먹고 살이 살을 먹는단 말: 동포 형제끼리 서로 해침을 이르는 말.
114 어엽분: 어여쁜, 예쁜.
115 날캅게: 날카롭게.
116 불어지나니: 부러지나니.
117 씨리시: 그리스. 희랍.
118 쐴이고: 뿌리고.
119 神誌秘詞: 고조선 시대의 역사와 시가를 적어 놓은 책이라고 한다.

우리나라는 져울과 갓다 扶蘇서울은 져울몸이오
百牙서울은 져울머리요 五德서울은 져울추로다
모든 대젹을 하로에 깨처 세 곳에 난워 서울을 하니
기울미 업서 나라 되리니 셋에 한아도 일치 말어라[120]

를 외으더니 한놈을 돌아보며 갈오대

「그대가 이 글을 아는다?」[121]

한놈이

「鄭麟趾[122]가 지은 麗史[123] 속에서 보앗나이다.」

하니, 乙支文德이 갈오대

「그러하니라. 엿적에 檀君神祖께서 모든 敵國을 깨치고 그 짜를 난워서 서울을 세울새 첫 서울은 太白山 東南 朝鮮 짜에 두니 갈온바 『扶蘇』요, 다음 서울은 太白山 西편 滿洲 짜에 두니 갈온바 『百牙罔』이오, 셋재 서울은 太白山 東北 滿洲 및 沿海州 짜에 두니 갈온바 『五德』이라.[124] 이 세 서울에

---

120 이는 『고려사』 김위제전의 아래 내용을 뜻한다.
또 『신지비사(神誌秘詞)』에는 이렇게 말하고 있습니다. '저울에 비유하자면 저울대는 부소(扶踈)요, 저울추는 오덕(五德)을 갖춘 땅이며 극기(極器)는 백아강(百牙岡)이다. 위 세 곳에 도읍하면 70국이 항복해서 조공하여 올 것이고 그 지덕(地德)에 힘입어 신기(神氣)를 보존할 수 있을 것이다. 저울의 머리와 꼬리를 정밀히 하여 수평을 잘 잡으면 나라가 흥하고 태평성대를 보장받을 것이요, 가르쳐 준 세 곳에 도읍하지 않는다면 왕업이 쇠퇴하리라.' 又神誌秘詞曰, '如秤錘極器, 秤幹扶踈樑, 錘者五德地, 極器百牙岡, 朝降七十國, 賴德護神精, 首尾均平位, 興邦保太平, 若廢三諭地, 王業有衰傾.'

121 아는다: 북한 선집에는 '아는가'로 되어 있다.

122 鄭麟趾(1396~1478): 조선 전기 문신 겸 학자. 안지(安止) 등과 함께 『용비어천가』를 지었으며, 천문·역법·아악 등에 관한 책을 많이 편찬하였다. 문집에 『학역재집(學易齋集)』이 있고, 편저로 『고려사』, 『역대역법(歷代曆法)』, 『역대병요(歷代兵要)』, 『자치통감훈의(資治通鑑訓義)』 등이 있다.

123 麗史: 高麗史. 『고려사』는 1451년(조선 문종 1) 정인지(鄭麟趾)에 의해, 『고려사절요』는 그 이듬해 김종서(金宗瑞, 1390~1453)에 의해 각각 편찬되었다. 두 역사서는 왕의 명령에 의해 편찬되었는데, 『고려사』는 책임자 정인지를 포함하여 32명의 역사가, 『고려사절요』는 책임자 김종서를 포함하여 27명의 역사가들이 참여하여 편찬된 이른바 관찬사서(官撰史書)이다.

124 한편 이 부분에 대해 고려사에서는 아래와 같이 기록했다.
이는 저울로써 3경(三京)을 비유한 것으로 극기는 머리, 저울추는 꼬리, 저울대는 저울의 균형을 잡는 곳입니다. 송악은 부소(扶踈)로서 저울대에 비유했으며, 서경은 백아강으로 저울머리에 비유했으며, 삼각산의 남쪽은 오덕을 갖춘 곳으로 저울추에 비유했습니다. 此以秤諭三京也. 極器者首也, 錘者尾也, 秤幹者提綱之處也. 松嶽爲扶踈, 以諭秤幹, 西京爲白牙岡, 以諭秤首, 三角山南爲五德丘, 以諭秤錘.

한아만 일흐면 後世子孫이 衰弱하리라 하사 그 豫言을 적어 神志에게 주신 바어늘 오날에 그 서울들이 어대인지 아는 이가 업슬 쌘더러 이 글까지 니젓도다. 鄭麟趾의 高麗史에 이를 쓰기는 하엿스나 術士의 말[125]로[126] 돌녓스니 그 잘못함이 한아요. 高麗의 地志를 쏘차 檀君의 三京도 모다 大同江 以內로 말하얏스니 그 잘못함이 둘이니라.」

한놈이

「이 세 서울 일흔 原因이 어대 잇느냐?」

뭇자온대 乙支文德이 갈오대

「악가 내가 權力이 天堂에 가는 대가리[127]란 말을 닛지 안하얏는가. 우리 震檀 사람들은 이 뜻을 아는 이 젹은 고로 支那 二十一代史[128] 가온대마다 朝鮮列傳이 잇스며, 朝鮮列傳[129] 가온대마다 朝鮮人의 天性이 인후하다 하얏스니, 이 인후 두 자가 우리를 쇠하게 한 原因이라. 同族에 對한 인후는 興하는 原因이 되건이와 異族에 對한 인후는 망하게 하는 原因이 될 쌘이니라.」

한놈이[130] 그 말이 긋나기를 기다리지 안코 곳 박론하야 갈오대

「우리가 異族에 對하야 너무 인후함으로 망하시얏다 하심은 한놈도 同情하난 바언이와 다만 선배님의 하신 일도 이 허물을 면치 못할가 하나이다.

---

125 術士의 말: 이는 "오덕(五德)이란, 가운데 있는 면악(面嶽)이 둥근 형태로 토덕(土德), 북쪽에 있는 감악(紺嶽)은 굽은 형태로 수덕(水德), 남쪽에 있는 관악(冠嶽)은 뾰족뾰족한 형태로 화덕(火德), 동쪽에 있는 양주(楊州) 남행산(南行山)은 곧은 형태로 목덕(木德), 서쪽에 있는 수주(樹州) 북악(北嶽)은 네모진 형태로 금덕(金德)을 나타내니, 이 역시 도선이 말한 3경(三京)의 뜻에 부합합니다."라는 말을 의미하는 것으로 보인다. 즉 술사의 말이란 '도선의 설'을 말하는 것이다.

126 말로: 김병민 선집에는 '마로'로 오식됨.

127 대가리: 북한 선집에는 '사다리'로 수정됨. 사다리를 의미할 수도 있겠지만, 오히려 '머리'의 비속어인 '대가리'로 보는 것이 옳을는지 모른다. 그렇다면 그 의미는 비아냥거리는 표현이지만, '으뜸' 또는 '첫머리'라는 뜻이다.

128 二十一代史: 아마도 24사의 오식인 듯. 24사는 중국 청나라 건륭(乾隆) 때에 정한 중국의 정사(正史)로 『史記』, 『漢書』, 『後漢書』, 『三國志』, 『晉書』, 『宋書』, 『南齊書』, 『梁書』, 『陳書』, 『後魏書』, 『北齊書』, 『周書』, 『隋書』, 『南史』, 『北史』, 『舊唐書』, 『新唐書』, 『舊五代史』, 『新五代史』, 『宋史』, 『遼史』, 『金史』, 『元史』, 『明史』를 일컫는다. 그 가운데 『舊唐書』, 『舊五代史』, 『明史』를 뺀 것을 '二十一史'로 칭했다.

129 朝鮮列傳: 김병민 선집에는 '朝鮮烈傳'으로 되어 있는데, 이는 단순 오기인 것으로 보인다.

130 한놈이: 이 부분부터 3장 "가온대지만…"까지 상당 부분의 내용이 북한 선집과 단재 전집에는 빠져 있다. 빠진 부분은 표기체가 혼란스럽고 또한 오류들이 적지 않은데, 그러한 부분을 이 주해집에서는 바로잡았다.

처음 隋煬帝가 二百萬 大兵으로[131] 선배님에게 패하야 겨오 一千몃백 명이 살어 돌아갈 때에 선배님이 만일 군사를 몰고 遼河를 건너 殘弊[132]한 나라를 두드리지[133] 안코 도리어 니긴 군사를 內地에 가두고 進取할[134] 생각이 업섯으니 이는 한번 인후하야 큰 機會를 일흠이며, 隋煬帝의 第二次 덤빌 때 그 나라 留守[135]된 楊玄感[136]이 叛하고 煬帝의 서울이 빠지게 되며 隋煬帝의 參謀로 兵部侍郎을 兼한 斛斯政[137]이 歸化하며 隋의 內政도 우리가 쉬게 되얏스며 또 翟讓[138] 王世充[139]의 무리가 四方에서 틈을 이웃보아[140] 國勢의 危急함이 눈압헤 잇섯거늘 이때에도 내 짜의 직힘을 長策으로 알고 攻勢를 取치 안하야 잡수라는 나를[141] 먹지 못하얏스니 이는 두 번 인후하야 큰 形勢를 놋침이며, 隋煬帝의 第三次 덤빔은 더 愚夫의 일이라. 제 나라가 크게 뒤집혀 精神찰일 수 업는 판에 오히려 병든 백셩을 책직하야[142] 군사를 삼으며 업는 곡식을 글거[143] 군량을 삼고 여러 번 니긴 高句麗와 결으고자[144] 하니 이때는 더욱 빨니 처서 隋煬帝 잡고 國威를 大陸에 쓰칠 때에는 이제 그 和親을 허락하야 賊魁[145]로 하여곰 편안히 돌아가게 하얏스니 이는 세 번 인

---

131 大兵으로: 김병민 선집에는 '大兵이 로선배님에게'로 되어 있다.
132 殘弊: 쇠잔하고 쓰러짐.
133 두드리지: 기본형은 '두드리다'. 때리거나 타격을 주다. 공격하다.
134 進取할: 나아가 취할.
135 留守: 천자가 출정 또는 행행 중에 대신하여 서울을 지키는 벼슬.
136 楊玄感(?~613): 중국 수(隋)나라의 반신(叛臣). 권신 양소(楊素)의 아들로 예부상서에 올랐으나 양제의 제2차 고구려 침공 때 여양(黎陽)에서 반란을 일으키고 패하여 자살하였다.
137 斛斯政(?~614): 수나라 병부시랑으로 고수 전쟁 중 후방에서 변란이 일어나자 고구려에 망명하였으나 고구려는 나중에 그를 수나라에 돌려보냈다. 김병민 선집에는 解斯政으로 오식됨.
138 翟讓(?~617): 『구당서』「이적전」에 따르면, 위성(韋城) 사람 적양이 무리를 모아 도적이 되었는데, 이적이 가서 그를 따랐다고 한다. 당나라의 최대 반란세력으로 성장했지만 결국 항복하고 말았다.
139 王世充(?~621): 수나라 신풍(新豊) 사람. 양제가 피살되는 강도병변(江都兵變) 이후 월왕(越王) 양동(楊侗)을 제위에 앉히고 이부상서(吏部尙書)가 되었다가, 이듬해 양동을 폐하고 스스로 황제라 칭하면서 정(鄭)나라를 세우고 연호를 개명(開明)이라 했다. 이세민이 이끄는 당군(唐軍)에게 항복했으며, 장안(長安)에서 원수에게 피살당했다.
140 이웃보아: 엿보아.
141 나를: 내용상 '나라를'의 오식인 듯.
142 책직하야: 채찍질하여.
143 글거: 긁어.
144 결으고자: 겨루고자.
145 賊魁: 도적의 괴수.

후하야 큰 功業을 버림이니 엇지 애달지 안한가? 이럼으로 몃 해 못 되여 드디여 李世民[146]으로 하여곰 隋를 차지하고 그 파란[147] 힘을 길너 다시 高句麗를 이웃보게 하고 그 未流의 禍[148]가 李勣[149]의 군사로 하여곰 平壤을 陷落하고 高句麗를 망침에 일은지라. 後世의 歷史 읽는 쟈도 오히려 책을 다 치고 嗟歎함[150]을 말지 안하거늘 선비님은 그때의 大臣이로 功이 크고 싸움에 익은 사람으로 이갓히 敵國을 용서하여 뒷날의 禍가 되도록 함은 무삼 까닭이뇨?」

乙支文德이 허허 탄식하더니 슬픈 音調로 노래 한 마듸 불은다.

太白山아 네 얼골이 넘어도 희다
구름이 모여야 비가 되고 바람이 불어야 꽃이 피나리라
나의 갈 길 꽉 갈우막여선 太白山아 한 거름만 물너다고

노래를 마추더니[151] 한놈의 손목을 쓸며 갈오대

「내가 일즉 高句麗의 自守政策[152]에 속이 압허 피를 토코자 한 바리니 이졔 千萬古 아래에 同志者를 어덧스니 내 가슴이 조곰 시원하도다. 그러나 그때의 歷史는 모다 업서지고 우리 사람이 다만 支那의 疎略하며 自尊에 병든 歷史를 가저 古代 일을 의론함으로 그대 의심이 내게까지 미침이로다.

---

146 李世民(599~649): 중국 당나라 제2대 황제. 이연(李淵, 당 초대 황제)의 둘째 아들, 어머니는 두(竇) 씨이다. 수나라 양제(煬帝)의 폭정으로 내란의 양상이 짙어지자 아버지를 설득하여 거병, 장안(長安)을 점령하고 당나라를 건립했다. 626년 아버지의 양위를 받아 즉위했다. 645년(보장왕 4) 친히 대군을 이끌고 고구려를 원정했으나 고구려의 굳센 저항으로 안시성(安市城)을 이기지 못하고 회군했으며, 647년과 그 이듬해에도 고구려 침략을 꾀했으나 모두 실패했다. 재위 기간은 626~649년이다.

147 파란: 기세등등한.

148 未流의 禍: 아직 오지 않은 화. 뒷날에 닥칠 화.

149 李勣(594~669): 중국 당나라의 무장. 이정(李靖)과 함께 태종을 도와 당나라의 국내 통일에 힘썼다. 이후 동돌궐을 정복하고 644년과 666년의 두 차례에 걸쳐 고구려에 침입, 668년 보장왕의 항복을 받아 고구려를 멸망시켰다.

150 嗟歎함: 탄식하고 한탄함. 김병민 선집에는 '嗟歡함'으로 오식됨.

151 마추더니: 마치더니.

152 自守政策: 스스로 조심하여 지키는 정책.

내가 當日의 情形을 자세히 말할 수 업스나 그대의 깨달을 만치는 말하리라. 대개 薩물 싸움[153]의 니기던 날부터 文德이 곳 主張하되 이 군사를 가지고 곳 西으로 돌아들어가 隋나라를 징게하고 大陸을 평뎡하야 後患을 끗차[154] 하나 다만 이때 高句麗는 나라의 큰일을 五部臣族이 서로 의론하야 一致된 뒤에 施行하는 合議政體어늘 이 가온대서 몬저 意見이 한결갓지 못하니 그 어려움이 (一)이오. 朝廷이 모다 大將을 의심하기를 만일 支那에 향하야 큰 功을 일우면 그 聲勢[155]가 너무 커저 잡어부리지[156] 못할가 하니 그 어려움이 (二)요. 또 몃 部分의 僻見者[157]가 잇서 도젹이 우리를 범하거던 우리가 이를 쳐서 물닐 색이니 만일 싸움 니김을 能事로 알어 다시 도적의 짜를 빼스면 이는 내가 또 도젹이 됨이며, 또는 우리 種族은 원래 인후로 근본을 삼어 徐偃王[158]의 德으로 二十六國을 朝貢 밧어 氣勢가 누리에 덥힐 만하다가도 남과 戰爭함이 어진 쟈의 일이 안이라 하야 王位까지 바린 일도 잇스며, 北夫餘 盛時에 漢高祖 劉邦[159]이 項籍[160]을 垓下[161]에서 처랴고 구안[162]을 청하거늘 北夫餘가 梟騎[163]로 도와 勝戰케 하고 그 報酬로 주는 것을 밧지 안엇스며, 本朝는 더욱 仁厚를 主張하야 國祖大王[164] 美川大王[165]의 英武로

---

153 薩물 싸움: 612년 중국 수(隋)나라의 군대를 고구려가 살수(薩水: 지금의 청천강)에서 맞아 크게 이긴 싸움.

154 끗차: 끊자.

155 聲勢: 명성과 위세.

156 잡어부리지: 제어하지. 견제하지.

157 僻見者: 편벽된 소견을 가진 자.

158 徐偃王: 고대 중국에 나라를 세웠다는 우리나라 사람. 3천년 전 중국 양자강 북쪽 강소성 근방 넓은 지역에 서(徐)라는 나라를 세우고 무력을 길러서 당시의 강국인 주(周)나라를 자주 침공하자, 주는 항상 막대한 폐백을 바치며 화친을 빌었고, 특히 주의 목왕(穆王)은 동쪽 넓은 땅을 갈라주고 항복의 맹세까지 했으며, 그외에도 해내외(海內外)에서 조공하러 오는 나라가 50여 국이나 되었다 한다.

159 劉邦(BC 256~BC 195): 중국 한(漢)나라의 제1대 황제. 진나라 말기에 군사를 일으켜 진왕으로부터 항복을 받았으며, 4년간에 걸친 항우와의 쟁패전에서, 항우를 대파하고 천하통일의 대업을 실현시켰다. 재위 기간은 BC 202~BC 195년이다.

160 項籍(BC 232~BC 202): 진(秦) 나라 말기 하상(下相) 사람. 자(字)는 우(羽). 진말에 진승(陳勝)과 오광(吳廣)이 거병하자 숙부 양(梁)과 오중(吳中)에서 병사를 일으켜 진군(秦軍)을 격파하고 스스로 서초(西楚)의 패왕(霸王)이라 일컬음. 한고조(漢高祖)와 천하를 다투다가 해하(垓下)에서 패사(敗死)하였다.

161 垓下: 지금의 안휘성(安徽省) 영비현(靈壁縣) 부근의 지명이다.

162 구안: 苟安. 일시적인 안일을 탐하다.

163 梟騎: 용감하고 날랜 기병.

남의 나라를 먹으랴만 아조 쉬운 일이지만 남의 것을 가진 일이 不義인 줄 아심으로 오직 거만한 자를 征服할 쁜이니 이제 隋의 土地에 침을 흘님은 妄發이라 하야 百方으로 님금과 백셩의 마음을 蠱惑[166]케 하니 그 어려움이 (三)이라. 이 세 가지의 어려움으로 因하야 文德의 말이 시행되지 못하고 千載에 두 번 오지 안할 機會를 놋쳣도다.」

말이 이에 밋치더니 文德이 칼을 쌔여 땅을 치며 憤慨한 눈물이 짱에 듯더라. 한참만에 憤을 갈아안치고[167] 말을 니여 갈오대

「일이 틀어짐매 文德은 할일업시 벼살짜지 쌔기고 시골에 돌아가 누엇스나 나라의 큰일을 엇지 니즐 수야 잇스리오. 風便으로 隋의 內亂이 나서 어듸 道가 싸젓다, 어늬 골이 부서젓다, 어늬 城이 亂軍[168]의 차지가 되엿다, 어늬 鎭이 賊黨의 물건이 되엿다, 어늬 倉庫가 暴徒에게 불질엿다, 어늬 軍隊가 叛黨에게 돌아섯다 하는 소문이 들닐 제마다 피줄이 쒸음을 금치 못하얏노라. 밋 隋의 兵部侍郎 斛斯政이 그 參謀部의 文簿를 훔처가지고 歸化하매 隋의 軍政內容을 손바닥갓치 드려다 보겟고 또 隋의 全國이 물 끌틋 란리난 情形도 더욱 거울 속갓히 된지라. 文德이 참다 못하야 곳 隋를 進攻할 機會라고 힘써 意見을 政府에 陳述하나 소경이 엇지 해달[169]을 보리오. 다만 文德의 입만 압흔 쁜이러라. 뎌 어리석은 隋煬帝가 제 나라의 危急함은 돌보지 안코 敎鍊 업는 백셩의 군사를 거나리고 第三次 도적질로 들어오니 이는 더욱 독의 든 쥐어늘 庸臣들이 國政을 잡은지라 오직 苟安만 탐하며 말로는

---

164 國祖大王: 고구려 제6대 太祖王(高宮, 47~165). 고구려를 강력한 중앙집권 국가 수준으로 끌어올린 왕으로서 그 업적이 나라를 세운 것에 버금간다고 하여 태조대왕 또는 국조대왕으로 불렸다. 후한의 압력 차단과 서방 진출 기도를 통해 고구려의 국가발전의 기틀을 마련하였다. 단재는 「조선사」에서 "太祖 三年에 遼西 十城을 築하"였다고 쓰고 있다. 재위 기간은 53~146년이다.

165 美川大王: 고을불(高乙弗, ?~331). 고구려 15대 왕. 호양왕(好壤王)이라고도 한다. 서천왕의 손자이며, 고추가 돌고(咄固)의 아들이다. 293년(봉상왕 2) 아버지가 봉상왕에 의해 반역 혐의로 죽임을 당하자 피신해 머슴살이·소금장수 등으로 전전하다가, 300년 봉상왕이 폐위당하자 국상 창조리(倉助利) 등에 의해 왕으로 옹립되었다. 재위 기간은 300~331년이다.

166 蠱惑: 남을 꾀어 속임.

167 갈아안치고: 가라앉히고.

168 亂軍: 叛亂軍.

169 해달: 해와 달. 일월.

『싸움이 자저 백셩이 살 수 업다』는대 빙자하고 드듸여 媾和[170]를 의론하니 勝利者로 안저 危亡이 눈압헤 잇는 敵國에 향하야 媾和하랴 함은 千古의 奇聞이오. 斛斯政은 비록 隋의 叛臣이나 우리의 忠臣이라. 富貴와 福祿을 암만 주어도 악갑지 안하거늘 이졔 叛臣을 利用하야 敵國을 이웃봄은 어진 자의 일이 안이라 하야 드듸여 隋煬帝의 청구에 응하야 斛斯政을 돌녀보냄으로 媾和條約을 삼어 敵國의 원수를 갑게 하니 이는 千古의 奇見이로다. 文德이 안마음에[171] 이갓히 압흔 일이 업지만은 政府에 말함은 다만 혀만큼 품들닐 쌘[172]이오, 아모 유익이 업슬 줄 깨닷고 이에 暗殺을 행하야 敵國의 님금을 죽이고 媾和를 깨랴 하여 드대여 媾和談辦에 副使의 맵시를 차리고 上使를 쌀어 隋陣에 일으러 쇠노[173]로 隋煬帝의 가슴을 쏘아 마추니 이에 隋軍은 을[174]이 빠지고 高句麗 男子들은 피가 모다 살어 和局이 깨어지고 싸움이 다시 되여 勝利가 마참내 高句麗로 돌아오니라. 그대도 三國遺事記를[175] 보앗스리라. 「엇던 사람이 쇠노로 隋煬帝를 쏘고 달어낫다.」[176]함이 곳 내의 일이로다.」

「이샹타. 당당한 大臣이 또 千古의 偉人이신 乙支文德으로도 暗殺者가 되다는 말이 무삼 말가?」하는 의심이 한놈의 골을 쏙 질너 곳 압헤 나안지며[177]

「그 일은 선배님의 할 일이 안인가 하나이다.」

한대 乙支文德이 허허 탄식하며 갈오대

「내가 薩물 싸움에서 軍事上의 大任을 맛하 敵陣의 虛實을 알고자 하나

---

170 媾和: 싸움을 그치고 평화로운 상태가 됨.
171 안마음에: 속마음에. 마음속에.
172 혀만큼 품들닐 쌘: 혀를 품들이다, 즉 입만 아플 뿐이라는 말.
173 쇠노: 쇠뇌. 쇠뇌는 활에서 발전된 고대의 무기로 쇠로 된 발사장치가 있어 그 기계적인 힘에 의해 화살을 쏜다. 우리나라에서는 삼국 시대에 성행하였으며 낙랑 유적에서 출토되고 있다.
174 을: 얼, 곧 정신.
175 三國遺事記를: '三國遺事를'의 오식이거나 또는 '삼국유사의 기록을'이라는 의미로 사용.
176 『삼국유사』 흥법 권3 「보장봉로(寶藏奉老) 보덕이암(普德移庵)」에 나오는 "그때 한 사람이 비밀히 소노(小弩)를 품속에 감추고, 표문을 가진 사신을 따라 양제가 탄 배 안에 들어갔다. 양제(煬帝)가 표문(表文)을 들고 읽는데 소노(小弩)를 쏘아 양제의 가슴을 맞혔다.(時有一人, 密持小弩於懷中, 隨持表使, 到煬帝舡中. 帝奉表讀之 弩發中帝胸)"라는 구절을 의미한다.
177 나안지며: 밖으로 옮겨 앉으며.

適任할 사람이 업서 거짓 使臣이 되야 偵探의 職務까지 시행하매 當時에 나를 偵探大王으로 조롱하는 이가 잇더니, 오날에 또 暗殺이 大臣의 일이 안이라고 책망하는 이 잇도다. 갓히 나라에 충셩하자는 사람들이지만 그 意見이 이갓히 한결갓지 못하도다. 한놈이여, 이러케 생각말지어다. 털씃만치라도 나라에 유익할진대 무엇을 도라보리오.」

한놈이 다시

「나라에 유익하면 하지만 暗殺이 무삼 유익이 잇슴닛가?」

물은대, 乙支文德이 막 대답하려 하더니 별안간 東天에 풀은 구룸 뜨며 그 구룸 위에 한 사람이 안저오는대 아참[178] 해의 불근 光線을 걷어 머리에 돌녀쓰며 무지개로 띄를 삼아 허리에 띄고 두 손에 번개칼을 잡엇스며 몸에는 人間에 업는 萬色 쫓흐로 수노흔 옷을 입엇도다. 살쌔[179]갓히 몰아 지나다가 짝 그치고 乙支文德을 불으며

「오날 저녁의 놀음이 질거운냐?」

乙支文德이

「오날 저녁의 즐거움을 나 홀로 가지기 어려우니 어르신네도 이 자리에 갓히 함을 바라노라.」

그이가

「나는 東城大帝의 불으심을 입어 가는 길이니 그대의 뜻은 감사하나 허락하지 못하노라.」

하더니 바람챗직으로 구룸수레를 처 몰고 西天으로 날아가더라. 한놈이

「그가 누구냐?」

물은대 乙支文德이 갈오대

「이 어른은 檀君 二千八百二十年頃의 百濟 征虜將軍 邁羅王 兼 沙法名이신이라. 어른이 일즉 百濟 東城大帝를 슴겨[180] 兵官佐平이 되니 이때 百濟

178 아참: 아침.
179 살쌔: '화살대'를 말하는 듯.
180 슴겨: 섬겨.

가 高句麗 長壽王[181]에게 패하야 文周帝[182]가 亂中에서 돌아가 都城이 殘破한 지가 몟 해 못 된 째 어른이 東城大帝의 뜻을 밧어 안으로 陸軍을 擴張하야 高句麗를 막고 밧그로 海軍 擴張하야 支那大陸에 勢力을 세울새 八年이 못 되여 高句麗의 군사가 雉壤城을 지나지 못하며 支那의 齊(今日 山東省) 遼(今 遼東) 蘇(今 北京 等地)를 쳐서 쌔더니 支那 北朝魏 孝文帝[183]가 復讐軍 百萬명을 들어 배에 실고 吳(今 江蘇)의 海面부터 遡流하야 가만히 齊의 丹野에 下陸[184]하거늘 沙法名 어른이 安國將軍 贊首流와 威將軍 禮昆[185]을 식혀 要害를 웅거하야 갈우막어 처서 말가케 平定하고 다시 廣威將軍 木干那[186]를 식혀 海軍을 거늘여 壹舫을 음습하야[187] 쌔게 하니 魏가 다시 머리를 들지 못하며 몃 해만에 浙江[188]을 처서 차지하니 百濟의 功德이 이에 더할 수 업섯나니 만일 그 功德을 조회[189]에 긔록하자면 천 장됨도 가하며 만 장됨도 가하거늘 이제 우리 歷史를 보면 三國史記에 「百濟盛時 北據齊浙」[190]이라 썻스나 어늬 時代의 일인지는 쓰지 안하며, 東國通鑑에 「東城王

---

181 長壽王: 고거련(高巨連, 394~491). 고구려 제20대 왕. 도읍을 국내성에서 평양으로 옮기고 적극적으로 남하정책을 추진하여 광활한 영토를 차지하였다. 재위 기간은 413~491년이다.

182 文周帝: 부여문주(夫餘文洲, ?~477). 백제 제21대 왕. 개로제(蓋鹵帝)의 아들. 고구려가 침입하여 개로제의 왕자 문주가 신라로 도망하여 원병 1만을 거느리고 왔으나 임금은 이미 죽고 성은 무너져 개로제를 이어 즉위하였다. 10월 웅진(熊津)으로 도읍을 옮겼다. 2년 4월 탐라국(耽羅國)에서 방물을 바쳤다. 4년 좌평(佐平) 해구(解仇)가 임금이 사냥하는 틈을 타 도적을 시켜 임금을 시해하였다. 재위 기간은 475~478년이다.

183 孝文帝: 탁발굉(拓跋宏, 467~499). 중국 북위의 제6대 황제. 귀족 제도와 9품관 제도를 중국화하였으며, 도읍을 평성(平城)에서 낙양(洛陽)으로 옮기었다. 호복(胡服)과 호어(胡語)를 금하는 등 중국 동화 정책을 강화하였다. 재위 기간은 471~499년이다.

184 下陸: 육상으로 내리다.

185 威將軍 禮昆: 이것은 「조선사」의 내용으로 맞춰 보면 "武威將軍 解禮昆"이 된다. 두 글자가 필사 중 빠진 것으로 보인다.

186 木干那: 백제 시대의 장군. 북위(北魏)와의 싸움에서 큰 공을 세운 것으로 알려져 있다. 즉, 488년(동성왕 10) 북위의 침략시에 공을 세운 것으로 추측된다. 490년 동성왕의 명으로 사법명(沙法名)·찬수류(贊首流)·해례곤(解禮昆) 등과 함께 북위군의 침공을 크게 격파하였다. 이때 북위군의 대선(大船)을 빼앗은 공으로 광위장군 면중후(廣威將軍面中侯)에 제수되었다. 생몰 연대 미상.

187 음습하야: 엄습하야. 뜻하지 않는 사이에 습격하여.

188 浙江: 중국 남동부의 동중국해 연안에 있는 성. 성도는 항주(杭州).

189 조회: 종이.

190 백제가 성할 때에 북으로 齊浙 등지를 웅거했다. 『삼국사기』 최치원전에는 "고(구)려 백제가 전성할 때 강병이 백만이어서 남으로는 오월을 침공하고 북으로는 유 연 제 노나라를 흔들었다.(高麗百濟全盛之時 强兵百萬 南侵吳越 北撓幽燕齊魯)"라는 구절이 있다.

十年魏浮海伐百濟不利而還」[191]이라 젹엇스나 어늬 地方의 일인지는 젹지 안하고, 沙法名 세 글자는 난 대가 업스니 英雄을 薄待함이 이다지 심하뇨. 오직 支那 南齊書[192](二十四史의 一)에 東城大帝의 國書 가온대 沙法名의 戰功을 찬미한 것을 記載하야 後世 사람이 沙法名이 잇는 줄을 알게 되얏스니 비록 내 나라의 史筆 업심은 눈물날 만하나[193] 쏘한 다행이라 할니로다. 한놈이여, 그대는 닛지 말지어다. 百濟는 우리 海上活動의 代表요, 沙法名은 쏘한 百濟人物의 代表니라.

第三章

乙支文德의 沙法名에 對한 니야기가 곳 한놈의 골(腦)을 콕 질너 平日에 이 일로 하야 머리 알튼 歷史上의 모든 問題가 일제히 소사난다. 한놈이 이에 乙支文德의 압흐로 닥아안즈며 뭇자오대

「선배님이시여. 우리의 國史가 말되게 결단나자 자최 업서진 英雄이 얼마인지 몰으며 흔젹 업시 그림자도 업서진 事實이 얼마인지 몰으게 되얏건이와 그남아[194] 잇는 것도 모다 몹쓸 년석[195]의 주먹에 마저 총감 토[196]가 된지라. 後生된 쟈ㅣ 거의 소경 한가지가 되얏스니 엇지 싹하지 안함닛가. 한놈이 항샹 쌔압흐도록 몃 가지 잇스니

(一) 檀君神祖께서 敎와 政治를 세우사 우리의 始祖가 되시고 疆域[197]은

---

191 동성왕 10년에 위나라가 바다를 건너 백제를 쳤으나 불리해서 돌아갔다.

192 南齊書: 양(梁)나라 소자현(蕭子顯)이 남제의 사적을 적은 역사책. 『南齊書』(卷五十八 列傳 第三十九 東南夷)에는 "是歲 魏虜又發騎數十萬 攻百濟入其界 牟大遣將沙法名贊首流 解禮昆木干那 率衆襲擊虜軍 大破之……去庚午年 獫狁弗悛 擧兵深逼 臣遣沙法名等 領軍逆討 宵襲霆擊 匈梨張惶 崩若海蕩 乘奔追斬 僵尸丹野 由是摧其銳氣 鯨暴韜凶"이라는 내용이 나오는데, 단재는 그러한 기록을 보고 사법명의 행적과 역사를 서술했다.

193 눈물날 만하나: 김병민 선집에는 '눈물 할만 하나'로 되어 있다.

194 그남아: 그나마.

195 년석: 녀석.

196 총감 토: '總鑑 吐'일 듯. 옛 역사서들이 사라지고 다만 여러 책 또는 종합 서적의 주석으로 남아 있는 현실을 말하는 듯함. 우리말과 가까운 '총감투'(말총으로 짜서 만든 감투)와는 거리가 있음.

197 疆域: 강토의 구역. 강역이라는 말에는 경계(境界) 또는 변방이라는 의미와 봉역(封域) 또는 영역이라는 의미 두 가지가 있다.

南北이 萬里가 되며 萬代에 믓첫사오나 그러나 엇지해 當時의 記錄은 神志秘詞 여들싹[198] 밧게 傳치 못하얏던가?

(二) 檀君太子 夫婁[199]가 五帝와 五行의 리치로 夏禹[200]氏를 가라처 九年洪水를 다사리게 함은 吳越春秋[201]란 책에 보아 알 수 잇사오나 夫婁의 帝業은 엇더하던가?

(三) 檀君 一千六百餘年頃에 우리 朝鮮이 齋桓公[202]의 組織 支那聯合軍에게 패하야 그 前에 차지하얏던 令支, 孤竹, 卑離(今 直隷 山西 等 省) 等地를 바렷슴은 管子[203]와 文獻備考[204]에 보앗스나 當初에 이갓히 늘흔 싸를 차지하고 支那族을 號令하던 처음 人物은 누구이며,

(四) 支那 周武王[205] 趙襄子[206]가 다 三神을 위하야 깁흔 精誠을 들었는

---

198 神志秘詞 여들싹: 앞에서 언급한 "如秤錘極器 秤幹扶蘇樑 錘者五德地 極器百牙岡 首尾均平位 興邦定太平 朝降七十國 賴德護神精 若廢三論地 王業有衰傾"을 일컬음. 「조선사」에서는 "열 싹만 傳하엿다"고 했다.

199 夫婁: 단군의 맏아들. 『제왕운기』에 등장하는 인물로, 이승휴는 『단군본기』를 인용하여 단군이 비서갑(非西岬)의 하백(河伯)의 딸과 결혼하여 아들을 낳았으며, 그 이름을 부루(夫婁)라 하였다고 하였다. 생몰 연대 미상.

200 夏禹: 고대 하나라 개국 황제. 역사서에서는 대우(大禹), 제우(帝禹) 등으로 일컬어진다. 부친 곤(鯀)의 치수(治水) 사업을 이어받아 최종적으로 완성시켰다. 처음에 하나라를 세우고 도읍을 양성(陽城)으로 삼았다가 뒤에 안읍(安邑), 평양(平陽), 진양(晉陽) 등지로 옮겼다. 생몰 연대 미상.

201 吳越春秋: 중국 후한의 조엽(趙曄)이 춘추 시대의 오와 월 두 나라 사이에 있었던 분쟁의 전말을 기록한 역사서.

202 齋桓公: 강소백(姜小白, ?~BC 643). 중국 춘추 시대 제(齊)나라의 왕. 춘추 오패의 한 사람으로 관중(管仲)을 등용하여 부국강병에 힘썼으며, 제후를 규합하여 맹주가 되고 패업을 완성하였다. 재위 기간은 BC 685~BC 643년이다.

203 管子: 춘추 시대 제(齊)나라의 사상가·정치가인 관중(管仲, ?~BC 645)이 지은 것으로 되어 있으나, 그 내용으로 보아 제나라의 국민적 영웅으로 칭송되던 현상(賢相) 관중의 업적을 중심으로 하여 후대의 사람들이 썼고, 전국 시대에서 한대(漢代)에 걸쳐서 성립된 것으로 보인다. 전한(前漢)의 학자 유향(劉向)의 머리말에는 86편이라고 되어 있는데, 현재 보존되어 있는 것에는 10편과 1도(圖)가 빠져 있다.

204 文獻備考: 동국문헌비고. 목판본. 100권 40책. 영조의 명으로 1769년(영조 45) 편찬에 착수, 1770년에 완성되었다. 체재는 중국 『문헌통고(文獻通考)』의 예에 따라 상위(象緯)·여지(輿地)·예(禮)·악(樂)·병(兵)·형(刑)·전부(田賦)·재용(財用)·호구(戶口)·시적(市糴)·선거(選擧)·학교(學校)·직관(職官)의 13고(考)로 나누어 수록하였다. 그 후 이를 다시 증보, 고종 때 『증보문헌비고(增補文獻備考)』라 하여 250권으로 간행하였다.

205 周武王: 주희발(周姬發, BC 1087~BC 1043?). 서주(西周)의 개국 군주이자 군사가, 정치가이다. 주문왕(周文王) 희창(姬昌)과 태사(太姒, 주문왕의 정비)의 차남으로 부친의 유지를 받들어 BC 11세기에 상(商)나라를 멸망시키고, 서주 왕조를 건립했다.

206 趙襄子(BC ?~BC 425): 중국 전국(戰國) 초기 조(趙)나라의 제후.

대[207] 檀君의 敎義가 이다지 늘니 퍼젓다가 엇지해 本土이나 外國에 모다 업서젓는가?

(五) 神誌의 震壇圖가 잇고 朝鮮世紀에 三韓이 다 古代의 震國이라 하고 大祚榮도 國號를 震이라 하며 弓裔도 摩震이라 하고 高句麗때에도 三韓이 다시 震壇되기를 긔도한 일이 잇스니 그러면 우리가 古代 震壇으로 國號하얏슬 때에 國光이 煊赫[208]하얏슴을 볼지어늘 그때 帝王의 일홈 끼친 이가 檀君 夫婁들섇에[209] 지나지 안함은 무삼 일인가?

(六) 東北 兩 夫餘는 檀君의 血孫이오, 高麗 百濟의 先祖이라. 맛당히 몃 권의 專史가 잇서 後世에 傳하야 될지어늘 그 帝王의 歷史도 자세치 못함에 엇지할가?

(七) 高句麗 慕本大帝[210] 太祖大王의 大陸에 쓸치던 武功이며, 百濟 古爾大王[211] 東城大帝의 海上活動이 뎌러틋 偉大하건만 알 것은 그림자섇이오. 歷歷한 事實은 알 수 업스니 무엇으로 補充할가?

(八) 新羅 眞興大王은 中古의 第一理想家이라. 위로 檀君의 宗統을 니으며 아래로 萬世의 心源을 열어 花郎의 道를 세웟것만 그 글도 업서지고 그 道를 傳한 이 업스니 엇지하면 그 靈光을 다시 發揮할가?

(九) 亡國의 壯烈함은 東西古今에 百濟 갓흔 이가 업나니 成忠[212]과 興首[213]의 忠潔은 가비(鬼)를 울닐 만하며 階伯의 壯烈은 木石도 녹일 만하고

207 들었는대: '들였는데'의 오식일 듯. 드렸는데.

208 煊赫: 혁혁하다. 빛나다. 걸출하다. 저명하다. 명성이 대단하다.

209 들섇에: (단군, 부루)들밖에. 어쩌면 '둘섇에'의 오식일 수 있다. 그러면 '단군, 부루 둘 밖에'라는 의미이다.

210 慕本大帝: 고해우(高解憂, ?~53). 고구려 제5대 왕. 대무신왕의 아들로, 49년에 중국 한나라를 공격하였다가 화친을 맺었다. 단재는 「조선사」에서 모본왕이 "遼東을 恢復하야 襄平城의 名을 곳쳐 高句麗의 舊名을 씨여 烏列忽이라 稱하고 鮮卑와 烏桓을 糾合하야 자조 支那를" 쳤다고 했다.

211 古爾大王: 백제 제8대 왕(?~286). 율령을 확립하고 관제를 제정하여 중앙 집권 체제를 강화하였다. 신라의 변방을 침범하여 영토를 넓혔으며, 국가의 기초를 세웠다. 단재는 「조선사」에서 고이왕이 "南樂浪의 境을 侵하야 그 民口를 略取하"였고, "眞忠으로 하여곰 帶方의 崎離營(今 未詳)을 처어 王 遵을 베이고 魏兵을 물"리쳤다고 했다. 재위 기간은 234~286년이다.

212 成忠(?~656): 백제 의자왕 때의 충신. 좌평(佐平)으로 있으면서 왕의 방탕을 여러 번 간하다가 투옥되자, 옥에서 외적의 침입을 예언하면서 육로는 탄현(炭峴)에서, 수로는 기벌포(伎伐浦)에서 적을 막으라는 말을 남기고 죽었다 한다.

王宮의 美人들까지도 모다 落花巖[214]에 뜰어저 물가비[215]가 될지언정 도적의 손에 덜업힘을 입지 안하야 新羅의 英雄과 唐國의 武士들도 탄복케 하얏스며, 마주막에 福信의 雄略이 能히 區區한 孤城으로 몃백 배나 되는 두 敵國을 니기고 敗亡을 뒤잡어[216] 成功을 삼으니 비록 暴君의 시긔를 받어 掌心 쉐이는 惡形에 죽엇스나 그 쓰거운 피가 千古의 史冊을 붉일[217] 만하며, 甕山城[218]主와 遲受信[219] 諸將은 나라 망한 뒤에 오히려 조고마한 골로 몃 달씩 몃 해씩 직혀 불어진 敵國의 쓸개를 서느라케 하얏거늘 이졔 하치 못한[220] 史冊에 百濟 滅亡의 형지가 몃 줄이 못 되여 後世 靑年이 본뜰 곳이 업슴에 엇지할가?

(十) 創業의 굉장함은 渤海를 세힐지라. 新羅의 위염이 암새[221]와 갓흐며 唐國의 强盛함이 덜닌[222] 째 안이건만 大祚榮이 一個 亡命으로 高句麗의 나문 무리를 모와 찬바람과 싸우며 모진 눈과 싸워 天門嶺[223]을 넘고 唐將을 꾀여들여 독 안의 쥐 잡듯하며 번개 치듯 우레 울듯 神速한 兵略으로 일흔 쌍을 모다 찻고 大震 太祖 高皇帝 자리에 올으니 그 多勿[224]한 功烈은 歷史 안에 비길 나라가 업스며, 그 第二世 大武藝[225]가 뭇흐로 幽州[226]를 치며 바

---

213 興首: 백제 의자왕 때의 대신. 660년 성충과 함께 사치와 유흥에 빠져 가는 의자왕에게 간하다가 유배되었으며, 나당(羅唐) 연합군이 백제를 침공하였을 때에, 그 방어책을 진언하였으나 받아들여지지 않았다. 생몰 연대 미상.

214 落花巖: 충청남도 부여군 부여읍 백마강변의 부소산에 있는 바위. 『삼국유사』에 인용된 백제고기(百濟古記)에 의하면 부여성 북쪽 모퉁이에 큰 바위가 있어 아래로는 강물에 임하는데, 모든 궁녀들이 굴욕을 면하지 못할 것을 알고 차라리 죽을지언정 남의 손에 죽지 않겠다고 하고, 서로 이끌고 이곳에 와서 강에 빠져 죽었으므로 이 바위를 타사암(墮死巖)이라 하였다고 한다.

215 물가비: 물귀신.

216 뒤잡어: 뒤집어.

217 붉일: 밝힐. 드러내 알릴.

218 甕山城: 지금의 대전광역시 대덕구 鷄足山城으로 추정.

219 遲受信: 백제 시대의 장군. 백제 부흥군에 참가하여 계속 항쟁했다. 부흥군의 주력이 괴멸된 뒤에도 임존성에서 싸우며 투항을 거부했다. 신라에 투항한 백제 출신의 장군 흑치상지(黑齒常之)·사탁상여(沙吒相如) 등의 공격을 받고 성이 함락되자 고구려로 달아났다. 생몰 연대 미상.

220 하치 못한: '많지 않은' 또는 '하찮은'의 의미인 듯.

221 암새: 새의 암컷.

222 덜닌: 덜린. (세력 따위가) 줄거나 적게 된. 발해가 창건된 시기(698년)는 당을 대신하여 측천무후가 지배하던 무주 시대(690~705)였다.

223 天門嶺: 휘발하(輝發河)와 혼하(渾河) 사이의 분수령을 이루고 있는 장령자(長嶺子) 부근.

224 多勿: 옛 땅을 회복한다는 뜻.

다로 登州[227]를 훌여 堂堂한 復讐軍이 唐國 君臣의 넋을 나게 하얏거늘 이제 三國史記[228] 東國通鑑[229] 等 책자에다 渤海를 쎄엿스니 그 자세한 歷史를 어대 가 차질가?

이밧게 官制의 沿革이며 地志의 沿革이며 宗教風俗의 變遷이며 文學 美術의 盛衰이며 이것은 무엇이며 뎌것은 엇더한가 하는 等 알고자 하는 問題가 몃백 몃쳔이오나 그 가온대 가쟝 답답히 녁이는 것이 이믜 陳述한 바 열 가지이니 바라건대 선배님은 깁히 사랑을 베푸시사 이 열 가지 問題에 대답을 주소서.」

乙支文德이 그 말은 대답지 안코 품을 더듬더니 눌운[230] 金으로 맨든 손궤를 내는대 궤등에는 「震檀四千二百四十年[231] 거울」이라 썻더라. 궤를 여니 거울 몃백 개가 그 속에 들엇스며, 거울등에 모다 朝名[232] 地名을 썻더라. 乙支文德이 그 가온대서 高麗 松京[233]이라 쓴 거울을 들더니

「한놈아, 이 속을 듸려다 보라.」

한놈이 고개를 숙이며 자셔히 듸려다 보니 피흔젹이 얼은얼은하는 善竹橋[234]이며 草家집이 드문드문한 杜門洞[235]이며, 進鳳山[236]의 철쭉쏫이며, 저

---

225 大武藝(?~737): 발해의 제2대 왕. 일본과 국교를 열어 문물을 교환하고, 무력을 양성하여 당나라를 공략하였다. 재위 기간은 719~737년이다.

226 幽州: 한(漢) 시대에 지금의 하북성(河北省)에 두었던 주.

227 登州: 지금의 산동성(山東省) 용구시(龍口市) 지역. 당시 요동이나 한반도, 일본과 통하는 항구였음.

228 三國史記: 고려 인종 23년(1145)에 김부식이 왕명에 따라 펴낸 역사책. 신라, 고구려, 백제 세 나라의 역사를 기전체로 적었다. 본기(本紀)·연표(年表)·지류(志類) 및 열전(列傳)으로 되어 있으며, 『삼국유사』와 더불어 우리나라에서 현존하는 가장 오래된 역사책이다. 50권 10책.

229 東國通鑑: 조선 성종 15년(1484)에 왕명에 따라 서거정, 정효항(鄭孝恒) 등이 편찬한 역사책. 중국 사마광의 『자치통감』을 참고하였으며, 신라 시조(始祖) 박혁거세로부터 고구려, 백제를 거쳐 고려 공양왕에 이르기까지 1,400년 동안의 사실을 기록하였다. 단군·기자·위만의 고삼선(古三鮮) 및 한사군·이부(二府)·삼한(三韓) 따위에 대한 내용을 외기(外記)로 하여 책머리에 수록하였다. 56권 28책.

230 눌운: 누런.

231 震檀四千二百四十年: 서기 1907년.

232 朝名: 나라(朝廷)의 명칭.

233 松京: 개경. 개성.

234 善竹橋: 경기도 개성에 있는 돌다리. 고려 말기의 충신 정몽주가 이방원이 보낸 조영규 등에게 철퇴를 맞고 죽은 곳으로 유명하다.

235 杜門洞: 이성계가 조선을 건국한 것에 반대한 고려 유신이 모여 살던 곳. 경기도 개풍군 광덕면 광덕산 서쪽 기슭에 있다.

236 進鳳山: 황해북도 개성시 동남부에 있는 산. 해발 310m. '진봉'은 옛날 이 산에서 봉황이 살다가

릅ㅅ대[237]로 가리운 高麗 山川이 精氣를 막 모라가지고 崔瑩[238] 將軍의 遺墟이며, 本朝 五百年 새이의 理學家로 웃음될 만한 徐花潭[239]先生의 공부하던 精舍가 낫낫히 눈에 씌이더라. 乙支文德이 한 보리빗[240] 니렁이 쎄똘쎄똘한 두던[241] 위를 가라치며

「여긔가 어대냐?」

「거긔가 滿月臺[242]이님이라.」

「王建[243] 太祖의 眞影[244] 뫼신 眞殿[245]이 어대이냐?」

「안이 보임니다.」

「仁宗[246]大王의 金國을 치랴고 妙淸[247]大師와 가만히 의론하던 便殿[248]이 어대이냐?」

「안이 보임니다.」

「白首老將으로 壯心은 늦지 안하야 李太祖[249]를 보내여 遼東[250]을 치게 하

날아갔다는 전설에서 유래되었다고 한다. 진봉산은 예로부터 두견화가 유명하고 경치가 매우 아름다워 명승지로 이름이 높았다고 한다.

237 저릅ㅅ대: '겨릅대'의 방언. 껍질을 벗긴 삼대.

238 崔瑩(1316~1388): 고려 말기의 명장·재상. 친원파(親元派)로서 1388년에 팔도(八道) 도통사가 되어 명나라를 치러 출정하였으나 이성계의 환군으로 실패하고 후에 그에게 피살되었다. 김병민 선집에는 崔瑩을 여러 군데 崔榮으로 오식됨.

239 徐花潭(1489~1546): 徐敬德. 조선 중종 때의 학자. 이기론(理氣論)의 본질을 연구하여 이기 일원설을 체계화하였으며, 수학·역학도 깊이 연구하였다. 저서에 『화담집』이 있다.

240 보리빗: '보리밧=보리밭'의 오식인 듯.

241 두던: 두덩. 둔덕. 언덕.

242 滿月臺: 개성시 송악산 남쪽 기슭에 있는 고려의 왕궁 터. 궁전은 고려 말기에 불타서 없어졌다.

243 王建: 고려의 제1대 왕인 태조(太祖)의 본명.

244 眞影: 주로 얼굴을 그린 화상(畫像).

245 眞殿: 왕의 초상화인 어진을 봉안, 향사하는 처소.

246 仁宗: 왕해(王楷, 1109~1146). 고려 제17대 왕. 1135년 묘청·정지상·백수한 등이 서경천도론·금국정벌론·칭제건원론 등을 내세웠으나, 김부식(金富軾) 등에 의해 좌절되면서 묘청의 난이 일어났다. 이에 김부식을 서경정토원수(西京征討元帥)로 삼아 난을 평정하게 하였다. 1135~1145년간에 김부식 등에게 명해 관찬사서인 『삼국사기』를 편찬하게 하였다. 재위 기간은 1122~1146년이다.

247 妙淸(?~1135): 고려 인종 때의 승려. 도참설로 중앙 정계에 진출하여, 서경 천도 따위의 개혁정치와 금국정벌론을 주장하다가 반대에 부딪치자 인종 13년(1135)에 국호를 대위(大爲), 연호를 천개(天開)라 하여 반란을 일으켰으나, 약 일 년만에 관군에게 진압되었다. 단재는 이 사건을 '조선 100년래 제1대 사건'으로 높이 평가했다.

248 便殿: 임금이 항상 거처하면서 정사를 보던 궁전.

249 李太祖: 태조 이성계(1335~1408)를 말함. 1388년 명나라의 철령위(鐵嶺衛) 설치문제로 두 나라의 외교관계가 극도로 악화되었다. 이에 요동정벌이 결정되어, 이에 반대했으나 받아들여지지 않았다. 그는 우군도통사가 되어 좌군도통사 조민수(曺敏修)와 함께 정벌군을 거느리고 위화도까지 나아갔

며 高句麗 僧軍制度를 본받어 즁을 쏍아 教鍊하던 崔瑩 將軍의 판을 드던 花園이 어대이냐?」

「안이 보입니다.」

「毅宗[251]大王 그림 그리던 房이 어대이냐?」

「안이 보입니다.」

「拓俊京[252]이 李資謙[253] 잡던 곳이 어대이냐?」

「아니 보입니다.」

「文武官이 편을 갈너 手搏[254]하던 마당이 어대이냐?」

「아니 보입니다.」

「天祭 지내던 壇이 어대이냐?」

「안이 보입니다.」

「高麗 四百七十三年 宮闕과 人物이 한아도 안 보이느냐?」

「한아도 안 보입니다.」

乙支文德이 이에 「허허」 불으지지며

「그러면 네 어대 가서 古代歷史를 차지랴 하느냐?」

한놈이 이 말에 뜻을 깨닷지 못하야 한참 서슴으니 乙支文德이 갈오대

으나, 결국 회군을 단행했다.

250 遼東: 요하의 동쪽이란 뜻으로, 요령성(遼寧省) 남동부(南東部) 일대(一帶)에 걸친 땅. 단재는 「遼」(『大韓每日申報』, 1910.1.9.)에서 "我國 民族의 活動範圍의 乍縮乍廣홈을 隨ᄒᆞ야 遼東面積의 大小가 屢變ᄒᆞᆫ지라 戰國策에 曰 燕東絽朝鮮遼東之利라 ᄒᆞ고 秦始皇이 長城을 築홈에 曰 起臨洮至遼東ᄒᆞ라 ᄒᆞ니 是ᄂᆞᆫ 今 支那 山海關 以東을 皆曰 遼東이라 홈이오 其後에 高句麗末에 云ᄒᆞᆫ 遼東은 今 支那 遼河 以東을 曰 遼東이라 ᄒᆞ고 高麗以後에ᄂᆞᆫ 我國 鴨綠江 以外가 皆 遼東이 되니라."라고 하여 요동의 역사적 의미를 분명히 했다.

251 毅宗: 왕현(王晛, 1127~1173). 고려의 제18대 왕. 인종의 맏아들로, 문학을 좋아하여 문신을 우대하고 무신을 천대하다 24년(1170)에 정중부의 난이 일어나 폐위되고 명종 3년(1173)에 경주에서 살해되었다. 재위 기간은 1146~1170년이다.

252 拓俊京(?~1144): 고려 시대의 무신. 여진을 정벌하는 데 공을 세웠고, 이자겸과 함께 난을 일으켰으나 후에 왕의 설득으로 이자겸을 제거하였다. 문하시중에까지 올라 권세를 부리다가 정지상 등에게 축출되었다.

253 李資謙(?~1126): 고려 시대의 척신(戚臣). 둘째 딸이 예종의 비가 된 후 익성 공신(翼聖功臣)이 되고 인종이 즉위하자 셋째와 넷째 딸을 비로 삼게 하여 외척으로 권세와 부귀를 누리며 전횡을 일삼다가 척준경에게 쫓겨나 귀양 가서 죽었다.

254 手搏: 맨손으로 격투하여 승부를 겨루는 경기.

「압 사람이 짓거던 뒤 사람이 직혀야 하나니 뎌 滿月臺로 말하면 高麗 五百年 새이에[255] 님금이 게시던 데요, 英雄의 밥던 데요, 詩人의 읇던 데요, 書籍의 쌔힌[256] 데요, 萬姓의 울어보던 데라. 만일 李氏 王朝[257]에서 그 몃 가지만 保全케 하얏더래도 古代 文明의 寫眞이 되며 後世 硏究家의 標本이 되여 國民의 進步心을 책질[258]할지어늘 이졔 주초돌 한낫도 업시 부시여 업시하얏도다.[259] 이갓히 無情한 人間에게 옛 歷史를 차질 수 잇스리오?」

한놈이 그 거울 몃 낫흘 모다 들여볼새 高句麗 平壤서울의 거울을 드니 大同江 沿岸의 쌀내 소리만 쌍쌍 나며, 百濟 夫餘서울의 거울을 드니 섇족 섇족한 洋制 집이 보이며, 渤海 서울하던 寧古塔[260]을 드니 감옷감옷한 淸人들만 단이더라. 한놈이 늑김을 니기지 못하야 나아가 엿잡되

「우리 人間에 요처럼 保守를 못하엿사오기 新羅京 及 國內 歷史를 선배님에게 뭇나이다.」

한대 乙支文德도 눈물을 쓸이며 갈오대

「이것은 할 수 업다. 그대가 님나라(神國)에는 무삼 별별 史冊이 잇는 줄 아나. 그러나 님나라에서 보는 책은 모다 사람나라에서 가저오나니 사람나라의 업서진 책을 엇지 님나라에 와 차지리오? 돌아가 人間에서나 더 구할지니라.」

한놈이

「그러면 님나라에서는 무삼 책을 봄니가?」

물은대 乙支文德이 갈오대

「대개 七百七十七年[261]만큼 下界의 訴狀을 받음은 님나라의 定式이라. 檀

255 새이에: 사이에.
256 쌔힌: 쌓인.
257 李氏 王朝: '조선'을 말함.
258 책질: 質責-꾸짖어 바로잡음. 어쩌면 '채찍질'의 오류일 수 있다.
259 업시하얏도다: 단재의 표현에는 '업시 하다'가 많이 나오는데, 그것은 '없이 하다'로 하였다. 이 가운데 어떤 것은 '없애다'는 의미만 아니라 '업시우다: 업신여기다'의 의미도 있는 것으로 보인다.
260 寧古塔: 중국 흑룡강성 영안현성(寧安縣城)의 청(淸)나라 때 지명. 류득공은 발해의 수도 상경성이 "지금의 영고탑성 서남쪽에 있다."고 하였다. 발해의 수도 하던 영고탑은 거기에 연유한다.
261 七百七十七年: 777년은 고구려의 유민 이정기(李正己)가 산동성을 중심으로 당나라 군대를 격파하

君 三千八百八十五年[262]에 第五回의 訴狀을 맏을새 遼東직함 가비가 알외되 中華의 뭇 둑가비[263]들이 遼陽[264]의 白塔[265]을 쌔아서 차지하랴 한다 함으로 檀君이 文德을 명하사 가보라 하시기에 文德이 곳 摩下 壯士를 거나리고 遼陽에 달여가 뎌것들을 쫏고 白塔을 둘우본즉[266] 그 낫헤 唐太宗이 高句麗를 니기고 尉遲敬德[267]으로 紀功하느라고 싸흔 塔이라 썻더라. 허허 이런 無嚴한 일이 어대 잇스리오. 무릇 이 塔은 文德이 隋를 물니치고 그 紀念으로 맨든 塔이라. 文德이 人間을 써난 뒤에 唐太宗이란 쟈이 支那에 님금되여 이 塔이 뎌의게[268] 큰 북그림[269]이라. 高句麗에 媾和를 청할새 黃金과 眞珠 몃萬斤을 보내고 그 報酬로 이 塔을 허라지이라[270] 하나 이쌔 淵蓋蘇文[271]이 莫離支[272]로 當局하야[273] 그 使臣을 쫏고 國書로 그 侮慢[274]함을 쑤지젓거늘 이졔 唐書에는 곳 使臣을 보내여 이 塔을 흔 줄로 써고 唐書에 「唐太宗觀二年遣使畝高麗京觀」[275]이라 하니(京觀은 支那人이 戰勝紀念塔을 가리치는 말) 그 後人들이 거진말을 더 보태여 이 塔을 唐將 尉遲敬德의 塔이라 하는대 우리나라 사람들은 분변치 못할 쁜 안이라 씩 그런 것인 줄 아니 엇지 싹하지

고 중국 15개주를 장악하여 통치를 한 해이다

262 三千八百八十五年: 기원 1552년.
263 둑가비: 도깨비.
264 遼陽: 요령성(遼寧省)에 있는 도시.
265 白塔: 중국 요령성(遼寧省) 요양시(遼陽市)에 있는 광우사(廣祐寺)의 불탑.
266 둘우본즉: 둘러본즉.
267 尉遲敬德(585~658): 삭주(朔州) 선양(善陽, 현재 山西省 朔縣) 사람으로 선비족이다. 당태종 옹립에 기여하여 능연각 24공신 가운데 하나가 되었다.
268 뎌의게: 저에게.
269 북그림: 부끄럼.
270 허라지이라: '헐지어라'의 오식인 듯. 단재는 「조선사」에서 626년 당태종이 "乙支文德의 戰勝紀念으로 싸은 京觀을 兩國 平和의 障碍라 하야 그 毁撤함을 要求"하였다고 했으며 또한 "後來 高句麗가 亡하매, 唐將 薛仁貴가 그 京觀을 헐고 白塔을 세웟"다고 했다.
271 淵蓋蘇文(?~665): 고구려의 정치가·장군. 대대로(大對盧)가 된 후 영류왕을 죽이고 보장왕을 추대하고 스스로 대막리지(大莫離支)가 되어 정권을 장악하였다. 645년에 당 태종의 17만 대군을 안시성에서 격파하였다.
272 莫離支: 고구려 때에, 군사와 정치를 주관하던 으뜸 벼슬.
273 當局하야: 일을 맡아보고.
274 侮慢: 거만스러운 몸가짐으로 남을 업신여김.
275 唐太宗觀二年遣使畝高麗京觀: 唐太宗貞觀二年遣使毁高麗京觀의 오식일 것이다. 후자는 '당 태종 정관 2년(기원 628)에 관리를 보내 고려 경관을 헐게 했다.'는 의미이다.

안한가. 文德이 이때 크개 憤慨하야 드대여 朝鮮 八道로 돌아단이며 모든 歷史를 차저본즉 그 거짓말이 남의 歷史보다 더 하더라. 남들은 우리가 뎌의 敵國이오 원수인 고로 거짓말로 욕함이언이와, 八道 百姓이야 엇지해 졔 죠샹을 소기여 욕하나뇨. 그대가 그 까닭을 알으리니 쌜리 말할지어라.」

이야기가 이에 일으며 한놈의 알랴 하던 님나라는 멀어지고 할 수 업시 몃백 년 동안 녯 歷史 업시하던 판으로 들어간다. 한놈이 슬픈 빗흘 씌고 대답하되,

「新羅가 약하고 젹은 나라로 全國의 힘을 다하고 또 外援을 쓸어 高句麗 百濟 두 强國을 치니 대개 數十年의 품을 듸엿스며 백셩이 松皮를 벅기여 량식을 한 고로 밋 이 란리가 平定되매 兵革을 슬여하는 마암이 나며 社會가 苟且[276]에 기울어지는 판에 儒教가 輸入되여 孔子의 偃武修文[277]이며 孟子의 事大樂天이 차차 勢力을 박으며 더욱 그 主義에 心醉한 崔致遠[278] 等이 支那에서 留學하고 돌아와 邪說로 人心을 蠱惑하여 드대여 우리 한아배의 주신 歷史의 尙武精神[279]을 排斥하게 되니 이것이 古代歷史의 殘缺[280]된 原因을 이엿나이다. 밋 高麗 中葉에 와서 두 黨派가 나니

(가) 獨立派는 내 나라 先聖을 높이며 國民教育의 宗旨를 삼고 서울을 西京에 옴기여 支那大陸을 이웃보자 하는대 이 派는 妙淸이 수[281]되고

(나) 事大派는 崔致遠이 끼친 主義를 주서 삼가[282] 中國을 사괴고 鴨綠江

---

276 苟且: 살림이 가난하여 어렵다.

277 偃武修文: 무기를 창고에 넣어 두고 학문을 닦는다는 뜻으로, 난리를 평정하고 교화에 힘씀을 이르는 말. 단재는 「偃武修文」이라는 글(『大韓每日申報』 1910.1.15.)에서 "內의 不平을 除홈도 武로 以홀지며 外의 侵寇를 禦홈도 武로 以ᄒᆞ나니 武ᄂᆞᆫ 一時도 可偃홀ᄇᆡ 아니어ᄂᆞᆯ 彼 民賊等이 旣히 自己의 慾望을 達ᄒᆞ야 煌煌ᄒᆞᆫ 寶位를 有ᄒᆞ고 此를 子孫萬世의 私業을 作코ᄌᆞ ᄒᆞᄆᆡ 不得不 人民의 强毅不屈ᄒᆞᄂᆞᆫ 氣를 壓ᄒᆞᆫ 然後에 可홀지라 於是에 兵을 銷ᄒᆞ며 俠을 誅ᄒᆞ고 儼然히 下에 臨ᄒᆞ야 曰 是가 偃武修文이라ᄒᆞ니 奸ᄒᆞ다 其計여 且文武ᄂᆞᆫ 一途라 剛毅ᄒᆞᆫ 然後에 文이라 홀지며 中正ᄒᆞᆫ 然後에 文이라 홀지니 武를 偃ᄒᆞ고야 엇지 文이 有ᄒᆞ리오."라고 했다.

278 崔致遠(857~?): 통일 신라 말기의 학자·문장가. 자는 고운(孤雲). 12세에 중국 당나라에 유학하여 과거에 급제하고 황소의 난이 일어나자 격문(檄文)을 써서 이름을 높였다. 저서에 『계원필경』, 『사륙집(四六集)』 따위가 있다.

279 尙武精神: 무예를 숭상하는 정신.

280 殘缺: 이지러져서 완전하지 못한 것 또는 모자라는 것.

281 수: 首, 곧 머리를 뜻함.

西편은 아조 니짐이 올타 하니 이 派는 金富軾이 수두되여[283] 서로 싸오던 結果에 妙淸이 金富軾[284]의 손에 패하여 죽으매 金富軾이 드대여 妙淸黨 鄭知常[285]이 지은 歷史를 불질으고 또 古代에 傳하여 오던 神誌詩史[286]며 古記며 仙史며 花郎世紀[287] 갓흔 萬世 보배 되는 文獻을 업시하고 그 事大思想으로 結晶된 三國史記를 刊行하니 이것이 우리 歷史의 첫 란리요.

그 뒤에 蒙古가 强盛하야 東西洋에 橫行할 쌔에 우리나라도 그 壓迫을 받어 政治制度나 禮敎나 文獻에 獨立國 體面으로 볼 만한 것이면 모다 고처라 할새 松京을 皇京이라 못함도 이쌔며 國君을 天子라 못함도 이쌔요. 國史를 가저다가 그 獨立自尊으로 볼 글월 낫낫히 업시케 함이 무릇 세번이라. 그 뒤에 敬孝大王[288]이 崔瑩과 印璫[289]을 보내여 鴨綠을 건너 蒙古의 八站[290]을 쌔치고 國威[291]를 쓸첫스나 그 多勿[292]한 것은 五大王의 廟號쌘이오, 精神되는 歷史는 밋처 돌보지 못하고 말엇스니 이것이 우리 歷史의 둘재 란리오.

李成桂가 威化島의 回軍으로 高麗를 망치고 明에 보내여 支那 歷史 속에 우리나라가 支那 처서 니긴 事實은 거의 改正케 할새 내죵에 鄭曉[293] 吾

---

282 삼가: 내용상 '삼아'의 오식일 듯.
283 수두되여: 首頭되여. 곧 우두머리가 되어.
284 金富軾(1075~1151): 고려 시대의 학자·정치가. 묘청의 난을 평정하여 수충정난정국공신(輸忠定難靖國功臣)의 호를 받았으며 인종 23년(1145)에 『삼국사기』를 편찬하였다.
285 鄭知常(?~1135): 고려 인종 때의 문신. 서경 천도론을 주장하다가 김부식 일파에 의해 참살되었다. 단재는 이를 조선 1천년래 제1대 사건이라고 규정했다. 고려 12시인 중의 한 사람으로 꼽혔으며, 시문뿐만 아니라 역학과 불교 등에도 조예가 깊었다고 전해진다. 저서에 『정사간집(鄭司諫集)』이 있다.
286 神誌詩史: 신지가 쓴 시로 된 역사서를 뜻함. 다른 곳에서는 『神誌祕詞』로 언급.
287 花郎世紀: 신라 성덕왕 때에 김대문이 쓴 화랑에 대한 전기.
288 敬孝大王: 왕전(王顓, 1330~1374). 고려 제31대 공민왕을 일컫는다. 왕위에 오른 뒤 중국 원나라를 배척하고 친원파(親元派)인 기씨(奇氏) 일족을 제거하였다. 쌍성총관부를 폐지하였으며, 빼앗긴 영토를 수복하여 국위를 떨쳤으나 나중에는 정치를 그르치고 마침내 최만생(崔萬生)과 홍윤(洪倫)에게 살해되었다. 재위 기간은 1351~1374년이다.
289 印璫(?~1356): 김병민 선집에는 '璫印'으로 오식됨. 고려 후기의 무신. 1356년 서북면병마사가 되어 동지밀직사사(同知密直司事) 강중경(姜仲卿) 등과 함께 압록강 서쪽 8참(站)을 공략하였는데, 이때 강중경이 술에 취하여 말을 듣지 않는다고 그를 베었으며, 압록강을 건너 파사부(婆娑府) 등 3참을 공파하였다. 이 해 7월 관제회복으로 참지정사(參知政事)가 되었으나, 원제(元帝)가 고려의 국경 침입을 구실 삼아 80만 대군으로 문책하겠다고 위협해오자, 이에 당황한 왕에 의하여 죄를 뒤집어쓰고 사형당하였다.
290 八站: 압록강 서부 지역의 군사기지.
291 國威: 김병민 선집에는 國尉로 되어 있는데, 이는 國威의 오식인 듯하다.
292 多勿: 김병민 선집에는 多物로 기록되었는데, '多勿'의 오식인 듯하다.

學編 속에 崔瑩 將軍이 明太祖 朱元璋[294]과 싸워 그 所謂 征東大都 僕眞[295]을 죽이고 三萬 군사를 뭇질넛다는 말ᄶᅥ지 改正하여 달나 하다가 이는 도리여 明에서 野史에 잇는 것이야 다 고칠 必要가 업다 하얏스니 이는 歷史의 材料될 만한 것은 外國ᄶᅥ지 쪼차단이며 업시함이니 이것이 우리 歷史의 셋재 란리요.

李朝에서 檀君 東明聖帝 神聖母[296]의 遺書 實錄이며 그밧긔 歷代 祕史를 民間에서 걷어 모다 內閣에 감추엇다가 壬辰 兵火에 씨 업시 탓스니 이것이 우리 歷史의 넷재 란리요.

政府에서 사람을 取하며 오직 漢學을 標準하고 敎育方針은 오직 孔敎의 尊君抑臣[297]을 鼓吹하매 드대여 國學을 일삼은 學者가 업스며 國史 읽이는 私塾이 업서지니 이것이 우리 歷史의 다섯재 란리라.

이 큰 란리를 다섯 번 지나니 어대 歷史가 잇슬릿가. 距今 百餘年 前에 修山 李種徽[298]와 順庵 安鼎福[299]이 비로서 文獻의 덧거침을 눈물하야 매오 이에 精力을 될엿스나 安은 儒敎에 홀니여 그 지은 東史綱目에 歸化한 백셩 箕子[300]로 始祖를 삼음이 큰 妄發이며, 李는 그의 지은 檀君 夫餘 等 世紀와

---

293 鄭曉(1499~1566): 명나라 절강(浙江) 해염(海鹽) 사람. 경술(經術)에 밝았고, 장고(掌故)를 잘 알았다. 저서에 『사서강의(四書講義)』와 『우공설(禹公說)』, 『우공도설(禹公圖說)』, 『오학편(吾學編)』 등이 있다.

294 朱元璋(1328~1398): 중국 명나라의 제1대 황제. 창장(長江) 강 일대를 평정하고 국호를 명(明), 연호를 홍무(洪武)라 하였다. 중국을 통일하였으며, 과거 제도의 정비, 대명률의 제정, 전국의 토지·호구 조사와 같은 많은 업적을 남겼다.

295 僕眞: 濮眞(?~1386년?). 원말명초(元末明初)의 무장으로 벼슬은 서안위지휘(西安衛指揮), 도독첨사(都督僉事)를 지냈다. 원나라 군대와 교전 중에 잡혔는데, 굴복하지 않다가 죽었다고 한다.

296 神聖母: 류화(柳花). 고구려 시조 동명성왕의 어머니. 하백(河伯)의 딸로, 동부여 왕 금와의 궁정에서 갇혀 있다가 큰 알을 낳았는데 이 알에서 주몽이 태어났다는 전설이 전한다. 생몰 연대 미상. 단재는 「조선상고문화사」에서 김부식의 『삼국사기』가 "春秋筆法의 奴隷가 되야 『柳花聖母』의 修道나 『東明聖王』의 聖蹟은 一句도 올니지 아니 하얏"다고 비판했다.

297 尊君抑臣: 군주를 존중하고 신하를 억누르다.

298 李種徽(1731~1797): 조선의 학자. 우리나라 역사에 관심이 깊어 문집에 「신라론(新羅論)」 등 여러 편의 사론과 아울러 『동사(東史)』, 『수산집』 등을 남기고 있어 우리나라 사학사에서 높은 평가를 받고 있다.

299 安鼎福(1712~1791): 조선 정조 때의 학자. 호는 순암(順菴). 이익의 문인으로, 그의 학문을 계승하여 발전시켰다. 특히 과거의 역사·지리학을 비판하고 우리 역사의 정통성과 자주성을 세웠다. 저서에 『동사강목』, 『순암집』, 『가례집해(家禮集解)』 따위가 있다.

300 箕子: 중국 상(商)의 군주인 문정(文丁)의 아들로 주왕(紂王)의 숙부이다. 주왕(紂王)의 폭정에 대해

青丘人物志가 크게 獨立精神을 發揮하얏스나 精博함에 妄에 밋지[301] 못하고 이 남어지는 눈에 들 만한 것이 한아도 업습니다.」

乙支文德이 이 말을 듯더니 슬퍼 한숨 쉬여 갈오대

「이러하거니 엇지 안이 망하리오. 나라는 힘으로만 직히며 쇠로만 직히는 것이 안이라 情으로 직힌다 함도 가하니, 사람마다 山도 내 나라 산이 죠흐며 물도 내 나라 물이 죠흐며 人物도 내 나라 風俗이 죠하 내 나라 것이 귀에 젓고 몸에 물들어야 이에 내 나라를 사랑하며, 또 聖賢의 죠흔 言行과 英雄의 씩씩한 事實과 烈士의 매운 節慨 갓흔 대 대한 聞見이나, 이와 갓히 잘 아라야 이에 내 나라를 代表하야 남과 결을[302] 때 勇猛이 나는 법이어늘 이졔 歷史가 이러케 업는 판에서 엇지 참다운 愛國者가 나서 몸을 놋고 대젹과 싸우는 이 잇스리오.」

대개 乙支文德은 이러케 人間 니야기를 말하랴 하며 또 들으랴 하나 한놈은 곳 그의 反面에 안저 어서어서 듯고 십은 것이 님나라의 니야기인 고로 그 말삼의 씃내기를 기다려 쌀니

「악가 하던 말삼을 하여 줍소서. 그래 선배님이 八道에 단이시며 歷史의 어이업슴을 보시고 엇지 하셧습니가?」

乙支文德이

「이를 檀君神祖께 엿잡고[303] 크개[304] 調査하여 못된 짓 한 쟈를 모다 벌주

간언을 하다 받아들여지지 않자 미친 척을 하여 유폐되었다. 기자(箕子)는 무왕(武王)에게 하(夏)의 우(禹) 임금이 정했다는 아홉 가지 정치의 원칙을 전했다고 한다. 이를 '홍범구주(洪範九疇)' 혹은 '기주(箕疇)'라고 하며, 『서경(書經)』의 '홍범편(洪範編)'에 그 내용이 전해진다. 하지만 기자(箕子)는 주(周)의 신하가 되기를 거부하며 상(商)의 유민(遺民)을 이끌고 북쪽으로 이주했다. 당시 기자(箕子)가 상(商)의 멸망을 슬퍼하며 지었다는 '맥수지시(麥秀之詩)'에서 '맥수지탄(麥秀之嘆)'이라는 성어가 비롯되었다. 일부에서는 기자(箕子)가 한반도(韓半島)로 옮겨와 기자조선(箕子朝鮮)을 세웠다는 이야기도 전해진다. 이러한 '기자동래설(箕子東來說)'은 『사기(史記)』 '송미자세가(宋微子世家)', 『한서(漢書)』 '지리지(地理志)', 『상서대전(尙書大傳)』의 '은전(殷傳)', 『삼국지(三國志)』의 '위지(魏志)' 등의 중국 사서(史書)와 『삼국유사』, 『제왕운기』, 『동국사략』 등의 고려와 조선 시대의 역사서들에 나타나 있다. 조선 시대에는 이러한 기자동래설(箕子東來說)에 근거하여 단군과 함께 기자의 제를 지냈으며, 그의 사당을 세우기도 하였다.

301 밋지: 미치지.

302 결을: 겨룰.

303 엿잡고: 여쭙고.

랴 할새 돌아오는 길에 檀朝史官神 스승님을 맛나 이 말을 살외니[305] 스승님이 품 안에서 한 책을 내는대 거죽에 「震壇九變局圖」라 썻더라. 이로써 文德을 쌔오처 갈아사대 「오날 震壇의 變도 九變 속의 하나이라. 님이 마련하신 變局을 뉘 감히 막으리오. 그대는 多事치[306] 말라.」 하시기에 文德이 이에 「史冊이 비록 젹은 것이나 한번 大變이 잇스면 만 가지가 모다 쌀어가나니 젹은 것이라고 엇지 免하리오.」 하고 고만두엇노라.」

아모리 어른의 말슴이지만 한놈의 듯기에 엇지 결[307]이 나던지 와락 니러서며

「그것이 무삼 말삼임닛가. 어대 震壇九變局圖가 잇단 말슴임닛가. 만일 人間 興亡이 이와 갓히 定한 運命이 잇슬진대 압허도 뛰지 말며 슯허도 울지 말며 죽어도 살랴 하지 말미 올치 안함니가. 그러면 알는다고 약 먹을 것 잇스며 곱호다[308]고 밥 먹을 것 잇습닛가. 그러면 넘어지는 나무를 치는 이가 슬금한[309] 사람이오, 망하는 나라를 붓잡으랴는 이가 어리석은 제 아비란 말임닛가. 한놈도 일즉 書雲觀[310]에 震壇九變局圖[311]가 잇는 말을 들엇스니 이는 대개 李太祖가 억지로 高麗 王氏의 자리를 쌔앗고 居心[312]이 不服할가 하야 震壇圖이니 鄭勘錄[313]이니 하는 책자들을 맨들어 李朝 五百年은

---

304 크개: 크게. 단재의 원문이 그러한지, 아니면 김병민이 잘못 필사 내지 오식한 것인지는 불분명하다.
305 살외니: 사뢰니, 이뢰니.
306 多事치: 기본형은 '다사(多事)하다'이며, '긴하지 않은 일에 참견을 잘하여 쓸데없이 바쁘다'는 의미.
307 결: 결기, 즉 못마땅한 것을 참지 못하고 성을 내거나 왈칵 행동하는 성미.
308 곱호다: 배고프다.
309 슬금한: 겉으로 보기에는 어리석고 미련해 보이지만 속마음은 슬기롭고 너그러운.
310 書雲觀: 고려 시대에, 천문·역수(曆數)·측후(測候)·각루(刻漏) 따위의 일을 맡아보던 관아. 충렬왕 34년(1308)에 사천감과 태사국을 합쳐서 설치하였다. 조선 시대에, 천문·재상(災祥)·역일(曆日)·추택(推擇) 따위의 일을 맡아보던 관아. 태조 원년(1392)에 설치하였는데, 세종 7년(1425)에 관상감으로 고쳤다.
311 震壇九變局圖: 권문해의 『大東韻府群玉 四卷』(刊寫者 慶尙道: 權進洛, 1836, 57면)에는 "書雲觀祕記有九變震檀之圖 朝鮮即震擅之說 出自數千載之前 由今乃驗(桓祖碑序)"이라는 내용이 나온다. 「桓祖碑序」에 서운관에 비기로 〈구변진단지도〉가 있었다는 말이다.
312 居心: '民心'의 오식일 듯.
313 鄭勘錄: 조선 중기 이후 민간에 성행한 국가 운명과 생민존망(生民存望)에 대한 예언서. 이본(異本)이 많아 내용이 한결같지 않으나, 핵심은 정이문답(鄭李問答)이다. 조선조의 선조인 이심(李沁: 李湛)이 정씨의 조상 정감(鄭勘)에게서 들은 이야기를 기록한 것으로 우리나라 8도의 풍수지리에 대한 문답이 내용이다. 각지의 산천지세와 그에 따르는 국운을 예언하고, 특히 왕조의 체변과 민심의

옛 聖賢도 미리 말삼한 天定한 運數라고 百姓을 쇠김[314]이거늘 선배님도 이것을 미드심닛가? 李氏朝가 이로서 創業함으로 그 망함에 당하여는 님금이나 신하나 백성이 다 써하되 五百年이 되엿스니 인졔는 망하리라 하야 한아도 흥할 쑴은 쑤지 안하고 물그럼히 안저 망하엿거늘 선배님은 님나라 사람으로도 이것을 미드심니가?」

말이 올아서 대답하지 못하는지 너무 지각업시 하는 말이라고 대답할 수 업서 그래넌지[315] 乙支文德이 한참 먹먹한이 안젓더니 노래 한쟝 불은다.

쌍웅이[316]가 돌아간들 네 압히야 짜대리랴[317]
님의 잠문[318] 잠을쇠를 네 열대[319]로 엇지 열나
봄에 쏫 피고 겨울에 눈 오는 건 네 눈에 보이지만
소리 업시 엿닷치(開闔)는 흥망의 큰 門이야 내 귀로 들을소냐
쏫 핀다고 웃지 말며 쏫 진다고 울지 말어라
宇宙의 돌아가는 물네줄 잡으 리[320] 뉘 잇스리

노래가 마침에 하늘에 달닌 별도 싸박싸박 讚美하는 듯, 한 눈압헤 벌린 萬壑千峯[321]도 늑기는 듯 춤추는 듯하더라. 한놈은 오히려 의심을 확 쌔지 못하여 다시 뭇되

「그러면 사람이야 무삼 일 하리잇까? 모다 運命에 맥기야[322] 올치요.」

추이, 피난의 방도 등을 예언함으로써 민간신앙화되었다.

314 쇠김: 속임.
315 그래넌지: 그랬는지.
316 쌍웅이: 호랑이가 사납게 울부짖는 소리를 '따웅'이라 하는데, 아마도 '땅웅이'는 '따웅이'에서 온 것이 아닌가 싶다.
317 짜대리랴: 기본형은 '까대다'. 잇따라 자꾸 상대편을 몰아세우거나 호되게 비판하다. 또는 대들다.
318 잠문: 잠근. '자무는 쇠'라는 의미로 자물쇠로 쓰며, '잠군'의 오식이라기보다 '자뭄'의 입말 표기로 보인다.
319 열대: 열쇠.
320 잡으 리: 잡을 이. 잡을 사람.
321 萬壑千峯: 千峯萬壑, 수많은 산봉우리와 산골짜기.
322 맥기야: 맡겨야.

乙支文德이 손을 흔들며

「안이다, 안이다. 그래도 運命의 일은 運命이 하고 사람의 일은 사람이 하나니 여름이 되면 홋옷 입고 겨울이 되면 솜옷 입지 안느냐.」

한놈이

「그러면 흥할 쌔 흥할 일이고 망할 쌔 망할 일이란 말슴임니가?」

한대 乙支文德이

「그것이야 말이야, 順한 運은 마저 들이고 逆한 運은 막어 싸울지니 그럼으로 진날[323]은 나묵신[324]을 신나니라.」 하다가 한참 무엇을 생각하는 듯하다니 말을 니어 갈오대

「대개 神誌九變局에 발서 지난 變局이 셋인대 順變局이 한 번이고 逆變局이 한 번이오, 順逆 새이의 變局이 또 한 번이니, 檀君이 처음 나라를 세우실새 地理는 南北은 鳥嶺부터 黑龍江에 일으고 東西는 內蒙古와 直隷 等地부터 東海에 일으며, 宗敎는 三神五帝를 위하며, 倫理는 三符五戒로 세우며, 政區 三京五部에 난우며, 治制는 三于五加로 행하여 萬世의 터를 잡으신 뒤로 우리 子孫된 쟈가 모다 이를 조차 國粹로 나라를 하여 간 고로 그 새이에 歸化한 箕子도 오직 夫婁가 夏禹에게 傳하신 五行說을 되가지고 오실 샏이니 이 二千餘年 동안이 처음 變한 順局이오. 밋 檀君 二千一百餘年頃에 우리 種族의 中心되는 震國(古史에는 辰國)이 쓸어지고 匈奴의 左方과 支那族 衛滿[325]이 合勢하야 덤비매 三漢이 南으로 나아가고 夫餘가 內蒙古 等地로부터 滿洲로 서울을 옴기며 未久에[326] 夫餘가 다시 四分하니 解慕漱天王[327]은 今 哈爾濱[328]에 잇서 北夫餘가 되고, 解夫婁[329]는 迦葉原(今 琿

---

323 진날: 땅이 질척거릴 정도로 비나 눈이 오는 날.

324 나묵신: 나막신.

325 衛滿: 위만 조선의 창시자. 중국 연나라의 관리로서 천여 명의 무리를 이끌고 고조선에 망명하여 준왕(準王)으로부터 변경 수비의 임무를 맡았다. 유랑민을 기반으로 힘이 커지자 준왕을 축출하고 위만 조선을 세웠다. 재위 기간은 기원전 194년부터 언제까지인지는 분명하지 않다.

326 未久에: 오래지 않아.

327 解慕漱天王: 해모수는 천제(天帝)의 아들로 기원전 59년 오룡거(五龍車)를 타고 하늘에서 내려와 졸본 인근에서 나라를 세웠다. 천제 해모수가 세운 나라가 북부여라고 하며, 수도는 흘승골성(訖升骨城)이다. 한편 해모수는 하백의 딸 류화를 취해 주몽을 낳았으며, 그가 고구려의 시조가 되었다.

春)에 나와 東夫餘가 되고, 東明聖帝는 松讓國(今 興京 等地)을 차지하야 卒本夫餘 곳 高句麗가 되고, 溫祚大王[330]은 慰禮城(今 廣州)에 일으러 百濟 곳 南夫餘가 되니 이는 人中遷動의 變이며, 三韓은 망하야 新羅와 百濟가 되고 三夫餘가 合하야 高句麗가 되여 三國이 對峙하다가 다시 南北國 곳 新羅, 渤海가 對峙하니 이는 封建制度가 차차 破壞하야 統一로 돌아가랴는 變이며, 孔子와 釋迦의 教가 들어와 檀君과 對峙하니 이는 信仰의 變이며, 新羅의 三姓祖傳과 高句麗의 五部누薩과 百濟의 六官佐平이 비록 檀君皇祖의 三于五伽의 制度에 각가우나[331] 末流에[332] 간간 支那式의 官制가 採用되니 이는 政法의 變이며, 이밧게 禮教 風俗 倫理 文物 等에 모다 조곰식 變함이 잇도다. 이째는 國粹와 外化가 서로 싸우는 變이라. 싸움이 곳 檀君 三千三百年에 北엔 渤海帝國이 망하고 南엔 高麗 成宗[333]이 나자 슷젓나니 이 一千二百年 동안은 두번째 變한 半順半逆의 局이오. 檀君 三千三百餘年[334] 뒤부터는 왼 바닥이 모다 變한 大變局이라. 新羅의 三姓 傳賢하던[335] 貴族共和도 업서지며, 高句麗의 大對盧(今 總理大臣) 合議選擧로 三年 一遺하던 衆議政體도 업서지고, 오직 唐制를 본받어 尊君抑臣[336]의 바람만 세

생몰 연대 미상.

328 哈爾濱: 하얼빈.

329 解夫婁: 동부여의 시조. 해모수(解慕漱)의 아들이란 설(三國遺事)과 단군과 하백녀(河伯女) 사이에 태어난 아들이란 설(세종실록(世宗實錄)·단군고기(檀君古記))이 있다. 늙도록 아들이 없어 근심하였는데 하루는 곤연(鯤淵)에서, 큰 돌 밑에 한 어린이를 발견하여 데려다가 이름을 금와(金蛙)라 짓고 성장하자 태자로 삼았다. 그 후 재상(宰相) 아란불(阿蘭弗)이 꿈속에서 계시(啓示) 받은 대로 도읍을 동해변(東海邊)의 가섭원(迦葉原)으로 옮기고 국호를 동부여(東扶餘)라 했다.

330 溫祚大王: 백제의 시조. 위례성에 도읍을 정하고 나라를 세웠다. 기원전 11년에 말갈(靺鞨)의 침입을 받았으며, 기원전 5년에 서울을 남한산으로 옮기고, 9년에는 마한을 병합하여 국토를 확장하였다. 재위 기간은 기원전 18~기원후 28년이다.

331 각가우나: 가까우나.

332 末流에: 말세에.

333 成宗: 왕치(王治, 960~997). 고려의 제6대 왕. 고려 초기의 제반 문물제도를 정비하고, 유교를 국가의 지도 원리로 삼아 중앙 집권적인 봉건 제도를 확립하였다. 재위 기간은 981~997년이다.

334 三千三百餘年: 김병민 선집에는 '一千三百餘年'으로 되어 있으나 이는 오식이 분명하다. 이 시기는 서기 1000년경으로 993년 거란 1차 침공, 1010년 2차 침공, 1018년 3차 침공이 있었다. 그리고 이자겸의 난(1126년), 묘청의 서경천도운동(1136년)이 있었다. 단재는 묘청의 서경천도운동을 '조선 1천년래 제1대 사건'으로 규정하였으며, 이 시기 이후 우리나라의 국세가 사대주의, 안일주의 등으로 약화되었다고 지적했다.

335 傳賢하던: 어진 이에게 제위를 계승하던.

여지니 이는 政治의 大變이며, 檀君과 夫餘神은 비록 民間의 粗한 祭는 받어 잡수나(香山祭 聖母祭 等) 信仰界의 大觀은 아조 孔子와 釋迦에게 돌아가고 高句麗의 仙人이나 百濟의 蘇塗[337]나 新羅의 花郎 갓흔 것은 그 일홈도 아는 이가 업스니 이는 宗敎의 大變이며, 아모골이니 아모뫼니 하는 우리글로 지은 地名은 젹은 마을에 그치고 큰 郡이나 道 갓흔 것은 다만 支那字로 지어 楊洲니 京畿道니 하며, 무슨 쇠니 무슨 놈이니 하는 우리말로 지은 人名은 賤한 아희에 그치고 所謂 班族의 成人은 모다 支那式을 맏아 金甲이니 李乙이니 하며, 열다섯에 成冠하면[338] 衛滿의 稚○[339]로 檀君의 編髮[340]을 대신하며 스물에 行世하면 宋明[341]의 道服으로 高麗의 져고리를 가리우며 學堂의 책을 씨면 東明 赫居[342]는 뉘 집 죠상인지를 몰으나 漢 唐 宋 明의 歷代를 쉐이며 詩場의 선배가 되며, 慰禮[343] 半月[344]은 어늬 서울인지 몰으나 長安[345] 洛陽[346]의 沿革을 외우며 夫餘의 무당이 階伯의 넋은 불우지 안코 唐士[347]賊將 蘇定方[348]을 위하며 積城의 나무군이 劍牟岑[349] 일홈은 알지 못

---

336 尊君抑臣: 군주를 존중하고 신하를 억누르는 것.

337 蘇塗: 단재는 "百濟는 壯年의 武士를 사랑하야 수두라 일홈하니 三國史記에 적힌바 蘇塗가 그 音번역"이라 했다. 고구려의 '선배', 백제의 '수두', 신라의 '화랑'을 각 나라의 무사들로 설명했다.

338 成冠하면: 관례를 행하면, 곧 성인이 되면.

339 稚○: '椎結'의 오식. 이는 달리 '魋結'로 쓰며, 상투를 뜻함. 머리카락을 모아 정수리 위에 틀어 감아 맨 것. 박지원의 「허생전」에도 "머리털을 한데 묶어서 송곳같이 찌는 것은 곧 남만(南蠻)의 방망이 상투에 불과(會撮如錐 是南蠻之椎結也)"라는 구절이 나온다.

340 編髮: 예전에, 관례를 하기 전에 머리를 길게 땋아 늘이던 일. 또는 그 머리.

341 宋明: 송나라(960~1279)와 명나라(1368~1644).

342 赫居: 朴赫居世(BC 69~AD 4). 신라를 건국한 왕. 13세(기원전 57)에 왕위에 올라 신라를 세웠다. 재위 17년(기원전 41)에 전국을 순시하여 농사와 양잠을 장려하였으며, 21년(기원전 37)에는 수도를 금성(金城)이라 하고 성을 쌓아 나라의 기틀을 닦았다. 재위 기간은 기원전 57년~기원후 3년이다.

343 慰禮: 한성 백제(BC 18~AD 475)의 옛 도읍지.

344 半月: 半月城. 신라의 수도 경주를 뜻함. 백제의 옛 도성인 부여 역시 반월성이라 칭함.

345 長安: 중국 섬서성(陝西省) 서안(西安)의 옛 이름. 한(漢)나라·당나라 때 도읍지였던 곳.

346 洛陽: 중국 하남성(河南省) 서북부에 있는 성 직할시. 한·위 및 수·당 시대의 국도(國都).

347 唐士: 당나라 선비라는 뜻. 내용상 '唐土'의 오식일 듯.

348 蘇定方(592~667): 중국 당나라의 장군. 660년에 나당 연합군의 대총관으로서 13만의 당군을 거느리고 백제의 사비성을 함락하고, 의자왕과 태자 융(隆)을 사로잡았다. 661년에는 평양성을 포위하였으나 실패하였다.

349 劍牟岑: 고구려 부흥 운동의 지도자. 신라 문무왕 10년(670)에 고구려 유민을 규합하여 대동강 남쪽으로 진출하여, 안승(安勝)을 왕으로 옹립하고 고구려 부흥에 힘썼다. 신라와 협조하여 당나라 세력을 몰아내려다 안승에게 살해되었다. 생몰 연대 미상.

하나 高麗叛臣 薛仁貴[350]를 노래하니 이는 思想과 風俗의 大變이라. 때가 위로 하늘서 비롯하야 알로[351] 짱에 일으니[352] 그 새이에 變치 안인 것이 업도록 國粹가 문어지니 所謂 朝鮮 사람은 일홈뿐이오, 그 실샹은 모다 朝鮮에 써난 사람이라. 이와 갓히 朝鮮 사람 업는 朝鮮으로 오다가 마참내 半萬年 神器를 하니안은[353] 島醜[354]에게 내여주니 대개 一千三百餘年부터 차차 變한 無順唯逆局이니라. 震壇九變局에 三變은 이러케 지나갓고, 五變은 아직 올 째가 아니나 一變은 現在에 그대와의 幷世한[355] 國民이 當한 바니라.」

秘訣의 迷信이라면 힘자라는 대까지 排斥하는 한놈이지만, 이 니야기에 엇더케 자미를 들인지를 몰으며, 또 우리의 맛난 一變이 엇지 될 셈인지 매우 궁금하야 바싹 닥아안지며

「이단하여 오는 一變이 엇지 되겟슴닛가?」

乙支文德이 한참 머뭇머뭇하더니

「이는 님이 잠으신 잠을쇠라. 내가 가비여히 말하기 어려우나 또한 深奧한 것은 말할 것 업고 눈압헤 보이는 現狀으로 말하자. 아직 國祖의 魂이 完全히 돌아오지는 못하얏스나 그러나 조고마치라도 나라를 위한다 하는 이면 오날이 檀君 紀元 몃 해인지는 알며, 一方面에 外國에 同化되는 劣種도 업지 안하나 그러나 얼마큼 사람탈을 쓰난 쟈라면 우리말 우리글이 尊重한지는 알며 仙人과 花郞의 遺訓을 외우는 이는 아직도 볼 수 업스나 國史의 硏究가 차차 盛할사록 古道가 다시 밝을지며, 三國과 南北國의 武神이 아직도 살어오지는 안하얏으나 苦痛을 깁흠을 쌀어 근본으로 돌아가게 되나니, 이는 차첨차첨 國粹主義로 돌아오는 順局이라. 샹금에는 몃백 년 나려온 逆

350 薛仁貴(614~683): 중국 당나라의 장군. 고구려가 망한 뒤 당나라가 평양에 설치한 안동도호부의 도호로 부임하였으나, 신라군의 반격으로 세력이 위축되자 신라 문무왕 17년(677)에 도호부를 신성으로 옮겼다.

351 알로: 아래로.

352 일으니: 김병민 선집에는 '일으히'로 제시되어 있다.

353 하니안은: 내용상 '하치않은', 곧 '하찮은'의 의미인 듯.

354 島醜: 일본을 비하하여 부르는 말.

355 幷世한: 같은 시대를 사는.

局의 餘孼이 잇서서 싸우는 가온대지만…」

한참 자미잇게 乙支文德은 니야기하며 한놈은 듯는 판에 별안간[356] 동편 하늘이 싹 갈너지며 그 속으로 불칼 불활 불돌 불총 불대포 불화로 불솟 불범 불사쟈 불개 불고양이쩨들이 쏘다지니 乙支文德이 깜짝 놀내며

「뎌것이 원 일이여?」

하더니 무지개를 타고 쌜니 그 속으로 향하야 가더라.

第四章

가는 선배님을 붓드지 못하며 내 몸으로 쏘차가랴도 쫏지 못하며 먹먹하게 안진 한놈이

「나는 어대로 가리오?」

한대 쥬인(主人)으로 잇는 솟송히가 고흔 목소리로

「네가 몰으느냐? 님(神)과 가비(魔)의 싸홈이 닐허 乙支선배님이 가시는 길이다.」

한놈이 깔깔 깃거하며[357]

「나도 가게 하시압소서.」

한대 솟송히가

「암, 그럼 가야지. 우리나라 사람이 다 가는 싸홈이다.」

한놈이

「그대로 가면 엇더케 가릿가?」

물은대 솟송히가

「날애[358]를 주마.」

하더니 한놈이 겨드랭이 밋흘 만저보니 문득 날애들이 달엿더라. 솟송히가 또

---

356 별안간: 북한 선집에는 '벌건'으로 제시됨.
357 깃거하며: '깃거하다'는 '기뻐하다'의 옛말. 기뻐하며.
358 날애: 나래. 날개.

「동무[359]와 함께 가거라.」

하거늘 울어도 홀로 울고 우서도 홀로 우서 四十 平生에 동무 한아 업시 자라난 한놈이 이 말을 들으매 스사로 눈에 눈물이 뚝 드는다.[360]

「동무가 어대 잇슴닛가?」 한대

「네 하늘에 향하여 한놈을 불으라.」

하거늘 한놈이 힘을 다하여 머리를 들고 한놈을 불으니 하늘에서

「간다.」

대답하고 한놈 갓흔 한놈이 나려오더라 또

「네가 쌍에 향하여 한놈을 불으라.」

하거늘 한놈이 또 힘을 다하여 머리를 숙이고 한놈을 불으니 땅속에서

「간다.」

대답하고 한놈 갓흔 한놈이 소사나더라. 솟송이가 식이는 대로 동편에 불너 한놈을 얻고, 서편에 불너 한놈을 얻고, 남편 북편에서도 각기 다 한놈을 얻은지라. 세여본즉 원래 잇던 한놈이와 불려나온 여섯 한놈이니 합이 일곱 한놈이러라. 낫[361]도 갓고 꼴도 갓고 목뎍도 갓지만 일홈이 갓흐면 서로 분간할 수 업슬까 하여 차례로 일홈을 지어 한놈 둣놈 셋놈 넷놈 닷째놈 엿째놈 잇놈이라 하다.

「싸홈터가 어대이냐?」

웨니[362]

「이리 오라.」

고 동편에서 소리가 나거늘 「압흐로 갓」 한 마듸에 그곳으로 향하더니 솟송히가 「칼브름」이란 노래로 送한다.

---

359 동무: 단재 전집에는 '동무'가 모두 '친구'로 되어 있는데, 이는 출판 당시 기휘하는 단어여서 고친 것으로 보인다.
360 드는다: 듣는다. 떨어진다.
361 낫: 낯, 얼굴.
362 웨니: 외치니.

내가 나니 뎌도 나고 뎨가 나니 나의 대젹이라. 내가 살면 대젹이 죽고 대젹이 살면 내가 죽나니 그러기에 내 올 쌔에 칼 들고 왔다. 대젹아 대젹아 네 칼이 셰던가 내 칼이 션가 싸워를 보자.

알타[363] 죽은 넑은 쌍속으로 들어가고 싸우다 죽은 넉슨 하늘로 올나간다. 하늘이 멀다 마라. 이 길로 가면 한 쎰쏀이니라. 하늘이 갓갑다 마라. 쌍길로 가면 萬里나 된다.

아가 아가 한놈 둣놈 우리 아가, 우리 대젹이 녀긔 잇다. 해 너젓다[364] 눕지 말며 밤 들엇다 자지 마라. 이 칼이 成功하기 前에는 우리 너의[365] 쉬힐 짬이 업다.

그 소리 悲壯慷慨하야 울 만도 하여 쮤 만도 하더라. 한놈 일곱 사람의 代表로 「내 동무」란 노래 대답하엿는대 왼 머리는 다 니저 이 책에 쓸 수 업고 오직 첫 마듸의 「내가 나자 칼이 나고 칼이 나니 내 동무다」 한 귀만 생각난다. 答歌를 마치고 일곱 사람이 서로 손목을 잡고 동을 바라고 가니 날도 조코 곳곳이 꼿향긔 새소리로 우리를 위로하더라. 몃 거름 못 나아가 한을[366]이 캄캄하며 찬비가 쏘다진다. 일곱 사람이 갓히

「찬비가 오거나 더운 비가 오거나 우리는 간다.」

하고 압길만 찻더니 또 바람이 모질게 불어 흙과 몰애가 석기여 나니 눈을 뜰 수 업다.

「눈 뜰 수 업서도 가자.」

하고 작고[367] 가니 몃 거름 못 나가서 가시밧히[368] 잇거늘

「온야.[369] 가시밧히라도 우리가 가면 길 된다.」

---

363 알타: 앓다.
364 너젓다: 늦었다.
365 너의: 너희.
366 한을: 하늘.
367 작고: 자꾸.
368 가시밧히: 가시밭이.
369 온야: 오냐.

하고 눌너 것더니 또 몃 거름 못 가서 쌍에다 시퍼런 칼 갓흔 것을 모로 세워 밥는[370] 대로 발이 씨저저 피발이 된다.

「피발이 되여도 간다.」

하고 서로 붓들고 가뎐니 무엇이 멀이[371]를 쏵 눌너 허리도 펼 수 업고, 주둥이가 한발식이나 되는 것이 살을 쏵 물어 쎄여 압흐고 갈여워[372] 견댈 수 업고, 머리털 타는 듯 고추 타는 듯한 냄새가 코를 들을 수 업고, 압뒤로 불덩이가 날너와 살이 모다 데히니 잇놈이 싹 잡바지며[373]

「애고, 나는 못 가겟다.」

한놈과 밋 다섯 동무들이 억지로 끄 일이키나 안이 들으며

「여긔 누니[374] 압흔 대가 업다.」

하거늘 한놈이

「싸홈에 가는 놈이 편함을 구하느냐?」

꾸짓고 할 수 업시 일곱 동무에 한아를 버리니 여섯 사람쑨이다.

「우리는 뎌와[375] 못 견대지 말자.」

하고 서로 권면하나 길이 어둡고 몸이 졀여 기다 것다 굴다 쒸다 왼갓 짓을 다하며 나아가더니 웬 할미가 압헤 지나거늘 일제히 소리를 쳐

「할멈, 싸홈터를 어대로 가느냐?」

하니, 지팽이를 들어

「이리 가라.」

가라치는대 지팽이 끗헤 환한 光線이 버치더라.[376]

「이곳이 어대냐?」 물은대

---

370 밥는: 밟는.
371 멀이: 머리.
372 갈여워: 가려워.
373 잡바지며: 자빠지며.
374 누니: 누우니.
375 뎌와: 북한 선집에는 '저와' 대신에 '적과'로 되어 있다. 의미상 '저와 같이', '저처럼'일 듯.
376 버치더라: 뻗치더라. 북한 선집에는 '비치더라'의 오식으로 봄.

「고됨ㅅ벌이라.」 하더라.

光線을 ᄯᅡᆯ어 나아가니 눈 압히 환하고 갈길이 탁 트힌다. 一邊으로는 반갑기도 하지만 一邊으로는 눈물이 줄으르 쏘다진다.

「살거던 갓히 살고 죽거던 갓히 죽자고 옷고롬 맷고 맹세하며 갓히 오던 일곱 사람에 잇놈이 한아만 바리고 우리 여섯은 다 오는고나.」

「잇놈이여, 네 조곰만 견대엿스면 우리 갓히 이 구경을 할 썰. 네 너무도 참지 못하야 우리는 오고 너는 갓고나. 그러므로 마주막 씰흠[377]에 잘하여야 한다 말도 잇고, 最後 五分鐘[378]을 잘 지내란 말도 잇는 것이다.」

「그러나 슬대잇나.[379] 이 뒤에 우리 여섯이나 죠심하자.」

하고 밧고차며[380] 니야기하며 가더니 이것이 어대관대 이다지 죠흔가. 나무그늘 가득한 곳에 금잔듸는 ᄶᅡᆼ에 ᄶᅡᆯ니고, ᄭᅩᆺ흔 피여 휘덥혓는대 새들은 졔 世上인 듯이 ᄶᅢᆨᄶᅢᆨ이고, 범이 오락가락하나 사람 보고 물지 안코, 왼갓 풀이 모다 향내를 피우며 길은 옥으로 ᄶᅡᆯ엇는대 어른어른하여 그 속에 한놈의 무리 여섯이 비취여 있고, 金剛山의 萬物相[381]갓히 일홈 짓는 대로 보히는 것도 만흐며, 平壤 모란峯처름 웃둑 솟아 그린 듯이 ᄲᅢ난 뫼며, 南漢山의 花柳이며, 北漢[382]의 丹楓이며, 慶州의 三奇八怪[383]며, 元山의 明沙十里[384] 海棠花며, 浩浩蕩蕩 漢江물에 ᄯᅱ노는 鯉漁[385]이며, 天安삼거리 널어진[386] 버들

377 마주막 씰흠: 마루씨름. 씨름판에서 결승을 다투는 씨름.
378 五分鐘: 5분간.
379 슬대잇나: 쓸데 있나.
380 밧고차며: 받고차며, 주고받으며.
381 萬物相: 강원도 금강산 외금강지역 만물상구역 온정마을 서쪽에 있는 바위산. 수수만년 비바람에 자연적으로 다듬어져 자기 나름의 형체를 갖춘 바위들이 수많이 솟아 있어 이곳에서 만물의 모양새를 다 볼 수 있다고 하여 만물상이라 하였다.
382 北漢: '北漢山'에서 한 글자 탈락된 듯. 북한 선집에는 '北漢山'으로 되어 있다.
383 三奇八怪: 3가지 기이한 것과 8가지 괴이한 것을 의미한다. 삼기(三奇)는 금척(金尺, 금자)와 만파식적(萬波息笛, 피리), 화주(火珠, 수정돋보기) 또는 성덕대왕신종(에밀레종), 그리고 팔괴(八怪)는 남산부석(南山浮石), 문천도사(蚊川倒沙), 계림황엽(鷄林黃葉), 백률송순(柏栗松筍), 금장낙안(金丈落雁), 압지부평(鴨池浮萍), 불국영지(佛國影池), 나원백탑(羅原白塔) 등을 일컫는다. 김병민 선집에는 慶州가 廣州로 오식됨.
384 明沙十里: 함경남도 원산 약 10리에 걸쳐 있는 모래톱. 곱고 부드러운 모래와 해당화로 아름다운 경치를 이루며, 해수욕장으로도 유명함.
385 鯉漁: 잉어.

이며, 松都 朴淵[387]에 구술 뀀듯 헤치는 瀑布이며, 淳昌玉果[388] 대바치며,[389] 왼갓 風景 갓추어 잇서 한놈의 동무 여섯 사람으로 하여곰 압흠ㅅ벌에 받던 苦痛은 씨슨 듯 간대업고 몸이 것든하고[390] 시원함을 니기지 못하여 서로 돌아다보며

「이곳이 어대인가? 님의 나라인가 님의 나라야 싸홈터도 지나지 안하얏는대 어늬 새 왓슬 수 인나.」

하며 얼 업시 가는 판이더니 별안간 사람의 눈을 부시게 비치 燦爛한 山이 멀니 보이는대, 그 우에 붉은 글씨로 「黃金山」이라 색이엿더라. 압헤 달려 보니 純金으로 싸흔 몃萬 길 되는 山이오, 한雙 玉童子가 그 山[391] 니마에 안저 노래를 한다.

> 잰[392] 사람이 그 누구냐 내 이 山을 내여 주리라. 이 山만 가지면 옷도 잇고 밥도 잇고 高臺廣室 놉흔 집에 足過平生[393] 잘 살리라. 이 山만 가지면 맛아들은 皇帝 되고 둘째 아들은 諸候 되고 세째 아들은 芭蕉扇[394] 밧고 네째 아들은 쌍가마 타고 네 압헤 절하리라.
>
> 이 山을 가지랴거던 檀君을 바리고 나를 한아비하며 震壇을 더지고[395] 내 집에서 네 살님하여라. 이 山만 차지하면 金剛石으로 네 갓 하고 眞珠구슬로 네 목도리 하고 紅寶石으로 네 옷 말너주마[396] 잰 사람이 그

---

386 널어진: 늘어진.
387 朴淵: 개성시 북부 박연리의 지명.
388 淳昌玉果: 순창은 전라북도, 옥과는 전라남도에 있는 고을 이름이다. 북한 선집에는 '순창 옷과'로 되어 있다.
389 대바치며: 대밭이며.
390 것든하고: 거뜬하고.
391 그 山: 김병민 선집에는 '그 내'로 제시되었지만, 내용상 '그 山'의 오식이 분명하다. '山' 글자는 '내'와 형태가 비슷해서 빚어진 오류로 보인다. 북한 선집에는 '그 산'으로 제시되었다.
392 잰: 기본형은 '재다'. 내용상 여러모로 '따져보고 잘 헤아리는'을 의미하는 듯. 『조선문학』 주해에는 "날쌘 사람, 약빠른 사람"으로 되어 있다.
393 足過平生: 일생을 넉넉히 지낼 만하다는 뜻.
394 芭蕉扇: 파초선은 정승이 사용하던 부채. 그러므로 파초선을 받는다는 것은 정승이 된다는 뜻.
395 더지고: '던지고'의 옛말.
396 말너주마: 말러주마. 기본형은 '마르다'. 옷감이나 재목 따위의 재료를 치수에 맞게 자르다.

누구냐 너희들도 어리석다. 싸움에 다달으면 네 목은 칼바지[397]며 네 눈은 살 관혁[398]이며 네 몸은 탄알밥이다. 人生이 얼마라고 호강을 실타고 압흔 길로 드느냐. 어리석다 불샹하다 너희들

노래소리 말고 고화[399] 들는 사람의 귀를 콕 질으니 엿놈이 그 압헤 턱 업들어지며

「애고, 나는 못 가겠소. 언이들[400]이나 가시오.」

한놈의 동무가 쏘 한아 업서진다. 긔가 막히[401] 쇠히며 ᄯᅮ지즈며 ᄯᅡ리며 슬며 하나, 엿놈이 그 山에 ᄶᅡᆨ 들어붓고 안이 닐더라.

할일업서 한놈이 인자 네 동무만 다리고 가더니 큰 내ㅅ물이 압헤 나서거늘 한놈이 동무들을 돌아보며

「이 내가 무슨 내인가?」

하며 그 일홈을 몰나 각갑한즉 냇물에서 무엇이 대답하되

「내 일홈은 새암이다.」

「새암이란 무슨 말이냐?」 한대

「새암은 재죠 업는 놈이 재죠 있는 놈을 미워하며, 공 업는 놈이 공 잇는 놈을 실여하여 죽이랴 함이 새암이니라.」

「그러면 네 일홈이 새암이니 남의 집과 남의 나라도 만히 망처겟고나.」

「암, 그렴. 檀君神祖 ᄯᅢ에 내 비록 이 마음이 잇스나 道德의 아래라 감히 나타내지 못하다가 夫餘의 末年부터 내 일홈이 비로소 나타날새 金蛙[402]의 아들들이 내 맛을 보고는 東明聖帝를 죽이랴 하며, 沸流[403]란 사람이 내 맛

---

397 칼바지: 칼받이. 북한 선집에는 '칼밥'이라고 오식되어 있다. 총알받이처럼 칼을 받는 이를 말한다.
398 살 관혁: 화살 과녁.
399 말고 고화: 맑고 고와.
400 언이들: 언니들. 여기에서 '언니'는 '형'을 말한다.
401 막히: 내용상 '막혀'의 오식으로 보임. 북한 선집에는 '막혀'로 수정됨.
402 金蛙: 동부여의 왕. 부여 왕 해부루에게 발견되어 그의 태자가 되었으며, 유화를 아내로 맞아 고구려의 시조 주몽을 낳게 하였다. 생몰 연대 미상.
403 沸流: 고구려 동명성왕의 둘째 아들로 알려져 있다. 그런데 단재는 「조선사」에서 "召西努가 于台의 妻로 沸流 溫祚 二子를 낫코 寡居하얏다가, 鄒牟王에게 改嫁하"였다고 했다. 비류는 주몽의 원부인

을 보고는 溫祚大王과 갈너지고, 遂成王[404](곳 次大王)이 내 맛을 보고는 國祖의 父子를 죽이며, 烽上王[405]이 내 맛을 보고는 達賈[406] 갓흔 功臣을 버이고, 苩加[407]가 東城大王을 죽이며 覇業을 썩금도 나의 꾀임이며, 左可慮[408]가 故國川大王[409]을 실여하여 椽那[410]에 叛함도 나의 홀님이라. 나의 물결이 가는 곳이면 반다시 禍患을 내여 三國의 强盛이 더 느지[411] 못함이 내 솜씨에 말미암음이라고도 할지니, 그러나 이때는 오히려 正道가 세고 내가 弱하야 크게 橫行치 못하더니 및 世降俗末[412]하여 三國의 末葉이 되매 내가 간 곳마다 成功하여 百濟에 들매 義慈[413]의 君臣이 서로 새암하여 成忠이며 興首며 階伯이 갓흔 賢相 猛將을 멀니하여 亡함이 일으며, 高句麗에 들매 男生[414]의

예씨(禮氏) 아들 유리가 북부여에서 와서 태자가 되고 뒤에 왕이 되자, 아우 온조와 함께 고구려를 떠나 미추홀에 도읍을 정하였으나 땅이 습하고 물이 짜 살 곳이 못 되어 백성이 흩어지니, 온조에게 부끄러워 스스로 목숨을 끊었다 한다. 생몰 연대 미상.

404 遂成王: 고수성(高遂成, 71~165). 고구려 제7대 '次大王'의 이름. 자신의 왕위 계승을 반대하던 우보(右輔) 고복장과 태조왕의 아들 막근(莫勤)을 살해하여 왕권을 굳히었으나, 횡포와 학정을 일삼다가 명림답부에게 살해되었다. 재위 기간은 146~165년이다.

405 烽上王: 고상부(高相夫, ?~300)·고삽시루(高歃矢婁). 고구려 제14대 왕. 일명 치갈왕(雉葛王). 창조리를 국상(國相)에 등용하여 293년과 296년에 중국 연나라 모용외의 침입을 격퇴하였으나, 사치와 방탕에 빠져 폐위되었다. 재위 기간은 292~300년이다.

406 達賈(?~292): 고구려 제13대 서천왕(西川王)의 동생. 고구려에 침범한 숙신(肅愼: 女眞)을 격파하여 민가 600여 호를 부여 남쪽으로 옮기고 큰 부락 6, 7개소를 복속하였고 숙신의 부락들을 통할하였다.

407 苩加: 백제 시대의 귀족. 486년 위사좌평(衛士佐平)에 임명되었으며, 501년에는 새로 쌓은 가림성(加林城: 충청남도 林川 聖興山城)의 진수(鎭戍) 명령을 받았으나 병을 핑계로 부임하지 않으려고 하였다. 그러나 동성왕이 허락하지 않자 이를 원망하여 사람을 시켜 동성왕을 살해하고, 가림성을 근거로 반란을 일으켰다. 그러나 새로 즉위한 무령왕의 공격을 받아 죽음을 당했고, 그 시체는 백강(白江)에 던져졌다. 생몰 연대 미상.

408 左可慮: 고국천왕(故國川王) 12년(190년) 좌가로가 왕비의 친척으로 권세를 잡고 교치(驕侈)하여 백성의 자녀와 전택(田宅)을 빼앗으므로 왕이 주(誅)하려 하자 모반(謀叛)하였다. 그러나 이듬해 왕도(王都)를 치다가 토평당했다.

409 故國川大王: 고남무(高男武, ?~197). 고구려 제9대 왕. 을파소를 재상으로 등용하여 선정을 베풀었으며 빈민 구제책으로 진대법을 실시하였다. 재위 기간은 179~197년이다.

410 椽那: 고구려 5부의 하나.

411 느지: 늘지.

412 世降俗末: 세상이 어지러워져서 미풍양속이 모두 퇴폐해졌다는 뜻.

413 義慈: 백제의 제31대 마지막 왕. 642년에 신라를 공격하여 미후성(獼猴城) 등 많은 지역을 점령하고, 고구려와 화친하는 등 기울어져가는 국위의 선양에 힘썼다. 660년에 나당 연합군에 항복하여 당에 압송되었다가 병사하였다. 재위 기간은 641~660년이다.

414 男生(634~679): 고구려 말의 재상. 연개소문의 맏아들. 666년 연개소문이 죽자 대막리지(大莫離支)가 되어 3군 대장군(三軍大將軍)을 겸하고, 국내 여러 성(城)을 순시하러 나간 사이에 그의 동생 남건(男建)·남산(男産)이 그의 아들 헌충(獻忠)을 죽이고, 남건이 스스로 대막리지가 되어 군사를 일으키자 그는 아우들에게 패하고 국내성(國內城)으로 쫓겨 당나라에 구원을 청하였다. 그 뒤 당나라

兄弟가 서로 새암하여 平壤이며 國內城[415]이며 蓋牟城[416] 갓흔 名城을 敵國에 밧처 悲運에 ㅆㅏ지고, 福信[417]은 萬古의 名將으로 豊王[418]의 새암에 掌心 ㅆㅔ이는 惡刑을 받어 中興의 事業이 숨결로 도라가며 劍牟岑은 盖世의 烈丈夫[419]로 安勝王의 새암에 凶慘한 죽음이 되여 多勿의 壯志가 이슬갓치 살어지고, 이 뒤부터는 더욱 내 판이라. 高麗 王氏朝나 朝鮮 李氏朝는 모다 내 손에 공긔 노듯 하여 君臣이 의심하며 上下가 미워하며 文武가 싸우며 四色[420]이 서로 잡어먹으며 二百萬 紅巾敵을 물닌 鄭世雲[421]도 죽이며, 數十年 海陸戰에 드날니던 崔瑩도 베히며, 八年 倭亂[422]에 바다를 鎭定하여 海王의 雄名을 가지던 李舜臣도 가두며, 一個 書生으로 倭將 淸正[423]을 부시고 咸鏡道를 찻

의 벼슬을 얻은 그는 668년 당나라의 이적과 함께 군사를 이끌고 신라군과 합세하여 고구려를 멸망시켰다.

415 國內城: 중국의 길림성(吉林省) 집안현(輯安縣)에 있는 통구성(通溝城)으로 졸본성(卒本城)에 이어 고구려의 두 번째 수도였다. 몇 차례 조사 결과, 내·외벽을 잘 다듬은 네모뿔의 돌로 쌓은 석축성(石築城)으로 평면은 사각형이고, 동쪽 성벽의 길이는 554.7m, 남쪽 성벽의 길이는 751.5m, 서쪽 성벽의 길이는 715.2m이며, 둘레는 2,686m에 달하는 것으로 나타났다. 고구려는 3년부터 국내성을 수도로 삼았다가 427년(장수왕 15) 평양으로 천도를 행하였다.

416 蓋牟城: 고구려가 요동 일대에 설치한 지방성의 하나로 중국 요령성 심양시(瀋陽市) 소가둔(蘇家屯) 탑산(塔山)에 있다. 안동도호부에서 동북쪽으로 신성(新城)으로 통하는 교통로 상에 위치한 전략적으로 중요한 요충지에 있다. 이 산성의 서남쪽에는 태자하(太子河)의 지류인 사하(沙河)가 흐르며, 북쪽이 높고 남쪽의 낮은 계곡을 끼고 있다. 성벽의 전체 길이는 2km 정도로 토축으로 만들었다. 645년 당태종이 고구려를 침공할 때에 당의 장군 이세적(李世勣)의 공격을 받아 함락되었다.

417 福信(?~663): 백제의 왕족으로서 백제 멸망 후 도침·흑치상지 등과 더불어 부흥운동에 앞장섰다. 660년 사비성이 함락된 후 일본에 머물고 있던 왕자 풍을 맞아 왕으로 추대하고, 도침과 함께 주류성을 근거로 부흥군을 일으켜 나당연합군과 싸워 여러 차례 승리하였으나 내분으로 왕자 풍에 의해 죽음을 당했다.

418 豊王: 백제 의자왕의 아들. 백제가 황산벌싸움에서 나·당 연합군에게 멸망되고 의자왕이 포로가 된 후, 백제의 장군 복신·도침의 부흥운동으로 왕에 추대되었다. 주류성(周留城)을 근거로 항전을 벌였으나 내분으로 도침이 복신에게 피살되자 복신을 살해하고 고구려로 도망갔다. 그러나 고구려가 망하자 당나라 군사에게 붙잡혀 유배되었다. 생몰 연대 미상.

419 盖世의 烈丈夫: 세상을 뒤덮을 만한 기개가 있는 남자.

420 四色: 네 가지의 색깔이라는 뜻인데, 이것이 전하여 조선 시대에 있었던 네 개의 붕당(朋黨)을 가리키는 말로 쓰임. 처음에는 동인(東人)·서인(西人)·남인(南人)·북인(北人)을 가리키는 말로 쓰였으나, 서인이 노론(老論)과 소론(少論)으로 나뉘어진 뒤에는 노론·소론·남인·북인의 4대 당파를 가리키는 말로 쓰였음.

421 鄭世雲(?~1363): 고려 공민왕 때의 무신. 1358년 문하성지사가 되었으며, 홍건적이 침입하여 서경(西京)이 함락되자 1360년 서북면도순찰사로 나가 민심을 수습하고 참지정사가 되었다. 1362년 총병관(摠兵官)이 되어 최영(崔瑩) 등 여러 장수와 함께 20만 대군으로 홍건적을 물리치고 대승을 거두었다. 단재는 「최도통전」에서 그의 전투 활동을 다뤘다.

422 八年 倭亂: 임진왜란은 1592년 4월부터 1598년 11월까지 왜군이 일으킨 전쟁으로 7년 전쟁이라 부른다. 북한 선집에도 '8년'으로 되어 있는 것을 보면 단재가 그렇게 쓴 것으로 보인다.

던 鄭文孚[424]도 죽이며, 드대여 錦繡江山이 비린내가 나도록 하엿노라.」

한놈이 그 말을 듯고는 몸에 솔음[425]이 끼쳐 동무를 돌아보며

「이 물이야 건닐 수 잇나냐?」

하니 넷놈 닷놈이 우스며

「그것이 무삼 말이여요. 伯夷 叔齊[426]가 貪泉[427]물을 마시면 그 마음이 흐릿가요.」

하더라. 벗고 들어서거늘 한놈 둣놈 셋놈 세 사람도 勇氣를 내, 뒤에 달어서며[428] 都統使 崔瑩의 지으신[429]

가마귀 눈비 마저 희난 듯 검노매라
夜光明月이 밤인들 어둘소녀
님 향한 一片丹心 가슬 줄이 있으랴

한 時調를 읊으며 건느니라. 및 뎌편 언덕에 다달너서는 서로서로 냇물을 돌아보며

「요마한 물이 엇지 丈夫의 마음을 변할소냐. 우리가 아모리 어리다 해도 혹 國史에 힘써 花郞의 敎訓을 받은 이도 잇스며, 혹 漢學의 素養이 잇서 孔孟의 道德에 션 이도 잇스며, 혹 佛學을 研究하여 釋迦의 道를 들은 이도 잇스며, 혹 禮拜堂에 出入하여 洋夫子[430]의 新約도 공부한 이 잇나니 엇지

---

423 淸正: 加藤淸正(1562~1611). 일본의 무장. 그는 임진왜란과 정유재란 때 선봉으로 종군하였다.
424 鄭文孚(1565~1624): 조선 선조 때의 의병장. 시호는 충의(忠毅). 임진왜란이 일어나자 의병을 일으켜 국경인(鞠景仁) 등의 반란을 평정하였다. 저서에 『농포집』이 있다.
425 솔음: 소름.
426 伯夷 叔齊: 은(殷)나라 제후 고죽군(孤竹君)의 두 아들. 주나라 무왕이 은나라의 주왕을 치려고 했을 때, 아우인 숙제(叔齊)와 함께 간하였으나 받아들여지지 않고 주나라가 천하를 통일하자 수양산으로 들어가 굶어 죽었다. 생몰 연대 미상.
427 貪泉: 전설에 중국 광주에 샘이 있어 어떠한 선량한 사람도 이 샘물을 마시면 탐욕하게 된다고 한다.
428 달어서며: 따라서며.
429 崔瑩의 지으신: 이 시조는 일반적으로 박팽년이 지은 것으로 알려져 있다.
430 洋夫子: '기독'을 말함. 공자를 '孔夫子'로 일컫는데, 그러한 표현을 빌려 기독을 표현함.

졉시물에 싸져 兄弟가 서로 새암하리오.」

하고 더욱 씩씩한 쏠을 보이며 길에 올으니라.

싸움터가 각가워 온다, 님나라가 각가워 온다, 긔발이 보인다, 북소리가 들닌다. 어서 가자 재촉할새 가장 날내게 압서 쒸는 놈은 셋놈이러라. 넷놈이 쌀으랴 하여도 쌀으지 못하야 허덕허덕 하며 매오 죠치 못한 낫흘 갓더니 뎌긔 敵陣이 보인다 하고 實彈 박은 춍으로 쏜다는 것이 敵陣을 쏘지 안코 셋놈을 쏘앗더라.

어화, 일곱 사람이 오던 길에 한 사람은 苦痛에 못 니기어 써러지고, 또 한 사람은 黃金에 마음이 박구여 썰어젓스나, 오날갓히 서로 죽이기는 처음이고나. 새암의 禍가 참말 독하다. 죽은 놈은 할 수 업건이와 죽인 놈도 그저 둘 수 업다 하며 곳 넷놈을 잡어 태워 죽이고, 한놈 둣놈 닷놈 무릇 세 사람이 同行하니라. 人間에서 알기는 가비가 님에게 대하여 맛나면 으례히 항복하고 싸우면 으례히 진다 하더니 밋 싸홈터에 와보니 이례케 쉽게는 말할 수 업더라. 님의 키가 열 길이 되더니 가비의 키도 열 길이 되며, 님의 손이 닷 발이 되더니 가비의 손도 닷 발이 되며, 님의 눈에 번개가 치면 가비의 눈에도 번개가 치며, 님의 입에 우례가 울면 가비의 입에도 우례가 울며, 님이 날면 가비도 날며, 님이 쒸면 가비도 쒸며, 님의 군사가 九九 八十一萬名인대 가비의 군사도 꼭 그 수효이더라.

高句麗史에 보면 東川大王[431]이 魏將 毌丘儉[432]을 처음 니기고, 우서 갈오대 「이갓히 썩은 대적을 치는대 엇지 큰 군사를 쓰리오?」 하고 正兵은 다 뒤에 안젓게 하고, 다만 五千名으로써 젹의 累萬名과 決戰하다가 도리혀 큰

---

431 東川大王: 고우위거(高憂位居 209~248). 고구려의 제11대 왕. 244~245년 2년에 걸쳐 위나라 유주자사 관구검의 침입을 받아 수도인 환도성이 함락당해 왕이 남옥저(南沃沮)를 거쳐 북옥저(北沃沮) 방면으로까지 패주하였다. 그러나 밀우(密友)·유유(紐由) 등의 활약으로 겨우 이를 몰아냈다. 245년 고구려가 신라 북변(北邊)을 공격했다든지 248년 신라와 화친관계를 수립했다는 등 동천왕 재위 동안 신라와 일정한 교섭이 있었다고 한다. 재위 기간은 227~248년이다.

432 毌丘儉(?~255): 중국 위나라의 무장. 고구려가 요동(遼東) 지방을 공략하자, 244년(동천왕 18)에 대군을 이끌고 고구려에 침입하여 환도성을 함락시키고 한때 고구려를 위태롭게 하였다. 만주 집안시(集安市)에 그의 고구려 침공을 기념한 기공비(紀功碑)가 있다. 김병민 선집에는 母丘儉으로 오식됨.

危險을 격근 일이 잇더니 님나라에서도 이런 것이 잇도다. 싸홈이 시작하자 님이 령을 나리사대

「오날은 全軍이 다 나갈 것이 업시 다만 九分의 一 곳 九萬名만 나서며, 또 연쟝은 가지지 말고 맨손으로 싸워 가비의 무리가 우리 재조에 놀내여 다시 덤비지 못케 하여라.」

하니 左右는 안될 것이라고 諫하나 님이 안이 들으신다.

陣이 사괴매[433] 님의 군사가 비록 날내나 엇지 연쟝 가진 군사와 결우리오. 칼이며 총이며 불이며 물이며 왼갓 것을 다해 님의 군사를 치는대 슬프다, 님의 군사는 뷘 주먹이 칼에 부서지며, 흰가슴이 총에 꿰뚫리며,[434] 쒸다가 불에 타며, 기다가 물에 싸저 살길이 아득하다. 입으로는

「우리는 正義의 아들이다. 惡이 아모리 강한들 엇지 우리를 니기리오.」

불으지지나 强力 밋헤야 正義의 한아비인들 쓸데 잇나냐. 죽는 이 님 군사오, 업치는 이 님의 군사리라.

늘으나 늘은[435] 큰 벌판에 正義의 죽음이 널이엿으나 强力의 칼은 그치지 안는다. 한놈의 同行에 둣놈[436]은 고개를 쉬기고 탄식하되

「인제는 님의 나라가 고만이러고나.[437] 나는 어대로 가노?」

하더니 靑山白雲間에 사슴의 친구나 차저 간다고 봇짐을 싸며, 닷놈[438]은 왈칵 나서며

「丈夫가 엇지 이러케 寂寞히 살 수야 잇나. 종질[439]이라도 하며 世上에서 어뎡거림이 올타.」

---

433 사괴매: 사귀매. 서로 엇걸리어 지나가매. 여기에서는 '겨루매'의 뜻으로 사용된 듯.
434 꿰뚫리며: 김병민 선집에는 이 구절이 없지만, 북한 선집에는 나와 있다.
435 늘으나 늘은: 너르나 너른. 넓으나 넓은.
436 둣놈: 북한 선집에는 '다섯째놈'으로 되어 있다. '둣놈'을 '닷놈'으로 잘못 받아들인 것 같다.
437 고만이러고나: 그만이러구나. '끝이로구나'라는 뜻.
438 닷놈: 북한 선집에는 '셋놈'이지만, 내용상 '다섯놈'이 맞다. 셋놈은 앞서 죽었고, 마지막 길을 떠난 인물은 한놈, 두놈, 다섯놈이다. 그러므로 바로 위의 구절 "백운 간에 사슴의 친구나 찾아" 떠난 이가 두놈이면, "적진으로 향하"여 떠난 인물은 '닷놈', 즉 다섯놈이다. 그리고 단재 전집의 경우처럼 전자가 다섯놈이면, 후자는 두놈이 되어야 옳다. 한편 『조선문학』에 실린 「꿈하늘」에서는 앞의 '둣놈' 대신 '닷놈', 그리고 여기에서는 '닷놈' 대신 '둣놈'으로 되어 있다.
439 종질: 종노릇.

하고 敵陣으로 향하니 이때에 한놈은 엇지한가. 한놈의 짐을 지고 왓스며 너의들은 각기 너의들의 짐을 지고 왓나니 짐 버서더지고[440] 달어나는 너의들을 쌀어가면 한놈이 안이오. 가는 놈들은 가거라, 나는 나대로 하리라 함이 正當한 일인 듯하나 그러나 너는 내 손목을 잡고 나는 네 손목을 잡어 죽으나 사나 갓히 가자 하던 일곱 사람에 단 셋이 남어 나박게는 네 언이 업고 너 박게는 내 아오 업다 하던 너의들을 또 바리고 나 홀로 돌아섬도 또한 한놈이 안이로다. 한놈이 이에 오도가도 못하고 길 겻헤 주저안저 홀로

「世上이 元來 이런 세상인가, 한놈이 동무를 못 얻음인가. 말 짜드시[441] 맹셰하고 오던 놈들이 고되다고 달아난 놈도 잇고, 돈 잇다고 달어난 놈도 잇고, 할 수 업다 달어난 놈도 잇서, 일곱 놈에 나 한 놈 남엇고나.」

탄식하니 해는 西山에 너웃너웃 넘어가 사람의 事情을 돌보지 안터라. 이러나뎌러나 갈 판이라고 두 주먹을 불으쥐고 달니더니 난데업는 구룸이 모와들어 하늘이 캉캄하여지며 범과 이리와 사자와 온갖 김생[442]이 쏵 갈우막어, 뒤로 물너갈 길은 보이지만 압흐로 나아갈 길은 업더라. 할 수 업시 다시 오던 길을 차저 뒤로 몃 거름 물너서다가

「쌘 칼을 다시 박으랴.」

소리를 질으고 압흘 헤치며 나아가니 님의 갓흔[443] 보이지 안하나 님의 말소리가 귀에 들닌다.

「네 오나냐, 너 홀로 오나냐?」

하시거늘 한놈이 고되고 외로워 엇지할 줄 모르던 차에 仁慈하신 말슴의 늑김을 받어 눈에 눈물이 핑 돌며 목이 탁 메여 겨오 대답하되,

「예, 홀로 옵니다.」

---

440 버서더지고: 벗어던지고.
441 말 짜드시: 북한 선집에는 '말짱하게'로 제시됨.
442 김생: 짐승.
443 갓흔: 내용상 '모습은'을 뜻하는 듯. 북한 선집에는 '형상은'으로 제시됨.

「온냐, 슬워[444] 말라. 올흔 사람은 매양 무덕이 고생을 받고야 동무를 얻나니라.」

하시더니 칼을 한아 던지시며

「이 칼은 三千九百二十五年 壬辰倭亂에 義兵大將 鄭起龍[445]이 쓰던 三寅劍[446]이다. 네 이것을 가지고 敵陣을 처라.」

하시더라. 한놈이 칼을 받어들고 나서니 하늘이 개이며 해도 다시 나와 범과 사자들은 모다 달어나 압길이 탁 틔이더라.

몸에 님의 命令을 씌고 손에 님의 주신 칼을 들엇스니 무엇이 무서우리오. 敵陣이 여호고개에 잇단 소문을 듯고 그리로 향하니 가는 한놈은 자욱소리도 업고 가진 칼만 번적번적하더니 찬바람이 치며 비린내가 코를 질으거늘

「에구, 敵陣이 當頭하얏고냐.」

하고 칼을 즈으며 들으가니 累十萬 敵兵이 물결 갈러지는 듯하는지라. 그 새이를 뚜르고 짓처든즉 엇더한 얼골 怪惡한 賊將이 궤에 비겨[447] 壬辰戰史를 보는대 한놈의 손에 든 칼이 부르르 썰어 그 賊將을 가라치며 소리치되

「뎌놈이 곳 壬辰倭亂에 朝鮮을 드럽히랴던 日本 關白 豊臣秀吉[448]이라.」

하거늘 원수를 외나무다리에서 만난 한놈이 엇지 용서가 잇스리오. 두 눈에 쌍심지가 올으며 憤氣가 뎡수박이[449]를 쿡 질너, 곳 한칼에 이놈을 고기쟝[450]을 맨들리라 하야 힘끗[451] 견워 치랴[452] 한즉, 豊臣秀吉이 썩 처다보며 뱅그레 웃더니 그 怪惡한 얼골은 어대 가고 一代[453]美人이 되어 안젓는대,

---

444 슬워: 서러워.

445 鄭起龍(1562~1622): 조선 선조 때의 무신. 곤양 정씨의 시조로, 임진왜란 때에 별장(別將)이 되어서 왜군을 격파하여 통정대부에 오르고, 정유재란 때에 큰 공을 세워 뒤에 삼도(三道) 수군통제사가 되었다.

446 三寅劍: 인년(寅年), 인월, 인일에 만든 칼. 칼의 몸에 북두칠성을 새기었다.

447 비겨: 비스듬히 기대어.

448 豊臣秀吉(1537~1598): 일본의 무장·정치가. 일본을 통일하고 중국 대륙 침략의 야망을 실현하기 위하여 우리나라를 공격하여, 임진왜란을 일으켰으나 실패하였다.

449 뎡수박이: 정수박이. 정수리. 머리 위의 숫구멍이 있는 자리.

450 고기쟝: 肉醬. 육장은 '脯를 썰어 누룩 및 소금을 섞어서 술에 담근 음식'을 말하는데, 한칼에 '죽여서 포를 뜨겠다'는 의미로 사용한 듯함.

451 힘끗: 힘껏.

452 견워 치랴: 겨눠 치려.

꼿 본 나뷔인 듯, 물 찬 제비인 듯, 도다오는 半月인 듯, 한놈이 그것을 보고 팔이 씰으르해지며 차마 치지 못하고 칼이 짱에 덜넝 나려지거늘 한놈이 칼을 집으랴 하여 몸을 굽힐새 발서 그 美人이 변하여 개가 되어 겅겅 짓즈며 믈랴고 드나 한놈이 칼을 집지 못하여 맨손으로 엇질 수 업서서 三十六計의 上策[454]을 차지랴다가 발이 쑥 믹그러지며 「아차」 한 마듸에 어대로 써러져 나려가는지 千길을 나려가는지 萬丈을 내려가는지 한참만에 平地를 얻은지라. 골이 깨여지지 안하엿나 손으로 만저보니 깨지지는 안하엿스나 무엇이 쇠뭉치로 뒤꼭지를 딱딱 싸리여 압허 견델 수 업고, 또 쇠사슬이 어대서 오더니 두 손을 꽉 묵그며 왼몸을 屈伸[455]할 수 업게 얼그며[456] 불침이며 불칼이며 머리부터 시작하여 발끗까지 쑤시는도다. 한놈이 깜짝 놀내며

「애고. 내가 地獄에를 들어왓고나. 그러나 내가 무삼 죄로 여긔를 왓나?」

하고 싸에 썰어진 날부터 오날까지 아는 대로 무릇 三十餘年[457] 새의 일을 세여보나 무삼 죄인지 몰으겟더라.

左右를 돌아보니 한놈과 갓히 刑具를 가지고 안진 이가 몃몃히 잇거늘

「내가 무삼 죄로 왓느냐?」

물은즉 잘 몰은다 하여

「너의들은 무삼 죄로 왓느냐?」

하야도 몰은다 하더라. 한놈이 소리를 질으며

「사람이 엇지 아모 죄로 왓는지 몰으고 이 속에 갓첫스리오?」

하니 다 대답하되 얼마 안 되여 巡獄使者[458]가 오신다니 그에게 물어보라 하더라.

---

453 一代: 북한 선집에는 '일대'로, 단재 전집에는 이를 '一大'로 썼다.

454 三十六計의 上策: 달아나는 것이 상책임을 나타내는 말. 『제서(齊書)』에 "王敬則曰 檀公三十六策走爲上計", 즉 '단공이 말한 36가지의 책략 중에 (상대방이 너무 강해서 대적하기 힘들 때에는) 달아나는 것이 가장 나은 계책'이라는 말이 줄어서 '삼십육계(三十六計)'가 되었다.

455 屈伸: 팔다리 따위를 굽혔다 폈다 함.

456 얼그며: 얽으며.

457 三十餘年: 단재의 출생(1880년)부터 현재(1916년)까지의 시간.

458 巡獄使者: 감옥을 순회하는 사자.

第五章

압흠도 압흠이연이와 가쟝 각갑한 것은 「내가 무삼 죄로 이 속에 왓는지」를 몰음이라.

「巡獄使者가 오시면 안다 하니 언졔나 巡獄使者가 오나.」

하며 싸지는 눈을 억지로 참고 몃칠을 기다리니, 하로는 三百예쉰다섯 가지 풍류소리 나며

「新任 巡獄使者 高麗 門下侍郎 同文章事 姜邯贊[459]이 듭신다.」

하더니 왼 獄中이 괴괴한대 한놈이 左右의 낫흘 살펴보니 엇던 사람은

「나야 무삼 죄가 잇나? 셜마 巡獄使者께서 곳 노아 보내겟지.」

하는 뜻이 잇서 깃거운 낫흘 가지며, 엇던 사람은

「내 죄는 이보다 더 慘惡한 地獄에 갓칠 터인대 巡獄使者가 오시면 엇지 하나.」

하는 뜻이 잇서 걱뎡실어운[460] 낫흘 가지며, 엇던 사람은

「애고먼니. 인제는 큰일낫고나. 내 죄야 잇는지 업는지 몰으겟다만 巡獄使者가 아마 덥퍼놋코 죽이실걸.」

하는 뜻이 잇서 재빗[461] 갓흔 낫흘 가지며, 地獄이 무엇인지 天堂이 무엇인지 巡獄使者가 가는지 오는지 몰으고 안진 사람도 잇스며

「온야. 地獄에 가두어라. 가두면 쟝[462] 가두겟너냐? 나가는 날에는 쏘 도젹질이나 하자.」

하는 사람이도 잇스며

「우리 어먼이가 내 일을 알면 오죽 울겟나. 巡獄使者시여, 제발 나 노아

---

459 姜邯贊(948~1031): 고려 초기의 명장. 1018년 거란의 장수 소배압(蕭排押)이 쳐들어왔을 때에, 서북면 행영 도통사로서 상원수가 되어 흥화진에서 적군을 대파하였다. 또한 이듬해에는 회군하는 적을 귀주에서 크게 격파하여 추충협모안국공신(推忠協謀安國功臣)의 호를 받았다.

460 걱명실어운: 걱정스러운.

461 재빗: 잿빛. 회색빛.

462 쟝: 언제나 늘, 계속하여 줄곧.

쥽소서.」

하는 사람도 잇스며

「獄이고 째묵이고[463] 밥이나 좀 먹엇스면……」

하는 사람도 잇스며

「巡獄使者가 오기만 오너라, 내 죽자 사자 해여 보겟다. 人間에서 하던 고생도 만흔대 또……」

하는 사람도 잇스며

「내가 돈이 百萬兩이 잇스니 巡獄使者의 역그레[464]만 쑥 질느면 되지.」

하는 사람도 잇스며

「나는 기집인대 巡獄使者가 밉지 안한 나야 셜마 죽이겟니.」

하는 사람도 잇서 빗도 각각이오, 말도 각각이더니

獄中에 瑞氣가 돌며 巡獄使者 姜邯贊이 드시는대 키는 不滿[465] 五尺이오, 쏠도 매오 矮陋[466]하지만, 두 눈에는 精光[467]이 쑥쑥 듯고 머리 우에 御賜花[468]가 펄펄 난다. 이때에 당하여는 四面을 돌아보니 억셴 놈도 어대 가고 다리 진[469] 놈도 어대 가고 겁 만흔 놈도 어대 가고 돈 만흔 놈도 어대 가고 얼골 조흔 아가씨도 어대 가시고 왼 獄中의 잇는 산아희나 기집이나 모다 오래 졋에 줄인[470] 아해가 어미 옴을 보는 듯하여 콱 엎드리저 흑흑 늑기어 가며 운다.

姜邯贊이 보시더니 불샹히 넉이사 물으시되,

「왜 처음에 地獄이 무서운 줄 몰낫더냐. 죄를 왜 지엇나냐?」

하니 獄中이 먹먹한이[471] 아모 대답이 업거늘 한놈이 나서며 여짜오대,

---

463 째묵이고: 깻묵이고. 아무것이든 간에.
464 역그레: 옆구리.
465 不滿: 未滿.
466 矮陋: 왜소하고 볼품없다.
467 精光: 맑고 날카로운 빛.
468 御賜花: 진찬(進饌) 때에 신하들이 사모(紗帽)에 꽂던, 임금이 내린 꽃.
469 진: 저는.
470 졋에 줄인: 젖에 주린.
471 먹먹한이: 먹먹하니.

「우리가 나고 십단 말도 업섯는대 님이 우리를 人間에 내시고, 우리가 오겟다고 원하지도 안하얏는대 님이 우리를 地獄에 느시니[472] 우리들이 님의 일이 답답하여 우나이다.」

姜邯贊이 우수시며

「님이 너의들을 내섯다더냐. 또 地獄에 올 때도 님이 가라고 하시더냐?」

「그러면 누가 내시고 누가 이리 오게 하섯슴닛가?」

姜邯贊이 크게 소리를 질너

「네가 네 일을 몰으고 누구에게 뭇느냐?」

하고 꾸지즈시니 왼 獄中이 모다 한놈과 함씌 황송하여 일계히 그 압헤 업덜이며[473]

「미련한 것들이 아지 못하오니 使者님은 크게 사랑하사 迷惑을 열어주소서.」

姜邯贊이 지팡이를 걱구로 받으시더니 모든 獄囚[474]에게 말슴하사대

「너의들이 죄를 짓지 안으면 地獄이란 일홈이 업스리니 그럼으로 地獄은 님의 지은 것이 안이라, 곳 너의들이 지은 地獄이니라.」

한놈이 닐어서 살우되,[475]

「우리 지은 地獄이면 깨기도 우리 힘으로 깰 수 잇슴닛가?」

姜邯贊이 갈아사대,

「젹은 죄는 졔 손으로 깨고 나아갈지나 큰 죄는 졔 손으로 고만두고 곳 님이 깨여주랴 하여도 깰 수 업나니 千劫萬劫[476]을 地獄에서 썩을 뿐이니라.」

한놈이 뭇되,

「엇던 죄가 큰 죄오닛가?」

姜邯贊이 갈아사대,

---

472 느시니: 넣으시니.
473 업덜이며: 엎드리며.
474 獄囚: 감옥의 죄수.
475 살우되: 사뢰되, 아뢰되.
476 千劫萬劫: 몇천 년 몇만 년, 즉 매우 장구한 세월을 말함.

「처음에 檀君神祖가 五戒을 세우시되

(一) 나라에 충셩하며

(二) 집에서 효도하고 우애하며

(三) 벗을 미덥게 사괴며

(四) 싸움에 뒤거름질[477] 말며

(五) 生物을 죽임에 골나 죽임이라.[478]

옛젹에는 五戒에 한아만 犯하여도 큰 죄라 하여 地獄에 나리더니 이졔 와서는 나랏일이 급하여 다른 죄는 이로 다사릴 수 업서 오직 나라에 대한 죄만 큰 죄라 하여 地獄에 나리느니라.」

한놈이

「나라에 대한 큰 죄가 몃치시니가?」

물은대 姜邯贊이

「네가 안저 들어라.」

하시더니 한아씩 세신다.

「첫째는 國賊을 두고 地獄이 일곱이니

(가) 國民의 付託을 맛허 님금이 되거나 大臣이 되여 나라의 興亡을 억개에 메인 사람으로 金錢이나 私利만 알다가 敵國의 利用한 바이 되여 나라를 들어 남에게 내여주어 죠샹의 歷史를 드럽히고 同胞의 生命을 끈나니 百濟의 任子[479]며, 高句麗의 男生이며, 渤海의 末帝 諲譔[480]이며, 大韓 末日

---

477 뒤거름질: 뒷걸음질. 김병민의 선집에는 '두 거름질'로 되어있는데, 내용상 오식이 분명하다.

478 세속오계로 원광법사가 지은 것으로 전한다.

479 任子: 백제 말기의 대신. 의자왕 때의 좌평이었다. 신라의 부산현령(夫山縣令) 조미압(租未押)을 붙잡아 종으로 두었다. 조미압이 김유신(金庾信)과 내통하여 "양국의 존망을 알 수 없으니 만약 백제가 망하면 그대가 우리에게 의지할 것이요, 우리가 망하면 내가 그대에게 의지할 것이다."라는 김유신의 말을 전하여 주자, 김유신에게 백제의 실정을 상세히 알려줌으로써 김유신이 655년(태종 무열왕 2) 백제를 공격하여 도비천성(刀比川城)을 쳐서 이길 수 있게 도와주었다. 생몰 연대 미상.

480 諲譔: 大諲譔. 발해의 마지막 왕. 924년 거란이 요동을 공격하여 발해인들을 포로로 잡자 대인선은 군사를 일으켜 거란군을 무찌르고 요주자사 장수실을 죽이고 포로를 되찾는 등 대승리를 거뒀다. 그러나 거란이 925년 12월 21일 요동전투의 패배를 설욕하기 위해 대대적으로 공격하였고, 926년 1월 14일 대인선과 300여 명의 신하들은 야율아보기 앞에 정식으로 항복하여 발해는 15대 228년만에 멸망하고 만다. 재위 기간은 906~926년이다.

의 閔泳徽[481] 李完用[482] 갓흔 무리가 이라. 이 무리들은 살닐 수 업고 죽이기도 악가움으로 혀를 ᄲᅢ며 눈을 ᄭᅡ고 쇠비로 그 살을 쓸어 ᄲᅧ만 남거던 다시 살니고 ᄯᅩ 이러케 죽이되 하로 열두 번을 이대로 죽이고 열두 번을 이대로 살니여, 죽으면 살니고 살면 죽이나니 이는 큰 賣國賊을 처치하는 겹겹地獄이니라.

(나) 백셩의 피를 ᄲᅡᆯ어 제 몸과 妻子를 살지우던 놈이니 이놈들은 독 속에 너코 빈대와 배얌 갓흔 벌레로 그 피를 ᄲᅡᆯ게 하나니 이는 줄줄地獄이니라.

(다) 혀바닥이나 붓ᄭᅳᆺ흐로 敵國의 政策을 노래하고 어리셕은 백셩을 몰아 그물 속에 들도록 한 演說客이나 新聞記者들은 혀를 ᄲᅢ고 개 혀를 주어 날마다「ᄭᅥᆼᄭᅥᆼ」짓게 하나니 이는 개야지地獄이니라.

(라) 목구멍이 捕盜廳[483]이라고 해먹을 것 업스니 偵探질이나 하리라 하여 ᄯᅳᆺ 잇는 사람을 잡어 敵國에게 주는 놈이니 돗겁줄[484]을 씌워「ᄭᅮᆯᄭᅮᆯ」소리나게 하나니 이는 도야지地獄이니라.

(마) 것흐로 志士인 체하고 속으로 젹 심부룸하던 놈은 그 소위가 더욱 밉다. 이는 머리에 박쥐로를 씨우고 ᄯᅩᆼ집을 ᄲᅢ여 소리개를 주나니 이는 야룻地獄[485]이니라.

(바) ᄶᅡᆨ각ᄶᅡᆨ각 나무신[486]을 ᄭᅳᆯ고 거름거름 敵國놈의 본을 ᄯᅳ며 옷 닙고 밥 먹는 것도 모다 달무랴 하며 자식이 나거던 내 말을 바리고 敵國 말을 가라치는 놈은 목을 잘너 불에 느며 다리를 ᄭᅳᆫ어 물에 던지고 가온대 토막을 주

481 閔泳徽(1852~1935): 조선 고종 때의 문신. 갑신정변을 진압하였고, 국권 강탈 후 일본 정부의 자작(子爵)이 되었으며, 천일은행(天一銀行)과 휘문 학교를 설립하였다.

482 李完用(1858~1926): 조선 고종 때의 친일파. 1910년에 총리대신으로 정부의 전권 위원이 되어 한일 병합 조약을 체결하는 등 민족을 반역하였으며, 일본 정부로부터 백작(伯爵)을 받고 조선 총독부 중추원 고문을 지냈다.

483 捕盜廳: 도적 잡아 다스리는 관청. '목구멍이 포도청'이라는 말은 먹고살기 위해서라면 범죄 행위(포도청에 잡혀 가는 행위)도 하게 된다는 말.

484 돗겁줄: 돝껍질, 즉 돼지껍질.

485 야룻地獄: "남에게 드러내지 아니하고 우물쭈물하는 속셈이나 수작"을 뜻하는 '야로'에서 온 것으로 보인다. 이전에 '야로ㅅ지옥(冶爐地獄), 즉 풀무지옥'으로 보았지만, 야로 부리는 사람들의 지옥, 곳 '야로ㅅ지옥'이 적합할 것으로 보인다.

486 나무신: 북한 선집에는 '나막신'으로 제시됨.

물너 나나리[487]를 맨드나니 이는 나나리地獄이니라.

(사) 敵國놈에게 시집 가는 년들이며 敵國의 년에게 장가 가는 놈들은 불칼로 半身을 쓷나니 이는 半身地獄이니라.

둘째는 亡國奴를 두는 地獄이니

(가) 나라이야 亡하얏건 말엇건 耶蘇나 잘 미드면 天堂에 간다 하며 孔子의 글이나 읽고 山林에서 獨善其身[488]한다 하며 죠상의 歷史가 결단남도 몰으며 父母나 妻子가 모다 남의 죵 된지는 생각도 안코 오히려 善과 天堂을 찻는 놈들은 쏭물에 튀하여[489] 쇠가죽을 씨우나니 이는 쏭물地獄이니라.

(나) 政見을 가진 黨派는 잇서야 하지만 오직 地方으로 갈으며 宗教로 갈으며 私感으로 갈으며 身分으로 갈너 한 나라를 열 쪽에 내여 서로 海外에 단이며 싸우고 이것을 일로 아는 놈들은 맷돌로 갈어 업시하야 새싹이 안 날지니 이는 맷돌地獄이니라.

(다) 말도 남의 말만 알고 風俗도 남의 風俗만 좃고 宗教나 學問이나 歷史 갓흔 것도 남의 것을 제 것으로 알어 俄國에 가면 俄人이 되며 美國에 가면 美人 되는 놈들은 배알[490]을 쌔여 게갓히 맨드나니 이는 엉금地獄이니라.

(라) 東洋의 아모 나라가 잘 되어야 우리의 獨立을 차지라 하며 西洋의 아모 나라이 우리 일을 보아 주어야 무엇을 하여 볼 수 잇다 하여 外交를 依賴하며 國民의 思想을 弱하게 하는 놈들은 그 몸을 주믈너 댕댕이[491]를 만들어 큰 나무에 감아두나니 이는 댕댕이地獄이니라.

(마) 義兵도 안이오, 暗殺도 안이오. 오직 할 일은 教育이나 實業 갓흔 것으로 차차 백셩을 깨우자 하여 뎜뎜 더운 피를 차게 하고 산 넉슬 죽게 하나니 이놈들의 갈 곳은 어둥[492]地獄이니라.

---

487 나나리: 날라리. 태평소, 나무로 만든 긴 관에 혀(reed)를 꽂아서 부는 세로악기로 화려하고 강렬한 음색을 지녔다.

488 獨善其身: 자기 일개인의 선만을 꾀하는 것.

489 튀하여: 끓는 물에 잠깐 집어넣었다가 건져내어.

490 배알: 창자.

491 댕댕이: 댕댕이덩굴. 새모래덩굴과의 여러해살이 덩굴풀. 줄기는 목질에 가깝고 잔털이 있으며 물체에 감기어 뻗는다.

(바) 黃金이나 女色 갓흔 대 빠저, 잇던 뜻을 바리는 놈은 그 갈 곳이 단지地獄이니라.

(사) 知識이 업서도 아는 치하고 熱誠이 업서도 잇는 치하며 죽기는 실으나 名譽는 차지하랴 하여 거진말로 남 쇠기고 단이는 놈들은 불로 지저 쓰거움을 보여야 하니 이는 지짐地獄이니라.

(아) 머리 알코 피 토하여 가며 나랏일을 硏究하지 안코 오직 남의 입내만 내여 마신니[493]의 〈少年李太利〉[494]를 본써 會의 規則을 맨들며 孫逸仙[495]의 〈軍政府約法〉[496]을 번역하여 自家의 主義를 삼어 特有한 國性이 업시 印板으로 事業하려 하는 놈들의 갈 地獄은 잔납이[497]地獄이니라.

(자) 잔쇠만 가득하여 일 업는 쌔는 칼등에서 춤이라도 출 쓰시 나서다가 일 잇슬 쌔는 싹 돌아서 눌 곳을 보는 놈은 그 기름을 쌔야될지라. 고로 가마에 느코 삼나니 이는 가마地獄이니라.

(차) 아모래도 슬대업다, 맨손으로 총을 막으며 빈 입으로 군함 쌕가, 망한 판이니 망한 대로 놀자 하는 놈은 무쇠 두겅을 씨워 다시 하늘을 못 보게 하나니 이는 쇠솟地獄이니라.

(카) 돈 한 픈만 잇는 學生이면 料理집에 다리고 가며 어수룩한 사람이면 英雄으로 춱겨[498] 세워 졔의 利用品을 맨들고 이를 手段이라 하여 不道德한 社會를 맨드는 놈의 갈 곳은 餓鬼地獄이니라.

(타) 孔子가 엇더하다 예수가 엇더하다 拿破倫[499]이 엇더하다 와싱톤[500]이

---

492 어둥: 어둠.

493 마신니(1805~1872): 마치니. 이탈리아의 정치지도자. 카부르, 가리발디 등과 더불어 『이태리 건국 3걸전』에 소개되었다.

494 少年李太利: 1831년 마치니에 의해 결성된 정치단체인 '청년이탈리아당'으로, 이탈리아의 통일과 공화제 실현을 목표로 함.

495 孫逸仙(1866~1925): 孫文. 중국의 정치가. 자(字)는 일선(逸仙), 호는 중산(中山). 삼민주의를 제창했으며, 1911년 공화국의 임시 대총통이 되었으나 그 지위를 원세개(袁世凱)에게 넘겼다. 저서로 『삼민주의(三民主義)』가 있다.

496 軍政府約法: 1912년 공포된 중화민국 임시 헌법. 손문이 대총통 시절 완성됨.

497 잔납이: 잔나비, 곧 원숭이. 원숭이는 사람을 잘 모방한다는 점에서 '무조건 따라하는 행위'를 하는 사람을 원숭이에 비유함.

498 춱겨: 추켜.

499 拿破倫: 나폴레옹(1769~1821). 프랑스의 황제. 1804년에 황제의 자리에 올라 제일 제정을 수립하고

엇더하다 내 나라의 聖賢 英雄을 한아도 몰으는 놈은 글을 다시 배워야 하나니 이놈들의 갈 곳은 종아리地獄이니라.

이박게도 地獄이 몃몃히 더 되나 너의들의 알어둘 地獄은 이만하여도 넉넉하니라.」

왼 獄囚가 앙마구리[501] 울 듯하며

「使者님은 크게 어진 마음으로 죄를 용셔하시고 이곳을 써나게 하소서.」

姜邯贊이

「功은 功대로 가며 죄는 죄대로 간다.」

하고 부채로 썩 가리우니 모든 獄囚가 어대 잇는지 보지는 못하나 마음에 그 慘刑 당할 일에 애닯어 姜邯贊의 압헤 나아가 賣國賊 갓흔 큰 죄는 할 수 업건이와 그 남어지는 다 노아 보냄을 청하니 姜邯贊이 한놈의 등을 만지며

「그대가 이런 마음으로 님나라에 갈 만하지만 다만 두 사랑이 잇슴으로 이곳써지 옴이로다.」

하거늘 한놈이 그제야 「美人의 홀님으로 豊臣秀吉을 놓치던 일」을 생각하고 뭇자워 갈오대,

「나라 사랑하는 사람은 美人을 사랑하지 못하오릿가?」

姜邯贊이 쌍 위에 노힌 칼을 가라치며

「이 칼 노흔 자리에 다른 것도 쏘 노흘 수 잇느냐?」

「안될 말임니다. 한 물건이 한 시에 한 자리를 차지할 수가 잇습니가?」

姜邯贊이 이에 손을 치며

「그러하니라. 한 물건이 한 시에 한 자리를 못 차지할지며, 한 사상이 한

유럽 대륙을 정복하였으나 트라팔가르 해전에서 영국 해군에 패하고 러시아 원정에도 실패하여 퇴위하였다. 엘바 섬에 유배되었다가 탈출하여 이른바 '백일천하'를 실현하였으나 다시 세인트헬레나 섬으로 유배되어 그곳에서 죽었다. 재위 기간은 1804~1815년이다.

500 와싱톤: 워싱턴(1732~1799). 미국의 초대 대통령. 건국의 아버지로 불린다. 대통령 취임 후에는 연방 정부의 기초 확립에 노력하였고, 프랑스 혁명에 따른 영불(英佛) 전쟁 때는 중립을 지켰다. 3선을 끝내 사양하고 은퇴하였다. 재임 기간은 1789~1797년이다.

501 앙마구리: 악머구리. '참개구리'를 요란스럽게 잘 우는 개구리라는 뜻으로 이르는 말.

시에 한 머리속에 갓히 잇지 못하나니, 이 줄로 밀워 보아라. 한 사람이 한 平生에 두 사람을 가지면 두 사랑에 한아도 일우기 어려운 고로 니야기도 일으되, 두 졀개가 되지 마라 하니 그 부졍함을 남으램이니다.」

한놈이 또 뭇되,

「그 줄이 잇슴닛가?」

姜邯贊이 대답하되,

「소경은 귀가 밝고 귀먹이[502]는 눈이 밝다 함은 한 길로 가는 까닭이라. 그러키에 釋迦如來가 안해와 아들을 다 바리고 보리나무 밋헤서 아홉 해를 지내심이니라.」

「愛國者의 일도 宗敎家와 갓흐오릿가?」

「한아는 出世者의 일이오, 하나는 入世者의 일이니, 일은 달으지만 宗敎家가 信仰박게 다른 사랑이 잇스면 宗敎家가 아니며 愛國者가 나라박게 다른 사랑이 잇서도 愛國者가 안이라. 그럼으로 사람마다 몸은 안 아씨는 이 업지만 忠臣이 일에 당하면 열두 번 죽어도 사양치 안하며 뉘가 妻子를 안 어엽버하리오만 烈士가 나라를 위함에는 家族써지 犧牲하나니 이와 갓히 나라박게는 딴 사랑이 업서야 愛國이어늘 이졔 나라도 사랑하며 술도 사랑하면 술로 나라 니즐 적이 잇슬지며 나라도 사랑하며 美人도 사랑하면 美人으로 나라 니즐 쌔가 잇슬지니라.」

한놈이 졀하여 그 고맙한 뜻을 올니고, 그러나 地獄에서 나가게 하여 달나 하니 姜邯贊이 갈오대

「뉘가 못 나가게 하나냐?」

「못 나가게 하는 이는 업사오나 몸이 쇠사슬에 묵기여 나갈 수 업슴니다.」

姜邯贊이 우스시며

「뉘가 너를 묵더냐?」

하니 한놈이 이 말에 大徹大悟[503]하여

502 귀먹이: 귀머거리.

「本來 묵기지 안한 몸을 어대 풀 것이 잇스리오?」

하고 몸을 뜰치니 쇠사슬도 업고 한놈의 한 몸만 웃둑하게 섯더라.

第六章

님나라(天國)는 하늘 위에 잇고 地獄은 쌍 밋헤 잇서 그 샹거가 千里나 萬里인 줄 알은 人間의 생각이라. 實際는 그러치 안하여 쌍도 한 쌍이오, 쌔도 한 쌔인대, 재치면[504] 님나라며 업지면 地獄이오, 실우[505] 쒸면 地獄이오[506] 갈우[507] 쒸면 地獄이오 날면 님나라며, 기면 地獄이오 잡으면 님나라며, 놋치면 地獄이니 님나라와 地獄의 샹거[508]가 요쌴이더라.

地獄이 이믜 부서지매 한놈이 눈을 드니 금으로 지은 집에 옥으로 싸은 담이 얼은얼은 하고 쌍에 짤닌 것은 모다 眞珠며 金剛石[509]이오. 말고[510] 향내나는 空氣가 코를 질너 밥 안 먹고도 배불으며, 나무마다 쏫히 피어 봄빗을 자랑하며, 새는 鸚鵡 孔雀 金鷄 쇠꼬리 갓흔 듯고 보기 다 죠흔 새들이며, 김생은 사람 물지 안는 文虎文豹[511] 갓흔 김생들이오. 거리마다 新羅의 萬佛山[512]을 벌어노코,[513] 집집에 高句麗의 獸毛褥[514]을 짤엇스며, 입은 것은 夫餘의 紋繡[515]와 辰韓의 縑布[516]며, 둘운 것은 渤海의 紬[517]와 新羅의 龍

---

503 大徹大悟: 크게 깨닫는다는 뜻.
504 재치면: 기본형은 '젖히다'. 젖히면.
505 실우: 세로.
506 쒸면 地獄이오: 이 구절 뒤에 김병민 선집에 '날면 님나라며'라는 구절이 들어 있는데, 이는 잘못 들어간 것이다.
507 갈우: 가로.
508 샹거: 相距. 서로의 거리.
509 金剛石: 다이아몬드. 순수한 탄소로 이루어진 탄소 동소체의 하나. 천연의 광물 중에서는 제일 단단하고 광택이 매우 아름다우며, 광선의 굴절률이 커서 반짝거린다.
510 말고: 맑고.
511 文虎文豹: 호랑이와 표범.
512 萬佛山: 경덕왕이 공장(工匠)에게 명하여 침단목(枕檀木)에다 주옥(珠玉)으로 높이 10척 가량의 가산을 만들도록 하였다. 이 가산에 일만 개의 불상을 조각하여 배열하였기 때문에 그 이름을 만불산이라고 하였다.
513 벌어노코: 벌이어 놓고.
514 獸毛褥: 짐승 털로 짠 담요.
515 紋繡: 비단의 무늬와 수.

綃[518]며, 들리는 것은 弁韓의 가야고[519]며, 新羅의 萬波 쉬는 져[520]며, 百濟의 공후[521]도 잇고 高麗의 國樂도 잇더라. 한놈이 깃븜을 니기지 못하여

「인제는 내가 님나라에 다달엇고나.」

하고 깃거워 나서니 님나라의 모든 물건도 모다 한놈을 보고 반기는 듯하더라. 님을 보이랴 하나 하늘갓히 놉흐시고 바다갓히 늘으시고 해갓히 맑으시고 달갓히 둥그시고 봄갓히 짜뜻하시고 가을갓히 매우사[522] 한놈의 좁은 눈으론 볼 수도 업고 그 左右에 모서 안지신 이는

信仰에 구드신 東明聖帝 明臨答夫,[523]

政治制에 밝으신 百濟 消古大王,[524] 渤海 宣帝,[525]

理想에 놉흐신 眞興大王, 薛原郎,[526]

歷史에 놉흐신 神志先人,[527] 李文眞,[528] 高興,[529] 鄭知常,

國文에 힘쓰신 世宗大王,[530] 薛聰,[531] 周時經,[532]

---

516 縑布: 명주 겹실로 짠 담황색의 비단.

517 紬: 명주.

518 龍綃: 신라의 직물로서 매우 값진 비단. 『조선문학』 주해에는 '칼집'으로 제시됨.

519 가야고: 가야금.

520 萬波 쉬는 져: 萬波息笛. 신라 때의 전설상의 피리. 신문왕이 아버지 문무왕을 위하여 동해변에 감은사(感恩寺)를 지은 뒤, 문무왕이 죽어서 된 해룡(海龍)과 김유신이 죽어서 된 천신(天神)이 합심하여 용을 시켜서 보낸 대나무로 만들었다 하며, 이것을 불면 적병이 물러가고 병이 낫는 등 나라의 모든 근심, 걱정이 사라졌다고 함.

521 공후: 箜篌. 우리나라 고대 악기의 일종.

522 매우사: 기본형은 '맵다'. 날씨가 몹시 춥다.

523 明臨答夫(67~179): 고구려의 재상. 고구려 최초의 국상(國相)이 되어 정치와 병권을 도맡았다. 신대왕 8년(172)에 중국 한나라의 경림(耿臨)이 대군을 이끌고 쳐들어왔을 때 농성 작전(籠城作戰)을 써서 전멸시켰다.

524 消古大王(?~214): 肖古大王. 백제의 제5대 왕. 신라의 서쪽을 침범하여 관산성과 모산성을 함락하고, 원산향과 요차성을 공격하였다. 적현성과 사도성을 쌓고 동부의 민호(民戶)를 이주시켰다. 재위 기간은 166~214년이다.

525 渤海 宣帝: 대인수(大仁秀, ?~830). 발해의 제10대 왕. 고구려 옛 땅의 대부분을 회복하고 중국 당나라 제도를 모방하여 행정 구역을 개편하여 발해의 전성기를 이룩하였다. 재위 기간은 818~830년이다.

526 薛原郎: 신라 최초의 화랑. 진흥왕 때 화랑도를 제정하면서 설원랑을 최초의 화랑으로 받들고 그 비석을 명주(강릉)에 세웠다고 한다. 생몰 연대 미상.

527 神志先人: 단군 시대의 사관.

528 李文眞: 고구려 영양왕 때의 학자. 태학박사를 지냈으며, 영양왕 11년(600) 왕명으로 『유기』 100권을 재편찬하여 『신집』 5권을 만들었는데 모두 전하지 않는다. 생몰 연대 미상.

529 高興: 백제의 학자. 백제에서 처음으로 박사 벼슬에 올라 근초고왕 30년(375)에 『서기』를 편찬하였다. 생몰 연대 미상.

陸軍에 능하신 渤海 太祖, 淵蓋蘇文, 乙支文德,

海軍에 용하신 沙法名, 鄭地,[533] 李舜臣,

疆土를 開拓하신 廣開土大王, 東城大帝, 尹瓘,[534] 金宗瑞,[535]

法典을 編纂하신 乙巴素,[536] 居柒夫,[537]

亡國 末葉에 雙手로 하늘을 밧드던 百濟의 夫餘福信,[538] 高句麗의 劍牟岑,

板蕩[539]時代에 한칼로 外寇를 물니고 나라를 편이[540] 하던 高麗의 崔瑩, 姜邯贊, 李朝 朝鮮의 林慶業,[541]

外地에 植民한 徐偃王,[542] 奄國[543] 始祖, 孤竹[544] 始祖,

---

530 世宗大王: 이도(李祹, 1397~1450). 조선 제4대 왕. 집현전을 두어 학문을 장려하였고, 훈민정음을 창제하였으며, 측우기·해시계 따위의 과학 기구를 제작하게 하였다. 밖으로는 6진을 개척하여 국토를 확장하고, 대마도를 정벌하여 왜구의 소요를 진정시키는 등 조선 왕조의 기틀을 튼튼히 하였다. 재위 기간은 1418~1450년이다.

531 薛聰(655~?): 신라 경덕왕 때의 학자. 국학(國學)에서 학생들을 가르쳐 유학의 발전에 공헌하였으며, 이두(吏讀)를 정리하고 집대성하였다.

532 周時經(1876~1914): 국어학자. 호는 한힌샘. 조선문동식회(朝鮮文同式會)를 조직하여 한글 기사체의 통일과 연구에 힘썼고, 국문연구소의 연구위원이 되어 국어학을 중흥하는 데 선구적 역할을 하였다. 저서에 『국어문법』, 『국어문전음학』, 『말의 소리』 등이 있다.

533 鄭地(1347~1391): 고려 말기의 무신. 부패한 수군을 쇄신하였고, 여러 번 왜구의 침입을 막았으며, 이성계의 위화도 회군에 동조하여 이등 공신이 되었다.

534 尹瓘(?~1111): 고려 예종 때의 학자·장군. 어사대부·한림학사·이부상서 등을 지내고 1107년 여진을 정벌하고 구성(九城)을 쌓았다.

535 金宗瑞(1382~1453): 조선 전기의 충신. 호는 절재(節齋). 태종 5년(1405)에 문과에 급제하고, 함길도 절제사를 거쳐 우의정을 지냈다. 육진(六鎭)을 개척하여 두만강을 경계로 국경을 확정하였다. 『고려사』의 개찬(改撰), 『고려사절요』의 편찬을 총관하였다. 수양대군에 의하여 두 아들과 함께 격살(擊殺)되었다.

536 乙巴素(?~203): 고구려의 재상. 고국천왕 13년 국상(國相)으로 추대되어, 농민 구제책인 진대법을 실시하였다.

537 居柒夫(502~579): 신라의 장군·상대등. 545년 『국사(國史)』를 편찬하였고, 551년에 백제와 연합하여 고구려 영토 10군을 점령하였다.

538 百濟의 夫餘福信: 김병민 선집과 북한 선집 모두 '百濟夫餘의 福信'으로 되어있지만, 이는 백제의 부여복신(일명 鬼室福信)을 뜻하기에 수정했다.

539 板蕩: 나라의 정사가 어지러워짐.

540 편이: 편히, 편하게.

541 林慶業(1594~1646): 조선 인조 때의 명장. 이괄의 난에 공을 세우고, 병자호란 때 중국 명나라와 합세하여 청나라를 치고자 했으나 뜻을 이루지 못하고 김자점의 모함으로 죽었다.

542 徐偃王: 서언왕은 중원에 진출한 동이족의 마지막을 전성기를 이끈 인물이며, 고대 중국에서 나라를 세운 우리나라 사람이다. 기원전 30세기경 양자강 북방 강소성(江蘇省) 방면에서 대서제국(大徐帝國)을 세우고, 국력을 길러 주(周)나라를 공격, 주나라로부터 세공을 받았다. 주나라 목왕(穆王) 때에는 주나라를 쳐서 항복받고 국토의 일부를 빼앗는 등 주위 50여개 국으로부터 조공을 받았다

他國에 가 王된 高雲,[545] 李正己,[546] 金俊,[547]

死後에 龍이 되여 日本을 屠戮하랴던 新羅 文武大王,

鷄林의 개라도 日本의 臣民은 안 된다던 朴堤上,[548]

紅巾賊 二百萬을 討平하고 奸計에 죽던 鄭世雲,

本國[549] 八聖[550]을 祭하고 金國을 치랴던 妙淸,

支那 洪水에 五行治水의 줄로 夏禹를 가라치신 夫婁太子,

一葦로 大海를 건너 島國蠻種[551]을 開化식힌 慧慈禪師,[552] 王仁博士,[553]

한다. 중국 고대 문헌인 『박물지(博物誌)』에 서언왕의 출생 설화가 전한다.

543 奄國: 상(商)나라 말 주(周)나라 초기 현재의 산동성 곡부(曲阜) 일대에 있던 작은 나라로 도읍은 곡부였다. 무경(武庚)을 도와 반란을 일으켰다가 무성왕(武成王)에게 멸망당했다. 주공(周公)의 섭정에 불만을 품고 삼감(三監)과 무경(武庚)이 일으킨 삼강의 난(기원전 1041년)에 동조하였다 하고, 주공이 2년만에 삼감과 무경을 진압하고 동진(東進)하여 3년만에 奄國 등 반란에 동조한 나라를 멸했다고 하니 대략 기원전 1039년경에 멸망한 것으로 보인다.

544 孤竹: 孤竹國. 중국의 상(商)과 주(周) 시대에 요서(遼西) 지역에 위치했던 제후국으로, 기원전 664년 제(齊) 환공(桓公)에게 멸망되었다. 단재는 「조선사」에서 "紀元前 七世紀 末에 朝鮮이 孤竹을 據하"였으며, 아울러 "孤竹國이 朝鮮族의 分系"라고 했다.

545 高雲(?~409년): 고구려계 출신의 대연(大燕)의 왕. 고국원왕 때 전연군에 의하여 끌려간 고구려 귀족의 후손이다. 학정을 일삼던 후연왕 모용희를 제거하고 천왕에 올라 국호를 대연이라 하였다. 고구려와 우호관계를 맺고 왕권강화에 힘쓰다가 2년 만에 살해당하였다.

546 李正己(732~781): 당나라 산둥반도 일대 15개 주를 다스린 고구려 출신의 장군이며, 번진 평로치청의 절도사. 검교사공(檢校司空)과 동중서문하평장사를 거쳐 요양군왕(饒陽郡王)에 봉해졌다.

547 金俊(1559~1626): 努爾哈赤, 성은 愛新覺羅. 중국 청나라의 창건자, 초대 황제. 재위 기간은 1616~1626년이다. 단재는 「역사와 애국심의 관계」에서 "滿洲에 殖民ᄒᆞ야 大帝國을 建ᄒᆞ던 金俊"이라 언급한 이래 金俊에 대해 무수히 언급하였다. 특히 "金俊이 我國人으로 獨拳을 將ᄒᆞ고 北方에 入ᄒᆞ야 羣衆을 集ᄒᆞ며 英雄을 駕ᄒᆞ야 東亞一方에 大金國을 建設ᄒᆞ고 英裔가 世出ᄒᆞ야 一起에 支那半幅을 收ᄒᆞ며 再起에 大淸帝國을 開하엿"다고 했다.

548 朴堤上: 신라 눌지왕 때의 충신. 고구려에 볼모로 가 있던 왕제(王弟) 복호(卜好)를 데려왔으며, 왜(倭)에 볼모로 간 왕제 미사흔(未斯欣)을 돌려보내고 자신은 체포되었는데, 왜의 협박과 회유에도 굴하지 않고 충절을 지키다가 피살되었다. 부인은 그를 기다리다 망부석이 되었다는 전설이 있다. 생몰 연대 미상.

549 本國: 김병민 선집에는 '本局'으로 되어 있으나 이는 오기로 보임.

550 八聖: 고려 인종 때 묘청이 평양에 궁궐을 짓고 그 안에 팔성당(八聖堂)을 세워 섬기던 여덟 신. 곧 백두악(白頭嶽)의 태백선인(太白仙人), 용위악(龍圍嶽)의 육통존자(六通尊者), 월성악(月城嶽)의 천선(天仙), 구려(駒麗)의 평양선인(平壤仙人), 구려(駒麗)의 목멱선인(木覓仙人), 송악(松嶽)의 진주거사(震主居士), 증성악(甑城嶽)의 신인(神人), 두악(頭嶽)의 천녀(天女) 등이다.

551 島國蠻種: 섬나라 야만 종족. 곧 일본 민족을 일컬음.

552 慧慈禪師(?~622): 고구려 승려. 595년 일본에 건너가 성덕태자(聖德太子)의 스승이 되었고 같은 시기에 건너간 백제승 혜총(慧聰)과 같이 불법(佛法)을 널리 알렸다. 596년에는 법흥사(法興寺)에 살다가 615년에 귀국하였다.

553 王仁博士: 백제 근초고왕 때의 학자. 생몰 연대 미상. 397년에 일본의 응신(應神) 천황의 초청으로 『천자문』과 『논어』 10권을 가지고 일본에 건너가 일본에 한학을 알리는 한편, 태자의 사부가 되었다.

安市城에서 唐太宗 李世民의 눈을 쌔던 楊萬春,[554]

龍仁邑에서 撒禮塔[555]의 가슴을 마추던 金允候,[556]

敎育界의 宗主되여 四海를 쓸니게 하던 永郞,[557] 南郞,[558]

國粹의 문어짐을 놀내여 花郞을 中興하려던 李知白,[559]

同族에 對한 義憤으로 渤海를 구원하랴던 郭元,[560] 王可道,[561]

王室을 多勿하랴 하여 피흘니던 李穡,[562] 鄭夢周,[563] 杜門洞 七十二賢,[564]

---

554 楊萬春: 고구려의 명장. 645년(보장왕 4) 안시성에서 중국 당 태종의 30만 대군을 맞아 격전 끝에 이를 물리쳤다. 생몰 연대 미상.

555 撒禮塔(?~1232): 몽고의 장군. 1231년(고려 고종 18)에 몽고의 사신 차고여(札古與)가 고려 사람에게 피살되었다고 의심하여 쳐들어와 함신진(咸新鎭)을 넘어 귀주(龜州)에서 박서(朴犀)에게 패했지만, 다시 개성 성의문(省義門) 밖까지 쳐들어왔다. 고려에서는 살리타가 있는 안북부(安北府: 안주군 安州郡)까지 사신을 보내어 강화하게 하였다. 이듬해 1월 그는 다루가치(達魯花赤) 72명을 두고 돌아갔으나 다시 처인성(處仁城: 용인 龍仁)에 있을 때에, 승려 김윤후(金允侯)에게 피살되었다.

556 金允候: 고려 고종 때의 승장(僧將). 백현원(白峴院)에서 수도하다가, 고종 19년(1232) 몽고가 침입했을 때에 몽고 제국의 장군 살리타를 사살하였다. 생몰 연대 미상.

557 永郞: 술랑(述郞)·남랑(南郞)·안상(安詳)과 함께 신라사선(新羅四仙)이라고 불렸다. 『삼국유사(三國遺事)』 권3 〈탑상〉 제4의 '백율사(栢栗寺)'조에 따르면, 그의 낭도 가운데 특히 진재(眞才)·번완(繁完) 등이 유명하였다고 한다.

558 南郞: 술랑(述郞)·영랑(永郞)·안상(安詳)과 함께 신라 사선(新羅四仙)이라 불렸다.

559 李知白: 고려 전기의 문신. 993년 거란의 소손녕(蕭遜寧)이 대규모 병력을 이끌고 쳐들어오자, 많은 관료들이 서경(西京) 이북의 땅을 내어주고 황주(黃州) 자비령을 경계로 삼자는 의견을 내세웠으나 이때 국토를 가볍게 적국에게 넘겨주는 것을 의연히 반대하였다. 그리고 앞의 임금들이 실시하였던 연등(燃燈)·팔관(八關)·선랑(仙郞) 등의 일을 행하여 국가를 보존하자고 주장하였다. 생몰 연대 미상.

560 郭元(?~1029): 본관 청주(淸州). 996년(성종 15) 문과에 급제하였다. 1019년(현종 10) 송(宋)나라에 사신으로 가서 거란(契丹)의 계속되는 고려 침입을 전하고 구원을 요청하였으며, 돌아와서 형부시랑(刑部侍郞)·우간의대부(右諫議大夫)·한림학사(翰林學士) 등을 지냈다. 그 뒤 산기상시(散騎常侍)로 등용되어 다시 거란에 다녀왔고, 중추원사(中樞院使)·형부상서(刑部尙書)·참지정사(參知政事) 등을 역임하였다.

561 王可道(?~1034): 본명은 이자림(李子林). 고려 초기의 문신. 현종 5년(1014)에 경군(京軍)의 영업전을 몰수한 데에 반발하여 난을 일으키고 정권을 잡은 무신들을 제거하여 무신 전권(武臣專權)의 폐를 없앴다. 후에 딸이 덕종의 비가 되자 내사문하평장사(內史門下平章事)를 지냈다.

562 李穡(1328~1396): 고려 말기의 학자. 호는 목은(牧隱). 중국 원나라에 가서 과거에 급제하고, 귀국하여 우대언(右代言)과 대사성 따위를 지냈다. 삼은(三隱)의 한 사람으로, 문하에 권근과 변계량 등을 배출하여 학문에 큰 발자취를 남겼다. 저서에 『목은시고(牧隱詩藁)』, 『목은문고(牧隱文藁)』 따위가 있다.

563 鄭夢周(1337~1392): 고려 말기의 유학자. 호는 포은(圃隱). 오부 학당과 향교를 세워 후진을 가르치고, 유학을 진흥하여 성리학의 기초를 닦았다. 명나라를 배척하고 원나라와 가깝게 지내자는 정책에 반대하고, 끝까지 고려를 받들었다. 문집에 『포은집』이 있다.

564 杜門洞 七十二賢: 고려 멸망 이후 조선에 출사하지 않고 두문동 마을에 은거하며 충절을 지킨 선비 72명. 이들의 이름은 현재 모두 밝혀지지는 않았고, 신규(申珪)·신혼(申琿)·신우(申祐)·조의생(曺義生)·임선미(林先味)·이경(李瓊)·맹호성(孟好誠)·고천상(高天祥)·서중보(徐仲輔)·성사제(成思齊)·박문수(朴門壽)·민안부(閔安富)·김충한(金沖漢)·이의(李倚)·배문우(裵文祐) 등의 이름

强者를 制裁함에는 暗殺이 唯一 神聖으로 깨다른 密友,[565] 紐由,[566] 黃昌,[567] 安重根,[568]

넘어지는 大厦[569]를 붓들랴고 義旗를 잡은 李康秊,[570] 許蔿,[571] 全海山,[572] 蔡應彦,[573]

조출한 震壇의 女子의 몸으로 엇지 도적에게 더럽히리오 하던 落花岩의 妃嬪들, 壬辰年의 論介,[574] 桂月香,[575]

出世한 사람으로 나랏일이야 이즐소냐 하던 高句麗의 七佛,[576] 高麗의 玄

이 밝혀져 있다.

565 密友: 고구려 동천왕 때의 무장(武將). 중국 위나라 장수 관구검(毌丘儉)이 침입하였을 때에, 죽령(竹嶺)에서 결사대를 조직하여 남옥저(南沃沮)로 피신하는 임금을 도와 후에 일등 공신이 되었다. 생몰 연대 미상.

566 紐由(?~244?): 고구려의 충신. 244년(동천왕 18)에 중국 위나라 관구검이 침입하자 단신으로 적진에 나가 위장(魏將) 왕기(王頎)를 죽이고 자신도 죽었다.

567 黃昌: 신라 소년 황창(黃昌)이 백제에 들어가 칼춤을 추다가 백제의 왕을 죽이고 자기도 죽었다. 『동경잡기』 관창조(官昌條)에 고려 말 및 조선 초 사람인 이첨(李詹)이 변명하기를, "을축년 겨울 계림(鷄林)에 객으로 갔을 때 부윤(府尹) 배공(裵公)이 향악(鄕樂)을 베풀고 위로했는데, 가면을 쓴 동자가 뜰에서 칼을 들고 춤을 추기에 물었더니 이런 이야기를 하였다. 신라에 황창이라는 자가 있었는데, 나이가 15, 16세 정도이나 춤을 잘 추었다."라고 기록했다. 그런데 이첨은 같은 책에서 황창이라고 한 것은 관창이 잘못 전해진 것이라 하였다.

568 安重根(1879~1910): 독립운동가. 남포에 돈의 학교를 설립하여 인재 양성에 힘쓰다가 1907년 연해주로 망명하여 의병 운동에 참가하고, 1909년 만주의 하얼빈 역에서 이토 히로부미를 사살하였다.

569 大厦: 대형 건물. 여기에서는 국가 정도를 의미.

570 李康秊(1858~1908): 대한 제국 때의 의병장. 고종 때 무과에 급제하여 선전관이 되었으나 1884년에 갑신정변이 일어나자 사직하고, 동학농민운동 때는 문경의 동학군을 지휘하여 왜병과 탐관오리를 물리쳤다. 1895년 을미사변 때에는 문경에서 의병을 일으켜 활약하다가 체포되어 사형되었다.

571 許蔿(1855~1908): 조선 말기의 의병장. 1905년 11월(양력) 을사조약이 체결되자 유인석(柳麟錫) 등 여러 지사들과 만나 의거를 결의하였다. 1907년 고종이 강제 퇴위되고 군대가 해산되자 경기도 연천에서 의병을 일으켰다. 1908년 6월 11일 일본군 헌병에게 붙잡혀 10월 21일 서대문 감옥에서 51세로 순국하였다.

572 全海山(1878~1910): 본명은 기홍(基洪). 1907년 군대해산 후 전북 남원(南原)에서 의병을 일으켰다. 1908년 7월 '대동창의단(大東倡義團)'을 결성하고 의병대장으로 활동했다. 1909년 12월 일본군에 체포되어 1910년 6월 사형 판결을 받은 후 1910년 7월 18일 처형되었다.

573 蔡應彦(1879~1915): 한말의 의병장. 대한제국 육군보병부교(陸軍步兵副校)로 복무하다가 1907년 한일신협약에 의한 군대해산을 계기로 이진룡(李鎭龍) 의병대의 부장(副將)으로서 평안도·함경도 일대에서 일제에 대항하여 무력항쟁을 전개하였다. 1915년 7월 평안남도 성천군 영천면에서 항일유격전을 하던 중 일본경찰에게 체포되어, 10월에 평양형무소에서 순국하였다.

574 論介(?~1593): 조선 선조 때의 의기(義妓). 진주의 관기(官妓)로, 임진왜란 때에 진주성이 함락되자 촉석루의 술자리에서 당시 왜장(倭將)이었던 모곡촌문조(毛谷村文助)를 껴안고 남강에 떨어져 죽었다. 김병민 선집에는 倫介로 제시됨.

575 桂月香(?~1592): 조선 시대의 기생. 임진왜란 때 적장을 유인하여 김응서(金應瑞)로 하여금 목을 베게 한 후 자결하였다.

576 七佛: 612년 수나라의 군사들이 평양까지 왔다가 후퇴하여 살수까지 다다랐다. 이때 을지문덕

麟禪師,[577] 李朝의 西山大師,[578] 泗溟堂,[579]

國學에는 비록 도움이 업지만 一方의 教門에 通達하여 朝鮮의 빗흘 보탠 佛學의 元曉,[580] 義相[581] 儒學의 晦齋,[582] 退溪,[583]

世上에 샹관업는 物外閑人[584]이지만 清風苦節[585]의 韓惟翰,[586] 李資玄,[587] 錬眞修道[588]의 旵始,[589] 鄭礥,[590]

장군은 헤엄을 잘 치는 사람 7명에게 중으로 가장하여 능숙하게 헤엄쳐 가되 마치 얕은 내를 건너가는 것처럼 하라고 했다. 수나라 군사가 이것을 보고 물에 뛰어들었다가 모조리 빠져 죽었다는 전설이 있다. 한편 김병민 선집에는 '高句麗'가 '高麗'로 잘못 제시되었다.

577 玄麟禪師: 고려 후기의 승려. 내원당(內願堂)의 승려로 있었다. 1388년(우왕 14) 요동정벌 때 내원당에서 시중 최영과 의논하여 승병을 출정시켜 이를 도왔다. 또한, 위화도에서 회군한 이성계의 군사를 상대로 최영과 더불어 항거하여 싸웠으므로 뒷날 이성계 일파에 의하여 순군옥(巡軍獄)에 갇혔다. 생몰 연대 미상. 단재는 「최도통전」에서 그를 다뤘다.

578 西山大師(1520~1604): 조선 선조 때의 승려. 법명(法名)은 휴정(休靜). 임진왜란 때 승병(僧兵)의 총수가 되어 서울을 수복하는 데 공을 세웠으며, 유(儒)·불(佛)·도(道) 3교 통합설의 기반을 마련하고 교종(教宗)을 선종(禪宗)에 포섭하였다. 저서에 『청허당집』, 『선가귀감』 따위가 있다.

579 泗溟堂(1544~1610): 조선 중기의 승려. 법명은 유정(惟政). 승과에 급제하였으며, 임진왜란 때는 승병을 이끌고 왜군과 싸워 공을 세우고, 1604년에 사신으로 일본에 건너가 전란 때 잡혀간 3,000여 명의 포로를 구해서 돌아왔다.

580 元曉(617~686): 신라의 승려. 해동종(海東宗)을 제창하여 불교의 대중화에 힘썼으며, 불교 사상의 융합과 그 실천에도 노력하였다. 저서로 『금강삼매경론소(金剛三昧經論疏)』, 『십문화쟁론(十門和諍論)』, 『화엄경소(華嚴經疏)』 따위가 있다.

581 義相(625~702): 통일 신라 시대의 승려. 당나라에 건너가 화엄(華嚴)을 공부하고 귀국 후 왕명(王命)을 좇아 부석사를 세우고 화엄종을 강론하여 우리나라 화엄종의 창시자가 되었다. 전국 열 군데에 화엄종의 사찰을 세웠으며, 많은 제자를 길러 냈다. 저서로 『화엄일승법계도(華嚴一乘法界圖)』 따위가 있다.

582 晦齋(1491~1553): 이언적. 조선 중종 때의 성리학자. 김안로의 등용을 반대하다가 쫓겨나 경주 자옥산(紫玉山)에 들어가 성리학을 연구하였다. 후에 다시 등용되어 좌찬성 겸 원상(院相)까지 지냈으나 윤원형 일당의 모함으로 강계(江界)에 유배되어 그곳에서 죽었다. 저서에 『회재집』이 있다.

583 退溪(1501~1570): 이황. 조선 시대의 유학자. 벼슬은 예조판서, 양관대제학 따위를 지냈다. 정주(程朱)의 성리학 체계를 집대성하여 이기 이원론(理氣二元論), 사칠론(四七論)을 주장하였다. 작품에 시조 「도산십이곡(陶山十二曲)」, 저서에 『퇴계전서(退溪全書)』 따위가 있다.

584 物外閑人: 정계에서 떠나 한가하게 농사나 짓는 선비를 말함.

585 清風苦節: 부드럽고 맑은 바람 같은 곧은 절개. '苦節'은 어떠한 고난을 당하거나 어려운 지경에 빠져도 변하지 않는 굳은 절개를 말한다. 김병민 선집에는 "清風古節"로 되어 있다.

586 韓惟翰: 韓惟漢을 말하는 듯. 고려 인종때의 기인. 처음에는 벼슬하였으나 이자겸의 횡포가 날로 심해지자 화란이 장차 일어날 것을 예측하고, 가족을 데리고 악양(岳陽: 지리산 악양동)에서 숨어 살았다. 조정에서 그의 재주를 아껴 사방으로 물색하여 찾았으나 도망가서 숨어버리고 세상에 나오지 않았다.

587 李資玄(1061~1125): 고려의 학자. 문종 때 급제, 선종 때 대악서승(大樂署丞)이 되었다가 버리고 춘천의 청평산(清平山)에 들어가 문수원(文殊院)을 수리하고 있으면서 당(堂)과 암자(菴子)를 10여 곳에 짓고 선학(禪學)을 닦았다. 청평산에 『청평식암(清平息庵)』이란 대해서(大偕書)를 썼다.

588 錬眞修道: 진리를 연마하고 도를 닦음.

589 旵始: 가락국 거등왕 때의 도류 인물. 금선(琴仙), 칠점산인(七點山人)으로 불리며, 그 모습은 옥과 같이 빛났고, 말소리는 경을 읽는 소리와 같았다고 한다. 생몰 연대 미상.

建築으로 거룩한 臨流閣,[591] 皇隆寺[592] 等의 建築者,

美術로 신통한 萬佛山 紅氍毹[593]의 製造者,

算術로 夫道,[594] 그림으로 率居,[595] 音律로 于勒,[596] 玉寶高,[597]

칼을 잘 맨드는 駕洛의 工匠,

猛虎를 맨손으로 때려잡는 渤海의 壯士,

星曆의 伍允孚,[598] 異術의 田禹治,[599]

歸歸來來詩[600]로 物質不滅의 原理를 말한 花潭 徐敬德,[601]

暴君은 베여도 可하다 하여 忠臣不事二君의 奴說을 反對한 竹島 鄭汝立,[602]

---

590 鄭磏(1506~1549): 조선 중기 학자. 1530년(중종 25) 사마시에 합격한 뒤 음률에 밝고 현금(玄琴)에도 정통하여 장악원(掌樂院)주부가 되어 가곡을 지도하였다. 천문·의약에도 조예가 깊어 관상감(觀象監)·혜민서(惠民署) 교수를 겸임하였으며, 뒤에 포천현감(抱川縣監)이 되었으나 병으로 사임하였다. 유·불·선은 물론 복서(卜筮)·한어(漢語)에도 모두 정통하였고 문장과 산수화에도 능했다. 저서에 『북창집(北窓集)』『동원진주낭(東垣珍珠囊)』『유씨맥결(劉氏脈訣)』『북창비결(北窓祕訣)』 등이 있다. 한편 "昆始, 鄭磏"이 김병민 선집에는 '磏始, 鄭昆'으로 오식되었다.

591 臨流閣: 백제 시대의 궁궐 누각. 500년(동성왕 22) 봄에 왕경인 웅진의 궁성 동쪽에 세웠다. 높이는 5장(丈)이었으며, 연못을 파고 기이한 금수를 길렀다.

592 皇隆寺: 김병민 선집에는 '皇陵寺'로 제시되었지만, 북한 선집에는 '황룡사'로 되어 있다. 이로 볼 때 김병민 선집에서 오식한 것으로 보인다. 황룡사는 황룡사의 다른 이름이다. 단재 전집에는 황룡사(黃龍寺)로 제시해 놓았다.

593 紅氍毹: 털로 짠 홍색 담요.

594 夫道: 신라의 관리. 신라 6부의 하나인 한지부(漢祇部) 출신으로 집이 가난했으나 아첨하지 않고, 서(書)와 산(算)을 잘해 당시에 이름이 났다.

595 率居: 신라 진흥왕 때의 화가. 황룡사의 벽화 「노송도」와 분황사의 「관음보살」, 진주 단속사의 「유마거사상」 따위를 그렸으나 지금은 전하지 않는다. 생몰 연대 미상.

596 于勒: 가야국 가실왕(嘉實王) 때와 신라 진흥왕 때 악사로 활약한 가야금의 명인.

597 玉寶高: 거문고 연주가. 신라 경덕왕(742~765) 때 사람.

598 伍允孚(?~1304): 고려 후기의 점술가(占術家).

599 田禹治: 조선의 기인(奇人). 중종 때 서울에서 관리 생활을 하다가 사퇴하고 송도에 은거하며 도술가로 널리 알려지게 되었으며, 신광한·송인수 등과 우의가 깊었다. 나중에 백성을 현혹시켰다는 죄로 신천옥(信川獄)에 갇혀 옥사했는데, 뒤에 친척들이 이장하려고 무덤을 파보니 시체 없는 빈 관만 남아 있었다고 한다.

600 歸歸來來詩: 서경덕의 「유물음(有物吟)」이라는 시를 말한다. 이 시는 사물의 생성과 변화 소멸을 노래한 시로 내용은 다음과 같다. 有物來來不盡來 來纔盡處又從來 來來本自來無始 爲問君初何所來 // 有物歸歸不盡歸 歸纔盡處未曾歸 歸歸到底歸無了 爲問君從何所歸 사물은 오고 오고 끝없이 오니 / 거의 다 온 것 같은데 또 따라오네 / 오고 와도 본래 처음이 없었으니 / 그대에게 묻노니 처음에 어디서부터 왔는가? // 사물이 돌아가고 돌아가고 끝없이 돌아가니 / 돌아간 것 거의 다한 것 같은데 아직 돌아가지 않았네 / 돌아가고 돌아가도 마침내 끝이 없으니 / 그대에게 묻노니 어느 곳으로부터 돌아가는가?

601 徐敬德(1489~1546): 조선 중종 때의 학자. 호는 화담(花潭). 이기론의 본질을 연구하여 이기 일원설을 체계화하였으며, 수학·역학도 깊이 연구하였다. 저서에 『화담집』이 있다.

602 鄭汝立(1546~1589): 조선 중기의 역신(逆臣). 수찬(修撰)을 지냈다. 대동계(大同契)를 조직하였다.

鐵鑄字 發明한 바치, 飛行機 始祖 鄭平九,[603]

이밧게도 눈 큰 이, 입 큰 이, 팔 긴 이, 몸 굴근 이, 어늬 때 外國과 싸워 익인 이, 어늬 곳서 백셩에게 큰 功德을 깃친 이, 哲學에 밝은 이, 道德에 놉흔 이, 物理에 사모친 이, 文學에 잘한 이, 한놈이 듯지 보지 못하던 先民들도 만흐며 쏘 한놈이 그 자리에서 보고 이졔 긔억지 못할 이도 만허 이 책에 올니지 못하건이와 대개 이때 한놈의 마음은 님나라의 옴만 반가울 쑨 안이라 여러 先王 先賢 先民들을 뵈옴이 고맙더라. 님나라에는 이러케 모아서 무삼 일을 하시는가 한놈이 눈을 들어본즉 이샹도 하고 긔졀[604]도 하다. 다른 것 하는 것은 아모 것도 업고 오직 낫낫히 비를 맨들더니 긴 막대에 쒜여드니 그 길이 몃천 길 몃만 길인지 몰을너라. 그 비를 일졔히 들더니 하늘에 대고 썩썩 쓴다. 한놈이 놀래 일어나며

「하늘을 웨 씀닛가? 싸에는 몬지[605]나 잇다고 쓸지만 하늘이야 웨 씀닛가?」

모다 대답하시되

「하늘을 못 보느냐. 오날 우리 하늘은 싸보다도 문지가 더 무덧다.」

하시거늘 한놈이 하늘을 둘우 살펴보니 왼 하늘에 몬지가 보얏게 덥히엿더라.

몃천 몃만 비들을 드리대고 불이나게[606] 쓸지만 이리 쓸면 뎌싹이 보얏케 되고 뎌리 쓸면 이싹이 보얏케 되여 파란 하늘은 어대 갓는지 예 책에나 예 니야기에나 듯지 보지 못하던 흰 하늘이 머리 위에 덥히엿더라.

「하늘도 보얀 하늘이 잇슴닛가?」

한놈이 소리를 질너 물으니 누구인지 눌은 옷 입고 붉은 씌 쒼 어른이 대답하신다.

「나도 처음 보는 하늘이다. 님 나신 지 三千五百年頃부터 하늘이 날마다 풀은 빗흔 날고[607] 보얀 빗히 시작터니 한 해 지나 두 해 지나 밋 四千二百

603 鄭平九: 조선 선조 때의 발명가. 임진왜란 때 오늘날의 비행기와 유사한 비거(飛車)를 발명하여 진주성 싸움에서 사용하였다. 생몰 연대 미상.

604 긔졀: 奇絕. 아주 신기하고 기이함.

605 몬지: 문지, 먼지.

606 불이나게: 부리나케. 어쩌면 '불이 나게', 곧 '열나게'라는 뜻으로 사용되었을 수도 있음.

四十餘年 오날에 와서는 거의 풀은 빗흔 다 업서지고 소경 눈갓히 보얏케 되얏다. 그런즉 대개 七百年 동안의 난 變이오. 이 압세는[608] 이런 變이 업섯나니라.」

하더니 고만 목을 놋코 우난대 울음소리가 長短에 마저 노래가 되더라.

하늘이 졔 빗흘 일흐니 그 남어야[609] 말할소냐
太白山이 놉히가 줄어 석 자도 못 되고
鴨綠江이 터를 써나 五百里나 이사 갓고나
악아[610] 악아 우리 악아
아모리 어려도 잠 좀 쌔여라
無窮花꼿 핀 가지에 찬 바람이 후려친다

그이가 노래를 마추더니 「한놈아」 불으며 셔편을 가라치거늘 한놈이 처다보니 해와 달이 나란히 써올으는대 테둘에[611]가 다 네모가 나고 빗흔 다 새캄엇거늘 보는 한놈이 더욱 놀래여

「하늘이 보얏고, 해와 달이 네모지며 또 새카마니, 이것이 님나라의 人間과 다른 特色임닛가?」

한대 그이가 깜짝 쒸며

「이것이 무삼 말이냐. 하늘이 풀으고 해와 달이 둥글며 흼은 님나라나 人間이 다 한가지인대 지금 이러케 된 것은 큰 變일니라.」

한놈이

「님의 힘으로 이를 엇지하지 못합닛가?」

그이가 눈물을 흘리더니 갈아사대,

---

607 날고: (색깔이) 바래고.
608 압세는: 앞에는, 앞서는.
609 남어야: '나머지야'를 뜻하는 것으로 보임.
610 악아: 아가. 아기야.
611 테둘에: 테두리.

「님나라에야 무삼 變이 나겠느냐? 때로는 항샹 봄이오, 짜는 모다 금이오, 김생도 사람갓히 착하니, 무삼 變이 나겠나냐? 다만 二千萬 人間이 지은 孽[612]로 하늘을 드럽히고 해와 달도 빗이 업게 맨들엇나니 아모리 님의 힘인들 이를 엇지하리오.」

한놈이

「人間에서 孽만 안이 지으면 해도 옛 해가 되고 달도 옛 달이 되고 하늘도 옛 하늘이 되겠습닛가?」

그이가 갈아사대,

「암, 그 일을[613] 말이냐. 대개 高麗 末葉부터 별별 하늘이 우리 震壇에 들어노는데 孔子 釋迦는 더 말할 것 업고 심지어 菩薩의 하늘이며 帝君의 하늘이며 關羽[614]의 하늘이며 道士의 하늘꺼지 들어와 님의 하늘을 가리워 二千萬 사람의 눈이 한쪽으로 뒤집혀 보고 하는 일 모다 싼젼이 되어 國典과 國寶가 턱턱 문어지기 시작할새 歷史의 第一章에 우리 님 檀君을 빼고 殷室亡命客 箕子를 쓰며, 夫餘를 졔치고 漢家 叛賊 衛滿으로 正統을 가지게 하며, 高句麗의 血統인 渤海를 물니여 北貊[615]이라 하며, 百濟의 勇武를 실어하야[616] 이를 無道之國이라 하며, 우리의 倫理 곳 三附五戒 갓흔 것은 되놈[617]의 것이라 하여 支那의 文教로 대신하고, 만일 國粹를 保全하랴 하는 이 잇스면 도리혀 惡刑에 죽을새 竹道 先生 鄭汝立이 九月山에 들어가 檀君께 祭하여 忠臣不事二君이 聖人의 말 안이라고 웨첫나니, 이는 思想界의 獅子吼[618]어늘 鎭安 竹島寺[619]에서 無道한 칼에 肉漿[620]이 되고 그남어 賢相이

---

612 孽: 재앙(災殃), 근심.

613 일을: 이를. '그 이를 말이냐'는 '그것은 말할 필요도 없다'는 뜻.

614 關羽: 중국 삼국 시대 촉한의 무장(?~219). 자는 운장(雲長). 장비, 유비와 의형제를 맺고 적벽전에서 조조의 군대를 격파하는 등 많은 공을 세웠다. 뒤에 위나라와 오나라의 동맹군에게 패한 뒤 살해되었다. 여기에서는 관왕묘에서 무덕(武德)의 신으로 모신 관우의 영(關聖帝君)을 말함.

615 北貊: 貊. 동이의 옛 나라로서 중국의 동북쪽에 있고, 연(燕)과 서로 가까웠으므로 '북맥(北貊)'이라 불렀다.

616 실어하야: 싫어하여.

617 되놈: 예전에, 만주 지방에 살던 여진족을 낮잡는 뜻으로 이르던 말. 또는 중국 사람을 낮잡아 이르는 말.

618 獅子吼: 사자의 우렁찬 울부짖음. 사자가 한번 외치면 모든 짐승이 무서워하는 것처럼 위엄 있는

며, 名將이며, 偉人이며, 才子壯士며, 俠客이 이 보얀 하늘 밋헤서 몹슬 죽음 한 이가 얼마인지 알 수 업나니 이졔라도 人間에서 지난 일의 잘못됨을 뉘우쳐하고 갓히 비를 쓸어 주면 이 하늘과 이 해와 이 달이 졔대로 되기 어렵지 안하리라.」

하며 눈물이 비 오듯 하거늘 한놈이 크게 늑기여

「그러면 한놈부터 내 責任을 다 하리다.」[621]

하고 곳 「비를 줍소서」 하여 하늘에 대고 죽을 판 살 판 쓸새 무릇 三七二十一日을 지나니 손이 부풀어 이리져리 터지고 팔이 압혀 들을 수 업고 두 눈이 몃칠 굴믄 사람처름 쑥 드러가 힘을 다시 더 쓸 수 업는대 하늘을 처다본즉 如前히 보얏터라. 한놈이 이에

「내 힘은 더 쓸 수 업스나 또 내 뒤를 니어 이대로 힘쓰는 이 잇스며 슬마 하늘이 푸르러질 날이 잇겟지.」

하고 이 뜻으로 가갸푸리를 지엇는대

가갸거겨 가자가자 하늘 쓸너 거름거름 나아가자
고교구규 고되기는 고되지만 구든 마음 풀닐소냐
그기ᄀ[622] 그문 밤[623]에 달이 나고 기운 해 다시 쓰도록
나냐너녀 나 죽거던 너가 하고 너 죽거던 나 또 하여
노뇨누뉴 노지 안코 하고 보면 누구라서 막을소냐
느니ᄂ 느진 길을 늦다 말고 니 악물고 주먹 쥐자
다댜더뎌 다달은들 칼 안이랴 더 갈사록[624] 매운 마음

말 또는 크게 부르짖어 열변을 토하는 연설 따위를 뜻함.

619 竹島寺: 정여립이 붙잡혀 죽음을 당했다고 하는 곳. 남하정(南夏正)은 그의 『동소록(桐巢錄)』에서 죽도사에서 현감·선전관 등이 정여립을 박살하고 자결이라고 보고하였다는 설을 적고 있다. 김병민 선집에는 '竹寺'로 되어 있다.

620 肉漿: 포(脯)를 썰어 누룩 및 소금을 섞어서 술에 담근 음식을 말한다. 칼로 포를 썰 듯 갈가리 찢어놓았다는 의미일 것이다.

621 하리다: 북한 선집에는 '하리라'로 제시되어 있다.

622 그기ᄀ: 김병민 선집에는 '그기고'로, 북한 선집에는 '그기가'로 되어있다. 그리고 이 가사에는 '바 보 브' 항은 빠져 있다.

623 그문 밤: 그믐밤. 음력 그믐날의 밤.

624 갈사록: 갈수록.

도됴두듀 도령님의 넋을 받어 두려운 놈 배이 업다
드디ᄃᆞ 드틸[625] 곳이 잇스리니 디경[626] 쌀어 서고지고
라랴러려 라팔 불고 북도 쳣다 러랴[627] 말고 칼을 쌔자
로료루류 로동하고 싸홈하여 루만 명에 쳣째되면
르리ᄅᆞ 르르릉 아라르릉 아리아 자개[628] 아들갓치
마먀머며 마마님도 구경 가오 먼동 곳헤[629] 봄이 왓소
모묘무뮤 모든 사람 모다 몰아 무쇠팔뚝 내둘으며
므미ᄆᆞ 믄대[630]던지 갓갑던지 미리[631] 치며 나아갈 뿐
사샤서셔 사람마다 올코 보면 서슬 잇서 푸르리라
소쇼수슈 소름 깃는[632] 독갑이[633]도 수켓[634]에야 어이하리
스시ᄉᆞ 스승님의 뜻을 받어 세로 가로 쒸고 지고
아야어여 아모련들 내 아들이 어미 업시 컷다 마랴
오요우유 오즉이나 오랜 나라 울이[635] 박달[636] 울이 결에[637]
으이ᄋᆞ 웅웅 우는 아기라도 이 졍신을 차리리라

막 「자쟈저져」를 읽으랴 하니 보얀 하늘 한가온대서 새팔안 하늘 한쪽이 내다 보이며 그 속에서 소리가 난다.

「한놈아. 네 아모리 誠力은 깁지만 한갓 誠力으로는 功을 일우기 어려우리니 그리 말고 님의 셜시한[638] 「도령군」을 가서 구경하여라.」

---

625 드틸: 김병민 선집에는 '드릴'로 제시되었는데, 내용상 '드틸'이 옳을 것 같다.
626 디경: 지경(地境). 경계.
627 러랴: 북한 선집에는 '너나'로 수정됨.
628 자개: 자기 또는 자기의. 북한 선집에는 '자기'로 제시되었다.
629 곳헤: 북한 선집에는 '곳에'로 되어있다.
630 믄대: 먼 데.
631 미리: 북한 선집에는 '미러', 즉 '밀어'로 제시되었다. 미러치며는 밀치며가 된다.
632 깃는: 북한 선집에는 '끼는'으로 제시되었다. '소름 끼치는'이라는 의미이다.
633 독갑이: 도깨비.
634 수켓: 수컷.
635 울이: 우리.
636 박달: 檀에서 유래되었으며, 그래서 우리 민족을 박달민족 또는 배달민족이라 한다.
637 결에: 겨레.

한놈이

「도령군이 무엇임닛가?」

무른대

「아. 도령군을 몰느냐? 歷史 본 사람으로……」

하거늘 한놈이 눈을 감고 안저 歷史 생각하니

「대개 도령은 新羅의 花郎을 일음이라. 三國史記 樂志에 薛原郎이 지엇다는 徒領노래가 곳 花郎의 노래니 徒領은 도령의 音譯이오 花郎은 그 意譯인대 花郎의 처음은 新羅때에 된 것이 안이라 곳 檀君神祖가 太白山에 나려오실 때에 三郎과 三千徒를 거나림이 花郎의 비롯이오, 天王 卽 解慕漱가 徒者 數百을 거나리고 態心山에 모힘도 또한 花郎의 놀음이오, 高句麗의 先人은 곳 花郎의 別名인대 東盟은 또 先人의 天祭이며, 百濟의 蘇塗도 花郎의 別名인대 天君은 또 蘇塗祭의 神名이라. 名號난 時代를 짤어 變하엿스나 精神은 한가지로 傳하여 冒險이며 尙武며 歌舞며 學識이며 愛情이며 團結이며 熱誠이며 勇敢으로 서로 引導하야 古代에 이로써 宗教的 尙武精神을 일워 직히면 익이고 싸우면 물니처 크게 國光을 發揮한 것이라. 新羅의 眞興大王 더욱 큰 理想과 널흔 排鋪로 弊될 것을 덜고 美와 굳셈을 더 보태여 花郎史의 新紀元을 연 고로 永郎, 南郎의 教育이 四海에 펴지고 斯多含,[639] 金欽春[640] 等 少年의 피쏫히 歷史에 빗내엿나니 비록 拜華奴[641]의 金富軾으로도 花郎 二百의 芳名美事[642]를 讚嘆함이라. 그 뒤에 文獻이 殘缺됨

---

638 설시한: 김병민 선집에는 "썰시한"으로 되었다. 북한 선집에는 "설시한"으로 되었는데, 내용상 '설시한'이 맞고, 김병민은 글자의 유사성에 따라 오식을 한 것으로 보인다.

639 斯多含: 신라의 화랑. 성은 김(金). 진흥왕 23년(562)에 가야국 정벌에 종군하여 큰 공을 세웠으며, 무관랑(武官郎)과의 우정으로 유명하다. 생몰 연대 미상.

640 金欽春: 신라 중대의 군인. 김유신의 동생이며 반굴(盤屈)의 아버지이다. 화랑으로서 인덕과 신의가 깊어 존경을 받았고, 삼국통일에 큰 역할을 하였다. 660년 황산벌에서 백제와 싸우다가 전세가 불리하자 반굴을 불러 "신하가 되어서는 임금에게 충성을 다해야 하며 아들이 되어서는 부모에게 효도를 다해야 하는 법인데 위급한 때에 목숨을 바쳐야만 충성과 효도 두 가지를 함께 완성하는 것이다."라고 하니, 반굴이 "그렇습니다."하고 적진에 달려가 힘껏 싸우다가 전사했다고 한다. 생몰 연대 미상. 단재는 「아방윤리경」에 이러한 사실을 적었다. 이로 볼 때 김흠춘 대신 '김반굴'을 넣는 게 적합할 것이다.

641 拜華奴: 중국의 숭배자를 낮춰 부른 말.

642 芳名美事: 꽃다운 이름을 떨칠 아름다운 일이라는 뜻으로, 이름을 떨쳐 칭찬을 받을 만한 좋은

으로 엇더케 衰하고 엇더케 업서짐을 자세히 알 수 업스나 그러나 高麗[643]에 보매 顯宗[644]째 契丹이 數十萬 大兵으로 우리에게 덤비매 李知白이 써하되 花郎을 막을 精神이 잇스리라 하며, 睿宗[645]이 詔書로 南郎, 永郎 等 모든 花郎의 자최를 보젼하라 하며, 毅宗[646]도 八關會[647]의 花郎을 쏍아 古風을 쓰칠 뜻을 가젓섯나니 이째써지도 도령군 곳 花郎의 道가 國中에 한 자리 가젓던 일을 볼지나 이 뒤로난 엇더케 되엿나.」

외우며 생각하고 생각하며 외우더니 하늘이 다시 소리하기를

「네가 歷史 속에 잇는 것을 어려히 생각한다만은 다만 한 가지 쏘 잇다. 高麗 崔瑩傳에 崔瑩이 明太祖 朱元璋[648]과 싸우랴 할새 써하되 高句麗가 僧軍 三萬으로 唐兵 百萬을 쌔첫스나 이졔도 僧軍을 쌛으리라 하얏는대 그 일은바 高句麗 僧軍은 곳 先人軍[649]이니 마치 新羅의 花郎 갓흔 것이라. 그 婚姻을 멀니하고 家事를 돌보지 안함이 僧과 갓흔 고로 古代에도 혹 그 일홈을 僧軍이라고도 하며 崔瑩은 더욱 先人이나 花郎의 制度를 恢復할 수 업서 僧으로 대신하랴 하며 참말로 僧家의 僧을 쏍음이나 만일 崔瑩이 죽지 안코 高麗가 망치 안하얏더면 님의 세우신 花郎의 道가 五百年前에 발서 中興하얏스리라.」

하시거늘 한놈이 고마운 마음을 니기지 못하여 싸에 업들여 졀하고

「한놈이 도령軍 곳 花郎이 우리 歷史의 쌔오, 나라의 쏫힌 줄을 안 지 오

일을 이르는 말.

643 高麗: 김병민 선집에는 高句麗로 되어 있으나 내용상 高麗가 맞다.

644 顯宗: 왕순(王詢, 992~1031). 고려 제8대 왕. 거듭된 거란의 침입으로 혼란을 겪었으나 1022년 강화(講和)하여 국내가 안정되었으며, 제도를 정비하고 대장경의 조판과 실록의 찬수 등으로 문화를 발전시켰다. 재위 기간은 1010~1031년이다.

645 睿宗: 왕우(王俁, 1079~1122). 고려의 제16대 왕. 윤관에게 여진을 치게 하여 9성을 쌓았으며 학교를 세우고 국학(國學)에 양현고를 설치하는 등 학문을 진흥시켰다. 재위 기간은 1105~1122년이다.

646 毅宗: 왕현(王晛, 1127~1173) 고려의 제18대 왕. 인종의 맏아들로, 문학을 좋아하여 문신을 우대하고 무신을 천대하다 24년(1170)에 정중부의 난이 일어나 폐위되고 명종 3년(1173)에 경주에서 살해되었다. 재위 기간은 1146~1170년이다.

647 八關會: 여기에서 말하는 팔관회는 천신을 제사하는 외에 백기와 가무를 경연하는 모임.

648 朱元璋(1328~1398): 중국 명나라의 제1대 황제. 장강(長江) 일대를 평정하고 국호를 명(明), 연호를 홍무(洪武)라 하였다. 중국을 통일하였으며, 과거 제도의 정비, 대명률의 제정, 전국의 토지·호구 조사와 같은 많은 업적을 남겼다.

649 先人軍: 고구려에서 성행과 학문, 특히 무예에 특출한 사람을 선발하여 선인(선배)이라고 하였다.

래오며, 또 이를 發揮할 마음도 간절하오나 다만 神誌의 詩史나 居柒夫의 仙史나 金大問[650]의 花郎世紀 갓흔 책이 업서짐으로 그 源流를 알 수 업서 짝 업는[651] 遺恨을 삼엇더니, 이졔 님이 도령군을 구경하라 하시니 마음에 感謝함이 대일 곳 업사오니 원컨대 밧비 길을 引導하사 平生에 보고지고 하던 도령군을 보게 하옵소셔.」

하며 어린아기 어미 찻듯 작구 「님」을 불으더니 하늘로서 紅燈 한 개 나려오며 압을 引導하야 五色 내를 지나 玉뫼를 넘어 한곳에 다달으니 돌문이 잇는대 금 글씨로서 색엿스되 「도령군 놀음곳」이라 하엿더라.

문 압헤 한 쟝수가 셔서 직히는대 한놈이

「님나라로부터 구경하려 왓스니 들어가게 하여 주소셔.」 한즉

「네가 밧칠 것 이서야 들어가리라.」 하거를

「밧칠 것이 무엇입니가? 돈입닛가, 쌀입닛가, 무삼 보배입닛가.」 한대

「그것이 무삼 말이냐? 돈이던지 쌀이던지 보배이던지는 人間에서 貴한 것이오. 님나라에서는 賤한 것이니라.」

「그러면 무엇을 밧칠닛가?」

「다른 것 안이라 대개 情이 만코 苦痛이 깁흔 사람이라야 우리의 놀음을 보고 깨닷는 배 잇스리니 네가 人間 三十餘年[652]에 눈물을 몃 줄이나 흘엿느냐? 눈물 만흔 이는 情과 苦痛이 만흔 이매 이 놀음에 참여하여 上等 손이 될지오, 그 남어는 中等 손 下等 손이 될지오. 아조 젹은 이는 들어가지 못하나니라.」

「어려서 졋 달라고 울던 눈물도 눈물입닛가?」

「안이다. 그 눈물은 못 쓰나니라.」

「열한아 열두 먹뎐 쌔에 남과 싸우다가 분하여 운 눈물도 눈물입닛가?」

---

650 金大問: 통일신라 초기의 학자. 당대 으뜸가는 문장가이며, 『계림잡전』, 『고승전』, 『화랑세기』 등 수많은 저서는 후일 김부식이 『삼국사기』를 편찬하는 데 귀중한 사료가 되었으나, 현재 전하지 않는다. 생몰 연대 미상.

651 짝 업는: 비할 데 없이 대단하거나 매우 심한.

652 人間 三十餘年: 단재는 1880년생으로 1916년 당시 나이로 치면 36세 정도이다.

「안이다. 그 눈물도 갑업나니라.」

「그러면 오직 나라 사랑이며 동포 사랑이며 대젹에 대한 의분의 눈물만 씀닛가?」

「그러니라. 그러나 그 눈물에도 眞假[653]를 골으느니라.」

이러케 밧고 차기로 말하다가 左右를 돌아보니 한놈의 平日 親舊들도 어대로부터 왓는지 문 압히 그득하더라. 이에 눈물의 졍구가 되는대 한놈의 생각에는 내가 가쟝 슷히 되리로다. 나는 元來 無情하야 나의 人間에 對하여 ᄲᅮ린 눈물은 몃 방울인가 세히랴.

— 김병민 편, 『신채호문학유고선집』, 연변대학출판사, 1993

653 眞假: 진짜와 가짜.

◎ 해설

단재는 「꿈하늘」을 1916년에 창작한 것으로 밝혀 놓았다. 그리고 "이 글을 꿈꾸고 지은 줄 아시지 마시고 곳 꿈이 지은 줄로 아시압소서"라고 하였는데, 이는 꿈의 형식을 갖고 있다는 말이다. 단재는 꿈속에서 님나라에 들어가는데, 이것은 역사에 대한 알레고리이다. 님나라는 단재의 상상 속에 새롭게 형성된 국가이다. 단재는 삼국사기, 삼국유사, 고려사, 해동역사 등의 역사서를 참조하였다. 단재는 역사 속의 실체로서 우리 옛조선을 님나라로 규정했다. 님나라는 단군을 비롯하여 을지문덕, 강감찬 등 역사적 인물들이 존재하고, 아울러 여러 선왕과 선현, 선민들로 구성되었다.

「꿈하늘」은 민족주의의 발현, 민족적인 '아'의 정립을 탐색하는 것이다. '한놈'은 여섯 동무와 길을 떠나지만 고됨벌, 황금산, 새암을 거치면서 동무들을 차례로 잃어버리고 혼자 남는다. 일곱째놈은 고통에서 떨어지고, 여섯째놈은 황금에서 떨어지고, 셋째, 넷째놈은 새암에서 떨어지고, 남아 있던 둘째, 다섯째놈도 체념과 좌절, 절망에서 나가떨어진다. 한놈은 어려운 위기를 극복하지만 유혹으로 인해 지옥에 떨어진다. 그러나 그는 강감찬을 통해 자아를 발견하고 능동적이고 적극적인 주체로 거듭나서 지옥을 빠져나와 님나라로 향한다.

단재는 지옥과 같은 현실에서 위기를 극복하고 깨쳐 나올 이로 화랑을 택하였다. 한놈은 님이 설시한 '도령군'을 찾아간다. 한놈은 조선의 개개 민중이요, 민족이며, '도령군 놀음곳'은 바로 위난의 시대에 백성들이 합치하여 국난을 이겨낸 역사의 현장이다. 한놈이 '도령군 놀음곳'에 이르는 것은 실의와 좌절을 극복하고 참된 주체에 이르는 희망과 극복의 통과제의인 것이다. 여기에서 님나라와 지옥, 고됨벌, 황금산, 도령군 놀음곳 등은 꿈과 더불어 비유적 기능을 한다. 한놈은 또 다른 자아들과의 내부적 투쟁을 통해 또는 풍신수길과 같은 외부세계와의 싸움을 통해 자신의 정체성을 확인한다. 그는 마침내 온갖 고난을 무릅쓰고 참된 역사의식을 지닌 주체로 정립되는 것이다.

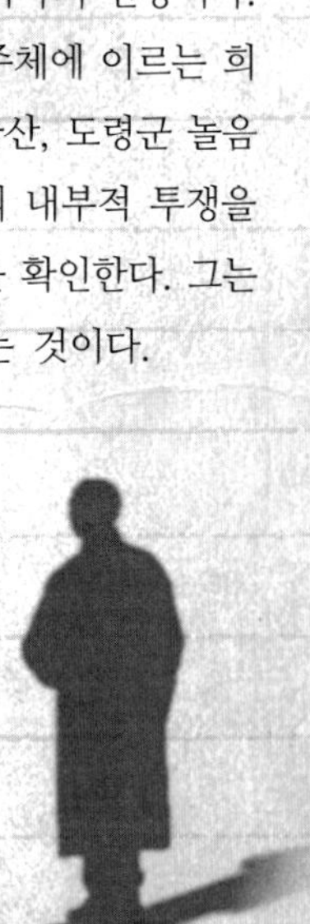

百歲老僧의 美人談[1]

一

「두만강 물에 말을 씻고 백두산 돌에 칼을 갈어 적군을 토평하리라.」[2]의 호기로운 노래를 불우던 남이(南怡) 장군은 그 안해 권씨가 얼골과 자태만 절대 미인일 쁜더러 또한 장군에게 지지 안할 총명과 지혜를 가진 부인이라 남이장군이 매오 사랑하얏다. 장군이 언제는 니웃의 동무 두 사람과 함씌 서울 동대문 박 호국사란 절에 놀러 나아가 니야기가 자기의 안해자랑에 밋처

「내 안해는 그 외양만 사랑할 만할 쁜 안이라 그 속마음ᄶᅡ지도 쳘셕 갓하 참 미들 만한 녀자라.」

고 자랑하니 그 두 동무도 장군과 갓흔 미인의 안해를 두엇던지 덩달너 각기

「내 안해도 남만 못한 녀자는 안이라.」

고 자랑하얏다. 그리하야 내 안해가 나으니 네 안해가 나으니 내 안해가 미들만 하니 네 안해가 미들 만하니 하며 한창 말다톰이 되는데 머리ᄶᅡᆨ기에 게을네 눈빗 갓흔 머리털이 더펄더펄하게 두 귀를 더픈 늙은 중이 그 겻테

---

1 이 작품 역시 자필 유고로 있다가 『룡과 룡의 대격전』(조선문학예술총동맹출판사, 1966)에 소개되면서 알려졌다. 그러나 북한 선집에 수록된 작품은 상당 부분이 누락되었으며 또한 일부 추가, 각색 및 편집이 이뤄졌다. 단재신채호전집편찬위원회에서는 북한 선집의 문체 일부를 국한문체로 바꿔 『단재신채호전집(보유)』(형설출판사, 1975)에 수록했다. 당시 제목도 「百濟 老僧의 美人談」으로 잘못 소개하는 등 문제가 있었다. 그런데 단재의 「백세 노승의 미인담」은 김병민의 『신채호문학유고선집』(1994)이 소개됨으로써 전모가 드러났으며, 국내에서는 김주현에 의해 『백세 노승의 미인담(외)』(도서출판 범우, 2004)에 소개되었다. 『단재신채호전집 제7권 문학편』(한국독립운동사연구소, 2008)에는 이 작품의 북한 선집본과 김병민 선집본이 나란히 실려 있다.

2 남이의 「北征」, 즉 "白頭山石磨刀盡 豆滿江波飮馬無 男兒二十未平國 後世誰稱大丈夫"라는 시를 일컬음. 남이는 이 시를 「수군 제일위인 이순신」, 「천희당시화」에서도 언급하고 있다.

서 듯다가

「남자가 잘나면 역적질을 하고 녀자가 어엽부면 서방질[3]을 합니다. 서방들은 어엽분 안해를 밋지 마시오.」

하며 깔깔 웃는다. 그 중은 나히 몟친지 모르나 중으로 그 절에 와서 룩십여 년을 지냇스니 적어도 백 살은 되얏겠다고 하는 늙은 중이라. 그의 귀와 눈은 쇼년갓히 발그며 안즈면 나미타불이나 찻으며 만법개공(萬法皆空)[4]의 진리를 깨달란노라고 졔가 졔 일홈을 오공화상(悟空和尙)이라고 지은 중이라. 그러나 중을 천대하는 시절에 아모리 늙은 중일지라도 이갓히 남의 말숫헤 토다는[5] 당돌한 중을 누가 용서하리오. 일행 세 사람이 일제히 노하야

「서방님네의 말숫헤 중놈이 무삼 참견이냐?」

고 주먹을 들어 치랴한즉

「녜, 로승이 죽을 죄를 지엇습니다마는 서방님네의 말을 듯다가 지난 일이 감촉되야[6] 죄 짓는지를 몰으고 죄를 지엇습니다. 용서하시면 로승이 미인의 안해 까닭에 중된 니야기를 하겟습니다.」

남이장군은 서격서격한 호반[7]의 자뎨라, 그 말을 듯고 두 사람을 달내고 로승의 언권(言權)을 허락하얏다. 그리하야 제 신셰를 진술하는 숫헤 력사상에 싸아진 송도 말년의 조선 몽고 중국 세 민족의 이목을 놀내던 대사건이 로승의 입부터 다시 알게 되얏다.

二

「로승이 중 되기 이젼에는 전답도 만코 다른 재산도 상당하게 가젓던 고려 쌔 부귀가의 아들이엿습니다. 십칠 세에 송도에 유명한 재상 황씨의 쌀과

---

3 서방질: 자기 남편이 아닌 남자와 정을 통하는 짓.
4 萬法皆空: 우주 만물의 법도가 다 상천에 자제한다는 뜻이니 불교에서 나온 말.
5 토다는: 토(吐)다는. 어떤 말 끝에 그 말에 대하여 덧붙여 말하는.
6 감촉되야: 感觸되야. 외부의 자극이 피부 감각을 통하여 전해지고 느껴져.
7 호반: 虎班. 곧 무관(武官)의 반열.

결혼하얏습니다. 어리석은 놈이 제 계집을 자랑한다 하니 로승도 어리석어 그런 줄 몰으나 아모커나 로승의 눈에는 그 뒤에 그때 로승의 안해이던 황씨 갓흔 미인은 보지 못하얏습니다. 세상에서 흔히 얼골만 반반한 계집이면 미인이라 합듸다마는 황씨는 이마 머리씃부터 발굼치까지 미인 안인 곳이 업엇습니다. 그 갓흔 미인의 안해를 가젓던 로승이 웨 중이 되얏겟습니가?

고려때에는 중이 매오 존귀하얏습니다. 그러나 로승은 그 존귀를 위하야 중이 된 놈이 안입니다.」

말이 이에 미처서는 한숨을 쉬고 눈물을 두어 줄 흘으더니 다시 말을 게속한다.

「서방님네가 고려사(高麗史)를 보섯스면 고려 말년에 몽고의 압제 밧던 사실을 알으시리라. 그때에 몽고가 강셩하야 중국을 먹을 뿐이 안이라 중국의 북방으로 나아가아 멧십 국을 먹엇습니다.

몽고의 젹병이 고려에 침범하매 처음에는 송도 군신들이 전력을 다하야 방어하얏습니다. 몽고가 아모리 강하다 하나 만일 상하가 화목하야 방어를 잘하야 왓으면 나라가 안전하얏슬는지도 몰을 것입니다. 그러나 이때는 문무당(文武黨) 싸홈 씃치요, 최씨가 세도[8]하는 판입니다. 그리하야 문신과 무신이 서로 잡어먹으랴 하여 황실과 최씨가 서로 잡어먹으랴 하야 마침내 서로 몽고의 세력을 끌을어 자긔 미운 파를 업시하랴[9] 하얏습니다. 그리하야 최씨가 망하고 무신이 망하고 그박에도 망한 놈이 만흡니다. 그러나 필경에는 너나 할 것 업시 다 망하게 되얏습니다.」

「몽고가 고려를 침범한 지 六十 년만에 마침내 그 내란을 인하야 고려 경치에 간섭하게 되얏습니다. 말이 간섭이지 어늬 무엇을 간섭하지 안한 것이 업서 백셩이 다 죽게 되얏습니다. 그러나 그 가운대 가장 압흐고 쓸이고 북그러워 말할 수 업는 일은 곳 녀자의 략탈이엇습니다. 몽고 황제가 자긔의

8 세도: 勢道. 정치상의 권세. 또는 그 권세를 마구 휘두르는 일.
9 업시하랴: 기본형은 '업시하다'. 곧 없어지게 하다의 옛말.

짤 한아씩을 뽑아 우리 님금의 황후로 주고는 그 갑세 전국 녀자를 일 년에 도 멧십 명씩 쏩아다가 자긔의 황후나 쳡이나 또 그 왕공귀인의 안해나 쳡을 맨듭니다. 몽고 태조 셩길사한(成吉思汗)[10]이 죽을 째에 자긔의 어든 짱이 동에서 셔에 가기가, 남에서 북에 가기가 각기 한 해 길이라 하얏으니 그러면 이 하늘 아래에 륙지가 접한 곳은 몽고짱 안한 곳이 업섯슬 뜻함니다. 고려는 나라 일흠[11]이 잇섯스니 몽고황제의 짱이라 할 수는 업섯지만, 엇지하야 녀자는 고려의 녀자만 쌔아서 가랴하던지 몰으겟습니다. 아마 미인이 우리나라에 가장 만하던 까닭 갓습니다. 해마다 처녀를 쌧으러 나오는 사신이 옴니다. 고려사에도 대개가 긔재되얏지만 그 사신이 나오는 째에는 왼 나라 사람이 모다 놀냄니다. 말은 처녀를 쌧아간다 하지만 실상이야 처녀쌘이겟슴니가. 어엽부기만 하면 남의 유부녀라도 쌔아서 감니다. 그러므로 짤을 나면 숨기어 키울 쌘 안이라 사람마다 그 안해를 쌔앗길가 하야 문박게를 못 나아가게 하얏습니다. 녀자가 내외한다 하고 남을 보지 안는 풍속이 그째부터 낫습니다. 몰으는 사람들은 이것이 우리나라의 풍속이 고래부터 그런 줄 알며 혹은 유교의 례법이 셩행하면서 녀자를 규방에 가두기 시작한 줄 아나 이는 다 사실이 안임니다. 로승은 그째에 더욱 어엽분 안해를 가진 까닭에 더욱 공구[12]가 만헛습니다. 그리하야 엇지 내 안해의 얼골을 박색[13]을 맨들고 하는 생각이 나며 단장과 수식 갓흔 것을 못하게 하나 그 련연한[14] 미색이야 변할 수 잇슴니가? 깁흔 방에 가두고 남이 못 보게 하지만 그러나 그것도 쓸대업섯습니다. 아모의 안해는 절대 미인이란 소문이 불길갓히 올나왓습니다……」

---

10 成吉思汗(1162~1227): 칭기즈칸. 몽골 제국의 제1대 왕. 몽고족을 통일하고 이 칭호를 받아 몽고제국의 칸이 되었다. 중앙아시아를 평정하는 한편, 서양 정벌로 동서양에 걸친 대제국을 건설하였다. 재위 기간은 1206~1227년이다.

11 일흠: 이름.

12 공구: 恐懼. 두려움, 공포.

13 박색: 아주 못생긴 얼굴, 추녀.

14 연연한: 娟娟한. 아름답고 어여쁜.

三

그리하야 재산 얼마를 팔아 금은 주옥 갓흔 경보[15] 등속을 맨들어 가지고 길을 써낫습니다. 그때에는 매양 서북방의 관계가 만하 셰가[16] 자제들이 아희 때부터 몽고말 중국말들을 배우던 때라 로승도 중국말도 알고 몽고말도 알므로 아모 어려운 일 업시 몽고 황제의 서울인 북경까지 갓습니다.

북경에는 갓지만 북경 멧십만 호에 어늬 집에 내 게집이 들어 안진지 알겟습니가. 잡히어 가기는 사신에게 잡히여갓지만 사신의 잡아간 게집들이 황궁에 들어가 황후 되는 수도 잇고,[17] 혹 후궁에 들어가 고향산천을 바라보고 눈물을 뿌리며 청춘을 그대로 보내기도 하니 내 게집이 황궁으로나 들어가지 안하얏는가? 만일 황궁에 들어가기만 하얏으면 설영[18] 황제의 눈이 멀어 손으로 맨저[19] 본다 할지라도 아마 황후나 황비가 되얏을 터인대 그러나 그 중의 일을 알어본즉 당시의 황비가 고려 녀자라 하나 로승의 게집은 안입듸다. 어늬 귀인의 처나 첩이 되얏는가 하나 하다만흔[20] 귀인에 어느 귀인인지 알 수 잇습니가? 그것을 알기 위하야 일 년 동안이나 북경에 체류하얏습니다. 그러나 잘못하다가 소문이 나면 게집 잇는 곳을 알기 젼에 내 목숨부터 떨어질 념려가 잇서 자조 려관을 옴기여 가며 비밀히 탐문하너라고 가저간 금은만 소비하고 게집 잇는 곳은 몰낫습니다.

---

15 경보: 輕寶. 몸에 지니고 다니기에 편한 가벼운 보배.
16 셰가: 勢家. 세력 있는 집안.
17 황후 되는 수도 잇고: '기황후'가 그런 경우이다. 기순녀는 공녀로 원나라 조정으로 보내져, 1333년 고려 출신의 환관 고용보(高龍普)의 추천으로 궁녀가 되었다가 나중에 혜종의 황후가 되었다. 북원(北元) 소종(昭宗)의 생모이다.
18 설영: 設令. 설사, 가령.
19 맨저: 만져.
20 하다만흔: 하고많은, 많고 많은.

四

「연산설화대여석(燕山雪花大如席)[21]이라 한 말과 갓히 째는 십월 초순인대 주먹 갓흔 눈이 펵펵 소다집니다. 로승이 려관 한상[22]에 늡엇다가 창박게를 내다 보고 깜짝 놀래여

「아아, 저 눈이 나 올 째 오던 눈이 안이냐?」

하고 벌쩍 일어나서 손을 곱아 보니 쏙 북경 간 지가 일주년[23]이 되얏더이다. 속이 답답하야 견댈 수 업서 대문박그로 나아가 큰길로 향하얏습니다. 길에서 엇던 남여[24]를 탄 여자를 만낫습니다. 녀자라면 행길에 걸어가는 녀자라도 혹시 내 안해가 안인가 하야 세 거름에 한 번씩 발을 멈추고 돌아보는 째인데 하물며 남여 탄 녀자겟습닛가. 그리하야 남여의 류리창으로 가만가만 여웃보앗스나[25] 내 안해는 안닙듸다. 할일업시 한숨을 짓고 도라서랴 하는 판인대 남여 안에 안진 녀자는 몽고말로 하인에게 남여를 나리어 노라 하더니, 다시 고려말로 로승을 령감님이라 불읍듸다. 그 소리에 엇지 반갑던지 달녀들어 재셰히 보앗습니다. 그러나 누구인지 알 수 업습듸다. 그 여자는

「령감님이 나를 니즈셋나요?」

하며 인사를 하나 주제주제하고[26] 대답을 못하얏습니다. 흥 남자나 녀자나 잘 먹고 잘 차리면 아조 싼 사람이 되는 것입니다. 다시 살피어 보니 다른 녀자가 안이라 로승의 집에서 부리던 녀종입듸다.

「아이고. 네냐 아조 몰라보게 되얏고나.」 한즉

「소녀는 얼골이나 몰라보게 되얏지만, 아씨는 마음싸지 몰으게 되얏습니다.」

그 말이 쯧이 잇는 말이지만 그째에 그런 말을 색이여[27] 듯지 못하얏습니

21 燕山雪花大如席: 연산의 눈꽃송이가 방석만 하다는 뜻으로, 이백의 시 「北風行」의 한 구절.
22 한상: 寒床. 차가운 평상.
23 일주년: 一週年, 한 해가 되는 날.
24 남여: 藍輿. 籃輿. 덮개 없는 의자와 같은 가마.
25 여웃보앗스나: 엿보았으나.
26 주제주제하고: 주저주저하고.
27 색이여: 새겨.

다. 그래서 그 녀종에게 황씨가 곳 당시에 황제의 충신으로 유명한 몽고장수 차손다다의 부인이 되야 고국생각을 니즐만치 된 안락에 빠아지고 녀종은 그 집의 비자[28]로 쏘한 상당한 영화를 누리는 줄을 재세히 알앗습니다.

「어더케 하여야 아씨를 만나 보겟느냐?」

「아씨는 맛나 무엇을 하랍니가? 이 길로 곳 고국으로 돌아가십소서. 고국으로 돌아가시지 안하다가는 황천[29]으로 돌아가시리다.」

「황천으로 돌아갈지라도 아씨를 맛나보고야 돌아가겟다.」

한즉 그 녀종이 한참이나 무엇을 생각하더니 당장 얼골빗치 새파래지며 로승의 수죄[30]를 합디다.

「령감 들으시요. 산아희란 것이 무엇으로 산아희라 하압난닛가. 적국이 내 나라에 침입하면 칼 들고 활 메이고 젼장에 나아가서 적병을 물니치고 개선가[31]를 불으며 돌아오거던 그의 안해는 낫에 봄빗을 쓰고 나아가 맛게 하거나, 그러치 못하면 차라리 젼장에 싸우다가 죽어 바리어 울긋불긋한 피 두루막이 입은 송장으로 돌아오거든 그의 안해가 눈물을 쑤리며 나아가 맛게 하는 것이 산아희의 일이 안임니가. 적국의 졍복을 바더 죽도 사도 못한 몸이야 제 게집이나 빼앗기지 안하랴고 깁히깁히 도량[32] 속에 가두어 노코 그 속에서 부처[33]의 행복을 누리랴 하얏스니 네가 무삼 산아희냐?

게집이 그러케 악갑거던 게집을 빼앗길 때에 당장에 칼을 빼여 게집 빼아서 가는 놈의 목을 질으거나 그러치 못하면 그 칼에 자살함이 산아희의 일이어늘 「인제 가면 언제 볼가」 가련한 노래나 불우고 그 악가운 게집을 남의 품안에 들어가도록 하얏스니 네가 무삼 산아희냐?

게집이 아모리 중대하지만 네 게집 이외에 게집보다 중대한 것을 얼마나

28 비자: 婢子. 여자 종.
29 황천: 黃泉. 저승.
30 수죄: 數罪. 죄를 들추어 세어 냄. 여기에서는 책망한다는 뜻.
31 개선가: 싸움에서 이기고 돌아올 때에 부르는 노래.
32 도량: 북한 선집에는 '도장'으로 표기하고, '뒷방의 사투리'라고 설명함.
33 부처: 夫妻, 곧 부부.

쌔앗기엇느냐? 나라 안에 모든 것을 다 쌔앗기고도 차즐 줄을 몰으면서 엇지 게집 차즐 줄은 아느냐? 네가 무삼 산아희냐?

게집을 쌔앗길 때에 쌔앗기지 안할 힘이 업선슨즉[34] 게집을 일흔 뒤에 차질 재조가 무엇이냐? 그런 지각도 업시 산을 넘고 물을 건너 만리타국에를 나온단 말이냐? 네가 무삼 산아희냐?

게집의 잇는 곳을 알엇다 하자. 안인 밤에 담을 넘어 들어가 등에다 부듯처 업고 도망하겟느냐? 이러케 생각하얏스면 참 딱한 생각이다. 네가 무삼 산아희냐?

남자도 게집을 사랑하다가 더 어여분 게집을 보면 마음이 변하듯이 여자도 본서방보다 더 산아희다운 산아희를 보면 본서방을 닛는 것이다. 하물며 너는 제 게집을 쌔앗긴 놈이 되고 차손다다 장군은 남의 게집을 쌔아슨 놈이 되얏는대 게집의 생각에 엇던 놈을 산아희로 보겟느냐? 그 게집을 보랴고 왓스니 네가 무삼 산아희냐?

산아희 안인 산아희놈이 엇지 게집은 아느냐? 네가 무삼 산아희냐?

네 생명을 보전하랴거던 곳 이 길로 돌아 나아가거라. 그러나 나는 모른다. 네 마음대로 할 것이다. 나는 간다. 네가 무삼 산아희냐?」

이러케 일장 수죄[35]를 하고는 고만 하인을 불으더니 남여에 올라 안저 갑듸다. 지금에 생각하면 그때 그 녀종의 말이 귀귀관주(句句貫珠)[36]요, 자자비뎜(字字批點)[37]이올시다. 로승이 졍신이 부족하야 낫낫이 생각이 안납니다마는 아마 만고문장이라도 그보다 더 용한[38] 명작(名作)이 업슬 것임니다. 그러나 그때에는 저런 죽일 년이 잇는가. 내 옷 입고 내 밥 먹고 내 집에서 잘안 년이 나를 이다지 욕을 보이는고나. 분이 장박이[39]부터 발굼치까지 쎄

34 업선슨즉: 없었은즉. '업섯슨즉'의 오식으로 보임.
35 수죄: 數罪. 범죄 행위를 들추어 셈.
36 句句貫珠: 글귀마다 최고 점수란 뜻. 옛날에 시관이 채점할 때 최고 점수를 주는 것을 글줄 머리에 동그라미 세 개를 그렸는데 이것을 관주라고 하였다.
37 字字批點: 글자마다 점수를 준다는 뜻. 시판이 채점할 때 잘된 글에는 글자 옆에다 붓 끝으로 점을 찍었다.
38 용한: 기본형은 '용하다'. 뛰어나고 장하다.

치도록 낫지만 그러나 이 경위[40]에 빠아진 까닭에 이런 욕을 당하는 판이니 무삼 회답을 하릿가. 아모 말업시 우득한이 섯다가 려관으로 돌아왓습니다. 게집 차질 생각은 이대로 날어가고 엇지하면 그 녀종을 죽일가 하는 생각쑨이엿습니다. 그러나 그는 잠시 동안이오, 엇지 내 안해를 맛나보나 하는 마음이 다시 불 일어나듯 하야 홀로 방안에서 건일다가[41] 다시 「아이고」 하고 한숨 쉬이며

「나를 대면하야[42] 그갓히 욕하는 년이 의례히 차손다다 장군을 맛나면 내가 왓다고 고백하겟지? 고백만 하면 나는 어늬 귀신이 잡아가는지 몰으게 잡아다 죽이겟지? 그러나 당면하야[43] 나를 욕하얏스면 그만이지 무삼 원수가 잇다고 고백까지 할가? 그러나 세상일은 몰라?」

하고 공구한[44] 마음에 행장을 풀어 그 가운대 금은 등속을 가지고 그 밤중에 옴기엇습니다.

五

황금이 잇스면 귀신도 부린다더니 그 말이 참말입듸다. 차손다다 장군의 집을 이믜 안지라 황금을 주고 그 집의 문방하인을 사귀어 차손다다 장군의 입직한 날을 타아 깁픈 밤에 그 집을 들어가 그 하인의 지도로 차손다다 장군 부인의 침방으로 향하얏습니다. 혹시나 그 못된 녀종에게 들키지나 안이할가 하야 거름거름 멈침하며[45] 열어[46] 중문을 지나 부인의 침방문 압헤 가서 지도자[47]는 도로 나아가고 로승이 홀로 문틈으로 들이여다 본즉 촉불은

---

39 장박이: 장배기. 정수리의 사투리.
40 경위: 經緯. 북한 선집에는 '경우'로 제시됨. 놓여 있는 조건이나 사정.
41 건일다가: 거닐다가.
42 대면하야: 對面하야. 얼굴을 마주 보고 대하여.
43 당면하야: 當面하야. 바로 눈앞에 당하여. 대면하여.
44 공구한: 恐懼한. 몹시 두려운.
45 멈침하며: 멈칫하며.
46 열어: 여러.
47 지도자: 길을 이끌어 안내하던 사람.

낫 갓흔대 복색은 달으나 얼골이 의구한[48] 내 안해가 그 압헤 안저 무삼 책을 봅듸다. 곳 문을 부시고 들어가 움키여 안고 십지만 방문을 두다리엇습니다. 소위 전날의 내 안해이던 이때의 차손다다 장군의 부인 황씨 그 게집이 귀를 기울이더니

「게 누구이냐? 엽분이[49]냐?」

「엽분」은 곳 그 녀종의 일홈입니다.

「안이요. 나요.」

「내라니. 일홈 업는 「내」가 누구란 말이냐? 이곳에 고려말 하는 이는 엽분이박게 업는데 네가 누구이냐?」

「나요. 문을 좀 열으시오. 문을 열어보면 누구인지 알지요.」

「목소리는 익으나 생각이 안이 난다.」

하고 그 게집이 문을 열읍듸다. 방안에 썩 들어서며 반가운 마음에 손목을 턱 잡앗습니다. 그 게집의 마음에도 너무 뜻박기라 처음에는 한참이나 의심하는 눈으로 보다가 내종에는

「아이고. 이것이 누구인가요? 그러나 손목을 노으시요. 여긔가 어대임닛가. 령감의 살길부터 생각하여야 하지요.」

로승은 그래도 손목을 노치 안하얏더니

「노으시요, 노으시요, 대관절 엇지 된 일인가 말삼을 하시오.」

로승이 할일업시 잡은 손목을 노코 서로 작별한 뒤에 간절한 생각을 니기지 못하야 물불을 헤아리지 안코 차저온 말을 한즉

「그러면 이 깁흔 밤에 엇더케 들어왓습니가? 담을 넘어 들어왓습니가?」

너무 밧버 긴긴 말을 다할 수 업슴으로

「예. 담을 넘어 들어왓습니다.」

「아참. 몇 해를 갓히 살아지만 령감의 근력이 그처럼 대단한지는 몰낫습니

---

48 의구한: 依舊한. 옛날 그대로 변함이 없는.
49 엽분이: 예쁜이.

다. 그러나 나 시기는[50] 대로 하여야 살지, 그러치 안하면 목숨이 위태합니다.」

「아이고, 목숨이 다 무엇임닛가. 우리 부처가 맛나보앗스면 고만이지요.」

「맛나보기만 하면 무삼 리익이 잇습닛가. 살아야 장래를 보지요. 위선 저 협실로 들어가시요. 남의 눈에 쓰이면 큰일입니다.」

로승은 령문[51]을 몰으고 참으로 살 곳을 가라처 주는 줄로 밋고 협실로 들어갓습니다. 들어간즉 박그로 문 딱 장굽듸다.[52] 의심은 나지만 그래도 설마 내 안해가 나를 죽이랴 하얏습니다. 찬물 한 먹음[53] 못 먹고 가처 사흘을 지내니 차손다다 장군이 출직되얏습니다. 침방과 협실이 벽 한 겹을 새이한[54] 고로 무삼 말이던지 다 들이는대 그 계집이 반갑게 차손다다 장군을 영접하는 꼴입듸다. 밧고차기[55]로 무삼 니야기를 한참 하더니 그 계집이 말이

「고국서 본부가 차저왓습니다. 엇지할가요?」

「본부가 왓서요? 본부가 누구란 말이요?」

「본부를 모르시오? 고국에서 갓히 살던 남편이 차저왓서요.」

「그러면 쌀어 가오.」

그 말을 듯더니 그 요악한[56] 계집년이 고만 웁듸다. 울다가

「나를 그러케 쏘치랴면 웨 잡아왓소? 이 자리에서 나를 죽이시요. 어서 죽이여 주시요.」

차손다다 장군이 그 꼴을 보더니 고만 그 계집의 허리를 세여[57] 안은 꼴입듸다.

「그것은 작란의 말이다. 내가 죽을지언졍 너를 어대로 보내겟느냐?」

「작란의 말이요. 그런 작란의 말은 하는이 차라리 나를 죽이시요.」

---

50 시기는: 시키는.
51 령문: 영문. 일이 돌아가는 사정이나 형편.
52 장굽듸다: 잠급디다.
53 먹음: 모금.
54 새이한: 사이한, 즉 사이에 둔.
55 밧고차기: 받고채기. 말을 주고받거나 곁에서 채거나 하면서 농담이나 승강이질을 하는 일.
56 요악한: 요사하고 악한.
57 세여: '세게'라는 의미인 듯.

얼마동안 울며불며 하다가 다시 화락하야집듸다. 로승이 협실에서 보다 십이 그 광경을 들을 때에 죽기 무서운 마음은 어대로 가고 머리속만 확근확근합듸다. 차손다다 장군이

「그래, 그놈이 어대 잇다느냐?」

물은즉 대답이 업스니 아마 손으로 협실을 가라치는 쏠인 듯합듸다.

「그놈이 엇더케 하야 협실에까지 와 잇느냐?」

한즉 밤에 담을 넘어 들어온 것을 유인하야 가둔 니야기를 합듸다. 장군이 한참 그 게집의 지략을 칭찬하더니

「그러나 그놈이 담을 넘어왓으니 힘이 장사인 것이로고.」

하며 칼 찬 장사 멧을 불우더니

「여긔 힘센 도적 한아를 잡아 협실에 가두엇스니 잡아다가 저 건너 뷘방에 가두어라. 이따위 놈은 관가에까지 알닐 것 업다. 집에서 죽이지.」

그 말이 써러지자 협실의 채운 문을 열고 로승을 쓰느다가 그 말대로 건너 뷘방에 가두고 담 넘어 들어왓다는대 놀냄인지 문의 위아래로 좌우로 못을 치고 쇠사슬로 얼어[58]놉듸다.

六

「죽기는 죽엇다만 분하야 엇지 죽나. 죽음이 분한 것이 아니라 그 게집을 살니어노코 내가 죽나.」

협실에서 건너방으로 이수되야 홀로 안저 겨을에 잘은[59] 낮을 기나긴 여름날갓히 보내고 밤을 당하얏는대 침방으로부터 년놈의 웃는 소리, 니야기하는 소리, 하인 불우는 소리, 문 여닷는 소리가 한아도 빠아짐업시 귀창으로 들어옵디다. 얼마만에야 인적이 괴괴하야집듸다. 인제는 다 자는가 보다.

58 얼어: 얽어.
59 잘은: 짧은.

문을 차고 나가고 십지만 쇠사슬을 엇지할 수 업고 벽을 문늬고[60] 나아가랴 하나 송도의 궁장[61]갓히 둣터운 벽을 어늬 장사가 문늬리오. 방속에서 그 추운 날이지만 열이 나서 홀로 호도독거리는[62] 판에 문박에 인긔척 소리가 나더니 모긔소리만한 소리로

「주무십니가?」

하는 뭇는 말이 들닙듸다.

「누구이냐?」 한즉

「엽분이올시다.」

「엽분이! 엽분이가 무삼 일로 나를 찻느냐?」 한즉

「목소리를 나지막이 하옵소서. 얼마나 배가 곱으심닛가.」

이 지경에 배곱븐 생각이 다 무엇이냐고 대답하얏지만 실상은 배곱버 죽을 지경이라 음식이 눈이 번하게 보이엿슴니다. 창문역[63]으로 먹을 것을 들이기에 줄인 범이 무엇 바더 먹듯이 낫낫히 바더 입에 털어 너흐니 살 것 갇습듸다. 먹고 나서는 엽분에게 무수히 치사하얏슴니다.

「나는 일젼에 네가 그갓히 올흔 말 하는 것을 그때에는 죽으랴고 눈이 뒤박구엿던지[64] 너를 원수갓히 보앗다. 인제는 네가 산아희보담 훌륭한 녀자인줄 알겟다. 엇더케 나를 좀 나아가게 하야다고. 나아가기만 하면 내가 너의 은혜를 닛겟느냐?」

「은혜요. 그런 말삼은 말으옵소서. 손네[65]가 본래 어려서부터 무의무탁한[66] 년으로서 령감마나님[67]의 은덕을 입어 살어왓는데 돌이어 령감마난님이 손네의 은혜를 갑넌다 하심닛가? 일젼에 손네가 졸디에 무엄한 말삼을 하야

60 문늬고: 무누고. 무너뜨리고.
61 궁장: 宮牆. 宮墻. 궁궐을 둘러싼 성벽. 궁궐의 담장.
62 호도독거리는: 심장이 빠르게 뛰거나 마음이 자꾸 떨리는.
63 창문역: 창문 녘. 창문 쪽.
64 뒤박구엿던지: 뒤바뀌었든지. 보다 정확한 표현은 '뒤집혔든지'가 된다.
65 손네: 쇤네. '소인'을 낮추어 부르는 말. 이 이후에는 '쇤네'로 나오는데, 원래부터 그러한 것인지, '손네'가 '쇤네'의 오식인지는 분명하지 않다.
66 무의무탁한: 無依無托한. 의지하고 맡길 만한 곳이 없는.
67 령감마나님: '영감마님'을 높여 이르는 말. '영감'은 지체 높은 사람을 말함.

령감마난님에게 득죄하얏습니다마는 인제는 령감마난님이 엇더케 생각하심닛가?」

「네가 부처님갓히 보이고, 네가 하던 말을 부처님의 말보다 더 거룩하게 안다.」

「안이올시다. 쇤네가 젼일에 살외운[68] 말을 엇더케 생각하느냐고 뭇는 말이 안이올시다. 인제도 다시 아씨를 생각하시며 이 문을 열고 나오실 수 잇다 하면 엇더케 하겟습니가?」

「이 방문박게 나설 수만 잇다면 내가 죽더라도 그 년놈이야 죽이고 말 것이다. 만일 그대로 내 목숨을 보젼한다 하면 이는 참말로 네 말과 갓히 산아희란 일홈을 떼여놋는 날이다.」

「올케 생각하셧습니다. 쇤네가 발서 이 못을 떼고 쇠사슬을 끌고 자물쇠를 열을 제구를 다 가졋습니다.」

합듸다. 남자에 협객이 잇느니 렬사가 잇느니 하여도 어데 엽분이 같은 이가 잇겟습니까? 그 말을 맛히고[69] 집게로 못을 빼고 쇠사슬을 끌으며 열쇠로 잠을쇠를 열읍듸다. 그리 하자니 엇지 소리가 안 낫겟습니가마는 텬행으로 발각이 안이 되얏습니다. 그리하야 함정에 든 범이 살아나왓습니다. 다시 엽분이가 훔쳐온 칼을 어더 손에 들고 그 년놈이 씨여안고 자는 침방으로 들어가니 촉불이 환합듸다. 송도 당시에 어늬 남자이고 검술을 몰으는 남자가 업셧습니다. 로승은 소년시졀에 더욱 검술로 유명하얏셧습니다. 검술에 익은 손으로 원쑤를 만낫스니 서투루게 할 리가 잇습니가? 칼을 잡고 바로 차손다다의 올흔짝 머리빼 밋흘 질러 한칼에 끽소리도 못하고 죽습듸다. 칼을 빼여 그년을 죽이랴 하나 아 미인이란 것이 참 요물입듸다. 차손다다가 소리도 업시 죽엇지만 그 계집이 곤하게 든 잠결에도 무엇이 감촉이 되얏는지 깜짝 놀래여 닐어 안는대 촉불에 비추는 달 갓흔 얼골 옥 갓흔 살

68 살외운: 사뢴.
69 맛히고: 마치고.

빗 형용할 수 업시 긔묘한 눈맵씨가 사람의 정신을 홀이여

「아이고. 내 손으로 저것이야 엇더케 죽이나, 차라리 이 칼로 내가 자살하지.」

생각이 닐어나며 칼 잡은 손이 살으르 풀어지는 듯합듸다. 그러나 마치 의협 녀장부 엽분의 책망이 나리는 것갓히 용기가 와락 나아 참아 그 칼로 그 목을 쳣슴니다. 그러나 지금까지도 말이나 맷 마듸 물어보고 죽이엇더면…… 하는 생각이 각금 남니다. 한칼에 두 사람을 죽이고 나서니 눈과 달이 빗츨 새워 낫[70] 갓흔데 사방이 괴괴하고 엽분이만 뜰에 섯습듸다.

「너도 나를 짤아 갓히 가자.」 한즉

「갓히는 고사하고 혼자 나아갈 수는 잇슴니가?」

로승은 황금 먹은 문직이가 그대로 잇는 줄로 밋고

「대문으로 나아가자.」

대답하얏슴니다.

「문직이는 대문에 밤을 새워 직힘니다.」

하거늘 대강 그 들어올 때의 니야기를 한즉

「아이고. 령감 들어와 협실에 가두이신 그날 밤에 그 문직이들은 어대로 인지 달아나고 싼놈들이 세 놈이나 서서 직힘니다.」

그 말을 들으매 나아갈 길이 망연하대 엽분이는 그 집안의 모든 것을 자셰히 아는 고로 어대서 새다리[71]를 가저옵듸다. 고만 새다리를 노코 담을 넘어랴다가 내가 니즌 일이 잇다 하고 다시 그 시신방[72]으로 들어가 손가락에 피를 씩어 벽에다 죽인 사실을 대강 적고 그 밋헤 로승의 속성명을 쓰고 담에 올나 엽분이의 짤아오기를 재촉하니 엽분은 올라오지 안코 로승의 가진 칼을 던저주면 잠간 쓸 일이 잇다 하기에 황망 중에 깁히 생각하지 못하고 칼을 던젓슴니다. 칼을 바든 엽분은

---

70 낫: 낮.

71 새다리: 사다리.

72 시신방: 김병민 선집에는 '사신방'으로 제시되었지만, 북한 선집에는 '시신방'으로 되어 있어 그렇게 제시했다. 내용상 '시신이 놓인 방'을 의미하는 것으로 보인다.

「한 사람도 다라나기가 어려운대 엇지 두 사람이 갓히 갈넛가.」

하더니 그 칼로 목을 질너 죽읍듸다.

七

엽분이를 서방님들은 이러케 죽엇다고 충비(忠婢)[73]로 아시리다. 안이올시다. 충비가 다 무엇임니가? 엽분의 눈에 내 나라의 님금도 업고 남의 나라의 황제도 업섯습니다. 하물며 상전이 다 무엇임니가? 그러면 엽분이 누구를 위하야 자살하얏느냐? 이것은 로승이 잘 알읍니다. 위선 엽분의 사적부터 대강 이야기하리이다.

로승의 아비가 고려의 평장사로 잇섯습니다. 평장사는 지금의 령의정임니다.

어늬 해 흉년에 로승의 아비가 길에서 엇던 녀자가 죽어 잡버젓는데 어린 계집아이가 그 어미 송장에 매달리어 우는 것을 보고 불상히 넉이여 그 송장을 무더주고 그 계집아이를 달니어다가[74] 길으며 얼골이 절묘함으로 엽분이라 일흠을 지엇습니다. 아비가 엽분의 령리함을 사랑하야 글을 가리처 로승과 함씌 한 등잔 미테서 글을 읽엇습니다. 언제는 「국조고사」[75]를 읽다가 엽분이가 윤관(尹瓘)[76]을 영웅이 안이라 하얏습니다. 아비가 그 리유를 물은즉

「녀진(女眞)[77]은 우리나라를 복종하는 종이오, 계단(契丹)[78]은 우리나라를

---

73 忠婢: 주인에게 충실한 여종.

74 달니어다가: 데려다가.

75 국조고사: 國朝故事. 나라에서 지난 일을 기록하여 두는 사기. 조선 시대에도 역대왕의 휘(諱)·재위연수·생수(生壽)·능묘(陵墓) 등 인적 사항과 각 왕대에 일어났던 중요사실을 뽑아 수록한 국조고사가 있다. 김병민 선집에는 '국고조사'로 오식.

76 尹瓘(?~1111): 고려 예종 때의 장군. 어사대부·한림학사·이부상서 등을 지내고 1107년(예종 2)에 여진 정벌을 하고 구성(九城)을 쌓았다.

77 女眞: 10세기 이후 만주 동북쪽에 살던 퉁구스계의 민족. 수렵과 목축을 주로 하였는데, 한(漢)나라 때에는 읍루, 후위(後魏) 때에는 물길, 수나라와 당나라 때에는 말갈이라 하였다. 발해가 망한 후에 거란족의 요나라에 속하였다가 아골타(阿骨打)가 1115년에 금나라를 세웠으며, 17세기에 누르하치가 후금을 세웠는데, 뒤에 청나라로 발전하여 중국을 통일하였다.

78 契丹: 거란. 5세기 중엽부터 내몽골의 시라무렌 강(Siramuren江) 유역에 나타나 살던 유목 민족. 몽골계와 퉁구스계의 혼혈종으로, 10세기 초 야율아보기가 여러 부족을 통일하여 요나라를 건국한 후 발해를 멸망시키고 고려에도 세 차례나 쳐들어왔으나, 12세기 초 금나라의 성장으로 말미암아

침범하는 도적인대 도적을 치지 안코 종을 친 것이 무삼 영웅임닛가?」

하고 엽분이가 대답하얏습니다. 아비가 매오 긔특히 녁이어 매양 의심나는 일이 잇스면 엽분이에게 물엇습니다. 물으면 서슴치 안코 당장에 판단을 나리고 그 말대로 하면 아모리 나라의 큰일이라도 잘못된 일이 업섯습니다. 몽고의 세력이 날로 침입하야 나라가 언제 망할지 몰을 시긔가 날로 닥치매 아비가 답답하야 엽분을 불너

아비; 엽분아 네가 비록 어린 게집아이나 어른보다 산아희보다 초등한[79] 게착[80]이 만흐니 엇지하면 나라를 구하겟느냐? 말하여 보아라.

엽분; 몽고군사가 륙지에는 잘 달리나 물에는 익지 못하야 젼일에도 서울을 강화로 옴기면 몽고가 다른 곳으로 단이며 로략을 할 섇이오, 강화는 들어갈 생의[81]를 못하얏스니 강화로 서울부텀 옴기어야 함니다.

아비; 강화로 서울을 옴긴다 하자. 몽고가 각처로 돌아단이며 백성을 살육[82]할 것이 안이야? 전국 백셩이 다 죽으면 강화 한 골로 나라노릇을 할 수 잇느냐?

엽분; 그러기에 서울을 강화로 옴기고는 싸워야 되지요.

아비; 싸우다니 과불적즁(寡不敵衆)[83]이라는대 적은 고려로 만흔 몽고를 엇더케 당하겟느냐?

엽분; 대감이 무삼 까닭에 고려는 적고 몽고는 만흔 줄을 아심닛가? 가령 몽고사람 백만 명이 잇다 하면 그 백만 명이 다 몽고임니다. 우리 고려는 백만 명이 잇다 하면 그 중에 량반이 잇고 노예가 잇고 상놈이 잇고 잡색[84]이 잇서 백만 명에 구십구만 명은 고려가 안이오 게오[85] 일만 명이 고려임니

세력이 약화되어 다시 부족 상태로 분열하였다.

79 초등한: 超等한. 월등한.

80 게착: 計策. 꾀나 방법.

81 생의: 生意. 생각.

82 살육: 殺戮. 사람을 마구 죽임.

83 寡不敵衆: 衆寡不敵. 적은 수효로 많은 수효를 대적하지 못함.

84 잡색: 雜色. 기타 온갖 종류(種類)의 사람들.

85 게오: 겨우.

다. 일만 명의 고려로써 백만 명의 몽고를 대적하게 됨으로 매양 「과불적중」의 한탄이 생기는 것임니다. 근일에 각도의 장수들이 몽고와 싸울 째에 노예문서(奴隸文書)를 불살으고 몽고만 텨 물니치면 노예도 량반의 동등으로 대위한다[86] 선언하야 싸움을 니기고는 노예문서를 다시 수미게 됨으로 상놈과 노예들은 다 랑망하야[87] 나랏일에 죽으랴 안함으로 싸우는 군사가 날로 저잔하니[88] 오늘에 전국의 노예문서를 업시하야 노예라도 공만 일우거던 놉흔 벼살을 줄 것이 제(一) 급무임니다.

세가대족[89]들이 아모 재조와 공로도 업시 선대에 바든 사파[90]짱을 가지고 그것도 부족하야 남의 짱을 쌔아서 안저 놀며 계집과 술로 세월을 보내다가 몽고가 들어온다면 먼저 달아나니 이짜위 귀인의 토지를 쌔아서 백셩에게 난우어주고 몽고의 방어에 힘을 쓰라면 전국 백성이 춤을 추며 달니어 올 것이니 이것이 제(二) 급무임니다.

우리나라는 바다로 둘은 고로 종고로[91] 해군을 두어 태조 문셩대왕[92]도 해군 대장으로 왕이 되지 안하얏습닛가. 근세에 서북의 방어에만 전력하야 해군이 아조 폐지되다십히 되얏스니 참말 가석한 일임니다. 직히는 놈 열이 도적놈 한아를 못 막는다고 進攻[93]을 피하고 방어만 하랴면 방어도 못됨니다. 오늘에 연해 각디에 군함[94]을 지어 해군을 설하고 바다를 건너 중국의 남방으로 들어가 송(宋)나라의 후예를 세워 몽고를 쏫는다면 중국 반폭이 모다 향응할[95] 것이니 해군부흥이 제(三) 급무임니다.

---

86 대위한다: 대우한다.
87 랑망하야: 落望하여. 희망을 잃고. 실망하여.
88 저잔하니: 쇠약해진다는 뜻.
89 세가대족: 世家大族. 대대로 벼슬하는 량반 대신의 집안.
90 사파: 賜牌. 고려·조선 시대 임금이 내린 문서. 곧 왕이 왕족이나 공신에게 전지(田地)나 노비를 하사할 때 딸려 주던 문서로 토지나 노비의 소유 기한 등을 규정한 것이다. '사파짱(賜牌田)'이란 것은 사패에 딸려 하사한 토지를 말한다.
91 종고로: 從古로. 예로부터.
92 태조 문셩대왕: 내용상 고려의 건국자 태조 왕건을 말하는 것으로 보인다. 궁예는 909년 왕건을 '해군대장군'에 임명하였으며, 이후 견훤의 수군을 궤멸시키고, 마침내 고려를 건국했다. 그런데 그는 '太祖 神聖大王'으로 '문성대왕'은 '신성대왕'의 오식으로 보인다.
93 進攻: 진격.
94 군함: 軍艦. 전투에 참여하는 모든 배. 군선.

북방의 녀진이 원래 우리나라에 복종하다가 금나라[96]가 망하야 스사로 대국이 되야 돌이어 우리나라를 멸하더니 이제 금나라가 망하야 몽고에게 복속하얏스니 그 중에 호걸들이 불복하야 매양 반긔를 드니 군사로 녀진을 원조하야 금나라의 일흠을 회복하게 하면 녀진이 또한 응종할[97] 것이니 북방의 경영이 제(四) 급무입니다.

몽고가 무섭다 하나 몽고의 사람이 무서운 것이 아니라 몽고의 말이 무섭습니다. 군사 한아가 말을 십여 필씩 몰고 가다가 배가 곱흐면 말을 잡아먹고 나문 고기는 다른 말에 실음으로 만 리를 횡행하여도 량식을 걱졍 안하니 이것은 쌀밥 먹는 고려 사람의 배우지 못할 일이니 이것이 걱졍입니다. 그러나 중국은 평원광야가 만흠으로 말의 유린을 당하건이와 고려는 산이 만하야 몽고의 말을 막기에 매오 편의하니 먼저 노예 잡색 등 명목을 폐지하며 놀며 먹는 계급을 업시하며 국경을 정리하야 백셩에게 위신을 세운 뒤에 북방에 산셩을 만히 싸하 몽고 마병의 출몰을 막으며 남방에 해군을 두어 중국 연해의 중요한 요새을 웅거하야[98] 몽고의 병력을 막우면 몽고의 말도 피페할 날이 잇서 마침내 사람에게 항복할 것입니다.

아비; 오늘 조정 안에 너의 말한 정책을 실행할 만한 이가 누구냐? 행할 수 업는 말이야 쓸대 잇느냐?

엽분; 손네가 아모 무엄한 말삼을 할지라도 용서하신다면 사람을 천거하겟습니다.

아비; 내가 너를 사랑하는 터에 무삼 말이나 용서할 것이 안이냐?

엽분; 손네에게 국정을 맥키십시오.

로승의 아비가 고만 얼골비치 조치 못하야지며 아모 말이 업섯습니다. 그러나 그 뒤에도 엽분을 사랑하시는 마음은 변치 안하야 매양 며느리를 삼으

---

95 향응할: 響應할. 행동을 같이할.
96 금나라: 여진족 완안부의 추장 아구다가 지금의 만주, 몽골, 화베이(華北) 땅에 북송과 요를 무찌르고 1115년에 세운 나라. 1234년 9대 120년 만에 몽골 제국에 망하였다.
97 응종할: 應從할. 명령이나 요구 따위에 응할.
98 웅거하야: 雄據하여. 일정한 지역을 차지하고 굳게 막아서 지켜.

랴 하얏스며 로승도 엽분이가 안해가 되얏스면 하얏습니다.

그러나 로승의 아비는 엽분을 항상 녀개소문(女蓋蘇文)[99]이라 일흠하야 엽분이 만일 남의 집이나 나라를 맛흐면 아조 흥망의 판단을 낼 게집아이라 하시며, 로승의 어미는 더욱 실여하야 어대서 온 쌔인지도 몰으며 엇지 나의 아들과 짝을 삼으리오 하야 긔쓰고 반대하며 로승 아비의 친구들도 그 말을 듯고는 놀래여 만일 네가 엽분을 며느리를……(이하 인멸됨)…………

로승이 황씨를 죽인 뒤에 비록 말은 하지 안하얏스나 속마음으로

「오냐, 당초에 잘못이다. 엽분과 부처[100] 되얏더면 내가 이 디경이 되얏겟느냐? 이번에는 돌아가 문벌이니 무엇이니 하는 것은 아조 집어바리고 엽분을 졍실을 삼아 다리고 살으리라.」 하얏습니다……엽분이도 그런 눈치를 의례히 채울 지혜가 잇지만 그러나 이것도 저것도 다 실타고 자살하고 말앗습니다.

엽분은 죽을 째까지 정결한 처녀엿습니다. 그러나 이것이 정조를 직히너라고 처녀로 잇슨 것이 안이라 이 세상에는 내 서방될 산아희가 업고나 하고 교만한 마음에서 나온 일입니다. 그 자살한 째의 심사도 로승이 암니다.

「네가 무삼 산아희냐, 당초에 너희 졍실이 되얏슬지라도 내가 억지로 서방이라 인정할 터인대 인제 와서 내가 너의 게실이 되겟느냐?」 하는 긔과한[101] 심사에서 나온 사실입니다.

八

로승이 그 길로 려관으로 돌아와 문을 두다리니 려관의 하인이 문을 엽듸다.

「어대를 가섯다가 메칠만에 이 밤중에 오심니가?」

하거늘 긴급한 일이 잇서 그리 되얏노라 하고 들어가 촉불을 켜고 평상에 그라안저[102] 밤을 새우고 상자 안에 너허둔 맷덩이 황금을 내여 몸에 진이고

---

99 女蓋蘇文: 여자 연개소문이라는 뜻.
100 부처: 夫妻. 부부.
101 긔과한: '기괴한'의 오식일 듯. 또는 '그 과한', 곧 '그 지나친'이라는 의미일 수도 있다.

옷을 내여 갈아 입고 려관의 식비를 갑고 새벽에 나서 북경성 남문을 나오니 갈 곳이 아득합듸다.

아즉까지 관게 업스나 얼마 안되야 차손다다 장군의 집안에서 장군 부처의 흉보를 황제에게 올닐 것이다. 그리되면 북경 성안 셩외가 발근 뒤놀[103] 것이오. 그뿐 안이라 온 중국 안에 죄인 잡으라는 엄칙이 나릴 것이오. 고려로 나아가는 연로[104]에는 더욱 행인의 조사가 대단할 것이니 만일 이 길로 귀국하랴다가는 잡히여 죽기가 십상팔구[105]라.

인제야 내가 살 생각이나 하겟다 하고, 춥고 배는 곱프나 아즉 일흔 아침이라 음식뎜에 문 연 집이 업슴으로 그대로 참고 우득한이 서서 하늘을 처다보며 갈길을 물어도 대답이 업습듸다. 그러다가 문득 생각나는 일이 잇습듸다. 로승의 아비가 사신으로 중국에 들어 단일 때에 보조화상이란 중과 친절히 지내엿는대 그 중은 대명산(大明山)[106] 대명사(大明寺)[107]의 중이오, 대명산은 북경셩 북쪽백에 잇는 산이라던 니야기가 생각됩듸다. 그러나 북경에를 다시 들어가기 실히여 셩을 안고 돌아 동북문 부근에 일을어[108] 음식집에 들어가아 요긔[109]를 하니 엽분이가 문구녁으로 주는 떡쏘각 멧 쪽을 바다 먹은 외에는 사흘이나 굴믄 쇽히지만 음식이 음식맛이 업고 나무나 돌을 씹는 것 갓습듸다. 대명산을 물어 로정긔[110]를 맨들어 가지고 한나지[111] 못되야 대명사에 들어가 보조화상을 물으니 죽은 지가 발서 삼 년이랍듸다. 보조화상이 죽엇다는 말을 들으며 「내가 인제 죽엇고나.」 하는 소리가 가만히 목안에서 나옵듸다. 다시 어대로 더 가랴 하야도 갈 힘이 업서 그만 그

---

102 그라안저: 북한 선집에는 '꿇어앉아'로 제시됨.
103 발근 뒤놀: 발끈 뒤놀. 뒤놀은 '몹시 흔들릴'보다는 '뒤집어놓을'에 가까운 것으로 보인다.
104 연로: 沿路. 큰 도로 좌우에 연하여 있는 곳.
105 십상팔구: 十常八九. 열 가운데 여덟이나 아홉.
106 大明山: 紅螺山. 북경의 북쪽에 위치한 산.
107 大明寺: 紅螺寺. 홍라산에 있는 절. 원래는 '대명사'였지만 '홍라사'로 이름이 바뀜.
108 일을어: 이르러.
109 요긔: 療飢. 시장기를 겨우 면할 정도로 조금 먹음.
110 로정긔: 路程記. 여행할 길의 경로와 거리를 적은 기록.
111 한나지: 한낮이.

절에 쓸어저서 하로밤을 잣습니다. 저녁은 맛이 업서 변변히 못 먹엇스나 아침에는 달아날 욕심으로 억지로 밥 한 그릇을 다 먹고 다시 북경으로 향할 때 왼종일 거른 것이 계오 대명산에서 륙십 리 되는 고려령[112]을 오니 해도 넘어가랴 하고 더 갈 힘도 업서 려관을 차저들엇습니다.

려관의 문박게는 차손다다 장군의 가해자 고려 이 아모를 잡으면 금 천량을 준다는 현상문(懸賞文)을 새파라케 써 붓쳣습듸다. 로승이 몽고인이라 가장하고 려관에 들어가 선박을 사 먹고 엇지하야 이 마을 일흠이 고려영이냐 물은즉 고려 개소문이 당태종과 싸우던 곳인 고로 고려령이란 일흠이 젼하야 왓다 합듸다. 중국인은 고구려 고려를 분별업시 씁니다.

「아, 녯적의 고려는 싸움하러 이곳에 와섯는대 오늘의 고려는 도망하다가 이곳에 왔구나.」

하는 탄식이 남모르게 나옵듸다. 밤을 자고 닐어나아 식비를 치루어주고 나서랴더니 웬 라졸(羅卒) 한 명이 들어와 치보고 나리다 보더니 벼락갓히 두 손을 묵급듸다. 그래서 잡히여 북경으로 향하더니 그 라졸이 홀연히 한숨을 지며 내가 잡기는 올케 잡엇다마는 쇠가 쇠를 먹는다[113]고 내 손으로 너를 잡다니…… 하며 눈물을 흘닙듸다. 그러나 로승은

「온냐, 네가 누구를 쇠이어 보노나.」

하고 대답을 안이하얏습니다. 중로에 가면서 생각하니 잡히여 가면 이르나저르나 죽은 몸인즉 어대 저놈이 엇던 놈인가 시험이나 하야 보리라 하고 졸지에

「이놈아, 이 눈먼 놈아. 아모 죄도 업는 나를 웨 잡아가느냐?」

고 쑤지젓습니다.

「내가 눈이 먼 것은 안이다. 내 마음이 변하얏다.」

「마음이 웨 변하얏느냐?」

---

112 고려령: 高麗營. 고구려 연개소문이 당태종과 싸우던 진지가 있던 곳.
113 쇠가 쇠를 먹는다: 동족끼리 서로 싸우는 것을 말함.

「내가 본래 고려 남경[114] 사람으로 거금 십오 년 젼에 내 나히 열여들 살이엇다. 그때에 새로 안해를 어더 한창 금실이 화락하게 지내는대 몽고사신이 처녀를 뽑으러 나왓더라. 말은 처녀를 뽑는다 하지마는 남의 새로 혼인한 게집을 막 빼아서 가더라. 나뿐 안이라 그때에 게집 빼앗기는 놈, 딸 빼앗기는 놈이 무수하얏지만 금이나 은을 주면 도로 내여줌으로 부자들은 그래도 거의 다 차저오고 가난한 놈만 게집을 일는다 딸을 일는다 하얏다. 나도 그때 조곰만 그 사신의 입을 씨서줄 것이 잇스면 게집을 안이 일엇슬 것이다. 그러나 두 손 텅빈 놈이 할 수 잇더냐? 고만 게집을 일헛다. 그때부터는 이 세상에는 금이 잇서야 사는 세상이로구나 생각하고 무삼 악한 일이라도 금만 어들 수 잇스면 하리라 작정하얏다. 그러나 마음이 본래 약한 놈이라 금 생길 긔회도 만히 참아 못하는 마음으로 일허바리엇다. 요새이에 와서는 마음이 아조 단단히 변하야 너를 잡앗다.」

로승이 그 말을 들으니 대개 꾸미는 말이 안이오, 또는 량심도 아즉 남어 잇는 놈 갓습듸다. 그래서 우리나라 말로 그러면

「네가 나를 엇지 죄인으로 알고 잡느냐?」

한즉 다시 한번 놀나운 빗을 씌고 돌아보며

「네가 몽고말을 좀 하지만 거름거리[115]가 고려놈이오, 얼골이 고려놈이오, 네가 옷에 피무든 자리는 업지만 비린내 나는 것이 이상하다. 그래서 잡앗다.」

「내가 참말 고려놈이오. 또 차손다다 장군의 부처를 죽인 죄인이다마는 죽인 까닭을 네가 아느냐?」

「듯지는 못하얏다마는 필연코 장군의 처가 어엽분 까닭에 통간하랴다가 안 됨으로 그 부처를 다 죽인 것이다.」

쇠약한 고려사람으로 강성한 몽고 사람 가운데 서슬이 풀은[116] 장군의 처를 통간하랴 하얏다는 말을 들으매 너무도 긔가 찹듸다.

114 남경: 고려 시대 '양주(楊州)'로 조선 시대의 '한양(현재의 서울)'을 말한다.
115 거름거리: 걸음걸이.
116 풀은: 푸른.

그러나 그런 리유를 캐여 변명할 것이 업서 곳 그 경과한 사실을 대강 니야기하얏더니 그 라졸이 고만 란배[117]를 하며

「어서 다라나십시오. 소인이 그대로 죽을지언정 엇지 서방님 갓흔 이를 잡아가겟습니가.」

로승이 다시 밧삭 대여들엇습니다.

「네가 나를 살이어다고. 내가 생면강산[118]에 어대로 달아나느냐? 네가 나를 살니지 안하면 나는 죽는 놈이다.」

라졸이 머리를 극더니

「그것은 참 어려운 일이요. 방이야 한 방에 눕어 자지만 먹을 것이 업습니다.」

「너 먹는 것은 잇겟지. 밥 한 글읏이면 둘이 나누어 먹자고나.」

「아이고. 내가 집에서 먹을 것이 잇으면 조켓지만 어대 그렴닛가? 나는 영문[119]에 입직하여 잇고 집에는 녀편네 혼자 잇습니다.」

「네가 금방 안해를 일헛다더니 언제 차저느냐?」

「차진 것이 안이라 여긔 와서 또 장가를 들엇습니다.」

「야. 그 소리는 고만하고 어서 돌아가아 나를 숭기어다고.[120] 나 가진 황금이 나 잡으라는 현상금 갑절은 된다. 그것만 가젓스면 그대로 위선 살아가지 안컷느냐?」

「갑절이라니? 이천 량이 잇서요.」

「그러타.」

대답하니 라졸이 크게 깃버 다시 제 집 잇다는 고려영으로 향할 때 라졸의 말이

「위선 거짓 내 아오 노릇을 하십시오. 그리하야 될 것 갓습니다.」

---

117 란배: 亂拜. 어지러이 인사하다는 뜻인 듯.
118 생면강산: 生面江山. 곧 생면부지의 강산, 처음으로 보는 강산.
119 영문: 營門. 병영의 문.
120 숭기어다고: 숨겨 다오.

「아오랄 것 업시 참 아오가 되기를 원합니다.」

하고 그 집에 당도하니 곳 고려영 남쪽 한가의 움막집입듸다.

「네가 라졸로 움막을 진이고 잇스니 악한 짓은 안이한 사람인가 보다.」

속으로 말하얏슴니다 라졸이 제 녀편네다려

「내 아오[121]를 일흔 지 십여 년만에 맛낫소.」

하며 들어갑듸다. 그래서 로승은 그 녀편네를 아주머니라 부르며 그 녀편네는 로승을 시동생으로 알엇슴니다. 절하고 본 뒤에 로승이 허리에 찐 황금 이천여 량 가량을 풀어 라졸에게 주며

「형님이 이것을 두고 쓰시오.」 한즉

「아모리 아오의 것이라도 내가 엇지 남의 것을 써어? 위선 먹을 것이나 내여노치.」 합듸다.

「인제는 그것이 형님의 것이요.」

하닛가 라졸이 깁분 중에 놀래는 모양입데다. 그리하야 움막 속에서 저역을[122] 썩 잘하야 먹엇슴니다. 차차 알어보니 라졸도 저의 조부 쌔까지 상당하게 살어왓스며 저의 처음 결혼할 쌔까지도 구차하지 안하얏더니 그 결혼한 안해를 사신에게 쌔앗길 쌔에 그 재산을 다 팔아 안해를 차지랴고도 하여 보앗스나 그쌔에 안해나 쌀을 찻는 사람은 적어도 만 량이나 가저야 되는데 라졸의 재산은 그 십분의 일도 부족한지라 게집은 게집대로 쌔앗기고 재산을 재산대로 업서저어 살길이 업슴으로 안해나 차저보겟다고 북경으로 와서 돌아단인 지 십 년이지만 안해의 종적을 묘연하야 찻지 못하얏스나 그 동안 북경말은 아조 능난하게 되야 고려인으로 아는 사람이 업스며 라졸된 지가 다섯 해요. 그 녀자는 이 년 전 흉년에 빌어 먹으러 나선 하남 사람의 쌀을 자긔 수중에 잇는 오십 량 은을 톡톡 털어주고 산 것이라는대 그러나 그 얼골이 중등[123]은 되겟다 하겟슙듸다. 그 녀자도 제 남편을 중국사람으로만 아

---

121 아오: 아우. 동생.
122 저역을: 저녁(밥)을.
123 중등: 中等. 보통.

는 모양입듸다. 그 닛튼날[124]은 라졸이 번을 들어가는 날이라.

「인제 아오의 돈으로라도 이 집을 좀 옴기여야 할 터이나 내가 들어가면 누구에게 맥길 수가 업는 일이니 나의 번 나오기까지 참어라. 형편이 할일 업시 그 동안은 수숙[125]이 한방에 잇서야 할 터이니 거북하게 생각마시며 나제느[126] 누가 차저오기가 수우니[127] 알넌다고[128] 핑계하고 이불을 막 쓰고 누엇스라.」

합듸다. 그 애연한[129] 진경이 사람으로 하여금 눈물이 흐르게 합듸다. 그래서 그 라졸은 번을 들어가고 로승이 남의 절믄 여자와 위아래묵을 갈너 열흘을 한방에 잣습니다.

九

열흘만에 라졸이 나오니 들을 니야기가 참으로 만습듸다. 북경 셩내 셩외에 관리와 몽고인의 집을 쌔여 노코는 그박게는 수 (이하 중단됨)

— 김병민 편, 『신채호문학유고선집』, 연변대학출판사, 1993

---

124 닛튼날: 이튿날.
125 수숙: 嫂叔. 형제의 아내와 남편의 형제를 아울러 이르는 말.
126 나제느: 낮에는.
127 수우니: 쉬우니.
128 알넌다고: 앓는다고.
129 애연한: '哀然한(슬픈)'이라는 단어가 있지만, 내용상 '哀憐(애처롭고 가엽게 여김)' 또는 '愛憐(가엽게 여기어 사랑함)'일 것으로 추정됨.

◎ 해설

「백세 노승의 미인담」은 미완의 작품이다. 이 작품은 1910년대 후반에 창작된 것으로 알려져 있는데, 대개 1916년 「꿈하늘」 이후에 창작된 것이 아닌가 추측된다. 현재 「백세 노승의 미인담」은 4개의 텍스트가 존재한다. 하나는 북한에 있다고 하는 단재 유고이며 또 하나는 그것을 필사한 김병민본, 그리고 단재 유고를 삭제, 가필, 수정하여 편집한 북한본, 국문본인 북한본을 가져와 국한문본으로 바꾼 형설출판사본 등이 그것이다. 북한본과 형설본은 일부 내용이 배제 또는 누락되었기에 신채호의 창작 의도나 작품을 전체적으로 조망하는 데는 적합하지 않다. 그나마 김병민본이 유고에 가장 가깝다고 할 수 있다.

「백세 노승의 미인담」은 역사를 배경으로 한 소설이다. 이 작품은 "력사상에 빠아진 송도 말년의 조선 몽고 중국 세 민족의 이목을 놀내던 대사건"에 관한 이야기이다. 몽고의 침략이라든가 남이와 같은 실제 역사적 사건과 인물이 등장한다. 단재는 「최도통전」에서 역사상에 제대로 기술되지 않은 현린에 대해 서술하고 있다. 이 작품이 동일한 시대적 상황을 배경으로 하고 있고 또한 주요 인물로 스님이 등장한다는 것은 단순한 우연이 아니다. 그것은 호국사란 절에서 60여 년을 지낸 노승의 숨겨진 이야기와 맥이 통한다. 60여 년 전은 대략 1392년 조선의 건국 시기와 닿아 있으며, 노승이 겪은 일은 "조선 몽고 중국 세 민족의 이목을 놀내던 대사건"이 되는 것이다.

「백세 노승의 미인담」은 달리 '여개소문전'이라 할 만하다. 그만큼 여개소문인 예쁜이의 비중이 크다. '여개소문'은 역사상 인물인 연개소문과 관련이 있다. 비록 허구적인 인물이긴 하나 여개소문의 장함을 연개소문에 비긴 것이며 또 달리 여개소문을 통해 연개소문을 알리고 있다. 「백세 노승의 미인담」에 연개소문의 웅혼한 기상이 깃들어 있음은 예쁜이의 최후에서도 드러난다. 노승은 예쁜이의 도움으로 자신의 아내를 빼앗아간 몽고 장수와 또한 그에게 빌붙어서 절개를 저버린 아내를 처단하였다. 그리고 예쁜이는 노승을 탈출시킨 후 자결을 함으로써 비극적인 최후를 맞는다. 그것은 제대로 자신의 꿈을 펴지 못한 민중의 한을 의미한다. 단재는 이 작품을 통해 식민지 민중이 각성하여 제국주의에 과감히 맞서는 것을 드러내고자 한 것으로 보인다.

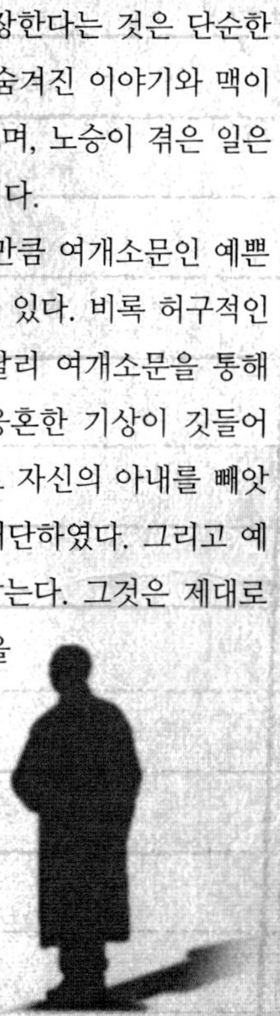

龍과 龍의 大激戰[1]

一. 미리님의 나리심

나리신다, 나리신다, 미리(龍)님이 나리신다. 新年이 왓다고, 新年 戊辰[2]이 왓다고, 미리님이 東方 亞細亞에 나리신다.

太平洋 바다에는 물결이 친다, 蒙古의 沙漠에는 大風이 넌다, 太白山 솟대기에는 五色 구름이 모이여든다. 이 모든 것의 모도가 다 미리님이 나리신다는 報告다. 미리님이 나리신다는 報告에 우랄山 以東의 모든 衆生들이 일졔히 머리를 들엇다. 富者와 貴者들은 勿論 미리님의 입에 맛도록 支那料理, 西洋料理 等 가즌 음식을 쟝만하야[3] 미리님이 귀에 흐뭇하도록 거믄고, 伽倻琴, 피아노 둥[4] 모든 音樂을 대령한다. 그러나 可憐하고 헐벗고 굼주린 貧民들은 미리님께 精誠을 들이랴 하나 아모 가진 것이 업다. 가진 것은 그 빨간 몸뿐이다. 이에 할일업서 피를 쨥아 술을 빗고 눈물을 짜아 썩을 맨들어 莊嚴한 祭壇 위에 창피하게 모양 업시 벌이어노코 미리님의 나리심을 기다린다.

一月 一日 上午 二時 첫닭이 홰를 치자 아모 긔별 업시 구름의 飛行機 탄

---

1 이 작품은 국한문으로 된 신채호의 자필유고였는데, 이것이 1960년대 북한에서 발견이 되어 국문체로 바뀐 채 『조선문학』(1964.8.)에 소개되었다. 남아있는 단재의 유고 가운데 드물게 완성된 작품이다. 이후 『룡과 룡의 대격전』(조선문학예술총동맹출판사, 1966)에 실렸으며, 남한에서는 그것을 판본으로 문체를 다시 국한문체로 돌려 『개정판 단재신채호전집(별책)』(형설출판사, 1977)에 실었다. 이로 인해 텍스트의 오류가 적지 않았다. 김병민은 단재의 유고를 직접 필사하여 『신채호문학유고선집』(연변대학출판사, 1994)을 간행하였다. 『단재신채호전집 제7권 문학편』(한국독립운동사연구소, 2008)에는 북한본과 김병민본 「꿈하늘」이 나란히 소개되었다.

2 戊辰: 무진년. 여기에서는 1928년을 뜻함.

3 쟝만하야: 장만하여. 필요한 것을 사거나 만들거나 하여 갖추어.

4 둥: '등'의 오식으로 보인다.

미리님이 닥치섯다. 一般 富貴者는 노래하며 춤추며 거룩하신 미리님을 마지하는데 모든 貧民들은 일제히 쌍에 업허저 운다. 울면서 미리님께 빈다.

「님이시여, 미리님이시여. 今年에는 稅納이나 만히 안 물니도록 하여 주옵소셔. 今年에는 賭租[5]나 만히 안 달나게 하여 주옵소서. 今年에는 監獄구경이나 안케 하야 주옵소서. 今年에는 生活難의 鐵道自殺이나 안케 하야 주옵소서. 今年에는 他國 他鄕의 빌엉거지[6]나 안 되게 하야 주옵소서. 今年에는 ○○○○○○○[7]이 興旺하게 하야 주옵소서.」

하면서 손이 발이 되도록 빈다. 그러나 그 비는 소리가 미리님의 귀에는 들니지도 안하고 다만 그 可憐하고 모양 업는 祭物만 미리님의 눈에 씌엿다. 그래서 미리님이 골을 잔뜩 낸다.

「이놈들, 精誠을 내지 안코 幸福을 찾는 놈들 죽어 보아라.」

하고 아가리를 싹 벌니인다.

아이구 어머니 그 아가리가 놀보의 박이던가. 그 속에서 좃통 쓴 皇帝이며 쇠가죽 두룬 大元師며 니마가 반질어운[8] 財産家며 대통[9]이 뒤로 달은 大地主며 냄새 피우는 巡査며 其他……모든 초란이[10]들이 쏘다저 나온다. 나와서는 모든 貧民들을 잡어먹는다. 피를 짜 먹고 살을 쓰더 먹고 내종에는 썌까지 밧삭밧삭 깨물어 먹는다. 먹히지 안하랴면 彈알의 바지[11]오 監獄의 책임이다. 地獄의 世界! 可憐한 人民!

---

5 賭租: 지세의 일종.

6 빌엉거지: 비렁거지. 비럭질(=구걸)하는 비렁뱅이 거지를 일컬음.

7 ○○○○○○○: 북한 선집에는 일곱 글자를 알 수 없어서 그렇게 해놓은 것으로 보인다. 김병민 선집에는 이러한 표시가 없다.

8 반질어운: 기본형은 '반지럽다'. 기름기나 물기 따위가 묻어서 윤이 나고 매끄럽다.

9 대통: 대나무통.

10 초란이: 초라니. 하회 별신굿 탈놀이 따위에 나오는, 언행이 가볍고 방정맞은 인물. 양반의 하인으로 대개 여복(女服)을 하고 나옴.

11 바지: 받이. 탄알받이는 곧 총알받이를 뜻함.

二. 天宮의 太平宴, 叛逆에 對한 걱정

죽음에 빠아진 人民들의 哀呼憤叫[12] 그 소리가 九重[13]天門을 振動하야 잠 깁헛던 上帝가 깜짝 놀래여 깨엿다. 그래서 이것이 웬 소리인가 알어 들이라고 天使에게 命令하얏다. 天使가

「이것은 미리가 生存을 要求하는 人民들을 죽이어 내는 소리올시다.」

고 回奏하니[14] 上帝가 갈아사대,

「어― 미리는 참 聰明한 賢臣이여! 要求가 쇠면[15] 反抗이 되고 反抗이 쇠면 革命이 된나니 要求하는 人民을 죽이어야지! 어, 미리는 참 賢臣이여.」

하시고 미리를 불너 人民 죽이는 功으로 勳章을 주시며 爵位를 놉히시다. 그리고 天上의 모든 神仙, 地上의 모든 鬼靈, 歷代의 帝王 將相들을 召集하야 天宮에서 太平宴을 設하다. 地上의 人民들은 배가 곱아 죽는대 天宮의 宴會에는 배들이 터져 죽을 지경이다. 上帝가 배가죽을 틀키어쥐고[16] 모든 鬼臣들을 돌아보시며

「人民들이란 것은 先天的으로 叛逆性을 타고나아 툭하면 叛旗를 드나니 엇지 조흐랴? 空中에다 地球만한 大砲를 걸고 탕탕 쏘아 모조리 죽이잔즉 全地球가 破壞하야 인민들이 씨가 저서 우리들이 빨아먹을 피가 업서지리니 그것도 안이 될 일이요. 그놈들의 自由解放을 許하잔즉 解放된 뒤에는 그놈들이 우리에게 피를 빨니지 안하랴 하리니 그것도 안될 일이라. 엇지하면 고놈들의 叛逆性을 쏙 뽑아내여 산송장을 맨들어노코 우리들이 아모 念慮 업시 고놈들의 정수박이붓허 발숫까지 깨물어 먹고 거죽붓허 속까지 빨어먹고 아비자식붓허 孫子까지 孫子붓허 그 몟 代孫까지 잡아먹게 되랴? 너희 諸臣들은 각기 方策을 올니어라.」

---

12 哀呼憤叫: 슬피 훼치며 격분하여 부르짖는 소리.
13 九重: 아홉 겹이라는 뜻으로, 여러 겹으로 둘러싸인 것을 이르는 말.
14 回奏하니: 임금에게 회답하여 아뢰니.
15 쇠면: 세면.
16 틀키어쥐고: 틀어쥐고. 단단하게 꼭 쥐고.

하시니 天使 엿자오대,

「소와 갓히 코뚤내[17]하고 굴네[18]하고 챗직질[19]하야 쓰읍시다.」

「하하, 싹한 사람— 우리의 맨든 政治法律이 코뚤네보다 더 殘惡하지 안하냐? 倫理道德이 굴네보다 더 凶慘하지 안하냐? 軍隊의 총과 警察의 칼이 챗직보다 멧萬培나 더 戰慄한 武器가 안니냐? 그래도 고놈들이 叛逆을 도모하는고나!」

「그러면 一等 싹터[20]를 불러 魔醉藥을 製造하야 고놈들을 永遠히 魔醉식히여 우리에게 잡히여 먹히는 줄 모르고 잡히여 먹이게 합시다.」

「흥! 그 藥도 내가 써보앗지! 孔子놈을 식히여 名分說[21]을 지어 「貧者 賤者는 貧賤의 天分을 安受하야 勢力者의 命令을 잘 바더 忠臣烈士의 名譽를 後世에 끼치라.」고 속이며 釋迦놈과 耶蘇놈을 식혀 「너희들이 남에게 苦痛을 밧을지라도 이것을 反抗 업시 安過[22]하면 죽어서 너희의 靈魂이 天國으로 蓮花臺로 가리라.」고 속이엇다. 이러한 魔醉藥들이 쏘 어대 잇겟느냐? 二千年 동안이나 크게 그 藥效를 보앗더니 至今에는 그 藥力도 다하야 고놈들이 점점 自覺하야 叛逆이니 革命이니 하고 써드는고나.」

「그러면 오날은 科學 文學 等이 크게 威力을 가진 쌔의 多數한 科學者 文學者들을 꾀여다가 富者 貴者 一支配階級의 走狗[23]을 맨들어 學說로써 支配階級의 權利를 擁護하며 詩와 小說로써 支配階級의 莊嚴을 謳歌하면 될가 합니다.」

「오! 이것은 내가 方今 實施하야 非常한 效果를 보는 것이다. 그러나 學者놈들이 間或 내의 命令을 어귀고 民衆 속으로 뛰여 들어가아 叛逆을 꾀하는 놈이 잇고나.」

---

17 코뚤내: 코뚜레.
18 굴네: 굴레. 말이나 소 따위를 부리기 위하여 머리와 목에서 고삐에 걸쳐 얽어매는 줄.
19 챗직질: 채찍질.
20 싹터: 닥터. 의사.
21 名分說: 사람마다 숙명적으로 타고난 본분을 지켜야 한다고 설교하는 유교의 반동적인 교리.
22 安過: 평안하게 지냄. 편안히 보냄.
23 走狗: 달음질하는 개라는 뜻으로, 사냥할 때 부리는 개를 이르는 말. 앞잡이.

三. 미리님이 按出한 民衆鎭壓策

이와 갓히 上帝께서 叛逆性을 품은 人民에게 對하야 無數히 걱정하시다가 한숨을 후! 쉬며

「人生에 百年의 長策이 업거던 天上에 엇지 萬年의 長策이 잇스랴! 술이나 마시고 고기나 먹고 그러구러 해를 보낼 일이지 걱졍이 쓸대 잇스랴.」

하고

「天皇堂 압뒤뜰이 문어진들 엇더하리, 萬壽山 두령측이 엉키진들 엇더하리.」[24]

하는 歛업는 時調 한 章을 불으신다. 미리가 압흐로 나와 俯伏하고 엿자오ᄃᆡ,

「上帝는 尊嚴하사 億萬衆生이 瞻仰[25]하는 바이올시다. 엇지 이 갓흔 不祥한[26] 말삼을 하시나잇가? 地上의 人民들이 비록 叛逆性을 가젓스나 이를 鎭壓하야 永遠한 活地獄[27]에 가둘 수 잇습니다.」

上帝 갈아사대,

「오! 미리야. 너는 참 智勇이 兼備한 鬼物이니 長策이 잇거든 말하여라.」

미리가 다시 엿자오ᄃᆡ,

「地上의 民衆을 대개 두 部分으로 난울 수 잇으니 (一)은 强國의 民衆이오 又 (一)은 植民地의 民衆이올시다. 强國의 民衆은 아즉 그 惰力[28]의 愛國心을 가진 同時에 國을 支配階級의 國으로 誤認하야 支配階級의 勢力을 擴張 增進케 하는 일은 愛國으로 誤信하야 그 愛國心이 僞愛國心이 되고 말엇

---

24 이방원이 정몽주에게 조선 개국에 동참할 것을 요청하는 시조로 일명 「하여가」라고 한다. 정몽주는 이에 대한 답가로 「단심가」를 불렀다 한다. 이 구절은 「하여가」의 뒷부분을 인유한 것임. 「하여가」는 "이런ᄃᆞᆯ 엇더ᄒᆞ리 뎌러ᄒᆞᆫᄃᆞᆯ 엇더ᄒᆞ리 / 만수산(萬壽山) 드렁츩이 얽어진ᄃᆞᆯ 긔 엇ᄒᆞ더리 / 우리도 이ᄀᆞ티 얽어져서 백년(百年)ᄭᆞ지 ᄒᆞ리라"이다.

25 瞻仰: 우러러 보는 것.

26 不祥한: 단재 전집에는 '불쌍한'으로 되어 있다. 원문은 '상서롭지 않은'이라는 뜻.

27 活地獄: 생지옥. 살아서 겪는 지옥이라는 뜻으로, 아주 괴롭고 힘든 곳 또는 그런 상태를 비유적으로 이르는 말.

28 惰力: 버릇이나 습관이 갖는 힘.

슴니다. 그런즉 强國의 民衆에게는 얼마큼 普通選擧의 權利 갓흔 것, 勞動賃金의 增加 갓흔 것이나 許하여 주고 一面으로 그 僞愛國心을 奬勵하야 弱小國 民衆을 征服케 하며 植民地의 民衆을 壓迫케 하야 支配階層 ― 資本主義의 先鋒이 되게 하면 彼等의 곱흔 배(腹)가 다시 利益 업는 虛榮에 불너저어 우리가 비록 멧十年 동안 彼等의 피를 빨아먹어도 압흔지를 모를 것이오. 植民地의 民衆은 그 苦痛의 程度가 다른 民衆보다 萬倍나 되지만 매양 그 虛妄한 僥倖心을 가져 굴머죽는 놈이 僥倖의 飽食을 바라며 얼어 죽는 놈이 僥倖의 暖衣를 바라며 絞首臺에 목을 듸민 놈이 僥倖의 生을 바랍니다.

그래서 反抗할 境遇에도 反抗을 잘 못합니다. 그런즉 植民地의 民衆처럼 속이기 쉬운 民衆이 업습니다. 鐵道, 鑛山, 漁場, 森林, 良田, 沃畓, 商業, 工業…… 모든 權利와 利益을 다 쌔앗스며 稅納과 賭租를 작구 더 바더 몸서리나는 搾取를 行하면서도 것흐로 「너의들의 生存 安寧을 保障하여 주노라」고 써들면 속읍니다. 革鞭 鐵椎 竹針질, 단근질, 電氣씀질, 甚至於 口頭에 올니기도 慘惡한 「×××」「×××」[29] 갓흔 刑罰을 行하면서도 軍隊를 出動하야 婦女를 찌저 죽인다, 小兒를 산 채로 뭇는다, 全村을 屠戮한다, 穀栗가리에 放火한다…… 하는 戰慄한 手段을 行하면서도 한두 新聞社의 設立이나 許可하고 「文化政治의 惠澤을 바드라」고 소리하면 속읍니다. 學校를 制限하야 그 知識을 업도록 하면서도 國語와 國文을 禁止하여 그 愛國心을 못나도록 하면서도 彼國의 人民을 移植하야 그 本國의 民衆을 살 곳이 업도록 하면서도 惡刑과 虐殺을 行하야 그 種族을 滅亡토록 하면서도 부어터질 同族同文의 情誼를 말하면 속읍니다. 『建國』『革命』『獨立』『自由』 等은 그 名

---

29 「×××」「×××」: 이 소설을 처음 소개한 『조선문학』(1964.8, 48면)에는 “심지어 구두(口頭)에 올리기도 참악한 「×심지」 「×주리」 같은 형벌”이라 기술되었다. 이를 통해 여섯 글자 중 네 글자(「×심지」 「×주리」)는 밝혀진 셈이다. 그러나 그 의미는 여전히 확연하지 않다. 그런데 단재는 「조선혁명선언」에서 “生殖器에 심지를 박는 惡刑”, “婦女의 生殖器를 破壞한다”라는 표현을 썼다. 또한 그는 「견문잡감」(『천고』 2, 천고사, 1923.2, 27면)에서 “아홉째로 종이로 심지를 꼬아 양경의 가운데로 출입진퇴 시키는 것(以紙爲炷 進退出入之于陽莖之中 九也)”이라 했다. 그러므로 첫 글자는 남성기를, 나중 한 글자는 여성기를 일컫는 것이다. 이를 통해 여섯 글자의 주석이 가능하다. 남성기에 심지를 박고, 여성기에 주리를 트는 성고문의 실태를 고발한 내용이다.

詞까지도 니저바리라고 一切 口頭 筆頭에 올어지도 못하게 하지만 옴 올나갈[30] 自治參政權 等을 주마 하면 속읍니다. 보십시오, 저 亡國祭를 지낸 戀愛文壇에 女學生의 단 입살을 빠는 靑年들이 제 世上을 자랑하지 안합닛가. 故國을 빼앗기고 驅逐을 當하야 天涯 外國에서 더부사리하는 男子들이 누울 곳만 잇스면 第二故國의 安樂을 노래하지 안함닛가! 共産黨의 大潮流에 獨立軍이 써나갑니다.[31] 乞아지 政府의 演劇에 大統領의 자루도 째집니다. 속이기 쉬운 것은 植民地의 民衆이니 上帝시여, 마음 노십시요. 世界民衆들이 다 自覺한다 하야도 植民地 民衆만은 아즉 멀엽습니다. 우리가 植民地의 民衆만 잡어먹더라도 몟十年 동안은 아모 걱정 업슬 것이올시다.」

上帝께서 말을 들으시고

「아이고. 요 내 자식놈아. 나도 惡毒하지만 너는 나보다도 惡毒하고나. 네가 안이면 내가 엇지 이 자리를 保全하랴.」

하시며 미리의 등을 툭툭 두다리신다.

四. 復活할 수 업도록 慘死한 耶蘇

「드래곤이 왓다, 드래곤이 왓다, 인제는 天國의 末日이다.」

아, 이 소리가 무삼 소리냐? 어대서 오는 소리냐? 上帝가 미리님의 陳奏[32]을 들으시고 心神이 爽快하사 한창 쉬노는 판에 이 무삼 소리냐? 이 소리의 나는 곳을 쌀니 알어드리라고 上帝씌서 동동거름[33]을 치시니 미리 以下 諸臣들이 다 惶恐하야[34] 四方으로 偵察하나 아모것도 보이는 것은 업고, 다만 「드래곤이 왓다 드래곤이 왓다 인제는 天國의 末日이다.」의 소리만 어대서

---

30 옴 올나갈: '옴'은 옴진드기가 기생하여 일으키는 전염 피부병으로, 손가락이나 발가락의 사이, 겨드랑이 따위의 연한 살에서부터 짓무르기 시작하여 온몸으로 퍼진다. '옴 올라갈'은 '옴처럼 퍼져갈'이라는 뜻으로 사용한 듯.

31 共産黨의……써나갑니다: 북한의 선집에는 이 부분이 빠져 있다.

32 陳奏: 윗사람에게 진술하여 아룀.

33 동동거름: 발을 가까이 자주 떼며 급히 걷는 걸음. 종종걸음.

34 惶恐하야: 위엄이나 지위 따위에 눌리거나 높은 은혜 등으로 어렵고 두려워.

붓허 쌍쌍 울니어 와서 天宮의 壁, 天障,[35] 門, 窓, 기둥, 마루, 柱礎가 들먹들먹한다. 西天佛祖 釋迦如來를 불너 온갓 呪文, 온갓 眞言[36]을 다 읽어도 그 소리가 더욱 놉하가고 天宮 全體가 더욱 들먹들먹한다. 上帝께서 크게 不安하사 宴會을 罷하야 諸臣들을 다 돌니어 보내고 宮女들과 밤을 새우시는데 너무 焦燥하사 입에 침이 밧삭밧삭 말으신다.

안이나 달으랴? 그 翌日 새벽에 「「號外 號外」 號外를 사시오!」 하는 소리에 天京 數十萬 鬼衆들이 모다 단잠을 깨엿다. 天使가 上帝를 朝見[37]할 次로 오는 길에 그 號外를 보니 곳 天京에서 發行하는 三十萬年의 老齡을 먹은 「天國新聞」의 號外이다. 劈頭에 特號大字로 「上帝의 외아들님 耶蘇基督의 慘死라」 쓰고 그 겻헤 二號 大字로 「드래곤의 煽動이라」 쓰고 記事를 아래와 갓히 썻다.

「上帝의 외아들님 耶蘇 基督이 地方의 農村 耶蘇敎堂에서 上帝의 道를 講演하더니 不意에 同地方 農民들이

「이놈! 제 아비 일흠을 팔어 一千九百年 동안이나 挾雜하야[38] 먹엇스면 무던할[39] 것이지 오늘까지 무삼 개소리를 치고 단이느냐?」고,

「一千九百年 동안 뺏어간 우리 人民의 피를 다 어대다 두엇느냐?」고,

「西洋에서 挾雜한 것도 적지 안할 터인에 웨 또 東洋까지 건너와 詐欺하느냐?」고,

「常日 예루살램의 十字架 못맛[40]을 또 좀 보겟느냐?」고 발길로 차며 주먹으로 싸리며 末乃에[41] 호미날로 퍽퍽 찍어 耶蘇 基督의 全身이 곤죽이 되야 인제는 아조 復活할 수 업시 慘死하고 말엇다.

---

35 天障: 김병민 선집에는 '大障'으로, 북한 선집에는 '天障'으로 되어 있다. 내용상 天障이 적합하며, 大障은 오식이 분명하다.

36 眞言: 범문(梵文)을 번역하지 않고 음(音) 그대로 외움. 귀신을 쫓기 위해 외우는 주문. 이를테면 "옴 급급여율령 사바하(唵急急如律令娑婆訶)"와 같은 것.

37 朝見: 임금께 아침 인사를 드리는 것.

38 挾雜하야: 옳지 아니한 방법으로 남을 속여.

39 무던할: 기본형은 '무던하다'. 정도가 어지간하다.

40 못맛: 못의 맛. 십자가에 못 박힌 예수의 고통.

41 末乃에: 마침내. 끝내는.

耶蘇 基督의 慘死의 下手者[42]들은 民衆이지만 그 下手의 首犯들은 드래곤이라 한다. 드래곤은 아즉 出處가 不明한 怪物인데 數日前붓허 同地에 와서 上帝를 「잡어먹어도 시원치 못할 惡物」이라고 辱說하며 耶蘇 基督을 「제 아비보다도 더 奸凶한 놈」이라고 指斥[43]하고 上帝 及 基督의 罪惡을 列擧한 九十條의 檄文을 돌니고 同日에 맛참 基督의 來臨함을 機會하야 民衆의 先鋒이 되야 이갓치 基督을 慘殺하는 凶行을 犯한 것이다.」

하고 同紙에 다시 「復活할 수 업는 耶蘇 基督」이란 題下에 論說하야 갈오대,

「耶蘇 基督은 그 聖父인 上帝를 쎽쏘듯한 奸譎險惡[44]한 性質을 골고루 가지신 聖子이엿섯다. 그 出生 後에 「聖父의 道」를 펴랴다가 겨오 三十이 넘어 예루살렘에서 猶太人의 凶手에 걸니엇섯다. 그러나 그째의 猶太人은 너무 얼쯴 百姓이엿던 째문에 다 잡히엿던 耶蘇를 다시 놋쳐 十字架를 진채로 逃亡하야 「復活」하다 自稱하고 歐洲 人民을 쇠기시사[45] 모다 그 校旗下에 들게 하섯다. 十字軍 그 뒤에 「十字軍東征」,[46] 「三十年戰爭」[47] 갓흔 大戰爭을 誘發하야 一般民衆에게 사람이 사람 잡는 術法을 가라처 주엇스며 늘 「苦痛者가 福 밧는다. 逼迫者가 福 밧는다.」는 거진말로 亡國民衆과 無産民衆을 거룩하게 속이사 實際의 敵을 닛고 虛妄한 天國을 꿈꾸게 하야 모든 强權者와 支配者의 便宜를 주엇스니 그 聖德神功은 萬古歷史에 쓰고

42 下手者: 제 손을 직접 대어 남을 죽인 사람.

43 指斥: 들추어내어서 탓함.

44 奸譎險惡: 간사하고 음흉하고 험악함.

45 쇠기시사: 속이시사.

46 十字軍東征: 십자군의 원정. 11~13세기에 걸쳐 서 유럽의 크리스트 교도들이 성지 회복이란 명목하에 일으킨 대원정. 직접적인 계기는 셀주크 투르크가 성지를 장악하고 순례자를 박해하며 비잔틴 제국을 위협한 것이었다. 하지만 1차 원정에서 예루살렘을 탈환하였으나 나머지 원정은 실패하였다. 십자군 원정은 교황권의 쇠퇴와 봉건 제후·기사의 몰락, 봉건 체제의 동요에 따른 왕권의 신장을 조장하였고, 지중해를 중심으로 하는 동서 교역의 촉진, 이슬람 문화와의 교류를 가속화하여 중세 사회의 전환에 커다란 영향을 끼쳤다.

47 三十年戰爭: 1618년에서 1648년까지 독일을 중심으로 유럽의 여러 나라 사이에서 일어난 종교 전쟁. 합스부르크가의 구교에 의한 독일 통일책에 대하여 신교의 대제후들이 반란을 일으킨 것이 시초가 되어 여러 나라 간의 전쟁으로 번졌다가, 베스트팔렌 조약에 의하여 프랑스의 승리로 끝났는데, 그 결과 네덜란드와 스위스가 독립하였으며, 독일의 신·구 양교는 동등한 권리를 획득하게 되었다.

도 남을 것이다.

그러나 이번에는 너무 慘暴하게 被殺하얏슬 쌘 아니라 오늘 自覺의 民衆들과 非基督同盟의 靑年들이 相應하야 붓과 칼로써 죽은 基督을 더 죽이니 從今 以後의 基督은 다시 復活할 수 업도록 아조 永永 慘死한 基督이라. 基督이 永永 慘死하얏슨즉 老境에 慘滅을 본 上帝의 身世도 可憐하건이와 저 基督敎人이 다시 누구의 일흠으로 上帝께 祈禱하랴……」

天使 그 號外를 보다가 終篇이 못 되야 顔色이 土장빗[48]이 되야 天宮으로 달니어 들아가아 손을 벌벌 쎨며 그 號外를 上帝께 올닌다.

五. 미리와 드래곤의 同生異性

上帝께서 그 號外를 보시고는 을싸진 사람갓히 물구럼히 마주 선 天使를 바라보다가 床上에 폭 업허지신다. 天使가 달니어들어 上帝를 붓들어 닐으키며

「上帝陛下시어. 이갓히 天國 存亡에 關係되는 重大事件을 當하야 陛下께서 精神을 노으시면 엇지 됨닛가! 陛下 陛下……」

라고 목 마친[49] 말로 上帝를 진정식히는 판에 미리 以下…모든 鬼大監, 鬼令監들이 上帝를 慰問하랴고 차례로 들어온다. 天使가 미리를 보더니 두 눈에 불이 쑥쑥 썰어지고 怒氣衝天, 얼골이 샛밝아야지며

「이놈! 미리야 네가 東洋에 「좋쑥」[50]인가 무엇이 되야 엇더케 人民을 잘 感化하엿기에 이갓흔 言語道絶[51]한 凶慘한 事件－上帝님의 외아들이신 지긋지긋하신 耶蘇 基督은 復活할 수도 업게 아조 죽이여바린 事件－이 發生하도록 하얏느냐. 이놈! 네 대가리에는 칼이 들지 안느냐…….」

하고 주먹으로 天宮의 壁을 치며 미리를 叱責하니 미리는 아모 말업시 랭

48 土장빗: 土醬빛.
49 마친: 맺힌. 메인. '목 마친'은 곧 '목 메인'이라는 뜻.
50 좋쑥: 총독에 대한 언어유희.
51 言語道絶: 言語道斷이라는 의미.

가슴을 알는 벙어리갓히 얼골만 쭈푸리고 안젓다. 이래는 판에 「왓다, 왓다, 드래곤이 왓다, 인제는 天國의 末日이다.」란 소리가 또 天宮을 振動한다. 天使는 말을 뚝 긋치고 미리는 눈만 둥그럿타. 昏倒하섯던 上帝가 床에서 벌떡 닐어난다.

「드래곤! 드래곤 내 자식 耶蘇를 죽인 드래곤! 그놈 드래곤을 잡아 밧치라.」

고 풍癲한[52] 語調로 嚴急한 命令을 나리신다. 이에 天京의 警察隊 偵探隊가 總出動하야 야던법석을 뜰지만[53] 다만 「왓다 왓다 드래곤이 왓다……」의 소리만 四方에서 닐고 드래곤의 正體는 그림자도 보이지 안는다.

이와 갓히 天京의 警察隊 偵探隊들의 大活動에도 아모 端緖를 못 어든 드래곤의 寫眞과 歷史가 翌日에 가 大地 東西 惟一한 民衆의 新聞으로 登하는[54] 「地民新聞」[55]에 揭載되얏다. 그러나 「드래곤의 眞影[56]」이란 一張에는 다만 多數한 「0」을 그릴 샌이오, 그 左方에 五號 小字로 說明을 加하얏다. 그 說明은 左(下)[57]와 갓흐니

-天國이 全滅되기 前에는 드래곤의 正體가 오즉 「0」으로 表現될 샌이다. 그러나 드래곤의 「0」은 數學上의 「0」과는 달으다.

數學上의 「0」은 자리만 잇고 實物은 업지만,[58] 드래곤의 「0」은 一도 二도 三도 四도 乃至 十 百 千 萬 等 모든 數字로 될 수 잇다.

數學上의 「0」은 자리만 잇고 實物은 업지만, 드래곤의 「0」은 총도, 칼도, 불도, 베락[59]도, 其他 모든 「테로」[60]가 될 수 잇다. 今日에는 드래곤이 「0」으로 表現되지만 明日에는 드래곤의 對象의 敵이 「0」으로 消滅되야 帝

---

52 풍癲한: 풍(風)은 정신 작용·근육 신축·감각 등에 이상이 생긴 병으로 풍증, 중풍 따위를 말하며, 전(癲)은 광증을 일컫는다. 그러므로 '미친 병자처럼'의 의미이다.

53 뜰지만: 떨지만.

54 登하는: 오르는. 손꼽히는. 김병민 선집에는 '等하는'으로 오식됨.

55 地民新聞: 김병민 선집에는 '地民國新聞'으로, 북한 선집에는 '地民新聞'으로 제시되었는데, 후자가 더 적절한 것 같아 취했다.

56 眞影: 참다운 모습.

57 左(下): 원문은 '左'로 나와 있지만, 오늘날 가로쓰기에서는 '下'가 적절하기에 병기했다.

58 북한 선집에는 이 구절이 "수학상의 '0'에는 '0'을 가하면 '0'이 될 뿐이지만"으로 되어 있다.

59 베락: 벼락.

60 테로: 테러. 여기에서 테러도 혁명의 정당한 무기임을 주장하는 단재의 정신을 엿볼 수 있다.

國도 「0」, 天國도 「0」, 其他 모든 支配勢力이 「0」될 것이다. 모든 支配勢力이 「0」되는 때에는 드래곤이 正體的 建設이 우리의 눈에 보일 것이다-하고 「드래곤의 歷史」란 題下에 이러케 썻다.

-드래곤은 무엇이냐? 上帝가 太古 人民들의 迷信的 奉戴를 바더 帝位에 올으던 第五年에 虛空中에서 誕生한 一胎 雙生의 怪物이 잇섯던바 (一)은 드래곤 곳 그것이오, 又 (一)은 곳 現今 天宮의 侍衛大將으로 東洋總督을 兼한 有名한 미리니, 미리나 드래곤이 漢字로는 다 「龍」이라 譯한다. 그 뒤에 미리는 늘 朝鮮, 印度, 中華[61] 等國에서 長成하야 드대여 東洋의 龍이 되야 釋迦 孔子 等의 消極的 教育을 바더 上帝의 忠臣이 되야 늘 服從을 天職으로 알므로 支配階級의 走狗인 宗教家, 倫理家들이 모다 미리를 人生模範의 神으로 尊奉하야 왓으므로 朝鮮의 神話에나 中華의 儒經에나 印度의 佛經에 다 龍을 非常히 讚美하야 上帝에 配하얏다. 그래서 上帝께서 미리를 拔擢하야 東洋 鎭守의 大任을 준 것이오. 드래곤은 늘 希臘 羅馬 等地에 滯在하야[62] 드대여 西洋의 龍이 되야 늘 叛逆者, 革命者들과 交流하야 「革命」, 「破壞」 等 惡戲를 질기어 宗教나 道德의 굴네를 밧지 안는 고로 西洋史에 매양 叛黨과 亂賊들을 드래곤이라 別命하야 왓섯다. 근세에 와서는 드래곤이 또 虛無主義[63]에 沈惑하야[64] 더욱 激烈한 革命行爲를 가지더니 마참내 耶蘇 基督을 慘殺할 凶犯이 된 것이다- 하얏다. 이 新聞을 바든 天國의 君臣들이 비로소 미리와 드래곤의 本來 兄弟임을 알고 놀내지 안는 이 업섯다.

---

61 中華: 세계 문명의 중심이라는 뜻으로, 중국 사람들이 자기 나라를 이르는 말. 주변국에서 중국을 대접하여 이르는 말로도 쓰인다.

62 滯在하야: 체류하여. 머무르며.

63 虛無主義: 개인을 모든 제도와 관습의 속박에서 해방하여 자유로운 사회를 조직하고자 하는 사상. 1870년대 러시아 혁명 운동에서 허무당에 의하여 주장되고 실천되었다. 그러므로 기성 가치 체계의 붕괴를 배경으로 하여 목적 달성을 위해서는 수단과 방법을 가리지 아니하는 권력 정치의 이론적 근거가 되었다.

64 沈惑하야: 몹시 좋아하며 깊이 빠져. 북한 선집에는 '침혹하여'로, 단재 전집에는 '沈惑하여'로 제시되었지만, 김병민 선집에는 '깊이 느끼다'는 의미의 '深感하야'로 제시되었다. 내용상 '沈惑하야'가 적절하며, 후자는 오식으로 보인다.

六. 地國의 建設과 天國의 恐慌

미리가 비록 上帝의 寵臣[65]으로서 累千年 東洋總督의 重任을 가저왓스나 이제 叛敵 드래곤이 上帝의 愛子를 慘殺한 事實이 그 管理區域 內에서 發生하는 同時에 그 미리가 드래곤의 親兄인 證據가 民衆의 新聞에까지 發布되매 天京의 輿論이 모다 미리가 드래곤과 同黨이 안인가를 疑問하며 上帝도 震怒치 안할 수 업섯다. 그래서 미리의 東洋總督의 職을 奪하고 天使로써 代하야 卽日 任所에 馳赴하야[66] 드래곤을 逮捕하고 叛民들을 屠殺하라 嚴命하섯다.

天使가 命令을 바더 天陛에서 謝恩하고 發程하랴 할 지음에 天國通信官이 할딱할딱하며 뛰여들어와 한 장의 地上通信을 上帝께 올린다. 上帝께서 바다본즉

「地國民衆들이 耶蘇를 죽인 뒤 未久에 孔子, 釋迦, 마호멧도……等 宗敎道德家 等을 다 때리여죽이고 政治, 法律, 學校, 敎科書 等 모든 支配者의 權利 擁護한 書籍을 불질으고 敎堂, 政府, 官廳, 公廨,[67] 銀行, 社會……, ……等 建物을 破壞하고 過去의 社會制度를 一切 否認하고 地上의 萬物은 民衆의 公有[68]임을 宣言하얏다.

모든 支配階級들이 叛民을 征服하랴 하야 軍人을 召集하나 元來 民衆의 속에서 온 軍人들인 고로 다 民衆의 便으로 돌아가바리엇다. 多數의 賞金을 걸고 新軍을 募集하나 一人의 應募者도 업섯다. 그래서 山砲, 野砲, 速射砲……等이 山積하얏스나 一丸도 發射할 수 업섯다. 이에 支配階級者들이 각기 自己들이 血戰하기로 決議하얏스나 民衆보다 너무 小數일 뿐더러 또 돈, 게집, 其他 모든 所有를 가진 者로서 戰死하기가 寃痛하야 모다 鐵甕城

---

65 寵臣: 임금의 총애를 받는 신하.
66 馳赴하야: 달려가.
67 公廨: 관청의 청사.
68 民衆의 公有: 북한 선집에는 이 구절이 "만물은 만중(萬衆)의 공유"로 되어 있다.

으로 逃亡하얏다가 民衆의 包圍를 입어 먹을 것이 업서 餓死하얏다. 그러나 그 餓死者들의 手中에는 平均 百萬圓의 金錢을 잔뜩 쥐고 죽엇다.

支配階級이 이미 滅亡하매 民衆들은 이에 全地球를 總稱하야 地國이라 하고 天國과의 交通斷絶을 宣言하얏다.」

고 하얏다. 다른 事件이야 엇지 되얏던지 가장 上帝의 머리를 찌르는 거슨 天國과의 交通斷絶이란 句語이다. 왜? 上帝나 天使나 其他 天國의 鬼衆들이 몟萬年 동안이나 아모 勞動도 안코 地上에서 올니는 貢物과 祭物을 바더 먹고 살어왓다. 그런데 이제 地國이 建設되야 交通의 斷絶을 宣言하니 貢物 祭物이 올 수 업다. 그러면 모든 鬼衆이 餓死할 것밧게 업다. 上帝도 餓死할 것박게 업다. 上帝가 이 通信을 모든 鬼臣들에게 돌이어 보이니 다 非常히 憤怒하야 卽日에 上帝의 命令을 發하야 全體 民衆을 다 撲殺하야 바리자고 主張한다. 하나 上帝는 고개를 흔든다.

「民衆이 우리를 밋던 쌔에 우리가 勢力이 잇섯지 至今에야 우리가 무삼 勢力이 잇느냐? 勢力 업는 우리로서 民衆을 撲殺하랴다가는 한갓 撲殺을 當할 뿐이니 民衆撲殺—쓸대도 업는 말이다.」

이 말삼에 모든 불 갓흔 憤怒들이 푹 꺼지고

「그래도 使者를 地國에 보내여 交通의 恢復과 祭物 貢物의 如前 進奉[69] 함을 民衆에게 懇請하야 봅시다.」

한다. 그러나 人情世態에 經驗 만흐신 上帝는 貢物이니 祭物이니 하는 말도 한갓 民衆을 더 憤怒식힐 有害無益한 말로 아심으로 이것도 不可하다 하신다.

「그러면 엇지하나요? 안저서 굶어 죽을가요?」

上帝 한참 默默하시다가

「이제는 한 가지박게 업다. 무엇이냐 하면 곳 使者를 民衆에게 보내여 우리 天國의 鬼衆의 數爻대로 박아지나 하나씩 달나고 請求하자.」

69 如前 進奉: 전과 다름없이 공물을 바친다는 뜻.

「박아지는 무엇하게요.」

上帝가 눈물을 흘니시며

「別道理가 잇느냐. 우리들이 每日 民衆의 門앞헤 가서 박아지를 쑤다리며 民衆 할아버니 밥 한술 담어 주오 하지……」

하고 목이 마쳐 말을 긋치지 못한다.

「그것이야 엇지…저희들이야…하물며 尊嚴하신 上帝…」

하고 모든 鬼臣들이 목을 노코 운다. 神仙의 바독, 天安의 거문고가 다 어대 가고 울음소리가 天宮을 振動한다. 그러나 今日에 울고 明日에 울어 三百六十五日을 울지라도 쓸대 잇스랴. 마참내 울음을 것고 박아지의 請求의 發論이 可決되고 말엇다.

七. 미리의 出戰과 上帝의 憂慮

「그러면 박아지[70] 請求의 使者를 누구를 보내랴?」

고 上帝께서 群鬼에게 下詢[71]하셧다. 天使가 對答하되

「이것은 미리가 가장 合當합니다. 臣이 昨日에 確信을 들은즉 民衆들은 아즉 그러케 天國을 排斥하지 안는데 원수놈의 드래곤이 民衆의 머리속으로 돌아단이며 上帝와 上帝 以下 乃至 人世의 支配階級의 勢力은 모다 民衆의 是認으로 存在한 것인즉 民衆이 만일 徹底히 否認만 하면 모든 勢力이 秋風의 落葉이 되리라고 작구 民衆들을 쇠와 民衆이 이갓히 叛起하얏다 합니다. 그래서 民衆들이 今日의 드래곤을 前日의 上帝보다 더 밋는다 합니다. 만일 드래곤의 同意이면 民衆들이 우리에게 박아지 하나씩을 줄 뜻합니다. 미리는 드래곤의 親兄인즉 미리를 보내면 아마 드래곤의 同意를 엇기가 쉬울가 합니다.」

---

70 박아지: 원래는 박을 쪼개서 만든 그릇을 의미하나, 여기에서는 밥을 구걸할 때 내미는 도구를 뜻함.

71 下詢: 임금이 신하에게 문의하는 것.

上帝가 올타 하시고 卽日에 미리를 獄中에서 불너 손목을 잡고 눈물을 흘니며

「내가 聰明치 못하야 하마트면 너 갓흔 賢臣을 죽일 번하얏고나.」

하고 박아지 請求의 決議된 經過를 一一히 말삼하신즉

「안됨니다. 안됨니다. 그것은 絶對로 안됨니다. 박아지는 거지가 차는 것이오. 上帝가 차는 것은 안이올시다. 거지가 박아지를 차고 民衆의 門압헤 가서 한술 주시오 하면 民衆이 同情의 밥을 줍니다. 그러나 上帝께서 박아지를 차신다면 「야! 上帝거지 前日의 尊嚴을 어대다 두엇느냐?」고 손가락질이나 할 것이올시다. 「前日에 우리에게서 빨어먹은 피를 다시 吐하야 내노라.」고 주먹질이나 할 것이올시다. 바가지를 주기커녕 차고 간 바가지나 쌜 것이올시다. 그리고 惶悚하올시다마는 上帝의 니마까지도……안됨니다. 안됨니다. 박아지 請求는 絶對로 안됨니다.」

고 미리가 울면서 諫한다.

「그러니 엇지하잔 말이냐. 鐵道 自殺이나 하얏스면 조켓다만 天宮에 어대 鐵道가 잇느냐? 칼로 自殺은 참아 못하겟고……」

「臣이 입을 한번 버리면 帝王, 統領, 資本家……等物들이 나옴니다. 臣이 地國에 나리가아 또 입을 버리어 보겟습니다.」

「오늘날에야 좃작대기만한 힘도 업는 帝王, 統領 等物이 아모리 吐하야 노흔들 民衆이 무서워하겟느냐. 그것도 前날 말이지.」

「臣이 地上에 나리어가아 强國民衆의 愛國心을 鼓吹하야 植民地 民衆을 잡어먹게 하고 植民地 民衆에게는 自治나 參政權을 준다고 속이여 强國 民衆에게 잡히여 먹게 하야 民衆이 相食하는[72] 틈에 天國의 權利를 恢復할가 합니다.」

「自覺한 民衆들이 그런 쇠임에 속느냐? 그것도 옛말이지.」

「그러치만 上帝께서 絶對로 박아지를 차서는 안됨니다. 如何間 臣이 地

---

72 相食하는: 서로 잡아먹는.

國에 나리어가아 親히 實地의 情形을 偵察하고 돌아오리다. 싸울 만하면 싸우고 그러치 못하면 天國 君臣이 다 손을 잡고 餓死할 섇이언졍 박아지를 차서는 안됩니다.」

하고 미리가 곳 上帝께 하직하고 雲車를 타고 地國으로 向하야 發程할새 上帝, 天使 以下 仙宮, 仙吏, 仙女, 眷屬[73]들이 모다 주린 가슴을 틀키여 쥐고 雲頭까지 쌀아나와 一齊히 손을 들고 목마친 소리로 「미리님 萬歲」를 불우니 이 소리가 곳 天國의 興亡存廢를 한 등에 실은 미리를 지송하는[74] 소리더라.

「미리님? 내가 昨日에는 天上의 미리놈이오 地上의 미리님이러니 今日에는 天上의 미리님이오 地上의 미리놈이로고나! 天地의 位置가 이다지 變換하얏고나!」

라고 미리가 속으로 홀로 생각하고 눈물이 두 뺌에 젓는다. 半空에 일으지 못하야 天使가 헐썩이며 쏘차와서

「다시 잠간 돌아오시랍니다. 上帝께서 할 말삼이 잇다고 그랩니다. 미리님!」

하고 불으거늘 미리가 곳 回軍하야 上帝를 가본즉

「오날 激怒한 民衆을 威力으로 눌러서는 안될 일이니 아모조록 情理로 哀乞하소. 이 말이 或 나의 그대에게 주는 最後의 付託이 안이될가!」

하고 上帝가 미리의 손을 잔뜩 쥔다. 미리가

「예! 上帝는 너무 優慮치 마소서. 地國에 가서 臣이 모든 일을 千思萬思하야 行하리이다.」

하고 다시 총총히 登車하다.

八. 天國의 大亂 上帝의 飛去

미리를 發送식힌 뒤에 上帝 以下 왼 天宮 鬼衆들이 모와[75] 안저 운다. 이

---

73 眷屬: 한집에 거느리고 사는 식구.
74 지송하는: 祗送하는. 원래는 "백관(百官)이 임금의 거가(車駕)를 공경하여 보내는" 것을 의미.

울음이 미리의 써남을 우는 울음이 안이라 곳 天國의 滅亡을 우는 울음이다. 天國의 滅亡을 우는 울음이 안이라 각기 自身의 不幸을 우는 울음이다. 그런데 가장 悽慘하게 우는 이는 上帝의 가장 寵愛하는 仙女「쓕구」다. 上帝가 너무「쓕구」에 對한 불상한 생각이 나서 自己의 울음을 그치고 귀를 기울이어 쓕구소리를 가만이 들으니 우는 소리가 안이오, 곳「왓다 왓다 드래곤이 왓다 인제는 天國의 末日이다.」하는 呾呪를 하는 소리다. 上帝가 大怒하야「이년아 드래곤이 오면 네게 시원한 일이 무엇이냐?」하고 칼을 쌔여 쓕구의 목을 치니 아! 불상한 쓕구 목이 뚝 썰어저 죽는다. 上帝가 쓕구를 죽이고는 다른「년」「놈」의 울음소리를 들은즉 모도가 다「쓕구」다.「쓕구」와 갓히「왓다 왓다 드래곤이 왓다. 인제는 天國의 末日이다.」하는 소리다. 「아! 이것이 웬일니야, 天宮의 親屬들이 다 叛하야 드래곤黨이 되얏느냐?」하고 이에 自己가 울며 自己의 귀로 들어본즉 自己의 울음소리도 울음소리가 안되고「왓다, 왓다, 드래곤이 왓다. 인졔는 天國의 末日이다.」하는 呾呪가 되고 만다. 上帝가 할일업서 이에 自己의 울음을 그치고 곳 嚴酷한 命令을 나리어「天宮 안에 만일 우는 者가 잇스면 死刑에 處하리라.」한다. 그러나「내가 웨 平生 愛人「쓕구」를 죽이엇느냐? 미리의 回報가 웨 업느냐? 天國이 亡하면 내가 엇지 되나?」하야 悔恨과 憂鬱과 苦痛이 작구[76] 上帝의 머리에로 올나와 견댈 수 업는 頭痛이 생긴다. 上帝가 손으로 그 머리를 바치고 止痛할[77] 藥을 좀 달나랴 하야 藥室에를 들어간즉 아! 참 奇怪하다 藥室 안에는 우는 이도 업건마는「왓다, 왓다, 드래곤이 왓다. 인제는 天國이 末日이다.」란 소리가 猛烈하게 난다.

上帝가 매우 疑惑하야 그 소리나는 곳을 가만가만 차저본즉 硝强水[78]의 甁 속이다. 上帝가 대노하야 칼을 빼어 硝强水甁을 치니 硝强水는 어대 가고 불

75 모와: 북한 선집에는 '모아'로 제시됨. '모여' 정도로 읽는 것이 적합할 듯함.
76 작구: 자꾸.
77 止痛할: 통증을 멈춤.
78 硝强水: 질산.

칼이 번쩍 나와 天宮의 들보를 친다, 기둥을 친다, 지붕을 친다, 柱礎를 부신다 하야 쓱-싹-쫭-쫙-왈으르-울으르- 天宮 全體가 불地獄이 되얏다.

상제께서 「비가비」(雨神)를 불너 비를 좀 주어 불을 써라 하시더니 「비가비」는 안이 오고 「바람가비」(風神)가 달니들어 냅더 猛風을 불어 불이 더욱 蔓延하야[79] 天宮부터 天京까지를 燒蕩[80]한다. 大勢가 가고 보니 威權이 行할소냐. 上帝가 할일업서 불을 避하야 宮門으로 나아가다가 猛風의 휩싼 배되야 어대로 날너가 바린다.

天使가 上帝를 救하랴다가 바람이 너무 셈으로 엇지하지 못하야 「인제는 天國의 末日이로고나.」 불우짓는다. 그러나 天使는 上帝의 忠臣이라 엇지 時勢를 짤아 方向을 박굴소냐! 興하나 亡하나 上帝를 짤으리라. 天上에서 또 天上, 地下에서 또 地下를 갈지라도 내가 긔어히 上帝를 차즈리라 하고 이에 朝鮮의 行客[81]갓히 집신[82]감발[83]을 차리며 支那의 苦力[84]갓히 勞動服을 입고 上下 八方으로 돌아단이며 上帝의 게신 곳을 探問한다.

九. 天使의 行乞과 道士의 神占

天使가 「上帝를 찾자면 먼 獨一無二 全知全能의 上帝를 잘 찻던 歐美各國으로 가보리라.」 하고 런돈이니 파리니 로마니 벨린[85]이니 니우육[86]이니……하는 有名한 都市를 다 지나보앗다. 그러나 神父나 牧師 等物만 눈에 씌우지 안할 썐 안이라 곳 皇帝大王이니 大統領이니 國務總理니……하

---

79 蔓延하야: 널리 퍼져나가.
80 燒蕩: 불에 태워 없애는 것.
81 行客: 나그네.
82 집신: 짚신.
83 감발: 발감개. 버선이나 양말 대신 발에 감는 좁고 긴 무명천.
84 苦力: 쿨리(coolie). 중노동자. 중노동에 혹사당했던 (중국이나 인도 등지의) 하층 노동자.
85 벨린: 베를린(Berlin). 독일의 동북부, 엘베 강 지류와 슈프레 강(Spree江)의 합류점에 있는 도시. 13세기에 건설되었으며 18세기 이후 독일의 수도였다.
86 니우육: 뉴욕(NewYork). 뉴욕 주의 남쪽에 있는 미국 최대의 도시. 천연의 항구로, 맨해튼·브롱크스·브루클린·퀸스·스태튼아일랜드의 다섯 구로 이루어져 있다.

는 名詞도 들을 수 업고 銀行이니 會社니 트라쓰트[87]니……하는 建物도 볼 수 업고 風俗이나 習慣이 한아도 옛날 것대로 잇는 것이 업다. 그러나 天使는 上帝를 찻기에 다른 것을 알은 체하지 못하고 모도 「走馬看山格」으로[88] 지날 섇인 고로 그 詳況[89]은 알지 못하얏다. 예루살램을 지나다가 바울을 만나 「바울[90]은 篤信한 上帝의 信徒이니 上帝의 게신 곳을 알으리라.」 하야 바울란

「上帝가 어대 게시냐?」

고 뭇다가 바울이

「이놈! 미친 놈! 至今에도 上帝를 찻는 미친 놈아.」

하고 天使의 쌤을 주여질르는[91] 통에 天使가 쌤이 퉁퉁 부어 달아나섯다.

支那 北京에를 들어와 正陽門[92]박 十里許 잔나무밧[93] 속 天壇[94]을 지나니 冕旒冠[95]에 袞龍袍[96] 잡수신 大淸國 大皇帝가 天祭를 올린다고 구경군이 모와든다.

「허허. 그래도 中國이 거룩한 나라여! 復辟[97]이 또 되야 祭天禮를 恢復하얏고나.」

하고 天使가 달어들어 上帝를 찻더니 웬 사람이 손바닥을 보기 조케 쫙

---

87 트라쓰트: Trust. 같은 업종의 기업이 경쟁을 피하고 보다 많은 이익을 얻을 목적으로 자본에 의하여 결합한 독점 형태. 기업 합동.

88 으로: 김병민 선집에는 '을'로 제시되어 있다.

89 詳況: 자세한 상황.

90 바울: Paul. 기독교 최초로 이방인에게 복음을 전한 전도자. 열렬한 유대교도로서, 기독교도를 박해하러 가다가 다메섹에서 예수의 음성을 듣고 믿음을 바꾸어 전 생애를 전도에 힘쓰고 각지에 교회를 세웠다. 생몰 연대 미상.

91 주여질르는: 쥐어지르는. 주먹으로 힘껏 내지르는.

92 正陽門: 고궁의 남쪽에 있는 문으로 달리 전문(前門)이라고 한다. 명나라와 청나라 때 북경 도성의 남문이었다. 높이는 42m로 베이징에 있는 문루 중에 가장 높다.

93 잔나무밧: 잣나무밭.

94 天壇: 중국에서 천자(天子)가 천제(天帝)에게 제사 지내는 데 쓴 제단. 북경에 있는, 흰 대리석으로 둥글게 만든 3층의 것이 특히 유명한 데, 937년 요대(遼代)에 건설되어, 명대(明代)에 천단이라 이름 지었으며, 현재의 것은 1896년 재건된 것으로, 중앙에 기년전(祈年殿)이 있음.

95 冕旒冠: 제왕(帝王)의 정복(正服)에 갖추어 쓰는, 직사각형의 판에 많은 주옥을 꿰어 늘어뜨린 관.

96 袞龍袍: 임금의 정복으로 금실로 둥글게 수놓은 옷.

97 復辟: 김병민 선집에는 '復闢'으로 제시되었지만, 북한 선집에는 '復辟'으로 제시되었다. 퇴위한 천자가 다시 즉위하는 것.

펴들고

「이놈아 쉼수지 말어라. 이것은 民衆 慶節[98]의 演劇이다. 上帝가 무슨 똥쌀 上帝냐![99]」

하고 또 天使의 뺌을 내갈긴다. 아! 上帝의 忠臣 노릇 하노라고 天使의 뺌에 부긔가 나릴 날이 업다.

天使가 압흔 뺌을 만지며 天橋(天壇西)를 向하야 나오니 길가에 머리를 꼿고 道巾을 쓰신 老道士가 占床을 바처 노코 床 위에는 「有問必答禮金十枚」[100]의 八個 大漢字를 써 부친 것을 보고

「하! 저 老道士! 참 稀貴한 老人이다. 오늘까지 머리도 깍지 안코 伏羲氏[101]의 八卦를 信奉하는고나. 「禮金十枚」라니 不過 銅錢 열닙이면 上帝의 게신 곳을 물어보겟다.」

하고 주머니를 뒤저본다. 하나 「銅錢 열 닙은 고만두고 귀 떨어진 葉錢 한 푼도 업다.」고 주머니가 방귀를 픽 쉰다.

이 地境에는 天使도 눈물을 안 흘을 수 업다.

「드래곤이 오기 前 내가 上帝의 左右에서 侍從[102]할 째에는 내 손이 한번 주머니에 들어가기만 하면 金剛石도 紅寶石도 白金도 黃金도 美國의 쌀라도 法國의 푸랭크[103]도 袁世凱[104](中國銀錢)의 대가리도 나오라는 대로 나오더니 오늘에는 銅錢 열닙에 주머니의 퇴박[105]을 맛낫고나……」

그러나 天使가 占쳐 보고 십흔 마음이 懇切하야 微笑를 씌고 老道士의 압헤 허리를 굽히며

「여보 道士님! 占 한괘 처주시오. 내가 只今에 돈이 업습니다만은 日後에

---

98 慶節: 온 국민이 기념하는 경사스러운 날.
99 上帝냐: 김병민 선집에는 '上帝'로 제시되어 있다.
100 물으시면 꼭 답해드립니다. 복채는 동전 열 닢.
101 伏羲氏: 중국 고대 전설상의 제왕. 삼황(三皇)의 한 사람으로, 팔괘를 처음으로 만들고, 그물을 발명하여 고기잡이의 방법을 가르쳤다고 한다.
102 侍從: 모시고 따름.
103 푸랭크: Franc. 프랑스 통화의 기준 단위.
104 袁世凱: 중국 은전. 중국 은전에 袁世凱의 얼굴이 그려져 있다해서 그렇게 표현함.
105 퇴박: 마음에 들지 아니하여 물리치거나 거절함.

돈이 생기거던 禮金 十枚는 말 말고 千枚 萬枚라도 밧치지요.」

「그러시오. 오늘은 돈이 쓸대업는 世上이지만 나는 愛錢[106]의 舊習을 닛지 못하야 작란으로 하는 것이올시다. 하나 禮金이 무삼 關係 잇슬잇가. 占을 쳐드리이다. 대관절 占은 무삼 占인가요?」

天使가 上帝를 들추다가는 또 뺌이나 마질가 십혀 한참 머뭇머뭇하다가

「예! 달은 占이 안이라 上典을 찾는 占이올시다. 우리 上典이 어대 가신지 몰나서요……」

「허허. 요세 世上에도 上典을 차저단이는 이가 잇단 말이요? 당신은 참 忠奴올시다.」

하고 占筒을 흔드니 乾之遯卦가 나온다. 道士가 大驚하야

「아! 어! 乾은 天이니 上帝요, 遯은 逃亡이니, 당신이 上典을 찾는 奴子가 안이라 逃亡한 上帝를 찾는 天使인가 봅니다.」

天使가 이 말에 놀내지 안할 수 업다. 그래서 두 무릅을 꿀고 공손이

「上帝의 게신 곳을 가라쳐 달나.」

하니 道士가 풀어 갈오대

「乾卦初爻의 「子」가 遯卦初爻의 「辰」으로 變하고 「辰」이 回頭하야 「子」를 克하야슴니다. 辰은 龍이오, 子는 쥐니 上帝가 龍(드래곤)의 亂에 逃亡하야 쥐구녕으로 들어갓슴니다. 古語에 「天開於子」[107]라 하더니 오늘은 「天閉於子」[108]올시다. 쥐구녁에 가서 上帝를 차지시오.」

十

天使가 上帝를 차질 마음이 밧버 卽時 道士를 拜謝하고 쥐구녁을 차저간다. 쥐구녁을 찾다가 意外에 龍神廟[109]를 發見하고 天使가 大驚[110]하얏다.

---

106 愛錢: 돈을 좋아함.
107 하늘이 자(子)에서 열린다는 뜻.
108 하늘이 자(子)에서 닫힌다는 뜻.

「龍은 미리님의 別名이니 미리가 여긔에 와잇는 거시다.」

하고 廟中에 들어가 보니 果然 미리가 잇기는 잇다마는 昔日에 風, 雨, 雷, 霆의 造化를 부리던 「미리」가 안이오. 一個 土偶像[111]의 「미리」이다. 귀가 썰어젓고 눈이 쌔아젓고 니마가 쌔여젓다. 그 압헤는 한 접시 祭物도 노이지 안앗스니 드래곤에게 敗戰하고 이곳에 와서 退居한[112] 것이 明白하다.

「미리야 이놈! 上帝는 어대다 두고 너 홀로 여긔에 와잇느냐? 나는 上帝를 닛지 못하야 이러케 차저단이는 길이다……」

고 天使가 미리를 大責한다. 미리는 冷笑한다.

「天使야, 이놈! 上帝는 차저 무엇하느냐? 天宮에 잇던 때에 上帝이지, 天宮이 쌔여진 뒤에도 上帝가 잇느냐? 上帝가 잇다면 죽은 上帝이다. 죽은 上帝는 산 쥐색기만도 못하다. 말하자면 上帝도 滅亡하여야 올치! 其實 내나 네나 上帝가 모다 上古 民衆의 一時 迷信의 造作이 아이엿더냐.

民衆의 造作으로서 얼마나 민중의 害를 끼처왓느냐? 上帝 自身만 호강하얏슬 쌘 안이라 上帝의 祭物 貢物[113]이라 핑게하고 民衆의 돈을 挾雜한[114] 놈이 업섯더냐? 上帝의 命을 奉承하얏다 하며 世界 皇帝로 行惡한[115] 놈이 업섯더냐?

最近 世界大戰에 多數한 民衆을 죽이어낸 各國 皇帝 元帥 總司令官……들이 모다 上帝의 일흠으로써 하지 안하얏느냐? 남의 나라를 먹고 그 나라의 遺民의 쌔대귀를 녹이는 놈들도 쏘한 上帝의 뜻이라 하지 안하느냐? 오늘은 迷信이 쌔여지니 上帝도 쏘 쌔여젓다. 上帝에 附屬하얏던 네나 내가 안 쌔여질소냐? 億萬 民衆들은 고양이가 되고 過去 모든 勢力者는 쥐가 되얏다. 上帝를 차지랴거던 쥐구녁으로 가보아라……」

---

109 龍神廟: 용신을 모신 사당.
110 大驚: 크게 놀람. 김병민 선집에는 '大警'으로 오식됨.
111 土偶像: 흙으로 만든 상.
112 退居한: 물러나 사는.
113 貢物: 중앙 관서와 궁중의 수요를 충당하기 위하여 여러 군현에 부과하여 상납하게 한 특산물.
114 挾雜한: 옳지 아니한 방법으로 남을 속이는.
115 行惡한: 악을 행한.

天使가 미리의 말을 듯고 괘씸히 생각하얏지만 그 마음이 발서 上帝에게 써나 돌닐 수 업는 바에야 多言이 쓸대 잇스랴. 上帝나 차저가리라고 廟門을 나아오니 鼠疫[116]防止를 爲하야 쥐를 撲滅하랴고 出動한 民衆들을 맛낫다. 天使 문득 道士의 占에 上帝가 쥐구녁에 잇스리란 말을 생각하고 울면서

「여보시오 쥐를 잡지 말으시오. 쥐는 곳 하늘에서 逃亡하여온 上帝올시다.」

하나 이 말에는 대답이 업고 다만

「왓다, 왓다, 드래곤이 왓다. 인제는 쥐의 末日이다.」

하는 소리만 四方에 닐 쁜(完)

— 김병민 편, 『신채호문학유고선집』, 연변대학출판사, 1993

116 鼠疫: 페스트(pest)를 달리 이르는 말. 페스트균(pest 菌)이 일으키는 급성(急性) 전염병(傳染病).

◎ 해설

「용과 용의 대격전」은 단재의 작품 가운데 드물게도 완성된 단편이다. 이 작품은 표면적으로 빈자/부자의 갈등을 보여주지만, 좀 더 큰 국면에서는 식민지 민중과 제국주의 권력자의 갈등을 드러낸다. 단재는 미리와 드래곤이 동생이물(同生異物)로서 미리는 복종과 윤리를 미덕으로 삼고, 드래곤은 혁명과 파괴를 주의로 삼는다고 했다. 그래서 미리는 동양의 용으로 민중의 적이 되었고, 드래곤은 서양의 용으로 민중의 동지가 되어 격전을 벌인다.

단재는 "금일에는 드래곤이 '0'으로 표현되지만 명일에는 드래곤의 대상의 적이 '0'으로 소멸되어 제국도 '0', 천국도 '0', 기타 모든 지배세력이 '0'될 것"이라 설명했다. 그래서 "모든 지배세력이 '0'되는 때에는 드래곤의 정체적 건설이 우리의 눈에 보일 것"이라 했다. 여기에는 파괴가 곧 건설이요, 혁명이 곧 해방이라는 단재의 논리가 들어 있다. 무정부주의 혁명은 모든 지배 세력을 파괴하는 것, 거기에는 천국을 지배해온 상제(上帝)와 동양을 통치해온 미리와 같은 세력이 포함된다.

「용과 용의 대격전」의 점괘는 "건지곤괘(乾之遯卦)"이다. 그것은 상제가 용의 난에 도망가는 것이다. 용의 난이란 무엇인가? 그는 이미 「예언가가 본 무진」에서 "진사성인출"이라 하지 않았던가. 무진년에 성인, 곧 용(辰)의 반란으로 미리(총독)는 죽고, 상제(日皇)는 쥐구멍으로 달아나는 것, 그리하여 '천개어자'가 아니라 '천폐어자'가 되는 것이다. 용의 난으로 천국이 무너지는 것, 곧 무진년 성인의 혁명으로 제국주의(천국)가 마침내 패망하는 것이 아닌가.

그것은 「선언」에서 말한바 동방 민중혁명의 날이다. 상제로 표현되는 제국 권력, 통치 권력을 '철저히 부인하고 파괴'함으로써, 민중은 그 존재를 얻을 수 있다는 것이다. 곧 「룡과 룡의 대격전」은 저주 문자이자 혁명의 북소리인 것이다. 이 작품은 단재의 마지막 소설로 비록 우의적인 작품이지만, 단재의 정신이나 사상을 잘 표현한 작품이다. 이 작품의 완결은 곧 단재 정신의 완결을 뜻한다.

전기

乙支文德
李舜臣
崔都統

乙支文德[1]

緖 論

悲夫라, 我韓 數百年來 對外의 歷史여. 東方에 一流寇[2]만 入ㅎ야도 擧國이 蒼黃ㅎ고,[3] 西隣에 一嘖言[4]만 來ㅎ야도 盈庭[5]이 瞠惶[6]ㅎ야 依違苟活[7]에 恥辱이 紛加ㅎ니,[8] 我民族의 劣弱은 果天性이라 不可變歟아.

無涯生이 曰, 「否否라 不然ㅎ다.」

余ㅣ가 高句麗 大臣 乙支文德의 歷史를 讀ㅎ다가 氣旺旺ㅎ며 膽躍躍ㅎ야 卽仰天叫曰[9] 然歟然歟[10]아. 我民族의 性質이 乃如是歟아.[11] 如是偉大의 人物과 偉大의 功業은 於古에도 無比며[12] 於今에도 無比니, 我民族 性質의

---

1 이 작품의 원래 제목은 『大東四千載 第一大偉人 乙支文德』으로 1908년 5월 30일 휘문관에서 발행되었다. 변영만과 이기찬의 '序'가 각각 실렸고, 안창호의 '敍'가 뒤를 이어 실렸으며, 교열은 변영만이 맡았다. 이어 같은 해 7월 5일 김연창의 역술로 국문본 『을지문덕젼』이 탑인사에서 발간되었다. 그동안 이재선과 이윤석, 유한철, 송재소·강명관 그리고 김주현의 번역 내지 주석이 있었다. 이재선 역주, 『애국부인전 乙支文德 瑞士建國誌』, 한국일보사, 1975; 이윤석 역, 『을지문덕』, 정음사, 1983; 유한철 외 역, 『을지문덕 이순신전 최도통전』, 독립기념관 독립운동사연구소, 1989; 송재소·강명관 편, 『꿈하늘』, 동광출판사, 1990; 김주현 편, 『백세노승의 미인담(외)』, 도서출판 범우, 2004. 여기에서는 선학들의 번역과 주석을 참고하였다.

2 一流寇: 한 작은 무리의 도적. 한 갈래의 도적.

3 蒼黃ㅎ고: 어찌할 겨를 없이 매우 급하고.

4 一嘖言: 한마디 꾸지람.

5 盈庭: 모든 조정.

6 瞠惶: 어찌할 바를 모름.

7 依違苟活: 확실한 주견 없이 그럭저럭 되는 대로 삶.

8 紛加ㅎ니: 날로 더하니.

9 仰天叫曰: 하늘을 우러러 부르짖으며 말하길.

10 然歟然歟: 그러한가, 그러한가.

11 乃如是歟아: 이러하던가.

12 無比며: 비할 데 없으며. 견줄 만한 것이 없으며.

强勇이 乃如是歟아. 昔也에는 强如是ᄒᆞ며 昔也에는 勇如是러니, 朔方健兒好身手야 昔何勇銳今何愚오.[13] 噫噫라[14] 龍種이 鰍變ᄒᆞ고[15] 虎子가 犬生ᄒᆞ야[16] 神聖苗裔가 地獄에 齊墮ᄒᆞ니, 是果何魔[17]의 所戲며 何劫의 所造인가.

無涯生이 曰,「嗟乎惜夫라. 幾百年 迂儒[18]의 手로 抽筆亂題[19] 曰 武功이 不如文治라 ᄒᆞ며, 幾十朝 庸臣의 舌로 張口妄呼[20] 曰 仁者는 以小事大라 ᄒᆞ야 政策은 委靡退縮[21]을 是主ᄒᆞ며, 民氣는 摧折壓伏[22]을 是務ᄒᆞ고 往事는 强毅不屈[23]을 是諱ᄒᆞ며, 古人은 腐儒鰕生[24]을 是崇ᄒᆞ야 一般 可耻可笑의 等事와 支離無關[25]의 等說로 我韓 四千載 神聖歷史를 汚衊ᄒᆞ고,[26] 偉大英雄은 埋沒에 一任ᄒᆞᆫ 故로 或 龍爭虎躍[27]의 人物로도 村兒俚談[28]에 一句만 僅傳ᄒᆞ며, 或 神驚鬼號[29]의 功業으로도 樵竪巷謠[30]에 一曲만 偶播ᄒᆞ고 傳來 史蹟은 落落無多[31]ᄒᆞ니, 然則 又 其外姓名ᄭᆞ지 遺漏된 大男兒가 幾何인지 不知ᄒᆞᆯ지라.」

幸哉라, 乙支文德이여. 尙此幾行의 歷史가 流傳ᄒᆞ얏도다. 不幸哉라, 乙支文德이여. 僅此幾行의 歷史만 流傳ᄒᆞ얏도다.

---

13 朔方健兒好身手야 昔何勇銳今何愚오: 두보의 「哀王孫」의 구절. 북방의 건장한 남자들 좋은 솜씨, 옛날에는 용맹하더니 오늘은 어이 어리석은고?
14 噫噫라: 슬프다.
15 龍種이 鰍變ᄒᆞ고: 용의 씨가 미꾸라지 되고.
16 虎子가 犬生ᄒᆞ야: 범의 종자가 개로 변하여.
17 是果何魔: 이는 과연 어떤 악마(의 소희)이며.
18 迂儒: 어리석은 선비. 세상 물정에 어두운 선비.
19 抽筆亂題: 붓을 들면 망령되이. 붓을 들어 어지럽게 씀.
20 張口妄呼: 입을 열어 망령되이 일컬음. 국문본에는 '말을 내면 어리석게 짓거려'로 제시됨.
21 委靡退縮: 委靡=萎靡는 시들고 느른해짐을, 退縮은 움츠리고 물러남을 뜻함. 쇠약하고 움츠림.
22 摧折壓伏: 억눌러서 제어하고 억지로 복종시킴.
23 强毅不屈: 강의하여 굴하지 않음.
24 腐儒鰕生: 腐儒는 생각이 낡고 완고하여 쓸모없는 선비를, 鰕生은 두꺼비 같은 자를 말함. 곧 낡고 세상 물정에 어두운 유생들을 말함.
25 支離無關: 지루하고 무관함.
26 汚衊ᄒᆞ고: 남의 명예를 더럽히고.
27 龍爭虎躍: 용처럼 다투고 호랑이처럼 뛰는.
28 村兒俚談: 촌아이들의 이야기.
29 神驚鬼號: 귀신이 놀라 부르짖음.
30 樵竪巷謠: 나무하는 아이들의 노래.
31 落落無多: 여기저기 흩어져 많지 않음.

夫 歷史의 傳不傳이 於其人에야 何損何益이리오마는, 但 一國의 疆土는 其國의 英雄이 身을 獻ᄒᆞ야 莊嚴케 ᄒᆞᆫ 者며, 一國의 民族은 其國의 英雄이 血을 流ᄒᆞ야 保護ᄒᆞᆫ 者라. 精神은 山立[32]이며, 恩澤은 海濶[33]이거늘 其國의 英雄을 其國의 民族이 不知ᄒᆞ면 其國이 國됨을 豈得ᄒᆞ리오.

故로 大家의 史筆로 英雄의 眞面目을 寫傳ᄒᆞ며,[34] 才子의 詞賦로 英雄의 大功德을 讚美ᄒᆞ고 爐의 香과 壇의 鼓로 英雄의 下降을 祈禱ᄒᆞ며, 金의 宮과 玉의 堂으로 英雄의 來臨을 預待ᄒᆞ고 英雄이 無ᄒᆞ거던 胷中으로 英雄 英雄ᄒᆞ며, 英雄이 有ᄒᆞ거던 眼中으로 英雄 英雄ᄒᆞ여야 英雄이 出現ᄒᆞᆯ지어늘, 乃 我國은 英雄崇拜ᄒᆞ는 根性이 何如是薄弱ᄒᆞᆫ지[35] 今古無雙 眞正 英雄은 齷齪[36]史筆下에 草草埋葬ᄒᆞ고, 其或 英雄으로 信仰ᄒᆞ는 者는 指鹿爲馬[37]ᄒᆞᆷ과 無異ᄒᆞ야 墻鬩惡習[38]으로 同族과 相煎ᄒᆞᆫ[39] 者도 曰 是英雄이라 ᄒᆞ며, 樂天主義로 外寇를 媚事ᄒᆞᆫ[40] 者도 曰 是英雄이라 ᄒᆞ며, 甚至於 敵國 倀鬼[41]로 祖國을 反噬ᄒᆞᆫ[42] 者(薛仁貴[43]의 類)도 曰 是英雄이라 ᄒᆞ야 人間 口碑와 汗靑[44] 遺蹟이 此類人에게 常多ᄒᆞ니, 我가 英雄 二字를 爲ᄒᆞ야 一哭ᄒᆞᆷ이 可ᄒᆞ도다.

元將 范文虎[45]가 日本을 侵ᄒᆞᆯ 時에 風浪에 舟가 覆ᄒᆞ야 登陸者가 三萬에 不過ᄒᆞ얏스니, 日本의 勝利를 獲ᄒᆞᆷ이 亦何足奇리오마는, 彼乃 數百年來로 歷史에 頌之ᄒᆞ며 小說로 傳之ᄒᆞ야 歌之歎之에 永世不忘ᄒᆞ는ᄃᆡ, 若 我國은

---

32 山立: 산처럼 솟음, 산악같이 특립함.
33 海濶: 바다처럼 넓음.
34 寫傳ᄒᆞ며: 써서 전하며.
35 何如是薄弱ᄒᆞᆫ지: 어찌 이와같이 박약한지.
36 齷齪: 도량이 몹시 좁음 또는 잔인하고 끔찍스러움.
37 指鹿爲馬: 사슴을 가리켜 말이라 함.
38 墻鬩惡習: 형제간에 다투는 악습.
39 相煎ᄒᆞᆫ: 서로 지지고 싸우는.
40 媚事ᄒᆞᆫ: 아첨하는.
41 倀鬼: 범의 앞장을 서서 먹을 것을 찾아준다는 귀신.
42 反噬ᄒᆞᆫ: 은혜를 베푼 이를 도리어 해치는.
43 薛仁貴(614~683): 중국 당나라의 장군. 고구려가 망한 뒤 당나라가 평양에 설치한 안동 도호부의 도호로 부임하였으나, 신라군의 반격으로 세력이 위축되자 신라 문무왕 17년(677)에 도호부를 신성으로 옮겼다.
44 汗靑: 사서나 기록을 말함.
45 范文虎: 원나라 장수.

一手로 獨立山河를 整頓ᄒᆞ며 一劍으로 百萬 强敵을 殺退ᄒᆞᆫ 眞英雄의 大戰跡도 如此抹殺ᄒᆞ니, 兩國 後來 强弱의 異點이 엇지 此에 不在타 ᄒᆞ리오. 過去의 英雄을 寫ᄒᆞ야 未來의 英雄을 招ᄒᆞ노라.

第一章 乙支文德 以前의 韓漢關係

我聖祖 檀君이 唐堯氏[46]와 幷立ᄒᆞᆫ 以來로 韓漢 兩民族이 遼地 東西에 對峙ᄒᆞ야, 我가 强ᄒᆞ면 彼가 其侵擾에 困ᄒᆞ며,[47] 彼가 强ᄒᆞ면 我가 其狎逼[48]을 被ᄒᆞ야, 兩國이 並雄치[49] 못ᄒᆞᄂᆞᆫ 境遇에 常處ᄒᆞ야 互相 侵伐ᄒᆞᆷ이 已時가 無ᄒᆞ니, 麗羅 以前의 歷史를 觀ᄒᆞ면 當時 燕雲[50]遼塞[51] 等地ᄂᆞᆫ 便是 血腥世界[52]를 作ᄒᆞᆫ 지 千餘年이니, 競爭의 烈을 可想이로다. 然이나 彼則 春秋戰國時로브터 大陸의 形勢가 駸駸히[53] 統一에 就ᄒᆞᄂᆞᆫᄃᆡ, 我則 馬韓의 末과 三國 初起ᄒᆞᆫ 際ᄭᆞ지 尙且 酋長政治의 時代라, 靑邱 一域이 無數 小邦으로 分立ᄒᆞ야 彼此 雌雄을 相爭ᄒᆞ고[54] 干戈를 相尋ᄒᆞ니, 奚暇에[55] 外競ᄒᆞᆯ[56] 餘力을 造出ᄒᆞ리오. 故로 嬴政(秦始皇)[57] 劉徹(漢武帝)[58]이 其武를 揚ᄒᆞ야 蒙恬[59]의

---

46 唐堯氏: 중국의 요임금을 달리 이르는 말. 당(唐)이라는 곳에서 봉(封)함을 받은 데서 유래한다. 『삼국유사』에는 단군 왕검이 아사달에 도읍을 정하고 국호를 조선이라 하였는데 요임금과 같은 시기였다고 하였다.

47 困ᄒᆞ며: 피곤하며.

48 狎逼: 무엄하게 바싹 가까이 다가붙음.

49 並雄치: 함께 웅장하지, 나란히 두목이 되지.

50 燕雲: 유주(幽州), 운주(雲州)를 말함. 중국의 北京(북경, 베이징) 지역은 옛날 유주 땅으로, '燕'으로 불리던 곳이며, 大同 지역은 옛날 '雲州(운주)' 땅이었음.

51 遼塞: '요동(遼東)'을 말함.

52 血腥世界: 피비린내 나는 세상.

53 駸駸히: 속력이 매우 빠르게.

54 雌雄을 相爭ᄒᆞ고: 자웅을 서로 다투고. 승부를 서로 다투고.

55 奚暇에: 어느 겨를에.

56 外競ᄒᆞᆯ: 바깥(다른 나라)과 다툴.

57 秦始皇: 중국 진(秦)나라의 제1대 황제.

58 漢武帝: 유철(劉徹, BC 156~BC 87). 중국 전한(前漢) 제7대 황제. 묘호는 세종(世宗). 중앙 집권을 강화하고 흉노를 외몽골로 내쫓는 등 여러 지역을 정벌하였으며, 중앙아시아를 통하여 동서 교류를 왕성하게 하였다. 재위 기간은 기원전 141~기원전 87년이다.

59 蒙恬(?~BC 209): 진나라의 장군. 기원전 221년 제나라를 멸망시킬 때 큰 공을 세우고, 내사(內史)에 임명되었다. 진나라가 육국(六國)을 통일한 뒤 기원전 215년 30만 대군을 이끌고 북쪽 흉노를

兵威가 長城 以外에 遙行ᄒᆞ며,[60] 楊僕[61]의 樓船[62]이 衛滿의 都城을 陷落ᄒᆞᆷ에 至ᄒᆞ더니, 及其 三國 中葉에 各 大小部落이 稍稍 相 兼幷ᄒᆞ야[63] 大勢가 統一에 漸趨ᄒᆞᄆᆡ, 駕洛 伽倻 扶餘 沃沮[64] 濊貊[65] 等國이 皆 三國에 統合ᄒᆞᆫ 바ㅣ 되고, 其他 三韓에 分統ᄒᆞ얏던 數百 小國도 亦皆 三國의 郡縣을 作ᄒᆞ니, 於是乎 我民族의 實力이 膨脹圓滿의 域에 漸達ᄒᆞᆫ 故로 新羅의 兵力이 海外에 遠伸ᄒᆞ야 日本을 三征ᄒᆞ고, 百濟가 靺鞨[66]을 屢破ᄒᆞ야 境土를 開拓ᄒᆞ고, 高句麗가 四郡[67]을 收復ᄒᆞ야 前耻를 快雪ᄒᆞ며 遼地를 襲取ᄒᆞ야[68] 版圖를 擴大ᄒᆞᄂᆞᆫᄃᆡ, 各其 不滿 千里의 地方과 不過 數百萬의 人口로ᄃᆡ 水陸으로 强敵을 對抗ᄒᆞᄆᆡ 勝은 多ᄒᆞ고 敗ᄂᆞᆫ 少ᄒᆞ더라.

雖然이나, 新羅의 敵은 日本이며 百濟의 敵은 靺鞨이니, 彼ᄂᆞᆫ 皆 海外 遠邦이오 當時 小敵이라. 其相侵의 景況이 暴風迅雨갓치 倏來倏去[69]ᄒᆞᆯ 而已오. 轟烈[70] 可觀의 大戰役이 罕有ᄒᆞ야[71] 史家의 筆을 鼓舞ᄒᆞᆯ 餘地가 少ᄒᆞ거니와, 若夫 高句麗의 對付ᄒᆞᄂᆞᆫ[72] 敵은 强大ᄒᆞᆫ 支那며, 又 其壤地가 隣接ᄒᆞ야 嘖言이 朝起ᄒᆞ면 兵戈가 夕至ᄒᆞ야 往往 不測의 禍가 目下에 伏在ᄒᆞᆫ 故로 政客의 腦를 費ᄒᆞ며, 將士의 血을 擲ᄒᆞ야 强國 禦寇[73]의 道에 兢兢ᄒᆞ니,

---

정벌하여 하남(河南) 땅을 수복하는 등 활약이 컸고, 이듬해 만리장성을 완성했다.

60 遙行ᄒᆞ며: 멀리 다니며.

61 楊僕: 서한(西漢)의 장군. 기원전 109년 한 무제가 양복을 보내 왕검성을 함락시키고, 위만조선을 멸망시켰다. 생몰 연대 미상.

62 樓船: 군사의 수송을 위한 대형선박으로 위에 누각을 설치한 배.

63 兼幷ᄒᆞ야: 병합하여.

64 沃沮: 우리나라의 고대 국가 가운데 함경도의 함흥 일대에 있던 나라. 후에 고구려에 복속되었다.

65 濊貊: 고조선의 관할 경계 내에 있던 나라. 만주에서 한반도 동북부를 근거지로 하여 수렵과 목축을 주로 하고 농경도 행하였는데, 그로부터 부여와 고구려가 갈려 나왔다.

66 靺鞨: 중국 수나라·당나라 때에 동북(東北) 지방에서 한반도 북부에 거주한 퉁구스계의 여러 민족을 통틀어 이르는 말. 만주족의 선조로 뒤에 7부로 나뉘었으며, 속말 말갈(粟末靺鞨)을 중심으로 발해를 세웠는데, 흑수 말갈(黑水靺鞨)은 이에 대립하여 나중에 금(金)을 세웠다.

67 四郡: 낙랑군(樂浪郡), 임둔군(臨屯郡), 현도군(玄菟郡), 진번군(眞番郡)을 말한다.

68 襲取ᄒᆞ야: 기습적으로 취하여.

69 倏來倏去: 갑자기 왔다가 갑자기 감.

70 轟烈: 몹시 사납고 세참.

71 罕有ᄒᆞ야: 드물게 있어서.

72 對付ᄒᆞᄂᆞᆫ: 맞서는, 대응하는.

73 禦寇: 도적을 제어함.

盖 始祖 東明王 以來로 嬰陽王[74] 時에 至ᄒᆞ믹, 其間 我兵이 支那境을 侵入ᄒᆞᆷ이 數十餘次오, 支那兵이 我境에 來犯ᄒᆞᆷ이 十數次러라.

嬰陽王 卽位時ᄂᆞᆫ 我 檀君 二千七百二十年[75]頃이니, 至是에 韓漢 兩 民族의 惡憾이 愈觸愈厲[76]ᄒᆞ야 彼我 不兩立의 勢가 愈決ᄒᆞ니,[77] 乙支文德은 實로 此時代의 産兒러라.

第二章 乙支文德 時代의 麗隋形勢

一 隋氏의 强盛

二 高句麗의 態度

三 乙支文德의 遭遇

皇天이 我民族의 能力을 試驗ᄒᆞ랴 ᄒᆞ심인지 當時 外敵의 勢力을 偏與ᄒᆞ사,[78] 支那 江南(陳) 江北(周)의 兩朝廷을 普六茹氏(隋帝 本姓) 父子[79]의 手中으로 混一ᄒᆞ니, 土地의 廣과 甲兵의 衆이 支那 有史 以來의 第一이오. 加之[80]百姓이 豊富ᄒᆞ고 國庫가 充溢ᄒᆞ야 强悍[81]으로 有名ᄒᆞ던 匈奴[82] 突厥[83]의

---

74 嬰陽王: 고대원(高大元, ?~618). 고구려의 제26대 왕. 일명 평양왕(平陽王). 동왕 9년(598)에 수나라 문제(文帝)의 30만 대군을 격퇴하였으며, 23년(612)에는 수나라 양제(煬帝)가 침입하자 을지문덕을 시켜 이를 섬멸하게 하였다. 재위 기간은 590~618년이다.

75 二千七百二十年: 영양왕은 590년에 즉위했다. 이를 단기로 환산하면 2923년으로, 2720년경이 아니라 2920년경이다. 이 작품에서 서기 연도는 2333을 빼야 하는 것이 아니라 2133년을 빼야 맞다. 안창호는 서문에서 "檀君 四千二百四十一年 四月 漢陽旅館"이라 하여 1908년에 서문을 쓴 것을 밝혔는데, 무슨 일인지 단재의 『을지문덕』의 본문에는 단기 연도가 200년의 오차가 있다.

76 愈觸愈厲: 접촉할수록 더욱 커져.

77 愈決ᄒᆞ니: 점점 열렸으니.

78 偏與ᄒᆞ사: 편벽되이 주어서.

79 普六茹氏 父子: 수나라 초대 황제 楊堅(普六茹堅)과 그의 아버지 楊忠(普六茹忠)을 일컬음. 양견(수문제)은 581년 북주(北周)의 정제((靜帝)의 양위를 받아 수나라를 세우고, 589년 양광(陽廣: 隋帝)을 행군원수(行軍元帥)로 삼아 남조(南朝)의 진(陳)을 평정하여 중국을 통일했다.

80 加之: 또한, 게다가, 더군다나.

81 强悍: 힘세고 사나움.

82 匈奴: 중국의 이민족인 오호(五胡) 가운데 진(秦)나라·한(漢)나라 때에 몽골 고원에서 활약하던 기마민족. 기원전 3세기 말에, 묵돌 선우가 모든 부족을 통일하여 북아시아 최초의 유목국가를 건설하고, 전성기를 맞이하였으나, 한나라 무제의 잦은 침공으로 쇠약해져, 1세기경 남북으로 분열되었다.

遺種도 稽顙[84]入朝ᄒᆞ며,[85] 聲氣가 不通ᄒᆞ던 高昌[86]室韋[87]의 遠人도 接踵[88]欵塞ᄒᆞ니,[89] 隋皇帝의 氣燄이 炙手可熱[90]이로다.

是時로 當ᄒᆞᄆᆡ, 始終 倔强의[91] 態度를 守ᄒᆞ고 獨立을 保持ᄒᆞ야 支那와 對峙ᄒᆞᆫ 者ᄂᆞᆫ 惟一 高句麗라. 凡 數十百年을 兄弟의 禮로 抗ᄒᆞ며, 雌雄의 勢를 賭ᄒᆞ다가[92] 一朝에 彼의 坐大ᄒᆞᆷ을 見ᄒᆞ고 豈其甘心退伏ᄒᆞ리오.[93]

嬰陽王 卽位 元年에 彼가 江南 陳氏를 滅ᄒᆞ고, 卽時 國書로 侮辱을 加ᄒᆞ야 曰「遼水[94]의 廣이 長江과 何如며 高句麗人의 多가 陳國과 何如ᄒᆞ뇨. 朕이 萬一 貴國의 前愆[95]을 責ᄒᆞᆯ진ᄃᆡ 一將軍만 命할 而已오 多言을 不待라.」ᄒᆞ얏스니, 其驕傲無禮가 如此히 辭表[96]에 溢現ᄒᆞ얏스ᄆᆡ, 高句麗 君臣이 知耻戒禍[97]ᄒᆞ야 穀을 儲ᄒᆞ며, 兵을 養ᄒᆞ야 戰爭을 準備ᄒᆞ더라.

然이나, 當時에 得君行道ᄒᆞ야 內政을 施ᄒᆞ며, 訓民練卒ᄒᆞ야 外窺[98]를 杜ᄒᆞ고,[99] 四面敵衝에 立ᄒᆞ야 國家耿光을 揚ᄒᆞᄂᆞᆫ 者ㅣ 其誰오.

傳에 曰「乙支文德이 高句麗 大臣이라.」ᄒᆞ얏스니, 大臣이라 云ᄒᆞᆷ은 必也 其時 大對盧(卽 總理大臣)를 謂ᄒᆞᆷ이거나, 莫離支(卽 軍部大臣)를 謂ᄒᆞᆷ이거나, 不然이면 卽 又 左輔右輔(皆 國務大臣)를 謂ᄒᆞᆷ이니, 高句麗 主動力이

---

83 突厥: 6세기 중엽 알타이 산맥 부근에서 일어나 약 2세기 동안 몽골 고원에서 중앙아시아에 걸친 지역을 지배한 터키계 유목 민족. 또는 그 국가. 6세기 말에 중국 수나라·당나라의 공격으로 동서로 분열되었는데, 동돌궐은 8세기 중엽에 위구르에, 서돌궐은 7세기 중엽에 당나라에 복속되었다.

84 稽顙: 꿇어 엎드려 이마를 땅에 대고 절함.

85 入朝하며: 외국 사신이 조정의 회의에 참여하며. 일반적으로 '조공을 바치는 일'을 뜻함.

86 高昌: 5세기에서 7세기에 걸쳐 타림분지 동쪽의 투르판 지방에 있었던 나라.

87 室韋: 6~10세기에 동몽고(東蒙古)와 중국 동북 지구의 북부에 살고 있던 부족.

88 接踵: 발꿈치를 접한다는 뜻으로, 남의 뒤에 바싹 붙어서 따름을 이르는 말.

89 欵塞ᄒᆞ니: 요새의 문을 두드리고 찾아와 복종하니. 국문본에는 "드러와 죠공ᄒᆞ니"로 제시되었다.

90 炙手可熱: 뜸을 뜨는 손 위에 열을 더한다는 의미로 형세가 점점 더해가는 것을 말함.

91 倔强의: 강하고 고집이 센.

92 賭ᄒᆞ다가: 내기하다가.

93 豈其甘心退伏ᄒᆞ리오: 어찌 즐거운 마음으로 굴복하리요.

94 遼水: 산동반도 서북쪽을 흐르는 요하(遼河)로 고구려의 국경이다. 장강은 양자강을 말한다.

95 前愆: 지난날의 과오.

96 辭表: 말과 글. 여기에서는 '글'을 뜻함.

97 知耻戒禍: 부끄러움을 알고 화를 경계함.

98 外窺: 밖에서 엿봄.

99 杜ᄒᆞ고: 막고.

乙支文德에 專在홈이 無疑오.

且 薩水의 役은 一國 興亡의 機어늘, 乙支文德이 戰코져 ᄒᆞ면 全國이 皆戰ᄒᆞ며, 乙支文德이 退코자 ᄒᆞ면 全國이 皆退ᄒᆞ고, 乙支文德이 詐降[100]ᄒᆞ야도 上下가 其詐降을 不疑ᄒᆞ니, 盖 君主의 信用에 專홈과 國民의 信賴에 深홈이 如此ᄒᆞᆫ즉, 是其 出將入相[101]의 位에 居ᄒᆞ고 內修外攘[102]의 策을 講ᄒᆞ야 一國의 安危가 其一身에 繫홈이 無疑어늘,

後人이 殘史의 缺文만 膠執ᄒᆞ야,[103] 乙支文德은 只是 薩水 一役에 上帝天使갓치 一片 福音을 來傳ᄒᆞ고, 風鞭電馬[104]로 倏然長逝[105]ᄒᆞ야 其前에도 乙支文德이 無ᄒᆞ며, 其後에도 乙支文德이 無ᄒᆞ다 云ᄒᆞ나, 史文을 叅互ᄒᆞ야[106] 伊時 事狀을 細究ᄒᆞ면, 二千七百三十一年[107] 嬰陽王 西征 以後 薩水戰役 以前事ᄂᆞᆫ 皆 乙支文德에 屬홈은 可疑ᄒᆞᆯ 비 無ᄒᆞ도다.

嗚呼라, 一國은 三分ᄒᆞ고 外敵은 方强ᄒᆞᆫᄃᆡ, 風雲을 睥睨ᄒᆞ고[108] 時機를 利用ᄒᆞ야 巨寇를 小兒갓치 操縱ᄒᆞ니, 千載下에셔 其爲人을 像想ᄒᆞ야도 推枕蹶起[109]홈을 不覺ᄒᆞᆯ지로다.

第三章　乙支文德 時代의 列國狀態

惜哉라, 于時[110] 列國의 擧動이여. 北齊가 隋에게 亡ᄒᆞ고 陳氏가 隋에게

---

100 詐降: 거짓 항복.

101 出將入相: 나가서는 장수요, 들어와서는 재상이라는 뜻으로, 난시(亂時)에는 싸움터에 나가서 장군이 되고, 평시에는 재상이 되어 정치함을 이르는 말.

102 內修外攘: 안으로는 국내의 정치를 잘 다스려 지치(至治)를 이루고 밖으로는 외적을 물리쳐 평화를 유지한다는 뜻으로써, 유교 정치 사상에서 국난을 극복하기 위한 방법으로 제시된 대표적인 정책이념.

103 膠執ᄒᆞ야: 집착하여. 국문본에는 '믿고'로 번역.

104 風鞭電馬: 바람채찍과 번개말을 합한 것인데, '바람과 번개'를 의미하지만, 채찍과 말을 넣음으로써 살수대전을 더욱 실감 있게 형용하고 있다.

105 倏然長逝: 갑작스러이 서거함.

106 叅互ᄒᆞ야: 서로 참조하여. 여러 문서를 함께 참조하는 일을 말함.

107 二千七百三十一年: 영양왕은 재위 9년(598)에 요서(遼西)를 공격했다.

108 睥睨ᄒᆞ고: 곁으로 흘겨보고.

109 推枕蹶起: 베개를 밀쳐내고 벌떡 일어남.

110 于時: 이때.

滅훈 以後로 隋는 最大最强ᄒ고 列邦은 皆小皆弱ᄒ니, 許多 弱小者의 力을 合ᄒ야 彼ᄅ 抗ᄒ야도 不克홀가 猶懼어늘,[111] 今者에 合ᄒ기만 不能할 ᄲᅮᆫ 아니라 都是[112] 自卑自屈ᄒ며 相傾相軋[113]ᄒ야, 隋에 附庸國[114]되기만 是甘ᄒ는도다.

彼 新羅 百濟는 脣齒[115]의 憂ᄅ 不念ᄒ고 高句麗 侵伐ᄒ기ᄅ 請ᄒ는 使者가 道路에 相屬ᄒ며, 高句麗 動靜을 覘探ᄒ는[116] 間諜이 四境에 羅列ᄒ니,

> 二千七百三十一年에 百濟가 隋의 遼東 來侵홈을 聞ᄒ고 長史 王辨那를 遣ᄒ야 軍導됨을 請홈.[117]
>
> 二千七百四十年에 百濟가 佐平 王孝隣[118]을 遣ᄒ야 高句麗를 請伐ᄒ고 幷 其動靜을 偵探ᄒ야 隋에 報홈.[119]
>
> 二千七百四十一年에 新羅가 僧 圓光[120]을 遣ᄒ야 高句麗 侵伐홀 師를 乞홈.[121]
>
> 二千七百四十四년에 百濟와 新羅가 使臣을 遣ᄒ야 出師의 期를 請홈.[122]

---

111 猶懼어늘: 오히려 두렵거늘.

112 都是: 아무리 해도. 도무지.

113 相傾相軋: 서로 다투며 삐걱거림.

114 附庸國: 남의 나라에 딸리어, 그 보호와 지배를 받고 있는 나라.

115 脣齒: 입술과 이빨. 입술이 없으면 이가 시리다(脣亡齒寒)는 뜻으로, 서로 가까운 관계에 있는 한쪽이 망하면 다른 한쪽도 영향을 받아 온전하기 어렵다는 것을 비유적으로 이르는 말.

116 覘探ᄒ는: 몰래 염탐하는.

117 『동사강목』에는 598년 "백제 왕이 수(隋)가 요동에서 전쟁을 일으켰다는 소식을 듣고 장사(長史) 왕변나(王辨那)를 보내어 군사를 인도하겠다고 청"했다는 내용이 있다.

118 王孝隣: 백제 제30대 왕 무왕 때의 관료이다. 607년 좌평의 관등으로 수나라에 사신으로 가서 양제에게 고구려를 정벌해줄 것을 청하고 돌아왔다. 생몰 연대 미상.

119 『동사강목』에는 607년 "왕효린(王孝隣)을 보내어 고구려를 토벌하기를 청하니, 양제가 이를 허락하고 고구려의 동정을 엿보아 알리라"는 내용이 있다.

120 圓光(555~638): 신라 진평왕 때의 승려. 속성은 박(朴). 중국 수나라에 유학한 후, 대승 경전(大乘經典)을 강의하였고, 화랑도의 중심 이념인 '세속 오계'를 지었다. 저서로 『여래장경사기(如來藏經私記)』 따위가 있다.

121 『동사강목』에는 608년 진평왕이 "고구려를 정벌하고자 승(僧) 원광(圓光)에게 명하여 수나라 원군을 청하는 표(表)를 지으라" 한 일이 기록되어 있다.

122 『동사강목』에는 611년 "신라와 백제가 각각 수에 사신을 보내어 군사가 출동하는 기일을 알려 줄 것을 청하였다."는 기록이 있다.

噫라, 兄弟 鬩墻[123]의 遺憾으로 外寇를 請ᄒᆞ야 報復ᄒᆞ랴 홈은 實로 可惜이 莫甚이오.

又 突厥 卽 匈奴ᄂᆞᆫ 本來 慓悍[124] 强族으로셔 隋에게 被摧ᄒᆞ야[125] 服事[126]의 役을 不辭ᄒᆞ고, 甚至 高句麗의 來使를 執ᄒᆞ야[127] 隋主를 見ᄒᆞ니,

> 二千七百四十年에 高句麗가 突厥 可汗[128] 啓民[129]에게 遣使ᄒᆞ얏더니 適其時 隋主 楊廣이 其帳에 臨ᄒᆞᆫ지라, 啓民이 敢히 隱치 못ᄒᆞ야 隋主에게 執見홈.[130]

噫라, 隋를 畏홈으로 鄰國의 來使[131]를 敢執홈은 又 何其無禮ᄒᆞᆫ가.

然則 伊時 大勢가 隋强만 如彼홀 ᄲᅮᆫ더러 卽 旁近 各國이 莫非助桀爲虐者[132]인ᄃᆡ, 我 絶代 偉人 乙支文德이 其間에 特立ᄒᆞ야 國家의 威嚴을 不墜ᄒᆞ니,[133] 嗚呼라, 拿坡崙[134] 時代에 全歐가 慴服ᄒᆞᄂᆞᆫᄃᆡ[135] 其能獨力으로[136] 前後對抗ᄒᆞᆫ 者ᄂᆞᆫ 惟 英吉利[137] 一國而已며, 隋煬帝 時代에 東球가 震慄ᄒᆞᄂᆞᆫ

---

123 鬩墻: 형제간 또는 집안 간의 싸움.

124 慓悍: 성질이 급하고 사나움.

125 被摧ᄒᆞ야: 기세를 꺾이어.

126 服事: 섬기기.

127 執ᄒᆞ야: 잡아서.

128 可汗: 북아시아 유목 민족의 군주의 칭호. 몽고·위그루·돌궐·유연 등에서 군주를 그렇게 불렀다.

129 啓民(?~609): 돌궐 추장 사발략(沙鉢略)의 아들 이름. 염간(染干)으로서 수양제(隋煬帝)의 총애를 받음.

130 『동사강목』에는 607년에는 "고구려가 돌궐(突厥)에 사신을 보냈다. 수주(隋主) 광(廣)이 고구려에 칙서(勅書)로 입조하기를 명하였으나, 고구려 왕이 따르지 않았다. 수주 돌궐의 가한(可汗) 계민(啓民)의 장막(帳幕)에 행차하였다. 이때에 고구려 사신이 계민의 처소(處所)에 있었는데, 계민이 감히 이를 숨기지 못하고 함께 가서 수주를 만났다."는 내용이 있다.

131 來使: 온 사신.

132 莫非助桀爲虐者: '助桀爲虐'은 폭군 걸(桀)을 도와 백성을 못살게 군다는 뜻이다. 문맥상 수나라를 도와 고구려를 못살게 굴지 않는 자(이웃나라)가 없다는 뜻.

133 不墜ᄒᆞ니: 잃지 않으니. 떨어뜨리지 않으니.

134 拿坡崙(1769~1821): 나폴레옹. 프랑스의 황제. 1804년에 황제의 자리에 올라 제일 제정을 수립하고 유럽 대륙을 정복하였으나 트라팔가르 해전에서 영국 해군에 패하고 러시아 원정에도 실패하여 퇴위하였다. 엘바 섬에 유배되었다가 탈출하여 이른바 '백일천하'를 실현하였으나 다시 세인트헬레나 섬으로 유배되어 그곳에서 죽었다. 재위 기간은 1804~1815년이다.

135 慴服ᄒᆞᄂᆞᆫᄃᆡ: 두려워서 굴복하는데.

136 其能獨力으로: 능히 그 혼자의 힘으로.

딕[138] 其能獨力으로 始終 抵制흔[139] 者는 惟 高句麗 一國而已라. 二千年前의 高句麗는 卽 十八世紀의 英吉利러니라.

盛哉라, 高句麗여. 四千載 歷史上에 第一 名譽的 紀念碑를 立흐얏스며, 偉哉라, 乙支文德이여. 億萬世 大東人의 絶好模範을 垂흐얏도다.[140]

第四章 乙支文德의 毅魄

地廣이 彼에 十倍나 不及흐며 人衆이 彼에 百倍나 不及흐는 高句麗로 彼를 對抗흐랴 흐니, 其氣는 雖壯흐나 其道는 甚危흐야 當日「蜉蝣撼大樹」[141] 흔다는 局外者의 批評을 難免이거늘, 乙支公이 獨毅然不顧흐고[142] 敵國과 對抗흐니 此果何를 恃홈인가? 曰 唯獨立의 精神而已니라. 或曰 高句麗 此時에 戰爭을 捨흐고 平和에 就흐랴면 其道가 亦有흔가. 曰 有흐니, 割土獻邑[143]흐야 壑慾[144]에 供홈이 其(一)이오, 卑辭厚幣[145]흐야 前事를 謝홈[146]이 其(二)니라.

其一에 屬흔 策은 賣國賊臣輩가 自已의 富貴만 愛戀흐고 片時의 苟安만 貪嗜흐는[147] 者의 所爲니, 乙支公 갓흔 偉人에게 語훌 바 아니어니와, 其二에 屬흔 策은 一兵도 不殺흐며, 一民도 不勞흐고, 一使价[148]만 遣흐야 膝을 跪흐고,[149] 衷曲[150]을 訴흐면 彼隋朝 君臣의 所欲이 此에 不過흐니, 必也 欣

---

137 英吉利: 영국.
138 震慄흐는딕: 무서워서 벌벌 떠는데.
139 抵制흔: 막고 제어하는. 대적하여 제어하던.
140 垂흐얏도다: 드러내었도다. 세웠도다.
141 蜉蝣撼大樹: 하루살이가 큰 나무를 흔든다.
142 獨毅然不顧흐고: 홀로 의연하게 (그런 말을) 돌아보지 않고.
143 割土獻邑: 땅을 베어주고 고을을 바침.
144 壑慾: 구렁 같은 욕심. 큰 욕심.
145 卑辭厚幣: 말을 낮추고 후한 예물을 줌.
146 謝홈: 사과함 또는 사죄함.
147 貪嗜흐는: 탐내어 즐기는.
148 使价: 사신.
149 跪흐고: 꿇고.
150 衷曲: 心曲. 여러 가지로 생각하는 마음의 깊은 속.

然色喜[151]ᄒᆞ야 嫌怨을 都忘ᄒᆞ고 盟好[152]를 復講ᄒᆞ야[153] 兩國 將來의 大戰禍가 樽俎[154]間에 倏消[155]ᄒᆞᆯ지어ᄂᆞᆯ, 乙支文德이 此道에 不出ᄒᆞ얏스니 是가 好亂樂禍의 一妄人이 아닌가.

噫라, 不然ᄒᆞ다. 千里畏人은 古人의 所譏오 不戰自屈은 志士의 所慟이라, 萬若 一時의 姑息을 甘ᄒᆞ야 卑劣의 政策을 用ᄒᆞ면 淺見者ᄂᆞᆫ 必曰「外面의 小恥辱이 實際 權利上에야 何損이 有하리요?」ᄒᆞᆯ지나, 國家의 名譽를 墮ᄒᆞ고 國民의 天職을 侮ᄒᆞ면 駸駸然[156] 下劣魔[157]가 其肺腑에 入ᄒᆞ야 萬劫不復[158]의 地獄으로 誘陷[159]ᄒᆞᄂᆞ니,

諺에 云ᄒᆞᆫ바,「其父가 甘醴[160]로 晩境의[161] 頤養[162]을 資ᄒᆞᄆᆡ 其子ᄂᆞᆫ 飮酒行悖를 事業으로 知ᄒᆞ고, 其父가 碁局으로 長夏의 消日을 樂ᄒᆞᄆᆡ 其子ᄂᆞᆫ 博奕賭錢[163]으로 家産을 傾覆ᄒᆞᆫ다.」ᄒᆞᆷ이 眞個[164]是拳拳服膺[165]ᄒᆞᆯ 格言이로다. 我가 今日에 凶漢을 遇ᄒᆞ야 其心으로ᄂᆞᆫ 明明白白 是盜賊으로 快認ᄒᆞ나, 暫時 免禍의 計로 恥辱을 不顧ᄒᆞ고 口로 父祖라 强呼ᄒᆞ고 膝을 其前에 一跪ᄒᆞ면, 我의 子ᄂᆞᆫ 低頭ᄒᆞ야 父祖라 再呼ᄒᆞ며, 我의 孫은 稽顙ᄒᆞ야[166] 父祖라 三呼ᄒᆞ고, 畢竟 幾世後에ᄂᆞᆫ 口中에 强一呼ᄒᆞ던 父祖가 心中에 眞崇拜ᄒᆞᄂᆞᆫ 父祖가 되야 牛皮를 久蒙ᄒᆞᄆᆡ,[167] 本來의 面目을 都忘ᄒᆞ며, 奴隷를 慣

---

151 欣然色喜: 몹시 반가워 기뻐하는 얼굴빛을 띰.
152 盟好: 우호를 맹세함.
153 復講ᄒᆞ야: 다시 꾀하여. 다시 강화하여.
154 樽俎: 연회 때 술과 음식을 담는 그릇. 전하여 연회석상에서 하는 평화로운 외교상의 교섭을 말한다.
155 倏消: 돌연 소멸함.
156 駸駸然: 점점. 차츰차츰.
157 下劣魔: 열등한 마귀.
158 萬劫不復: 만겁을 지내어도 회복할 수 없음.
159 誘陷: 꾀어서 빠지게 함.
160 甘醴: 술.
161 晩境의: 늘그막에.
162 頤養: 양생(養生). 보양
163 博奕賭錢: 노름과 도박.
164 眞個: 과연 참으로.
165 拳拳服膺: 마음에 깊이 새겨 잊지 않고 간직함.
166 稽顙ᄒᆞ야: 꿇어 엎드려 이마를 땅에 대고 절하며.
167 久蒙ᄒᆞᄆᆡ: 오래 덮으매, 오래 쓰매.

做ᄒᆞᄆᆡ[168] 他人의 鞭策을 自甘ᄒᆞ야, 비록 不共戴天[169]의 讐敵이라도 其力만 强ᄒᆞ면 父祖父祖라 ᄒᆞᄂᆞ니, 夫 勝朝의 中葉에 蒙古와 耻辱的 盟約을 結ᄒᆞ던 其初에ᄂᆞᆫ 心悅誠服[170]의 條約이 아니라 呑血飮淚[171]이며, 手舞足蹈[172]의 和親이 아니라 笑刀腹劍[173]의 和親이언마ᄂᆞᆫ, 及其 幾十年을 經過ᄒᆞᄆᆡ 血淚가 笑로 變ᄒᆞ며 刀劍이 酒로 化ᄒᆞ야 擧國 臣民이 認賊爲祖[174]의 魔境에 同溺ᄒᆞᆫ지라. 今日에 忽必烈[175]에게 膜拜[176]ᄒᆞ던 手로 明日에 朱元璋[177]을 膜拜ᄒᆞ며, 又 明日에 奴爾哈齊[178]ᄅᆞᆯ 膜拜ᄒᆞ야 老妓가 情郞[179]을 閱ᄒᆞ듯시, 此가 去ᄒᆞᄆᆡ 彼ᄅᆞᆯ 迎ᄒᆞ며 彼가 去ᄒᆞᄆᆡ, 此를 迎ᄒᆞ야 幾乎[180] 習與性成[181]에 其耻ᄅᆞᆯ 不耻ᄒᆞ니, 悲夫라. 所以로 荷蘭[182] 國民이 三十餘年 戰爭[183]에 肝腦ᄅᆞᆯ 擲盡ᄒᆞ고,[184] 山窮水盡[185]의 末路에 達ᄒᆞᄆᆡ 寧且[186] 海水ᄅᆞᆯ 國都에 灌ᄒᆞ야 墳

---

168 慣做ᄒᆞᄆᆡ: 관습적으로 만들매.

169 不共戴天: 하늘을 함께 이지 못한다는 뜻으로, 이 세상에서 같이 살 수 없을 만큼 큰 원한을 가짐을 비유적으로 이르는 말.

170 心悅誠服: 마음속으로 기뻐하며 성심을 다하여 순종함.

171 呑血飮淚: 피를 삼키며 눈물을 머금음.

172 手舞足蹈: 몹시 좋아서 춤춤.

173 笑刀腹劍: 겉으로는 웃지만 속으로는 칼을 품음.

174 認賊爲祖: 적을 할아버지로 인정함.

175 忽必烈(1215~1294): 쿠빌라이. 몽골제국 제5대 칸이자 중국 원나라의 시조. 중국을 통일하고 세계 최대의 제국을 건설하였다.

176 膜拜: 합장한 손을 이마에 대고 땅에 엎드려 하는 절.

177 朱元璋(1328~1398): 중국 명나라의 제1대 황제. 장강(長江) 일대를 평정하고 국호를 명(明), 연호를 홍무(洪武)라 하였다. 중국을 통일하였으며, 과거 제도의 정비, 대명률의 제정, 전국의 토지·호구 조사와 같은 많은 업적을 남겼다.

178 奴爾哈齊(1559~1626): 누르하치. 중국 후금(後金)의 초대 황제. 여진족의 추장에서 칸(khan) 자리에 올라 후금이라 칭하였다. 여진족을 통합하고 만주 문자를 제정하여 청나라 발전의 기틀을 세웠다. 재위 기간은 1616~1626년이다.

179 情郞: 정을 둔 남자.

180 幾乎: 거의. 거의 …하다.

181 習與性成: 습관(習慣)이 오래되면 마침내 천성(天性)이 됨.

182 荷蘭: 네덜란드.

183 三十餘年 戰爭: 네덜란드는 1618년부터 1648년 유럽에서 벌어진 30년 전쟁에 참전하였으며, 1648년 독립국으로 인정을 받는다. 그러나 1652년부터 1672년까지 영국과 세 차례 전쟁을 벌이지만 패한다. 게다가 1672년부터 1678년까지 프랑스와 전쟁을 치른다. 프랑스 루이 14세가 선전포고를 하고 쳐들어가자 네덜란드는 둑까지 부수며 항전했지만 결국 패배했다.

184 擲盡ᄒᆞ고: 모두 던지고. '肝腦ᄅᆞᆯ 擲盡ᄒᆞ고'는 '육체와 정신을 모두 소진하고'라는 뜻.

185 山窮水盡: 산이 막히고 물줄기가 끊어져 더 갈 길이 없다는 뜻으로, 막다른 경우에 이름을 이르는 말.

186 寧且: 차라리.

墓産業을 龍宮에 投棄ᄒᆞ고, 獨立 名譽를 區區 艦隊上에셔 保有ᄒᆞᆯ지언뎡, 敵人에게 俯首ᄒᆞᆷ을 不甘ᄒᆞᆫ ᄇᆡ라.

故로 我權이 未墜어던 劒과 血로 此를 保護ᄒᆞᆯ 而已며, 我權이 已墜어던 劒과 血로 索還ᄒᆞᆯ[187] 而已오. 又或 慘澹荊棘에 日暮道遠[188]ᄒᆞ야 會稽의 恥[189]를 不得不 暫忍ᄒᆞᆯ 境遇이면 日日臥薪ᄒᆞ며 時時 嘗胆ᄒᆞ야[190] 劒과 血로 全國人을 喚起ᄒᆞᆯ 而已어ᄂᆞᆯ, 彼 卑劣 一派ᄂᆞᆫ 每日 雍容緩步[191]ᄒᆞ야 幸福을 求ᄒᆞ라 ᄒᆞ며, 溫柔服從ᄒᆞ야 機會를 待ᄒᆞ라 ᄒᆞᄂᆞ니, 此ᄂᆞᆫ 我의 銳氣를 自滅ᄒᆞ고 良心을 自欺ᄒᆞᆷ이니, 天下 蒼生을 禍ᄒᆞᆯ 者ㅣ 엇지 此言이 아닌가. 噫라, 何以ᄒᆞ면 乙支文德 其人者가 復出ᄒᆞ야 此輩를 廓清ᄒᆞᆯ고.[192]

盖 是時에 隋의 侮蔑이 日至ᄒᆞ고, 其他 隋에 附ᄒᆞᆫ 諸國의 揶揄가 雨至ᄒᆞ되,[193] 乙支文德이 不屈不撓[194]의 意氣를 益益自勵[195]ᄒᆞ야 末乃[196] 大風雲을 釀成ᄒᆞ니, 此義를 知ᄒᆞᆫ 故인져.

第五章 乙支文德의 雄略

小로 大를 敵ᄒᆞ며 寡로 衆을 抗ᄒᆞᆷ이 其施爲籌劃[197]이 自守ᄒᆞᄂᆞᆫ 局面에 兢兢ᄒᆞ야도 不克의 慮가 尙有ᄒᆞ거ᄂᆞᆯ, 乙支文德의 行事를 觀ᄒᆞ건ᄃᆡ, 其雄喉ᄂᆞᆫ 支那 九州[198]를 淵呑코자[199] ᄒᆞ며, 其活步ᄂᆞᆫ 長城万里를 超過[200]ᄒᆞ랴 ᄒᆞ

---

187 索還ᄒᆞᆯ: 찾아서 환수할. 찾아올.
188 日暮道遠: 날 저물고 길은 멂.
189 會稽의 恥: 전쟁에 진 치욕. 춘추 시대 월왕 구천이 오왕 부차와 회계산에서 싸우다가 잡혀 굴욕적인 강화를 한 데서 비롯된 말.
190 嘗胆ᄒᆞ야: 쓸개를 맛보아. 구천이 부차에게 진 원수를 잊지 않으려고 장작더미 위에서 잠을 자고 쓸개를 맛보았다(臥薪嘗膽)는 고사에서 유래함.
191 雍容緩步: 화락하고 조용히 느리게 걸음.
192 廓清ᄒᆞᆯ고: 숙청(肅清)하여 깨끗하게 할꼬.
193 雨至ᄒᆞ되: 비 내리듯 하되.
194 不屈不撓: 휘지도 않고 굽히지도 않는다는 뜻으로, 어떤 난관도 꿋꿋이 견디어 나감을 이르는 말.
195 益益自勵: 더욱더 스스로 힘씀.
196 末乃: 마침내. 끝내.
197 施爲籌劃: 시행할 계획. '籌劃'은 사정, 형편, 방법 따위를 헤아려 계획함. 또는 그 계획을 뜻함.
198 九州: 중국의 모든 땅을 아홉으로 구분하여 일컫는 말. 곧 중국 영토.

야, 萬一 海東 一隅에서 閉關獨守[201]를 良策이라 主唱ᄒᆞᄂᆞᆫ 者ㅣ 有ᄒᆞ면 直是[202] 其面에 一大唾를[203] 加ᄒᆞᆯ 氣槩[204]가 存ᄒᆞ야 今年에 幾千兵으로 某地를 入據ᄒᆞ며,[205] 明年에 幾万兵으로 某城을 奪取ᄒᆞ며, 又 明年에 幾十万兵으로 某鎭을 掩襲ᄒᆞ야[206] 地上의 一草一木이 皆 我의 雨露를 沾ᄒᆞ며, 空間의 一虫一鳥가 皆 我의 號令을 慴ᄒᆞ야 海外列强이 皆 高句麗의 正朔[207]을 奉行케 ᄒᆞ랴 ᄒᆞ니, 當時의 留記[208]新集(皆 高句麗史)이 後世에 不傳홈으로 乙支文德의 懷抱ᄒᆞᆫ 政畧을 詳考處가 無ᄒᆞ나, 但 隋史를 按컨ᄃᆡ, 盖 二千七百三十四年頃에ᄂᆞᆫ 高麗의 東侵西畧ᄒᆞ던 遺跡을 猶可想見이라. 故로 楊廣[209]이 來侵ᄒᆞᆯ 際 其國內에 布告ᄒᆞᆫ 一文이 純是[210] 高句麗의 頻逼[211]을 不堪ᄒᆞᄂᆞᆫ 貌樣이 發現ᄒᆞ얏도다. 故로 曰 「高句麗가 海戍를 處劉」[212]ᄒᆞᆫ다 ᄒᆞ얏스며, 故로 曰 「高句麗가 疆土를 荐食」[213]ᄒᆞᆫ다 홈이니, 此로 觀ᄒᆞ면 薩水 一戰은 只是 乙支文德의 戰爭 歷史 一小部分에 不過ᄒᆞ도다.

噫라, 此所謂 度德도 못ᄒᆞ고[214] 量力도 못ᄒᆞᄂᆞᆫ 者ㅣ 아니며, 此所謂 小敵

---

199 濶呑코자: 삼키고자.

200 超過: 뛰어넘음. 훨씬 지나침.

201 閉關獨守: 문을 닫고 혼자서 지킴.

202 直是: 곧바로.

203 大唾를: 큰 침을.

204 氣槩: 기세와 절개.

205 入據ᄒᆞ며: 들어가 웅거하며.

206 掩襲ᄒᆞ야: 불시에 습격하여.

207 正朔: 왕이 새로 나라를 세우면 반드시 달력, 즉 정삭을 고쳐 천하에 반포한다. 그 달력은 통치권이 미치는 영역 안에서 쓰이는 것이므로 정삭을 쓴다는 것은 그 지배 영역 속에 들어가는 것을 뜻한다.

208 留記: 고구려의 역사책. 고구려가 한자를 사용한 이후에 남긴 역사 기록으로, 영양왕 11년(600)에 이문진이 이를 요약하여 『신집(新集)』 다섯 권을 만들었다는 내용이 『삼국사기』에 담겨 있을 뿐, 오늘날은 전하지 않는다.

209 楊廣(569~618): 수나라 제2대 황제로 수양제(隋煬帝)로 불린다. 재위기간에 대운하를 개통하고, 도읍을 낙양(洛陽)으로 천도하고, 과거제도를 만들었다. 3차례에 걸쳐 고구려(高句麗)를 정벌하다가 국력이 소진되어 중국 천하를 대혼란에 빠뜨렸고, 직접적으로 나라를 멸망시키게 하였다. 618년 강도(江都)에서 부하에게 피살되었다. 재위 기간은 604~618년이다.

210 純是: 순전히.

211 頻逼: 잦은 핍박.

212 고구려가 연해변을 지키던 군사를 멸하였다. 고구려가 바다를 지키던 수비병을 살해하였다.

213 고구려가 강토를 점점 먹어 들어온다.

214 度德도 못ᄒᆞ고: 덕을 헤아리지 못하고. 『좌전』에 나오는 말로 원래 상대방과의 사이에서는 상대방의 덕을 헤아려 처리하고 자신의 능력을 헤아려 행해야 하는데, 그렇게 하지 못하는 것을 말한다.

의 强이 大敵의 禽이라[215] 홀 者ㅣ 아닌가. 青邱 一域이 亦足以自遨自遊어늘,[216] 何故로 鄰交를 忤ᄒᆞ고, 兵禍를 結ᄒᆞ야 上下 軍民이 息肩[217]을 不得케 ᄒᆞᄂᆞᆫ가?

曰 冥冥上天이 我의 中立을 不許ᄒᆞ사 不進必退ᄒᆞ고, 不退必進은 古今의 通義[218]라. 故로 古歌에 曰「가자 가자 어셔 가자 오ᄂᆞᆯ에 아니 가면 다시ᄂᆞᆫ 갈 날 업다.」云云홈이 便是 吾人 競爭界에 優勝劣敗의 公理를 指明ᄒᆞᆫ 一天書[219]로다. 三國時의 山川도 只是 今日 山川이며, 風物도 只是 今日 風物이며, 人種은 只是 今日 吾輩의 祖先어어늘, 乃是 後世의 外競力[220]이 愈下愈劣[221]홈은 何故인가. 此ᄂᆞᆫ 求進求退의 異効로다. 强은 不可라 ᄒᆞ야 惟弱을 是務ᄒᆞ며, 大ᄂᆞᆫ 不可라 ᄒᆞ야 惟小를 是欲홈으로 他國을 稱ᄒᆞᄆᆡ 必曰 大國 强國이라 ᄒᆞ며, 自國을 稱ᄒᆞᄆᆡ 必曰 小國 弱國이라 ᄒᆞ야 卑辭增幣[222]로 國防을 作ᄒᆞ며, 談經賦詩[223]로 軍備를 代ᄒᆞ야 東으로 對馬島를 讓ᄒᆞ며 西으로 鴨綠 以西를 盡失ᄒᆞ고 一龜玆國[224]됨을 甘心ᄒᆞ얏스니, 日退가 如此ᄒᆞ고야 日弱을 豈免가?

所以로 乙支文德主義ᄂᆞᆫ 敵이 大ᄒᆞ야도 我必進ᄒᆞ며, 敵이 强ᄒᆞ야도 我必進ᄒᆞ며, 敵이 銳ᄒᆞ던지 勇ᄒᆞ던지 我必進ᄒᆞ야 一步를 退홈에 其汗이 背에 沾ᄒᆞ며,[225] 一毫를 讓홈에 其血이 腔에 沸ᄒᆞ야 此로 自身을 勵ᄒᆞ며, 此로 同僚를 鼓ᄒᆞ며, 此로 全國民을 作興ᄒᆞ야 其生을 朝鮮으로 以ᄒᆞ며 其死를 朝

---

215 大敵의 禽이라: 대적에 사로잡힘이라. 두 나라가 대진하고 있을 때 군사 수가 적은 쪽이 자신의 힘을 헤아리지 않고 맞서 싸우면 반드시 군사 수가 많은 쪽에 사로잡힌다는 말로 『손자』에 나온다.
216 亦足以自遨自遊어늘: 역시 스스로 한가로이 구경하며 노닐거늘.
217 息肩: 어깨를 쉼. 책임을 벗음.
218 通義: 세상에 널리 통하는 도리.
219 天書: 하늘의 계시를 적은 책. 하늘의 이치를 담은 책.
220 外競力: 대외 경쟁력.
221 愈下愈劣: 갈수록 열악해짐.
222 卑辭增幣: 비굴한 언사와 후한 폐물.
223 談經賦詩: 경전을 이야기하고 시를 지음.
224 龜玆國: 구자국은 타클라마칸(Taklamakan) 사막의 북쪽, 지금의 고차(庫車) 지역에 있던 고대 국가. 여기에서는 '작은 나라'를 말함.
225 沾ᄒᆞ며: 젖으며.

鮮으로 以ᄒᆞ며, 其一息一飽를 朝鮮으로 以ᄒᆞᆫ 結果에 女眞 部落이 皆 是我의 殖民地를 作ᄒᆞ고 支那 天子를 幾乎 我手로 生擒케[226] 되얏스니, 嗚乎라, 土地의 大로 其國이 大ᄒᆞᆷ이 아니며, 兵民의 衆으로 其國이 强ᄒᆞᆷ이 아니라, 惟 自强自大者가 有ᄒᆞ면 其國이 强大ᄒᆞᄂᆞ니, 賢哉라 乙支文德主義여.

乙支文德主義ᄂᆞᆫ 何主義오? 曰 此卽 帝國主義[227]니라.

第六章　乙支文德의 外交

今曰「乙支文德이 戰畧에 聖ᄒᆞᆫ 偉人이라.」ᄒᆞ면 皆曰「唯唯라.」[228] ᄒᆞᆯ지며 今又曰「乙支文德이 內治에 長ᄒᆞᆫ 賢臣이라.」ᄒᆞ면 亦或曰「唯唯라.」ᄒᆞᆯ지나, 其外交의 敏活遠大ᄂᆞᆫ 知之者가 無ᄒᆞ도다.

大抵 此時에 試坐ᄒᆞ야 高句麗를 爲ᄒᆞ야 計ᄒᆞ라. 但只 戰畧만 張ᄒᆞ야 國光을 先揚[229]ᄒᆞᆷ이 可ᄒᆞᆯ가? 曰 不可ᄒᆞ다. 內治만 務ᄒᆞ야 國基를 鞏固케 ᄒᆞᆷ이 可ᄒᆞᆯ가? 曰 不可ᄒᆞ다. 高句麗 地形을 按컨ᄃᆡ, 東南으로ᄂᆞᆫ 新羅 百濟며, 西으로ᄂᆞᆫ 隋며, 北으로ᄂᆞᆫ 契丹 靺鞨 突厥 鮮卑 等國이라. 何等의 高山大川도 無ᄒᆞ며 何等의 遠塞絶漠[230]도 無ᄒᆞ고, 其疆域의 隣近ᄒᆞᆷ이 犬牙갓치 相連ᄒᆞ야[231] 四面 受敵之地에 處ᄒᆞ얏ᄂᆞᆫᄃᆡ, 此時에 至ᄒᆞ야ᄂᆞᆫ 隋의 氣燄이 列國을 壓服[232]ᄒᆞ야 左ᄒᆞ라 ᄒᆞ면 左ᄒᆞ며 右ᄒᆞ라 ᄒᆞ면 右ᄒᆞ야 莫不其下風에 趍ᄒᆞᄂᆞ니,[233] 此로 觀ᄒᆞ면 新羅도 一隋며, 百濟도 一隋며, 契丹도 一隋며, 靺鞨도

---

226 生擒케: 사로잡히게. 생포하게.

227 帝國主義: 일반적으로는 1870년부터 20세기 초에 걸쳐 나타난 독점자본주의에 대응하는 정치적·경제적 구조를 총칭하는 말로 쓰인다. 대개 이 용어는 침략에 의하여 영토를 확장한다는 점에서 팽창주의 또는 식민주의와 거의 동일한 의미로 사용되어 왔다. 번역본에는 "을지문덕은……제국주의니라."라는 구절이 빠져 있다.

228 唯唯라: 예예라. 그렇다.

229 先揚: 먼저 드날림.

230 遠塞絶漠: 먼 변방과 광막한 사막.

231 犬牙갓치 相連ᄒᆞ야: 개의 어금니가 서로 맞지 않는 것처럼 국경선이 볼록 나오고 오목 들어가 서로 견제하려는 형세를 말함.

232 壓服: 눌러서 복종시킴.

233 莫不其下風에 趍ᄒᆞᄂᆞ니: 그(수나라)가 하라는 대로 따르지 않는 이 없으니. 수나라에 고개 숙이지

一隋며, 突厥 鮮卑도 皆 一隋라. 隋役 隋奴가 四方에 羅列ᄒᆞ야 隋天子의 命令만 待ᄒᆞ니, 萬一 乙支公이 貿然히[234] 隋와 挑戰ᄒᆞ다가ᄂᆞᆫ 朝에ᄂᆞᆫ 新羅의 兵, 夕에ᄂᆞᆫ 百濟의 兵, 今日에ᄂᆞᆫ 契丹 靺鞨의 兵, 明日에ᄂᆞᆫ 突厥 鮮卑의 兵이 此退彼進ᄒᆞ며, 彼退此進ᄒᆞ야[235] 東西南北에 應接不暇[236]ᄒᆞ면 兵은 奔命[237]에 疲ᄒᆞ고, 民은 安業을 失ᄒᆞ야 政治家가 朝著에[238] 林立[239]ᄒᆞ얏슬지라도 瓦解의[240] 民心을 安輯[241]키 難ᄒᆞ며, 武功家가 邊境에 星列ᄒᆞ얏슬지라도 迭侵의[242] 敵兵을 抵制키 難ᄒᆞ리니, 將奈何오.[243] 嗚呼 奇哉라, 乙支文德의 外交手腕이여. 拍掌 一喝采ᄒᆞᆯ 바로다. 畢境 靺鞨도 我의 用ᄒᆞᆫ ᄇᆡ 되얏스며, 契丹도 我의 用ᄒᆞᆫ ᄇᆡ 되얏스며, 高句麗 同伐ᄒᆞ기를 日請ᄒᆞ든 百濟도 末乃[244] 兩端을 持ᄒᆞ야 境上에셔 觀ᄒᆞᆯ 而已며, 突厥이 隋를 畏服ᄒᆞ야[245] 麗使ᄂᆞᆫ 曾執[246]ᄒᆞ얏스나 隋兵의 助役ᄒᆞᆷ은 未有ᄒᆞ니,

這間에 行使ᄒᆞᆫ 祕謀奇計ᄂᆞᆫ 歷史上에 流傳ᄒᆞᆫ 바 無ᄒᆞ나, 一隅에 獨立ᄒᆞ야 慘澹手腕으로 敵國의 黨助를 瓦解케 ᄒᆞᆷ은 歷歷ᄒᆞ니, 嗚呼라, 偉人也哉ᆫ져.

第七章 乙支文德의 武備

支那 是時에 齊도 旣滅ᄒᆞ얏스며 陳도 旣亡ᄒᆞ고 突厥과 鮮卑도 旣服ᄒᆞ야

않는 자 없으니.
234 貿然히: 경솔하게.
235 彼退此進ᄒᆞ야: 저가 물러나면 이가 침입하야.
236 應接不暇: 인사할 틈도 없다는 뜻으로, 좋은 일 좋지 않은 일이 꼬리를 물고 계속되어 생각할 여유가 없을 만큼 몹시 바쁜 것을 가리키는 말.
237 奔命: 임금의 명을 받들어서 바삐 돌아다님.
238 朝著에: 조정에.
239 林立: 수풀처럼 죽 늘어섬. 가득함.
240 瓦解의: 와해된. 무너진.
241 安輯: 안정시켜 수습함.
242 迭侵의: 번갈아 침범하는.
243 將奈何오: 장차 어이하리오.
244 末乃: 마침내.
245 畏服ᄒᆞ야: 두려워 복종하여.
246 曾執: 일찍이 잡다. 일찍이 보다.

躕躇四顧[247]에 我志를 敢逆홀 자ㅣ 無ᄒᆞ니, 漢土 歷代 帝王의 大亂勘定ᄒᆞᆫ 後 民氣ᄅᆞᆯ 强壓ᄒᆞ야 革命의 萠芽ᄅᆞᆯ 摧折ᄒᆞ던[248] 慣伎倆으로[249] 禁中에 宿衛兵 幾萬名만 置ᄒᆞ고, 諸將兵權을 一時 收奪ᄒᆞ며 九州鐵을 聚ᄒᆞ야 金人 十二ᄅᆞᆯ 鑄[250]홀 秋也어ᄂᆞᆯ, 彼 楊氏 父子ᄂᆞᆫ 此道에 不出ᄒᆞ고 反히 甲兵을 益益 奬勵ᄒᆞ니, 其意가 高句麗에 不在ᄒᆞ면 何處에 在ᄒᆞ리오. 噫라, 만일 高句麗된 者가 眼孔이 不慧ᄒᆞ고[251] 手足이 不靈ᄒᆞ야 彼爲彼 我爲我[252]의 癡觀[253]을 守ᄒᆞ야 昇平曲[254]만 唱ᄒᆞ얏스면 江南陳氏 後庭花[255]의 遺恨을 再讀ᄒᆞ기 無疑라. 幸 此 眼光偉大ᄒᆞᆫ 乙支文德이 有ᄒᆞ야 隋氏가 支那를 混一ᄒᆞᆫ 以後로 尤一層 戒懼ᄒᆞ야[256] 武備政策[257]에 汲汲 無暇ᄒᆞᆫ[258] 故로 勝兵[259] 百萬이 有ᄒᆞ얏스미,

隋史에 曰 高句麗의 勝兵이 百萬이라 云ᄒᆞᆷ.

人民을 戢和[260]ᄒᆞᆫ 故로 軍賦를 重歛[261]ᄒᆞ야도 怨이 無ᄒᆞ얏스며,

隋楊廣이 曰 高句麗가 無歛煩重[262]ᄒᆞᆫ다 云ᄒᆞᆷ.

---

247 躕躇四顧: 주저하여 사방을 둘러봄.
248 摧折ᄒᆞ던: 좌절시키던. 억눌러서 제어하던.
249 慣伎倆으로: 관습과 기량으로. 수완으로.
250 金人 十二ᄅᆞᆯ 鑄: 진시황이 천하를 통일하자 다시는 전쟁을 일으키지 못하도록 천하의 병기를 함양(咸陽)에 모아 이를 녹여 금 사람 열둘을 만들어 궁정에 둔 일.
251 不慧ᄒᆞ고: 지혜롭지 못하고.
252 彼爲彼 我爲我: 저는 저고 나는 나다. 이러나저러나 나에겐 아무 상관이 없다는 말.
253 癡觀: 어리석게 관망함. 멍청히 바라봄.
254 昇平曲: 나라의 태평함을 노래한 곡.
255 後庭花: 남조(南朝) 마지막 왕조인 진나라 후주(後主)가 지은 애절한 곡조의 노래. 후주는 정사를 돌보지 않고 노래나 짓고 가무와 연희에 빠져 지내다가 이 노래를 지은 지 2년 뒤에 수나라에 망했다. 흔히 망국의 한을 말할 때 쓰임.
256 戒懼ᄒᆞ야: 조심하고 두려워하여.
257 武備政策: 군사적 장비를 준비하는 정책.
258 無暇ᄒᆞᆫ: 한가한 틈이 없는.
259 勝兵: 이기는 군사. 곧 무적의 군사.
260 戢和: 편안하고 화목케 함.
261 重歛: 이중으로 거둠.
262 無歛煩重: 부역과 세금이 번거롭고 많음.

將吏ᄂᆞᆫ 其人을 必得ᄒᆞᆫ 故로 後日에 巨寇가 臨疆[263]ᄒᆞ야도 一個 降者가 無ᄒᆞ얏스며,

史에 曰 隋軍 所過에 高句麗 諸城이 皆 堅守不下[264]라 云ᄒᆞᆷ.

城郭을 修繕ᄒᆞ야 戰守가 自足케 ᄒᆞ얏스니,

史에 曰 宇文述[265] 等이 平壤城下에 至ᄒᆞᄆᆡ 城이 險峻亂拔[266]이라 云ᄒᆞᆷ.

金角干[267]의 爲國祈禱와 李忠武[268]의 預料倭寇[269]와 諸葛武侯[270]의 務農講武[271]와 加富爾[272]의 誘民增稅와 李晟[273]의 修城積糧[274]ᄒᆞ던 其熱誠 其忠憤 其苦況을 乙支公은 其一心에 均抱ᄒᆞ며,[275] 其一身에 備歷[276]ᄒᆞ얏도다.

---

263 臨疆: 강토를 공격해도. 지경에 이르러도.

264 堅守不下: 꿋꿋이 지켜 항복하지 않음.

265 宇文述(?~616): 중국 수나라의 장군. 진(陳)나라를 평정한 공으로 안주 총관(總管)이 되었으며, 고구려 영양왕 때 부여도군장(扶餘道軍將)으로 우중문과 함께 고구려를 침입하였으나, 살수에서 크게 패하였다.

266 險峻亂拔: 험준해서 공략하기 어려움.

267 金角干: 김유신(595~673)을 말함. 각간은 신라 때의 벼슬 이름. 김유신은 17살 때 중악산에 들어가 고구려 말갈 백제가 쳐들어오는 것에 분개해 하늘의 힘을 빌려달라고 기도하였다 한다. 그는 태종 무열왕 7년(660)에 당나라의 소정방과 함께 백제를 멸망시키고, 문무왕 8년(668)에 고구려를 정벌한 후 당나라 군사를 축출하는 데 힘써 삼국 통일의 기반을 다졌다.

268 李忠武: 충무공 이순신.

269 預料倭寇: 預料倭寇. 왜구를 미리 요량하여 대비함.

270 諸葛武侯: 제갈량(181~234). 중국 삼국 시대 촉한의 정치가. 자(字)는 공명(孔明). 뛰어난 군사 전략가로, 유비를 도와 오(吳)나라와 연합하여 조조(曹操)의 위(魏)나라 군사를 대파하고 파촉(巴蜀)을 얻어 촉한을 세웠다.

271 務農講武: 농사에 힘쓰고, 무예를 연습함.

272 加富爾(1810~1861): 카부르. 이탈리아의 정치가. 토리노에서 출생하였으며 토리노 사관학교를 졸업하였다. 1847년에 『국가 재흥』 지를 발간하여 사보이 가를 중심으로 하는 이탈리아의 통일을 제창하였다. 가리발디, 마치니와 함께 이탈리아 건국의 3걸이라고 불린다.

273 李晟(727~793): 당나라의 무장이자 대신이다. 처음에 변진비장(邊鎭裨將) 출신으로 공을 세워서 우금오대장군(右金吾大將軍), 개부의동삼사(開府儀同三司), 경원사진북정도지병마사(涇原四鎮北庭都知兵馬使) 등을 지내고, 합천군왕(合川郡王)으로 봉해졌다. 덕종(德宗) 때 주차(朱泚)의 반란이 일어나자 덕종이 이성을 하동동강절도사(河東同降節度使) 및 평장사(平章事)에 임명하자 이성은 성을 잘 쌓고 갑병(甲兵)을 수선하여 경성(京城)을 수복할 계획을 세웠다고 한다.

274 修城積糧: 성을 수리하고 양식을 저축함.

第八章 乙支文德의 手腕下에 敵國

外交에 缺훈 비 無ᄒ며 內治에 遺훈 비 無ᄒ미, 於是乎 其大刀濶斧[277]를 運ᄒ야 大舞臺에 出現홀식, 或 遊兵을 遣ᄒ야 靺鞨의 服을 着ᄒ고 彼의 腹地를 偵探ᄒ며 邊徼[278]도 侵軼ᄒ고,[279] 或 契丹의 黨을 誘引ᄒ야 彼의 沿海戍兵[280]을 擊破ᄒ고,

此節은 皆 二千七百四十四年 隋主 詔를 據홈.

或 靺鞨을 利用ᄒ야 乍出乍入ᄒ며[281] 彼를 奔命케[282] ᄒ고,

二千七百三十一年에 麗王이 靺鞨兵 万餘를 率ᄒ고 遼西를 征홈.[283]

或 隋와 羅濟의 交通ᄒ는 路를 絶ᄒ야 其釁[284]를 促ᄒ고,

又 隋主詔에 輶車奉使[285]ᄒ는 王人[286]을 擄絶훈다 云云홈.

又 彼의 來寇ᄒ는 一偏師는 風前의 微塵갓치 瞬息掃晴ᄒ고,

---

275 均抱ᄒ며: 고르게 품으며, 모두 지니며.
276 備歷: 두루 경력함. 두루 갖추어 지님.
277 大刀濶斧: 큰 칼과 큰 도끼.
278 邊徼: 변방.
279 侵軼ᄒ고: 침노하고.
280 戍兵: 국경을 지키는 병사.
281 乍出乍入ᄒ며: 문득 들락날락하며.
282 奔命케: 명을 받들어 분주히 돌아다니게.
283 『동사강목』에는 598년 고구려 왕이 "말갈(靺鞨)의 무리 만여 명을 거느려 요서(遼西)를 침략"하였다는 기록이 있다.
284 其釁: 그 불화. 그 분쟁.
285 輶車奉使: 수레를 타고 왕명을 받들고 감.
286 王人: 사신을 말함.

二千七百三十一年 六月에 隋主 楊堅[287]이 漢王 諒王[288] 世績[289] 周羅喉[290] 等을 遣ᄒᆞ야 三十万衆을 率ᄒᆞ고 水陸具進ᄒᆞ야 平壤에 至ᄒᆞ더니, 九月에 敗還ᄒᆞ니 死者가 十에 八九라 云ᄒᆞᆷ.[291]

隋境을 稍稍蠶食ᄒᆞ니,

此亦 二千七百四十四年 隋主詔에 據ᄒᆞᆷ.

彼가 數万里 幅員[292]과 累億万 人民과 累數百万 强兵을 擁有ᄒᆞᆫ[293] 强國이라, 東方 一隅地에 在ᄒᆞᆫ 小國이라고 無視ᄒᆞ던 高句麗에게 摧敗[294]를 遭ᄒᆞ미, 其一來가 固宜ᄒᆞ도다.[295] 然이나 其來ᄂᆞᆫ 自動的이 아니라 實로 被動的에 不過ᄒᆞ니라.

第九章 隋寇의 聲勢와 乙支文德

遼東 古塞[296]에 臨ᄒᆞ야 軍容을 閱ᄒᆞ고 待臣을 顧ᄒᆞ며, 歎曰 「山을 移ᄒᆞᆷ과

---

287 楊堅(541~604): 수나라를 세우고 장안(長安)을 수도로 정하여 대흥성(大興城)이라 했다. 개황(開皇) 7년(587) 후량(後梁)을 멸망시키고, 2년 뒤 진(陳)나라를 멸망시켜 서진(西晉) 말년 이후 3백여 년에 걸친 분열을 마감하고 천하통일을 이루었다. 재위 기간은 581~604년이다.

288 諒王: 楊諒(575~605). 수양제의 넷째 아들. 수문제는 30만 대군을 동원하여 한왕 양량을 행군대총관으로 삼아 임유관을 공격했다.

289 世績: 서세적(徐世績, 594~669). 나중에 이씨 성을 하사받아 이세적(李世績)이 된다. 그러나 고종조 때 태종(李世民)의 이름을 피하여 세적(世績)을 다만 적(績)으로 바꾸게 되고 이로 인하여 후세에 이적이란 이름으로 더욱 알려지게 된다. 이세민을 따라 사방을 평정했고, 뒤에 당나라가 영토를 확장할 때에 큰 공을 세웠다.

290 周羅喉(542~605): 대도독 오명철을 따라 북제(北齊)와 북주(北周)를 정벌하는 등 공을 세웠다. 수문제는 주나후로 수군총관을 삼아 고구려를 공격케 했다.

291 『동사강목』에는 598년 '수주(隋主)가 한왕 양(漢王諒)과 왕세적(王世績) 주라후(周羅喉) 등으로 고구려 평양성(平壤城)으로 쳐들어 왔다가 패하여 수의 군사가 돌아갔는데, 죽은 자가 십중팔구였다.'고 기록되어 있다.

292 幅員: 땅의 넓이.

293 擁有ᄒᆞᆫ: 보유한. 소유한.

294 摧敗: 꺾이어 패함.

295 固宜ᄒᆞ도다: 진실로 마땅하도다.

海를 轉홈도 必就를 望ᄒ거던, 況 高句麗 小醜를 滅之何難이리오.」云云홈은 隋家 驕童의 自慢語라. 史記를 讀ᄒ다가 此에 至ᄒ미 一笑를 不覺홀지나, 但 彼時 隋國의 氣勢를 觀ᄒ미 此一句의 慢語[297]를 發홈이 足怪홀 비 無ᄒ도다.

十餘年間 鍊養ᄒ 兵力으로 江河가 橫決ᄒ듯시[298] 汎濫東來ᄒ니, 軍艦이 三百艘며,

> 二千七百四十三年(嬰陽王 二十二年)에 隋主 楊廣이 幽州摠官 元弘嗣[299]를 遣ᄒ야 東萊海口에 往ᄒ야 兵船 三百艘를 製造라 云云홈.[300]

兵車가 五万乘이며,

> 隋主가 涿郡에 親至ᄒ야 戎車[301] 五万乘을 作ᄒ야 衣甲을 載ᄒ얏다 云云홈.

帶甲[302]이 二百萬이며,

> 同 四十四年(嬰陽王 二十三年)[303]에 隋主가 全國兵을 摠徵ᄒ야 涿郡에 皆集ᄒ야 左十二軍은 鏤方, 長岑, 溟海, 盖馬, 建安, 南蘇, 遼東, 玄菟, 扶餘, 朝鮮, 沃沮, 樂浪, 等道로 出ᄒ며, 右十二軍은 黏蟬, 含資, 渾彌,

---

296 古塞: 옛 요새.

297 慢語: 교만한 말.

298 橫決ᄒ듯시: 가로로 쫙 갈라지듯. 거침없이 열리듯.

299 元弘嗣(567~613): 수나라 시대 하남 낙양인. 유주총관으로 여수(麗隋) 싸움에 참전.

300 『동사강목』에는 611년 "수주(隋主)가 유주총관(幽州摠管) 원홍사(元弘嗣)를 시켜서 동래해구(東萊海口)에 가서 선박 3백 소(艘)를 만들게 하"였다는 기록이 있다.

301 戎車: 병거(兵車), 곧 전쟁에 쓰는 수레.

302 帶甲: 갑옷을 입고 무장한 병사.

303 四十四年(嬰陽王 二十三年): 연도가 '四十五年'이 맞다. 이때는 단기 2945년, 서기 612년으로 신라 진평왕 34년, 고구려 영양왕 23년, 백제 무왕 13년이다. 아래 내용 역시 『동사강목』에 제시되어 있다.

臨芚, 候城, 提奚, 踏頓, 碣石, 東暆, 帶方, 襄平 等道로 出ᄒᆞ야 平壤으로 齊趨ᄒᆞ니,[304] 凡 一百十三万三千八百人이니, 号曰 二百萬이라 ᄒᆞ고 其 餽輸者[305]ᄂᆞᆫ 又 倍數에 居ᄒᆞ얏다 云云ᄒᆞᆷ.[306]

旌旗가 一千里오,

騎兵은 四十隊니 十隊가 爲團ᄒᆞ고 步卒은 八十隊니, 五隊가 爲團이라 其鎧冑[307]와 旗旛은 每團에 異色ᄒᆞ고 一日에 一營을 遣ᄒᆞᆯ식, 相去 四十里에 連營漸進ᄒᆞ야 四十日만에 盡發ᄒᆞ니, 首尾가 相繼ᄒᆞ고 鼓角이 相聞ᄒᆞ며 旌旗ᄂᆞᆫ 九百六十里ᄅᆞᆯ 亘ᄒᆞ얏다[308] 云云ᄒᆞᆷ.

將士ᄂᆞᆫ

凡 二十四軍에 分ᄒᆞ야 左翼衛大將軍에 宇文述, 右翼衛大將軍에 于仲文, 左驍衛大將軍에 荊元恒, 右驍衛大將軍에 薛世雄, 右屯衛將軍에 辛世雄, 右禦衛將軍에 張瑾, 右武侯將軍에 趙孝才, 涿郡太守 左武衛將軍에 崔弘昇, 右禦衛虎賁郎將에 衛文昇 等이 分領ᄒᆞ고 水軍은 左翼衛大將軍 來護兒가 統率이라 云云ᄒᆞᆷ.

太半 皆 平蜀平齊의[309] 戰役에 智勇으로 著名ᄒᆞᆫ 將士라.

---

304 齊趨ᄒᆞ니: 일제히 달려가니.

305 餽輸者: 식량을 나르는 사람.

306 『동사강목』에는 612년 수의 군사가 길을 나누어 고구려를 공격하였는데 그때 사방의 병사들이 모두 탁군(涿郡)에 모였다. 당시 "좌(左) 12군은 누방(鏤方), 장잠(長岑), 명해(溟海), 개마(蓋馬), 건안(建安), 남소(南蘇), 요동(遼東), 현도(玄菟), 부여(扶餘), 조선(朝鮮), 옥저(沃沮), 낙랑(樂浪) 등으로 나오고, 우(右) 12군은 점선(黏蟬), 함자(含資), 혼미(渾彌), 임둔(臨屯), 후성(候城), 제해(提奚), 답돈(踏頓), 숙신(肅愼), 갈석(碣石), 동이(東暆), 대방(帶方), 양평(襄平) 등으로 나와서 평양에 총집결하였다. 군사가 모두 1백 13만 3천 8백인데 2백 만이라 하고, 군량을 운반하는 자는 군사 수의 배가 되었다."고 한다.

307 鎧冑: 갑옷과 투구.

308 亘ᄒᆞ얏다: 이르렀다.

彼野心 勃勃훈 楊廣의 心目中에 高句麗가 已無호야 鴨綠江을 一鞭으로 投斷호며[310] 平壤城을 一步로 踏平홀 氣槪가 有호더니, 不幸 乙支文德을 遇호야

第一次 遼水에셔 大敗호며,

隋軍이 遼水에 至호거늘 我兵이 水를 阻호야 拒守[311]호더니, 隋人이 浮梁[312]으로 兵을 渡홀시 梁이 岸에 未及호야 我兵이 乘高急擊호니,[313] 敵軍死者ㅣ 甚衆이라 其勇將 麥鐵鈌杖, 錢士雄, 孟金叉 等이 皆 戰死라 云云홈.

第二次 遼城에셔 大困호며

敵軍이 遼東城에 至호거늘, 我守將이 堅壁固守[314]호야 敵이 環攻不克[315]이라 云云홈.

第三次 平壤城에셔 大傷호고,

來護兒가 江淮[316] 水軍을 率호고 海道로 進호니, 舳艫가 數百里라. 浿水로 入호야 城下에 直造호거늘, 我兵이 羅郭[317]內 空寺에 埋伏호고 佯敗[318]로 誘引호야 護兒가 城中에 入훈 後에 伏兵이 發호야 大戰호니, 敵屍가 狼藉호고 護兒는 其身만 僅免호야 單騎로 逃走라 云홈.

---

309 平蜀平齊의: 촉나라와 제나라를 평정한.
310 投斷호며: 건너뛰며. 뛰어 건너며.
311 拒守: 막아서 지킴.
312 浮梁: 뗏목으로 만든 뜬다리. 도하작전에 쓰인다.
313 乘高急擊호니: 높은 데 올라 습격하니.
314 堅壁固守: 성을 견고히 지킴.
315 環攻不克: 주위를 둘러싸고 공격했으나 이기지 못함.
316 江淮: 양자강 회수(淮水).
317 羅郭: 평양성은 내성(內城)과 외성(外城)으로 되어 있는데, 내성에는 관청과 귀족 고관의 주거지, 외성은 일반 서민이 사는 곳이다. 나곽은 외성을 말한다.
318 佯敗: 거짓 패한 체함.

末乃 薩水에 至ᄒᆞ야 大狼狽를 遭ᄒᆞ니,

見下

噫라, 國家의 强弱은 英雄 有無에 在ᄒᆞ고 將卒 衆寡에 不在ᄒᆞ도다.

第十章 龍變虎化[319]의 乙支文德

處女갓치 守ᄒᆞ다가 脫兎갓치 出ᄒᆞ며, 山岳갓치 靜ᄒᆞ다가 雷霆갓치 動ᄒᆞ니, 乙支文德은 奚但偉人일 ᄲᅮᆫ인가, 卽是 天神인져.

遼碣[320] 以西에 長潮갓치 滾來ᄒᆞᄂᆞᆫ[321] 者ᄂᆞᆫ 皆是 敵國의 軍隊오. 浿水 以下에 黑雲갓치 飛集ᄒᆞᄂᆞᆫ 者ᄂᆞᆫ 皆是 敵國의 軍艦이오. 上으로 天日을 蔽ᄒᆞᄂᆞᆫ 者ᄂᆞᆫ 敵國의 旌旗오. 下으로 地球를 震ᄒᆞᄂᆞᆫ 자ᄂᆞᆫ 敵國의 鼙鼓[322]라. 出師의 盛이 古今 刱覩이니,[323] 旁觀者도 高句麗를 爲ᄒᆞ야 歔欷ᄒᆞᄂᆞᆫᄃᆡ,[324] 乙支文德은 但 其諸將을 指揮ᄒᆞ야 要害만 據守[325]케 ᄒᆞ며(卽 上章에 已現ᄒᆞᆫ 遼水遼城의 據守를 指ᄒᆞᆷ), 詼笑顧眄間[326]에 羅郭空寺伏兵[327]으로 彼의 水軍을 殲盡ᄒᆞ고[328](卽 上章 來護兒[329]의 覆軍[330]을 指ᄒᆞᆷ), 自己ᄂᆞᆫ 安閑無事者갓치

319 龍變虎化: 용같이 변화하고 범같이 용맹함. 변화무쌍함.
320 遼碣: 요수와 갈석산. 요하 지역.
321 滾來ᄒᆞᄂᆞᆫ: 세차게 흘러 들어오는.
322 鼙鼓: 기병이 말을 탄 채 치는 북.
323 刱覩이니: 처음이니. 처음 보니.
324 歔欷ᄒᆞᄂᆞᆫᄃᆡ: 한숨짓는데.
325 據守: 머물러 있으면서 지킴. 이미 앞에서 말한 요수 요성을 지켰던 일을 말한다(원주).
326 詼笑顧眄間: 실없이 놀리며 웃고 돌이켜 보는 사이. 웃고 말하는 사이.
327 羅郭空寺伏兵: 나곽성 중 빈 절에 매복하였던 군사.
328 殲盡ᄒᆞ고: 모두 섬멸하고. 앞에서 설명한 내호아의 군사를 물리친 것을 말한다(원주).
329 來護兒(?~618): 수나라의 수군사령관(水軍司令官). 612년(영양왕 23)에 수양제(隋煬帝)가 대군을 이끌고 고구려를 침략할 때, 내호아를 수군의 최고지휘관으로 삼고 산동성 등주(登州)에서 대동강으로 진격하여 평양성에 이르게 하였다. 이에 고구려군은 후퇴 유도작전을 써서 평양 외성 안으로 적을 유인한 다음 복병으로 역습하여 이를 섬멸하였다. 내호아는 겨우 수천 명의 생존자를 이끌고 도망하였다.
330 覆軍: 군사가 전멸 당함.

高臥ᄒᆞ야 彼가 跳梁[331]ᄒᆞ면 其跳梁을 任ᄒᆞ며, 彼가 驕橫ᄒᆞ면[332] 其驕橫을 任ᄒᆞ다가 及其 敵軍의 大陣이 鴨綠江西에 至ᄒᆞ얏다ᄂᆞᆫ 報道ᄅᆞᆯ 接ᄒᆞ고, 乃始 雍容一騎로 虎窟에 躬入ᄒᆞ야 其虛實을 探ᄒᆞᆫ 後, 又 其神明不測의 手腕을 使用ᄒᆞ야 無恙[333]脫出ᄒᆞ얏스며,

> 敵將 宇文述 于仲文 等이 衆軍을 統率ᄒᆞ고 鴨綠江西에 會ᄒᆞ거ᄂᆞᆯ, 乙支文德이 敵營에 詣ᄒᆞ야 詐降ᄒᆞ얏다가 旣而오, 又 計策으로 于仲文을 紿ᄒᆞ고 脫還ᄒᆞ더니, 仲文이 忽 後悔ᄒᆞ야 人을 遣ᄒᆞ야 招ᄒᆞ야 曰 相議ᄒᆞᆯ 事가 又 有ᄒᆞ니, 復來ᄒᆞ라 ᄒᆞ거ᄂᆞᆯ 乙支文德이 鴨綠江을 馳濟ᄒᆞᆷ.[334]

重重疊疊ᄒᆞᆫ 天羅地綱[335]를 設ᄒᆞ고 巨敵을 死地로 誘入ᄒᆞᆫ 後 文壇의 詩句로 相和ᄒᆞᆯ식, 贊譽를 大加ᄒᆞ야 其心을 益驕케 ᄒᆞ며 末乃 知足且止로 勸ᄒᆞ얏스니, 噫라 此時에 于仲文 等이 知足願止ᄒᆞᆫ달 公其許之乎아. 英雄善欺人이라 云ᄒᆞᆷ이 其亦虛語가 아니로다.

> 乙支文德의 始還ᄒᆞᆷ을 覺ᄒᆞ고 宇文述 等이 大怒 來追ᄒᆞ거ᄂᆞᆯ, 乙支文德이 輕兵으로 拒戰ᄒᆞ다가 敵軍의 飢色이 有ᄒᆞᆷ을 見ᄒᆞ고 疲困ᄒᆞᆯ 計較로 小戰輒走[336]ᄒᆞ니, 於是에 敵將이 一日七捷ᄒᆞ고 意氣大驕ᄒᆞ야 東으로 薩水ᄅᆞᆯ 直渡ᄒᆞ야 平壤城 三十里 相距에 下營ᄒᆞ거ᄂᆞᆯ, 乙支文德이 一詩로 遣ᄒᆞ니, 神策究天文, 妙筭窮地理, 戰勝功卽高, 知足願云止라 云云ᄒᆞᆷ.

嗚呼라, 夫 一乙支文德의 身으로 千億万 乙支文德을 現호ᄃᆡ, 忽然 行人

---

331 跳梁: 함부로 날뜀.
332 驕橫ᄒᆞ면: 교만하고 횡포하면.
333 無恙: 몸에 탈이 없음.
334 馳濟ᄒᆞᆷ: 말달려 건넘.
335 天羅地綱: 天羅地網, 하늘과 땅에 쳐진 그물이란 뜻으로, '피할 수 없는 경계망이나 재액'을 이르는 말.
336 小戰輒走: 조금 싸우다가 문득 달아남.

(卽 使臣)으로 現身ᄒᆞ며, 忽然 戰將으로 現身ᄒᆞ며 忽然 詩人으로 現身ᄒᆞ며, 忽然 宰相으로 現身ᄒᆞ며, 忽然 偵探家로 現身ᄒᆞ며, 忽然 外交家로 現身ᄒᆞ며, 堂堂 純臣이 忽然 又 叛臣으로 詐現ᄒᆞ며, 轟轟[337]名將이 忽然 又 敗將으로 佯現ᄒᆞ야[338] 忽來 忽去ᄒᆞ며, 忽隱 忽現ᄒᆞ며, 忽遠 忽近ᄒᆞ며 忽起 忽伏ᄒᆞ야 彼 揚揚意氣로 遼東에 出ᄒᆞ던 敵國 君臣이 一時 其自由ᄅᆞᆯ 失ᄒᆞ고 乙支文德의 術中으로 左右ᄒᆞᄂᆞᆫ도다. 嗚呼 讀史者여, 乙支文德 歷史의 殘缺[339]을 休恨ᄒᆞ라.[340]

只此 數行 汗靑[341]에 其神彩가 畢露ᄒᆞ니라.

第十一章 薩水大風雲의 乙支文德

堅壁淸野[342]ᄒᆞᆫ 平壤城下에셔 數月을 久頓ᄒᆞ든[343] 敵兵이 粮道ᄂᆞᆫ 已絶ᄒᆞ고 擄掠[344]에 無得이라 不得已 還軍ᄒᆞᆯᄉᆡ, 乙支文德이 兵을 出ᄒᆞ야 四面 鈔擊[345]ᄒᆞ야 薩水에서 追至ᄒᆞ니,

哀哉라, 陰陵黑月[346]에 項羽[347]의 烏騅[348]가 不逝ᄒᆞ고 海上颶風에 瑞典[349]의

337 轟轟: 소리가 몹시 요란함.
338 佯現ᄒᆞ야: 거짓 나타나서.
339 殘缺: 빠져서 완전하지 못함. 헐리어 없어짐.
340 休恨ᄒᆞ라: 한탄하지 말라.
341 汗靑: 汗簡. 역사서나 기록을 일컬음.
342 堅壁淸野: 들의 농작물을 말끔히 거두고 가옥을 철거하여 적이 이용하지 못하게 하는, 청야(淸野) 작전을 말함.
343 久頓ᄒᆞ든: 오래 주둔하던.
344 擄掠: 노략질을 함.
345 鈔擊: 공격함.
346 陰陵黑月: '음릉'은 지금의 안휘성 정원현(定遠縣) 서북지역으로 한나라의 군사에 포위된 항우가 8백여명과 함께 포위망을 뚫고 남쪽으로 질주하였으나 그곳에 이르러 길을 잃었다. '흑월'은 어둔 밤을 뜻하며, 그러므로 음릉흑월은 음릉의 어둔 밤을 뜻함.
347 項羽(BC 232~BC 202): 중국 진(秦)나라 말기의 무장. 이름은 적(籍). 우는 자(字)이다. 숙부 항량(項梁)과 함께 군사를 일으켜 유방(劉邦)과 협력하여 진나라를 멸망시키고 스스로 서초(西楚)의 패왕(霸王)이 되었다. 그 후 유방과 패권을 다투다가 해하(垓下)에서 포위되어 자살하였다.
348 烏騅: 烏騅馬. 검은 털에 흰 털이 섞인 말. 항우가 탔다고 하는 준마로 하루에 천리를 갔다고 하다. 그런데 이 말이 항우가 유방(劉邦)에게 패했던 해하(垓下)의 싸움에는 가지 않았다고 한다.
349 瑞典: 스웨덴.

軍艦이 如掃[350]라, 高句麗 兵衆이 我의 一營兵額數에 不過혼다고 侮視ᄒᆞ던 隋皇帝의 意氣가 而今에 安在런가. 追兵은 在後ᄒᆞ고 長江은 在前ᄒᆞᄃᆡ, 欲飛靡翼[351]의 隋兵이여, 絶命의 路頭를 當ᄒᆞ야 二十四軍營이 一舟를 爭ᄒᆞᄂᆞᄃᆡ,

中流를 未及ᄒᆞ야 我兵이 從後掩擊[352]ᄒᆞ니 龍蛇가 起陸[353]ᄒᆞ고 天地가 翻覆이라. 後軍將 辛世雄[354]을 斬獲ᄒᆞ고[355] 益益奮擊ᄒᆞ야 數百萬 敵兵을 皆 魚腹中에 永葬ᄒᆞ니, 生還者가 二千七百名에 不過ᄒᆞ고 累億萬兩의 資財 器械가 一時 烏有物[356]로 化去ᄒᆞ니, 時ᄂᆞᆫ 檀君 二千七百四十四年[357] 高句麗 嬰陽王 二十三年 六月이오, 距今 凡 一千二百九十七年[358]인ᄃᆡ, 太史官이 抽筆大書曰「某年 某月 某日에 乙支文德이 隋兵을 禦홀ᄉᆡ, 薩水上에셔 大破ᄒᆞ니 隋主 楊廣이 奔還ᄒᆞ다.」云ᄒᆞ얏더라.[359]

夫 東西古今에 史記 稗談[360]이 牛를 汗ᄒᆞ고 棟에 充ᄒᆞ니,[361] 其中 許多 戰役에 能히 以少擊衆을 乙支文德 갓흔 者ㅣ 有혼가, 以弱敵强을 乙支文德 갓흔 者ㅣ 有혼가, 一國大臣으로 百万敵陣에 出入偵探을 乙支文德 갓흔 者ㅣ 有혼가, 孤城弱卒로 四面强寇에 獨立不屈을 乙支文德 갓흔 者ㅣ 有혼가, 累次 强寇를 片影도 不返케 ᄒᆞ야 小兒가 止啼ᄒᆞ고 草木이 知名을 乙支文德 갓흔 者ㅣ 有혼가, 內로ᄂᆞᆫ 政教를 修ᄒᆞ며 外로ᄂᆞᆫ 敵國을 禦ᄒᆞ야 一人

---

350 如掃: 쓸려버린 것과 같음.
351 欲飛靡翼: 날고자 하나 날개가 없음.
352 從後掩擊: 뒤로부터 엄습함.
353 起陸: 육지로 오름.
354 辛世雄(?~612): 수나라 장수. 을지문덕은 살수를 건너는 수나라 군사를 배후에서 공격하여 수나라 장수 신세웅(辛世雄)을 죽게 하고 불과 2,700명만을 살려 보내는 큰 승전을 이뤘다.
355 斬獲ᄒᆞ고: 찔러 죽이고.
356 烏有物: 사물이 아무것도 없이 됨. 곧 전혀 없는 것이 되고 말았다는 말.
357 二千七百四十四年: 서기 611년.
358 一千二百九十七年: 단재의 입장에서 二千七百四十四年(611년)에다가 1297년을 더하면 4041년으로 이를 서기로 환산하면 4041-2133=1908년이다. 이 작품이 씌어진 당시 시기가 1908년임을 알 수 있다.
359 안정복은 『동사강목』에서 612년 추 7월 "고구려 대신 을지문덕이 수의 우문술 등 9군 30만과 살수에서 격전하여 대패시키니, 수주 광이 군사를 이끌고 돌아갔다."고 썼다.
360 稗談: 설화, 이야기. 구체적으로 '이야기책'을 말하는 듯.
361 牛를 汗ᄒᆞ고 棟에 充ᄒᆞ니: 汗牛充棟하니. 짐으로 실으면 소가 땀을 흘리고, 쌓으면 들보에까지 찬다는 뜻으로, 책이 아주 많음을 뜻함.

의 身으로 將相의 職을 兼任ᄒᆞ얏스되 擧止가 安閒ᄒᆞ야 不動聲色을 乙支文德 갓흔 者ㅣ 有ᄒᆞᆫ가, 地狹人寡의 國으로 兵革을 屢興ᄒᆞ야 戰爭不息ᄒᆞ되 民心이 感服ᄒᆞ야 一個 怨叛者가 無ᄒᆞ고 身骨血肉으로 惟 我相公의 布畫에 是供케 홈을 乙支文德 갓흔 자ㅣ 有ᄒᆞᆫ가. 其後人된 者ㅣ 一鬢一毛만 彷彿ᄒᆞ야도 其國의 獨立을 可保홀지며, 一咳一唾[362]만 收拾ᄒᆞ야도 其國의 歷史를 可充홀지니, 乙支文德者ᄂᆞᆫ 我大東 四千載 獨一無二의 偉人일 ᄲᅮᆫ 아니라 抑亦 全世界 各國에도 其儔[363]가 罕ᄒᆞ도다. 敵國의 史氏도 猶且 大欽服을 不覺ᄒᆞ야 其特筆로 大讚美ᄒᆞ여, 曰 「高句麗 有大臣, 曰 乙支文德, 沉鷙有智數」[364]라 ᄒᆞ얏더라.

此役後 七百八十年頃[365]에 本朝 創業功臣 文忠公 趙浚[366]氏가 明國 使臣 祝孟과 安州 百祥樓[367]에 同登ᄒᆞ야 淸川江(卽 薩水)를 下俯ᄒᆞ고, 一詩로 我先民의 功烈을 誇張ᄒᆞ며, 隋君臣의 無勇을 冷嘲ᄒᆞ야 曰

薩水湯湯漾碧虛　　隋兵百万化爲魚
至今留得漁樵話　　不滿征夫一哂餘[368]

라 云ᄒᆞ얏ᄂᆞᆫᄃᆡ, 祝氏[369]가 赧然히[370] 筆을 閣ᄒᆞ얏ᄂᆞ니라.[371]

---

362 一咳一唾: 한번의 기침과 하나의 침. 흘린 침.
363 其儔: 그 짝. 그에 필적할 만한 이.
364 고구려에 대신 을지문덕이라고 하는 자가 있어 침잠하고 맹렬하며 또 지혜가 있다.
365 七百八十年頃: 살수대첩(612년) 이후 780년경이면 1390년경이 된다.
366 趙浚(1346~1405): 고려 말기·조선 전기의 문신. 이성계를 추대한 공으로 부원군에 봉하여졌다. 과전법을 실시하여 토지 제도를 정비하였으며, 하륜 등과 함께 『경제육전』을 편찬하였다. 저서에 『송당집(松堂集)』이 있다.
367 百祥樓: 평안남도 안주군 안주읍 북쪽 교외의 청천강 기슭에 있는 누각. 관서 팔경의 하나로 경치가 아름답다.
368 살수의 흐르는 물이 탕양하니 / 수나라 군사 백만이 모두 물고기가 되었도다 / 지금까지 초동목수의 유전하는 말이 있으니 / 일개 군사의 웃음거리에 지나지 못하도다.
369 祝氏: 명나라 사신 축맹(祝孟)을 일컬음.
370 赧然히: 부끄럽게, 난감하게.
371 閣ᄒᆞ얏ᄂᆞ니라: (내려) 놓았느니라.

第十二章　成功後의 乙支文德

我가 三國史를 讀ᄒᆞ다가 薩水戰役의 翌年 二千七百四十五年 遼東戰役[372]과 翌二年 二千七百四十六年 卑沙城戰役[373]에 至ᄒᆞᄆᆡ, 忽然 所失이 有ᄒᆞᆫ듯시 彷徨ᄒᆞᆷ을 不覺ᄒᆞ며 嗟訝[374]ᄒᆞᆷ을 不已ᄒᆞ노니,[375] 夫 薩水의 一役에 隋가 猛將 精兵 數百万을 盡陷ᄒᆞ얏스며 資財 器械 累億万을 盡失ᄒᆞ얏스니, 彼가 비록 富强ᄒᆞ다 ᄒᆞᆯ지라도 再擧ᄒᆞᆯ 餘力이 豈有ᄒᆞ리오.

然而 再擧ᄂᆞᆫ 尙矣라[376] 三擧에 至ᄒᆞ니, 其財ᄂᆞᆫ 皆 何財며 其兵은 皆 何兵고? 不過 掊克苛歛[377]으로 軍需를 括集ᄒᆞ고, 揮鋤駈犢[378]의 農夫와 行市坐販[379]의 商民을 招集ᄒᆞ야 戎服[380]을 衣ᄒᆞ며, 干戈ᄅᆞᆯ 執ᄒᆞ야 死地로 强駈[381]ᄒᆞᆷ이니,

此ᄂᆞᆫ 未練ᄒᆞᆫ 兵이며, 烏合ᄒᆞᆫ 兵이며, 暴擧의 由로 其上을 怨ᄒᆞᄂᆞᆫ 兵이며, 內亂의 信(隋煬帝 再擧時에 楊玄感이 洛陽에셔 起兵ᄒᆞ야 隋를 叛ᄒᆞᆷ)으로 其情이 擾ᄒᆞᄂᆞᆫ 兵이니, 必勝의 道가 (一)이오. 形勢로 論ᄒᆞ면 我ᄂᆞᆫ 主오, 彼ᄂᆞᆫ 客이며 事理로 言ᄒᆞ면 我ᄂᆞᆫ 直이오, 彼ᄂᆞᆫ 曲이며 國政을 察ᄒᆞ면 彼ᄂᆞᆫ 方亂의 時오, 我ᄂᆞᆫ 方治의 時며 兵氣ᄅᆞᆯ 觀ᄒᆞ면 彼ᄂᆞᆫ 累敗의 餘오, 我ᄂᆞᆫ 累勝의 餘니 必勝의 道가 (二)오. 彼富强의 基礎가 旣搖ᄒᆞ고 升平[382]의 日月이 將斜ᄒᆞᄆᆡ[383] 自亡을 救ᄒᆞ기 無及이어니, 奚暇에 隣家와 是非ᄅᆞᆯ 理ᄒᆞ리오.[384]

---

372 遼東戰役: 613년 4월 수양제가 직접 출정하여 요동성을 공격하였으나 양현감(楊玄感)이 반란을 일으켰다는 소식을 듣고 군사를 물린 사건을 말한다.

373 卑沙城戰役: 614년 수양제가 다시 고구려를 침공하였다. 내호아는 비사성(卑沙城)에서 고구려 군사를 이기고 평양으로 나아가려 하자 고구려 왕이 항복하였다 한다. 그러나 안정복은 『동사강목』에서 고구려 사신이 수나라 진영에 갈 때 고구려인 하나가 쇠뇌를 품속에 감추고 사신을 따라가서 수양제의 가슴을 맞히었으며, 이로 인해 수나라 군대가 환군했다고 적었다.

374 嗟訝: 차탄함. 놀라고 의아해함.

375 不已ᄒᆞ노니: 말지 아니하노니, 멈추지 않노니.

376 尙矣라: 말할 것도 없다.

377 掊克苛歛: 조세를 부당하게 또는 지나치게 가혹하게 부과하여 백성을 못살게 굶. 가렴주구.

378 揮鋤駈犢: 호미를 들고 소를 몲.

379 行市坐販: 시장을 열고 좌판을 벌임. 저자에서 물건을 팖.

380 戎服: 철릭과 주립(朱笠)으로 된 옛날 군복의 한 가지.

381 强駈: 억지로 내몲.

382 升平: 나라가 태평함.

383 將斜ᄒᆞᄆᆡ: 장차 기울매.

故로 裴矩(二千七百四十四年에 隋煬帝에게 高句麗의 侵伐을 勸ᄒᆞᆫ 者라)가 結舌ᄒᆞ고[385] 郭榮(二千七百四十五年에 隋帝에게 高句麗 侵伐을 諫ᄒᆞᆫ 者)이 叩頭ᄒᆞ니, 是ᄂᆞᆫ 其臣이 不欲戰이며 護兒(來護兒)가 逗遛ᄒᆞ고[386] 宇文(宇文述)이 觀望ᄒᆞ니, 是ᄂᆞᆫ 其將이 不欲戰이며 八輪[387]이 不成ᄒᆞ고 飛樓[388]가 無功ᄒᆞ니(隋帝가 高句麗를 犯ᄒᆞᆯ 時의 八輪車와 飛樓ᄅᆞᆯ 製造ᄒᆞᆷ) 是ᄂᆞᆫ 其軍이 不欲戰이며 哀哭은 道路에 遍ᄒᆞ고 浪死歌(隋帝가 連敗連擧ᄒᆞᄆᆡ 隋國人民이 其苦ᄅᆞᆯ 不堪ᄒᆞ야 無向遼東浪死歌[389]를 作ᄒᆞᆷ)ᄂᆞᆫ 山野에 滿ᄒᆞ니, 是ᄂᆞᆫ 其民이 不欲戰이라 全隋의 軍民 將相에 欲戰者가 都無ᄒᆞᆫᄃᆡ,[390] 欲戰者ᄂᆞᆫ 惟彼野心을 滿抱ᄒᆞᆫ 楊廣 獨夫而已니 我 全國의 兵力으로 一個 獨夫[391]와 戰ᄒᆞᆷ에 何難이 有ᄒᆞ리오, 必勝의 道가 (三)이라. 我가 三必勝의 地位ᄅᆞᆯ 據有[392]ᄒᆞ얏스니, 彼와 決戰ᄒᆞᄆᆡ 十戰ᄒᆞ면 十勝ᄒᆞ며 百戰ᄒᆞ면 百勝ᄒᆞ야 小則 目前의 敵兵을 掃蕩ᄒᆞ야 有往無歸[393]ᄒᆞᆯ지며, 大則 隋國의 中心을 進擣ᄒᆞ야 以漢爲韓ᄒᆞᆯ지어ᄂᆞᆯ,[394]

奈何로 一隅의 孤城을 枕ᄒᆞ야 生死의 命을 作ᄒᆞ고 彼來에 不敢出ᄒᆞ며 彼去에 不敢追ᄒᆞ야(楊玄感 叛書가 至ᄒᆞᄆᆡ, 隋楊廣이 大驚ᄒᆞ야 急히 引還ᄒᆞᆯᄉᆡ 軍資機械ᄅᆞᆯ 皆棄ᄒᆞ고 部分이 散亂ᄒᆞ되 麗兵이 城守不出ᄒᆞ고 但 其城內에셔 鼓譟[395]만 ᄒᆞ더니. 翌日 午後에 城外에 始出ᄒᆞ얏스되, 彼軍의 詐退인가

384 理ᄒᆞ리오: 따지리오.
385 結舌ᄒᆞ고: 혀를 묶어 두고, 즉 침묵하고.
386 逗遛ᄒᆞ고: 머물고, 체류하고.
387 八輪: 팔륜누거(八輪樓車). 누거 아래에 여덟 개의 바퀴를 단 것. 누거는 망루를 세운 수레로 성을 공격하는 데 쓰인다. 수양제는 누거가 실패를 보자 613년 제2차 요동 정벌 때 다시 팔륜거를 제작했다.
388 飛樓: 적의 성을 넘어다보며 공격할 때 쓰는 높은 수레. 누거와 같은 것으로 생각된다.
389 無向遼東浪死歌: 요동으로 향하지 말라 속절없이 죽기만 하리라는 노래이다. 611년에 수양제가 고구려를 치려고 군사와 백성을 징발하여 혹독하게 부리자, 반란을 꾀하는 자가 잇달아 나타나 이 노래를 지어 부역과 징병을 피할 것을 권했다 한다.
390 都無ᄒᆞᆫᄃᆡ: 전혀 없는데. 도무지 없는데.
391 獨夫: 오직 한 사람의 사내. 악정(惡政)을 하여 백성의 호응을 받지 못하는 한 임금을 말함.
392 據有: 점유. 갖추고 있음.
393 有往無歸: '오기는 오나 돌아가지 못함'을 의미.
394 以漢爲韓ᄒᆞᆯ지어ᄂᆞᆯ: 중국으로 조선을 만들지어늘.
395 鼓譟: 북을 치고 떠들어댐.

猶疑ᄒᆞ야 躊躇ᄒᆞᆫ 지 二日만에 追躡ᄒᆞ야[396] 後軍 數千人을 殺掠홈[397]) 千古讀史者 不滿의 感情을 惹起케 ᄒᆞ니, 嗚呼 憊矣로다.[398] 二千七百四十四年 薩水戰役에 一百十三万三千八百되ᄂᆞᆫ 敵兵을 殲盡ᄒᆞ던[399] 乙支文德이 果然 安在런가.

無情松葉에 紅衣將軍(郭再祐)[400]의 末路를 來托ᄒᆞ고 驀地鐵繩[401]에 石底壯士(金德齡)[402]의 雄心을 斷送ᄒᆞ니, 師出未捷ᄒᆞ고 其身先死ᄂᆞᆫ 最是 天下志士의 負戟長歎處[403]라. 此時 乙支文德의 罷黜 或 讒去 或 考終[404]이 都是 不可考에 屬ᄒᆞᆫ 事로ᄃᆡ, 讐敵未滅[405]의 遺憾을 抱ᄒᆞ고 祖國을 訣別ᄒᆞ야 彼數賢과 갓치 其懷抱를 盡展치 못홈은 吾가 斷言ᄒᆞ노니, 懷抱ᄂᆞᆫ 維何오. 卽 疆土開拓主義가 是라. 此主義가 아니면 十餘年 養兵에 盡力ᄒᆞᆯ 理가 無ᄒᆞ며, 此主義가 아니면 敵國의 怒를 觸ᄒᆞ야 糜財挑戰[406]ᄒᆞᆯ 理도 無ᄒᆞᆫᄃᆡ, 此主義 實行ᄒᆞᆯ 日은 卽 薩水戰役 以後 兩戰役의 時라. 萬一 此時에 乙支公이 無恙尙存ᄒᆞ면[407] 當一大叫曰 「時哉時哉」라 ᄒᆞ고, 突然 奮起ᄒᆞ야 順庵 安鼎福[408]氏의 所論과 갓치 「羅濟와 和ᄅᆞᆯ 結ᄒᆞ고 靺鞨의 衆을 用ᄒᆞ야 其後ᄅᆞᆯ 追躡ᄒᆞ여[409] 醫閭[410]에 橫據ᄒᆞ야 其罪ᄅᆞᆯ 聲討」[411]ᄒᆞ면 彼怨民도 我에게 附ᄒᆞ며, 叛

---

396 追躡ᄒᆞ야: 뒤를 밟아 쫓아가.

397 殺掠홈: 사람을 죽이고 재물을 약탈함.

398 憊矣로다: 고달프도다. 피폐하도다.

399 殲盡ᄒᆞ던: 섬멸하던.

400 郭再祐(1552~1617): 임진왜란 때의 의병장으로 항상 붉은 군복을 입고 출전하여 홍의장군이라 부르게 되었다. 곽재우는 말년에 신선술을 배워 솔잎을 먹으며 속세를 떠났다고 한다.

401 驀地鐵繩: 갑작스런 쇠줄.

402 金德齡(1567~1596): 임진왜란 때의 의병장으로 광주 석저촌 출신이다. 1596년 이몽학(李夢鶴)의 난에 걸려들어 억울하게 죽었는데, 그의 용력이 절륜하다며 쇠사슬로 그의 몸을 꽁꽁 묶었으나 그가 한번 힘을 주자 쇠사슬이 모두 끊어졌다고 한다.

403 負戟長歎處: 창을 쥐고 길게 탄식하는 곳.

404 考終: 제 명대로 살다가 편안히 죽는 것을 이름. 아울러 '罷黜'은 '파직당함', '讒去'는 '참소로 떠남'을 뜻함.

405 讐敵未滅: 원수인 적을 멸하지 못함.

406 糜財挑戰: 재물을 허비하고 싸움을 돋움.

407 無恙尙存ᄒᆞ면: 아무 탈 없이 있었다면.

408 安鼎福(1712~1791): 조선 정조 때의 학자. 호는 순암(順菴). 이익의 문인으로, 그의 학문을 계승하여 발전시켰다. 특히 과거의 역사·지리학을 비판하고 우리 역사의 정통성과 자주성을 세웠다. 저서에 『동사강목』, 『순암집』, 『가례집해(家禮集解)』 따위가 있다.

409 追躡ᄒᆞ여: 뒤를 밟아 쫓아가서.

將도 我에게 歸ᄒᆞ야 敵國天子를 擒獲ᄒᆞᆷ이 反掌[412]보다 易ᄒᆞ리니, 巨魔을 摧敗[413]ᄒᆞᆷ도 此時에 在ᄒᆞ고 國光을 發揮ᄒᆞᆷ도 此時에 在ᄒᆞ고 疆土를 擴大ᄒᆞ야 東方大帝國을 建設ᄒᆞᆷ도 此時에 在ᄒᆞ거ᄂᆞᆯ, 乃者 此만 不能ᄒᆞᆯ ᄲᅮᆫ 아니라 困獸의 鬪를 是懼ᄒᆞ며 强弩의 末을 是避ᄒᆞ야 向日 大國의 風이 消磨盡矣[414]니, 嗟乎 乙支文德이여, 其逝가 太早로다.

雖然이나 楊廣이 此彼를 經ᄒᆞᆫ 以後로 民窮兵疲ᄒᆞ며 內怨外叛ᄒᆞ야 其身은 凶手에 被弑ᄒᆞ고[415] 社稷을 遂喪ᄒᆞ얏스니, 此薩水의 戰이 아니러면 王世忠[416] 竇建德[417]이 雖悍이나 隋의 富庶[418]ᄅᆞᆯ 傾ᄒᆞ기 不能ᄒᆞᆯ지며, 李淵[419] 李世民[420]이 雖雄이나 隋의 强大ᄅᆞᆯ 取ᄒᆞ기 不能ᄒᆞᆯ지라. 故로 乙支文德의 耕ᄒᆞᆫ 田에 李世民이 其獲을 收ᄒᆞ고 乙支文德의 勞ᄒᆞᆫ 力에 李世民이 其福을 享ᄒᆞ얏다 ᄒᆞᆷ도 可ᄒᆞ도다. 噫라, 一戰의 力으로 万乘의 國[421]을 覆滅ᄒᆞ야 海外 列邦이 吾國의 强ᄒᆞᆷ을 畏服케 ᄒᆞ얏스니, 비록 自己懷抱ᄅᆞᆯ 盡展치ᄂᆞᆫ 못ᄒᆞ얏스나 大東 男子의 價値ᄂᆞᆫ 已現인져.

---

410 醫閭: 중국 요령성 북진현(北鎭縣)에 있는 산. 의무려산.

411 신라와 백제가 화친을 결하고 말갈의 군사를 이용하여, 그 뒤를 쫓아서 의려에 웅거하여 그 죄를 성토함. 안정복은 『동사강목』에서 "신라·백제와 연합하고 말갈의 무리와 합세하여, 수의 뒤를 쫓아가 죄를 드러내어 토벌하고 의려(醫閭 의무려산(醫巫閭山)의 약칭)에 웅거하여 천하에 격서를 전하여 군사를 일으킬 수도 있었으련만"이라며 아쉬움을 드러내는 총평을 가했다.

412 反掌: 손바닥을 뒤집는 것과 같이 일이 썩 쉬움.

413 摧敗: 꺾이어 패배함.

414 消磨盡矣: 닳아서 없어지기를 다했다. 모두 다 닳아서 없어졌다.

415 其身은 凶手에 被弑ᄒᆞ고: 618년 수양제는 금위군(禁衛軍)의 우두머리인 우문화급(宇文化及)에게 살해되었다.

416 王世忠(?~621): 수나라 말기의 장군. 수양제 때 각지의 반란군을 진압했다. 618년 수양제가 죽은 뒤 월왕(越王) 양동(楊侗)을 옹립했다가 619년 폐위시키고, 스스로 정(鄭)을 세워 황제가 되었다. 이세민의 군대에 패한 뒤 투항하여 장안(長安)에 유폐되었다가 살해되었다.

417 竇建德(573~621): 수나라 말기의 군벌(軍閥)이며, 618년 하나라를 세우고 황제가 되었으나 621년 이세민에게 포위된 왕세충을 구원하려다가 패배하여 장안에서 죽었다.

418 富庶: 물산이 풍부하고 인구가 많음.

419 李淵(566~635): 당나라 건국자인 고조. 수나라를 무너뜨리고 당나라를 세웠다.

420 李世民(599~649): 이연의 아들로 아버지 이연을 도와 당을 건국하고, 수 말기의 군벌을 평정하였다.

421 万乘의 國: 병거(兵車) 일만 채를 갖출 만한 힘이 있는 나라라는 뜻으로, 천자가 다스리는 나라를 이르는 말.

第十三章　舊史家 管孔의 乙支文德

舊代의 史家가 能히 隻眼[422]을 具ᄒᆞ야 乙支文德의 眞價値ᄅᆞᆯ 發現ᄒᆞᆫ 者ㅣ 無ᄒᆞ나, 往往 其管窺[423]의 議論으로 全豹[424]ᄅᆞᆯ 推知ᄒᆞᆯ 處가 有ᄒᆞ기 今 其大畧을 撮錄ᄒᆞ고,[425] 其外 雜錄文獻에 散現ᄒᆞᆫ 乙支文德도 此에 附ᄒᆞ노라.

乙支文德이 沈鷙ᄒᆞ고[426] 權數가 有ᄒᆞ며 兼ᄒᆞ야 屬文을 善ᄒᆞ더라.[427]

三國史

隋帝 遼東의 役은 出師의 盛ᄒᆞᆷ이 前古未有어ᄂᆞᆯ 高句麗가 一偏方의 小國으로 拒ᄒᆞᆯᄉᆡ 能히 自保ᄒᆞᆯ ᄲᅮᆫ만 아니라 幾乎其軍을 盡覆ᄒᆞ얏스니 此ᄂᆞᆫ 文德 一人의 力이니라.

仝上

符秦[428]이 百萬衆으로 晋을 伐ᄒᆞ다가 謝玄[429]의 渡江 一戰에 狼貝奔北[430]ᄒᆞ야 洛陽에 至ᄒᆞᄆᆡ 衆 纔 十萬이러니,[431] 今 隋氏ᄂᆞᆫ 符秦의 竊據[432]와 不同ᄒᆞ야 其富가 符秦에 倍蓰[433]며 其兵이 符秦에 倍蓰오. 高句麗의 地ᄂᆞᆫ 江左西陵[434]의 勝도 無ᄒᆞ며 軍兵은 謝安[435] 王導[436]갓치 素養ᄒᆞᆷ도 無

---

422 隻眼: 특별한 식견. 남다른 식견.
423 管窺: 대롱 구멍으로 본다는 뜻. 관중규표(管中窺豹)의 준말. 즉 대롱 구멍으로 표범을 본다는 것인데, 그러면 표범의 얼룩점 하나밖에 보이지 않는다는 뜻으로, 견문과 학식이 좁음을 이르는 말.
424 全豹: 표범의 전모. 표범의 전체.
425 撮錄ᄒᆞ고: 모아서 기록하고. 취합해서 기록하고.
426 沈鷙ᄒᆞ고: 침착하고 굳세고.
427 屬文을 善ᄒᆞ더라: 글짓기를 잘하더라.
428 符秦: 전진(前秦)을 말함. 그 임금인 부견(符堅)의 성을 따서 부진이라 한 것임.
429 謝玄(343~388): 중국 동진(東晋)의 장군. 전진의 부견이 남하하여 진으로 쳐들어오자 8만 군사로 비수를 건너 부견의 백만 군사를 격파해 용맹을 떨쳤다.
430 狼貝奔北: 낭자하게 패배함. 번역본에는 '일패도지'(一敗塗地: 한 번 싸우다가 여지없이 패하여 다시 일어나지 못함)로 함.
431 전진의 부견이 동진과 싸워 사현에서 패한 전쟁을 말함.
432 竊據: 부정한 수단으로 차지해 거주함.
433 倍蓰: 수배. 여러 배.

ᄒᆞ며 又는 朱序[437]갓치 反間[438]ᄒᆞ는 者도 無ᄒᆞᆫᄃᆡ, 乙支文德이 一平壤 孤軍으로 彼兵을 抗ᄒᆞ야 全勝을 獲ᄒᆞ얏스니, 謝玄에게 比ᄒᆞ면 文德이 優ᄒᆞ니라.

東國通鑑

隋主의 威靈氣燄[439]이 海宇를 震蕩[440]ᄒᆞ는ᄃᆡ, 乙支文德이 從容籌畫[441]ᄒᆞ야 彼二百万衆이 鴨江薩水의 鬼를 盡作ᄒᆞ야 生還者가 二千七百人에 不過ᄒᆞᄆᆡ, 隋帝가 大敗ᄒᆞ야 天下에 貽笑ᄒᆞᆫ[442] ᄇᆡ 된지라. 自是 以後로 唐太宗의 神武로도 安市城에셔 志를 不得ᄒᆞ며, 遼金蒙古의 凶鷙[443]로도 肆毒[444]을 不能ᄒᆞ며, 金山 金始 哈丹 紅冠의 兵이 皆是 我國에 被殲ᄒᆞ야 後世 天下가 吾東을 强國이라 ᄒᆞ고 輕犯치 못ᄒᆞ니, 엇지 文德의 遺烈이 아닌가.

仝上

嬰陽王이 文德 諸臣을 用ᄒᆞ야 乘勝長駈[445]ᄒᆞ야 獨夫[446]를 聲討치 못ᄒᆞ

---

434 江左西陵: '강좌'는 북쪽에서 보았을 때 양자강의 왼쪽을 말하며, '서릉'은 지금의 호북성(湖北省)의 양자강 가에 있으며 고래로 전적지였다. 그곳의 절벽이 천여 장이 된다고 한다. 강좌의 서릉은 천혜의 요새를 말하는 듯.

435 謝安(320~385): 동진(東晋) 중기의 명신. 동산(東山)에 은거하다가 40세에 관계에 진출했다. 조카 사현(謝玄)을 장군으로 추천하고 북부병(北府兵)을 편성하여 전진(前秦)의 침공을 막게 했다.

436 王導(276~339): 동진 초기의 명신. 원제(元帝)의 총애를 받아 재상이 되고 계속 명제(明帝), 성제(成帝)에 걸쳐 정권을 잡았다.

437 朱序(377~393): 동진 사람. 양주자사(梁州刺史)로 양양(襄陽)을 지키고 있을 때 부견이 침공하자 항복했다. 비수의 싸움에서 부견이 주서를 동진군 진영으로 보내 항복을 권했는데, 주서는 동진쪽으로 마음이 돌아서서 전진의 선봉을 급히 치라는 계책을 알려주었다. 이에 따라 동진측은 일차 승리를 거두었고, 주서는 계속 전진군의 진중에 있다가 "전진군이 패배했다."고 소리쳐 부견의 군대가 스스로 무너져 패하게 만들었다.

438 反間: 이간(두 사람이나 나라 따위의 사이를 헐뜯어 서로 멀어지게 함). 또는 적의 간첩을 잡아서 역이용하는 일.

439 威靈氣燄: 위엄 있는 신령과 기염.

440 震蕩: 흔들어 움직임. 크게 놀라고 어수선한 상태를 비유.

441 從容籌畫: 침착하고 차분히 계획을 세우는 것.

442 貽笑ᄒᆞᆫ: 웃음거리가 된.

443 凶鷙: 흉악한 맹금.

444 肆毒: 독한 성미를 함부로 부림.

445 乘勝長駈: 승세를 타고 쉴 새 없이 몰아침.

얏스니, 惜哉라.

東史綱目

乙支公이 手로 大難을 勘ᄒᆞ야[447] 功이 三韓에 盖ᄒᆞ니라.[448]

東國名將傳

乙支文德은 平壤 石多山人이라.

仝上

安州 淸川江은 乙支文德이 隋兵을 追ᄒᆞ야 大破ᄒᆞᆫ 處라.

輿地勝覽

以上 所列은 舊史家의 論評을 已是 畧括ᄒᆞᆫ 바인ᄃᆡ, 何其寥寥無多인지[449] 此外에ᄂᆞᆫ 往往 古今 文人이 乙支公을 東詩 鼻祖[450]로 尊奉ᄒᆞ야 (柳冷齊[451]詩에 乙支文德 眞才士 倡五言詩 冠海東이라 云ᄒᆞᆫ 類) 大東風雅[452] 開卷 第一章에 必也 公의 詩[453]를 先錄ᄒᆞ니, 此ᄂᆞᆫ 趙湛若[454]을 善琴客으로 仰ᄒᆞ며 金就礪[455]ᄅᆞᆯ 大酒戶로 贊ᄒᆞᆷ이니, 乙支公이 有知ᄒᆞ면 莞爾一笑[456]ᄒᆞᆯ지나 抑亦

---

446 獨夫: 포학한 정치로 국민에게 외면을 당한 군주를 이르는 말. 여기에서는 '수양제'를 일컬음.

447 勘ᄒᆞ야: 진정하여, 평정하여.

448 盖ᄒᆞ니라: 뛰어나니라. 번역본에는 '제일이라'로 제시됨.

449 何其寥寥無多인지: 얼마나 그 수가 적은지.

450 東詩 鼻祖: 우리 한국시의 시조.

451 柳冷齊: 류득공(1748~1807). 조선 정조 때의 북학파(北學派) 학자. 『발해고』 등 역사 방면에 뛰어난 저술을 남겼으며, 문학에도 뛰어나 한시사가(漢詩四家)의 한 사람으로 꼽힌다.

452 大東風雅: 1908년에 김교헌이 편찬한 시조집. 내용을 곡조에 따라 나누고, 그 곡조(曲調)에 맞는 시조를 나열했음. 상하 두 권으로 되어 상권에는 작자를 아는 작품 163수, 하권에는 작자 미상의 것 158수를 실었음.

453 公의 詩: 을지문덕의 한시 「與隋將于仲文詩」를 말함.

454 趙湛若(1171~1220): 조충. 담약은 그의 호이다. 고려 시대 문신. 1216년 상장군으로 금산과 금시의 침공을 격퇴했으며, 1220년 서북면원수가 되어 거란군을 대파하고, 이듬해에는 몽골군과 연합하여 거란군이 있는 강동성(江東城)을 공격하여 항복하게 했다. 『고려사』에는 재상이 된 뒤 공무의 여가에 거문고와 술을 즐겼다고 한다.

455 金就礪(1172~1234): 고려의 장군. 조충과 함께 금산 금시를 대파한 명장. 1218년 금산 금시를 토벌한다는 명분으로 국경을 넘어왔던 몽고의 합진(哈眞)을 방문하여 술을 겨룬 적이 있다.

456 莞爾一笑: 빙그레 웃음 지음.

全德[457]의 餘事를 仰測홀 빅로다.

第十四章　乙支文德의 人格

乙支文德의 人格月朝[458]는 惟 沉鷙權數[459] 四字가 是라. 此四字는 元來 隋史氏의 奉呈흔 評을 歷代 我史가 相遵흔 바로다. 然이나 此가 果然 乙支文德의 全軆를 慧察흔 語인가. 夫 臨陣對敵에 指揮若定ᄒ며 安閒意氣로 敵營에 冒入ᄒ야 老敵悍將을 股掌上[460]에 翫弄ᄒ니,[461] 沉鷙라 權數라 云홈이 此로 由ᄒ야 得名홈인져. 雖然이나 余로 乙支文德을 觀컨딕 沉鷙가 無홈은 아니로딕 沉鷙로만 乙支文德이 乙支文德 되얏다 홈은 不可ᄒ며, 權數가 無홈은 아니로딕 權數로만 乙支文德이 乙支文德이 되얏다 홈은 不可ᄒ다 ᄒ노라.

然則 乙支公은 果 何如人고. 曰 公은

眞誠人이며,

强毅人이며,

特立人이며,

冒險人이니,

眞誠也 故로 君臣이 同德ᄒ야 十餘年 魚水相契[462]에 間言이 無ᄒ며, 將相이 一心ᄒ야 內修外攘에 孜孜相勉[463]흔 結果로 其兵은 强國兵이 되며, 其民은 强國民이 되야 千里之地로 東西睥睨[464]홈이며, 强毅也 故로 隋氏가 灸手欲熱[465]ᄒ는 氣燄으로 怒濤狂瀾갓치 注集ᄒ야 軍艦이 海上에 蟻集ᄒ

---

457 全德: 덕의 전체. 모든 덕.
458 月朝: 月朝評=月旦評. 인물에 대한 평을 말한다.
459 沉鷙權數: 침착하고 용맹하며 권모술수가 있다는 뜻.
460 股掌上: 넓적다리와 손바닥 위.
461 翫弄ᄒ니: 희롱하며 갖고 노니.
462 魚水相契: 漁水之契. 물고기가 강물에서 마음대로 뛰놀 수 있는 경우를 말함. 달리 훌륭한 임금과 능력 있는 신하가 마음을 합해 국사를 제대로 도모하는 경우를 일컬음.
463 孜孜相勉: 부지런히 서로 힘씀.
464 東西睥睨: 곧 동서로 눈을 흘겨봄.
465 灸手欲熱: 손을 지지고 열을 더함. 맹렬함.

며,[466] 鐵騎가 遼野에 雲屯ᄒᆞ고 行人의 嚇喝[467]로 頻加ᄒᆞ되,[468] 仍是 不屈不撓[469]의 精神으로 雍容對付[470]ᄒᆞᆷ이며, 特立也 故로 是時 隋氏의 聲勢를 各國이 莫不畏服ᄒᆞ야 近而 新羅百濟도 搖尾의 態ᄅᆞᆯ 呈ᄒᆞ며,[471] 遠而 突厥 契丹도 屈膝의 耻[472]ᄅᆞᆯ 冒ᄒᆞ야 可憐列國에 一丈夫가 都無ᄒᆞᆫᄃᆡ, 公이 其慘憺手腕을 獨出ᄒᆞ야 彼가 强ᄒᆞ야도 彼를 排ᄒᆞ며, 彼가 弱ᄒᆞ야도 彼를 排ᄒᆞ야 不兩立을 誓ᄒᆞ고 雌雄을 愈挑ᄒᆞᆷ이며, 冒險也 故로 夷險[473]도 不顧ᄒᆞ며 生死도 不恤ᄒᆞ고 累然 一騎로 虎穴에 入ᄒᆞ야 虎子를 得ᄒᆞᆷ이어ᄂᆞᆯ, 今 其一面만 觀察ᄒᆞ고 曰 沈鷙者權數者라ᄒᆞ면 奚可할가.

公 갓흔 者ᄂᆞᆫ 眞 我先民 中의 第一 模範的 人物이며, 第一 模範的 人物인져.

第十五章 無始無終의 乙支文德

短見의 徒와 妄評의 流가 或曰「乙支文德이 金春秋만 不如ᄒᆞ도다. 乙支文德은 强勇이 太過ᄒᆞ고 時勢를 不知ᄒᆞ야 敵國의 怒를 妄激ᄒᆞᆫ[474] 故로 其死後幾十年에 高句麗가 畢竟 外患으로 亡ᄒᆞ얏고, 金春秋ᄂᆞᆫ 文武 兼全ᄒᆞ고 大局을 洞察ᄒᆞ야 强鄰의 力을 利用ᄒᆞᄂᆞᆫ 故로, 末乃 三韓을 統合ᄒᆞ야 新羅 九百年의 基礎를 鞏固케 ᄒᆞ얏스니, 兩人의 優劣을 只此에 可見」이라 ᄒᆞᄂᆞ니, 惡라, 是何言 是何言고 金春秋ᄂᆞᆫ 一王朝의 賢君이라. 其 事業이 新羅와 相終始ᄒᆞᆯ 而已니 赫居世의 王統이 旣絶ᄒᆞᄆᆡ, 金春秋의 精神이 亦泯ᄒᆞ엿다 ᄒᆞᆷ도 可커니와, 乙支文德은 實로 嬰陽王朝의 乙支文德이 아니라 檀君 子孫의 乙支文德이며, 高句麗의 乙支文德이 아니라 朝鮮民族의 乙支文德이며, 一時의 乙支

---

466 蟻集ᄒᆞ며: 개미떼처럼 모이며.
467 嚇喝: 호령함. 호통침.
468 頻加ᄒᆞ되: 자주 하되.
469 不屈不撓: 한번 먹은 마음이 흔들리거나 굽힘이 없음.
470 雍容對付: 화락하고 조용하게 대처함.
471 搖尾의 態ᄅᆞᆯ 呈ᄒᆞ며: 꼬리를 흔들며 반기는 모습을 드러내며.
472 屈膝의 耻: 무릎을 꿇는 치욕.
473 夷險: 평탄함과 험준함.
474 妄激ᄒᆞᆫ: 망령되이 격동한.

文德이 아니라 大東 億萬世의 乙支文德이니, 朱蒙 王統은 亡ᄒᆞ얏스되 乙支文德은 亡치 아닌 者며, 金春秋ᄂᆞᆫ 死하얏스되 乙支文德은 死치 아닌 者라, 其赫赫ᄒᆞᆫ 精神이 萬古에 常存ᄒᆞ야,

懷遠鎭講和[475]에 失名氏의 弩가 되야 楊家 驕童 隋煬帝가 其胸을 傷ᄒᆞ며, 安市城 戰役에 楊万春의 矢가 되야 唐代英主 李世民이 其目을 失ᄒᆞ고, 尹瓘의 馬가 되야 滿洲野ᄅᆞᆯ 蹴踏ᄒᆞ며, 姜邯贊의 劒이 되야 女眞亂을 討平ᄒᆞ고, 數十艘의 倭艦을 燒却ᄒᆞ던 鄭地의 火藥도 되며, 豊臣秀吉의 强兵을 鏖退ᄒᆞ던[476] 李舜臣의 鐵甲船도 되야 山崩海竭ᄒᆞ야도 公의 願力은 不磨며, 天飜地覆ᄒᆞ야도 公의 氣魄은 不壞ᄒᆞᄂᆞ니, 嗚呼라, 盖 至今ᄭᆞ지 其國 曰 大韓國이라 ᄒᆞ며, 其民 曰 大韓民이라 ᄒᆞ야 斯에 生ᄒᆞ며, 斯에 老ᄒᆞ며 斯에 遊ᄒᆞ며, 斯에 釣ᄒᆞ며, 斯에 歌ᄒᆞ며, 哭ᄒᆞᄂᆞᆫ 者ㅣ 其或 乙支公의 遺烈 아닌 者ㅣ 有乎아.

盖 乙支公은 我國家를 刱造ᄒᆞ신 偉人이며, 我民族을 孕育ᄒᆞ신 始祖이며, 我輩後人의 獨立心을 賦與ᄒᆞ신 聖神이니, 巍巍乎며 大矣哉라. 비록 幾十世 卑劣政客의 手로 光彩ᄅᆞᆯ 掩晦ᄒᆞ며[477] 幾百年 無耻迂儒의 筆로 價値ᄅᆞᆯ 埋沒ᄒᆞ야 眞正 英雄의 本來 面目을 覔得키[478] 甚難ᄒᆞ나, 從今 風雲이 愈幻ᄒᆞ고 苦痛이 日加ᄒᆞ야 危急存亾이 一髮에 迫ᄒᆞ니, 我ᄂᆞᆫ 想컨ᄃᆡ 必也 乙支公 不昧의 英魂이 數千年 塚中에셔 躍出ᄒᆞ야 當年의 鞍을 再據ᄒᆞ고, 丈夫의 劒을 一試ᄒᆞ야 大彼得[479] 華盛頓[480]과 六洲에 齊駈ᄒᆞ며,[481] 禰利孫[482] 卑斯麥[483]

---

475 懷遠鎭講和: 수나라가 고구려를 세 번째 침입하였다가 여의치 못하여 회원진(지금의 조양현(朝陽縣) 서쪽)에서 강화를 하였다.
476 鏖退ᄒᆞ던: 모조리 물리치던.
477 掩晦ᄒᆞ며: 어둡게 가리며, 어둡게 하며.
478 覔得키: 찾아보기.
479 大彼得: 제정 러시아 표트르대제(1672~1725).
480 華盛頓: 미국의 초대 대통령 조지 워싱턴(1732~1799).
481 齊駈ᄒᆞ며: 가지런히 말을 몰며.
482 禰利孫: 넬슨(1758~1805). 영국 해군 제독.
483 卑斯麥: 비스마르크(1815~1898). 독일의 정치가. 독일 제국의 초대 수상으로 독일 통일과 발전에 크게 기여했다.

과 千秋에 爭光ᄒᆞ야 獨立基礎ᄅᆞᆯ 整頓ᄒᆞᆯ 日이 不遠ᄒᆞ거ᄂᆞᆯ, 誰가 乙支文德을 金春秋에게 曾比ᄒᆞᄂᆞᆫ가.

結 論

著者가 일즉 支那로 西遊歸來ᄒᆞᆫ 友人에게 聞ᄒᆞᆫ즉, 「滿洲 奉天 吉林 旅順口 等地로 旅行ᄒᆞᄆᆡ, 往往 石椁[484]의 發現과 宮室의 遺制로 我先民의 遺躅[485]을 依俙像探[486]ᄒᆞᆯ 者ㅣ 尙多ᄒᆞᆫ 中 某村은 曰 高麗村이니, 是ᄂᆞᆫ 昔日 高句麗人이 荊棘을 披ᄒᆞ고 奠居ᄒᆞ던 바며, 某城은 曰 高麗城이니 是ᄂᆞᆫ 昔日 高句麗人이 城郭을 築ᄒᆞ고 守護ᄒᆞ던 바라. 而今에ᄂᆞᆫ 비록 千百年을 已經ᄒᆞ야 物換星移[487]ᄒᆞ고 陵高各深[488]ᄒᆞ얏스나, 昔 我祖先이 長搶大劍으로 收取ᄒᆞ야 堅城利甲[489]으로 自衛ᄒᆞ던 舊地에 今日 渺渺後孫[490]이 匹馬錦囊[491]으로 客遊[492]ᄒᆞ니, 今古 變遷의 感이 腦際에 頻觸[493]ᄒᆞ더라.」고 著者에게 談及ᄒᆞ더라. 無涯生이 曰 「嗚呼라. 此ᄂᆞᆫ 乙支文德 諸公의 經營ᄒᆞ던 陳跡[494]이로다. 當日 血汗을 擲ᄒᆞ며 財産을 糜費ᄒᆞ며[495] 身命을 不顧ᄒᆞ고 以得以守ᄒᆞᆫ 遺産을 後人이 不肖ᄒᆞ야 他手에 盡歸ᄒᆞ얏도다.」

乙支文德이 旣遠ᄒᆞ고 蓋蘇文이 旣沒ᄒᆞᄆᆡ, 人材가 渺然ᄒᆞ야 惟 彼 徐熙[496]

---

484 石椁: 돌로 만든 덧널.

485 遺躅: 남긴 자취.

486 依俙像探: 흡사하게 모방함.

487 物換星移: 사물이 바뀌고 별자리가 옮겨간다는 뜻으로, 많은 세월이 흘러감을 뜻함. 번역본에는 '인물이 변하고 성상이 바뀌었다'고 함.

488 陵高各深: 언덕이 높아지고 골짜기가 깊어짐. 번역본에는 '언덕이 없어지고 골짜기가 생겼다'고 함.

489 堅城利甲: 방비가 튼튼한 성과 훌륭한 갑옷이란 뜻으로, 적과 싸워 이길 만한 만반의 준비를 이르는 말.

490 渺渺後孫: 그지없이 아득한 후손.

491 匹馬錦囊: 한 필의 말과 비단 주머니.

492 客遊: 나그네가 되어 객지를 돌아다님.

493 頻觸: 잦은 접촉. 자주 부딪침.

494 陳跡: 옛일. 발자취.

495 糜費ᄒᆞ며: 허비하며. 낭비하며.

496 徐熙(942~998): 고려의 문신, 993년 거란이 침입했을 때 적장 소손녕과 담판하여 거란군을 철수시켰다.

氏가 契丹使者 蕭遜寧[497]을 對ᄒᆞ야 貴國 東京도 亦 我舊疆이란 語ᄅᆞᆯ 冷舌로 一發ᄒᆞ얏슬 而已오. 眞個[498] 慘澹手腕으로 外族과 爭衡[499]ᄒᆞ랴ᄂᆞᆫ 種子ᄂᆞᆫ 鳳毛獜角[500]갓치 稀貴ᄒᆞ고 惟 中間에 (以下ᄂᆞᆫ 星湖 李瀷[501]先生說을 採取ᄒᆞᆷ) 高麗 太祖 王建[502]氏가 華風을 排斥ᄒᆞ며, 契丹使ᄅᆞᆯ 拒絶ᄒᆞ야 疆土開拓ᄒᆞᄂᆞᆫ 大志ᄅᆞᆯ 抱ᄒᆞ얏다가 不幸 天이 其壽를 不借ᄒᆞ야 志ᄅᆞᆯ 不就ᄒᆞ더니, 此後로 我國人風이 齷齪遂甚[503]ᄒᆞ야 (李說이 止此)[504] 東方 地圖가 如此 減縮ᄒᆞ얏도다.

然이나 今則 一幅 山河가 支離破碎[505]ᄒᆞ야 檀君 以後 四千載 傳來ᄒᆞ던 中心 基址도 人에게 拱讓ᄒᆞ야[506] 我家兄弟ᄂᆞᆫ 立足地[507]가 全無ᄒᆞ니, 奚暇에 鴨綠 以西ᄅᆞᆯ 是問ᄒᆞ리요. 嗟乎 二十世紀 新大韓 乙支文德이여 嶽降[508]이 何遲ᄒᆞᆫ가.

無涯生[509] 曰 當時 高句麗가 비록 强大ᄒᆞ나, 其侵掠所得으로 擁有ᄒᆞᆫ[510] 土地 人民을 除ᄒᆞ고, 內地 幅員을 統計ᄒᆞ면 現今 京畿 平安 江原 咸鏡 等道及 忠淸 等道에 在ᄒᆞᆫ 數十郡이니, 土地ᄂᆞᆫ 千里가 不足되고 人民은 數百萬에 不過ᄒᆞ니, 蕞爾一偏邦[511]이 될 而已어ᄂᆞᆯ, 乃者 此土地 此人民을 善用ᄒᆞᆫ 結果로 鴨綠 以外 萬餘里 地ᄅᆞᆯ 攫取ᄒᆞ야,[512] 其言語도 不同ᄒᆞ고 風俗도 不

---

497 蕭遜寧: 거란의 장군. 고려 성종 12년(993)에 80만 대군을 이끌고 고려에 침입하였으나, 서희와의 담판 끝에 강동 육주를 고려에 넘겨주고 물러났다. 생몰 연대 미상.

498 眞個: 과연 참으로. 정말.

499 爭衡: 서로 지지 아니하려고 우열(優劣)과 경중(輕重)을 다툼.

500 鳳毛獜角: 鳳毛麟角. 봉황의 깃털과 기린의 뿔. 희귀하여 구하기 어려운 인재나 물건.

501 李瀷(1681~1763): 조선 영조 때의 학자. 호는 성호(星湖). 유형원의 학풍을 이어받아 실학의 대가가 되었으며 특히 천문, 지리, 의학, 율산(律算), 경사(經史)에 업적을 남겼다. 관계(官界)에 나가지 않고 저술과 후진 양성에 전력하였다. 저서에 『성호사설』, 『성호문집』이 있다.

502 王建(877~?): 고려의 제1대 왕. 궁예의 부하로 있다가 부하들이 옹립하여 송도에 도읍하고 왕위에 올랐다. 재위 기간은 918~943년이다.

503 齷齪遂甚: 도량이 점점 좁아짐. 번역본에는 '국량이 점점 협착하다'고 함.

504 李說이 止此: 성호 이익의 설이 여기에서 그침.

505 支離破碎: 支離滅裂. 지리멸렬함.

506 拱讓ᄒᆞ야: 뻔히 눈뜨고도 양보하여. 정중하게 양보하여.

507 立足地: 발 디딜 곳(땅).

508 嶽降: 탄생, 하강.

509 無涯生: 신채호의 호.

510 擁有ᄒᆞᆫ: 얻은.

511 蕞爾一偏邦: 아주 작고 멀리 동떨어진 나라.

512 攫取ᄒᆞ야: 약탈하야. 강제로 빼앗아.

同ᄒᆞᆫ 幾百万 客族[513]을 駕馭ᄒᆞ며,[514] 强弱도 懸殊ᄒᆞ고[515] 衆寡도 懸殊ᄒᆞᆫ 支那大陸國을 蠶食ᄒᆞ야 功則必取ᄒᆞ며, 戰則必克ᄒᆞ며, 守則必固ᄒᆞ며 安則相勵ᄒᆞ야, 卽 此 韓漢 交涉 以來 第一大戰役(卽 薩水戰役)의 名譽가 我民族에게 專歸ᄒᆞ더니, 奈何로 歷代 君相이 孼業[516]만 全種ᄒᆞ야[517] 柔弱萎靡[518]로 民心을 迷醉케 ᄒᆞ고 一般 外競思想[519]은 極力摧折[520]홈으로 本朝 中葉에 外警이 一聞ᄒᆞ믹, 朝野上下가 禦侮無策[521]ᄒᆞ야 賊鋒所及에 如何히 巨創을 受ᄒᆞ얏던지, 至今 山村孤燈에 白髮野老가 兩三會集ᄒᆞ야 往往 壬辰事[522]를 提及ᄒᆞ고[523] 心骨니 猶戰ᄒᆞᄂᆞ니, 哀哉라. 萬一 進化의 公例로 推ᄒᆞ면 中古時代의 如此 强悍ᄒᆞᆫ 民族이 今則 優勝勢力이 世界에 橫絶[524]ᄒᆞ얏슬지어ᄂᆞᆯ, 何故로 每下愈况[525]이 此極에 至ᄒᆞ얏ᄂᆞᆫ가. 吾ㅣ 今也에 乃知커라, 其國 國民의 勇㤼優劣[526]은 專혀 其國의 一二先覺 英雄에 鼓舞激勵[527]의 如何를 視ᄒᆞ야 進退ᄒᆞᄂᆞᆫ 바로다.

大東四千載 第一 大偉人
乙支文德 終

— 신채호, 『을지문덕』, 휘문관, 1908

513 客族: 신채호는 독사신론에서 우리 민족 가운데 가장 주동력이 되는 종족을 '주족(主族)'으로 간주했는데, 부여족이 주족이라는 것이다. 주변의 지나족(支那族)·말갈족·여진족·선비족·일본족 등은 객족(客族)으로 보았다. 그리고 우리의 역사는 만주를 무대로 하는 주족(主族)인 부여족이 객족(客族)들을 제압해 간 것으로 보았다.

514 駕馭ᄒᆞ며: 수레를 마음대로 부린다는 뜻이지만, 사람을 마음대로 부리는 것을 나타내는 말로도 쓰임.

515 懸殊ᄒᆞ고: 현격하게 다르고.

516 孼業: 나쁜 업. 좋지 않은 소행.

517 全種ᄒᆞ야: 전부 심어서.

518 柔弱萎靡: 유약하고 쇠함.

519 外競思想: 바깥 나라와 다투는 사상.

520 極力摧折: 힘을 다해 꺾음.

521 禦侮無策: 외부로부터 당하는 모욕을 막아내는 데는 방책이 없음.

522 壬辰事: 임진왜란.

523 提及ᄒᆞ고: 언급하고.

524 橫絶: 가로지름. 뛰어남.

525 每下愈况: 매번 나빠지는 상황.

526 勇㤼優劣: 용감함과 겁 많음, 우수와 열등.

527 鼓舞激勵: 고무하고 격려함.

◎ 해설

단재의 『을지문덕』은 1908년 5월 30일 휘문관에서 발행되었다. 단재는 을지문덕을 '대동 사천년 동안 제일 큰 위인'으로 규정했다. 여기에서 제국주의 침략에 맞서 국가를 오롯이 지켜내고 영토를 확장한 을지문덕을 높이 평가하는 그의 역사의식을 발견할 수 있다. 을지문덕의 이야기가 부유하생들의 오예와 매몰로 인해 '농부 시골 늙은이의 옛이야기로 겨우 한두 가지 사적만 전하고 초동목수의 노래로 두어 마디 전할 뿐'이었다. 그래서 단재는 을지문덕이 우리의 기상을 중원에 떨치고, 고구려 인민들과 일치단결하여 외적을 물리친 사실을 전파함으로써 민족적 자긍심을 불러일으키고 우리도 단결하면 국난을 물리칠 수 있다는 용기를 북돋워주려고 한 것이다.

단재는 『을지문덕』의 집필이 역사의식의 소산임을 분명히 했다. 이전의 사가들이 무공을 문치처럼 여기지 않았기에 국가가 위축되었으며, 지난날 사가들이 강의불굴한 것은 꺼리고 부유하생을 숭상하여 부끄럽고 웃음이 될 만한 일과 지리멸렬한 일로 사천년 신성 역사를 더럽혔고, 게다가 위대 영웅의 일은 매몰하였으므로 을지문덕에 대해 기록했던 것이다. 단재가 『을지문덕』을 집필한 것은 바로 '지나간 영웅을 기록하여 장래의 영웅을 부르노라'라는 말 속에 들어 있다.

단재는 을지문덕의 정신 가운데 강토 개척 주의를 높이 평가했다. 당시 강한 이웃이었던 수나라에 모두 고개 숙였지만 고구려는 수와 경쟁하며 자주성을 지켰다. 을지문덕은 수나라가 침공했을 때 살수대첩을 이룩하여 고구려의 웅혼함을 만방에 떨쳤다. 그는 "강토를 확대ᄒᆞ야 동방 대제국을 건설"하였던 것이다. 단재는 이 작품에서 '을지문덕주의는 무슨 주의오? 가로되 그것은 곧 제국주의'라고 언급하였다. 그는 제국주의를 싫어하고 미워했지만, 을지문덕을 경앙하며, 그의 주의 역시 그러함을 인정한 것이다. 여기에서 단재의 국수주의적 태도가 여지없이 드러난다.

李舜臣[1]

第一章　緒論

嗚呼라, 嶋國殊種[2]이 代代 韓國의 血敵이 되야 一葦 相望[3]에 視線이 毒注ᄒᆞ고,[4] 九世必報[5]에 骨怨[6]을 深刻ᄒᆞ야 韓國 四千載 歷史에 外國 來侵者를 歷數ᄒᆞ면,[7] 倭寇 二字가 幾乎 拾之八九에 居ᄒᆞ야 변烽의 警과 海氛의 惡으로 百年 高枕ᄒᆞᆫ 時節이 罕호ᄃᆡ, 來則 駭竄ᄒᆞ며[8] 去則 嬉戱ᄒᆞ야[9] 담淡手腕[10]으로 扼후與鬪[11]ᄒᆞᆫ 者ᄂᆞᆫ 無ᄒᆞ고, 壹時 姑息으로 侵策을 作ᄒᆞᄆᆡ 沿海 ᄀᆞ地에 血腥의 臭가 不絶ᄒᆞ얏스니, 檀君 子孫의 遺耻가 極ᄒᆞ도다.

今에 往昔 日本과 對抗홈에 足히 我民族의 名譽를 代表ᄒᆞᆯ 만ᄒᆞᆫ 偉人을 求ᄒᆞ건ᄃᆡ 上世에 兩偉人이니, (一) 高句麗 廣開土王[12] (二) 新羅 太宗王[13]이

1　이 작품의 원래 제목은 「水軍 第一偉人 李舜臣」이며, 『大韓每日申報』 1908년 5월 2일부터 8월 18일까지 연재되었다. 이 작품은 『대한매일신보』 국문판에 패셔싱의 번역으로 「슈군의 뎨일 거룩ᄒᆞᆫ 인물 리슌신젼」이라는 이름으로 1908년 6월 11일부터 같은 해 10월 24일까지 연재되었다. 여기에서는 송재소·강명관의 주석(『꿈하늘』, 동광출판사, 1990)도 참조하였다.

2　嶋國殊種: 섬나라의 이상한 종족.

3　相望: 서로 바라보이는 매우 가까움.

4　毒注ᄒᆞ고: 심하게 주목하고.

5　九世必報: 9대에 가도 반드시 갚아야 함. 춘추 시대 제나라 양공이 기(紀)나라를 멸망시키고, 그의 조상인 애공(哀公)의 원수를 갚았던 고사에서 유래한 말로 『춘추공양전(春秋公羊傳)』에 나온다.

6　骨怨: 골수에 사무친 원한.

7　歷數ᄒᆞ면: 차례로 세면. 헤아려 보면.

8　駭竄ᄒᆞ며: 놀라서 달아나며.

9　嬉戱ᄒᆞ야: 즐겁게 놀아. 번역에서는 '좋아서 기뻐하여'로 함.

10　담淡手腕: 淡淡手腕. 차분하고 평온한 수완.

11　扼후與鬪: 扼喉與鬪. 서로 멱살을 부여잡고 싸움.

12　廣開土王: 고담덕(高談德, 374~412). 고구려 제19대 왕. 고국양왕의 태자로 18세에 왕위에 올랐다. 남북으로 영토를 크게 넓혀 만주와 한강 이북을 차지하는 등 고구려의 전성 시대를 이룩하였다. 재위 기간은 391~412년이다.

오, 近世에 三偉人이니, (一) 金方慶[14] (二) 鄭地[15] (三) 李舜臣이라 凡 五人에 止ᄒᆞ얏도다. 然이나 其 時代가 近ᄒᆞ고, 其 遺蹟이 備ᄒᆞ야 後人의 模範되기 最好ᄒᆞᆫ 者ᄂᆞᆫ 惟我 리舜臣이 是며, 惟我 리舜臣이 是로다. 著者의 劣弱ᄒᆞᆫ 筆力으로 리公의 精神 萬分壹을 寫ᄒᆞᆫ다 ᄒᆞ기 難ᄒᆞ나 汗漫소漏[16]ᄒᆞᆫ 舊傳記에 比ᄒᆞ면 其장이 差有ᄒᆞ리니, 嗚呼 讀者여, 眼을 着ᄒᆞ야 我 리舜臣傳을 讀ᄒᆞᆯ지어다.

壬辰之事를 尙可忍言가. 黨論이 朝野에 熾ᄒᆞ며 上下가 私意에 汨ᄒᆞ야 排擠比附[17]에 汲汲ᄒᆞᆫ 小人들이 墻ᄂᆡ에 干戈로 殺戮을 日惹ᄒᆞᄆᆡ, 奚暇에 政務를 是問이며 奚暇에 國危를 是慮며 奚暇에 外交를 是講이며 軍備를 是修리오. 曰公 曰卿 曰將 曰相이 不過是 一修羅場[18]에 立ᄒᆞ야 各其 自家私鬪事로 瞋目嫉視ᄒᆞ며[19] 扼腕大叫ᄒᆞᄂᆞᆫ[20] 時라. 是以로 彼 平秀吉[21] 者가 無名之師를 壹擧ᄒᆞ야 我境을 壹侵ᄒᆞᄆᆡ, 將士가 瓦解ᄒᆞ고 人民이 獸竄ᄒᆞ야[22] 彼가 出兵ᄒᆞᆫ 지 不過 十數日間에 京셩을 奄迫ᄒᆞ야[23] 無人之境ᄀᆞᆺ치 驅入ᄒᆞ얏스니, 嗚呼라, 禍亂의 作을 其又誰咎아.[24]

腥塵[25]이 八域에 漲ᄒᆞ고 惡氛이 東海에 蔽ᄒᆞ야[26] 兵火가 七八年을 至ᄒᆞ니 如此[27] 腐敗ᄒᆞᆫ 國政과 如此 환散ᄒᆞᆫ[28] 人心에 何를 藉ᄒᆞ야 國家를 興復ᄒᆞ

---

13 太宗王: 김춘추(602~661). 신라의 제29대 왕. 율령을 정비하고, 당나라와 연합하여 백제를 멸망시키고 삼국 통일의 기반을 닦았다. 재위 기간은 654~661년이다.

14 金方慶(1212~1300): 고려 시대의 명장. 삼별초의 난을 평정하였고 원나라가 일본을 정벌할 때 고려군 도원수로서 종군하였다.

15 鄭地(1347~1391): 고려 말기의 무신. 부패한 수군을 쇄신하였고, 여러 번 왜구의 침입을 막았으며, 이성계의 위화도 회군에 동참하여 이등 공신이 되었다.

16 汗漫소漏: 汗漫疏漏. 막연하고 거칠어 엉성함. 꼼꼼하지 못하고 소홀함.

17 排擠比附: 모함하고 아첨함.

18 修羅場: 싸움이나 그 밖의 다른 일로 큰 혼란에 빠진 곳. 또는 그런 상태.

19 瞋目嫉視ᄒᆞ며: 눈을 부릅뜨고 미워하며.

20 扼腕大叫ᄒᆞᄂᆞᆫ: 소매를 걷고 크게 부르짖는.

21 平秀吉: 豊臣秀吉(1536~1598). 일본이 무장이자 정치가로 일본 통일을 이룩했으며 임진왜란을 일으킴.

22 獸竄ᄒᆞ야: 짐승처럼 달아나.

23 奄迫ᄒᆞ야: 문득 닥쳐와.

24 其又誰咎아: 그 또한 누구의 허물인가.

25 腥塵: 비린내가 나는 먼지라는 뜻으로, 어지러운 세상을 이르는 말. 번역에서는 '비린 피'로 함.

26 蔽ᄒᆞ야: 덮어서. 가려서.

27 如此: 이처럼. 이렇듯.

얏는가, 吁라, 我 리舜臣의 功烈을 于此에 可想이로다.

第二章 리舜臣의 幼年과 及 其少時

天蒼蒼兮在上ᄒᆞ고 地隤隤兮在下ᄒᆞᆫ대,[29] 兩間에 居住ᄒᆞᄂᆞᆫ 人類ᄂᆞᆫ 壹大殺伐性으로 化生ᄒᆞᆫ 者라. 故로 閉關自守[30]로 國是를 作ᄒᆞ야 老子의 言과 ᄀᆞᆺ치 隣國이 老死不相往來[31]ᄒᆞ던 時代에도 此民族이 彼民族과 壹番接觸ᄒᆞᄂᆞᆫ 境遇이면 骨飛血濺[32]ᄒᆞ고, 天慘地黑ᄒᆞ야 生滅存亡이 瞬息呼吸에 決ᄒᆞ거던 況世變이 愈大ᄒᆞ고, 競爭이 愈烈ᄒᆞ야 鉄血을 神聖이라 ᄒᆞᄂᆞᆫ 近世乎아, 彼長袖緩步ᄒᆞ며 幾百年 修齊治平을 講ᄒᆞ던 者ᄂᆞᆫ 皆是夢中에 譫語[33]ᄒᆞ던 人物이 아니던가.

累累衆生이 空手來 空手去ᄒᆞ야, 丙寅年 江華砲聲[34]만 耳邊에 偶墮ᄒᆞ면 各各 男負女戴ᄒᆞ고 草根石窟을 爭尋ᄒᆞ야[35] 一命을 苟保ᄒᆞ다가 畢竟에ᄂᆞᆫ 生無益ᄒᆞ며 死無損ᄒᆞ야 荒산枯骨이 艸木과 同腐하ᄂᆞᆫ데, 嗚呼라, 海天을 遙倚ᄒᆞ야[36] 三百年前을 回想컨대 一身으로 蒼茫波濤上[37]에 立ᄒᆞ야 干戈를 杖ᄒᆞ고 諸將을 指揮ᄒᆞᆯ 際 敵船이 蟻集ᄒᆞ며 砲丸이 雨下ᄒᆞ야도 尙且 屹立不動[38]ᄒᆞ며, 上天에 祈禱ᄒᆞ야 曰「此讐를 若滅인ᄃᆡᆫ 雖死나 無憾이라.」ᄒᆞ고, 其身

---

28 환散ᄒᆞᆫ: 渙散한. 뿔뿔이 헤어지는. 흩어지는.
29 天蒼蒼兮在上ᄒᆞ고 地隤隤兮在下ᄒᆞᆫ대: 높고 높은 하늘은 위에 있고, 넓고 넓은 땅은 아래에 있는데.
30 閉關自守: 관계를 끊고 스스로 지킴.
31 老死不相往來: 늙어서 죽을 때까지 서로 가고오지 않는다는 뜻. 『사기(史記)』에 나오는 노자의 말로, 노자는 "이웃한 두 나라가 서로 바라보며 닭이 우는 소리와 개 짖는 소리가 서로 들릴 만큼 가까운 곳에 있어도, 백성들은 각각 그 나라의 음식을 먹고 자기 나라의 옷이 아름답다고 하며 입고 그 나라의 풍속에 따라 편안하게 살면서 자신의 일을 즐겁게 하고 늙어서 죽을 때까지 서로 왕래하지 않는다."고 하는 이상국을 제시했다.
32 骨飛血濺: 뼈를 부수고 피를 뿌림.
33 譫語: 잠꼬대. 헛소리.
34 江華砲聲: 병인양요(1866)를 말함.
35 爭尋ᄒᆞ야: 다투어 찾아.
36 遙倚ᄒᆞ야: 멀리 의지하여.
37 蒼茫波濤上: 푸르고 아득한 파도 위.
38 屹立不動: 높이 솟아 흔들리지 않음.

을 犧牲ᄒᆞ야 全國을 拯濟ᄒᆞ던[39] 者ㅣ 今日 三尺童子ᄭᆞ지 傳誦ᄒᆞᄂᆞᆫ 我 水軍 三道統制使 忠武公 李舜臣이 아닌가.

豊臣悍兒[40]가 卒伍間(秀吉은 初是 織田信長[41] 部下卒)에 奮起하야 三島[42]를 統合ᄒᆞ고, 關伯位[43]에 奄據ᄒᆞᆫ[44] 後 東韓을 睥睨ᄒᆞᆫ 지 久矣라. 東萊 釜산에 殺氣가 日逼하ᄆᆡ 檀祖 神靈이 靑邱의 無人을 悲歎ᄒᆞ사 대敵 對抗ᄒᆞᆯ 干성良才[45]를 下送ᄒᆞ시니, 實로 宣廟朝 乙巳 三月 初八日 子時에 漢셩 乾川동[46]에셔 呱呱聲[47]을 報ᄒᆞ니라.

父의 名은 貞이오, 母의 씨ᄂᆞᆫ 卞이오, 其祖 曰 生員 百祿이니, 리舜臣의 將産ᄒᆞᆯ 際 其祖가 現夢ᄒᆞ고 此名을 贈ᄒᆞ얏다 ᄒᆞ나니라.

葱[48]을 吹ᄒᆞ며 竹을 騎ᄒᆞ고 蘺墻間에셔 遂遂往來ᄒᆞᄂᆞᆫ 것을 兒輩의 嬉戱[49]라고 尋常히 看치 말지어다. 往往 英雄의 頭角을 此中에셔 驗出[50]ᄒᆞᆯ지니, 盖 리舜臣 幼時에ᄂᆞᆫ 群兒와 嬉戱ᄒᆞᄆᆡ 戰陣을 布列ᄒᆞ야 元帥라 自稱ᄒᆞ고 木을 削ᄒᆞ야 弓矢를 自作ᄒᆞ고 동中人[51]에 不合意者가 有ᄒᆞ면 弓을 挽ᄒᆞ야 其目을 射코ᄌᆞ ᄒᆞ더라.

悲夫라, 時代의 結習이 恒時 好男兒를 束縛ᄒᆞ야 齷齪[52]範圍內에셔 坐腐ᄒᆞ나니, 리舜臣의 出現ᄒᆞᆫ 時代ᄂᆞᆫ 儒衣가 滿國ᄒᆞ고 淸談[53]이 盛行ᄒᆞᆯ ᄲᅮᆫ더러 又是 自家父祖가 世世 儒者門庭中 人物이니, 公이 비록 天授ᄒᆞᆫ 軍人 資格이나 安能容易自拔ᄒᆞ리오. 是以로 伯仲[54] 二兄을 從ᄒᆞ야 儒業을 受ᄒᆞ야 二

---

39 拯濟ᄒᆞ던: 건져내어 구제하던.
40 豊臣悍兒: 豊臣은 豊信秀吉을, 悍兒는 '사나운 놈, 못된 놈'을 뜻한다.
41 織田信長(1534~1582): 일본 전국 시대의 무장.
42 三島: 일본의 본주(本州)·구주(九州)·사국(四國)을 말함.
43 關伯位: 관백의 자리. 관백은 일본 막부의 최고책임자.
44 奄據ᄒᆞᆫ: 문득 웅거한. 갑자기 오른.
45 干성良才: 干城良才, 나라를 지킬 만한 좋은 인재.
46 乾川동: 乾川洞. 지금의 서울 중구 인현동 부근.
47 呱呱聲: 갓난아기 울음소리.
48 葱: 부들. 풀피리.
49 嬉戱: 즐거이 희롱하며 놂.
50 驗出: 증험하여 나옴. 시험적으로 나타남.
51 동中人: 洞中人. 번역에는 '동네 사람 중'으로 제시함.
52 齷齪: 도량이 몹시 좁은 것.
53 淸談: 명리(名利)를 떠난, 맑고 고상한 이야기.

十年 光陰을 送ᄒᆞ얏도다. 雖然이나 將來에 海上 壹片舟로 敵후[55]를 扼ᄒᆞ고,[56] 湖남을 障蔽ᄒᆞ야[57] 全國 大司命을 作ᄒᆞᆯ 人物이 엇지 此中에셔 長終ᄒᆞᆯ가. 慨然히[58] 筆을 擲ᄒᆞ고 武藝를 學習ᄒᆞ니 時年이 二十二러라.

二十八에 訓練院 別科에 赴ᄒᆞ야 馳馬를 試ᄒᆞ다가 馬上에셔 落下ᄒᆞ야 左脚이 折骨되고, 良久를 昏倒ᄒᆞ미 見者가 皆曰「리舜臣이 已死」라 ᄒᆞᄂᆞᆫ대 리舜臣이 忽然 一足으로 起立ᄒᆞ야 柳枝를 折ᄒᆞ더니, 其皮를 剝ᄒᆞ야 傷處에 과ᄒᆞ고[59] 踴躍上馬ᄒᆞ니 滿場이 喝采라. 嗚呼라, 此 雖小事나 大奮鬪 大忍耐ᄒᆞᄂᆞᆫ 英雄의 人格을 可想ᄒᆞᆯ지니, 彼指底의 壹棘刺만 入ᄒᆞ야도 終夜苦痛ᄒᆞ야 口味를 全失하ᄂᆞᆫ 겁劣輩들이야 何事를 能做ᄒᆞ리오.

大舞臺에 活動ᄒᆞᄂᆞᆫ 人物은 智略만 是貴ᄒᆞᆯ ᄲᅮᆫ 아니라, 體力도 不可不觀이니라. 리슌臣이 일즉 先塋을 往省ᄒᆞ니 將軍石이 仆倒ᄒᆞ얏ᄂᆞᆫ딕, 下輩 數十人이 此를 扶起ᄒᆞ다가 其力이 不勝ᄒᆞ야 息聲[60]이 喘喘ᄒᆞ거ᄂᆞᆯ,[61] 리슌臣이 一聲으로[62] 喝退ᄒᆞ고[63] 靑袍ᄅᆞᆯ 着ᄒᆞᆫ 치 背上에 負ᄒᆞ야 舊地에 立ᄒᆞ니 觀者가 大驚ᄒᆞ더라.

旣長에 兒時 蹈揚發越[64]ᄒᆞᆫ 態度ᄂᆞᆫ 斂縮ᄒᆞ고[65] 性格을 涵養ᄒᆞ니[66] 同遊武夫가 終日 慢言으로 相戱ᄒᆞ면셔, 리슌臣에게ᄂᆞᆫ 不敢ᄒᆞ얏스며 비록 洛中에 生長ᄒᆞ나 門을 杜ᄒᆞ고 出入이 罕ᄒᆞ야 武藝를 獨究ᄒᆞ얏스니, 嗚呼라, 英雄을 학ᄒᆞᄂᆞᆫ 者ㅣ 不可不 其素養을 先학ᄒᆞᆯ지니라.

---

54 伯仲: 맏이와 둘째.
55 敵후: 敵喉. 적의 목구멍(咽喉).
56 扼ᄒᆞ고: 잡고.
57 障蔽ᄒᆞ야: 가려 막아서.
58 慨然히: 억울하고 분하여.
59 과ᄒᆞ고: 裹ᄒᆞ고. 싸매고.
60 息聲: 숨소리.
61 喘喘ᄒᆞ거ᄂᆞᆯ: 헐떡거리거늘.
62 一聲으로: 원문에는 '一聲' 이후 한 글자가 있지만 판독하기 어렵다. 내용상 '一聲으로'에 가까워 그렇게 제시했다.
63 喝退ᄒᆞ고: 꾸짖어 물러나게 하고.
64 蹈揚發越: 호방하며, 깨끗하고 훤칠함. 번역에서는 '당돌하고 호협하'다고 함.
65 斂縮ᄒᆞ고: 수축되고. 줄어들고.
66 涵養ᄒᆞ니: 능력이나 품성 따위를 길러 쌓거나 갖추니.

第三章　리순臣의 出身과 其後 困蹇[67]

伯樂[68]을 不過ᄒᆞ야[69] 驥蹄[70]가 鹽板[71]에셔 空穿하ᄂᆞᆫ대,[72] 無情ᄒᆞᆫ 歲月은 丈夫의 頭髮을 催白ᄒᆞ야[73] 리순臣의 年齡이 居然 二毛之年[74]이 되앗도다.

是歲에 一科를 纔中ᄒᆞ야 武及弟 出身이 되니, 文貴武賤에 上典이 何多며 산風水複[75]에 活動이 何地오, 其冬에 함鏡道 董仇非堡權管이 되며, 翌四年 三十五歲에 訓練院奉事로 內遷ᄒᆞ얏다가, 又 其冬에 忠淸兵使의 軍官이 되며, 三十六歲에 鉢浦水軍萬戶가 되얏다가, 翌年에 坐事罷職[76]ᄒᆞ고 其秋에 訓練院奉事를 復任ᄒᆞ더니, 翌三年에 咸鏡남道 兵使營軍官이 되얏다가, 其秋에 乾原堡權管이 되니 리순臣의 年齡이 一歲만 添ᄒᆞ면 便是 四拾歲러라.

當時 赫赫宦族[77]의 乳臭兒[78]들은 一藝가 初無ᄒᆞ야도, 今日 承旨 明日 參判에 乘馬衣구ᄒᆞ고 東西橫馳ᄒᆞ며 곤곤權門[79]의 吮癰輩[80]들은 一能이 都乏ᄒᆞ야도, 今日 節度使 明日 統制使에 持粱齧肥ᄒᆞ고[81] 左右顧眄ᄒᆞ며, 甚至於 二家村裡 都都平丈[82]의 盲학究가 數年만 跪膝ᄒᆞ야도[83] 白衣 吏曹判書로 乘

---

67 困蹇: 곤란.
68 伯樂: 주(周)나라 때 사람으로 말에 대한 지식이 뛰어나 말 감정을 잘하였다.
69 不過ᄒᆞ야: 만나지 못해.
70 驥蹄: 천리마의 발굽.
71 鹽板: 소금을 결정시키는 지면. 번역에서는 '소금 싣는 판'으로 함.
72 空穿하ᄂᆞᆫ대: 헛되이 통과하는데. 번역에서는 '공연히 굴러다니는데'로 함.
73 催白ᄒᆞ야: 흰머리를 재촉하여. 번역에서는 '머리털이 희기만 재촉하니'로 함.
74 二毛之年: 흰 머리카락 두 올이 나는 나이 곧 백발이 나기 시작하는 나이로 32세를 말함.
75 산風水複: 山風水複. 산은 첩첩이 높고 물은 겹겹이 흐름.
76 坐事罷職: 일에 연좌되어 파직됨. 번역에서는 '무슨 일로 죄에 걸려 파직이 되었더니'로 함. 군기(軍器) 검사를 위해 내려왔던 경차관(敬差官) 서익(徐益)이 발포로 와서 군기를 보수하지 않았다고 하여 이순신을 파직시킨 것을 말한다.
77 赫赫宦族: 혁혁히 대대로 벼슬하는 집안.
78 乳臭兒: 젖비린내 풍기는 어린 것들을 뜻함.
79 곤곤權門: 滾滾權門. 세도 있는 권력가.
80 吮癰輩: 吮癰得車之輩. 남의 종기의 고름을 빨아주고, 수레를 얻는 무리를 뜻하며, 비열한 수단으로 권력이나 부귀를 얻는 자들을 이르는 말.
81 持粱齧肥ᄒᆞ고: 쌀밥 먹고 고기 씹으며.
82 都都平丈: 『논어』의 구절 "郁郁乎文哉"에서 '郁郁乎文'을 무식한 시골 훈장이 '都都平丈'으로 잘못 읽는다는 것을 말함. 곧 무식한 자들을 가리키는 말.
83 跪膝ᄒᆞ야도: 무릎을 꿇어도.

일上來[84]ᄒᆞᄂᆞᆫᄃᆡ, 乃者 絶代偉人 리순臣 ᄀᆞᆺᄒᆞᆫ 이ᄂᆞᆫ 出身後 七八年에 一資를 未陞ᄒᆞ고 奉事 權官 等 微職으로 拘칩ᄒᆞ야[85] 窮途에셔 悲鳴케 ᄒᆞᄂᆞᆫ도다.

萬壹 地位를 早得ᄒᆞ야 才畧을 快展ᄒᆞ얏더면, 慘淡ᄒᆞᆫ 風雲을 吹噓ᄒᆞ야[86] 吉林 奉天의 舊壤을 恢復ᄒᆞ야 高句麗 廣開土王의 紀功碑를 重建ᄒᆞᆷ도 可ᄒᆞ며, 大阪[87] 薩摩[88]의 諸島를 進逼ᄒᆞ야[89] 新羅 太宗大王의 白馬塚[90]을 再築ᄒᆞᆷ도 可ᄒᆞ거ᄂᆞᆯ, 卑劣의 奴輩가 朝廷에 充斥ᄒᆞᆷ[91]으로 東征西伐[92]ᄒᆞᆯ 桓桓대將軍을 窄窄江山[93]에 久囚ᄒᆞ얏도다.

嗚呼라, 남怡 將軍이 白頭山에 登ᄒᆞ야 支那 日本 女眞[94] 靺갈[95] 等 각 國을 睥睨ᄒᆞ며 我國의 微弱을 回顧ᄒᆞ고 少年銳氣를 不勝ᄒᆞ야 壹詩를 題ᄒᆞ여 曰,

白頭산石磨刀盡, 豆滿江波飮馬無, 男兒二十未平賊, 後世誰稱大丈夫[96]

라 云ᄒᆞ고, 此로 畢竟 其身이 慘死ᄒᆞ얏스니, 人民의 外競思想을 如此摧折ᄒᆞ던 時節이니 英雄의 困蹇[97]이 固宜ᄒᆞ도다.

然이나 李舜臣은 窮達은 專忘ᄒᆞ고 正義로 自持ᄒᆞ야 威武에 不屈ᄒᆞ며 權

---

84 乘일上來: 乘日上來. 날마다 오름.
85 拘칩ᄒᆞ야: 拘蟄ᄒᆞ야. 얽매여.
86 吹噓ᄒᆞ야: 숨을 내뿜어. 번역에서는 '쓸어 헤치고'로 함.
87 大阪: 오사카. 일본 오사카 만에 접해 있는 도시. 국내외 무역 중심지로 근교에는 국제공항이 있다.
88 薩摩: 사쓰마섬. 일본 규슈(九州) 남쪽 끝에 솟아 나온 반도. 오스미 반도(大隅半島)와 함께 가고시마만(鹿兒島灣)을 둘러싸고 있으며, 광산·온천·어항이 많다. 고구마, 담배, 차가 주산물이다.
89 進逼ᄒᆞ야: 앞으로 나아가.
90 白馬塚: 왕이 일본을 세 번 정벌하여 항복받고 백마를 잡아 맹세함. 김세렴(金世濂)의 『해사록(海槎錄)』에 나오는 자료를 끌어다 쓴 것이다. 즉 대판(大阪) 근처의 명석포(明石浦)란 곳에 언덕이 하나 있는데, 신라 군사들이 일본에 깊숙이 쳐들어오니, 일본인들이 화친하고 군사를 풀어 주기를 원하여 백마(白馬)를 죽여 맹세한 뒤 말을 이곳에 묻었다는 것이다.
91 充斥ᄒᆞᆷ: 충만함. 가득 참.
92 東征西伐: 동편에 있는 나라도 토벌하고 서편에 있는 나라도 침탈.
93 窄窄江山: 비좁은 강산.
94 女眞: 지금 청국 길림성에 있던 나라.
95 靺갈: 靺鞨, 백두산 뒤에 있던 나라.
96 남이의 「北征」이라는 시. 백두산 돌은 칼을 갈아 없애고 / 두만강 물은 말을 먹여 없애리 / 남자 나이 스물에 나라를 평정하지 못하면 / 훗날 누가 대장부라 하리요.
97 困蹇: 곤란을 겪음.

貴에 不附ᄒᆞ니, 此가 古人의 云ᄒᆞᆫ바 「豪傑而聖賢」이로다.

訓練奉事로 在ᄒᆞᆯ 時에, 兵判 金貴榮[98]이 一庶女가 有ᄒᆞ더니 妾으로 與코즈 ᄒᆞ거ᄂᆞᆯ, 曰

「吾가 仕路에 初出ᄒᆞ야 엇지 權문에 托跡[99]ᄒᆞ리오.」

ᄒᆞ고 媒人을 入謝ᄒᆞ며, ᄇᆞᆯ포萬戶로 在ᄒᆞᆯ 時에 左水使 成젼[100]이 人을 遣ᄒᆞ야 客舍庭中에 桐木을 琴材로 斫去ᄒᆞ랴 하거ᄂᆞᆯ, 曰

「此ᄂᆞᆫ 官家物이라, 多年栽培ᄒᆞᆫ 者를 壹朝에 伐ᄒᆞᆷ은 何故오?」

ᄒᆞ고 取去를 不許ᄒᆞ며, 宰相 柳뎐[101]이 良好ᄒᆞᆫ 箭筒을 請求ᄒᆞ거ᄂᆞᆯ, 曰

「他人이 聞ᄒᆞ면 公의 受와 我의 納이 皆何如라 ᄒᆞᆯ고?」

ᄒᆞ고 不許ᄒᆞ며, 栗谷 리珥[102]ㅣ 吏曹에 쟝ᄒᆞᆯ식 西崖 柳成龍[103]을 因ᄒᆞ야 諸見ᄒᆞ거ᄂᆞᆯ, 曰

「同姓이니 可見이로ᄃᆡ 銓相[104]時엔 不可見이라.」

ᄒᆞ야 不聽ᄒᆞ니 剛直과 謹愼으로 自守ᄒᆞᆷ이 리舜臣의 平生 主旨러라.

乾原堡權管으로 在任ᄒᆞᆯ 時에 蕃胡 鬱只乃[105]가 邊患을 作ᄒᆞ거ᄂᆞᆯ 奇計로

---

98 金貴榮(1520~1593): 조선 중기 문신. 선조 즉위(1567) 후 도승지·예조판서를 역임하고, 병조판서로서 지춘추관사를 겸하였다. 1581년 우의정에 올랐고, 2년 뒤 좌의정이 되었다가 곧 물러나 지중추부사(知中樞府事)가 되었다. 1589년에 평난공신(平難功臣) 2등에 녹훈되고 상락부원군(上洛府院君)에 봉해진 뒤 기로소(耆老所)에 들어갔으나, 조헌(趙憲)의 탄핵으로 사직했다.

99 托跡: 몸을 의탁함.

100 成젼: 성박(成鎛)을 잘못 옮긴 것으로 보인다. 전집에는 '成震'으로 썼다. 당시 당시 전라좌수사는 '성박'으로 알려져 있다.

101 柳뎐(1531~1589): 柳琠. 조선 중기의 문신. 1583년 한성부판윤이 되었다. 1585년 우의정이 되고, 1588년 사은사로 명나라에 다녀왔다. 이후 좌의정을 거쳐 이듬해 영의정에 올랐다. 1589년 기축옥사 때 정여립이 사형되자 평난공신에 책록되고 시령부원군에 봉해졌다.

102 리珥(1536~1584): 조선 중기의 학자. 호는 율곡(栗谷). 호조, 이조, 병조 판서, 우찬성을 지냈다. 서경덕의 학설을 이어받아 주기론을 발전시켜 이황의 주리적(主理的) 이기설과 대립하였다. 저서에 『율곡전서』, 『성학집요』, 『경연일기』가 있다.

103 柳成龍(1542~1607): 조선 선조 때의 재상. 호는 서애(西厓). 이황의 문인으로, 대사헌·경상도 관찰사 등을 거쳐 영의정을 지냈다. 임진왜란 때 이순신과 권율 같은 명장을 천거하였으며, 도학·문장·덕행·서예로 이름을 떨쳤다. 저서에 『서애집』, 『징비록』, 『신종록(愼終錄)』 따위가 있다.

104 銓相: 전상(銓相)은 전조(銓曹)의 재상이라는 말로 곧 이조판서(吏曹判書)를 뜻함. 이조는 조선시대 정이품아문(正二品衙門)인 육조(六曹)의 하나로서, 관리의 임명, 공훈(功勳), 봉작(封爵), 관원들의 성적고사 등에 관한 직무를 맡아 보았으며, 이조판서는 이조의 수장이었다.

105 鬱只乃: 여진족 수령. 이순신은 1583년 함경도 건원보(乾原堡) 권관이 되어 여진족 울지내(鬱只乃)의 침입을 막아내어 공을 세웠다.

擒捕[106]ᄒᆞ더니, 兵使 金禹瑞[107]가 其功을 忌ᄒᆞ야 不禀主將, 擅擧大事[108] 八字로 狀啓ᄒᆞ야 賞典이 竟無ᄒᆞ니라. 東遷西轉ᄒᆞᆫ 지 八年에 訓練參軍 壹階를 陞ᄒᆞ더니 父喪을 遭ᄒᆞ야 去官ᄒᆞ고,[109] 服闋에[110] 司僕寺主簿를 任ᄒᆞ니 年이 四十二歲러라.

第四章 防胡의 小役과 朝廷의 求材

宣廟 丙戌[111]에 胡亂[112]이 方殷[113]ᄒᆞᆷ으로, 朝廷이 公을 擧ᄒᆞ야 造산萬戶를 任ᄒᆞ고, 翌年 丁亥에 鹿屯島 屯田官을 兼任ᄒᆞ더니, 리舜臣이 該島 地形을 詳察ᄒᆞ고 兵使 리鎰[114]에게 累報ᄒᆞ야 曰,

「島가 孤遠ᄒᆞ고 防守軍이 單寡ᄒᆞ니 胡來면 將奈何오?」

ᄒᆞᆫ대 리鎰이 不從ᄒᆞ며 曰,

「太平時代에 增兵何爲오.」

ᄒᆞ더라. 未久에[115] 蕃胡가 果然 兵을 大擧ᄒᆞ야 島를 圍ᄒᆞᄂᆞᆫ대, 리舜臣이 其 渠帥[116] 數人을 射倒ᄒᆞ고 리雲龍[117] 等과 追擊ᄒᆞ야 被擄軍 六拾餘人을

---

106 擒捕: 사로잡음. 생포함.

107 金禹瑞(1521~1590): 조선 중기의 무신. 1536년에 무과에 급제하여 외직으로 갑산·부령·경원·회령 등에서 근무하였고, 1569년 북병사(北兵使)를 세 차례나 역임하면서 여진족과 싸워 큰 공을 세웠다. 그 후 평양·충청·전라 병사를 거쳐 가선(嘉善)의 품계에 올라 동지중추부사 겸 오위도총부 부총관과 지훈련원사가 되었다.

108 不禀主將, 擅擧大事: 대장에게 사뢰지 않고 제 마음대로 큰일을 행하였다.

109 去官ᄒᆞ고: 벼슬을 버리고.

110 服闋에: 상례에서, 삼년상을 마치고 상복을 벗음.

111 丙戌: 1586년.

112 胡亂: 오랑캐들이 일으킨 난리. 1583년부터 여진족 니탕개(泥湯介)의 침입을 시작으로 1587년까지 몇 차례 변방 침입이 있었다.

113 方殷: 바야흐로 크게 일어나매.

114 리鎰(1538~1601): 조선 중기의 무신. 1587년 함경도북병사가 되어 이탕개(尼湯介)의 난을 평정하였으며, 1592년 임진왜란이 일어나자 경상도순변사가 되어 상주, 충주 등지에서 싸웠으나 패하여 황해도 평안도로 피하였다. 왜적과 싸웠으나 패하고, 사잇길로 도망해 황해·평안도로 피하였다. 이후 3,000명의 군사로 광해군을 시위하다가 평양 왕성탄전투(王城灘戰鬪)에서 왜적 80여 명을 사로잡는 등 공을 세웠다. 1601년 부하를 죽였다는 살인죄의 혐의를 받고 붙잡혀 호송되던 중 사망했다.

115 未久에: 오래지 않아.

116 渠帥: 우두머리. 집단의 수장.

奪還홀ᄉᆡ, 戰酣에[118] 胡矢가 左股를 傷ᄒᆞ얏스되 衆을 驚홀가 念慮ᄒᆞ야 潛自拔去[119]ᄒᆞ얏더라. 此雖 小戰이나 其 先見과 毅力이 可想이니 亦是 리舜臣 歷史에 小小紀念이로다.

魚龍이 泥塗[120]에 在ᄒᆞ야 누蟻[121]에 見困홈은 常然ᄒᆞᆫ 事라. 리鎰도 又一 金禹瑞의 化身이던지 賞公홀[122] 意가 初無홀[123] 쑨더러, 自己가 其 增兵 不許홈을 愧ᄒᆞ야 리舜臣을 殺코ᄌᆞ ᄒᆞ더라.

리舜臣이 리鎰에 令을 聞ᄒᆞ고 將入홀ᄉᆡ, 友人 宣居怡[124]가 執手流涕ᄒᆞ며 酒를 勸ᄒᆞ여 曰,

「此를 醉ᄒᆞ면 臨刑時에 苦痛을 忘ᄒᆞ리라.」

李舜臣이 正色 曰,

「死生이 有命ᄒᆞ니 飮酒何爲오?」

ᄒᆞ고 遂入ᄒᆞᆫ즉, 리鎰이 敗軍狀을 供ᄒᆞ라고 脅喝ᄒᆞᄂᆞᆫ지라. 리舜臣이 曰

「我가 增兵을 累請ᄒᆞ되 增兵을 不許ᄒᆞᆫ 書目이 昭在ᄒᆞ거늘[125] 엇지 我를 罪ᄒᆞ며, 且我가 力戰退賊ᄒᆞ야 被擄人을 追還ᄒᆞ얏거날 엇지 敗軍으로 論ᄒᆞ리오.」

ᄒᆞ고 聲色이 俱厲[126]ᄒᆞᆫ대, 리鎰이 辭塞ᄒᆞ야[127] 再詰[128]을 不能ᄒᆞ얏스나 맛

---

117 리雲龍(1562~1610): 1592년 거제도 동쪽 옥포양(玉浦洋)에서 적선을 맞아 싸워 큰 전과를 거두었다. 그 뒤 사천·진해·한산양·안골포·부산해 등 여러 해전에 참가, 진두에서 용감히 싸워 적군의 내양(內洋) 진출을 막아 우리 수군이 남해의 제해권을 장악하는 데에 공을 크게 세웠다. 1596년 이순신의 천거로 경상좌수사에 승진하고, 전쟁이 끝날 때까지 경상도의 수군을 주도하였다.

118 戰酣에: 싸움이 한창일 때.

119 潛自拔去: 몰래 스스로 빼어냄.

120 泥塗: 진창길.

121 누蟻: 螻蟻. 땅강아지와 개미라는 뜻으로, 작은 힘을 비유함.

122 賞公홀: 공에게 상을 줄.

123 初無홀: 처음부터 없을, 아예 없을.

124 宣居怡(1590~1598): 조선 중기의 무신. 1587년 조산만호(造山萬戶)이었던 이순신(李舜臣)과 함께 녹둔도(鹿屯島)에서 변방을 침범하는 여진족을 막아 공을 세웠다. 1588년 거제현령·진도군수를 역임하고 1591년에 전라도수군절도사가 되었다. 임진왜란이 이러나자 이순신을 도와 적을 크게 무찔렀으며, 1592년 독산산성(禿山山城) 전투, 1593년 행주산성, 1594년 장문포 전투에서 공을 세웠으며, 1598년 정유재란 당시 울산 전투에서 전사하였다.

125 昭在ᄒᆞ거늘: 분명히 있거늘.

126 聲色이 俱厲: 목소리와 얼굴빛이 모두 엄함.

127 辭塞ᄒᆞ야: 말이 막히어.

참ᄂᆡ 朝廷에 誣告ᄒᆞ야 職을 奪ᄒᆞ고 白衣로 從軍케 ᄒᆞ니라.

有材ᄒᆞ면 被猜ᄒᆞ고 有功ᄒᆞ면 得罪ᄒᆞ니 時事를 可知로다. 然이나 문忠公 柳成龍이 公의 材를 深服ᄒᆞ고 武臣中 不次擢用[129]ᄒᆞᆯ 人材라고 累薦ᄒᆞ더라.

宣廟 戊子에 井邑縣監을 除하야 泰인에 兼官ᄒᆞ니 時에 泰인이 曠守已久라.[130] 滯積ᄒᆞᆫ 簿書를 頃刻 盡決ᄒᆞ니, 壹郡이 皆驚ᄒᆞ고 御史에게 呈文ᄒᆞ야 리舜臣으로 ᄐᆡ인을 任ᄒᆞ라고 請ᄒᆞᄂᆞᆫ 者ㅣ 紛紛ᄒᆞ니, 嗚呼라, 矯矯 虎將이 吏治材도 兼優ᄒᆞ도다.[131]

庚寅에 高沙里 僉使를 除ᄒᆞ다가 臺諫이 守令遷動[132]으로 沮ᄒᆞ야 仍任ᄒᆞ며,[133] 未旣에 滿浦僉使로 除ᄒᆞ다가 臺諫이 又 驟陞[134]으로 沮ᄒᆞ야 仍任ᄒᆞ더니,

翌年 辛卯에 倭寇의 信息이 日大ᄒᆞᄆᆡ 於是乎 將材를 始求ᄒᆞ니, 리舜臣의 成功ᄒᆞᆯ 日이 漸至라. 珍島郡守를 拜ᄒᆞ더니 赴任 前에 加里浦鎭 水軍節制使를 拜ᄒᆞ고, 又 赴任 前에 全羅左道 水軍節度使를 拜ᄒᆞ니 年이 四十七이더라.

此ᄂᆞᆫ 리슌臣이 海上에 ᄇᆞᆯ跡ᄒᆞᆫ[135] 始初라, 英雄이 用武地를 纔得ᄒᆞ얏도다.

第五章 리舜臣의 戰役準備

是時ᄅᆞᆯ 當ᄒᆞ야, 豊臣秀吉이 該國內 각 藩을 壹鞭으로 統合ᄒᆞ고 勃勃ᄒᆞᆫ 野心으로 西雲을 睥睨ᄒᆞ며 使臣을 遣ᄒᆞ야 我國의 내情을 窺ᄒᆞ고 國書로 侮辱을 頻加ᄒᆞ니[136] 兩國의 兵機가 眉睫에[137] 迫ᄒᆞ얏거ᄂᆞᆯ, 無謀ᄒᆞᆫ 朝廷 臣隣들

128 再詰: 다시 꾸짖음. 다시 따져 물음.
129 不次擢用: 不次擇用. 순서, 순번에 의하지 아니하고 택용함.
130 曠守已久라: 직책이 빈 지 이미 오래라.
131 兼優ᄒᆞ도다: 모두 훌륭하도다. 번역에는 '겸비하였도다'로 함.
132 守令遷動: 수령이 자리를 옮기는 것. 곧 당상관 수령은 30개월, 당하관 수령은 20개월, 변방 수령은 1년이 넘어야 다른 자리로 옮길 수 있는데, 이순신이 전년 12월에 정읍현감이 되었으므로 아직 8개월밖에 되지 않아 말썽이 난 것이다.
133 仍任ᄒᆞ며: 기본형은 '인임(仍任)하다'. 갈릴 기한이 된 관리를 그대로 두다.
134 驟陞: 계급이나 벼슬이 갑자기 뛰어오름.
135 ᄇᆞᆯ跡ᄒᆞᆫ: 發跡한. 발을 디딘. 자취를 드러낸.
136 頻加ᄒᆞ니: 빈번히 더하니. 자못 더하니. 번역에서는 '자심하니'로 함. 1587년 일본에서 귤강광(橘康

은 蚩蚩[138]安坐ᄒᆞ야 倭不來를 主唱ᄒᆞ며, 倭寇將動이라고 言ᄒᆞᄂᆞᆫ 者도 不過是 淸談의 資柄을 作ᄒᆞ야[139] 彼의 信使나 斬ᄒᆞᄌᆞ ᄒᆞ며 明朝에나 聞ᄒᆞ자 ᄒᆞ고 自守自立을 求ᄒᆞᄂᆞᆫ 者ㅣ 絶無ᄒᆞᆫᄃᆡ,[140] 默默히 一隅에 坐ᄒᆞ야 寢을 忘ᄒᆞ며 食을 廢ᄒᆞ고 日後 大戰役을 預備ᄒᆞᄂᆞᆫ 者ᄂᆞᆫ 惟 全羅左道 水軍節度使 리舜臣 一人쑨이로다.

本營 及 屬鎭을 指揮ᄒᆞ야 粮餉[141]을 儲ᄒᆞ며 戰具를 修ᄒᆞ며 軍卒을 練ᄒᆞ고 海路를 詳察ᄒᆞ야 行軍 往來의 地步를 默定ᄒᆞ니,[142] 嗚呼라, 리舜臣의 此職에 蒞ᄒᆞᆫ 지[143] 一年만에 倭寇가 作ᄒᆞ얏ᄂᆞᆫ대, 如此 短日月間의 收拾으로 大功을 成ᄒᆞ얏스며, 又 奇智를 運ᄒᆞ야 大船을 創ᄒᆞ니 前에 龍頭口를 設ᄒᆞ고, 背에 鐵尖을 植ᄒᆞ고 船內에셔ᄂᆞᆫ 外를 窺ᄒᆞ나 船外에셔ᄂᆞᆫ ᄂᆡ를 窺치 못ᄒᆞ야, 數百 賊船中에도 往來無恙[144]케 製造ᄒᆞ얏ᄂᆞᆫ대 其狀이 龜形과 彷彿ᄒᆞᆫ 故로 龜船이라 名ᄒᆞ니, 此로 寇賊을 討平ᄒᆞ야 壹時 大功을 成ᄒᆞᆯ 쑨 아니라, 即 世界 鐵甲船의 鼻祖[145]가 되야 西國 海軍記[146]에 往往 其名을 記ᄒᆞ니라.

銳師[147]를 率ᄒᆞ야 島嶺의 險을 不守ᄒᆞ고 彈琴臺[148]에셔 覆沒ᄒᆞ던[149] 申將軍 립[150]이 陸戰에만 專意ᄒᆞ고 舟師를 廢ᄒᆞᄌᆞ고 啓辭ᄒᆞ야 朝廷이 許코ᄌᆞ ᄒᆞ

光)을 보내 우리나라 통신사를 보내줄 것을 요구하였는데, 그때 가지고 온 국서(國書)에 "지금 천하가 짐의 손에 들어왔다."라는 오만한 말이 있었고, 1589년에는 대마도주(對馬島主) 평의지(平義智)와 중 현소(玄蘇) 등을 보내 내정을 탐지하기도 했다. 이에 김성일 황윤길 등이 통신사로 일본에 갔다가 돌아왔는데, 그때 가지고 온 국서에 명나라를 친다는 내용이 있었고, "예폐(禮幣)"를 "방물(方物)"로, "전하(殿下)"를 "합하(閤下)"로 하는 등 무례한 말이 있었다.

137 眉睫에: 눈 깜짝할 사이에.

138 蚩蚩: 어리석게. 망연히.

139 淸談의 資柄을 作ᄒᆞ야: '資柄'은 '재료' 정도의 의미인 듯. 번역에는 '한담 삼아 이야깃거리로 돌리고'로 함.

140 絶無ᄒᆞᆫᄃᆡ: 절대 없는데, 전혀 없는데.

141 粮餉: 군량미.

142 默定ᄒᆞ니: 묵묵히 정하니.

143 蒞ᄒᆞᆫ 지: 다다른 지.

144 往來無恙: 아무 탈 없이 왕래함.

145 鼻祖: 시조.

146 海軍記: 해군의 기록. 영국의 『해군기』에 적혀 있다고 함.

147 銳師: 날랜 군사.

148 彈琴臺: 충청북도 충주시 서북부 대문산(大門山)에 있는 명승지. 우륵이 제자들을 가르치며 가야금을 타던 곳이다. 임진왜란의 전적지(戰跡地)이며, 신립 장군이 전사한 곳으로도 유명하다.

149 覆沒ᄒᆞ던: 나라 또는 군대가 아주 기울어져 망하던.

거날, 李舜臣이 馳啓ᄒᆞ야 曰

「海寇를 遮遏[151]홈은 舟師가 第壹이니 水陸 兩戰에 何者를 偏廢ᄒᆞ리오.」[152]

하야 舟師가 不廢ᄒᆞ니라. 雖然이나 朝廷이 水軍 一事ᄂᆞᆫ 묘視[153]가 尤甚ᄒᆞ야 恒常 有亦可 無亦可[154]로 知하ᄂᆞᆫ 故로 리舜臣이 體察使에게 上ᄒᆞᆫ 書에 曰

「我國 備禦가 處處 齟齬홀[155] ᄲᅮᆫ더러 倭奴 所畏者가 舟師인ᄃᆡ, 方伯에게 移文[156]ᄒᆞ야도 一個水卒을 檢送치[157] 아니하며, 軍粮의 艱窘[158]이 尤甚ᄒᆞ야 舟師 一事ᄂᆞᆫ 勢將罷撤[159]이니 國事를 將奈何오?」

ᄒᆞ얏스며 又 倭變後 狀啓에 曰

「釜山 東萊 沿海 諸將이 舟楫을 盛理ᄒᆞ야 海口에 列兵ᄒᆞ고 威武를 大揚ᄒᆞ며 勢力을 度ᄒᆞ야 進退有方이러면 賊이 엇지 陸路 壹步地를 出ᄒᆞ얏스리오. 此를 念及ᄒᆞ오매 感憤을 不勝ᄒᆞᆫ다.」

云云ᄒᆞ얏스니, 當時 朝廷이 水師에 無意홈을 可見이오, 李舜臣이 修備捍拒[160]에 獨勞홈은 尤可見이로다.

第六章 釜山海 赴援

時에 陸軍을 觀ᄒᆞ건ᄃᆡ, 申립 리鎰 等 數三童子(日月錄에 曰 數三童子分爲統帥不待賊至而其敗可知也云)[161]가 分統ᄒᆞ며 水軍을 觀ᄒᆞ건ᄃᆡ, 元均[162]

---

150 申將軍 립: 申砬(1546~1592). 조선 선조 때의 무장. 한성부 판윤을 지냈으며, 임진왜란 때 왜군을 막다가 탄금대에서 전사하였다.
151 遮遏: 막아서 못하게 함.
152 偏廢ᄒᆞ리오: 편벽되이 폐하리오.
153 묘視: 藐視. 업신여기어 깔봄.
154 有亦可 無亦可: 있어도 좋고 없어도 좋음. 있어도 그만 없어도 그만.
155 齟齬홀: 틀어져서 어긋날.
156 移文: 여러 사람이 돌려보도록 쓴 글. 여기에서 '이문하다'는 것은 '문서를 보내다'는 의미인 듯.
157 檢送치: 규정에 의거하여 넘겨주지.
158 艱窘: 어렵고 궁색함.
159 勢將罷撤: 장차 철폐하여 폐지함.
160 修備捍拒: 수습하고 방비함. 번역에서는 '수습하고 설비함'으로 함.
161 『일성록』에 "몇몇 아이들이 나뉘어져 원수의 통제를 기다리지 않고 적이 이르러 그 패함을 가히 알겠다."고 했다.
162 元均(1540~1597): 조선 선조 때의 무신. 임진왜란 때 경상우수사로, 왜군이 침입했을 때 이순신의

裵楔[163] 等 狂夫가 主張ᄒᆞ니 所謂 備禦[164]가 實可寒心인ᄃᆡ, 當時 湖嶺 以南에 萬里성을 作ᄒᆞ야 中興基本을 作흠이 惟壹 리舜臣을 是仗이로다.

然而 리舜臣의 地位가 一水使에 不過ᄒᆞ니, 其位가 極卑ᄒᆞ고 職權이 全羅左道에 不出ᄒᆞ니 其權이 極狹이라. 萬一 水陸軍 大提督을 任ᄒᆞ얏거나 否則 三道水軍統制의 除授만 差早ᄒᆞ얏더면, 百 豊臣秀吉이 來ᄒᆞ더라도 海底魚腹에 葬흘 섇이니라. 萊釜 海口에 愁雲이 黯淡ᄒᆞ고 畿嶺 各地에 烽火가 경絶흔ᄃᆡ[165] 封疆之臣[166]이 身不能自擅ᄒᆞ야 終夜不寐ᄒᆞ고 撫劒咄嗟[167]ᄒᆞ니 怒膽만 輪囷ᄒᆞ도다.[168]

壬辰 四月 十五日에 慶尙右道 水軍節度使 元均의 關문이 來到하얏ᄂᆞᆫ대, 倭船 九十隻이 左道 추伊島를 經過ᄒᆞ야 釜山浦로 連續出來흔다 ᄒᆞ며, 四月 十六日 辰時에 慶尙道 觀察使 김슈[169]의 關文[170]이 來到ᄒᆞ얏ᄂᆞᆫ대, 倭船 四百餘艘가 釜山浦 越邊에 來泊ᄒᆞ얏다 ᄒᆞ더니, 同日 亥時의 元均의 關文을 又

도움으로 승리하였으나 이순신이 삼도수군통제사가 된 것에 불복하여 충청도 병마절도사로 좌천되었다. 정유재란 때 적의 유인 전술에 말려들어 칠천도(漆川島)에서 부대가 전멸되고 자신도 전사하였다.

163 裵楔(1551~1599): 조선 중기의 무신. 1592년 임진왜란이 일어나자 경상우도방어사 조경(趙儆)의 군관으로 왜적과 대항하였다. 1597년 다시 경상우수사가 되었다. 같은 해 7월 8일 부산에 정박 중이던 왜적선 600여 척이 웅천을 거쳐 가덕도로 향하려 하여, 배설은 웅천을 급습하였으나, 많은 병사가 전사하고 군량 200석, 전함 수십 척을 상실하였다. 7월 16일 칠천해전(漆川海戰)에서 전세가 불리하게 되자, 배설은 전세를 관망하다가 후퇴하여 안전을 도모하였다. 한산도로 물러난 뒤 군사 시설 및 양곡·군기와 군용 자재를 불태우고 남아 있던 백성들을 피난시켰다. 이순신(李舜臣)이 다시 수군통제사가 된 뒤 한때 그의 지휘를 받았으나, 1597년 신병을 치료하겠다고 허가를 받은 뒤 도망하였다. 이에 조정에서 전국에 체포 명령을 내렸으나 종적을 찾지 못하다가, 1599년 선산에서 권율(權慄)에게 붙잡혀 서울에서 참형되었다.

164 備禦: 미리 준비하여 막음.

165 경絶흔ᄃᆡ: 끊겼는데. 단재 전집에는 '驚絶한데'로 제시함.

166 封疆之臣: 봉강(封疆)은 제후에게 봉하여 준 땅. 신하는 마땅히 자기 나라에서 죽어야 하므로 봉강지신이라고 함.

167 撫劒咄嗟: 검을 어루만지며 혀를 차며 애석히 여김.

168 輪囷ᄒᆞ도다: 수레 구르듯 하는 모습을 말함. 번역에서는 '끓는도다'로 함.

169 김슈: 金睟(1537~1615). 임진왜란이 발생했을 때 경상우감사(慶尙右監司)로서 진주를 버리고 거창으로 도망을 갔다. 그러면서도 다만 각 고을에 격문을 돌려 백성들에게 적을 피하라고 통고하니 도내가 텅 비어 왜적을 방어할 수 없었다. 또한 전라감사 이광(李洸)과 충청감사 윤국형(尹國馨)이 근왕병(勤王兵)을 일으키자 그는 겨우 100여 명의 군사를 이끌고 참가하였다. 그러나 근왕병이 용인(龍仁)에서 패하자 경상우도로 되돌아가 영남초유사(嶺南招諭使) 김성일(金誠一)로부터 패전에 대한 질책을 받았다.

170 關文: 조선 시대에 동등한 관부 상호 간 또는 상급 관부에서 하급 관부로 보내던 공문서. 관청에서 발급하던 허가서.

接ᄒᆞᆫ즉 釜山巨鎭이 已爲陷沒ᄒᆞᆫ지라. 即時 營下諸將을 召ᄒᆞ야 進討[171]를 議ᄒᆞ니 皆曰,

「本道舟師ᄂᆞᆫ 本道나 守ᄒᆞᆯ지니 嶺南之賊이 於我何關가?」

ᄒᆞ며 規避者[172]가 甚多ᄒᆞᆫ대 光陽縣監 魚泳潭, 鹿島萬戶 鄭運 及 軍官 宋希立 等이 奮然 曰,

「嶺남도 國土이오, 嶺남의 倭도 國賊이니 今日에 嶺南이 陷ᄒᆞ면 明日에 全羅ᄂᆞᆫ 能保ᄒᆞᆯ가.」

ᄒᆞ거ᄂᆞᆯ, 리舜臣이 拍案 曰,

「唯라.」

ᄒᆞ고 各浦 戰船을 招集ᄒᆞ며 人馬를 分統ᄒᆞ고, 二十九日에 本營 前洋에셔 約束을 申明ᄒᆞ다.[173] 戎船[174] 欲發ᄒᆞ더니, 差送人 順天 水軍 李彦浩가 奔還進告ᄒᆞ되,

「南海縣의 縣令 及 쳠使가 賊의 聲信을 聞ᄒᆞ고 倉黃[175] 逃避ᄒᆞ야 蹤跡을 杳不知이오며, 公廨[176]閭舍[177]가 擧皆壹空ᄒᆞ야 烟火가 肅然ᄒᆞ고[178] 官倉穀物은 四處 頹散ᄒᆞ고[179] 武庫兵器ᄂᆞᆫ 滿地 狼藉ᄒᆞᆫᄃᆡ 惟獨 軍器廊外에 跛者[180] 壹人이 坐泣ᄒᆞ더라.」고 來報ᄒᆞ니, 嗚呼라, 此是 李舜臣의 一大 驚痛處[181]로다.

大抵 남海ᄂᆞᆫ 右水營과 距離가 不遠ᄒᆞ야 鼓角이 相聞ᄒᆞ고 坐立人形[182]도 歷歷可數[183]인대 諸縣이 旣已 空虛ᄒᆞ얏슨즉 本營도 賊患이 迫眉[184]ᄒᆞ얏도다.

---

171 進討: 토벌하러 나아감.
172 規避者: 피할 길을 찾는 자. 도망자.
173 申明ᄒᆞ다: 자세히 밝히다. 설명하다.
174 戎船: 고려 때부터 사용되었으며, 뱃머리가 철각(鐵角)으로 되어 있어서 쾌속으로 적선을 밀어붙이는 撞破戰術이 적합했다고 한다.
175 倉黃: 창황히. 어쩔 줄 모르고.
176 公廨: 관공서 또는 관청.
177 閭舍: 마을 입구에 있는 집.
178 肅然ᄒᆞ고: 고요하고 엄숙하고.
179 頹散ᄒᆞ고: 흩어지고.
180 跛者: 절뚝발이.
181 驚痛處: 놀라서 통곡할 곳. 번역에서는 '놀라 탄식하더라'로 함.
182 坐立人形: 앉고 선 사람들의 형체.
183 歷歷可數: 분명하게 셀 수 있음.
184 迫眉: 아주 가까이 닥침.

然이나 本營을 坐守코자 흔즉 四面賊勢는 憑陵日大[185]ᄒᆞ야 八道 人民의 悲呼가 動地ᄒᆞᄂᆞᆫ대, 將臣의 名義로 坐視不救ᄒᆞ면 不인이라 不可爲也며, 各地를 盡救코ᄌᆞ 흔則 釜山 援兵도 單弱이 莫甚ᄒᆞ야 前途 勝算이 杳無把握[186]인ᄃᆡ 若復分兵ᄒᆞ면 何以爲戰이리오. 不智라 不可爲也로다. 中夜 遶床에 灑涕彷황[187]ᄒᆞ다가 翌日에 狀啓를 上ᄒᆞ고 釜山海에 赴ᄒᆞ야 元均을 救ᄒᆞ더라.

船數가 敵艦 百分의 壹이 못 되며, 兵額이 賊軍 千分의 一이 못 되며, 器械도 賊ᄀᆞᆺ치 精利치 못ᄒᆞ며, 聲勢도 賊ᄀᆞᆺ치 壯大치 못ᄒᆞ며, 慣戰[188]도 賊만 못ᄒᆞ며, 習水도 賊만 못ᄒᆞ건만 只是「義」一字로 軍心을 激勵ᄒᆞ야 箇箇히[189] 與賊不俱生之心으로 戰途에 登ᄒᆞ니 板屋船[190]이 二十四隻이오, 挾船[191]이 拾五隻이오, 鮑作船[192]이 四十六隻이더라.

五月 四日 鷄 壹鳴에 ᄇᆡ船 急行ᄒᆞ더니 往往 所經沿路에 雙轎一馬로 妻前夫後ᄒᆞ야 凄凉啓行[193]ᄒᆞᄂᆞᆫ 者가 道途에[194] 相繼ᄒᆞ얏스니, 彼 皆何人고. 皆平時 厚祿에 飽食暖衣ᄒᆞ고 金圈玉貫[195]으로 稱太守 稱營將ᄒᆞᄂᆞᆫ 人物들의 避亂行次이더라.

第七章　李舜臣의 第壹戰(玉浦)

是日에 慶尙道 所非浦 洋中에 結陣 夜宿ᄒᆞ고, 翌 五日 六日 兩日에 慶尙

---

185 憑陵日大: 날로 커짐. 번역에서는 '날로 크게 창궐하여'로 함.
186 杳無把握: 묘연하여 파악할 수 없음. 번역에서는 '묘연한데'로 함.
187 灑涕彷황: 灑涕彷徨. 눈물을 흘리며 방황함.
188 慣戰: 전쟁에 익숙함.
189 箇箇히: 낱낱이.
190 板屋船: 주로 왜적을 막을 목적으로 명종 때 개발된 대형 전선이다. 갑판을 2단으로 설치해 노 젓는 사람을 완전히 분리했다. 그리고 적을 내려다보며 공격할 수 있을 만큼 높아, 적이 접근하여 뛰어들기 어렵게 되어 있다. 임진왜란 때 왜선에 비해 월등한 전투력을 발휘한 주력 전선이다.
191 挾船: 판옥선의 부속 전선인 소형전선으로 노 젓는 격군이 몇 명에 불과하다. 주로 연락이나 정탐을 맡는다.
192 鮑作船: 바다에 들어가 해물을 채취하는 어부의 배. 원래 작은 어선으로 전투에 임시로 징발하여 전투능력이 없는 배.
193 凄凉啓行: 처량한 여정.
194 道途에: 길에.
195 金圈玉貫: 금고리와 옥고리.

全羅 兩道 諸將이 追後續至[196]ᄒᆞᄂᆞᆫ 者ㅣ 多ᄒᆞ거ᄂᆞᆯ, 一處에 招集ᄒᆞ야 約束을 再三 申明ᄒᆞᆫ 後 巨濟島 松未浦 洋中에 日沒 經夜ᄒᆞ고,[197] 七日 曉頭에 ᄇᆞᆯ船ᄒᆞ야 賊船 留泊處로 向ᄒᆞᆯᄉᆡ 午時에 玉浦 前洋에 至ᄒᆞ니, 斥候將 金浣 等이 神機銃[198]을 放ᄒᆞ야 前面有倭를 報ᄒᆞ거ᄂᆞᆯ, 리舜臣이 諸將을 申飭ᄒᆞ야[199] 靜重如山 切勿妄動事로 軍中에 傳令ᄒᆞ고 整列齊進ᄒᆞᆫ즉 倭船 五拾艘가 分泊ᄒᆞ얏ᄂᆞᆫ대, 其船 四面에 畵采雜文[200]의 帳幕으로 匝圍ᄒᆞ고, 帳邊에ᄂᆞᆫ 紅白小旗가 亂懸ᄒᆞ야 風前에 飄轉ᄒᆞ니 人眼이 眩擾러라.[201]

我軍 將士 等이 一齊 奮ᄇᆞᆯᄒᆞ야 抵死爲限ᄒᆞ고[202] 東西 衝抱ᄒᆞ니,[203] 賊徒가 蒼黃罔措[204]ᄒᆞ야 逢丸着箭에 流血 淋漓ᄒᆞ며 舟中載物을 紛紛投水ᄒᆞ고 壹時 潰散ᄒᆞ야[205] 沈溺死者ᄅᆞᆯ 不可勝數며 登陸走者도 前後相繼라. 我軍이 益益奮戰ᄒᆞ야 倭船 數十隻을 撞破焚滅[206]ᄒᆞ니, 壹海大洋에 烟焰이 漲天ᄒᆞ더라.

登山賊을 搜捕ᄒᆞ랴다가 山形이 險巇ᄒᆞ고[207] 樹木이 蔚茂ᄒᆞ야[208] 容足ᄒᆞᆯ[209] 地가 無ᄒᆞᆯ ᄲᅮᆫ더러, 日勢가 又暮ᄒᆞᆷ으로 不得已 永登浦[210] 前양에 退駐ᄒᆞ야 經夜ᄒᆞ기ᄅᆞᆯ 計圖ᄒᆞ더니, 申時量에 倭大船 五隻이 突來ᄒᆞ야 距離 不遠處에셔 飄蕩ᄒᆞ거ᄂᆞᆯ, 即時 金浦 前양에 追擊大破ᄒᆞᆫ 後 昌原海 藍浦 前양에셔 經夜ᄒᆞ고, 初八日 早朝에 鎭海 古里梁에셔 倭船이 留泊ᄒᆞᆫ다ᄂᆞᆫ 報道가 來ᄒᆞ거ᄂᆞᆯ, 即時 發船ᄒᆞ야 固城 赤珍浦에셔 倭船 拾三隻을 ᄇᆞᆯ見ᄒᆞ야 羣艦이 突掩ᄒᆞ며[211] 千砲가 齊發ᄒᆞ야[212] 大勝利를 又獲ᄒᆞ니라.

---

196 追後續至: 뒤좇아 다다름.
197 經夜ᄒᆞ고: 밤을 보내고.
198 神機銃: 神機箭을 말한다. 적이 나타났을 때 쏘는 화살로, 화살 끝에 불 주머니를 매달아 쏜다.
199 申飭ᄒᆞ야: 단단히 타일러서 경계하여.
200 畵采雜文: 채색 그림과 각종 문양. 번역에서는 '오채에 영롱한 장막'으로 함.
201 眩擾러라: 어지럽더라. 번역에서는 '현혹하더라'로 함.
202 抵死爲限ᄒᆞ고: 죽을 각오를 하고.
203 衝抱ᄒᆞ니: 충돌하니.
204 蒼黃罔措: 어찌할 바를 모를 정도로 너무 급함.
205 潰散ᄒᆞ야: 싸움에 패해 뿔뿔이 흩어져.
206 撞破焚滅: 충돌해서 깨트리고, 불태워 무너트림.
207 險巇ᄒᆞ고: 험준하고.
208 蔚茂ᄒᆞ야: 울창하여.
209 容足ᄒᆞᆯ: 발 디딜, 발을 들이밀.
210 永登浦: 현재의 거제군 장목면.

士卒이 朝食次로 休憩ᄒᆞᄂᆞᆫ대, 赤珍浦 近處 居民 李信同이라 ᄒᆞᄂᆞᆫ 者가 山上에셔 我國旗를 望見ᄒᆞ더니 背에 幼兒ᄅᆞᆯ 負ᄒᆞ고 顚倒呼泣[213]ᄒᆞ며 浦濱으로 進ᄒᆞ거ᄂᆞᆯ 小舟로 載來ᄒᆞ야[214] 賊徒의 蹤跡을 問ᄒᆞᆫ즉, 其言에 曰

「倭賊 等이 昨日에 此浦에 到ᄒᆞ야 人命을 殺害ᄒᆞ며 婦女를 劫奪ᄒᆞ고 財物은 牛馬로 馱ᄒᆞ야[215] 其船에 載ᄒᆞ더니 夜 初更[216]에 中流泛舟ᄒᆞ고 屠牛飮酒ᄒᆞ며 歌聲笛聲이 達曙토록[217] 不止ᄒᆞ다가, 今日 早朝에 固城 等地로 向ᄒᆞ더이다.」

ᄒᆞ며, 又曰

民은 老母妻子를 亂中에 相失ᄒᆞ야 罔知所向[218]이로소이다.」

ᄒᆞ고 慘淚가 如注ᄒᆞ거ᄂᆞᆯ,[219] 李公이 惻隱之心을 不勝ᄒᆞ야 陣中에 率置ᄒᆞ랴[220] ᄒᆞᆫ즉, 其母 其妻 尋見ᄒᆞᆯ 意로 不肯ᄒᆞ더라.

李舜臣 等 一行將士가 此言을 聞ᄒᆞᄆᆡ 益益心膽이 憤裂ᄒᆞ야[221] 日人과 不俱生ᄒᆞ기로[222] 自誓ᄒᆞ고 賊陣 留泊處로 向ᄒᆞ더라.

是役에 倭賊 死傷은 數千에 過ᄒᆞ고, 我兵은 오즉 順天代將 李先枝가 左臂를 丸傷ᄒᆞ얏더라.

第八章　李舜臣의 第二戰(唐浦)

銳氣가 方盛ᄒᆞᆫᄃᆡ 慘信이 突來로다.

---

211 突掩ᄒᆞ며: 갑자기 엄습하여.
212 齊發ᄒᆞ야: 일제히 발포하여.
213 顚倒呼泣: 엎어지고 자빠지며 울.
214 載來ᄒᆞ야: 실어 와.
215 馱ᄒᆞ야: 짐 실어서.
216 初更: 저녁 7시에서 9시 사이.
217 達曙토록: 새벽에 이르도록, 새벽까지.
218 罔知所向: 향할 바를 모름, 어찌해야 할지 모름.
219 如注ᄒᆞ거ᄂᆞᆯ: 비오듯 하거늘.
220 率置ᄒᆞ랴: 머물게 하려.
221 憤裂ᄒᆞ야: 분하고 찢어져. 번역에서는 '더욱 분격하여'로 함.
222 不俱生ᄒᆞ기로: 함께 살지 않기로.

五月 八日에 固성 月明浦에 至ᄒᆞ야 結陣休兵ᄒᆞ며 諸將과 破賊方策을 商議ᄒᆞᄂᆞᆫ[223] 中 本道都事 崔銕堅[224]이 牒文으로 來報ᄒᆞ기를

「賊兵이 京성을 已陷ᄒᆞ고 大駕[225]가 平壤에 播遷[226]ᄒᆞ얏다.」ᄒᆞᄂᆞᆫ지라. 李舜臣이 悲淚를 不禁ᄒᆞ고 怒膽이 欲裂ᄒᆞ야 翩然 一旗로 ᄂᆡ地에 馳赴ᄒᆞ야[227] 賊黨을 掃蕩ᄒᆞ고 國耻를 快雪코자[228] ᄒᆞ나, 戰馬와 粮餉이 不足ᄒᆞᆯ 쌘더러 舟師를 一撤ᄒᆞ면 三南의 障蔽ᄂᆞᆫ 又將奈何오.[229]

慷慨多血이 元來 英雄의 本色이나 輕躁狂妄[230]이 又是 將家[231]의 切戒라.[232] 於時에 李舜臣이 悲憤을 强抑ᄒᆞ고[233] 本營에 還師ᄒᆞ야, 右水軍 節度使 리億祺[234]에게 釜山賊을 勦滅[235]ᄒᆞᄌᆞ고 移文ᄒᆞ야 六月 三日로 同會[236]破賊ᄒᆞ기로 定約ᄒᆞ고 屈指待日ᄒᆞ더니, 約前 數三日에 賊船 拾數艘를 露梁에셔 發見ᄒᆞᆫ지라. 彼 厚集ᄒᆞ기[237] 前에 破滅ᄒᆞᆯ 計劃으로 戰船 二十三隻을 獨領ᄒᆞ고 露梁 洋中에 直到ᄒᆞ야 倭船 十隻을 攻捕ᄒᆞᆫ 後 泗川 船滄으로 進向한즉, 畧 七八里許되ᄂᆞᆫ 一山上에셔 倭賊 四百餘名이 紅白旗를 亂揷ᄒᆞ고 장蛇ᄀᆺ치 結陣ᄒᆞ얏ᄂᆞᆫ대 其 最高山巓에 帳幕을 別設ᄒᆞ고 岸下에ᄂᆞᆫ 倭船 拾二隻이 列泊ᄒᆞ야 群賊이 揮劒俯視[238]ᄒᆞ며 意氣揚揚ᄒᆞ더라.

---

223 商議ᄒᆞᄂᆞᆫ: 서로 의논하는.
224 崔銕堅(1549~1618): 조선 전기의 문신. 1576년 사마시에 합격, 진사가 되었다. 1585년 별시문과에 장원 급제하여 형조좌랑, 사간원 정언 등의 벼슬을 역임했다. 1591년 병조정랑이 되어 동지사 서장관(書狀官)으로 명나라에 다녀왔다. 이듬해 임진왜란 때에는 전라도 도사(都事)로서 전주를 방어했다.
225 大駕: 임금의 수레.
226 播遷: 임금이 도성을 떠나 다른 곳으로 피란하던 일.
227 馳赴ᄒᆞ야: 치달아서.
228 快雪코자: 말끔히 씻고자.
229 又將奈何오: 또한 장차 어찌하리오.
230 輕躁狂妄: 방정맞고 조급하며 망령되고 비정상적임.
231 將家: 장수 집안.
232 切戒라: 간절한 경계라. 번역에서는 '크게 경계하는 바이라'고 함.
233 强抑ᄒᆞ고: 강제로 막고.
234 리億祺(1561~1597): 조선 선조 때의 무신. 임진왜란 때에 전라우도 수사로 이순신을 도와 옥포(玉浦), 당포(唐浦) 등의 해전에서 크게 승리하였다. 정유재란 때에 한산도 싸움에서 전사하였다.
235 勦滅: 토멸. 소멸.
236 同會: 함께 모임.
237 厚集ᄒᆞ기: 많이 모이기.
238 揮劒俯視: 칼을 휘두르며 내려다 봄.

發射코저 한즉 距離가 稍遠하야 砲力이 不及하고, 進衝코자 한즉 潮水가 已退하야 船力이 不疾훌 뿐더러, 彼高我低하야 地勢가 不好하며, 西日을 回顧ᄒᆞ니 奄奄欲沉[239]이라. 舜臣이 乃 諸將에게 令하되,

「彼賊의 侮慢한 狀態가 太甚하니 中流에 引出하야 合擊함이 良策이라.」

하고 即時回船하니, 果然 倭賊 數百名이 乘船馳出[240]하거날, 龜船을 蹤하야 放砲突擊하며, 冒死直前하야 數隻船을 擊沉하니, 彼가 戰慄盡退[241]하고 影子가 閃藏[242]하난지라.

翌 六月 一日에 下陸 窮探ᄒᆞ다가 二日 辰時에 唐浦에 到한즉, 賊 大船 九隻 小中船 竝十二隻이 分泊하얏난대, 其中 一大船上에 層樓가 屢起하얏난대, 高가 三四丈쯤 되며, 外面은 紅羅帳으로 環垂하고, 倭將 一人이 儼然[243] 前立하얏거날, 龜船으로 其前에 直進하야 中衝衛將 權俊[244]이 該賊將을 射倒하니, 賊軍이 或 丸을 中하며, 或 箭을 逢하야 狼狽奔走하거날, 下陸窮追[245]코저 할 際에, 又 倭 大船 二十餘隻이 小船 幾百隻을 率하고 巨濟에 來泊하얏다고 探望船이 來告하거날, 櫓를 促하야 海面에 出한즉, 賊이 聲威에 震慄하야[246] 相距 五里許에셔 朝鮮全羅道 左水軍節度使 李舜臣의 旗影을 望하고 一時 遁走하더라.[247]

連戰累捷에 兵威난 已震하얏으나,[248] 賊兵은 日添ᄒᆞ고 士氣난 日疲하야 一陣將士가 噫歔[249]를 不堪하더니, 是日에 唐浦 前洋에 到하니 角聲이 雲霄[250]에 淸徹하며[251] 帆影이 碧空에 消暎하니,[252] 是난 右水使 李億祺가 戰船

---

239 奄奄欲沉: 어둑해지려는 상황. 번역에서는 '거의 넘어가거늘'로 함.
240 乘船馳出: 배를 타고 달려 나옴.
241 戰慄盡退: 전율하여 모두 도망감.
242 閃藏: 번역에서는 '없는지라'로 함.
243 儼然: 뚜렷하게.
244 權俊(1541~1611): 조선 중기의 문신 겸 무신이다. 본래 문관이었으나 이순신의 휘하에서 큰 공을 세웠다. 동지중추부사를 역임했다.
245 下陸窮追: 육지에 내려 끝까지 추격함.
246 震慄하야: 두려워서 몸을 부들부들 떨며.
247 遁走하더라: 도주하더라. 달아나더라.
248 已震하얏으나: 이미 진동하였으나. 이미 떨쳤으나.
249 噫歔: 한숨 쉬며 탄식함. 번역에서는 '희허탄식함'으로 함.
250 雲霄: 하늘.

二十五隻으로 來會[253]함이라. 一軍이 欣喜踴躍[254]하며 舜臣이 億祺의 手를 握하며, 曰「倭賊이 鴟長하야[255] 國家存亡이 呼吸에 迫한데 令公의 何遲오.」하더라.

五日에 海霧가 天에 塞ᄒᆞ야 咫尺을 不辨이더니,[256] 至晩에 稍捲ᄒᆞ거ᄂᆯ[257]리億祺와 遁賊[258]을 追討ᄒᆞ기로[259] 相議ᄒᆞ고 懸帆出海[260]ᄒᆞᆫ즉 巨濟 居民 七八人이 小艇을 騎ᄒᆞ고 愀然來迎[261] 曰,

「民等이 將軍을 待ᄒᆞᆷ이 久矣로라. 將軍이 아니면 民等의 父母가 賊鋒에 魚肉되며 民等의 妻子가 賊丸에 慘鬼되야 全羅 壹道가 大血腥 世界ᄅᆞᆯ 作ᄒᆞ얏슬지어ᄂᆯ 幸히 彼蒼上帝가 將軍을 下送ᄒᆞ셧도다. 將軍 將軍이여, 民等을 生ᄒᆞᆫ 者ᄂᆞᆫ 父母어니와 民等을 活ᄒᆞᆫ 者ᄂᆞᆫ 將軍이니 將軍도 我父母시이다. 唐浦에셔 被逐ᄒᆞᆫ 賊이 唐項浦에 潛泊ᄒᆞ얏나이다. 將軍은 早早히 神威를 奮ᄒᆞ야 民等을 活ᄒᆞ소셔.」

ᄒᆞ거ᄂᆯ 仍히 唐項浦 形勢를 問ᄒᆞ니 遠可拾餘里오, 廣可容舟[262]라 ᄒᆞᄂᆞᆫ지라. 몬져 二三 探望船을 發ᄒᆞ야 地里를 往審ᄒᆞᆯᄉᆡ,「賊若追逐ᄒᆞ거던 佯退引出ᄒᆞ라.」[263]고 嚴飭以送[264]ᄒᆞ고, 舟師大隊가 其後에 潛隨ᄒᆞ더니[265] 探望船이 海口에 纔出ᄒᆞ며 神機砲를 放ᄒᆞ야 報變ᄒᆞ거ᄂᆯ, 戰船 四隻은 浦口에 潛伏ᄒᆞ고 大隊가 擁入[266]ᄒᆞᆫ즉 彼가 挾江 貳拾餘里 兩邊 山麓內에 在ᄒᆞᆫ대 其間 地

---

251 淸徹하며: 선명히 관통하고. 번역에서는 '사무치고'로 함.
252 消暎하니: 비추니. 번역에서는 '날리는데'로 함.
253 來會: 와서 만남. 와서 참가함.
254 欣喜踴躍: 欣喜雀躍. 너무 좋아서 뛰며 기뻐함.
255 鴟長하야: 창궐하여.
256 不辨이더니: 분간하기 어렵더니.
257 稍捲ᄒᆞ거ᄂᆯ: 조금 걷히거늘.
258 遁賊: 도망친 도적.
259 追討ᄒᆞ기로: 쫓아가서 쳐 없애기로.
260 懸帆出海: 돛을 달고 바다로 나감.
261 愀然來迎: 초연히 나와 맞음.
262 廣可容舟: 폭이 배가 드나들 수 있음.
263 적군이 만약 쫓아오거든 퇴각하는 체하며 끌고 나오라. 번역에서는 '만일 도적이 쫓아오거든 거짓 쫓겨서 유인하여 나오게 하라.'로 함.
264 嚴飭以送: 엄밀히 신칙하여 보냄.
265 潛隨ᄒᆞ더니: 몰래 따르더니.
266 擁入: 옹위하여 들어감.

形이 不甚狹窄ᄒᆞ야[267] 戰船을 容納ᄒᆞᆯ 만ᄒᆞ더라.

諸船이 魚貫齊進[268]ᄒᆞ야 召所江 西岸에 至ᄒᆞᆫ즉 板屋만치 大ᄒᆞᆫ 黑質 倭船 九隻과 中船 四隻과 小船 十三隻이 泊ᄒᆞ얏ᄂᆞᆫᄃᆡ, 其中 最大 一船頭에 三層板閣을 別設ᄒᆞ야 粉壁丹靑이 佛殿과 恰似ᄒᆞ며, 閣下[269]에 黑染綃帳[270]을 垂ᄒᆞ고 帳面에ᄂᆞᆫ 白花紋을 大畵ᄒᆞ얏ᄂᆞᆫ대 帳內에 無數倭人이 列立하얏고 旣而오,[271] 又 倭大船 數隻이 內浦에셔 出ᄒᆞ야 一處에 聚ᄒᆞ니, 각 船에 皆 黑旗를 揷하고 각 幡에 皆 「南無妙法蓮花經」 七字를 書ᄒᆞ얏더라.

我師를 見ᄒᆞ더니 鐵丸을 爭放ᄒᆞ거ᄂᆞᆯ, 諸船이 圍立ᄒᆞ고 龜船이 當先突入하야 良久接戰에 勝負未分이더니, 李舜臣 曰,

「彼가 萬壹 勢窮하야 棄船登陸ᄒᆞ면 盡殲키[272] 難ᄒᆞ니, 我가 退兵狀을 佯作ᄒᆞ야[273] 解圍却陣[274]하다가, 彼 移舟의 隙을 乘ᄒᆞ야 左右尾擊ᄒᆞᆷ이 可ᄒᆞ다.」

ᄒᆞ고, 壹面을 開ᄒᆞ니 賊船이 果然 開路로 出ᄒᆞ거ᄂᆞᆯ, 船을 督ᄒᆞ야 四面匝圍ᄒᆞ고 龜船으로 其層閣下에 直衝ᄒᆞ며 砲丸을 放ᄒᆞ니, 船閣上에 巍坐ᄒᆞ얏던 賊將이 一聲叫哀ᄒᆞ며 水에 墜ᄒᆞ고 餘船은 皆 蒼黃四散ᄒᆞ얏ᄂᆞᆫ대, 後에 降倭[275]의 口招[276]를 據ᄒᆞᆫ즉 此戰에 死ᄒᆞᆫ 者ᄂᆞᆫ 秀吉의 愛將 羽柴筑前守[277]라 云ᄒᆞ더라.

戰益勵ᄒᆞ야 倭船을 全數焚滅ᄒᆞ고 一船만 故放ᄒᆞ야 歸路ᄅᆞᆯ 開ᄒᆞ니, 可生

---

267 不甚狹窄ᄒᆞ야: 그렇게 좁지 않아.
268 魚貫齊進: 물고기가 꿰미에 꿰인 듯 일렬로 나아감.
269 閣下: 집 아래.
270 黑染綃帳: 검은 칠을 한 비단 휘장.
271 旣而오: 조금 있다가, 잠시 뒤에.
272 盡殲키: 모두 섬멸하기.
273 佯作ᄒᆞ야: 거짓으로 만들어. 거짓으로 꾸며.
274 解圍却陣: 포위를 풀고 진을 퇴각함.
275 降倭: 항복한 왜병.
276 口招: 예전에, 죄인이 신문에 대하여 진술함. 또는 그 진술.
277 羽柴筑前守: 豐臣秀吉의 다른 이름. 그는 織田信長(1534~1582)의 군단장일 때 羽柴筑前守라는 이름을 썼다. 이순신의 『난중일기』에 따르면, 당포해전에서 부채 하나를 얻었는데 "그 부채의 한쪽 면 중앙에는 '6월 8일 수길(六月八日秀吉)', 오른쪽에는 '우시축전수(羽柴筑前守)'라는 5자, 왼편에는 '구정유구수전(龜井琉求守殿)' 6자가 써 있었습니다. 칠갑(漆匣)에 넣어두었는데, 이는 반드시 평수길(平秀吉)이 축전수(筑前守)에게 부신(符信)으로 준 물건일 것입니다."(唐浦破倭兵狀, 1592년 6월 14일)라는 내용이 나온다. 이순신이 우시축전수가 풍신수길의 또 다른 이름임을 몰라 착각한 것이다.

可殺이 無非將軍[278]의 神威[279]로다.

六日 曉頭에 防踏僉使 리純信을 召ᄒᆞ여 曰,

「昨日에 故放ᄒᆞᆫ 壹船의 餘賊이 唐項浦 登山賊과 合勢ᄒᆞ야 乘曉潛犯[280]ᄒᆞ리니 君이 此를 邀擊盡捕[281]ᄒᆞ라.」

李純信이 去未幾에[282] 飛報가 來ᄒᆞ얏ᄂᆞᆫ대, 果然 海口를 纔出ᄒᆞᆫ즉 倭人 數百名이 壹船을 乘ᄒᆞ고, 其中 倭將은 年貌가 大綱 二十四五歲 假量이오 容顔이 健偉하고 服飾이 華麗ᄒᆞᆫ대 杖劍獨立ᄒᆞ야 其黨을 指揮ᄒᆞ고 畏겁色[283]이 少無ᄒᆞ거ᄂᆞᆯ, 리純信이 累次 射中ᄒᆞ니 逢箭 凡十餘度에 失聲墜水ᄒᆞ고 其餘ᄂᆞᆫ 皆水中에 投死라 ᄒᆞ니 리舜臣의 料賊[284]이 盖如是하더라.

該船中에 凉房을 別作ᄒᆞ고 房ᄂᆡ에 帳幕이 皆 極奢侈ᄒᆞᆫᄃᆡ, 文書藏置 一小櫃가 有ᄒᆞ거ᄂᆞᆯ 取見ᄒᆞᆫ즉 該船 倭將 分軍記[285]인ᄃᆡ, 凡 三千四百名이오, 名下에 各各 삽血着盟[286]ᄒᆞ얏더라.

是日에 雨注雲暝ᄒᆞ야 海程을 分辨ᄒᆞᆯ 슈 업슴으로 唐項 前洋에 移屯ᄒᆞ야 戰士를 休撫ᄒᆞ고,[287] 翌日에 永登浦 前洋에 至ᄒᆞᄆᆡ 敗遁ᄒᆞᄂᆞᆫ 倭船 七隻과 相値ᄒᆞ야 全數焚滅ᄒᆞ니, 此後로 賊兵이 리舜臣을 遇ᄒᆞ면 大戰慄을 抱ᄒᆞ야 望見에 輒走ᄒᆞ며 險阻를 據ᄒᆞ고[288] 不出ᄒᆞ더라.

是時에 我國 兵家가 尙且 支那 六國 秦代의 上首功法[289]을 效ᄒᆞ야 首級의 多少로 功勞의 優劣을 分ᄒᆞ더니, 리舜臣 曰,

「斬首ᄒᆞᆯ 時間을 利用ᄒᆞ야 射擊을 多行ᄒᆞᆷ이 可하다.」ᄒᆞ고 遂改定하니라.

---

278 無非將軍: 아니면 할 수 없는, 없어서는 아니 될 장군.
279 神威: 신통한 위엄.
280 乘曉潛犯: 새벽을 틈타 침범함.
281 邀擊盡捕: 도중에 맞받아쳐 모두 체포함.
282 去未幾에: 가고 나서 얼마 안 되어.
283 畏겁色: 畏怯色. 두려워하고 겁내는 모습.
284 料賊: 적을 헤아림.
285 分軍記: 군사를 나눈 기록.
286 삽血着盟: 歃血着盟. 피를 서로 나누어 마시고 맹서를 함.
287 休撫ᄒᆞ고: 쉬게 하고.
288 險阻를 據ᄒᆞ고: 위험한 곳에 거처하며.
289 秦代의 上首功法: 진나라에는 적의 머리를 베어오면 작위를 높여주는 수급법이 있었다. 머리 하나에 1계급씩 올렸으므로 적의 머리 하나를 일급(一級)이라 하게 되었다.

是役에 倭船覆沒者가 八十二隻이오, 倭屍가 海에 蔽ᄒᆞ얏ᄂᆞᆫᄃᆡ 我兵은 死者가 十八人이오 傷者가 三十人이더라.

第九章 李舜臣의 第三戰(見乃梁)

彼가 海를 據ᄒᆞ야 縱橫出入ᄒᆞ며 我兵을 奔命에 疲케 ᄒᆞ고, 我民은 運輸에 勞케 ᄒᆞᆫ 後 徐徐히 其殘을 乘ᄒᆞ야 襲取ᄒᆞ랴ᄂᆞᆫ[290] 慘計劃이더니, 卒然 李舜臣을 遇ᄒᆞ야 戰必敗ᄒᆞ며 功必死ᄒᆞᄆᆡ 彼의 懷抱가 畵餠[291]에 全歸ᄒᆞᄂᆞᆫ지라.

豊臣秀吉이 此를 大切齒ᄒᆞ야 麾下諸將을 畢集ᄒᆞ고 리舜臣의 敵手를 問ᄒᆞᆫ대, 字喜多秀家[292]란 者ㅣ 臂를 攘ᄒᆞ고 自當ᄒᆞ기를 請ᄒᆞ거ᄂᆞᆯ, 秀吉이 許諾ᄒᆞ고 水軍總大將을 拜ᄒᆞ야 薩摩兵 十三萬을 率ᄒᆞ고 海를 渡ᄒᆞ야 西來ᄒᆞ니, 秀家ᄂᆞᆫ 元來 秀吉의 各藩 征戰에 累從ᄒᆞ야[293] 奇功을 多立ᄒᆞᆫ 名將이라더라.

리舜臣이 賊警을 接ᄒᆞ고 諸將을 約束ᄒᆞ야 壹時 發船ᄒᆞᆯᄉᆡ, 南海地 露梁에 至ᄒᆞ니 慶尙右水使가 戰船 七隻으로 來會ᄒᆞ더라.

七日에 固城地 唐浦에 至ᄒᆞ니, 巖巖ᄒᆞᆫ 山巓上에셔 亂髮垂垂ᄒᆞᆫ 一牧童이 我國船을 望見ᄒᆞ고 惶惶下來ᄒᆞ여 曰,

「余ᄂᆞᆫ 避亂人 金千孫이로소이다.」

ᄒᆞ며, 當日 未時量에[294] 賊船 七十餘隻을 固城地 見乃梁에 ᄇᆞᆯ見ᄒᆞ얏나이다 ᄒᆞ거ᄂᆞᆯ, 諸將을 更飭ᄒᆞ야[295] 該地로 向ᄒᆞ더니, 中洋에 未及ᄒᆞ야 倭先鋒 二十餘船이 結陣ᄒᆞ얏고 其後에ᄂᆞᆫ 無數 羣船이 亂蔽ᄒᆞ얏더라.

李舜臣이 地形을 良久觀覽ᄒᆞ더니 諸將을 顧ᄒᆞ며 曰,

「海가 隘ᄒᆞ고 港이 又淺ᄒᆞ니 英雄의 用武之地됨이 不足ᄒᆞ도다. 我가 將

---

290 襲取ᄒᆞ랴ᄂᆞᆫ: 습격하여 빼앗으려는.
291 畵餠: 그림의 떡.
292 字喜多秀家(1572~1655): 일본 풍신수길 말기 무장으로 임진왜란에 참전하였다.
293 累從ᄒᆞ야: 여러 차례 종사하여.
294 未時量에: 미시, 곧 오후 한 시에서 세 시 즈음에.
295 更飭ᄒᆞ야: 다시 신칙하여.

且 快闊ᄒᆞᆫ 大海中으로 誘出ᄒᆞ야 殲滅ᄒᆞ리라.」

ᄒᆞ고, 板屋船 五六隻을 揮ᄒᆞ야 其 先鋒賊을 追逐ᄒᆞ야 掩擊ᄒᆞᆯ[296] 狀을 詐示ᄒᆞᆫ대, 各船 왜將이 壹時에 帆을 縣ᄒᆞ고 突逐ᄒᆞ거ᄂᆞᆯ,[297]

我船이 佯退ᄒᆞ야 洋中으로 引出ᄒᆞ니 勝敗의 機가 决ᄒᆞ얏도다.

洶湧ᄒᆞᆫ 海波ᄂᆞᆫ 壯士의 意氣를 鼓ᄒᆞ며 寥廓ᄒᆞᆫ[298] 海天은 將軍의 懷抱를 助ᄒᆞᄂᆞᆫ대, 巍巍[299] 雙肩上에 四千載 國家의 運命을 擔ᄒᆞ고 世仇公敵[300]과 角勝을 試ᄒᆞ니, 嗚呼라, 男兒 到此에 雖死나 何恨ᄒᆞ리오. 勝字銃(銃名) 壹放에 龜船이 突進ᄒᆞ야 倭船 二三隻을 撞破ᄒᆞ니 諸倭ᄂᆞᆫ 魄奪ᄒᆞ고 我師ᄂᆞᆫ 氣盈이라. 順天府使 權俊과 光陽縣監 魚泳潭이 冒死先登ᄒᆞ야 倭將 二名과 倭頭 二拾二級을 斬ᄒᆞ고 層閣倭船 二隻을 擊沉ᄒᆞ며, 蛇渡僉使 金浣과 興陽縣監 裵興立이 倭將 壹名과 倭頭 二拾四級을 斬ᄒᆞ고, 李純信 리奇男 尹思恭 賈安策 申浩 鄭運 等 諸將 軍卒이 箇箇 奮勇爭先ᄒᆞ야 大射擊을 試ᄒᆞ니, 千帆이 飛舞ᄒᆞ고 萬銃이 轟發ᄒᆞ야, 頃刻間 倭腥倭血로 海水가 盡赤이라. 彼船 七十三隻船에 隻櫓도 得完ᄒᆞᆫ[301] 者가 無ᄒᆞ고, 但只 接戰時에 落後ᄒᆞ얏던 拾隻船이 焚船斬將ᄒᆞᄂᆞᆫ 光景을 望見ᄒᆞ고 櫓를 促ᄒᆞ야 脫去[302]ᄒᆞ니라.

態川人 諸末이 日本에 被擄ᄒᆞ얏슬 時에, 對馬島 移文을 閱ᄒᆞᆫ즉 日兵死者가 七千人이라 云ᄒᆞ얏더라.

翌 九日에 倭船 四拾餘隻이 安骨浦에 留泊ᄒᆞ얏다고 探望軍이 來報ᄒᆞ거ᄂᆞᆯ, 李舜臣이 即時 軍氣를 再鼓ᄒᆞ야 本道(即 全羅)右水使와 慶尙右水使로 相議ᄒᆞ고 催船前進ᄒᆞ다가 日暮ᄒᆞ야 巨濟 溫川島에 經夜ᄒᆞ고, 翌 十日 曉頭에 安骨浦에 至ᄒᆞ야 其 運船 五十九隻을 誘致ᄒᆞ야 無遺焚滅[303]ᄒᆞ고 其 兵船

296 掩擊ᄒᆞᆯ: 엄습할.
297 突逐ᄒᆞ거ᄂᆞᆯ: 추격하거늘. 쫓거늘.
298 寥廓ᄒᆞᆫ: 더없이 넓은. 쓸쓸하고 고요한. 번역에서는 '광활한'으로 함.
299 巍巍: 높고 우뚝 솟은.
300 世仇公敵: 여러 대에 걸친 원수와 공공의 적.
301 得完ᄒᆞᆫ: 완전한.
302 脫去: 몸을 빼어 달아남.
303 無遺焚滅: 남김없이 모조리 불태워 없앰.

에 向ᄒᆞ야 射擊을 又試ᄒᆞᆫ즉, 餘存ᄒᆞᆫ 倭賊 等이 一齊 陸地로 下走ᄒᆞ거ᄂᆞᆯ 李舜臣이 又 默量ᄒᆞ되[304] 萬壹 其船을 盡焚ᄒᆞ야 歸路를 絶ᄒᆞ면 彼가 內地의 窮寇되야[305] 竄伏ᄒᆞᆫ[306] 人民을 魚肉ᄒᆞ리라 ᄒᆞ고, 壹里許를 讓退ᄒᆞ야[307] 其 走路를 開ᄒᆞ니, 嗚呼 인哉라,[308] 國을 愛ᄒᆞᄂᆞᆫ 者ᄂᆞᆫ 民을 必愛ᄒᆞᄂᆞᆫ도다.

翌朝에 倭賊 敗走處를 周覽ᄒᆞᆫ즉 戰死ᄒᆞᆫ 倭屍를 凡 十二處에 堆積ᄒᆞ고 焚燒를 加ᄒᆞ얏ᄂᆞᆫ데, 蒼黃逃遁ᄒᆞᄂᆞᆫ 中에 沒燒치 못ᄒᆞ얏던지 隻手片脚[309]이 地上에 狼藉ᄒᆞ야 人의 慘歎을 惹ᄒᆞ더라.

其後에 我國人 被擄 生還者의 言을 據ᄒᆞᆫ즉, 倭賊將卒 等이 每樣 劍을 拔ᄒᆞ야 全羅道를 西指ᄒᆞ며 齒를 戰戰磨ᄒᆞ더라니,[310] 彼가 何嘗壹日이나 敗走의 耻를 忘ᄒᆞ리오만은, 忠武公 李舜臣이 海上에 장成을 作ᄒᆞᆫ 故로 彼가 心力만 徒勞ᄒᆞ니라.[311]

自是로 公의 威名이 敵國의 兒啼[312]를 止케 ᄒᆞ야 干戈所向에 不戰自克ᄒᆞᄂᆞᆫ 故로, 김海城 內外에 留屯ᄒᆞᆫ 賊徒들은 壹夜에 遠浦漁火를 望見하고, 全羅左水使 리舜臣의 兵이 來ᄒᆞᆫ다고 訛驚ᄒᆞ야 幾乎 崩隤ᄒᆞᆯ[313] 地境에 至하얏더라.

第十章 李舜臣의 第四戰(釜山)

壬癸年間[314] 各地 繁華都邑에 倭人들이 土를 築ᄒᆞ고 屋을 造ᄒᆞ야, 或 四五百家 되ᄂᆞᆫ 處도 有ᄒᆞ며, 或 二三百家 되ᄂᆞᆫ 處도 有ᄒᆞ야 (以上은 忠武公 狀啓中 語를 撮錄) 堂堂 韓國을 渠家[315] 殖民地로 視ᄒᆞᆷ은 此乃 當日 豊臣氏

---

304 默量ᄒᆞ되: 가만히 헤아리되. 번역에서는 '가만히 생각하되'로 함.
305 窮寇되야: 궁지에 몰린 적이 되어.
306 竄伏ᄒᆞᆫ: 잠복한. 도망하여 숨은.
307 讓退ᄒᆞ야: 물러가서.
308 인哉라: 仁哉라. 어질도다.
309 隻手片脚: 한쪽 손과 한쪽 다리.
310 戰戰磨ᄒᆞ더라니: 부득부득 갈더라니.
311 徒勞ᄒᆞ니라: 헛되이 수고하니라.
312 兒啼: 아이 울음.
313 崩隤ᄒᆞᆯ: 붕괴할.
314 壬癸年間: 임진년(1592)과 계사년(1593) 사이.

의 野心이라. 隣誼[316]를 不思ᄒᆞ고 無名之師를 興ᄒᆞ야 勃勃西犯ᄒᆞ다가 我 絶大豪將 李舜臣을 遇ᄒᆞ야 一敗 再敗로 三敗에 至ᄒᆞ야 十萬 勇士를 海波에 盡葬ᄒᆞ니, 彼가 아모리 强悍하다 ᄒᆞᆫ들 戰鬪를 安敢再戀ᄒᆞ리오.[317] 不過是三十六計의 上策만 思ᄒᆞᆯ 而已니,

壬辰史를 讀ᄒᆞᄂᆞᆫ 者ㅣ 釜山戰役에 至ᄒᆞ야ᄂᆞᆫ 一大白을 浮ᄒᆞ고, 朝鮮萬歲, 朝鮮水軍萬歲, 朝鮮水軍統制使 李舜臣萬歲ᄅᆞᆯ 呼ᄒᆞᆯ ᄇᆡ로다.

慶尙 沿海에 倭寇의 影이 頓絶ᄒᆞ고,[318] ᄀᆞᆨ地에 彌滿하던[319] 賊徒들이 晝伏夜行ᄒᆞ야 逃去ᄒᆞᆯ 思想으로 海濱에[320] 集ᄒᆞ니, 强弩의 末이 其勢가 猶壯ᄒᆞ도다. 賊船이 五百餘艘오 賊軍이 拾數萬이라. 리舜臣이 慶尙右道巡察使 金슈의 關文[321]을 接ᄒᆞ고, 全羅左右道 戰船 合 七拾四隻을 整理ᄒᆞ야 癸巳 二月[322] 二十四日에 發船ᄒᆞ야, 二十七日에 熊川 ᄌᆞ浦에 至ᄒᆞ니, 固성 鎭海 昌原 等地에 留屯ᄒᆞᆫ 倭ᄂᆞᆫ 全羅兵의 來剿[323]ᄅᆞᆯ 聞ᄒᆞ고 遁去[324]ᄒᆞᆫ 지 已數日이라. 翌曉에 梁山 金海 兩江 前양으로 ᄇᆞᆯ向ᄒᆞ더니 適其時 昌原人 丁末石이 被擄ᄒᆞᆫ 지 三日만에 乘夜逃還ᄒᆞ야,[325] 倭賊이 加德島 北邊 西岸에 隱伏ᄒᆞ얏다고 來告ᄒᆞ거ᄂᆞᆯ, 二拾九日 鷄鳴에 ᄇᆞᆯ船ᄒᆞ야 加德島에 至ᄒᆞᆫ즉 蹤跡이 젼無ᄒᆞ고, 長林浦에 至ᄒᆞ니 倭大船 四隻 小船 二隻이 現ᄒᆞᄂᆞᆫ지라. 大船 一隻을 破滅ᄒᆞ고 左右로 分兵ᄒᆞ야 兩江으로 入코ᄌᆞ ᄒᆞᆫ즉, 江口가 狹隘ᄒᆞ야 容戰키 難ᄒᆞᆷ으로 還軍ᄒᆞ고, 九月 壹日에 沒雲臺에 過ᄒᆞ니 東風에 波濤가 淘湧[326]ᄒᆞᄂᆞᆫ대, 倭大船 九隻을 擊破ᄒᆞ고, 多大浦에 到ᄒᆞ야 倭大船 八隻을 擊破ᄒᆞ고,

---

315 渠家: 번역에서는 '저의 집'으로 함.
316 隣誼: 이웃 간의 정의.
317 安敢再戀ᄒᆞ리오: 어찌 감히 다시 좋아하리오. 번역에서는 '어찌 감히 (싸우기를) 다시 생각하리오'로 함.
318 頓絶ᄒᆞ고: 아주 끊어지고.
319 彌滿하던: 널리 가득한.
320 海濱에: 해변에.
321 關文: 조선 시대에, 동등한 관부 상호 간 또는 상급 관부에서 하급 관부로 보내던 공문서.
322 二月: 앞뒤 맥락상 '八月'이 맞다. 실제로 부산포해전은 8월에 있었다.
323 來剿: 쳐들어옴. 번역에서는 '온다 ᄒᆞᆷ'으로 제시함.
324 遁去: 달아남, 도망쳐 감.
325 乘夜逃還ᄒᆞ야: 밤을 틈타 도망하여 와서.
326 淘湧: 솟구침. 번역에서는 '흉용한데'로 함.

西平浦에 到ᄒᆞ야 倭大船 九隻을 擊破ᄒᆞ고 絶影島에 到ᄒᆞ야 倭大船 二隻을 擊破ᄒᆞ고,

釜山 前양에 到ᄒᆞ야 賊船을 探審ᄒᆞᆫ즉[327] 大槪 五百餘隻의 多라. 船滄 東邊에 列泊ᄒᆞ고 先鋒大船 四隻이 艸梁項에셔 徘徊ᄒᆞ거ᄂᆞᆯ, 李舜臣이 元均 리億祺와 約束ᄒᆞ여 曰,

「我等의 兵威로 엇지 此를 不討ᄒᆞ리오.」

ᄒᆞ고 麾旗督戰[328]ᄒᆞᆫ대, 右部將 鹿島萬戶 鄭運과 龜船 突擊將 軍官 리彦良과 前部將 防踏僉使 리純信과 左部將 申浩 等이 先登直進[329]ᄒᆞ야 先鋒大船 四隻을 爲先 撞破ᄒᆞ고[330] 乘勝長驅[331]ᄒᆞ야 장蛇ᄀᆞᆺ치 突進ᄒᆞ니, 鎭城 東壹山 五里에 屯泊ᄒᆞᆫ 賊이 我軍 威武를 望ᄒᆞ고 敢出ᄒᆞᄂᆞᆫ 者ㅣ 無ᄒᆞ며 我兵이 其前에 直衝ᄒᆞᆫ즉, 諸賊이 壹時에 山上으로 奔登ᄒᆞ야 六處에 分陣ᄒᆞ고 丸箭을 俯放ᄒᆞᄂᆞᆫ대[332] 雨雹갓치 下射ᄒᆞ고, 或 片箭으로 發射ᄒᆞ야 我船을 多中ᄒᆞ거ᄂᆞᆯ,[333]

我船 諸將이 憤氣 益增ᄒᆞ야 冒死爭突ᄒᆞᆯ시, 將軍箭 皮翎箭 長片箭 小銕丸 大銕丸이 壹時 齊불ᄒᆞ야, 交戰 終日에 三道 諸將이 並力ᄒᆞ야 賊船 百餘隻을 破滅ᄒᆞ니 倭賊 等이 其 死屍를 焚燒ᄒᆞᄂᆞᆫ대 腥臭[334]가 數百步에 漲ᄒᆞ더라.

酉日이 奄沒ᄒᆞ거ᄂᆞᆯ 左右賊藪에 腹背受賊[335]ᄒᆞᆯ가 念慮ᄒᆞ야 諸將과 回棹ᄒᆞᆯ시, 三更에 加德島에 到ᄒᆞ야 經夜ᄒᆞ고, 翌日에 再計ᄒᆞ야 其 巢穴을 盡蕩ᄒᆞ랴 ᄒᆞ나, 但 水敗ᄒᆞ면 陸走ᄒᆞ고 陸敗ᄒᆞ면 水走ᄒᆞᆷ은 賊等의 장技라. 今에 賊船만 盡滅ᄒᆞ면 彼가 又 陸地에 登ᄒᆞ야 殺掠을 濫行ᄒᆞ면[336] 生民의 酷禍가 又 何如ᄒᆞ리오. 리公이 此를 深戒ᄒᆞ야 慶尙道 陸軍諸將과 水陸俱討ᄒᆞ기로

327 探審ᄒᆞᆫ즉: 살펴 찾아본즉.
328 麾旗督戰: 지휘기로 전투를 독려함.
329 先登直進: 먼저 올라 직진함.
330 撞破ᄒᆞ고: 쳐서 깨트리고.
331 乘勝長驅: 승리를 틈타 먼곳까지 쫓아감.
332 俯放ᄒᆞᄂᆞᆫ대: 내려다보며 발포하는데.
333 多中ᄒᆞ거ᄂᆞᆯ: 많이 적중하거늘.
334 腥臭: 비린내.
335 腹背受賊: 앞뒤로 공격받음.
336 濫行ᄒᆞ면: 과람하게 행동하면.

決計ᄒᆞ고 戰을 暫停ᄒᆞ니라.

是役은 비록 末路의 窮寇[337]를 討平ᄒᆞᆷ에 不過ᄒᆞ나, 其 殺傷의 數ᄂᆞᆫ 間山之捷[338]에 不下ᄒᆞ더라.

凱歌ᄂᆞᆫ 耳에 洋洋ᄒᆞ고 萬口가 李將軍을 讚美하니, 大丈夫의 光榮이 此에 極ᄒᆞ도다만은, 此時 리舜臣의 胷中은 針이 刺ᄒᆞᄂᆞᆫ 듯 箭이 攢ᄒᆞᄂᆞᆫ 듯하야 兩行의 悲淚가 眼에 滂滂ᄒᆞ니 此果何ᄅᆞᆯ 爲ᄒᆞᆷ인가? 曰 鹿島萬戶 鄭雲[339]의 戰死ᄅᆞᆯ 吊ᄒᆞᆷ이로다. 鄭雲은 變生ᄒᆞᆫ 以來로 리舜臣과 同志同事ᄒᆞᆫ 人인대, 其 忠義가 金石에 貫ᄒᆞ야 每戰에 勃勃先登[340]ᄒᆞ야 巨賊을 一口生呑[341]치 못ᄒᆞᆷ을 恨ᄒᆞ며 壹身의 生死ᄂᆞᆫ 度外에[342] 付ᄒᆞᄂᆞᆫ 者러라. 此戰에 賊巢를 進突ᄒᆞ다가 無道ᄒᆞᆫ 賊丸이 頭頂을 貫ᄒᆞ야 遂死ᄒᆞ니, 公이 文으로 以祭ᄒᆞ고 其 哀痛ᄒᆞᆫ 意를 不勝ᄒᆞ더라.[343]

第十一章 第五戰後의 李舜臣

(一) 리舜臣의 陞任 三道統制

(二) 當時의 民情과 朝廷의 朋黨

(三) 李舜臣의 食小事煩

勃勃 五大戰의 雄鋒으로 强項悍敵[344]을 斫倒ᄒᆞ고[345] 八域 生靈을 奠安ᄒᆞ

---

337 窮寇: 곤경에 빠진 적군.
338 間山之捷: 한산대첩(閑山大捷)의 오식.
339 鄭雲(1574~1595): 조선 중기의 무신이다. 약관에 무과에 급제하여 임진왜란 때 몰운대 전투에서 왜군과 필사의 의지로 치열한 백병전을 펼쳤으나 중과부적으로 21세의 어린 나이에 순절하였다. 그해 가을 조종악이 장군의 의관과 만서를 본가에 전하여 의관장을 치렀으며 선조(宣祖)께서 원종이등공신에 추서하고 몰운대에 비를 세워 제사를 지내게 하였다.
340 勃勃先登: 활발하게 먼저 오름.
341 一口生呑: 한입에 통째로 삼킴.
342 度外에: 바깥에 두고. 염두에 두지 않고.
343 不勝ᄒᆞ더라: 이기지 못하더라.
344 强項悍敵: 강한 적.
345 斫倒ᄒᆞ고: 찍어 넘기고.

니,[346] 英雄의 功烈이 果何如하뇨. 盖 至是에 리舜臣의 海上 生涯가 凡 三年이니, 誓海魚龍動 盟山艸木知[347](忠武公 詩)의 精忠을 抱ᄒᆞ며, 此讐若滅 雖死加憾[348](忠武公 語)의 血誠을 仗ᄒᆞ야 晝不坐ᄒᆞ며, 夜不眼ᄒᆞ며 食不甘ᄒᆞ며 病不臥ᄒᆞ고(亂中日記[349]에셔 撮錄ᄒᆞᆷ), 水國秋光에 白髮을 憫ᄒᆞ니 丈夫의 爲國壯志ᄂᆞᆫ 粗酬ᄒᆞ얏도다.[350]

於是에 朝廷이 리舜臣의 功을 賞ᄒᆞᆯᄉᆡ 慶尙 全羅 忠淸 三道水軍統制使를 任ᄒᆞ야 三道水使가 皆 其 管轄[351]을 受케 ᄒᆞ더라.

史를 讀ᄒᆞᄂᆞᆫ 者가 此에 至ᄒᆞᄆᆡ 必也 距踊曲躍[352]ᄒᆞ야 曰 向者에ᄂᆞᆫ 리忠武가 全羅左道水使의 職權으로도 能히 功을 成ᄒᆞ얏거던, 況 今日 三道水軍統制로야 何를 征ᄒᆞ야 不服ᄒᆞ며, 向者에ᄂᆞᆫ 리忠武가 全羅左道水軍의 小數로도 能히 功을 成ᄒᆞ얏거던, 況 今日 三道水軍 全部로야 何를 戰ᄒᆞ야 不破ᄒᆞ며, 向者에ᄂᆞᆫ 리忠武가 閫權[353]이 不專ᄒᆞ고 軍令이 不一ᄒᆞᆫ 時로대 能히 功을 成ᄒᆞ얏거던, 況 今日은 閫權이 旣專ᄒᆞ고 軍令이 如壹ᄒᆞᆫ 時니 何를 攻ᄒᆞ야 不克ᄒᆞ며,[354] 向者에ᄂᆞᆫ 리忠武가 兵力이 未振ᄒᆞ고[355] 威聲이 未暢ᄒᆞᆫ 時로대 能히 功을 成ᄒᆞ얏거던, 況 今日은 累勝의 餘勢를 席ᄒᆞ야 彼 殘賊을 壓ᄒᆞᄂᆞᆫ 時니 何를 招ᄒᆞ야 不降ᄒᆞ리오 ᄒᆞᆯ지나, 其內容을 究ᄒᆞ면 統制된 以後가 統制된 以前보다 難ᄒᆞ고 戰勝ᄒᆞᆫ 以後가 戰勝ᄒᆞ기 前보다 難ᄒᆞ도다.

聽者가 不信ᄒᆞᄂᆞᆫ가 余가 此를 詳論ᄒᆞ리라. 리舜臣 狀啓에 曰

「上年 六七月之間, 六萬軍馬, 盡喪於畿甸, 兵使所領四萬之軍, 亦盡於凍餒, 今巡察使又率精軍而北上, 五義兵將 相繼興師, 自是 壹境騷動, 公私蕩

---

346 奠安ᄒᆞ니: 안도케 하니.
347 바다에 맹세하매 고기와 용이 동하고 산에 맹세하매 풀과 나무가 안다.
348 만일 이 원수를 멸하면 죽은들 한이 있으리오.
349 亂中日記: 임진왜란 때 충무공 이순신이 진중(陣中)에서 쓴 일기. 임진왜란이 일어난 1592년부터 끝난 1598년까지의 일을 간결하고 명료하게 기록하였다. 현재 현충사에 보관되어 있다.
350 粗酬ᄒᆞ얏도다: 거칠게나마 갚았다고 하였도다.
351 管轄: 일정한 권한을 가지고 통제하거나 지배함. 또는 그런 지배가 미치는 범위.
352 距踊曲躍: 춤추며 즐거워함.
353 閫權: 번역에서는 '병권'으로 함.
354 不克ᄒᆞ며: 이기지 못하여.
355 未振ᄒᆞ고: 떨치지 못하고.

盡, 加之以召募使下來, 不分內地沿海, 軍數卜定督之」[356]

라 하얏스며, 又曰

「沿海各鎭, 掃境下海, 左右舟師, 四萬餘名, 皆是農民, 專廢耒耜, 更無西成之望, 我國八方之中 唯此湖南粗完, 兵糧皆出此道, 道內丁壯, 盡赴水陸之戰, 老弱輸粮, 境無餘夫。二春已過, 南畝寂然。非但民生失業, 軍國之資, 亦無所賴」[357]

라 하얏스니 郡邑의 凋弊를 可想이오, 又曰

「唐兵南下。出入閭巷。劫掠人財, 損傷野穀。所過板蕩。無知之民, 望風奔潰」[358]

라 ᄒᆞ얏스니 隣國援兵의 貽弊도 可見이오, 又曰

「今年則凶賊據險。處處作窟, 畏不敢出, 以此海上飢羸之卒, 攻彼窟處之賊, 其勢誠難」[359]

이라 ᄒᆞ얏스니 其 勦賊方便의 困難도 可驗이니 此時를 當ᄒᆞ야 壹國 上下臣民이 會稽의 膽[360]을 愈嘗ᄒᆞ며 籌兵籌餉[361]에 汲汲ᄒᆞ야 奮발淬勵[362]홀 秋어ᄂᆞᆯ 朝廷狀態를 觀ᄒᆞ니 果何如ᄒᆞᆫ가.

---

356 지난해 6, 7월간에 6만이나 되는 군마가 경기에서 모두 죽고, 병사(兵使)의 거느린 4만 명 군사가 또한 모두 춥고 굶어서 죽었는데, 이제 순찰사가 또 정병을 거느리고 북으로 향하였으며, 의병장 5인이 서로 이어서 군사를 일으키니, 이로부터 일대가 소동하고 공사가 탕진하며, 비록 노약자가 있다 하나 병기와 군량을 수송할 때 채찍과 매가 따르므로 도랑과 구렁에 나뒹구는 사람이 허다한데, 그런 중에 소모사가 내려와서 내지와 연해를 분별치 아니하고 군정을 독촉한다.

357 연해 각진에서 지경을 쓸어서 바다로 내려간 것이 4만 명에 지나지 못하는데, 모두 농민이라. 농사를 폐하고, 다시 추수할 여망이 없는지라. 우리나라 팔방 중에 오직 호남이 그나마 완전하여 군량이 모두 이곳으로 말미암아 이바지하는데, 이곳 장정은 모두 수군과 육군에 부역하고, 늙은 자와 어린 것들이 양식을 운반하여, 도무지 남은 사내가 없어서 두 번 봄이 이미 지나도록 남쪽 밭은 쓸쓸하매, 백성이 실업만 할 뿐 아니라 군량과 국고재정이 또한 날 데가 없다.

358 명나라 군사가 남도로 내려오매, 여항에 출몰하며 재물을 겁탈하며, 들곡식을 손상하여 지나는 곳에 판탕(板蕩)하매, 무지한 백성이 풍문만 듣고 흩어진다.

359 금년에는 도적이 험한 곳에 의지해 소굴을 만들고 감히 나오지 아니하니, 해상에서 주리고 파리한 군사로 저 굴혈에 처한 도적을 침이 그 형세가 심히 어렵다.

360 會稽의 膽: 중국 춘추 시대 월왕(越王) 구천(勾踐)은 절강성의 회계산에서 오왕(吳王) 부차(夫差)에게 패하여 사로잡힌 몸으로 갖은 수모를 당하고, 겨우 본국으로 돌아가 20년간 섶에 눕고 쓸개를 씹는(臥薪嘗膽) 고생 끝에 오나라를 멸망시켜 회계산의 수치를 씻었다.

361 籌兵籌餉: 병사와 군량을 징발함. 번역에서는 '군사를 조발(調發)하고, 양식을 주획하여'라고 함.

362 奮발淬勵: 奮發淬勵. 분발하여 일에 정진함.

「龍灣 壹隅에 地維가 已盡ᄒᆞ니 予將何歸[363]오.」ᄒᆞ고 君臣이 相扶痛哭ᄒᆞ다가 幸者 內地兵民의 血과 恩隣援助의 力으로 舊都에 還ᄒᆞ던 第二日인대, 昨日에ᄂᆞᆫ 何辱을 當하얏던지 今日에 且樂ᄒᆞ리라 ᄒᆞ며, 明日에ᄂᆞᆫ 何禍가 來ᄒᆞ던지, 今日에 且睡ᄒᆞ리라 ᄒᆞ야 兄弟의 干戈로 門닉에 閒是非를 理하고, 天地不共의 大讐를 忘ᄒᆞ니 君子ㅣ 壬辰誌를 讀ᄒᆞ다가 書를 廢ᄒᆞ고 不涕치 아니ᄒᆞᆯ 者ㅣ 有乎아.

然이나 掣肘[364]를 因ᄒᆞ야 躕躇ᄒᆞᄂᆞᆫ 者ᄂᆞᆫ 男兒가 아니며 逆境을 遇ᄒᆞ야 退沮ᄒᆞᄂᆞᆫ 者ᄂᆞᆫ 英雄이 아니니라. 看ᄒᆞ라, 忠武公 리舜臣씨의 數年間 排布ᄒᆞᆫ 것을 看ᄒᆞ라. 閒山島ᄂᆞᆫ 要地오, 敵衝이라 ᄒᆞ야 此에 移陣ᄒᆞ고 晝夜로 軍卒을 其中에셔 訓練ᄒᆞᆯ식 恒常 忠義 二字로 激勵ᄒᆞ며 朝廷에 奏請ᄒᆞ고 武科를 陣中에 設ᄒᆞ야 人才를 識拔ᄒᆞ며[365] 軍心을 勸獎ᄒᆞ고 民을 募ᄒᆞ야 鹽을 煮ᄒᆞ며[366] 甕을 陶ᄒᆞ며 穀을 販儲ᄒᆞ고[367] 銅鐵을 採取 又 購集ᄒᆞ야 銃砲ᄅᆞᆯ 加製ᄒᆞ며 熖硝[368]와 火藥을 廣募 又 責用ᄒᆞ야 各營에 分給ᄒᆞ며 降倭 善射者를 擇ᄒᆞ야 我軍으로 ᄒᆞ여금 其技를 학케 ᄒᆞ며 彼의 軍械가 我보담 精好하다 ᄒᆞ야 倭銃 倭箭을 模製케 ᄒᆞ며,

流民을 招集ᄒᆞ야 突山 等地에 屯田 耕作케 ᄒᆞ야 壹邊은 其 生業을 安케 하여, 壹邊은 其 軍資를 備케 ᄒᆞ고 義僧을 分送ᄒᆞ야 要害를 把守케 ᄒᆞ며, 水陸要害ᄅᆞᆯ 條陣ᄒᆞ야 朝廷의 善擇을 俟ᄒᆞ며 戰船을 加造ᄒᆞ고, 舟師ᄅᆞᆯ 益募ᄒᆞ며[369] 沿海 軍粮 兵器의 他道로 遞移[370]ᄒᆞᆷ을 奏遏ᄒᆞ야[371] 海防의 聲勢를 壯

---

363 龍灣…予將何歸: 龍彎은 의주를 가리킨다. 임진왜란에서 조선의 군사가 연패하며 북상하자 선조는 1592년 4월 30일 한양을 버리고 피난길에 올라 1592년 6월 22일 의주에 도착했다. 곧 '의주 한 모퉁이에서 나라의 지경이 이미 다하니 나는 장차 어디로 갈까?'라는 의미이다.

364 掣肘: 팔꿈치를 안으로 잡아당기다, 곧 방해하다는 의미. 번역에서는 '훼방하고 작희함'으로 함.

365 識拔ᄒᆞ며: 인물을 식별하여 발탁하며.

366 煮ᄒᆞ며: 구우며.

367 販儲ᄒᆞ고: 사서 저축하고.

368 熖硝: 화약의 옛말. 원래 이 말은 초석의 의미로, 옛날 화약(흑색화약)의 주성분이 초석이기 때문에 화약과 동의어로 사용되었다.

369 益募ᄒᆞ며: 더욱 모집하며.

370 遞移: 옮김.

371 奏遏ᄒᆞ야: 주청하여. 아뢰어.

케 하며, 哨探[372]을 四列ᄒᆞ야 倭賊의 動靜을 察ᄒᆞ더라.

從此로 軍需가 裕ᄒᆞ고 士氣가 飽ᄒᆞ야 壹戰ᄒᆞ기 足ᄒᆞ니, 萬壹 後來 群小의 交構[373]가 아니러면 千艦百將으로 日本을 直擣ᄒᆞᆫ다[374] ᄒᆞᆫ 리忠武의 啓書가 實際에 見ᄒᆞ얏슬진져.

第十二章 李舜臣의 拘拿[375]

宣廟 丁酉 正月 二十六日에 朝鮮 忠淸 慶尙 全羅 三道水軍都統制使 李舜臣 拿命이 下ᄒᆞ야, 五六年 槍霜丸雨下에셔 拮据鳩集ᄒᆞᆫ[376] 軍粮 幾萬石과 (史에 曰 陣中所有가 九千九百拾四石이오 在外諸將의 所有ᄂᆞᆫ 不論) 火약 幾萬斤과 銃筒 幾千柄과 軍艦 幾百隻을 庸將 元均에게 付ᄒᆞ고, 二月 二十六日에 檻車[377]로 就途ᄒᆞᆯ식 所過沿路에 人民 老幼 男女가 其前을 遮ᄒᆞ며[378] 號哭ᄒᆞ여[379] 曰,

「使道[380] 使道아 我輩를 捨ᄒᆞ고 何往ᄒᆞᄂᆞᆫ가, 我輩를 捨ᄒᆞ고 何往ᄒᆞᄂᆞᆫ가. 使道가 我輩를 捨ᄒᆞ시면 我輩의 前途ᄂᆞᆫ 死 壹字뿐이라.」

ᄒᆞ고 哭聲이 雲霄[381]에 徹ᄒᆞ더라.[382]

民心을 拂ᄒᆞ고 장城을 自壞ᄒᆞ야 敵軍의 眉喜를 動케 ᄒᆞ니 此果何人의 造孽[383]인가? 或曰 「行長[384]의 反間也[385]」라 ᄒᆞ니, 物이 自腐ᄒᆞᆫ 然後에야 虫이

---

372 哨探: 정탐.
373 交構: 이간질. 번역에서는 '모함'이라 함.
374 直擣ᄒᆞᆫ다: 직접 무찌른다.
375 拘拿: 죄인을 잡아 가둠.
376 拮据鳩集ᄒᆞᆫ: 몹시 바쁘게 모은.
377 檻車: 중죄인을 호송하는 수레.
378 遮ᄒᆞ며: 차단하여.
379 號哭ᄒᆞ여: 목 놓아 슬피 울며.
380 使道: 사또. 일반 백성이나 하급 벼슬아치들이 자기 고을의 원(員)을 존대하여 부르던 말. 아울러 부하인 장졸(將卒)이 그 주장(主將)을 존대하여 그렇게 부르기도 했다.
381 雲霄: 하늘.
382 徹ᄒᆞ더라: 관통하더라. 번역에서는 '사무치더라'로 함.
383 造孽: 죄를 지음. 벌받을 짓을 함.
384 行長: 小西行長(?~1600). 일본의 무장. 임진왜란 때에 선봉장으로 조선에 출병하여 평양까지 침공하였으며, 풍신수길(豐臣秀吉)이 죽은 뒤에 덕천가강(德川家康)과 싸우다 패하여 죽음을 당했다. '行長

生ᄒᆞ나니 我廷이 無間ᄒᆞ면 行長이 雖奸ᄒᆞ나 何隙을 乘ᄒᆞ리오. 故로 我ᄂᆞᆫ 曰「李忠武의 被拿[386]ᄂᆞᆫ 行長의 咎라 홈이 不可라.」ᄒᆞᄂᆞᆫ ᄇᆡ며, 或 又曰「元均의 構誣也」[387]라 ᄒᆞ나 一人의 手로 萬人의 目을 掩키 難하나니, 滿朝가 公明하면 元均이 雖猜ᄒᆞ나 何惡을 逞ᄒᆞ리오.[388] 故로 我ᄂᆞᆫ 曰「李忠武의 被拿ᄅᆞᆯ 元均의 罪라 홈도 不可라.」하노라.

리忠武의 被拿가 行장의 罪도 아니며 元均의 罪도 아니라 ᄒᆞ니, 然即 其誰의 罪인가? 余敢壹言으로 斷ᄒᆞ야 曰「此ᄂᆞᆫ 朝廷臣隣 私黨者의 罪라.」ᄒᆞ노니,

宣廟 登極 年來로 朝臣의 黨派가 分ᄒᆞ야 公義ᄂᆞᆫ 排ᄒᆞ고 私見만 張홀ᄉᆡ, 此黨이 勢ᄅᆞᆯ 得ᄒᆞ면 彼黨의 所爲를 不問是非ᄒᆞ고 悉斥ᄒᆞ며 彼黨이 勢를 得ᄒᆞ면 此黨의 所爲를 不問是非ᄒᆞ고 悉斥허ᄂᆞᆫ[389] 故로 倭寇動否의 問題가 何等 重大問題완대, 當初 金誠一[390] 黃允吉[391]이 日本셔 使還ᄒᆞ던 日에 允吉의 黨은 允吉을 附ᄒᆞ야 曰「必動이라.」허며, 誠壹의 黨은 誠壹을 附ᄒᆞ야 曰「必不動이라.」허니 其外만 見허면 必動이라 唱ᄒᆞᆫ 者를 不動이라 唱ᄒᆞᄂᆞᆫ 者에게 比ᄒᆞ면 不可同日而語라 홀지나, 其內를 察ᄒᆞ면 彼此 百步五十步間에 不過ᄒᆞ다 홀지니 何也오. 我가 意味가 有ᄒᆞ야 必動이라 云홈도 아니며, 知見이 有ᄒᆞ야 必不動이라 云홈도 아니며, 爲國爲民ᄒᆞᄂᆞᆫ 心에 外敵의 迫頭憂患을 驚ᄒᆞ야 必動이라 홈도 아니오. 不過是 彼ᄂᆞᆫ 彼黨을 從ᄒᆞ고 我ᄂᆞᆫ 我黨을 從홈이니, 兩烏가 俱聖에[392] 雌雄을 誰辨이며[393] 蚌鷸이 相爭[394]에 禍福

의 反間'이란 소서행장이 '이순신이 가등청정과 내통한다.'는 유언비어를 만들어 이순신을 백의종군하게 했다는 것이다.

385 反間也: 이간, 이간질.

386 被拿: 잡혀 감. 번역에서는 '구나를 당함'으로 함.

387 構誣也: 모함함이라.

388 逞ᄒᆞ리오: 펴리오. 번역에서는 '행하리오'로 함.

389 悉斥허ᄂᆞᆫ: 모두 배척하는.

390 金誠一(1538~1593): 조선 중기의 문신·학자. 선조 1년(1568)에 증광 문과에 급제하고, 1590년에 통신 부사로서 일본에 가서 실정을 살핀 후, 침략의 우려가 없다고 보고하였다. 임진왜란이 일어나자 경상우도 관찰사로 임명되어 의병 규합, 군량미 확보 등에 힘썼다. 저서에 『학봉집』, 『상례고증(喪禮考證)』 따위가 있다.

391 黃允吉(1536~?): 조선 선조 때의 문관. 임진왜란 직전인 1590년에 통신정사(通信正使)로 일본에 다녀와 장차 일본의 침략이 있을 것을 보고하였으나 조정에 채택되지 않았다.

392 俱聖에: 걸출함을 갖추매.

393 誰辨이며: 누가 판단하며.

을 安知아. 今此 李忠武의 被拿는 朝廷의 壹私字에 出훈 빅니 嗚呼라 「亂非降自天이라 惟人所招라.」[395] 云훈 古語가 果然 我를 不欺ᄒᆞ는도다.

雖然이나 昇平日月[396]에 屋中의 閧鬪를 作흠은 猶可타 ᄒᆞ려니와, 今에 巨賊이 未退ᄒᆞ고 國脉이 未蘇ᄒᆞ야[397] 壹步를 或 蹎ᄒᆞ면[398] 死亡이 其踵을 隨훌 地頭인ᄃᆡ, 舊日惡習이 尙存ᄒᆞ야, 政府 壹局에 鴻溝[399]를 中分ᄒᆞ고 一派는 東流ᄒᆞ며 一派는 西流ᄒᆞ는대, 彼 猜忌悍愎[400]훈 元均이 此를 利用ᄒᆞ야, 李舜臣을 排擠ᄒᆞ며 彼 凶怪詭慝[401]훈 加藤淸正[402] 小西行長은 又 此를 利用ᄒᆞ야 李舜臣을 謀陷ᄒᆞ는도다.

豊臣씨가 我國에 入寇훈 以來로, 數百年 不習兵革[403]훈 人民이 此를 猝當[404]ᄒᆞᄆᆡ, 倭色만 見ᄒᆞ면 鼠匿ᄒᆞ며 倭聲만 聞ᄒᆞ면 鳥散[405]흠으로, 郭再祐[406] 김德齡[407] 朴晋 정起龍[408] 諸公 ᄀᆞᆺ훈 絶世偉人이 作ᄒᆞ야 此를 驅策ᄒᆞ며[409] 此를 奬勵ᄒᆞ얏스ᄂᆞ, 數年後에사 民氣가 纔振ᄒᆞ얏스며 民氣가 纔振ᄒᆞ면 其時에 倭寇가 便退훈 故로, 其 東戰西伐훈 歷史가 遊寇[410]ᄂᆞ 襲擊ᄒᆞ며 聲勢나

---

394 蚌鷸이 相爭: 도요새와 조개의 싸움. 어부지리. '도요새와 조개가 싸우는 통에 어부만 이득을 보았다'(鷸蚌相爭 漁人得利)는 고사가 나왔다.
395 난리가 하늘로서 내려오는 것이 아니라, 사람이 스스로 부르는 바이라.
396 昇平日月: 나라가 안정되어 평안한 세월.
397 未蘇ᄒᆞ야: 소생하지 못해서.
398 蹎ᄒᆞ면: 넘어지면.
399 鴻溝: 중국 하남성 개봉부(河南省開封府)의 지명. 항우(項羽)와 유방(劉邦)이 이 홍구를 경계로 하여, 서쪽은 한(漢)으로, 동쪽은 초(楚)로 하기로 약속했음.
400 猜忌悍愎: 투기하고 강팍함. 번역에서는 '강팍'으로 함.
401 凶怪詭慝: 음흉하고 사특함.
402 加藤淸正(1562~1611): 일본의 무장. 임진왜란과 정유재란 때 선봉으로 종군하였다.
403 不習兵革: 병혁을 익히지 못함. 번역에는 '군사를 익히지 못함'으로 함.
404 猝當: 창졸간에 당함.
405 鳥散: 새처럼 흩어짐.
406 郭再祐(1552~1617): 조선 중기의 의병장. 호는 망우당(忘憂堂). 임진왜란 때 의령에서 의병을 일으켜 큰 공을 세웠고, 정유재란 때 다시 의병장으로 출전하였다. 그 뒤 진주 목사, 함경도관찰사 따위를 지냈다.
407 김德齡(1567~1596): 조선 중기의 의병장. 선조 25년(1592)에 임진왜란이 일어나자 의병을 일으켜 왜병을 크게 무찔러 호익장군(虎翼將軍)의 호를 받았고, 이듬해 의병장 곽재우와 함께 여러 차례 왜병을 격파하였다. 선조 29년(1596)에 무고로 고문을 받고 옥사하였다.
408 정起龍(1562~1622): 조선 선조 때의 무신. 호는 매헌(梅軒). 곤양 정씨의 시조로, 임진왜란 때에 별장(別將)이 되어서 왜군을 격파하여 통정대부에 오르고, 정유재란 때에 큰 공을 세워 뒤에 삼도(三道) 수군통제사가 되었다.
409 驅策ᄒᆞ며: 채찍을 휘두르고 말을 휘몰며. 번역에서는 '훈련하며'로 함.

外張ᄒᆞ야 倭寇로 ᄒᆞ여곰 戰慄케 홈에 不過하고, 激烈ᄒᆞᆫ 大戰을 起ᄒᆞ야 海波를 淸晏[411]케 홈은 不能ᄒᆞ며, 權慄[412] 幸州의 捷과 김時敏[413]의 晋州의 守에 數萬賊을 斬殺ᄒᆞ야 淸正 行쟝의 膽을 落케 하얏스나, 亦 只是 麾下에 幾千名 鍊卒을 是藉홈이며, 亦 只是 戰守主客의 勢를 是憑이라 云홀 바어니와,

리忠武ᄂᆞᆫ 兵의 鍊不鍊도 不問ᄒᆞ며, 勢의 是戰是守를 不顧ᄒᆞ고, 壹劍을 提ᄒᆞ고 海上에 孤立ᄒᆞ야 弱少ᄒᆞᆫ 疲卒로 日加月增의 大敵을 抗홀ᄉᆡ 守홈에 必固ᄒᆞ며, 進홈에 必摧ᄒᆞ야 其靜에 山과 如ᄒᆞ며, 其閃에 電과 如ᄒᆞ며, 其擊에 鷹과 如ᄒᆞ며, 其壓에 萬斤의 重과 如ᄒᆞ야 旌旗所指에 三道가 震慴ᄒᆞᄂᆞᆫ[414] 中이라.

當時 豊臣氏 諸將卒이 「리統制」 三字를 對ᄒᆞᄆᆡ, 敬ᄒᆞ야 其頭를 叩하며[415] 恨ᄒᆞ야 其齒를 切ᄒᆞ며 驚ᄒᆞ야 其膽을 碎하며 畏ᄒᆞ야 其辭를 卑ᄒᆞᄂᆞᆫ 故로, 每戰에 遙히[416] 頂禮ᄒᆞ야 曰 「奇哉라 將軍의 水戰이여.」 ᄒᆞ며, 每戰敗에 鎗釼을 遺하야 敬意를 表ᄒᆞ야 曰 「將軍은 殆天神이라.」 하며, 諸賊將이 豊臣秀吉에게 上書ᄒᆞ야 曰 「朝鮮水軍은 天下無敵이라.」 하며 海陸 各地에 留屯ᄒᆞᆫ 倭가 每每 劒을 拔하야 全羅道를 擬ᄒᆞ며[417] 切齒下泣[418]ᄒᆞ야 曰 「吾의 骨讐가 彼에 在ᄒᆞ다.」 云云ᄒᆞ얏스니, 彼其入寇 以後로 리統制를 或 忘ᄒᆞᆫ 壹日이 有ᄒᆞᆫ가.

是故로 李統制의 胷에 向ᄒᆞᄂᆞᆫ 倭鎗이 幾拾萬部이지만은, 槍은 折호대 리統制ᄂᆞᆫ 不死ᄒᆞ며, 리統制의 頸에[419] 擬ᄒᆞᄂᆞᆫ[420] 倭劒이 幾百萬柄이지만은, 劒

---

410 遊寇: 유랑하는 도적.
411 淸晏: 조용하게 함.
412 權慄(1537~1599): 조선 선조 때의 명장. 임진왜란 때 우리나라의 군대를 총지휘하였으며 행주산성 싸움 등에서 크게 이겼다. 정유재란 때 병사하였다.
413 김時敏(1554~1592): 조선 전기의 무신. 임진왜란 때 왜적을 격파하여 영남우도 병마절도사로 특진하고, 진주성에서 분전하다가 전사하였다.
414 震慴ᄒᆞᄂᆞᆫ: 벌벌 떠는. 번역에서는 '진동하는'으로 함.
415 叩하며: 숙이며, 조아리며.
416 遙히: 멀리.
417 擬ᄒᆞ며: 향하며. 가리키며.
418 切齒下泣: 이를 갈고 눈물을 흘림.
419 頸에: 목에.
420 擬ᄒᆞᄂᆞᆫ: 겨누는.

은 碎호대 리統制는 不死ᄒᆞ며, 李統制의 身에 注ᄒᆞᄂᆞᆫ 倭箭倭丸이 幾千萬個이지만은, 箭과 丸은 盡호대 李統制ᄂᆞᆫ 不死ᄒᆞ야, 彼의 億千百方으로 李統制를 甘心ᄒᆞᄂᆞᆫ 毒計가 畵餠으로 盡歸ᄒᆞᄆᆡ,

秀吉은 天만 仰ᄒᆞ며

行長은 心을 焦ᄒᆞᆯ

而已러니 今乃 朝鮮 軍政界에 如此 間隙可乘ᄒᆞᆯ 好消息이 漏聞되ᄂᆞᆫ도다.[421] 元均이 先進宿將으로 其位가 李舜臣의 下되ᄆᆡ, 恒常 猜忌의 眼으로 睥睨ᄒᆞ야 리舜臣의 行動을 誹謗ᄒᆞ며 李舜臣의 陳策[422]을 沮戱ᄒᆞ고,[423] 朝貴[424]를 結ᄒᆞ야 리舜臣을 傾ᄒᆞᄂᆞᆫ대, 朝臣의 東西 兩派에 元均을 助ᄒᆞᄂᆞᆫ 派ᄂᆞᆫ 其勢가 强ᄒᆞ고, 리舜臣을 助ᄒᆞᄂᆞᆫ 派ᄂᆞᆫ 其勢가 弱ᄒᆞᆫ지라.

如此 可乘ᄒᆞᆯ[425] 隙이 無하야도, 彼가 且求ᄒᆞ려던 况可乘의 隙이 有ᄒᆞᆫᄃᆡ 彼가 不間ᄒᆞᆯ[426] 理ㅣ 有ᄒᆞᆫ가. 豊臣秀吉이 即時 袂를 揚ᄒᆞ고 喜色이 顔에 形ᄒᆞ야 曰,

「吾讐를 可報라.」

ᄒᆞ고, 於是에 小西行長에게 計를 授ᄒᆞ더라.

小西行쟝 部下譯官 要時羅[427]가 慶尙右兵使 金應瑞[428] 管下에 來ᄒᆞ야 輸誠通款[429]을 願ᄒᆞᄂᆞᆫ대, 我衣를 衣ᄒᆞ며 我冠을 冠ᄒᆞ니 儼然ᄒᆞᆫ 壹 我國人也라. 賊中의 消息을 一一傳報ᄒᆞ며, 且 行쟝의 求和코ᄌᆞ ᄒᆞᄂᆞᆫ 意를 來傳ᄒᆞ며, 應瑞와 壹次 面會ᄅᆞᆯ 求ᄒᆞ거ᄂᆞᆯ, 應瑞가 元帥 權慄에게 報ᄒᆞ더니 慄이 朝廷에 上聞ᄒᆞ고 應瑞를 令ᄒᆞ야, 倭情을 往探ᄒᆞ라 ᄒᆞᄂᆞᆫ지라.

---

421 漏聞되ᄂᆞᆫ도다: 얻어듣게 되는도다.
422 陳策: 방비책. 번역에서는 '계책'으로 함.
423 沮戱ᄒᆞ고: 방해하고. 훼방하고.
424 朝貴: 조정의 권세가. 조정의 세력가.
425 可乘ᄒᆞᆯ: 끼어들.
426 不間ᄒᆞᆯ: 이의를 제기하지 않을. 번역에서는 '묻지 않을'이란 의미로 제시함.
427 要時羅(?~1598): 임진왜란 당시 소서행장 부대에 소속된 무관으로 조선과 명에서 파견한 사신들의 접대와 통역을 담당하였다. 1594년 경상 우병사의 진(鎭)에 드나들면서 거짓 귀순하여 첩자 노릇을 하였다. 그 뒤 1597년 삼도수군통제사 이순신을 모함하여 하옥되었다.
428 金應瑞(1564~1624): 무관으로 임진왜란 때 평양방위전과 평양성 탈환에 전과를 올린 인물이다.
429 輸誠通欵: 성의를 다해서 자기편의 내부 사정을 몰래 알려줌.

應瑞는 百餘卒을 率ᄒᆞ며 行쟝은 數百卒을 率ᄒᆞ고 會見ᄒᆞᆯᄉᆡ, 行長 等 諸倭가 皆 我國 衣冠을 着ᄒᆞ고 和議를 懇乞ᄒᆞ며 因曰,

「前後 和議의 不成은 皆 淸正의 罪라. 我가 此人을 殺코ᄌᆞ ᄒᆞᆫ 지 久矣로대 其隙이 無ᄒᆞ더니, 今에 淸正이 日本으로부터 再來하나니 我가 來期를 的探ᄒᆞ야[430] 貴國에 指示ᄒᆞ리니, 貴國이 統制使 리슌臣을 命ᄒᆞ야 海中에셔 邀擊ᄒᆞ던 舟師百勝의 餘威로 此를 擒斬ᄒᆞ기 非難ᄒᆞᆯ지니, 朝鮮의 讐를 可報오 行長의 心이 可快라.」

ᄒᆞ고 勸懇不已ᄒᆞ거ᄂᆞᆯ, 權元帥ㅣ 此를 朝廷에 報ᄒᆞᆫ대 朝廷이 此로 公에게 勅ᄒᆞ더라.

公의 明見萬里의 瀅眼[431]이 엇지 此等 奸謨에 陷ᄒᆞ리오. 然이나 朝廷의 狀態를 觀ᄒᆞᄆᆡ, 明告ᄒᆞ야 無益이라. 憤懷를 獨抱ᄒᆞ고 海天에 坐嘯ᄒᆞ더니,[432]

未幾에 行쟝이 人을 遣ᄒᆞ야 告ᄒᆞ되, 淸正이 長門浦에 來泊ᄒᆞ얏스니, 此를 急擊擒斬ᄒᆞ라고 促ᄒᆞ더라.

리슌臣이 便宜를 守ᄒᆞ고 持難不發하더니, 彼 全軀保妻子[433]의 策이나 講究ᄒᆞ고 帳內의 大言을 放하는 懦夫輩[434]가 本來 其喙[435]는 優ᄒᆞᆫ지라.[436] 峻論을 發ᄒᆞ야 縱賊으로 리슌臣을 罪코ᄌᆞ ᄒᆞ며, 又 湖南에 巡省ᄒᆞ는 御史가 仇公者의 指囑을 受ᄒᆞ야, 上啓ᄒᆞ야 曰,

「淸正의 船이 七日을 嶼에 擱ᄒᆞ야[437] 運動치 못ᄒᆞ는 것을 리슌臣이 直擊지 아니ᄒᆞᆫ 故로 逸去[438]를 得ᄒᆞ얏나이다.」

ᄒᆞᆫ대, 於是에 朝議가 峻發ᄒᆞ야[439] 拿命[440]이 遂下ᄒᆞ니 倭賊의 凶策이 竟此

---

430 的探ᄒᆞ야: 적실히 탐지하여.
431 瀅眼: 맑은 눈. 번역에서는 '명견만리하는 눈'으로 함.
432 坐嘯ᄒᆞ더니: 앉아서 아무것도 하지 않고 휘파람만 불더니.
433 全軀保妻子: 자신과 처자를 온전히 보전함.
434 懦夫輩 겁쟁이들. 게으름뱅이들.
435 其喙: 그 입.
436 優ᄒᆞᆫ지라: 뛰어난지라. 아이러니적 표현으로, 행동은 않고 말로만 번지레 하게 하는 상황을 말함. 번역에서는 '살아있는'으로 함.
437 嶼에 擱ᄒᆞ야: 섬에 좌초하여. 섬에서 걸려.
438 逸去: 도망함.
439 峻發ᄒᆞ야: 지나치게 일어나. 번역에서는 '대발하여'로 함.

施行ᄒᆞᄂᆞ도다.

領議政 鄭琢이 疏救[441]ᄒᆞ야도 無益ᄒᆞ며, 都體察使 리元翼이 啓救ᄒᆞ야도 無補ᄒᆞ고, 柳成龍[442]은 又 主薦의 嫌으로 此를 救ᄒᆞ다가 反히 貽害될가 恐하야 咄歎홀[443] ᄲᅮᆫ이러라. 三月 四日 夕에 圓門에 入홀ᄉᆡ 親戚이 或 來訣ᄒᆞ야 曰,

「事가 不測이니 將奈何오.」

리舜臣이 徐曰,

「死生은 命이니 死ᄒᆞ면 死홀 而已라.」ᄒᆞ더라.

禁獄에 在ᄒᆞᆫ 지 凡 二十六日에 赦命이 未下홀 ᄲᅮᆫ더러,

天意가 且 何如ᄒᆞ심ᄂᆞᆫ지 難知라. 五六年間을 公과 王事에 同宛ᄒᆞᄌᆞ고 握手同誓ᄒᆞ던 젼羅右水使 리億祺가 奉書問候홀ᄉᆡ 書件을 送ᄒᆞ며 曰,

「舟師가 不久에 敗沒하리니 我輩가 死所를 不知ᄒᆞ노라.」

ᄒᆞ고, 淚가 潛潛히[444] 襟에 漬ᄒᆞ더라. 嗚呼라, 리忠武 壹人의 死ᄂᆞᆫ 豈但 리忠武 壹人의 死리오. 即 리億祺 等 諸將의 死홈이며, 亦豈但 리億祺 等 諸將의 死리오. 即 三道水軍의 死홈이며, 亦豈但 三道水軍의 死리오. 即 젼國 人民의 宛홈이로다.

故로 남道軍民의 夜夜로

上天에 告ᄒᆞ야 리슌臣의 代로 其身의 死를 願ᄒᆞᄂᆞᆫ 者ㅣ 甚衆ᄒᆞ더라.[445]

第十三章 리舜臣의 入獄 出獄間에 家國의 悲運

「竭忠於國而罪已至 欲孝於親而親亦亡」[446]이라 云云ᄒᆞᆫ 拾六字ᄂᆞᆫ 百世下

---

440 拿命: 구나하라는 명령.
441 疏救: 상소하여 구원함. 구원하는 상소를 함.
442 柳成龍(1542~1607): 조선 선조 때의 재상. 호는 서애(西厓). 대사헌·경상도 관찰사 등을 거쳐 영의정을 지냈다. 임진왜란 때 이순신과 권율 같은 명장을 천거하였으며, 도학·문장·덕행·서예로 이름을 떨쳤다. 저서에 『서애집』, 『징비록』, 『신종록(愼終錄)』 따위가 있다.
443 咄歎홀: 혀를 차며 탄식할.
444 潛潛히: 조용히.
445 甚衆ᄒᆞ더라: 심히 많더라.
446 나라에 충성을 바치려 했건만 죄에 이미 이르렀고, 어버이에게 효도하려 했건만 어버이마저 돌아가셨다.

에 讀ᄒᆞ야도 人의 悲淚를 尙惹ᄒᆞᄂᆞᆫ도다.[447] 大抵 國家의 巨厄을 遭ᄒᆞ야 衆生救濟ᄒᆞᆯ 壯懷로 斷裾[448]의 慟을 不顧ᄒᆞ고, 毅然히 北堂[449]에 辭ᄒᆞ니 大丈夫當行의 天職이 固然ᄒᆞ지만은[450] 아모리 兵馬공총[451]ᄒᆞᆫ 間일지라도, 每様 首를 回ᄒᆞ야 太行의 白雲을 顧하면 엇지 其骨이 不痛하리오. 是故로 李忠武 乱中日記에 每日마다 天只(母)平安이라 不云ᄒᆞ얏스면 天只有損節[452]이라 云하얏스며, 否則 天只安候久阻甚鬱[453]이라 必云ᄒᆞ얏스니, 他日 功成身退ᄒᆞᆫ 後에 母子가 手를 壹握ᄒᆞ고 往事를 壹話ᄒᆞᆷ이 李忠武의 血願이러니,

哀哉라, 天이 善人을 不祐ᄒᆞᆷ인지, 리舜臣 拿囚의 報道를 接ᄒᆞ고, 母夫人卞氏가 即時 憂悖[454]를 不勝ᄒᆞ야 疾을 得ᄒᆞ더니,

四月 一日에 李舜臣이 圓문에 出ᄒᆞ야 白衣로 元帥幕下에 立功贖罪ᄒᆞ란 令을 奉ᄒᆞ고 海上에 赴ᄒᆞᆯ싀, 病親과 壹面ᄒᆞᆯ 願이 豈無ᄒᆞ리오만은 朝法의 不許를 奈何오, 押去郎[455]을 隨ᄒᆞ야 四月 十三日에 海路에 登ᄒᆞ랴 ᄒᆞᆯ싀, 家僮 順花가 來ᄒᆞ야 母夫人의 訃를 傳ᄒᆞ니 其喪이 已二日이러라.

「押去郎에게 哀懇ᄒᆞ야 령筵[456]의 壹哭을 得ᄒᆞ고, 成服ᄒᆞᆫ 後 三日에 發程ᄒᆞ니라.」

리忠武의 日錄을 讀ᄒᆞ다가 此에 至ᄒᆞ야 淚不下ᄒᆞᆯ 者ㅣ 有ᄒᆞᆫ가. 支那 明末 袁崇煥[457]이 일즉 人의게 語ᄒᆞ야 曰

「余何人哉아, 余何人哉아. 十餘年來로 父母ㅣ 不得以爲子ᄒᆞ고 兄弟ㅣ

447 尙惹ᄒᆞᄂᆞᆫ도다: 오히려 야기하는도다.
448 斷裾: 부모처자와의 이별. 번역에서는 '부모와 처자를 하직함'으로 함.
449 北堂: 옛날 사대부 집안의 동쪽 북반부로 주부가 이곳에 거처한다. 그래서 어머니라는 뜻으로도 쓰인다.
450 固然ᄒᆞ지만은: 진실로 그러하지만.
451 兵馬공총: 兵馬倥偬. 전쟁으로 인하여 매우 바쁨.
452 天只有損節: 어머니가 손절이 있다, 곧 병으로 평안하지 못하다는 뜻. 번역에서는 '모친이 미령(靡寧)이라'고 함.
453 여러 날 어머니의 안후를 듣지 못하니 매우 답답하다.
454 憂悖: 걱정이 되어 가슴이 두근거림.
455 押去郎: 압송하여 가는 사람. 번역에서는 '금부도사'로 함.
456 령筵: 靈筵. 영정.
457 袁崇煥(1584~1630): 명나라 말기 장수. 청의 침공을 막는데 많은 공을 세웠지만, 모함을 받아 억울하게 사형당했다. 그가 죽고 나자 청을 막을 사람이 없어 명이 망했다고도 함.

不得以爲手足ᄒᆞ고 妻ㅣ 不得以爲夫ᄒᆞ고 子ㅣ 不得以爲父ᄒᆞ니, 余何人哉아, 直名之曰 大明國裡 壹亡命之徒라 홈이 可也라.」[458]

云ᄒᆞᆫ바 此言이 字字血 語語淚라 可稱ᄒᆞᆯ지니, 李忠武의 境遇에 較ᄒᆞ면 天上人이 아닌가 母死이 不得訣ᄒᆞ며 子死에 不得聞(見下)ᄒᆞ고, 壹身이 又 如此 坎軻에 陷ᄒᆞ니,[459] 嗚呼라, 自古 救國救民ᄒᆞᄂᆞᆫ 大英雄은 逆境이 何其多ᄒᆞᆫ가. 仝月 二十七日에 都元帥 權慄의 陣에 赴ᄒᆞ니라.

向日 海上風雲에 統制使의 斧鉞[460]을 杖ᄒᆞ고, 三道 水軍을 指揮ᄒᆞ던 李舜臣이 今乃 他人營下에 壹卒伍가 되야 東西南北에 其命을 聽ᄒᆞ니, 英雄의 懷抱가 當何如ᄒᆞᆯ고.

雖然이나 리忠武ᄂᆞᆫ 天送ᄒᆞᆫ 神人이라. 生死도 且度外에 付ᄒᆞ거니 況 壹時의 榮辱이야 엇지 其意에 介ᄒᆞ리오만은,

但 流涕痛哭[461]ᄒᆞᆯ 事ᄂᆞᆫ 國의 悲運이 家의 悲運과 同時 突來하ᄂᆞᆫ도다. 單人隻馬로 風雨ᄅᆞᆯ 冒ᄒᆞ고 草溪에 行到ᄒᆞ야, 陸軍 諸將卒과 相周旋ᄒᆞ며 水軍消息은 夢想만 徒勞[462]ᄒᆞ더니,

七月 十四日에 我船이 絶影島 前양에셔 倭船 壹千五百隻을 擊ᄒᆞ다가, 七隻이 去處업시 漂去ᄒᆞ얏다 云ᄒᆞ며,

翌十五日에 我船 二拾隻이 賊에게 又敗ᄒᆞ얏다 云ᄒᆞ며,

又 翌拾六日에 我師가 倭賊과 交鋒하다가, 大將 元均이 船을 棄ᄒᆞ고 先遁홈으로 各舟 諸軍이 壹時 潰亂하야,[463] 諸將殉節者ㅣ 甚多ᄒᆞ고, 리舜臣과 多年 同甘苦ᄒᆞ던 全羅右水使 李億祺도 亦 此戰에 死ᄒᆞ얏다ᄂᆞᆫ 報道를 軍官 리德弼이 來傳ᄒᆞᄂᆞᆫ지라.

---

458 나는 어떤 사람인가. 나는 어떤 사람인가. 10여 년 동안 부모가 자식으로 삼을 수 없고, 형제가 수족으로 삼을 수 없고, 아내가 남편으로 삼을 수 없으니 나는 어떤 사람인가. 솔직히 말하자면 나는 명나라에 망명해온 사람이라 함이 옳겠다.

459 坎軻에 陷ᄒᆞ니: 곤경에 빠지니. 곤란에 처하니.

460 斧鉞: 도끼라는 뜻. 군주는 부월의 손잡이를 잡고 장수에게 주는데, 이는 모든 군이 그 장수의 지휘를 따르라는 것이다. 장수는 부월을 잡고 군대를 통솔한다.

461 流涕痛哭: 눈물을 흘리며 통곡함.

462 徒勞: 헛되이 고생함. 헛수고.

463 潰亂하야: 싸움에 패하여 흩어져 도망쳐.

憤涕를 灑ᄒᆞ고 長劒을 獨擊ᄒᆞ더니, 有頃에 元帥가 來ᄒᆞ야 問曰

「事가 此境에 至ᄒᆞ얏스니 將奈何오.」

리舜臣 曰,

「吾가 沿海 等地에 往ᄒᆞ야 賊勢를 壹察ᄒᆞᆫ 後에 方略을 定ᄒᆞ리라.」

ᄒᆞᆫᄃᆡ 元帥 許諾ᄒᆞ거ᄂᆞᆯ, 翌 拾九日에 丹城 東山 山城에 登ᄒᆞ야 形勢를 觀察ᄒᆞ고, 二十日에 晋州 鼎盖山下 江亭에셔 留宿ᄒᆞ고, 二十壹日에 早發ᄒᆞ야 昆陽郡에 到ᄒᆞ니, 郡民이 此 離亂 中에도 實業에 勤ᄒᆞ야 或 牟田도 理ᄒᆞ며 或 早穀도 收하거ᄂᆞᆯ 리舜臣이 過ᄒᆞ다가 再拜ᄒᆞ니라.

午鼓를 罷ᄒᆞ매 露梁에 到하니, 巨濟倅 安衛 等 十餘人이 來ᄒᆞ야 痛哭相見하거ᄂᆞᆯ, 其敗由를 問ᄒᆞᆫ즉 皆曰,

「大將이 見賊先奔ᄒᆞᆫ 所致니이다.」

因ᄒᆞ여, 船上에 宿ᄒᆞᆯᄉᆡ 悲憤이 胷에 結ᄒᆞ여 終夜토록 目을 不交ᄒᆞ고 眼싱을 得ᄒᆞ니라.[464]

二十六 二拾七 兩日에 雨ᄅᆞᆯ 冒ᄒᆞ고 鼎城에 至ᄒᆞ야, 元帥의 派送ᄒᆞᆫ 軍隊를 閱ᄒᆞ니 槍砲도 無ᄒᆞ고 弓矢도 無ᄒᆞᆫ 空拳者 幾人ᄲᅮᆫ이더라. 八月 五日에 玉果에 到ᄒᆞ니 避亂人士가 道路에 彌滿ᄒᆞ거ᄂᆞᆯ 馬에 下ᄒᆞ야 入縣 安堵ᄒᆞ라[465]고 開諭ᄒᆞ고, 六日에 軍官 宋大立을 遣ᄒᆞ야 賊情을 探ᄒᆞ고, 七日에 順天에 往하다가 敗還兵 壹人 馬 三匹 弓箭 若干을 收ᄒᆞ고 谷셩 江亭에 來宿ᄒᆞ니라.

八日 曉에 ᄇᆞᆯ程ᄒᆞ야 富有倉[466]에 過ᄒᆞᆫ즉, 兵使 李福男이 賊信에 喫겁ᄒᆞ야 衝火逃走ᄒᆞᆫ 故로, 眼前에 只是 灰燼만 餘ᄒᆞ야 所見이 慘然ᄒᆞ고, 順天에 到ᄒᆞᆫ즉 郡의 官吏가 盡逃ᄒᆞ야 셩 內外에 人跡이 寂然ᄒᆞᄂᆞ 官舍 倉穀 軍器 等은 依舊ᄒᆞᆫ지라. 리舜臣 曰,

「吾輩 去後에 倭寇가 此를 掠奪ᄒᆞ리니 露置가 不可라.」

---

464 眼싱을 得ᄒᆞ니라: 번역에서는 '눈을 붙이지 못하더라'로 함. 단재 전집에는 '眼싱'을 '眼疾'로 수정함.
465 安堵ᄒᆞ라: 마음을 놓으라. 평안히 지내라.
466 富有倉: 국가의 양곡을 보관하던 창고.

하고, 一切 地中에 潛埋ᄒᆞ며 堆장 片箭 若干만 軍官이 帶持ᄒᆞ고 此에셔 留宿ᄒᆞ니라.

九日에 樂安에 到ᄒᆞ니 兵使ᄂᆞᆫ 遁ᄒᆞ고 邑里ᄂᆞᆫ 燒하야 景狀이 悽慘ᄒᆞᆫ 中에 官吏 村氓들이 故將軍 李舜臣의 來ᄒᆞᆷ을 聞ᄒᆞ고 苦痛에 陷ᄒᆞᆫ 者가 救主의 福音을 聞ᄒᆞᆫ 듯시 無不艸間 石竇에셔[467] 頭를 出하야 馬前에 來集ᄒᆞ며 壺漿[468]을 爭獻ᄒᆞ거ᄂᆞᆯ 不受ᄒᆞ랴 ᄒᆞᆫ즉 哭ᄒᆞ며 强進ᄒᆞ더라.

十七日에 長興에 到ᄒᆞ야 白沙江에셔 馬을 말이고[469] 軍營 龜尾[470]에 到ᄒᆞ니 壹境이 盡遁ᄒᆞ야 犬吠聲[471]도 無ᄒᆞ더라.

賊氛은 海天에 蔽ᄒᆞ고[472] 士氣와 民心은 土ᄀᆞᆺ치 崩ᄒᆞ니, 英雄 用武之地가 何在ᄒᆞᆫ가. 讀者ᄂᆞᆫ 眼을 着ᄒᆞ야 再來ᄒᆞᆫ 李統制의 手腕을 觀ᄒᆞᆯ지어다.

第十四章 李舜臣의 再任統制使와 鳴梁의 大戰捷

八月 三日에 閒山島 敗報가 聞ᄒᆞᄆᆡ 朝野가 震駭ᄒᆞᄂᆞᆫ지라. 上이 國務諸臣을 亟召ᄒᆞ사[473] 計의 所出을 問ᄒᆞᆫ신대 皆 惶惑莫對라.[474] 慶林君 金命元이 從容 啓曰,

「此ᄂᆞᆫ 元均의 罪이오니, 今日 善後의 策은 李舜臣으로 統制를 再任ᄒᆞᆷ에 在ᄒᆞ니이다.」

上이 此를 從ᄒᆞ샤 李舜臣으로 忠淸 全羅 慶尙 三道水軍統制使를 拜ᄒᆞ시고 制曰,

---

467 石竇에셔: 돌구멍에서.

468 壺漿: 병에 든 마실 것이라는 뜻. 簞食壺漿의 준말. 『맹자』에는 제나라가 연나라를 쳐들어가서 이기자 연나라 백성들이 기뻐하며 대그릇에 담은 밥과 호리병에 든 음료를 들고 와서 군사들을 맞이했다는 이야기가 나온다. 이는 백성들이 소박한 정성으로 군대를 환영함을 이르는 말이다.

469 말이고: 번역에서는 '먹이고'로 되어 있음. 의미상 '먹이고'가 적절한 듯.

470 龜尾: 仇未, 현재 강진군 고군면을 이름.

471 犬吠聲: 개 짖는 소리.

472 蔽ᄒᆞ고: 가리고. 덮고.

473 亟召ᄒᆞ사: 긴급히 소환하여.

474 惶惑莫對라: 두렵고 당황해서 대답하지 못하는지라.

「嗚呼라, 國家之所倚以爲保障者ᄂᆞᆫ 惟在於舟師어ᄂᆞᆯ, 乃者 天未悔禍에 凶鋒이 再熾하야 遂使三道水軍으로 仆於壹戰之下ᄒᆞ니, 燒眉之急이 迫於朝夕이라. 目下之策은 惟當召聚散亡ᄒᆞ고, 收合船艦ᄒᆞ야 急據要害然後에사 流逋之衆이 知有所歸하고, 方張之賊을 庶幾式遏인대, 而膺是仕者ㅣ 非有威惠智幹之素見服於ᄂᆡ外면 曷能勝斯任哉아. 惟卿은 聲名이 早著於超授閫寄之日하고 功業이 大著於壬辰大捷之後라. 邊上軍情이 恃爲장성之固어ᄂᆞᆯ 乃頃者에 遞卿之職ᄒᆞ고 俾從戴罪之律[475]타가 人謀不臧에 以致今日敗衄之辱허니 尙何言哉며, 尙何言哉아. 今特起卿于墨衰[476]허고, 拔卿于白衣ᄒᆞ야 授以忠淸 全羅 慶尙 等 三道水軍統制使ᄒᆞ노니, 卿其至之日에 先行招撫ᄒᆞ야 搜訪流散ᄒᆞ고 團作海營ᄒᆞ야 進扼形勢ᄒᆞ라. 若卿忘身殉國과 相機進退ᄂᆞᆫ 在於已試之能ᄒᆞ니 予曷敢多誥이리오.」[477] ᄒᆞ셧더라.

八月 十九日에 리舜臣이 諸將을 召ᄒᆞ야 勅書를 讀ᄒᆞ고 肅拜ᄒᆞᆫ 後 會寧浦에 到ᄒᆞ니, 散軍이 리舜臣의 統制使 再任ᄒᆞᆷ을 聞ᄒᆞ고 稍稍 來集ᄒᆞ야, 兵壹百二十人과 戰船 十隻을 得ᄒᆞᆫ지라. 全羅右水使 金億秋를 令ᄒᆞ야 兵船을 收拾하며 諸將을 分付하야 龜船을 假粧하야[478] 軍勢를 助케 ᄒᆞ고, 約曰

---

475 從戴罪之律: 죄를 둘러 쓴 채 군사(軍事)에 종사한다는 것이다. 즉 이순신이 백의종군(白衣從軍)한 일을 가리킨다.

476 墨衰: 기원전 627년 진문공(晋文公)이 죽은 틈을 타서 진군(秦軍)이 공격해오자, 새로 즉위하여 상중에 있던 진양공(晋陽公)이 상복에 검정물을 들여 입고 출전하여 진군을 격파하였다. 이후에 상중에 출전하는 것을 가리키는 말로 쓰인다. 아울러 "起卿"이라는 말은 起復出仕의 의미로, 부모의 상중에 벼슬자리에 나아감을 말한다.

477 오호라! 국가에 의지하여 울타리를 삼는 자는 다만 수군에 있거늘, 이에 하늘이 재앙을 뉘우치지 아니하여, 도적이 다시 성하매 삼도 수군으로 하여금 한번 싸워 패하여 눈썹을 태우는 급함이 조석에 있으니, 목하에 계책은 흩어져 도망한 자를 불러 모으고 군함을 수합하여 급히 요해처를 웅거하고, 엄연히 대본영(大本營)을 만들어야 도망한 무리가 돌아갈 곳이 있을 것이요, 한창 성한 도적을 저으기 막을 터인데, 이 책임을 당할 자는 오래 위엄과 은혜, 지혜와 재간으로 평소 안팎에서 인민이 복종하던 자가 아니면 불가하니, 오직 경은 성명이 일찍이 병사를 처음 하던 날에 나타났으며, 공업(功業)은 임진년 크게 승첩한 후에 나타나서, 변방 군사가 의지하기를 만리장성과 같이 견고하게 알더니, 이에 경의 벼슬을 갈고, 대죄(戴罪) 거행하라는 전례를 시행하였더니, 사람이 획책을 잘 하지 못하여, 오늘날 패하는 욕을 당하였으니 무슨 말을 하리요? 이제 경을 거상하는 데서 일어나게 하며, 백의에서 특별히 택차하여, 충청·전라·경상 삼도 수군통제사를 주노니, 경은 임소에 이르는 날에 먼저 이산한 민졸을 불러 위로하고, 바다 영문을 지어서 적세를 막을지어다! 경이 나라를 위하여 몸을 잊음과 기틀을 보아 진퇴하는 것은 이미 그 능함을 시험하였으니, 나는 어찌 여러 말로 고하리요?

478 假粧하야: 치장하여.

「吾等이 國家를 報홈에 壹死를 何惜ᄒᆞ리오.」

ᄒᆞ니, 諸將이 皆 感泣ᄒᆞ더라.

二十四日에 蘭浦에 進하더니, 二十八日에 敵船 八隻이 暗來ᄒᆞ야 不意에 襲코ᄌᆞ ᄒᆞ거늘, 리舜臣이 角을 鳴ᄒᆞ며 旗를 揮ᄒᆞ야 彼를 直突ᄒᆞ니 賊이 乃退ᄒᆞ고, 九月 七日에 賊船 十三隻이 又來ᄒᆞ다가 公이 迎擊ᄒᆞᄆᆡ 即走ᄒᆞ고, 是夜 二更에 又來하야 砲를 放ᄒᆞ거늘, 公이 軍卒로 砲를 應ᄒᆞᄃᆡ 又 退走ᄒᆞ니, 此ᄂᆞᆫ 賊이 리舜臣의 兵少를 欺ᄒᆞ야 是로 嘗試홈이러라.

時ᄂᆞᆫ 季秋라, 海天이 頗寒ᄒᆞ야 士卒이 無衣를 歎ᄒᆞᄂᆞᆫ대, 適[479] 許多 避亂船이 海岸에 來泊ᄒᆞᆫ 者ㅣ 幾百隻이 되거늘, 리슌臣이 問曰,

「巨賊이 海를 蔽ᄒᆞᄂᆞᆫᄃᆡ, 君等이 此에 留홈은 何事를 爲코자 홈인가.」

皆 對曰「我等은 使道를 恃ᄒᆞ고 此에 留ᄒᆞ노라.」

리슌臣이 又曰,

「君等이 我言을 從ᄒᆞ면 生路가 有하려니와, 不然이면 皆死ᄒᆞᆯ지로다.」

皆曰「惟公命을 是從이라.」

ᄒᆞ거늘, 리슌臣 曰,

「將士가 飢且寒ᄒᆞ야 盡死ᄒᆞᆯ 地境이니, 況 禦賊ᄒᆞᆯ 道가 有乎아, 君等이 萬壹 餘ᄒᆞᆫ 바 衣粮으로 軍卒를 救ᄒᆞ면 此賊을 可滅이오, 汝死를 可免ᄒᆞ리라.」

ᄒᆞᆫ대, 衆이 皆此를 從ᄒᆞ거늘 於是에 粮米를 分ᄒᆞ야 諸船에 載ᄒᆞ니 軍卒이 起色이 纔有ᄒᆞ더라.

然이나 衆寡가 縣殊홈으로 諸將 人人이 皆曰,

「舟를 捨ᄒᆞ고 陸에 登홈이 可ᄒᆞ다.」

ᄒᆞ거늘, 리舜臣이 不聽ᄒᆞ며 又 朝廷이 舟師가 甚單ᄒᆞ야[480] 賊을 禦ᄒᆞ기 難ᄒᆞ니 陸戰하라 命ᄒᆞ거늘, 리舜臣이 又 啓曰,

「壬辰으로부터 至今 五六年間에 賊이 兩湖를 直突치 못홈은 舟師가 其

---

479 適: 마침.
480 甚單ᄒᆞ야: 너무 박약하여. 번역에서는 '심히 적어'로 함.

路를 扼훈[481] 故라. 今에 臣이 戰船 拾二가 有ᄒᆞ니 死力을 出ᄒᆞ야 拒戰ᄒᆞ면 尙可爲也어놀, 今에 萬壹 舟師를 全廢ᄒᆞ면 賊이 必然 湖右로 由ᄒᆞ야 漢水에 達ᄒᆞ리니 此가 엇지 可憂훌 빅 아니리오. 戰船이 雖寡ᄒᆞ나 微臣이 不死ᄒᆞ면 賊이 我를 輕侮치 못ᄒᆞᆫ다.」

云ᄒᆞ고, 右營 前洋에 出ᄒᆞ야 諸將을 會集ᄒᆞ고 約束을 申明ᄒᆞ야 曰,

「一夫當逕에 足懼千夫[482]하나니, 今 我의 現陣ᄒᆞᆫ 地가 如是ᄒᆞᆫ즉 諸將은 勿憂ᄒᆞ고 但 不畏死 三字만 常佩ᄒᆞ면[483] 可戰ᄒᆞ리라.」 ᄒᆞ더라.

拾六日 早朝에 賊이 蔽天塞海[484]의 勢로 鳴梁에셔 來ᄒᆞ야 我陣을 向ᄒᆞ거놀, 리舜臣이 諸將을 率ᄒᆞ고 出禦ᄒᆞᆯ식, 賊船 三拾餘隻이 悍然[485] 前進ᄒᆞ며 我船을 擁圍코ᄌᆞ 하거놀, 리舜臣이 櫓를 促ᄒᆞ야 突前ᄒᆞ며 各軍을 促ᄒᆞ야 銃丸을 乱放ᄒᆞ니 賊兵이 直犯치ᄂᆞᆫ 못ᄒᆞ야 乍進乍退ᄒᆞᄂᆞᆫ 模樣이더라.

是時에 衆寡의 勢만 不敵훌 쑨더러, 賊船이 我船을 十數匝이나 包圍ᄒᆞ고 長蛇의 勢로 前衝하미 其勢가 甚히 不測ᄒᆞᆫ지라. 各船 諸將이 相顧失色ᄒᆞ거놀 李舜臣이 笑謂 曰,

「彼賊이 비록 萬隻船으로 來하더리도, 我船의 擒ᄒᆞᄂᆞᆫ 빅 되리니 妄動치 勿ᄒᆞ고 砲射에나 盡力ᄒᆞ라.」

此數言이 何等快濶이며 何等自信고, 將卒 人人이 感躍ᄒᆞ야 招搖旗[486]를 壹翻ᄒᆞ미 諸船이 爭進ᄒᆞ더라.

海中에ᄂᆞᆫ 兩國兵의 戰聲이오, 山上에ᄂᆞᆫ 觀戰人의 光景이라. 李統制만 再起ᄒᆞ면 倭讐를 快復훌 줄로 信ᄒᆞ고, 遠近人民이 男負女戴ᄒᆞ고 百里 或 千里에셔 來ᄒᆞ야 巍巍ᄒᆞᆫ 高峰을 據ᄒᆞ야 리統制의 戰况을 觀ᄒᆞ더니,

我船 十二隻이 海面에 飄요ᄒᆞᄂᆞᆫ대, 忽然 數千隻 賊船이 壹時圍匝ᄒᆞ야 黑

---

481 扼ᄒᆞᆫ: 움켜쥔.
482 사나이 한 명이 길목을 잘 지키면 천 명의 사나이를 두렵게 할 수 있다.
483 常佩ᄒᆞ면: 항상 지니면.
484 蔽天塞海: 하늘을 가리고 바다를 덮음.
485 悍然: 무지막지하게. 번역에서는 '맹렬히'로 함.
486 招搖旗: 조선 시대에, 전진(戰陣)에서나 행군할 때 대장이 장수들을 부르고 지휘하는 데에 쓰던 신호용 군기(軍旗). 깃발에 북두칠성이 그려져 있으며, 대장의 직품에 따라 크기나 색깔이 달랐다.

雲이 聚하며 亂霧가 合ᄒᆞᄂᆞᆫ 듯ᄒᆞᆫ 中에 我船은 何處에 埋葬ᄒᆞᆫ지 不知ᄒᆞ겟고, 但 空際[487]에 白刃의 光이 閃爍ᄒᆞ며 天畔에 巨砲의 聲이 轟震ᄒᆞᄂᆞᆫ지라.[488] 觀戰人이 相扶痛哭 曰,

「我等의 來가 統制만 恃홈이더니 今에 若此ᄒᆞ니, 嗚呼 吾輩여, 誰와 共生ᄒᆞ리오?」

ᄒᆞ고 哭聲이 狼藉ᄒᆞ다가 猛然히 河岳이 崩潰하ᄂᆞᆫ 듯ᄒᆞᆫ 壹巨聲이 作ᄒᆞ며, 賊船 三十餘隻이 粉碎ᄒᆞ고 朝鮮 三道水軍統制使라 大書ᄒᆞᆫ 旗号가 翩翩ᄒᆞ며, 我船이 矯矯ᄒᆞᆫ 遊龍ᄀᆞᆺ치 其後로 繞出ᄒᆞ니,[489]

天歟아 神歟아, 是何信也오.[490] 壹切 觀戰人이 莫不其手로 額을 拍ᄒᆞ며[491] 朝鮮萬歲를 呼ᄒᆞ더라.

於是에 數千隻 賊船이 或破 或走 或被擒ᄒᆞᄂᆞᆫ대, 我船 十二隻이 往來奔突ᄒᆞ며 威武를 耀ᄒᆞ니, 壯哉라, 茫茫海波上에 逐倭如逐獐[492]의 奇觀을 呈ᄒᆞ얏도다.[493]

是戰也에 我船이 水中天險을 先占ᄒᆞ얏슬 ᄲᅮᆫ더러, 戰纔壹合에 賊의 先鋒船을 撞破하고 其無雙驍將 馬多時[494]를 劒斬ᄒᆞ야 賊氣가 先挫ᄒᆞᆫ 故로 十二船 寡弱의 兵으로 數千隻 敵艦을 剿滅홈이라.

李忠武가 亦嘗自稱ᄒᆞ여 曰,

「吾의 鳴梁 壹捷은 新募未練[495]의 卒과 不滿[496] 十數의 船으로 數千隻 賊船 數萬名 賊軍을 克制ᄒᆞ얏스니 此ᄂᆞᆫ 上天의 助오, 國家의 威靈이라. 偶然 夢寐間에 想及ᄒᆞ야도 壹大叫快[497]을 不已ᄒᆞ노라.」云ᄒᆞ더라.

---

487 空際: 하늘과 땅이 맞닿은 곳.
488 轟震ᄒᆞᄂᆞᆫ지라: 크게 울리는지라. 진동하는지라.
489 繞出ᄒᆞ니: 돌아 나오니.
490 是何信也오: 어디서 오는 소식인고.
491 莫不其手로 額을 拍ᄒᆞ며: 모두 손을 이마 위에 높이 들고 박수를 치며.
492 逐倭如逐獐: 왜를 좇는 것이 노루를 좇는 것과 같음.
493 呈ᄒᆞ얏도다: 드러내었도다. 나타내었도다.
494 馬多時: 다른 이름으로 마다시지(馬多時之). 그는 아군 정탐자 송충인(宋忠仁)을 도와 일본군의 정세 파악에 일조하였다.
495 新募未練: 새로 모집하여 조련되지 못함.
496 不滿: 불과. 미처.

拾七日에 船을 引ᄒᆞ야 外島에 出ᄒᆞ니, 避亂人民이 其 熱誠을 盡ᄒᆞ야 歌舞抃蹈ᄒᆞ며 牛酒를 爭獻ᄒᆞ더라.

賊이 遂遠遁ᄒᆞ거늘, 於是에 李舜臣이 日로 褊裨[498]를 遣ᄒᆞ야 各地에 循行ᄒᆞ며 流民을 曉喩ᄒᆞ고 散兵을 招集ᄒᆞ니, 數月之內에 將士가 雲集ᄒᆞ야 軍聲이 大振ᄒᆞ더라.

雖然이나 李統制의 神算이 壹國을 能保ᄒᆞ면셔 其家는 不能保ᄒᆞ며, 壹國之民은 能救ᄒᆞ면셔 其子는 不能救ᄒᆞ니, 哀哉라, 彼 秀家 行長 淸正 等이 元均의 舌을 借ᄒᆞ야 리統制를 殺害ᄒᆞ고, 其 野心을 逞ᄒᆞ랴 ᄒᆞ다가, 幾死ᄒᆞᆫ 리統制가 更生ᄒᆞ야, 其區區 拾二隻의 殘船으로 數萬 倭兵을 覆滅ᄒᆞᄆᆡ, 彼가 憤極 愧極 痛極의 心을 不勝ᄒᆞ나 리統制의 慧眼所照에 報復을 售ᄒᆞᆯ[499] 餘地가 無ᄒᆞᆫ 故로, 鳴梁 敗後에 卽日 輕騎을 發ᄒᆞ야 리統制 本鄕 牙山 錦城村 壹洞을 焚蕩ᄒᆞ고 殺戮을 肆行ᄒᆞ는대, 리統制의 第三子 勉[500]이 拾數歲 不過ᄒᆞᆫ 童子로 家에 在ᄒᆞ야 騎射를 習ᄒᆞ다가 倭兵의 欄入ᄒᆞᆷ을 見ᄒᆞ고, 即時 小砲를 放ᄒᆞ야 三賊을 射殺ᄒᆞ고 往來馳擊ᄒᆞ더니, 嗟呼라, 壹稚虎의 獨躍이 羣老狼의 爭噬을 不敵ᄒᆞ야 中途에 伏刃에 死ᄒᆞ니라.

膽畧[501]이 有ᄒᆞ고 騎射를 善ᄒᆞ야 將來 自己의 遺躅[502]을 繼ᄒᆞ며 國家의 長城을 作ᄒᆞ리라고 認定ᄒᆞ던 第壹愛子의 凶音을 接ᄒᆞᄆᆡ, 多情英雄의 心事가 果何如ᄒᆞᆯ고, 訃書를 抱ᄒᆞ고 哭曰,

「哀我小子, 棄我何歸, 英氣脫凡, 天不留世耶, 今我在世 竟將何依오.」[503] ᄒᆞ고 (日記 中 所載) 夜를 年ᄀᆞᆺ치 度ᄒᆞ니, 哀哉라, 此又 母喪을 遭ᄒᆞᆫ 後 壹大哀痛ᄒᆞᆫ 涙러라.

---

497 吗快: 상쾌함.
498 褊裨: 각 군영에 둔 부장(副將). 번역에서는 '여러 장수(諸將)'로 함.
499 售ᄒᆞᆯ: 실현할.
500 勉: 李葂. 이순신의 셋째 아들.
501 膽畧: 담력과 꾀.
502 遺躅: 남긴 자취.
503 슬프구나 아들아, 나를 버리고 어디로 갔느냐? 영특한 기운이 여느 사람에 뛰어남으로 하늘이 세상에 머물지 아니하심인가. 장차 내가 누구를 의지할꼬.

第十五章　倭寇의 末路

(壹) 豊臣秀吉의 死와 宇喜多秀家의 走

(二) 行長과 淸正의 生路哀乞

(三) 明兵의 來援

(四) 李舜臣의 隣將交際

(五) 李舜臣의 與賊俱碎[504]의 決心

豊臣秀吉이 壹超直入 大明國의 快言을 發ᄒᆞ야 假途滅虢의 計[505]로 我國을 誘ᄒᆞ다가 不成ᄒᆞᄆᆡ, 即時 宇喜多秀家 加藤淸正 小西行쟝 等 諸將을 遣ᄒᆞ야 三十萬兵을 率ᄒᆞ고 三路로 入寇ᄒᆞᆯᄉᆡ, 其 勃勃ᄒᆞᆫ 野心이 八域을 洞呑ᄒᆞᆯ[506] 듯ᄒᆞ더니, 居然[507] 慶尙 全羅의 海口에 壹大天降 名將[508]의 扼ᄒᆞᆫ[509] 빈 되야, 諸 倭將은 轅駒[510]ᄀᆞᆺ치 局促ᄒᆞ며[511] 諸 倭兵은 魚腹에 盡葬ᄒᆞ고 其憤腦가 欲裂ᄒᆞ야 八年 兵革을 繼續ᄒᆞ되 累度敗衂[512]만 遭ᄒᆞᆫ지라. 於是에 恨血을 嘔ᄒᆞ고 死倒ᄒᆞ니 兩國間 戰火가 稍稍 消滅될 機가 到ᄒᆞ더라.

水軍勝利를 大言自擔ᄒᆞ던 宇喜多秀家가 此에 至ᄒᆞᄆᆡ, 其 敗兆를 先察ᄒᆞ고 師를 棄ᄒᆞ야 遠遁ᄒᆞᄂᆞᆫ대,[513] 彼無厭의 行長 淸正은 我 內地에 深入ᄒᆞ얏다가 陸에 登ᄒᆞᆫ즉 義兵이 環匝ᄒᆞ고[514] 水로 向ᄒᆞᆫ즉 三道水軍이 阻遏ᄒᆞ야[515]

---

504 與賊俱碎: 적과 더불어 모두 없어지리라.

505 假途滅虢의 計: 虢는 虢의 오류. 『좌전(左傳)』에 나오는 고사. 진(晋)이 우(虞)를 통과하여 괵(虢)을 치려 하자, 우나라의 궁지기(宮之奇)란 사람이 우의 임금에게 "괵은 우리 우의 껍질에 해당하니, 괵이 망하면 우는 망하고 맙니다."라며 말렸으나, 임금이 듣지 않고 길을 빌려주었다. 진은 괵을 멸하고 돌아오는 길에 우도 쳐서 멸망시켰다.

506 洞呑ᄒᆞᆯ: 완전히 삼킬. 번역에서는 '한번에 삼킬'로 함.

507 居然: 뜻밖에.

508 天降 名將: 하늘이 내린 명장.

509 扼ᄒᆞᆫ: 잡힌.

510 轅駒: 멍에 메고 수레를 끄는 데 익숙하지 않은 망아지. 맡은 일에 비해 국량이 부족한 사람을 비유.

511 局促ᄒᆞ며: 몸을 움츠리며.

512 累度敗衂: 여러 차례 패전.

513 遠遁ᄒᆞᄂᆞᆫ대: 멀리 숨는데. 멀리 도망하는데.

514 環匝ᄒᆞ고: 둘러싸고.

進退維谷의 境遇를 當하얏는듸,

行長은 順天에 屯ᄒᆞ며 淸正은 蔚山에 屯ᄒᆞ야 困獸猶鬪[516]의 志를 抱ᄒᆞ고 各地에 轉戰ᄒᆞ랴 ᄒᆞ다가, 淸正은 都元帥 權慄과 李德馨[517]에게 見圍ᄒᆞ야 島山城中에 勺水를 不得ᄒᆞ고 累日을 飢困ᄒᆞ며, 行長은 全羅道 海陸 兩交線 中間에셔 徘徊ᄒᆞᆯᄉᆡ 其勢의 不敵ᄒᆞᆷ을 自知ᄒᆞ고 累累히 行人을 遣ᄒᆞ야 和親을 請ᄒᆞ더라.

倭賊과 不共戴天ᄒᆞ기로 自誓ᄒᆞᆫ 리舜臣이 엇지 此를 肯許ᄒᆞ리오.[518] 來使를 却ᄒᆞ고 益益히[519] 軍을 進ᄒᆞ야 歸賊路[520]를 扼ᄒᆞᆯᄉᆡ,

宣廟 戊戌 六月 二十七日에 古今島에 移陣ᄒᆞ니, 此ᄂᆞᆫ 全羅 海口의 第壹 要害處러라.

義僧을 募ᄒᆞ야 各地를 屯守하며 農民을 集ᄒᆞ야 島中에셔 耕作케 ᄒᆞ고, 精騎를 分ᄒᆞ야 四處로 出ᄒᆞ야 遊寇를 剿滅케 ᄒᆞ고, 行長 淸正은 天塹[521]內에 囚ᄒᆞ야 其兵을 老케 ᄒᆞᆫ 然後에 掃除ᄒᆞ기로 計劃을 定ᄒᆞ더니,

七月 拾六日에 明國 水軍都督 陳璘[522]이 水軍 五千名을 率ᄒᆞ고 海에 下ᄒᆞ야 我軍과 合ᄒᆞ니 水軍의 形勢가 壹層 頓壯ᄒᆞ더라.[523]

然이나 陳璘은 元來 粗猛善怒[524]로 聞ᄒᆞᄂᆞᆫ 者라, 其國에 同列諸將과 相善ᄒᆞᄂᆞᆫ 者도 無하거던 況 言語不通ᄒᆞ고 俗習不同ᄒᆞᆫ 他國 將軍과 終始無忤[525]ᄒᆞ기

---

515 阻遏ᄒᆞ야: 저지하여.

516 困獸猶鬪: 위급할 때는 아무리 약한 짐승이라도 싸우려고 덤빔.

517 李德馨(1561~1613): 조선 중기의 문신. 호는 한음(漢陰). 선조 25년(1592)에 예조 참판에 올라 대제학을 겸임하였다. 임진왜란이 일어나자 동지중추부사로서 일본 사신 현소(玄蘇)와 화의를 교섭하였으나 실패했다. 그 후 왕을 정주까지 호종하였고, 청원사(請援使)로 명나라에 파견되어, 원병을 요청했다. 광해군 즉위 후에 영의정에 올랐다. 저서에 『한음문고(漢陰文稿)』가 있다.

518 肯許ᄒᆞ리오: 허용하리오. 허락하리오.

519 益益히: 점점. 더욱더.

520 歸賊路: 적의 돌아가는 길.

521 天塹: 강이나 산 따위로 이루어진 자연적 요충지. 여기에서는 물론 오갈 데 없는 함정이라는 의미.

522 陳璘(1532~1607): 명나라 13대 신종 때의 장군. 조선 시대 14대 선조 30(1597)년 왜적의 재침 때에 조선 구원군 도독으로 군선 5백 척을 거느리고 당진(唐津)에 들어와 이순신과 함께 해상을 담당했다. 이순신과 힘을 합하여, 노량으로 쳐들어온 도진의홍(島津義弘) 인솔의 왜적선 5척을 섬멸하고 선조 32(1599)년 서울에서 철수했다.

523 頓壯ᄒᆞ더라: 한층 장엄하더라.

524 粗猛善怒: 성품이 사납고 노하기를 잘함.

525 終始無忤: 시종 거스름이 없음.

를 엇지 可望ᄒᆞ리오. 兩將이 壹忤ᄒᆞ면 兩國兵이 必決裂이오, 兩國兵이 壹決裂ᄒᆞ면 倭賊討平ᄒᆞ기ᄂᆞᆫ 姑舍하고 反히 其 承陷ᄒᆞᄂᆞᆫ[526] ᄇᆡ 되기도 易ᄒᆞᆫ지라.

故로 朝廷이 此를 憂ᄒᆞ야 主上이 陳璘을 厚待ᄒᆞ라고 旨諭[527]를 下ᄒᆞ시며 領相이 陳璘을 善交ᄒᆞ라고 親簡[528]을 致ᄒᆞ더라.

雖然이나 李統制 心中에ᄂᆞᆫ 早已 壹良算[529]을 定ᄒᆞ야 恢恢遊刃[530]의 手段으로 陳린을 待ᄒᆞ더라.

陳린의 軍이 始至ᄒᆞᄆᆡ 리舜臣이 即時 牛를 殺ᄒᆞ며 酒를 辦ᄒᆞ야 陣營 諸將을 大慰悅케 ᄒᆞ더니 旣而오, 彼軍이 四出ᄒᆞ야 我民의 財를 掠奪ᄒᆞᄂᆞᆫ지라.

李舜臣이 軍民에게 令을 下ᄒᆞ야 大小廬舍를 同時 毁撤케[531] 하며 自己의 衣衾枕具도 船中에 搬運케 ᄒᆞ더니, 陳린이 處處 毁家ᄒᆞᄂᆞᆫ 光景을 觀ᄒᆞ고 心에 甚怪ᄒᆞ야 人을 遣ᄒᆞ야 來問ᄒᆞ거ᄂᆞᆯ 李舜臣이 曰,

「貴麾下가 暴掠만 專務ᄒᆞ야 人民이 不堪ᄒᆞᄂᆞᆫ 故로, 各각 撤家遠走ᄒᆞᄂᆞᆫ대 我가 大將이 되야 何面目으로 此에 獨留ᄒᆞ리오. 我도 從此 陳都督을 永辭ᄒᆞ고 浮海遠遁[532]ᄒᆞ려 ᄒᆞ노라.」

陳璘이 此를 聞ᄒᆞ더니 大驚馳到ᄒᆞ야 리舜臣의 手를 挽執ᄒᆞ야 曰,

「公이 若去ᄒᆞ면 린이 誰와 賊을 禦ᄒᆞ리오.」

ᄒᆞ며 懇詰不已[533]ᄒᆞ거ᄂᆞᆯ, 리舜臣이 乃 慷慨流涕 言曰,

「敝邦[534]이 倭賊의 禍를 被ᄒᆞᆫ 지 今且 八年이라. 我의 성邑을 焚毁ᄒᆞ며 我의 人民을 殺害ᄒᆞ며 我의 墳墓를 발掘ᄒᆞ며 我의 財産을 掠奪ᄒᆞ야 父母된 者ᄂᆞᆫ 其 子孫을 哭ᄒᆞ며 夫人된 者ᄂᆞᆫ 其 丈夫를 哭ᄒᆞ며, 家屋이 有ᄒᆞᆫ 者ᄂᆞᆫ

---

526 承陷ᄒᆞᄂᆞᆫ: 함락을 이을. 연이어 함락될.
527 旨諭: 칙령. 포고.
528 親簡: 친필 편지.
529 壹良算: 하나의 좋은 계책.
530 恢恢遊刃: '恢恢'는 여유있게라는 뜻. '遊刃'은 "遊刃有餘地"에서 나온 말. 고기를 저미는 칼을 자유자재로 놀린다는 뜻으로 일을 처리하는 데 여유가 있음을 뜻함.
531 毁撤케: 부수어서 걷어치우게.
532 浮海遠遁: 멀리 떠남.
533 懇詰不已: 간절히 물을 뿐. 번역에서는 '간결하거늘'로 함.
534 敝邦: 우리나라.

其 家屋을 失ᄒᆞ며, 젼財가 有ᄒᆞᆫ 者ᄂᆞᆫ 其 錢財를 失ᄒᆞ야,

今 八域 人民이 倭寇 二字를 提及ᄒᆞᄆᆡ 莫不其心骨이 寒痛ᄒᆞ나니, 舜臣이 雖 蠢蠢武夫에 不過하나 亦是 彛性[535]을 賦ᄒᆞ야 國恥民辱을 粗知ᄒᆞᄂᆞᆫ[536] 者로셔 今에 將軍이 敝邦을 爲ᄒᆞ야 千里赴援ᄒᆞ얏ᄂᆞᆫ대, 舜臣이 將軍을 결ᄒᆞ고 獨遁코ᄌᆞ ᄒᆞ니 엇지 如此 不近人道ᄒᆞᆫ 思想을 忍做ᄒᆞ리오만은, 雖然이나 即今 貴麾下의 暴掠을 觀ᄒᆞ건대 堂堂 義師로 無賴蠻行을 敢作ᄒᆞ니 嗟 我生령이 엇지 此苦을 重堪ᄒᆞ리오. 舜臣이 此를 忍見ᄒᆞᆯ 슈 無ᄒᆞ야 如此 徑去코ᄌᆞ[537] ᄒᆞ노라.」

陳린이 此를 聞ᄒᆞ더니 赧又愀然[538]의 色이 弁作하야 曰,

「璘이 從此로 麾下ᄅᆞᆯ 嚴束하야[539] 秋毫를 不犯케 ᄒᆞ리니 公은 少留ᄒᆞ소셔.」

리舜臣이 曰,

「不可ᄒᆞ다 營門이 嚴슈ᄒᆞ야 我民이 設或 寃憤을 入訴코자 ᄒᆞ야도 其路가 甚難ᄒᆞᆯ지니, 將軍이 雖明ᄒᆞ나 엇지 貴麾下의 出外作攫ᄅᆞᆯ 壹壹照察ᄒᆞ리오. 將軍이 萬壹 슌臣을 留코ᄌᆞ ᄒᆞᆯ진댄 오즉 壹事가 有ᄒᆞ나니 將軍이 此를 肯從ᄒᆞᆯᄂᆞᆫ지?」

陳린 曰,

「惟 公命을 是從ᄒᆞ리니 公은 此를 第言하라.[540]」

李舜臣 曰,

「貴麾下가 我國 來援ᄒᆞᄂᆞᆫ 勢力을 恃ᄒᆞ고 忌憚이 都無ᄒᆞ야 如此 肆行[541]ᄒᆞᆷ이니, 將軍이 萬壹 我에게 便宜를 假하야 其罪ᄅᆞᆯ 治케 ᄒᆞ면 兩國 軍民이 相안[542]ᄒᆞᆯ가 ᄒᆞ노라.」

---

535 彛性: 사람이 지켜야 할 떳떳한 본성.
536 粗知ᄒᆞᄂᆞᆫ: 대강 아는.
537 徑去코ᄌᆞ: 가고자. 떠나고자.
538 赧又愀然: 무안해하고 근심스러운 빛을 띰.
539 嚴束하야: 엄하게 단속하여.
540 第言하라: 시험적으로 말해 보라. 시험 삼아 말해 보라.
541 肆行: 제멋대로 굶.
542 相안: 相安. 서로 평안함.

陳린이 曰, 「諾다[543] 惟 公命을 是從ᄒᆞ리라.」

此後로 明兵이 犯ᄒᆞᆫ ᄇᆡ 有ᄒᆞ면 리슌臣이 此ᄅᆞᆯ 嚴治ᄒᆞ니, 於是에 百姓이 安堵ᄒᆞᆷ을 得하고 明兵이 리슌臣 畏愛ᄒᆞ기ᄅᆞᆯ 陳린에 過ᄒᆞ더라. 十八日에 賊船 百餘隻이 鹿島ᄅᆞᆯ 來犯ᄒᆞᆫ다고 偵探兵이 來報ᄒᆞ거ᄂᆞᆯ, 리統制 陳都督이 戰船을 各領ᄒᆞ고 金堂島에 至ᄒᆞᆫ즉, 但只 二賊船이 在ᄒᆞ다가 我船을 望見ᄒᆞ고 急遁ᄒᆞ거ᄂᆞᆯ, 李統制ᄂᆞᆫ 八船을 發ᄒᆞ며 陳都督은 二十船을 發ᄒᆞ야 折爾島에 埋伏ᄒᆞ고 同還ᄒᆞ더라.

二拾四日에 李舜臣이 酒를 運籌堂에 置ᄒᆞ고 陳璘을 邀ᄒᆞ야 對飮하더니, 陳璘의 麾下 千總者가 來報하되

「曉에 賊船 六隻을 遇ᄒᆞ야 朝鮮舟師가 此를 盡捕하니이다.」

ᄒᆞ니 陳린이 大怒喝退ᄒᆞ거ᄂᆞᆯ, 李舜臣이 其意를 解ᄒᆞ고 婉言으로 勸ᄒᆞ며 該 所獲船과 倭頭 六十九級을 付하며 曰,

「將軍이 到陣ᄒᆞᆫ 지 數日이 不過ᄒᆞ야 即時 虜功[544]으로 貴朝에 奏하면 엇지 美事가 아닌가.」

ᄒᆞᆫᄃᆡ 陳린이 大喜ᄒᆞ야 遂 終日 醉飽ᄒᆞ고,[545] 自後로 欽服[546]을 尤加ᄒᆞ며, 且 自家의 船隻이 雖多나 禦賊에 不適ᄒᆞᆷ을 自覺ᄒᆞᆫ지라. 我 板屋船을 乘ᄒᆞ고 李舜臣의 節制ᄅᆞᆯ 願受ᄒᆞ며, 恒常 李爺[547]라 稱ᄒᆞ고 不名ᄒᆞ더라.[548]

九月 十四五日 頃에 각 處 賊將이 小西行長의 順天陣으로 並聚ᄒᆞ거ᄂᆞᆯ, 리舜臣의 慧眼[549]이 其 撤歸코ᄌᆞ ᄒᆞᆷ을 早察하고 慨然 曰

「吾가 엇지 千古讐賊의 生還ᄒᆞᆷ을 許하리오.」

是日에 陳린과 共히 舟師를 率ᄒᆞ고, 拾九日에 左水營 前에 過ᄒᆞ야 二十日에 順天 曳橋에 至ᄒᆞ니 此ᄂᆞᆫ 即 小西行長의 陣前이라.

---

543 諾다: 좋다.
544 虜功: 오랑캐의 공. 번역에서는 '큰 공'으로 함.
545 醉飽ᄒᆞ고: 취하도록 마시고 배불리 먹고.
546 欽服: 흠앙하여 복종함.
547 李爺: 이 어른. 李爺라는 것은 이순신을 존칭하여 부른 말.
548 不名ᄒᆞ더라: 이름을 부르지 않더라.
549 慧眼: 사물을 꿰뚫어 보는 안목과 식견.

兵을 四列ᄒᆞ야 其 歸路를 塞ᄒᆞ고 精騎[550]를 遣ᄒᆞ야 獐島를 襲ᄒᆞ야 賊의 儲粮을 奪取ᄒᆞ더라.

第十六章 陳璘의 中變과 露梁의 大戰

諺에 曰「天下不如意事[551]가 拾常八九라.」ᄒᆞ더니 果然이로다. 李忠武의 統制使 再任ᄒᆞᆫ 以後에ᄂᆞᆫ 朝廷의 信賴가 旣專ᄒᆞᆫ 中 又 外國의 援兵이 來ᄒᆞ야 軍威를 增壯ᄒᆞ니, 此ᄂᆞᆫ 虎腋에 翼을 附ᄒᆞᆷ이라 稱ᄒᆞᆯ 만ᄒᆞᆫ대, 况 彼國 將卒이 李忠武에게 壹心誠服ᄒᆞ야 李爺라 稱ᄒᆞ며 天下名將으로 仰ᄒᆞ며 經天緯地[552]의 才와 補天浴日[553]의 手[554]라 讚美ᄒᆞ야(陳璘이 宣廟朝에 上書ᄒᆞ야 曰 李舜臣은 經天緯地 云云), 一 惟命을 是從ᄒᆞ니 此後 李忠武의 成功은 江河의 決下ᄒᆞ듯시 蕩然無礙[555]ᄒᆞᆯ 듯ᄒᆞ더니, 嗚呼라, 리忠武 一生 歷史ᄂᆞᆫ 艱苦로 始ᄒᆞ야 艱苦로 終ᄒᆞᆷ이 是乃 彼蒼의 故意인지, 今乃 將星將落ᄒᆞ던 前日까지 一番 魔戱가 又來ᄒᆞᄂᆞᆫ도다.

蓋當時 支那援將 等이 其面에ᄂᆞᆫ 忠憤의 色을 帶ᄒᆞ며 其口로ᄂᆞᆫ 慷慨의 言을 發ᄒᆞ나, 然이나 彼輩ᄂᆞᆫ 黃금 幾片만 見ᄒᆞ면 其 忠憤 其 慷慨가 天外로 飛去ᄒᆞ고 全身이 彼 黃금에 向ᄒᆞ야 恭敬下拜하ᄂᆞᆫ 者니 如此 竪子[556] 等과 何事를 能成하리오. 故로 彼輩의 來援이 李舜臣에게 尺害ᄂᆞᆫ 有ᄒᆞ나 寸利ᄂᆞᆫ 無ᄒᆞ도다.

리舜臣이 獐島에 據하야 賊의 歸路를 斷ᄒᆞᆫ 以來로 行長이 粮盡勢竭[557]ᄒᆞᆯ

---

550 精騎: 날쌔고 용맹한 기병.
551 不如意事: 여의치 않은 일, 뜻대로 되지 않는 일.
552 經天緯地: 온 천하를 조직적으로 잘 계획하여 다스림.
553 補天浴日: '보천'은 『회남자(淮南子)』에 나오는 것으로, 우주를 창조한 여신 여와는 강에서 '오색 빛깔의 돌을 골라 불로 녹여서 이지러진 하늘을 보수하였다.'는 것이다. '욕일'은 『산해경(山海經)』에 나오는 것으로, 태양의 신 희화(羲和)에게는 10개의 태양이 있었는데 매일 태양들을 데리고 감연(甘淵)에서 깨끗하게 목욕하였다고 한다. '보천'과 '욕일'이 합하여 이루어진 고사성어로, 나라에 위대한 공적이 있음을 말한다.
554 온 천하를 경륜하여 다스리는 재주와 하늘을 깁고 해를 목욕시키는 수완.
555 蕩然無礙: 널찍하여 막힘이 없음.
556 竪子: 사내아이 종(僮僕)을 칭함. 번역에서는 '어린 사람'으로 함.

샌더러, 리舜臣이 陳린과 日日進攻ᄒᆞ야 連攻連勝ᄒᆞᄆᆡ 行長이 大窘蹙[558]ᄒᆞ야 明將 劉뎡[559]에게 人을 陰遣ᄒᆞ야[560] 賂物을 厚遺ᄒᆞ고 歸途假홈을 乞ᄒᆞ거ᄂᆞᆯ[561] 뎡이 厚賂에 貪ᄒᆞ야 陳린에게 告ᄒᆞ여 曰,

「行長이 將次 撤歸ᄒᆞ랴 ᄒᆞ니 此를 無阻ᄒᆞ라.」

ᄒᆞ고, 行長이 十餘艘를 發ᄒᆞ야 猫島에 出ᄒᆞ거ᄂᆞᆯ 리舜臣과 陳린의 軍이 此를 攻ᄒᆞ야 盡殺ᄒᆞ더니 行長이 劉뎡의 無信을 責ᄒᆞᆫᄃᆡ 뎡 曰,

「爾가 陳將軍에게 乞和ᄒᆞ라.」

行長이 於是에 銀貨와 寶劍으로 陳린에게 遺ᄒᆞ며 乞曰,

「兵이 不戰을 責ᄒᆞ나니 我途를 假ᄒᆞ라.」

ᄒᆞᄆᆡ, 린도 貪夫라 此를 許ᄒᆞ고 又 리舜臣다려

「借途ᄒᆞ라.」

勸ᄒᆞ거ᄂᆞᆯ 리순臣 曰,

「大將이 和親을 論홈이 不可ᄒᆞ며 讐賊을 縱遣[562]홈이 不可어ᄂᆞᆯ, 公이 可故로 此等 言을 出ᄒᆞᄂᆞ뇨?」

린이 默然ᄒᆞ더니, 行長에게 告ᄒᆞ야 曰,

「爾가 李統制에게 乞和ᄒᆞ라.」

行長이 於是에 又 리統制에게 人을 遣ᄒᆞ야 銃劍과 寶貨를 多遺ᄒᆞ야 歸途를 乞하거ᄂᆞᆯ, 리舜臣 曰,

「壬辰 以來로 我가 倭寇에게 捕獲ᄒᆞᆫ 銃劍 及 寶貨가 丘山과 可齊니, 汝의 所遺를 受ᄒᆞ야도 用ᄒᆞᆯ 處가 無ᄒᆞ며, 且 我國은 倭人의 頭를 寶貨로 認ᄒᆞ노라.」

---

557 粮盡勢竭: 양식이 다하고 힘이 다함.
558 大窘蹙: 크게 군색함.
559 劉뎡(?~1619): 劉綎. 명나라 무장. 임진왜란이 일어나자 원병을 이끌고 참전하고 정유재란 때 남원에서 졌다는 소식이 전해지자 전세를 확인한 뒤 돌아갔다가 대군을 이끌고 와서 도와주었다. 조선·명나라 연합군과 후금 군사가 겨룬 부차 싸움 때 전사했다.
560 陰遣ᄒᆞ야: 몰래 보내.
561 歸途假홈을 乞ᄒᆞ거ᄂᆞᆯ: 단재 전집에는 '歸途를 假乙하거늘'로 썼다. 내용상 '돌아갈 길을 거짓으로 빌거늘'이라는 의미로, 전집의 수정이 옳은 것으로 보인다.
562 縱遣: 놓아 보냄.

ᄒᆞ고, 此ᄅᆞᆯ 退却ᄒᆞ며 行장의 出送ᄒᆞᆫ 船 十餘隻을 勦殺[563]허더니,

陳璘이 賊을 縱歸코ᄌᆞ ᄒᆞᄂᆞᆫ 心이 賊의 脫去코ᄌᆞ ᄒᆞᄂᆞᆫ 心보다 尤切ᄒᆞ야 壹日은 리슌臣에게 告ᄒᆞ야 曰,

「我가 남海賊을 往討코ᄌᆞ ᄒᆞ노라.」

리슌臣 曰,

「남海ᄂᆞᆫ 太半 是 被擄人民이니 將軍이 討賊의 任으로 來하야 賊은 不討ᄒᆞ고 人民을 反討코ᄌᆞ[564] ᄒᆞᆷ은 何意오?」

璘 曰「翫已附賊[565]이니 賊과 壹般이니라.」

李舜臣 曰,

「古人이 云 脅從을 罔治라[566] ᄒᆞ얏ᄂᆞᆫᄃᆡ, 今에 被擄者를 엇지 賊과 同律討滅허리오?」[567]

ᄒᆞᆫᄃᆡ, 陳린이 愧屈허더니[568]

行쟝이 計旣窮에 又 猪와 酒를 린에게 厚饋ᄒᆞ며 巨賂ᄅᆞᆯ 加贈하고, 仍請曰,

「各處 諸倭屯에게 人을 送ᄒᆞ야 渡海의 約을 共定ᄒᆞ리니, 提督은 此ᄅᆞᆯ 俯許ᄒᆞ라.」[569]

ᄒᆞᄆᆡ 陳린이 饋賂[570]를 貪ᄒᆞ야 其言을 信ᄒᆞ고 船路를 潛開ᄒᆞ야 賊의 通信허ᄂᆞᆫ 一小船을 許出ᄒᆞ니라.[571]

린의 麾下가 리슌臣을 誠心服事하ᄂᆞᆫ 者 壹人이 有ᄒᆞ더니 此信을 來報ᄒᆞ거ᄂᆞᆯ, 리슌臣이 大驚歎을 不覺ᄒᆞ야 曰,

「賊의 此去가 必也 各處 諸屯倭와 聲息을 相通ᄒᆞ야 壹處로 會集하고 期日을 刻ᄒᆞ야 我ᄅᆞᆯ 犯코ᄌᆞ ᄒᆞᆷ이니, 我가 萬壹 此에셔 接應ᄒᆞ다가 腹背로 敵

---

563 勦殺: 토벌.
564 反討코ᄌᆞ: 도리어 토벌하고자. 반대로 토벌하고자.
565 翫已附賊: 자기를 깔보고 적을 따름.
566 脅從을 罔治라: 위협해서 따른 것은 다스리지 말라.
567 同律討滅허리오: 같은 율로 토멸하리오.
568 愧屈허더니: 부끄러워 굴복하더니.
569 俯許ᄒᆞ라: 허락하라.
570 饋賂: 선사한 뇌물. 보내온 뇌물.
571 許出ᄒᆞ니라: 나아가는 것을 허락하니라.

을 受ᄒᆞ면 吾衆이 立盡ᄒᆞ리니,[572] 大洋에 移兵하야 壹戰에 死ᄅᆞᆯ 決ᄒᆞᆷ이 可ᄒᆞ도다, 惜乎라, 陳氏여 幾片黃金에 流涎ᄒᆞ야[573] 大事를 誤ᄒᆞᄂᆞᆫ도다.」

ᄒᆞ고, 於是에 柳珩 宋希立 等과 計ᄅᆞᆯ 定ᄒᆞ고, 린에게 事機의 危迫ᄒᆞᆷ으로 告ᄒᆞ니, 린이 乃驚悟ᄒᆞ야 自責不已ᄒᆞ거ᄂᆞᆯ 리슌臣 曰,

「往事ᄂᆞᆫ 雖悔나 無及이니 今日 計策은 惟但 大洋에 出ᄒᆞ야 彼을 邀擊ᄒᆞᆷ이 可ᄒᆞ다.」

ᄒᆞ고, 探望船을 遣ᄒᆞ야 賊情을 察ᄒᆞ더니, 십八日 酉時量에 昆陽 泗川 南海 各地 賊이 露梁으로 向ᄒᆞᆫ다 ᄒᆞ거ᄂᆞᆯ, 李舜臣이 陳璘과 相約ᄒᆞ고 是夜 二更에 同發ᄒᆞᆯᄉᆡ

三更에 船上에 獨立ᄒᆞ야 盥手焚香[574]ᄒᆞ고 上帝ᄭᅴ 祝ᄒᆞ야 曰,

「此讐를 可滅ᄒᆞᆯ진ᄃᆡᆫ 即死라도 無憾이니이다.」

四更에 露梁에 到하야 浦嶼間에[575] 兵船을 伏ᄒᆞ고 以待ᄒᆞ더니, 俄而오[576] 賊船 五百餘艘가 光州[577]洋으로 自ᄒᆞ야 露梁의 至ᄒᆞ거ᄂᆞᆯ 左右兩軍이 突發ᄒᆞ야 此ᄅᆞᆯ 砲擊ᄒᆞ니, 賊船이 驚散하다가 良久에 復合이라. 李舜臣 曰,

「我等의 勝敗死活이 此戰에 在ᄒᆞ다.」

ᄒᆞ고 포를 援ᄒᆞ야 右手로 鼓ᄒᆞ며 大呼 先登ᄒᆞ니, 諸軍이 其後에 爭附ᄒᆞ야 賊을 蹙ᄒᆞᆯᄉᆡ[578] 賊이 不支ᄒᆞ야 觀音浦에 退入ᄒᆞ얏다가, 天明에 賊이 出路가 無ᄒᆞᆷ을 知하고 兵을 還ᄒᆞ야 死戰ᄒᆞ거ᄂᆞᆯ 李舜臣과 陳린이 合力血戰ᄒᆞ더니,

副摠兵 鄧子龍(亦 明將)의 船이 失火ᄒᆞ야 壹軍이 驚擾ᄒᆞ며[579] 船이 傾ᄒᆞᄂᆞᆫᄃᆡ, 賊이 此ᄅᆞᆯ 乘ᄒᆞ야 子龍을 殺ᄒᆞ고 其船을 焚ᄒᆞ거ᄂᆞᆯ, 我軍이 望見ᄒᆞ고 互相指認ᄒᆞ여 曰,

---

572 立盡ᄒᆞ리니: 곧 다 없어지리니.
573 流涎ᄒᆞ야: 군침을 흘려. 몹시 부러워하여.
574 盥手焚香: 손을 씻고 향을 사름.
575 浦嶼間에: 포구와 섬 사이에.
576 俄而오: 조금 있다가. 잠시 후.
577 光州: 현재의 광양.
578 蹙ᄒᆞᆯᄉᆡ: 쫓을새.
579 驚擾ᄒᆞ며: 놀라 소란을 피우며.

「賊船이 又焚ᄒᆞᆫ다.」

하고 各各 歡呼ᄒᆞ며 각각 奮進ᄒᆞᄂᆞᆫ지라.

賊將 三人이 樓船上에 巍坐ᄒᆞ야[580] 戰을 督ᄒᆞ거ᄂᆞᆯ 리舜臣이 砲를 放ᄒᆞ야 其 壹個ᄅᆞᆯ 射殺ᄒᆞ고,

虎蹲砲[581]를 連發ᄒᆞ야 賊船을 碎하ᄂᆞᆫ 中에,

忽然 壹大鐵丸이 飛來ᄒᆞ야 李舜臣의 左腋을 橫穿ᄒᆞᆫ지라.

釼을 握ᄒᆞ고 仆ᄒᆞ더니,

卽起ᄒᆞ야 鼓를 鳴ᄒᆞ며 徐徐히 船樓에 入ᄒᆞ야 部將 柳행을 招ᄒᆞ야 腋을 擧ᄒᆞ고 瘡痕을 示ᄒᆞ여 曰,

「我ᄂᆞᆫ 且死ᄒᆞ리니 公은 努力ᄒᆞ라.」

ᄒᆞ며, 防牌로 蔽ᄒᆞ고 其子姪 薈 莞과 侍奴 金伊ᄅᆞᆯ 顧ᄒᆞ여 曰,

「戰事가 方亟ᄒᆞ니[582] 我死커던 哭聲을 勿發ᄒᆞ라 軍心이 驚動ᄒᆞᆯ가 是恐ᄒᆞ노라.」

ᄒᆞ며, 言訖에[583] 將瞑ᄒᆞ다가 我軍의 叫呼聲을 聞ᄒᆞ더니 喜氣가 眉間에 溢ᄒᆞ며 悠然 遂逝ᄒᆞᄂᆞᆫ지라.

麾下가 其遺言을 依ᄒᆞ야 喪을 祕ᄒᆞ고 旗ᄅᆞᆯ 麾ᄒᆞ며 戰을 督ᄒᆞᆯᄉᆡ, 柳행[584]이 六次를 丸에 中ᄒᆞ고 宋希立이 壹次를 丸에 中ᄒᆞ야 船上에 昏倒타가 少頃에 復起ᄒᆞ야 瘡을 裹ᄒᆞ고[585] 進戰ᄒᆞᄂᆞᆫ대,

---

580 巍坐ᄒᆞ야: 높이 앉아.

581 虎蹲砲: 불씨를 손으로 점화하여 발사하는 유통식(有筒式) 화기. 설치된 모양이 마치 호랑이가 쭈그리고 앉아 있는 모습과 같다 하여 호준포라 이름 붙여졌다. 임진왜란 당시 명나라 군이 평양성 탈환전투에서 사용하여 많은 효과를 본 화기로 이후에 우리나라에서 도입하여 널리 사용되었으며, 이순신도 노량해전에서 사용하였다는 기록이 있다.

582 方亟ᄒᆞ니: 한창 긴박하니.

583 言訖에: 말을 마치매.

584 柳행(1566~1615): 柳珩. 조선 중기의 무신. 1597년 정유재란 때 통제사 이순신(李舜臣)의 막료가 되어 수군 재건에 노력하였다. 남해 앞바다에서의 전투에서는 명나라 제독 진린(陳璘)과 이순신의 곤경을 구하기도 하였다. 노량해전에서 적탄에 맞아 부상을 입고도 전사한 이순신을 대신하여 전투를 지휘한 사실이 왕에게 알려져 부산진첨절제사(釜山鎭僉節制使)에 발탁되었다. 그는 이순신의 신망이 두터운 인물로 1600년에 경상우도수군절도사로 임명되었으며, 1602년 삼도수군통제사가 되었다.

585 瘡을 裹ᄒᆞ고: 상처를 싸매고.

兩船이 互觸ᄒᆞ며 長劍이 相拍ᄒᆞ고 雨箭雷丸이 海面에 暴注ᄒᆞ더니,

曉로 始ᄒᆞ야, 午에 至ᄒᆞᄆᆡ 賊氣가 大挫ᄒᆞᆫ지라. 我軍이 益益 迫擊하야 賊船 二百隻ᄅᆞᆯ 擊沈ᄒᆞ고 賊兵 數千名을 俘斬ᄒᆞ니,[586]

賊의 健將悍卒이 此戰에 盡亡ᄒᆞ고 賊의 資財器械가 此戰에 盡蕩ᄒᆞ얏ᄂᆞᆫᄃᆡ, 天網이 恢恢ᄒᆞ야[587] 彼 行쟝을 尙漏ᄒᆞ얏도다(行쟝은 隻船을 乘ᄒᆞ고 猫島에 出ᄒᆞ야 遁歸ᄒᆞᆷ).

倭船이 盡陷ᄒᆞ고 戰塵이 倏捲ᄒᆞᄆᆡ[588] 三道水軍 將卒이 楫을 擊ᄒᆞ며 洋洋히[589] 凱歌를 唱ᄒᆞ고 船을 回ᄒᆞᄂᆞᆫ대, 慘澹ᄒᆞᆫ 船樓上에셔 壹片 凄凉聲이 悲風의 響을 雜ᄒᆞ야 出來ᄒᆞ니 李薈 李莞 等이 李統制의 喪을 發ᄒᆞᆷ이더라.

嗚呼 夢耶아, 公去何速고. 兩國 將卒이 李舜臣의 戰歿ᄒᆞᆷ을 始知ᄒᆞ고,[590] 我軍에 류행 以下, 明軍에 陳璘 以下 數萬 將卒이 箇箇 軍仗을 捨ᄒᆞ고 相向悲哭ᄒᆞ니, 聲이 海天에 殷ᄒᆞ더라.[591]

第十七章 李舜臣의 喪還과 及 其遺恨

戊戌 拾壹月 貳十日에 朝鮮効忠仗義迪毅協力宣武功臣 全羅右道 水軍節度使 兼 忠淸 慶尙 全羅 三道水軍都統制使 리슌臣의 柩가 古今島에셔 發ᄒᆞ야 牙山으로 返ᄒᆞᆯᄉᆡ, 沿路 男女가 喪車를 挽하며 哀哭不放ᄒᆞ야, 哭聲이 千里에 不絶ᄒᆞ고 八域 人民이 壹切 親戚ᄀᆞ치 悲ᄒᆞ더라.

嗚呼라, 壬辰으로 戊戌에 至ᄒᆞ기 凡 首尾 七年間 歷史ᄅᆞᆯ 考ᄒᆞ건대, 我大東民族의 耻辱과 苦痛이 果然 何如ᄒᆞ얏던가. 老弱은 溝壑[592]의 轉ᄒᆞ며, 壯丁은 鋒刃에 罹ᄒᆞ고,[593] 飢호대 其食을 不得ᄒᆞ며, 寒ᄒᆞ대 其衣를 不得ᄒᆞ

586 俘斬ᄒᆞ니: 적을 사로잡거나 베어 죽이니.
587 恢恢ᄒᆞ야: 넓고 커서.
588 倏捲ᄒᆞᄆᆡ: 문득 거두어지매.
589 洋洋히: 한이 없이. 아득하게.
590 始知ᄒᆞ고: 비로소 알고.
591 殷ᄒᆞ더라: 진동하더라.
592 溝壑: 구렁. 도랑과 골짜기.

고, 朝에 團聚ᄒᆞ얏던 父母妻子가 夕에 相失ᄒᆞ며, 夕에 欣握ᄒᆞ던[594] 兄弟朋友가 朝에 相訣ᄒᆞ야[595] 死者ᄂᆞᆫ 勿論ᄒᆞ고도, 即 壹般生者도 其死가 已ᄒᆞᆫ 쥴로 可認이더니,

多幸히 千古名將 李統制가 作ᄒᆞ사 其手로 我의 溺을 援ᄒᆞ며, 其舌로 我의 甦을 吅ᄒᆞ며 血을 嘔ᄒᆞ야 骨ᄒᆞᆫ 我를 肉ᄒᆞ며 心을 竭ᄒᆞ야 死ᄒᆞᆫ 我를 生ᄒᆞ더니, 我가 再生ᄒᆞᄂᆞᆫ 其日에 公의 死가 忽焉ᄒᆞ니 斯民이 李忠武에 對ᄒᆞ야 可哭ᄒᆞᆯ 者 (壹)이며, 我의 生存은 公의 賜ᄒᆞᆫ 빅며, 我의 安居ᄂᆞᆫ 公의 奠ᄒᆞᆫ[596] 빅며, 我의 絲身穀腹[597]은 公의 與ᄒᆞᆫ 빅며 我의 床琴閨瑟[598]은 公의 賜ᄒᆞᆫ 빅라. 我의 壹起壹坐와 壹歌壹哭이 莫非公의 恩澤인대,[599] 我輩ᄂᆞᆫ 公의 恩澤을 壹毫도 報答지 못하고 公의 七年塵間에 我輩를 爲ᄒᆞ야 勞苦ᄒᆞ던 歷史를 回顧ᄒᆞ니 엇지 悲愴치 아니리오. 斯民이 李忠武에 對ᄒᆞ야 可哭ᄒᆞᆯ 者 (二)오.

公이 七年 以前에 死ᄒᆞ얏슬지라도 我輩ᄂᆞᆫ 此亂에 盡死ᄒᆞᆯ지며, 公이 七年 以後에 生ᄒᆞ얏슬지라도 我輩ᄂᆞᆫ 此亂에 盡死ᄒᆞᆯ지며 公이 七年戰爭의 第壹年에 死ᄒᆞ얏거나 第二年에 死ᄒᆞ얏거나 或 第三年 第四年 第五六年에 死ᄒᆞ얏슬지라도 此亂에 我輩의 死를 救ᄒᆞᆯ 者ㅣ 無ᄒᆞᆯ지어ᄂᆞᆯ, 乃者 公이 不先不後히 此時에 生ᄒᆞ야 此七年을 經歷ᄒᆞᆯ식 其間에ᄂᆞᆫ 丸에 中ᄒᆞ야도 不死하며 劍에 刺ᄒᆞ야도 不死ᄒᆞ며 獄에 下ᄒᆞ야도 不死하며 千槍萬砲가 爭來ᄒᆞ야도 不死하고, 許多風霜 海上生涯를 七年戰爭 結局되던 露梁에 至ᄒᆞ야 畢了ᄒᆞ니, 公은 必是 上帝의 下送ᄒᆞ신 天使로 水軍營에 下ᄒᆞ샤 其 勞苦와 其 慘血로 我輩의 生命을 換ᄒᆞ고 倏然便去[600]ᄒᆞ심이니 斯民이 李忠武에 對ᄒᆞ야 可哭ᄒᆞᆯ 者ㅣ (三)이니,

---

593 罹ᄒᆞ고: 앓고. 번역에서는 '명이 상해오고'로 함.
594 欣握ᄒᆞ던: 기쁘게 악수하던. 번역에서는 '만나던'으로 함.
595 相訣ᄒᆞ야: 서로 영결하여.
596 奠ᄒᆞᆫ: 좇는. 정한. 번역에서는 '奠ᄒᆞᆫ 배'를 '힘'으로 제시함.
597 絲身穀腹: 몸을 가리는 실과 배를 채우는 곡식이라는 뜻으로, 입는 것과 먹는 것을 아울러 이르는 말.
598 床琴閨瑟: 상 위의 거문고과 규방의 가야금.
599 莫非公의 恩澤인대: 공의 은택 아닌 것이 없는데. 모두 공의 은택인데.
600 倏然便去: 문득 죽음. 번역에서는 '홀연히 가셨으니'로 함.

斯民이 李忠武에 對하야는 此情이 無키 難ᄒᆞ도다만은 英雄의 心事는 元來 如此ᄒᆞᆫ 것이 아니라, 其 霜淸雪白ᄒᆞᆫ 胷中의 富貴도 無ᄒᆞ며 貧賤도 無하며, 安樂도 無ᄒᆞ며 憂苦도 無ᄒᆞ고 只是 此國 此民에 對ᄒᆞᆫ 壹雙眼光이 閃爍無際ᄒᆞᆫ 故로, 我身을 殺ᄒᆞ야 國과 民에 有利ᄒᆞᆯ진ᄃᆡ 朝에 生ᄒᆞᆫ 我가 夕에 死ᄒᆞᆷ도 可ᄒᆞ며 夕에 生ᄒᆞᆫ 我가 朝에 死ᄒᆞᆷ도 可ᄒᆞ니 天地가 有ᄒᆞᆫ 以來로 不死ᄒᆞᄂᆞᆫ 人이 必無ᄒᆞ고, 旣死ᄒᆞᆫ 後에ᄂᆞᆫ 不朽ᄒᆞᄂᆞᆫ 骨이 必無ᄒᆞ야 富貴ᄒᆞ던 者도 其終에ᄂᆞᆫ 壹후骨이며 貧賤ᄒᆞ던 者도 其終에ᄂᆞᆫ 壹후骨이며 安樂ᄒᆞ던 者도 其終에ᄂᆞᆫ 壹후骨이며 憂愁ᄒᆞ던 者도 其終에ᄂᆞᆫ 壹후骨이며 壽ᄒᆞᆫ 者도 其終에ᄂᆞᆫ 壹후骨이며 夭ᄒᆞᆫ 者도 其終에ᄂᆞᆫ 壹후骨이라. 終乃[601] 千萬古 不易之理로 壹후骨될 個我의 身을 殺ᄒᆞ야, 未來 億萬世 長存ᄒᆞᆯ 此國 此民에 利[602]ᄒᆞᆯ진ᄃᆡ 엇지 此ᄅᆞᆯ 避ᄒᆞ며 엇지 此를 不爲ᄒᆞ리오.

設或 廣成子[603]ᄀᆞᆺ치 壽ᄒᆞ며 石崇[604]ᄀᆞᆺ치 富ᄒᆞ야 口로 粱肉을 含하고 皤皤皓髮로 귀然長存ᄒᆞᆯ지라도, 國恥民辱이 日로 甚ᄒᆞ야 四邊에 殺聲 哭聲 怨聲 恨聲 呻吟聲이 來集ᄒᆞ면 我의 獨生獨樂을 可忍ᄒᆞᆯ가. 大抵 英雄의 眼光은 此點을 早早 기破ᄒᆞᄂᆞᆫ[605] 故로 李忠武를 觀ᄒᆞᆯ지라도 當時 吏銓文衡[606]의 華職을 不羨ᄒᆞ고[607] 筆을 投ᄒᆞ야 人皆 賤視허ᄂᆞᆫ 武班에 登ᄒᆞ야 大東 武士的 精神을 發揮ᄒᆞ기로 自任ᄒᆞ며, 壹切 權臣勳戚을 草介로 視ᄒᆞ야[608] 足跡을 其門에 不投ᄒᆞ고, 我의 操守ᄅᆞᆯ 勵ᄒᆞ다가 及乎[609] 東南의 怪雲이 壹嘘ᄒᆞ야[610] 國事가 搶攘ᄒᆞᄆᆡ[611] 家도 不顧ᄒᆞ며 身도 不顧ᄒᆞ고 長劍을

---

601 終乃: 마침내.
602 億萬世 長存ᄒᆞᆯ 此國 此民에 利: 「대아와 소아」에서는 이런 아를 대아로 규정.
603 廣成子: 중국 고대의 선인으로 공동산(空洞山)에 은거하여 장생(長生)하였다 한다.
604 石崇: 진나라 때의 부자.
605 기破ᄒᆞᄂᆞᆫ: 전집에는 '기破'가 '看破'로 제시되었다. 번역에서는 '아는'으로 함.
606 吏銓文衡: 이조의 높은 관직과 대제학(大提學)을 뜻함. 이조는 인사권을 장악하고, 대제학은 국가의 문장 사령을 관장하므로 실권이 있고 명예가 있는 자리임.
607 不羨ᄒᆞ고: 부러워하지 않고.
608 草介로 視ᄒᆞ야: 풀과 티끌(草芥)로 보아. 하찮게 여겨.
609 及乎: 급기야.
610 壹嘘ᄒᆞ야: 한번 불어서. 한번 일어나서.
611 搶攘ᄒᆞᄆᆡ: 몹시 혼란하고 수선스러우매.

揮ᄒᆞ야 我의 公仇[612]에 向ᄒᆞ다가 其 目的이 旣遂ᄒᆞᄆᆡ 溘然長瞑[613]ᄒᆞᆷ을 不辭하엿스니, 嗚呼라, 誰가 李忠武의 死를 哭ᄒᆞᄂᆞᆫ가. 大丈夫ㅣ 忠義를 抱ᄒᆞ고 國難에 赴ᄒᆞ야 無雙의 大魔ᄅᆞᆯ 摧滅ᄒᆞ며 萬億의 蒼生을 援救ᄒᆞ고 我身은 快濶壹丸에 死하야 巍巍의 銘旌을 妖氛快晴[614]ᄒᆞᆫ 海天에 揮ᄒᆞ며 煌煌의 靈車를 桑柘無恙[615]ᄒᆞᆫ 鄕山에 返ᄒᆞ야 全國 八道에 萬歲洋洋의 凱歌聲裡에셔 喪禮를 擧行하니, 嗚呼壯哉라, 誰가 李忠武의 死를 哭ᄒᆞᄂᆞᆫ가, 오즉 謳歌蹈舞ᄒᆞᆷ이 可ᄒᆞ니라.

雖然이나 後人이 李忠武ᄅᆞᆯ 爲ᄒᆞ야 壹哭ᄒᆞᆯ ᄇᆡ 有ᄒᆞ니, 蓋 李忠武의 發身ᄒᆞ던 初에 許多黨私의 輩와 文弱의 徒가 英雄을 跼縮[616]케 ᄒᆞ야 早用치 못ᄒᆞᆷ으로 其功이 僅此에 止ᄒᆞ얏스며, 中間에 又 幾個 讒妬[617]의 臣이 魔才ᄅᆞᆯ 戱ᄒᆞ야 數年 拮据[618]의 戰備를 蕩盡ᄒᆞᄆᆞ로 其功이 又 僅此에 止ᄒᆞ얏스며, 天이 偉人을 生ᄒᆞ사 我國民의 武士的 精神을 如此鼓發ᄒᆞ얏거ᄂᆞᆯ 又 彼民賊懦夫가 毒을 隨煽ᄒᆞ야[619] 公 死後 數百年間에 國恥民辱의 至ᄒᆞᆷ이 頻煩ᄒᆞ얏스니, 此가 後人의 李忠武를 爲하야 壹哭ᄒᆞᆯ ᄇᆡ로다. 然이나 又 豈但 後人의 哭ᄒᆞᆯ ᄇᆡ 될 而已리오. 抑亦 地下 李忠武의 目이 不瞑ᄒᆞᆯ진져.[620]

第十八章 李舜臣의 諸將과 李舜臣의 遺跡 及 其奇談

鄭運은 其幼時부터 忠義로 自許ᄒᆞ며 貞忠報國[621] 四字로 劒에 銘ᄒᆞ더니, 壬辰亂에 李舜臣을 從ᄒᆞ야 賊을 累破ᄒᆞ고 每戰에 奮勇先登ᄒᆞᄂᆞᆫ 故로, 李舜

612 公仇: 공공의 원수.
613 溘然長瞑: 갑자기 죽음. 돌연히 죽음.
614 妖氛快晴: 불길한 기분이 쾌청해짐. 번역에서는 '괴이한 구름 쾌히 거둔'으로 함.
615 桑柘無恙: 뽕나무가 그대로임. 뽕나무(모든 것들)가 옛날 그대로인 고향을 의미. 번역에서는 '옛날 그대로의'로 함.
616 跼縮: 두려워 몸을 옴츠림. 머뭇거리게 함.
617 讒妬: 참소와 투기.
618 拮据: 애써서 몹시 바삐 일함. 번역에서는 '작희'로 함.
619 隨煽ᄒᆞ야: 번역에서는 '좇아가며 펴서'로 함.
620 不瞑ᄒᆞᆯ진져: 눈 감지 못할진저.
621 貞忠報國: 충성을 다해 국가에 보답한다.

臣이 信任ᄒᆞ며 敬歎ᄒᆞ더니 釜山戰役에 賊丸을 中ᄒᆞ야 竟死ᄒᆞ니, 李舜臣이 大慟 曰「國家가 右臂을 失하얏다.」ᄒᆞ더라.(宣廟中興志와 靈巖郡志)

魚泳潭은 光陽縣監을 被任ᄒᆞ더니 壬辰 倭寇를 遭ᄒᆞᆫ지라, 李舜臣을 見ᄒᆞ고 釜山赴援ᄒᆞᆷ을 力贊ᄒᆞ고 李舜臣이 水路險夷ᄅᆞᆯ 不知ᄒᆞᆷ으로 憂ᄒᆞᆫᄃᆡ 泳潭이 慨然히 先鋒됨을 自請ᄒᆞ거ᄂᆞᆯ, 此ᄅᆞᆯ 許諾ᄒᆞ야 累次 大功을 建ᄒᆞᄆᆡ 李순臣이 朝廷에 啓ᄒᆞ야 水戰守備에 能ᄒᆞᆷ과 海路形勢에 熟ᄒᆞᆷ과 及其忘身爲國ᄒᆞᄂᆞᆫ 忠誠을 褒ᄒᆞ고[622] 助防將 삼음을 請ᄒᆞ니라.(朝野輯要[623]와 李忠武 狀啓)

李億祺ᄂᆞᆫ 全羅右水使로 李순臣을 從ᄒᆞ야 賊을 累破ᄒᆞ더니 及 李순臣이 彼拿하ᄆᆡ, 哭曰「吾輩가 死所를 不知ᄒᆞ깃다.」ᄒᆞ더니 元均이 敗走ᄒᆞᄆᆡ 戰에 竟殉ᄒᆞ니라.(李億祺 行狀)

宋大立 希立 兄弟ᄂᆞᆫ 俱是[624] 忠勇義氣가 人에 過ᄒᆞ더니, 大立은 尖山戰에 死節ᄒᆞ고, 希立은 獐島戰役에 丸을 中ᄒᆞ며 力戰ᄒᆞ야 李순臣 死後에 能히 軍威를 振ᄒᆞ고 賊을 大破ᄒᆞ니라.

柳珩은 南海縣監으로 李舜臣을 從ᄒᆞ야 賊을 討하더니, 右議政 李德馨이 일즉 리순臣에게 密問ᄒᆞ야 曰「公의 手下 諸將이 公의 後任을 繼ᄒᆞᆯ 者ㅣ 有乎아?」ᄒᆞᆫ즉, 答曰「忠義膽略이 柳행의 右에 出ᄒᆞᆯ 者ㅣ 無ᄒᆞ니 可히 大用ᄒᆞᆯ 人器니라.」云ᄒᆞ더니, 리순臣이 旣卒에 리德馨이 朝廷에 薦ᄒᆞ야 統制使를 拜ᄒᆞ니라.

리純信은 中衛將으로 리순臣을 從ᄒᆞ야 倭亂初에 元均을 往救ᄒᆞᆯ시, 固城

---

622 褒ᄒᆞ고: 기리고.
623 朝野輯要: 조선 정조 8년(1784)에 엮은 조선 시대의 연대기. 『용비어천가』, 『국조보감』 따위 80여 편의 책을 인용하여 건국 이전과 태조부터 영조까지의 사실(史實)을 수록하였다. 28권 21책.
624 俱是: 함께.

前洋에셔 賊을 三戰三勝ᄒᆞ고 其後에도 恒常 奮勇先登[625]ᄒᆞ야 리슌臣의 信任ᄒᆞᆫ 빅 되니라.(리純信 墓碣)

丁景達은 리슌臣의 從事官이 되야 奇功을 累建ᄒᆞ고 後에 入朝ᄒᆞ야 리슌臣의 爲國忠義와 禦賊才畧[626]을 極陳ᄒᆞ고[627] 元均의 構誣[628]를 力辨ᄒᆞ니라.[629](丁氏家乘)

宋汝悰은 리슌臣과 露梁에셔 會戰ᄒᆞᆯ시 賊兵이 大敗ᄒᆞ야 海水가 盡赤ᄒᆞ니, 此戰이 中興戰功의 第壹이오, 汝悰의 功은 又 部下諸將 中의 第壹이러라.(宋汝悰碑銘)

리英男은 助防將으로 리슌臣을 從ᄒᆞᆯ시, 每戰에 齒를 嚼ᄒᆞ며[630] 身을 不顧ᄒᆞ더라.(鎭川縣志)

黃世得은 리슌臣의 妻從兄이라 慷慨ᄒᆞ고 氣節이 有ᄒᆞ더니, 鳴梁戰役에 力鬪ᄒᆞ야 死ᄒᆞᆫ디, 리슌臣 曰「王事에 死ᄒᆞ얏스니 其死가 榮ᄒᆞ다.」ᄒᆞ더라.(稷山縣志와 李忠武實記)

金浣은 調餉ᄒᆞᆫ[631] 功도 有ᄒᆞ고 斬倭도 極多ᄒᆞ다.(永川郡志)

吳得麟은 智略이 過人하더니 李舜臣이 幕府에 擢置하다.[632](羅州牧志)

---

625 奮勇先登: 용맹을 떨치고 먼저 오름.
626 禦賊才畧: 적을 방어하는 재략.
627 極陳ᄒᆞ고: 극진히 설명하고.
628 構誣: 모함함.
629 力辨ᄒᆞ니라: 힘써 변호하니라.
630 嚼ᄒᆞ며: 갈며.
631 調餉ᄒᆞᆫ: 군량을 조달한.
632 擢置하다: 두다.

陳武晟은 晋州 被圍時에 李순臣이 信息을 通코즈 혼딕, 武晟이 倭服을 變着ᄒᆞ고 晝伏夜行ᄒᆞ야 事機ᄅᆞᆯ 竟達ᄒᆞ고 其後 從征에 奇功을 累立ᄒᆞ다.(興陽縣志)

諸萬春은 慶尙右水營軍校로 ᄇᆞᆯ身ᄒᆞ야 勇力과 射藝로 有名ᄒᆞ더니, 壬辰 九月에 右水使 元均의 將令을 受ᄒᆞ야 小船을 乘ᄒᆞ고 櫓卒 拾名을 率ᄒᆞ고 態川 賊勢ᄅᆞᆯ 往探ᄒᆞ더니, 永登浦에 還至하야 倭船 六艘를 遇ᄒᆞᆫ지라. 同舟人과 壹時 被縛하야 日本 大阪으로 縶去ᄒᆞᆫ 빅 되얏더니, 癸巳 七月 二十四日 夜半에 成石同 朴檢孫 等 拾二人과 同謀ᄒᆞ야 倭船을 偷騎ᄒᆞ고 六岐島에 到ᄒᆞ야 東萊水營 下에 舟ᄅᆞᆯ 泊ᄒᆞ고, 八月 十五日에 三道四水使 合陣處에 來謁ᄒᆞ니 時에 李순臣이 萬春의 被辱不死[633]ᄒᆞᆷ을 怒ᄒᆞ야 斬코ᄌᆞ ᄒᆞ다가, 其萬死를 冒하고 逃還歸國ᄒᆞᆷ을 奇憐히 넉여 狀啓使를 隨ᄒᆞ야 京師에 上ᄒᆞ야 倭情을 報케 하더니 朝廷이 其罪를 釋ᄒᆞ고 李순臣의 軍中으로 復送ᄒᆞᄂᆞᆫ지라. 是時에 南中이 用兵ᄒᆞᆫ 지 二年에 尙且 倭奴의 情狀 及 倭人器機의 利害를 不知ᄒᆞ든 次 萬春을 得ᄒᆞᄆᆡ 리순臣이 其喜ᄅᆞᆯ 不勝ᄒᆞ야, 即時 自辟하야[634] 帶率軍官[635]의 職ᄅᆞᆯ 授ᄒᆞ니 萬春도 亦感奮ᄒᆞ야 贊晝ᄒᆞᆫ[636] 빅 多ᄒᆞ고 每戰射에 百發百中ᄒᆞ야 賊兵이 皆 畏겁ᄒᆞ더라.(諸萬春傳)

馬河水ᄂᆞᆫ 繕工主簿을 官ᄒᆞ다가 鄕里에 退ᄒᆞ더니, 丁酉에 全家가 壹船을 乘ᄒᆞ고 海中에셔 避亂ᄒᆞ다가, 리순臣의 統制 再任ᄒᆞᆷ을 聞ᄒᆞ고 喜曰「吾輩가 何憂리오.」ᄒᆞ고 遂 往拜ᄒᆞ더니, 及 鳴梁 戰役에 리순臣의 賊에게 被圍ᄒᆞᆷ을 望見ᄒᆞ고 劒을 拔ᄒᆞ여, 曰「丈夫 壹死ᄒᆞᆯ 地라.」ᄒᆞ고 劒을 揮ᄒᆞ며 賊陣에 突入ᄒᆞ더니 力戰 良久에 丸을 中ᄒᆞ야 死ᄒᆞ고, 其子 成龍 爲龍이 亦 劒을 手ᄒᆞ고 突進ᄒᆞ다가 旣而오, 賊이 敗走ᄒᆞᄆᆡ 父屍ᄅᆞᆯ 扶ᄒᆞ고 鄕에 還ᄒᆞ니라.(馬氏家狀)

633 被辱不死: 능욕을 당하고 죽지 않음.
634 自辟하야: 자기 뜻대로 지명하여. 자기 마음대로 아래 관원을 추천(推薦)하고 임명하여.
635 帶率軍官: 직접 데리고 다니는 군관.
636 贊晝ᄒᆞᆫ: 계책을 도운. 번역에서는 '계교를 찬조한'으로 함.

縣 東南 二十里에 芳華山이 有ᄒᆞ고 山下에 白巖村이 有하고, 其村에 李忠武 舊宅이 尙存ᄒᆞᄃᆡ 宅傍에 雙杏樹가 立ᄒᆞ야 喬柯ᄂᆞᆫ 雲에 聳ᄒᆞ고, 蔭이 數畝에 及하얏스니, 此ᄂᆞᆫ 리忠武 少時에 馳走騎射를 習ᄒᆞ던 處라.(牙山縣志)

府에 龍沙가 有ᄒᆞᆫᄃᆡ, 리忠武가 일즉 此地에셔 鐵을 採取하야 刀劍을 鑄ᄒᆞᄆᆡ 甚히 剛利ᄒᆞ더라.[637](巨濟府志)

三千浦 前에 壹海口가 有ᄒᆞᆫ대, 李忠武가 일즉 倭를 逐ᄒᆞ야 港에 納ᄒᆞ고 其口를 抗ᄒᆞᄆᆡ, 倭賊이 勢大窮ᄒᆞ야 山을 鑿ᄒᆞ야[638] 道를 通ᄒᆞ고 夜를 乘ᄒᆞ야[639] 遁去ᄒᆞᆯᄉᆡ, 互相 踐踏殘殺[640]ᄒᆞ야 屍가 山ᄀᆞᆺ치 積ᄒᆞ고 刀槍器機를 無數히 棄ᄒᆞᆫ지라. 後人이 其地를 掘梁이라 稱ᄒᆞ더라.(上仝)

左水營 前洋 無膝項은 卽 李忠武의 大捷ᄒᆞᆫ 墟라, 耕夫가 往往 其墟에셔 倭劍 倭槍 銃丸 等屬을 得ᄒᆞ더라.(湖南記聞)

古今島의 前面은 海南島오, 後面은 佑將串이라. 李忠武가 此島를 鎭ᄒᆞᆯᄉᆡ 旗를 佑將串에 列ᄒᆞ야 軍容을 虛張ᄒᆞ며 草를 法남島에 積ᄒᆞ야 峙粮屯軍[641]의 狀을 作ᄒᆞ더니, 賊이 外洋에셔 望見ᄒᆞ고 此를 謀襲ᄒᆞᆯᄉᆡ 長驅大進ᄒᆞ다가, 隱礁의 險에 掛船되야[642] 進退狼狽의 勢를 成ᄒᆞᆫ지라. 我軍이 邀擊ᄒᆞ야 此를 大破ᄒᆞ니라.(康津縣志)

鳴梁은 右水營 三里地에 在ᄒᆞᆫᄃᆡ, 兩邊에 石山이 족立ᄒᆞ고 港口가 甚狹ᄒᆞ야 水勢가 恨ᄒᆞ거ᄂᆞᆯ 리忠武가 鐵索으로 其口를 暗截ᄒᆞ더니,[643] 賊船이 此에

---

637 剛利ᄒᆞ더라: 강하고 예리하더라.
638 鑿ᄒᆞ야: 뚫어서.
639 乘ᄒᆞ야: 틈타서.
640 踐踏殘殺: 짓밟고 찔러 죽임.
641 峙粮屯軍: 양식을 쌓아 비축하고 군대를 주둔시킴.
642 掛船되야: 배가 걸려.

到ᄒᆞ야 倒覆ᄒᆞᆫ 者ㅣ 不知其數러라. 兩崖巖上에 釘孔이 至今ᄭᆞ지 宛然ᄒᆞᆫ대 居人이 此를 李忠武 設索殺倭處[644]라고 相傳ᄒᆞ더라.(海南縣志)

閒山島에 壹港이 有ᄒᆞᆫ대, 李忠武가 賊을 大鏖ᄒᆞ야[645] 此港에 納ᄒᆞᄆᆡ,[646] 賊이 大敗窮蹙ᄒᆞ야 陸地로 走登ᄒᆞᄂᆞᆫ 樣이 蟻子의 附ᄒᆞᆷ과 如ᄒᆞᆫ지라. 後人이 此ᄅᆞᆯ 蟻項이라 因名ᄒᆞ니라.(巨濟府志)

리忠武가 일즉 夜半에 賊과 對陣ᄒᆞᆯᄉᆡ 草桴를 多作ᄒᆞ야 三頭炬를 列插ᄒᆞ고 直前掩擊ᄒᆞᄂᆞᆫ 狀을 示ᄒᆞ니 賊이 戰船으로 認ᄒᆞ고, 極力 射放ᄒᆞ거ᄂᆞᆯ 其 失丸의 已盡ᄒᆞᆫ 後를 待ᄒᆞ야 此를 進擊 大破ᄒᆞ니라.(湖南記聞)

(此下 三段은 荒談에 近ᄒᆞ나, 先儒文集 中에 往往 載有ᄒᆞᆫ 바인 故로 此에 姑錄ᄒᆞ노라)[647]

李忠武가 舟中에 在ᄒᆞᆯᄉᆡ, 忽然 一櫃가 海에 浮下ᄒᆞ거ᄂᆞᆯ 軍中이 取來ᄒᆞᆫ즉 金鑰으로 鎖ᄒᆞ얏ᄂᆞᆫ대, 漆光이 爛然ᄒᆞ더라. 諸將이 開視ᄒᆞ기를 請ᄒᆞ거ᄂᆞᆯ 公이 不從ᄒᆞ고 卽時 鉅手[648]를 招ᄒᆞ야 櫃를 鉅斷ᄒᆞᄂᆞᆫ대, 櫃中에셔 搖動叫楚[649]ᄒᆞᄂᆞᆫ 聲이 作ᄒᆞ며 血이 滂滂히[650] 出ᄒᆞ더니, 及 該櫃가 盡剖된 然後에 觀ᄒᆞᆫ즉 壹刺客이 匕首를 懷ᄒᆞ고 腰가 中斷ᄒᆞ야 死倒ᄒᆞᆫ지라. 諸將이 壹齊히 驚服ᄒᆞ더라.(上仝)

月色이 船樓에 滿ᄒᆞᆫ대 忽然 島右林畔에셔 鵝鴨이 驚飛ᄒᆞ거ᄂᆞᆯ, 李忠武가 舟中에셔 宿ᄒᆞ다가 枕을 推ᄒᆞ고 卽起ᄒᆞ야 軍中에 令을 下ᄒᆞ야 水面을 向ᄒᆞ

---

643 暗截ᄒᆞ더니: 몰래 가로막았더니. 번역에서는 '막았더니'로 함.
644 設索殺倭處: 철사를 설치하여 왜선을 몰살한 곳.
645 大鏖ᄒᆞ야: 크게 무찔러.
646 納ᄒᆞᄆᆡ: 들어오매.
647 姑錄ᄒᆞ노라: 기록하노라.
648 鉅手: 톱.
649 搖動叫楚: 요동치며 괴롭게 울부짖음.
650 滂滂히: 비 오듯이.

야 砲를 乱放ᄒᆞ더니, 平明에 出視ᄒᆞ니 許多倭屍가 水에 浮下ᄒᆞᄂᆞᆫ지라. 諸將이 驚異ᄒᆞ야 其故를 問ᄒᆞᆫ대 忠武가 唐人詩에 云ᄒᆞᆫ 月黑雁飛高 單于夜遁逃[651]의 句를 誦ᄒᆞ며 曰「半夜에 穩睡ᄒᆞᄂᆞᆫ[652] 鵝鴨이 엇지 無故히 驚飛ᄒᆞᆯ 理가 有ᄒᆞ리오? 此必 倭兵이 善泅者를 發ᄒᆞ야 我船을 鑿沉코ᄌᆞ[653] ᄒᆞᆷ인 줄을 발覺ᄒᆞ고 此를 砲擊ᄒᆞᆷ이라.」ᄒᆞ더라.(海頤書)

金大仁은 村氓이라. 勇力이 絶倫ᄒᆞ나 其膽이 甚겁ᄒᆞ야 鼓聲만 聞ᄒᆞ면 爲先戰慄ᄒᆞ야 寸步를 不進ᄒᆞᄂᆞᆫ지라. 李舜臣이 此를 麾下에 率置ᄒᆞ다가 忽然 黑夜를 乘ᄒᆞ야 大仁을 招ᄒᆞ여 曰「爾가 我後를 隨ᄒᆞ라.」ᄒᆞ고 但只 兩人이 壹先壹後로 山麓林藪中으로 潛行[654]ᄒᆞ더니, 驀然히[655] 樹木間으로 火光이 漏現ᄒᆞ거ᄂᆞᆯ 該 火光을 逐ᄒᆞ야 其處에 至ᄒᆞᆫ즉 數丈씀 ᄯᅮ落ᄒᆞᆫ[656] 山坂下 壹平地에셔 倭遊兵 數拾名이 憩息ᄒᆞ며 飯을 炊ᄒᆞ거ᄂᆞᆯ, 李舜臣이 山坂上에 立ᄒᆞ야 大인의 手를 執ᄒᆞ고 此를 俯視ᄒᆞ며 附耳密語 曰「爾가 勇을 壹鼓ᄒᆞ야 此를 討殲[657]ᄒᆞᆷ이 何如오?」大인이 戰戰 答曰「不能 不能이노라.」리舜臣이 怒曰「爾가 此를 不能ᄒᆞ거던 死ᄒᆞᆷ이 可라.」ᄒᆞ고, 即時 其背를 蹴ᄒᆞ야 山阪下에 墜下ᄒᆞ니 倭兵이 驚起圍匝ᄒᆞᄂᆞᆫ지라. 金大인이 此境에 既到ᄒᆞ매 走路ᄂᆞᆫ 無ᄒᆞ고 死路가 迫ᄒᆞᆫ지라. 膽勇이 突然 大生ᄒᆞ야 猛拳을 擧ᄒᆞ야 壹倭를 打倒ᄒᆞ고 其劒을 奪ᄒᆞ더니 蹈躍大呼하며 左右厮殺[658]하ᄂᆞᆫᄃᆡ, 其劒은 電ᄀᆞᆺ치 翻ᄒᆞ며 其聲을 山谷을 裂ᄒᆞ야 須臾[659]에 羣倭가 狼藉盡死ᄒᆞ고, 金大仁이 渾身血塊[660]로 獨立ᄒᆞ얏더라. 리舜臣이 卽 趨下執手[661]하여 笑曰「汝가 自今

---

651 月黑雁飛高 單于夜遁逃: 달은 어두운데 기러기 높이 나니 다만 야밤에 (오랑캐가) 도망치네.
652 穩睡ᄒᆞᄂᆞᆫ: 편안히 잠자는.
653 鑿沉코ᄌᆞ: 구멍 뚫어 침몰시키고자.
654 潛行: 몰래 다님.
655 驀然히: 갑자기.
656 ᄯᅮ落ᄒᆞᆫ: 떨어진.
657 討殲: 섬멸. 토멸.
658 左右厮殺: 좌우에서 싸워 죽임.
659 須臾: 잠시, 아주 짧은 시간.
660 渾身血塊: 온몸에 핏자국이 낭자함.
661 趨下執手: 뛰어 내려가 손을 잡음.

으로 其可用乎ㄴ져.」하고 營中에 携歸ᄒᆞ더니,[662] 自後로 金大인이 見賊風生[663]ᄒᆞ야 每戰에 奮勇先登ᄒᆞ고 奇功을 多立ᄒᆞᆷ으로 加德僉使ᄅᆞᆯ 超拜ᄒᆞ니라.(湖南志 及 流行하ᄂᆞᆫ 俚談)

右(上)[664]壹章에 錄ᄒᆞᆫ 바ᄂᆞᆫ 비록 東鱗西瓜[665]에 搜採[666]가 未精하고, 且 遺跡 以下ᄂᆞᆫ 壹壹皆眞ᄒᆞᆫ지 難知ᄒᆞᆯ지나 抑亦 無賴의 巷言으로 抹殺ᄒᆞᆷ은 不可ᄒᆞᆫ 者라. 故로 此에 附錄ᄒᆞᄂᆞᆫ 바어니와,

雖然이나 李忠武의 成功ᄒᆞᆫ 原因이 此等 人才를 網羅ᄒᆞᆷ이 專由ᄒᆞᆷ인가. 抑此等 奇計를 懷抱ᄒᆞᆫ 所以인가, 曰 否라 리忠武의 成功ᄒᆞᆫ 旨訣을 問ᄒᆞᆷ에 單히 壹句로 可答ᄒᆞᆯ지니 壹句ᄂᆞᆫ 云何오. 卽 李忠武가 倭丸倭矢의 雨集ᄒᆞᄂᆞᆫ[667] 處에 立ᄒᆞ야 扶腋要避[668]ᄒᆞ던 將士를 喝退ᄒᆞ며,[669] 蒼天을 指ᄒᆞ여 曰「我生命이 彼에 在ᄒᆞ다.」云云ᄒᆞ던 壹句語가 是라 命의 生死를 天에 聽ᄒᆞᆷ으로 白刃도 蹈ᄒᆞ며[670] 水火에도 入ᄒᆞ며 虎穴도 探ᄒᆞ며 驪珠[671]도 摘ᄒᆞᆷ이니,[672] 萬壹 此壹關(卽 生死關)을 超過치 못ᄒᆞ면 비록 神妙ᄒᆞᆫ 韜略[673]이 有ᄒᆞᆯ지라도 其膽이 겁ᄒᆞ야 此를 運用키 不能ᄒᆞᆯ지며, 精鍊ᄒᆞᆫ 軍隊가 有ᄒᆞᆯ지라도 其氣가 餒ᄒᆞ야[674] 此를 指揮키 不堪ᄒᆞᆯ지라. 壹棘叢 壹石稜에도 猶 戰兢ᄒᆞ려던 況雨注ᄒᆞᄂᆞᆫ 砲丸乎아, 壹角抵 壹拳毆[675]에도 猶 匍匐ᄒᆞ려던 況 雲集ᄒᆞᄂᆞᆫ 大寇乎아. 嗚呼라, 偉人을 學ᄒᆞᄂᆞᆫ 者ㅣ 不可不 此關을 先超過ᄒᆞᆯ지니라.

---

662 携歸ᄒᆞ더니: 이끌고 돌아오더니.
663 見賊風生: 적을 만나면 바람같이 일어남.
664 右(上): 원문에는 '右'이나 오늘날 가로쓰기에서는 '上'이 됨으로 '上'을 괄호 속에 첨부함.
665 東鱗西瓜: 여기저기 있는 조각과 껍질.
666 搜採: 수집. 채집.
667 雨集ᄒᆞᄂᆞᆫ: 빗발치는.
668 扶腋要避: 겨드랑이를 붙들고 도망하려 함.
669 喝退ᄒᆞ며: 꾸짖어 물리며. 물러나게 하며.
670 蹈ᄒᆞ며: 밟으며.
671 驪珠: 여의주. 영묘한 구슬.
672 摘ᄒᆞᆷ이니: 가리킴이니.
673 韜略: 병법.
674 餒ᄒᆞ야: 낙심하여. 썩어 문드러져.
675 壹角抵 壹拳毆: 한 발길 한 주먹.

第十九章 結論

新史氏[676] 曰 余가 리舜臣傳을 讀ᄒᆞ다가 案을 拍하고 大呌ᄒᆞᆷ을 不覺호라. 嗚呼라, 我民族의 外競力이 如此 減退ᄒᆞᆫ 時代에 公이 乃有하얏스니 엇지 可驚ᄒᆞᆯ ᄇᆡ 아니며, 我朝家의 政治가 如此 腐敗ᄒᆞᆫ 時代에 公이 乃有ᄒᆞ얏스니 엇지 可愕ᄒᆞᆯ ᄇᆡ 아니며, 人民이 兵革을 不知ᄒᆞ야 鼓聲을 聞ᄒᆞ면 駭竄ᄒᆞ는[677] 時代에 公이 乃有[678]ᄒᆞ얏스니 엇지 可奇ᄒᆞᆯ ᄇᆡ 아니며, 羣臣의 黨爭이 甚ᄒᆞ야 私鬪는 勇ᄒᆞ나 公戰을 怯ᄒᆞ는 時代에 公이 乃有ᄒᆞ얏스니 엇지 可異ᄒᆞᆯ ᄇᆡ 아니며, 大駕가 西遷ᄒᆞ야 人心이 瓦解ᄒᆞᆫ 餘에 公이 乃有ᄒᆞ얏스니 엇지 可欽ᄒᆞᆯ ᄇᆡ 아니며, 日本이 方强ᄒᆞ야 我弱을 乘ᄒᆞᆯᄉᆡ[679] 其 驕傲頑慢[680]이 無比ᄒᆞᆫ[681] 際에 公이 乃有ᄒᆞ얏스니 엇지 可快ᄒᆞᆯ ᄇᆡ 아니리오. 已往 三國間 我國民의 勢力이 膨脹ᄒᆞ던 日에 公이 有ᄒᆞ얏거나, 本朝 太宗 世宗 治化方張ᄒᆞ던 日에 公이 有ᄒᆞ얏거나, 民富國殷ᄒᆞ고 我强敵弱ᄒᆞᆫ 日에 公이 有ᄒᆞ얏스면 此猶固宜ᄒᆞᆫ[682] 事라 ᄒᆞ러니와, 今乃 如此齷齪ᄒᆞᆫ 時代에 公이 有ᄒᆞ얏스니 엇지 可驚 可愕 可奇 可快ᄒᆞᆯ ᄇᆡ 아니리오. 不先 不後히 此時代에 作ᄒᆞ야 我民族을 活하며 我歷史를 光ᄒᆞ얏스니, 偉哉라 公이며 盛哉라 公이여,

余가 일즉 內外 古今人物을 擧ᄒᆞ야 公과 試較컨대 姜邯贊이 板蕩[683]에 起ᄒᆞ야 大亂을 平ᄒᆞᆷ이 公과 同ᄒᆞ나, 其 以少擊衆[684]의 神略이 公에 遜ᄒᆞ며,[685] 鄭地가 海戰에 勇ᄒᆞ야 倭寇를 掃ᄒᆞᆷ이 公과 同ᄒᆞ나 其 爲國獻身의 熱誠이 公에 遜ᄒᆞ며, 諸葛亮[686]의 鞠躬盡瘁[687]ᄒᆞ는 貞忠이 公과 同ᄒᆞ나 數拾年 漢相

---

676 新史氏: 새로운 역사가라는 뜻으로, 여기에서는 신채호 자신을 일컬음. 사마천의 『사기열전』의 논평 방식과 유사한 논평이다.
677 駭竄ᄒᆞ는: 놀라서 달아나는.
678 乃有: 뜻밖에 있음.
679 乘ᄒᆞᆯᄉᆡ: 업신여길새.
680 驕傲頑慢: 건방지고 거만함.
681 無比ᄒᆞᆫ: 비할 수 없는.
682 此猶固宜ᄒᆞᆫ: 이는 진실로 마땅한. 오히려 마땅히 그러한.
683 板蕩: 정치를 잘못하여 나라의 형편이 어지러워짐을 이르는 말.
684 以少擊衆: 적은 사람으로 큰 무리를 격파함.
685 遜ᄒᆞ며: 못하며. 못 미치며.

으로 政權 軍權을 皆握ᄒᆞ고도 舊都를 未復ᄒᆞ얏스니 其 成功이 公에 遜ᄒᆞ며, 漢尼拔[688]이 戰勝攻取ᄒᆞᆫ 雄才가 公과 同ᄒᆞ나, 末路에 國人의 不容ᄒᆞᆫ ᄇᆡ 되어 異域에 竄死[689]ᄒᆞ얏스니 其得人이 公에 遜ᄒᆞ도다. 然則 李忠武ᄂᆞᆫ 畢竟 何人과 似ᄒᆞᆫ가.

近儒가 或 英國 水軍提督 乃利孫[690]을 擧ᄒᆞ야 李忠武에 配ᄒᆞ여 曰「古今水軍界 東西 兩偉人이라.」云ᄒᆞ나니, 其然가 抑不然가, 其果 優劣이 有ᄒᆞᆫ가, 抑優劣이 無ᄒᆞᆫ가. 余가 比較ᄒᆞ야 壹評코ᄌᆞ ᄒᆞ노라.

盖 李忠武의 歷史가 乃利孫과 酷同ᄒᆞᆫ 點이 多ᄒᆞ니 但只 其 海戰의 生涯만 同ᄒᆞᆯ ᄲᅮᆫ 아니라, 甚至於 瑣瑣細細ᄒᆞᆫ[691] 歷史ᄭᅡ지 同ᄒᆞᆫ ᄇᆡ 多ᄒᆞ도다. 初年에 在ᄒᆞ야 知名者가 無ᄒᆞᆷ이 同ᄒᆞ며 區區微官으로 許多 長歲月間에 沉滯ᄒᆞᆷ이 同ᄒᆞ며, 他日 水軍名將으로 第壹着 成功은 陸戰으로 始ᄒᆞᆷ이 同ᄒᆞ며, 壹次 陸戰ᄒᆞᆫ 後에ᄂᆞᆫ 水戰으로 其 活劇을 終ᄒᆞ야 再次 登陸이 無ᄒᆞᆷ도 同ᄒᆞ며, 夏月 遠征에 暑징을 罹ᄒᆞ야[692] 危險을 經ᄒᆞᆷ이 同ᄒᆞ며 戰丸에 累中ᄒᆞ고도 不死ᄒᆞᆷ이 同ᄒᆞ며, 末乃 敵艦을 擊沉ᄒᆞᆫ 後 洋洋ᄒᆞᆫ 凱歌聲裡에 中丸畢命

686 諸葛亮(181~234): 중국 삼국 시대 촉한의 정치가. 자(字)는 공명(孔明). 뛰어난 군사 전략가로, 유비를 도와 오(吳)나라와 연합하여 조조(曹操)의 위(魏)나라 군사를 대파하고 파촉(巴蜀)을 얻어 촉한을 세웠다. 유비가 죽은 후에 무향후(武鄕侯)로서 남방의 만족(蠻族)을 정벌하고, 위나라 사마의와 대전 중에 병사하였다.

687 鞠躬盡瘁: 몸과 마음을 다하여 나랏일에 이바지함.

688 漢尼拔(BC 247~BC 183): 고대 카르타고의 군사 지도자. 기원전 218년 제이 차 포에니 전쟁을 일으키고, 이탈리아에 침입하여 로마군을 격파하였다. 그 후 자마(Zama)의 싸움에서 로마군에게 패한 뒤 소아시아에서 자결하였다. 대개 역사상 가장 위대한 군사령관들 중 하나로 평가된다.

689 竄死: 귀양 가서 죽음.

690 乃利孫(1758~1805): 영국의 제독. 1770년 해군에 입대하여 1780년 미국 독립전쟁에 참전한 후, 프랑스의 혁명전쟁에 종군하여 지중해와 대서양에서 싸웠다. 1794년에는 코르시카섬 점령에 공을 세웠으나 오른쪽 눈을 잃었으며, 1797년의 세인트 빈센트 해전에서도 수훈을 세웠으나 오른쪽 팔을 잃었다. 그러나 이에 굴하지 않고 나폴레옹 대두와 더불어 프랑스 함대와 대결하는 중심인물이 되었다. 1798년 나일강 입구의 아부키르만 해전에서 프랑스 함대를 격파하여 '나일강의 남작'이라 불렸다. 그러나 나폴리 체재 중 알게 된 해밀턴 부인과의 친교로 일시 군무(軍務)를 포기하고 귀국하였다. 1801년부터 다시 해상에 나갔고, 같은 해에 자작이 되었으며, 1803년부터는 지중해 함대 사령관으로서 프랑스 함대를 견제하였다. 1805년 봉쇄한 풀롱항(港)에서 탈출한 프랑스 함대를 추격하여, 그해 10월 21일 트라팔가르 해협에서 프랑스-에스파냐 연합 함대를 포착, 대담한 분단작전으로 이를 격멸시켰으나, 완승 직전에 적의 저격을 받아, "하느님께 감사한다. 우리는 우리의 의무를 다했다."라는 최후의 말을 남기고 빅토리아호(號)에서 전사하였다.

691 瑣瑣細細ᄒᆞᆫ: 사소하고 세세한.

692 暑징을 罹ᄒᆞ야: 暑症을 罹ᄒᆞ야. 곧 더위병에 걸리어.

흠도 同ᄒᆞ며, 愛君憂國ᄒᆞᄂᆞᆫ 血誠도 同ᄒᆞ며, 誓與賊不俱生ᄒᆞᄂᆞᆫ 熱憤도 同ᄒᆞ며, 其 對抗ᄒᆞᆫ 敵兵(法日)의 悍毒흠도 同ᄒᆞ며, 其 戰爭 結局의 支離흠도 同ᄒᆞ니, 리忠武와 乃利孫을 併論흠이 果可ᄒᆞᆫ뎌.

雖然이나 當時 英國의 國勢가 我國 壬辰時와 何如ᄒᆞ며, 當時 英國의 兵力이 我國 壬辰時와 何如ᄒᆞ며, 當時 英國 將兵者의 權利가 我國 壬辰時와 何如ᄒᆞ며, 當時 英國 戰守의 能力이 我國 壬辰時와 何如ᄒᆞᆫ가.

彼가 幾百年을 列强과 競爭ᄒᆞᆫ 結果로 此에셔 淬勵ᄒᆞ며[693] 此에셔 琢磨ᄒᆞ야 人民의 敵滊精神이 富ᄒᆞᆯ 샏더러, 其 聚精[694]이 已多ᄒᆞ고 憑藉[695]가 已厚ᄒᆞ야 英雄의 用武地가 恢恢ᄒᆞᆫ지라. 中央金庫에ᄂᆞᆫ 幾億萬元 財貨를 積置ᄒᆞ야 將軍의 軍費를 須ᄒᆞ며, 器械工廠에ᄂᆞᆫ 幾千百門 大砲를 製造하야 將軍의 軍用을 待ᄒᆞ며, 各隊의 累拾萬名되ᄂᆞᆫ 軍卒은 閑死[696]를 不堪ᄒᆞ야 將軍의 壹戰을 祝하며, 各 海港의 累百千噸[697]되ᄂᆞᆫ 巨艦은 價値를 未售ᄒᆞ야[698] 將軍의 壹試를 待ᄒᆞ며, 朝廷 宰執[699]은 洞洞燭燭히 盡心碣力ᄒᆞ야 將軍의 徵求를 需應ᄒᆞ며, 全國人民은 耿耿憧憧히 廢枕忘餐ᄒᆞ야 將軍의 勝利를 祈禱ᄒᆞ니, 然則 乃利孫은 何等 深謨遠慮[700]가 無ᄒᆞ고, 但只 艦頭에 兀立ᄒᆞ야 長嘯만 作ᄒᆞ더ᄅᆡ도 尙且 乃利孫이 되려니와 李忠武가 李忠武됨에 至ᄒᆞ야ᄂᆞᆫ 此와 不同ᄒᆞ니 軍儲[701]가 如此 蕩竭[702]ᄒᆞᆫᄃᆡ, 我가 軍儲를 不籌ᄒᆞ면 其誰가 籌ᄒᆞ며[703] 器械가 如此 鈍弊[704]ᄒᆞᆫᄃᆡ, 我가 器械를 不造ᄒᆞ면 其誰가 造ᄒᆞ며 兵額[705]이 如此 凋殘ᄒᆞᆫᄃᆡ,[706] 我가 兵을 不募集ᄒᆞ면 其誰가 募集ᄒᆞ며 船制가 如此 遲

693 淬勵ᄒᆞ며: 분기하여 일에 정진하며.
694 聚精: 정신 집중.
695 憑藉: 남의 힘을 빌리고 의지함.
696 閑死: 편히 죽음.
697 累百千噸: 수백 수천 톤.
698 未售ᄒᆞ야: 못 받아도.
699 宰執: 재상. 임금을 돕고 모든 관원을 지휘하고 감독하는 일을 맡아보던 이품 이상의 벼슬.
700 深謨遠慮: 신중한 계획과 멀리 내다보는 사려.
701 軍儲: 군에 보관된 것, 특히 군량미를 의미함.
702 蕩竭: 재물을 남김 없이 다 없앰.
703 籌ᄒᆞ며: 헤아리며, 준비하며.
704 鈍弊: 무디어짐. 둔해짐.
705 兵額: 병사의 수효.

鈍ᄒᆞᆫ되[707] 我가 船을 不改良ᄒᆞ면 其誰가 改良ᄒᆞ리오.

是故로 戰爭하ᄂᆞᆫ 壹邊에 田을 屯ᄒᆞ며 粮을 購ᄒᆞ며 鐵을 採ᄒᆞ며 兵을 鍊ᄒᆞ며 船을 造ᄒᆞ기에 汲汲無暇ᄒᆞᆫ되, 尙且 壹邊으로ᄂᆞᆫ 同僚에 元均 ᄀᆞᆺᄒᆞᆫ 者의 猜妬ᄅᆞᆯ 遭ᄒᆞ며 又 壹邊으로ᄂᆞᆫ 朝臣에 李爾瞻갓ᄒᆞᆫ 者의 讒搆를 被ᄒᆞ니 余ᄂᆞᆫ 竊想컨되[708] 乃利孫으로 ᄒᆞ여금 敵兵이 國을 已破ᄒᆞᆫ 時를 當ᄒᆞ야 此等 煩惱를 受ᄒᆞ면 其功을 能成ᄒᆞᆯ가. 此ᄂᆞᆫ 猶是快斷치 못ᄒᆞᆯ 問題라 하려니와 最末에 元均이 大事ᄅᆞᆯ 敗ᄒᆞ야 六七年 焦勞拮据[709]ᄒᆞᆫ 驕將猛卒과 軍餉船隻을 灰燼에 盡付ᄒᆞᆫ 後에 草草 拾餘隻 殘船 壹百六拾人의 新募卒로 揮元 秀家 行長 淸正 等과 遇ᄒᆞ야 滔天蔽海[710]의 數千 賊艦과 角ᄒᆞᆯᄉᆡ,[711] 慨然히 朝廷에 謝ᄒᆞ야 曰「我가 在ᄒᆞ면 賊船이 雖多나 我國을 正覰치[712] 못ᄒᆞᆫ다.」ᄒᆞ고, 海에 向ᄒᆞ야 壹叫하미 魚龍이 威를 助ᄒᆞ며 天日이 色을 失하야 참淡賊血로 大海를 赤케 ᄒᆞᆷ은 惟我 리忠武의 有ᄒᆞᆫ 빅며, 惟我 李忠武의 有ᄒᆞᆫ 빅라. 리忠武를 捨ᄒᆞ고ᄂᆞᆫ 古今 許多 名將을 悉閱ᄒᆞ야도[713] 此事를 能辨ᄒᆞᆯ 者 ㅣ 實로 罕ᄒᆞ다 ᄒᆞ노니,

嗚呼라, 彼 乃利孫이 雖武나 萬壹 二十世紀 今日에 리忠武와 並生ᄒᆞ야 海上風雲에 武裝으로 相見ᄒᆞ면 畢竟 其兒孫에 不過ᄒᆞᆯ진져. 雖然이나 而今에 觀ᄒᆞ라. 世界 水軍偉人을 說ᄒᆞ미, 莫不 乃利孫에게 第壹指을 首屈ᄒᆞ야[714] 英雄을 崇拜ᄒᆞᄂᆞᆫ 者 必也 乃利孫像 壹本을 手ᄒᆞ며 歷史를 讀閱ᄒᆞᄂᆞᆫ 者ㅣ 必也 乃利孫傳[715] 壹卷을 口ᄒᆞ고, 尤況 軍人界에 出身ᄒᆞ야 軍人資格을 養成코ᄌᆞ ᄒᆞᄂᆞᆫ 者ᄂᆞᆫ 必也 乃利孫의 名을 是誦ᄒᆞ며, 乃利孫의 跡을 是慕ᄒᆞ

---

706 凋殘ᄒᆞᆫ되: 말라서 쇠약한데. 망하여 쇠퇴한데.
707 遲鈍ᄒᆞᆫ되: 굼뜬데, 둔한데.
708 竊想컨되: 혼자 마음속으로 생각하건대.
709 焦勞拮据: 마음을 졸이고 걱정하며 고된 것을 참고 부지런히 일함.
710 滔天蔽海: 천하를 덮음. 엄청 많음.
711 角ᄒᆞᆯᄉᆡ: 겨룰새. 다툴새.
712 正覰치: 바로 보지.
713 悉閱ᄒᆞ야도: 모두 나열하여도.
714 首屈ᄒᆞ야: '首屈一指'에서 온말. 즉 첫손가락을 꼽아, 제일로 하여.
715 乃利孫傳: 넬슨 전기.

며 乃利孫의 咳唾[716]를 是拾ᄒᆞ며, 乃利孫의 鬚眉[717]를 是夢하야 生前 英吉利 壹國의 乃利孫이 死後 萬國의 乃利孫을 作ᄒᆞ며, 生前 歐羅巴 壹洲의 乃利孫이 死後 六洲의 乃利孫을 作ᄒᆞᄂᆞᆫ대, 我 李忠武에 至ᄒᆞ야ᄂᆞᆫ 近側 支那歷史(明史)에 其 戰狀을 略記ᄒᆞᆯ 而已며, 遠則 日本小兒가 其 雄名에 震倒ᄒᆞᆯ 而已며,[718] 其 餘則 本國樵童牧竪[719]의 歌謠에 登ᄒᆞᆯ 而已오. 世界에 流佈ᄒᆞᆫ 歷史ᄂᆞᆫ 鐵甲船 首創ᄒᆞᆫ 壹節에 不過ᄒᆞ니, 嗚呼라, 英雄의 名譽가 恒常 其國의 光靈[720]을 隨ᄒᆞ야 高下ᄒᆞᄂᆞᆫ 배 아닌가.

大抵 水軍의 第壹偉人을 有ᄒᆞ고 鐵甲船 創造에 鼻祖된 我國으로 今日에 至ᄒᆞ야 彼 海權 最大ᄒᆞᆫ 國과 比較ᄒᆞ기ᄂᆞᆫ 姑捨ᄒᆞ고 竟乃[721] 國家란 名詞도 若存若亡의 悲境에 陷ᄒᆞ얏스니, 余가 彼 幾百年來에 民氣를 摧折ᄒᆞ며[722] 民知를 杜塞ᄒᆞ여[723] 文弱思想[724]을 與ᄒᆞᆫ 卑劣政客의 遺毒을 回思하ᄆᆡ 恨이 海波와 俱深ᄒᆞ도다.[725]

玆에 李舜臣傳을 撰하야 苦痛에 陷ᄒᆞᆫ 我國民에게 餉ᄒᆞ노니, 凡 我善男信女ᄂᆞᆫ 此를 模範ᄒᆞ며 此를 步趨ᄒᆞ야 荊天棘地[726]를 踏平ᄒᆞ며[727] 苦海難關을 超過ᄒᆞᆯ지어다.[728] 上天이 二十世紀의 太平洋을 莊嚴ᄒᆞ고 第二 李舜臣을 待ᄒᆞ나니라.(完)

—『大韓每日申報』, 1908.5.2.~8.18.

---

716 咳唾: 기침과 침. 여기에서는 '말'을 의미.
717 鬚眉: 수염과 눈썹.
718 震倒ᄒᆞᆯ 而已며: 놀라 넘어질 따름이며.
719 樵童牧竪: 나무하는 아이와 소 치는 아이.
720 光靈: 빛나는 영혼.
721 竟乃: 마침내.
722 摧折ᄒᆞ며: 꺾으며.
723 杜塞ᄒᆞ여: 가로막아.
724 文弱思想: 글을 받들어 실천과는 떨어져 나약한 사상.
725 俱深ᄒᆞ도다: 깊도다.
726 荊天棘地: 천지가 모두 가시나무라는 말로, 곤란이 매우 많음을 이르는 말.
727 踏平ᄒᆞ며: 밟아서 평평하게 하며. 힘을 써서 세상일을 바로잡으며.
728 超過ᄒᆞᆯ지어다: 통과할지어다. 넘어설지어다.

◎ 해설

단재는 『을지문덕』에 이어 「이순신전」도 저술하였다. 이순신은 "일본과 대적한 이 중에 족히 우리나라 민족의 명예를 대표할 만한 거룩한 인물"이다. 이순신을 택한 것은 시대가 가깝고 유적이 소상하여 모범이 되기에 족했기 때문이다. 그뿐만 아니라 1900년대 당시는 일본의 식민지로 전락해가는 위급한 상황에 직면하고 있었다. 이순신은 임진왜란이라는 풍전등화의 위기에서 일본을 물리치고 나라를 구한 영웅이라는 점에서 일본에 대한 정신적 승리의 표상이었다. 단재는 이순신을 호명함으로써 우리 민족의 저력을 다시금 발견하여 침탈된 국가를 회복하고자 했다.

단재는 당시의 상황이 잘못되어도 한참 잘못되었음을 그대로 재현하였다. 충군 애국하는 자는 오히려 핍박받고 또한 백성들의 목숨을 지켜야 할 자들이 먼저 도망가는 상황을 고발했다. 그리고 그러한 상황에도 이순신은 국가와 민족을 위해 자신을 희생한 거룩한 영웅으로 묘사했다. 애국계몽기 수많은 대신과 관리들이 앞장서 친일을 하고 매국을 할지라도 의연히 국가와 민족을 위해 헌신해야 한다는 단재의 충정 논리가 숨어 있다. 그것은 소아를 죽여 대아가 되는 것, 곧 대아적 주체론이 여기에서 온전히 모습을 드러낸 것이다. 육신의 몸을 죽여 정신의 주체를 살리는 것, 몸은 비록 죽으나 그 정신은 후세에 길이 남기는 것, 그것이 이순신의 죽음이 아니던가. 단재는 대아적 삶의 모습을 작품을 통해서 보여주었다.

단재는 전기를 기술하여 이 책을 보는 것이 "한만한 묵은 소설책에 비하면 나은 것"이 있을 것이라고 하였는데, '무릇 우리 선남선녀는 이것을 모범'하여 '어려운 난국을 평탄케 하며 어려운 관문을 통과'하기를 바랐다. 이순신은 전 세계에 자랑할 만한 거북선을 만들었고, 어려운 환경에서도 애국적인 혈성으로 국난을 극복하였다. 그래서 단재는 우리의 국민들이 어려운 환경을 딛고 일어서 각자가 새로운 이순신이 되기를 간절히 바랐다.

崔都統[1]

第一章 緖 論

生前에ᄂᆞᆫ 其 鉦鼓所向[2]에 山飛海립[3]ᄒᆞ더니 死後에ᄂᆞᆫ 九原[4]荒草에 往跡이 凄凉ᄒᆞ며, 生前에ᄂᆞᆫ 其 指揮所定에 天淸日朗ᄒᆞ더니 死後에ᄂᆞᆫ 數行 歷ᄉᆞ에 靈光이 寂寞ᄒᆞ야 疆埸[5]에 熱灑ᄒᆞᆫ[6] 凜凜忠血은 狗奴輩의 妄唾[7]를 受ᄒᆞ며, 天壤[8]에 照耀ᄒᆞᆫ 堂堂戰勳은 盲ᄉᆞ家의 抹殺을 遭ᄒᆞ고 無情ᄒᆞᆫ 一片 赤墳[9]만 靑山에 屹然ᄒᆞᆫ[10] 者ㅣ 我東國 絶代 巨傑 崔都統이 아닌가.

幸哉라, 我國 近世에 崔都統 一人이 有ᄒᆞ도다. 不幸哉라, 我國 近世에 崔都統 一人만 有ᄒᆞ도다. 我 勃勃尙武의 夫餘族[11]으로 近世에 至ᄒᆞ야ᄂᆞᆫ 其 聲光[12]이 忽墮ᄒᆞ야 僅히 崔都統 一人이 有ᄒᆞ니, 엇지 如此히 不幸ᄒᆞᆷ이 有ᄒᆞ리

---

1 이 작품의 원래 제목은 '東國 巨傑 崔都統'이며, 『大韓每日申報』 1909년 12월 5일부터 이듬해 5월 27일까지 연재되었다. 이 작품은 『대한매일신보』 국문판에 「동국에 뎨일 영걸 최도통젼」이라는 이름으로 번역되어 1910년 3월 6일부터 5월 26일까지 연재되었다. 이 작품이 완료되지 않았음은 작품의 맨 끝에 "이상은 상편 종"이라는 구절을 통해서도 알 수 있다. 일본의 침탈이 더욱 강화되어옴에 따라 단재는 부득이 해외로 망명을 할 수밖에 없었고, 그래서 상편만으로 연재를 끝마친 것이다. 여기에서는 송재소·강명관의 주석(『꿈하늘』, 동광출판사, 1990)도 참조하였다.

2 鉦鼓所向: 징과 북이 향하는 바. 곧 싸움터.

3 山飛海립: 山飛海立. 산 위에 날고 바다 위에 섬. 곧 (전쟁터를) 누비고 다님.

4 九原: 사람이 죽은 뒤 그 영혼이 가서 산다는 세상. 저승.

5 疆埸: 영토. 전쟁터.

6 熱灑ᄒᆞᆫ: 뜨겁게 흐르는.

7 妄唾: 망령된 침. 망령되이 입에 오름.

8 天壤: 하늘과 땅, 천지.

9 赤墳: 풀이 나지 않은 붉은 무덤. 최영의 무덤에는 풀이 나지 않았다고 함.

10 屹然ᄒᆞᆫ: 우뚝 솟은.

11 夫餘族: 扶餘族. 기원전 1세기 무렵부터 약 1,000년 동안 북만주에서 부여국을 세워 활동한 예맥족의 종족. 부여는 '夫餘' 또는 '扶餘'로 표기된다. 단재는 이 작품에서 앞의 세 군데는 '夫餘'로 쓰고 그 이후는 모두 '扶餘'로 표기했다. 『을지문덕』에서는 '扶餘'로, 「꿈하늘」에서는 '夫餘'로 표기했다.

오만은, 然이나 崔都統 一人으로 由ᄒᆞ야 足히 國ᄉᆞ를 光ᄒᆞ며, 我 夫餘族의 精神이 不死ᄒᆞᆷ을 證ᄒᆞ리니, ᄯᅩ 엇지 一大幸이 아니라 ᄒᆞ리오.

吾輩가 我國ᄉᆞ를 讀ᄒᆞ다가 檀君 三十五世紀 勝朝[13] 元宗 以後로부터 近世에 至ᄒᆞ기ᄭᆞ지 凡 七百餘年間 事를 閱ᄒᆞᆷᄋᆡ, 怒발이 突上ᄒᆞ고 憤拳[14]이 頻握ᄒᆞ야[15] 一部 ᄉᆞ冊을 葉葉지裂[16]ᄒᆞ야 火中에 投코ᄌᆞ ᄒᆞᄂᆞᆫ 者ㅣ 屢次가 되ᄂᆞᆫ도다. 盖 此 七百年間은 我 동國山河에 天日이 暗黑ᄒᆞ며 風色이 慘惡ᄒᆞᄂᆞᆫ 時代라. 檀君 扶婁[17]의 聖蹟을 掃殘ᄒᆞ며,[18] 句麗渤海의 遺産을 賣盡ᄒᆞ야 一大 奴隷地獄을 造成ᄒᆞ고, 其中에 坐ᄒᆞ야 我ᄂᆞᆫ 君이라 ᄒᆞ며 爾ᄂᆞᆫ[19] 臣이라 ᄒᆞ고, 我ᄂᆞᆫ 官이라 ᄒᆞ며 爾ᄂᆞᆫ 民이라 ᄒᆞ고, 我ᄂᆞᆫ 宰相이라 ᄒᆞ며 爾ᄂᆞᆫ 大將이라 ᄒᆞ고, 我ᄂᆞᆫ 儒賢이라 ᄒᆞ며 爾ᄂᆞᆫ 淸流[20]라 ᄒᆞ고, 我ᄂᆞᆫ 政治家라 ᄒᆞ며 爾ᄂᆞᆫ 外交家라 ᄒᆞ고, 我ᄂᆞᆫ 詩家며 爾ᄂᆞᆫ 文學家라 ᄒᆞ고, 無事ᄒᆞᆯ 時에ᄂᆞᆫ 奴隷의 舌을 熟鍊ᄒᆞ며[21] 有事ᄒᆞᆯ 時에ᄂᆞᆫ 奴隷의 膝을 齊屈ᄒᆞ야 大元 大明 大淸의 上典宅號[22]가 屢變ᄒᆞ니, 迎新送舊의 禮節이 煩亂ᄒᆞ고 小邦 小朝 小臣의 下賤名稱이 已慣ᄒᆞ니, 特립自尊[23]의 精神이 衰滅이로다.

嗚乎라, 此ᄂᆞᆫ 闇黑時代 劣魔屈穴[24]이라. 彼 所謂 聖賢이 何物이며 彼 所謂 英雄이 何物이며 彼 所謂 忠臣烈士가 又 何物인가. 奴隷의 眼으로 觀ᄒᆞ면 彼가 果聖賢이며 彼가 果英雄이며 彼가 果忠臣烈士이나, 萬一 一步로 進ᄒᆞ야 天賦純潔[25]ᄒᆞᆫ 獨立心을 將ᄒᆞ야 此로 觀ᄒᆞ면 此도 一奴隷며 彼도 一

---

12 聲光: 세상에서의 평판과 실생활.
13 勝朝: 전조, 곧 고려 시대.
14 憤拳: 분한 주먹.
15 頻握ᄒᆞ야: 여러 번 쥐어.
16 葉葉지裂: 장마다 찢음. 단재 전집에는 '葉葉扯裂'로 제시했는데 적합한 것으로 보인다.
17 扶婁: 夫婁. 단군의 맏아들. 『제왕운기』에 등장하는 인물로, 이승휴는 『단군본기』를 인용하여 단군이 비서갑(非西岬)의 하백(河伯)의 딸과 결혼하여 아들을 낳았으며, 그 이름을 부루(夫婁)라 하였다고 하였다. 생몰 연대 미상. 단재는 「꿈하늘」, 「조선사」 등에서는 '夫婁'로 표기했다.
18 掃殘ᄒᆞ며: 쓸어 없애며.
19 爾ᄂᆞᆫ: 너는.
20 淸流: 명분과 절의를 지키는 깨끗한 사람들.
21 熟鍊ᄒᆞ며: 연습을 많이 하여 능숙하게 하며.
22 上典宅號: 상전의 택호(호칭).
23 特립自尊: 特立自尊. 자존을 특별히 세움.
24 劣魔屈穴: 열등한 종족(마귀)들의 소굴.

奴隷라.

凡 此七百餘年 歷ᄉᆞᄂᆞᆫ 只是 蠢蠢ᄒᆞᆫ[26] 奴隷頭腦로 充塞ᄒᆞᆫ[27] 歷ᄉᆞ니, 此 七百餘年 歷ᄉᆞ를 讀ᄒᆞᄆᆡ, 我가 我國民을 爲ᄒᆞ야 哀號의 聲이 地球 動ᄒᆞᄂᆞᆫ도다. 然則 此 七百餘年 歷ᄉᆞ上에ᄂᆞᆫ 果然 一二個人도 能히 國家의 精神을 發揮ᄒᆞ여 拜外의 頑夢을 打破ᄒᆞ고, 我 檀君子孫의 眞面目을 見ᄒᆞᆫ 者ㅣ 無ᄒᆞᆫ가?

曰 余가 此에 憤慨를 抱ᄒᆞ고 十三道 山河를 掀飜ᄒᆞ며[28] 半千年 人物을 窮搜ᄒᆞ야[29] 長夜雲天에 漏照ᄒᆞᄂᆞᆫ[30] 明星을 歷數ᄒᆞ더니, 書床이 寂寞ᄒᆞ고 青燈이 明滅ᄒᆞᆫᄃᆡ 突然히 眼精[31]은 曙星[32]과 如히 飜ᄒᆞ며, 鬚角은 箇箇이 天을 向ᄒᆞ야 森立ᄒᆞᆫ[33] 一大 傑丈夫가 余 眼前에 儼립ᄒᆞ니 嗚呼라, 此가 余의 寤寐崇拜ᄒᆞ던 崔都統이로다.

崔都統의 死가 今에 五百餘年을 已經ᄒᆞ엿스나, 余의 目中의ᄂᆞᆫ 崔都統의 面貌가 普現ᄒᆞ며[34] 余의 耳中에ᄂᆞᆫ 崔都統의 咳唾[35]가 長聞ᄒᆞᄂᆞᆫ도다. 我 崔都統이여, 余目ᄲᅮᆫ 아니라 我 二千萬人 目에 習現ᄒᆞ며,[36] 余耳ᄲᅮᆫ 아니라 我 二千萬人 耳에 徧聞[37]ᄒᆞᆯ지어다. 幾百年來의 我國人이 卑劣魔의 面貌만 見ᄒᆞ고 公의 面貌ᄂᆞᆫ 不見ᄒᆞ며, 卑劣魔의 聲音만 聞ᄒᆞ고 公의 聲音은 不聞ᄒᆞᆫ 故로 此 偉大國民이 居然히[38] 卑劣國民을 成ᄒᆞ엿도다.

東海의 魚龍도 公의 姓字를 猶記ᄒᆞ며 遼野[39]의 草木도 公의 雄名을 猶慴ᄒᆞᄂᆞᆫᄃᆡ, 此 靈慧ᄒᆞᆫ[40] 國民으로 ᄒᆞ야금 公의 面目을 全忘케 ᄒᆞᆷ은 엇지 奴輩ᄉᆞ

---

25 天賦純潔: 하늘이 부여한 순결.
26 蠢蠢ᄒᆞᆫ: 미욱하고 어리석은.
27 充塞ᄒᆞᆫ: 꽉 막힌.
28 掀飜ᄒᆞ며: 번역에서는 '뒤지며'로 함.
29 窮搜ᄒᆞ야: 모두 찾아내어.
30 漏照ᄒᆞᄂᆞᆫ: 빛이 흘러나오는.
31 眼精: 눈. 눈알.
32 曙星: 샛별.
33 森立ᄒᆞᆫ: 빽빽하게 들어선.
34 普現ᄒᆞ며: 널리 나타나며.
35 咳唾: 기침과 침. 여기서는 '말'을 뜻함.
36 習現ᄒᆞ며: 익숙하게 나타나며.
37 徧聞: 두루 들음.
38 居然히: 슬그머니. 쉽사리.
39 遼野: 요동 땅.

家의 咎가 아니며 奴輩ㅅ家의 咎가 아닌가. 麗ㅅ에 崔都統의 北伐 一事를 論ᄒᆞ엿스되 一則 曰 老悖[41]라 ᄒᆞ며, 二則 曰 狂妄이라 ᄒᆞ야 崔都統의 一身을 呪罵홈이 不至ᄒᆞᆫ ᄇᆡ 無ᄒᆞ니, 爾輩가 비록 百番 呪罵[42]를 加ᄒᆞᆫ들 엇지 崔都統의 一毛를 損ᄒᆞ리오만은, 然이나 崔都統은 檀君의 賢孫이며 夫餘族의 代表라. 其口로 積氛[43]을 喝제ᄒᆞ며[44] 其手로 落日을 挽廻ᄒᆞ고 凜凜雪白[45]의 大劍을 揮ᄒᆞ야 國家의 獨립을 띠ᄒᆞ던 者이니, 我國民된 者ㅣ 人人마다 公을 尸視ᄒᆞ며 人人마다 公을 夢寐ᄒᆞ며 人人마다 公을 懷抱ᄒᆞᆫ 目的과 ᄀᆞᆺ치 前進ᄒᆞ엿스면, 我國의 光이 天壤에 照耀ᄒᆞ야[46] 東西列國이 敢히 來侮[47]치 못ᄒᆞ엿슬지어늘, 悲夫라. 公의 面目이 爾輩의 呪罵聲裡에 被掩ᄒᆞ야 我國民이 公을 竟忘ᄒᆞ고 公의 志ᄂᆞᆫ 繼ᄒᆞᆫ 者ㅣ 無ᄒᆞ엿스니 爾輩의 罪를 可히 勝誅ᄒᆞᆯ가.[48]

崔都統이 嘗 曰「吾가 國事를 中夜에 獨籌ᄒᆞ고[49] 翌朝에 都堂[50]에 赴ᄒᆞ야 諸相에게 語ᄒᆞᆫ즉 一人도 余와 同心者가 無ᄒᆞ다.」ᄒᆞ엿스니, 悲哉라 其言이여. 七十平生에 心力을 竭ᄒᆞ야 國事를 謀ᄒᆞ되, 同志者 一個를 未得ᄒᆞ고 隻掌으로 獨鳴ᄒᆞ엿도다.

雖然이나 余ᄂᆞᆫ 當時 數百 朝官에 公의 同心者가 無홈을 不悲ᄒᆞ고 後來 五百年 數百億兆 國民에 公의 同心者가 無홈을 悲ᄒᆞ노니, 一時에 公의 同心者가 無ᄒᆞᄆᆡ 公의 心만 苦ᄒᆞᆯ 而已어니와, 五百年來에 公의 同心者가 無ᄒᆞᄆᆡ 국民의 恥辱이 頻ᄒᆞ엿스며, 一時에 公의 同心者가 無ᄒᆞᄆᆡ 公의 力만 悴ᄒᆞᆯ 而已어니와, 五百年來에 公의 同心者가 無ᄒᆞᄆᆡ 국民의 苦痛이 深ᄒᆞ엿도다.

---

40 靈慧ᄒᆞᆫ: 영리한.
41 老悖: 노망.
42 呪罵: 저주.
43 積氛: 쌓여 있는 (안 좋은) 기운.
44 喝제ᄒᆞ며: 喝除ᄒᆞ며. 꾸짖어 없애며.
45 凜凜雪白: 위엄 있고 눈같이 흼.
46 照耀ᄒᆞ야: 맑게 비추어.
47 來侮: 와서 업신여김.
48 勝誅ᄒᆞᆯ가: 모조리 베어버릴까.
49 獨籌ᄒᆞ고: 홀로 꾀하고.
50 都堂: 도평의사사. 고려 시대의 최고 의정 기관. 충렬왕 5년(1279)에 도병마사를 고친 것으로, 군사 문제 이외에 일반적인 사무를 집행하는 권한도 가졌다.

嗚呼라, 一時에 公의 同心者가 無흠은 一高麗 王朝의 不幸이어니와, 五百年來로 公의 同心者가 無흠은 卽 我大東 全국의 不幸이로다. 余가 年前에 舘洞[51]에 遊ᄒᆞ더니 단青煥然[52]ᄒᆞᆫ 一小祠宇[53]가 洞右에 隱現[54]ᄒᆞ거ᄂᆞᆯ, 居人다려 問ᄒᆞ니, 曰「崔大監이라.」ᄒᆞᄂᆞᆫ듸, 余가 其遺像에 肅拜ᄒᆞ니, 其 燁然ᄒᆞᆫ[55] 兩眼이 尙且 遼潘[56]을 向ᄒᆞ야 睥睨ᄒᆞᄂᆞᆫ 듯ᄒᆞ더라. 余가 於是에[57] 喟然히[58] 歎을 발ᄒᆞ야 曰「惜乎라, 公이 何故로 此에 在ᄒᆞ뇨. 公이 何故로 此에 在ᄒᆞ뇨. 當年 東征西伐의 匹馬長鎗을 捨ᄒᆞ고 此에 來ᄒᆞ야 一二 妖巫[59]가 病을 禱ᄒᆞ며 福을 乞케 ᄒᆞ니, 公의 靈이 有知ᄒᆞ면 當如何ᄒᆞᆫ 感情이 발ᄒᆞᆯᄭᅡ. 然이나 萬一 我국民이 迷信으로 公에게 拜치 말고 正信으로 公에게 拜ᄒᆞ며, 私福으로 公에게 禱치 말고 公福으로 公에게 禱ᄒᆞ면 可히 我國民의 苦痛을 療ᄒᆞ고 幸福을 得ᄒᆞᆯ진져.」

沉沉陰埃[60]가 公의 歷ᄉᆞ를 久掩흠이 是余의 痛恨ᄒᆞᄂᆞᆫ 바라. 故로 朝野의 ᄉᆞ乘[61]을 搜ᄒᆞ며 閭巷의 口碑를 採ᄒᆞ야 公의 心事를 寫出코ᄌᆞ ᄒᆞ노니, 凡我東國 巨傑 崔都統傳을 讀ᄒᆞᄂᆞᆫ 有血國民아.

第二章 崔都統 以前의 我族과 外族

我 扶餘族이 黑龍江 寧古塔[62] 等地에셔 孳殖[63]ᄒᆞ야 凡 二千餘年을 經ᄒᆞ

51 舘洞: 현재 서울 서대문구 천연동.
52 단青煥然: 丹青煥然. 단청이 환하게 빛남.
53 祠宇: 사당. 신주(神主)를 두기 위해 따로 지은 집.
54 隱現: 숨었다 보였다 함. 보였다 안 보였다 함.
55 燁然ᄒᆞᆫ: 아름답게 빛나는. 번역에서는 '광채 있는'으로 함.
56 遼潘: 요동.
57 於是에: 이에.
58 喟然히: 서글프게.
59 妖巫: 요사한 무당.
60 沉沉陰埃: 짙은 티끌. 무거운 먼지.
61 ᄉᆞ乘: 史乘. 역사를 기록한 책. 사기.
62 寧古塔: 중국 흑룡강성 영안현성의 청(淸)나라 때 지명. 1653년 영고탑앙방장경(寧古塔昂邦章京)을 두었고, 62년 영고탑장군(將軍)으로 고쳤다. 그 뒤 팔기부도통(八旗副都統)을 두었으나, 청나라 때에는 죄인의 유형지(流刑地)가 되었다. 1910년 영안부(寧安府)로 되었다가, 중화민국 이후 영안현으로 고쳤다.

야 三國時代에 至ᄒᆞᆷᄋᆡ, 비로소 我東 全土와 遼潘 各處에 分布ᄒᆞ야 南北 兩大部를 成ᄒᆞ니, 南部ᄂᆞᆫ 漢江 以南에셔 發達ᄒᆞᆫ 者가 是오, 北部ᄂᆞᆫ 鴨綠江 以北에셔 發達ᄒᆞᆫ 者가 是라.

此 南北 兩大部의 中間에 支那族이 來殖ᄒᆞ야 箕氏 以後로 慚次 强盛ᄒᆞ야 其餘孼이 我 南部를 侵入ᄒᆞᆷ에 至ᄒᆞ고(箕準[64]의 南入이 亦 一證), 又 彼本部의 支那가 其實力을 充足ᄒᆞᆯ 時에ᄂᆞᆫ 恆常 我族과 接觸ᄒᆞ야 相角[65]ᄒᆞᆷ에 至ᄒᆞ니, 此가 我 扶餘族의 第一敵國이오. 我族의 北部와 隣接ᄒᆞᆫ 柔然[66] 션뵨[67] 契단[68] 蒙古 等 族이 時時로 崛起ᄒᆞ야[69] 我族과 對抗ᄒᆞ며, 又或 支那 北部 全土를 攫取ᄒᆞ야[70] 其餘鋒으로 我를 睥睨ᄒᆞ니, 此가 我 扶餘族의 第二敵國이오. 東經 百二十九度 朝鮮海峽의 一葦水[71]를 渡ᄒᆞ야 聯互ᄒᆞᆫ 三小島가 有ᄒᆞ니, 其名 曰 日本이라. 彼 日本族은 或者가 我 南部 百濟 故邦의 支孼[72]로 認ᄒᆞ나, 然이나 彼의 言語風俗이 我族과 全異ᄒᆞ고 又 數千餘年을 我國에 對ᄒᆞ야 海上進步의 障碍物을 作ᄒᆞ엿스니, 엇지 同族으로 看做ᄒᆞᆷ이 可ᄒᆞ리오. 此가 第三敵國이라.

血腥憺淡[73]의 苦戰을 繼續ᄒᆞ야 檀君 二十七八世紀頃 三國 末葉에 直至ᄒᆞ

---

63 孼殖: 번식함. 뿌리내림.
64 箕準: 기자조선의 마지막 왕. 기부의 아들. 연(燕)나라에서 망명하여 온 위만(衛滿)에게 나라를 빼앗기고, 남쪽으로 가서 한왕(韓王)이라 일컫고 마한의 시조가 되었다고 한다. 생몰 연대 미상.
65 相角: 서로 각축함.
66 柔然: 몽골 지방에 자리 잡고 살던 고대의 유목 민족. 중국 동진(東晉) 초기에, 선비족에 예속되었다가 5세기 초에는 그 옛 땅을 차지하였으며 555년에 돌궐에 멸망하였다.
67 션뵨: 선비족. 중국의 이민족인 오호(五胡) 가운데 고대 북아시아에 살던, 몽골 족과 퉁구스 족의 피가 섞인 유목 민족. 중국 전국 시대부터 흥안령(興安嶺)의 동쪽에서 유목 생활을 하였으며, 후한의 화제(和帝) 때에는 흉노를 대신하여 몽골 지방을 차지하였고, 위나라 때부터 점차 중국 본토로 들어와 삼국 시대에는 모용씨(慕容氏)·우문씨(宇文氏)·탁발씨(拓跋氏) 따위로 분열되었는데, 특히 탁발씨는 북위를 세우기도 하였으나 당나라·송나라 이후에는 한족(漢族)에 동화되었다.
68 契단: 거란족. 5세기 중엽부터 내몽골의 시라무렌(Siramuren)강 유역에 나타나 살던 유목 민족. 몽골계와 퉁구스계의 혼혈종으로, 10세기 초 야율아보기가 여러 부족을 통일하여 요나라를 건국한 후 발해를 멸망시키고 고려에도 세 차례나 쳐들어왔으나, 12세기 초 금나라의 성장으로 말미암아 세력이 약화되어 다시 부족 상태로 분열하였다.
69 崛起ᄒᆞ야: 불쑥 일어나.
70 攫取ᄒᆞ야: 홱 갈겨서 빼앗아. 탈취하여.
71 一葦水: 조각배를 띄울 만한 크기의 바다물. 여기에서는 구체적으로 현해탄을 말함.
72 支孼: 지파나 방계.
73 血腥憺淡: 피비린내가 가득함.

야 兩手를 暫歛[74]ᄒᆞ고 輪嬴[75]의 大局을 回顧ᄒᆞ니, 敵人이 個個 白旗를 竪ᄒᆞ야 我 扶餘族의 全勝에 讓ᄒᆞᆫ지라. 東明王, 大武神王,[76] 廣開土王, 扶芬奴,[77] 愚溫達,[78] 乙支文德의 累度掃平을 經ᄒᆞ야 樂浪 臨屯에 繁播ᄒᆞᆫ[79] 箕氏 衛氏 崔氏 張氏 等 支那族이 或降 或走ᄒᆞ며, 肅愼氏, 慕容氏 宇文氏(周) 普六氏(隋) 等 各蠻族이 相繼敗亾ᄒᆞᆫ 後 絶代英雄 泉蓋蘇文이 作ᄒᆞ야 其 移山倒海의 雄畧으로 東西 各族을 征服ᄒᆞ며 龍光燭天[80]의 五大刀를 揮ᄒᆞ야 支那의 兒啼[81]를 止케 ᄒᆞ엿스니, 此ᄂᆞᆫ 我 北部民族의 靈光이오. 沸流, 溫祚, 朴赫居世, 昔脫解 眞武[82] 居柒夫[83]의 歷代 經營을 由ᄒᆞ야 本州의 各部落이 統一되며, 海外殊族이 皆 屛息遠走[84]ᄒᆞᆫ 後 太宗王 ᄀᆞᆺᄒᆞᆫ 雄主와 金庾信 ᄀᆞᆺᄒᆞᆫ 良相이 並出ᄒᆞ야 千年 海寇[85]의 肆行을 快掃코ᄌᆞ ᄒᆞ야 萬里에 軍을 懸ᄒᆞ고, 東洋의 端에 深入ᄒᆞ야 大阪을 直擣ᄒᆞ야[86] 城下盟[87]을 結ᄒᆞᄆᆡ, 彼 三千年 地險天塹[88]을 誇示ᄒᆞᄂᆞᆫ 日本兒의 驕嘴[89]를 摧ᄒᆞ엿스니,[90] 此ᄂᆞᆫ 我 南部民族의 靈光이로다.

---

74 暫歛: 잠시 거둠. 잠깐 모음.

75 輪嬴: 승부를 겂.

76 大武神王: 고무휼(高無恤, 4~44). 고구려의 제3대 왕. 동부여(東夫餘)·개마국(蓋馬國)을 쳐서 병합하고 낙랑군을 정벌하여, 국토를 살수(薩水) 이북까지 확대하였다. 재위 기간은 18~44년이다.

77 扶芬奴: 고구려 건국기의 중신(重臣). 동명왕의 초기 건국과정에서 그는 비류국(沸流國)의 고각(鼓角)을 훔쳐옴으로써 고구려가 의식(儀式)을 갖추는 데 큰 공을 세웠다. 서기전 32년에는 오이(烏伊)와 함께 태백산(太伯山) 동남쪽의 행인국(荇人國)을 정벌하여 그 땅을 성읍으로 하였고, 서기전 9년에는 고구려를 자주 침략하는 선비(鮮卑)를 계략을 써서 크게 물리치고 이를 속국으로 삼게 하였다. 생몰 연대 미상.

78 愚溫達(?~590): 고구려 평원왕 때의 장군. 어려서 바보라는 말을 들었으나, 평강 공주와 혼인하여 무예를 닦고 무장이 되었다. 590년에 한북(漢北)의 땅을 찾고자 출전하였다가 전사하였다.

79 繁播ᄒᆞᆫ: 번성하게 퍼진. 뒤섞이어 뿌리 내린.

80 龍光燭天: 용의 광채(연개소문의 풍채)가 하늘을 비춤.

81 兒啼: 아이 울음.

82 眞武: 백제의 귀족·대신. 393년 좌장(左將)에 임명되어 군사(軍事)를 통할하고, 고구려에 빼앗긴 관미성(關彌城)을 공격하였으나, 고구려군의 완강한 저항과 군량조달이 제대로 되지 않아 철군하였다. 395년 다시 고구려를 공격하였으나 패하(浿河: 지금의 예성강) 유역에서 광개토왕의 반격을 받아 참패당하였다. 당시 왕비족으로 막강한 세력을 구축하고 있던 진씨족(眞氏族)의 한 사람으로서, 백제의 군사권을 장악하고 대고구려전에 앞장섰다. 생몰 연대 미상.

83 居柒夫(502~579): 신라의 장군·상대등. 진흥왕 6년(545)에 『국사(國史)』를 편찬하였고, 551년(진흥왕 12)에 백제와 연합하여 고구려 영토 10군을 점령하였다.

84 屛息遠走: 겁이 나서 소리를 내지 못하고 숨을 죽이고 멀리 달아남.

85 海寇: 바다로부터 침입하여 들어오는 도둑 떼.

86 直擣ᄒᆞ야: 즉시 무찔러. 직접 공격하여.

87 城下盟: 적군이 성 밑까지 쳐들어와서 항복하고 맺는 조약. 대단히 굴욕적인 조약을 말함.

88 地險天塹: 자리가 험한 천연 요새.

嗚呼 偉大ᄒᆞ다. 此時 我 扶餘族의 歷ᄉᆞ여, 盖 古代 最名譽的의 歷ᄉᆞ로다.

然이나 此時의 我民族을 爲ᄒᆞ야 一點 遺恨을 抱ᄒᆞᆯ 빅 有ᄒᆞ니, 同族을 合ᄒᆞ야 異族을 排ᄒᆞ지 못ᄒᆞ고 反히 異族을 招ᄒᆞ야 同族을 害ᄒᆞᆷ이 是라.

大低 南北 兩部가 互相仇視ᄒᆞᆷ은 麗羅[91] 中葉으로부터 已然ᄒᆞ더니, 其末葉에 至ᄒᆞ야ᄂᆞᆫ 殆히 水火의 相煎[92]과 如ᄒᆞ야 干戈의 相尋ᄒᆞᆷ이 虛日이 無ᄒᆞ고 金庾信의 賢으로도 唐兵을 引ᄒᆞ야 高句麗를 謀ᄒᆞ더라. 及 高句麗가 覆ᄒᆞ고 渤海가 興ᄒᆞᄆᆡ 其禍가 稍息ᄒᆞ엿스나 終是 同種相愛의 意가 全缺ᄒᆞ야 其興 其亾에 聞問이 都無ᄒᆞ더니, 麗祖가 初興에 渤海가 契단에 陷ᄒᆞ야 鴨綠 以西에ᄂᆞᆫ 我 檀君 子孫의 聲息이 遂絶ᄒᆞ니, 哀哉라.

北部ᄂᆞᆫ 卽 我族의 발祥故地[93]일 쌘더러 亦 大東 全國의 咽喉라 ᄒᆞᆯ지니, 此를 得ᄒᆞ거던 全力으로 守ᄒᆞ며 此를 失ᄒᆞ거던 全力으로 爭ᄒᆞᆷ이 可ᄒᆞ거ᄂᆞᆯ, 乃者 檀君 以後 三千餘年 傳授ᄒᆞ던 疆土를 異族의 馬背에 馱送ᄒᆞ고[94] 一隅에 枯坐ᄒᆞ야[95] 避世의 生活을 做코ᄌᆞ ᄒᆞ니 엇지 可憐치 아니ᄒᆞᆫ가.

渤海 滅亾ᄒᆞ던 日은 麗祖 創業의 日이니, 其勃興의 氣運을 乘ᄒᆞ고 方强의 士馬[96]를 驅ᄒᆞ야 同種의 讎를 雪ᄒᆞᆯ 時어ᄂᆞᆯ 此時를 一失ᄒᆞ며, 姜邯贊이 龟州의 役에 契단을 大破ᄒᆞᄆᆡ[97] 其聲勢가 松花江[98] 以東에 震ᄒᆞ야 渤海 遺民의 耳朶를 警醒ᄒᆞ엿스니, 戰勝의 餘威를 席ᄒᆞ고 長구大進ᄒᆞ야 流離無告

---

89 驕嘴: 교만한 부리. 번역에는 '기운'으로 제시됨.

90 摧ᄒᆞ엿스니: 부러뜨렸으니.

91 麗羅: '고구려와 신라'를 뜻함.

92 相煎: 서로 들볶음. 서로 박해함.

93 발祥故地: 發祥故地. 역사적으로 큰 의의가 있는 일이 처음으로 일어난 옛터. 나라를 세운 임금이 태어난 땅.

94 馱送ᄒᆞ고: 한가히 보내고.

95 枯坐ᄒᆞ야: 멍하니 앉아서.

96 士馬를: 군사와 말을.

97 大破ᄒᆞᄆᆡ: 귀주대첩을 말함. 1019년(현종 9) 2월, 거란이 침입하자 강감찬이 이끄는 고려군은 귀주에서 거란군을 좁은 계곡으로 유인하여 한꺼번에 공격하여 크게 승리했다. 이때 거란의 10만 대군 중 살아서 돌아간 사람은 2천여 명뿐이었다. 이 전투를 귀주대첩이라고 부른다.

98 松花江: 중국 동북 지방 길림성(吉林省) 및 흑룡강성(黑龍江省)을 흐르는 강. 백두산 천지(天池)에서 시작하여 북으로 흘러 눈강(嫩江)과 합류하여 아무르 강으로 흐르며, 강기슭에는 길림(吉林) 따위의 도시가 있어 지방 경제의 중심지를 이룬다. 상류의 풍만(豐滿)에는 세계적으로 큰 댐과 인공호인 송화호(松花湖)가 있다.

의 同族(卽 渤海 遺黎)를 招呼ᄒᆞ야 扶餘 舊疆을 恢復홀 時어늘 此時를 再失ᄒᆞ고, 但只 蚩蚩無覺[99]의 陋儒劣奴[100]만 聚ᄒᆞ야 閉門不出의 長策을 講ᄒᆞ더니, 嗚呼라, 競爭은 人의 天職이며 生活ᄒᆞᄂᆞᆫ 資本이라. 故로 天職을 忘ᄒᆞ고 資本을 棄ᄒᆞ면 憔悴[101] 死境에 必入홈은 個人도 然ᄒᆞ고 一國도 然ᄒᆞ나니, 如此히 競爭에 淡泊ᄒᆞᄂᆞᆫ 國民으로 엇지 安樂無事홈을 得ᄒᆞ리오. 於是乎 巨殃深孼[102]이 左右交侵ᄒᆞᄂᆞᆫ도다.

彼 契단이 渤海를 已得ᄒᆞᄆᆡ 政히 距踊曲躍[103]하야 我東을 來侵홀 秋이니, 엇지 龜州 一敗를 因ᄒᆞ야 兵戈를 遞解[104]ᄒᆞ리오. 但 南으로 支那에 有事ᄒᆞ며 北으로 渤海 遺民이 報復을 謀ᄒᆞᄂᆞᆫ 者ㅣ 尙多홈으로 東犯을 未暇ᄒᆞᆫ ᄇᆡ며, 旣而오[105] 遼(卽 契단)가 亾ᄒᆞᄆᆡ 女眞이 其地를 代有ᄒᆞ야[106] 支那의 宋을 滅ᄒᆞ며, 蒙古와 吐蕃[107]을 統禦ᄒᆞ고 大金帝國을 創建ᄒᆞ니, 於是乎 我方의 憂가 方大ᄒᆞ나 幸히 彼ᄂᆞᆫ 元來 我 扶餘族의 支派라. 故로 烏鴉束[108]이 曰 「高麗ᄂᆞᆫ 我 父母國이라.」 ᄒᆞ며, 阿骨打[109]ㅣ 曰 「高麗ᄂᆞᆫ 我祖宗의 出ᄒᆞᆫ ᄇᆡ라.」 ᄒᆞ야 一矢로 我에 加遺ᄒᆞᆫ ᄇᆡ 無ᄒᆞ니, 同族의 觀念에 由홈이 아닌가. 然이나 此ᄂᆞᆫ 我邦의 幸이 아니라 但只 我邦人의 苟安心만 長케 홈이니라.

蓋世恠傑[110] 成吉思汗(元太祖)이 其中에셔 産ᄒᆞ야 國號 曰 「大元」이라 ᄒᆞ고 長鞭으로 支那 四百萬餘州를 笞打ᄒᆞ며 俄羅斯[111] 數萬 萬方里地를 役

---

99 蚩蚩無覺: 어리석게 깨닫지 못함.
100 陋儒劣奴: 견식이 좁은 학자와 용렬한 노예.
101 憔悴: 말라서 시듦.
102 巨殃深孼: 큰 재앙과 깊은 근심.
103 距踊曲躍: 좋아서 이리저리 뜀.
104 遞解: 해체.
105 旣而오: 잠시 뒤에, 얼마 안 있다가.
106 代有ᄒᆞ야: 대신 소유하여.
107 吐蕃: 중국 당송(唐宋) 시대에 티베트 족을 일컫던 이름.
108 烏鴉束: 여진족 완안부(完顔部)의 추장. 금(金)나라 초대 황제였던 아골타(阿骨打)의 형. 1104년 여러 부족을 쳐서 정주(定州)까지 들어온 일이 있다. 1107년 윤관은 그를 평정하고 구성(九城)을 쌓았다.
109 阿骨打(1068~1123): 금(金)나라의 초대 황제. 이름 완안민(完顔民). 아골타는 여진명(女眞名). 재위 기간은 1115~1123년이다.
110 蓋世恠傑: 세상에 괴이한 인재.
111 俄羅斯: 러시아.

屬ᄒᆞ니 其兵力에 向ᄒᆞᄂᆞᆫ 바면 山川이 色을 改ᄒᆞᄂᆞᆫ지라. 此時에 我邦人된 者ㅣ 兵을 勵ᄒᆞ고 馬를 말ᄒᆞ야[112] 先등禦敵[113]의 勇을 奮ᄒᆞ여야 祖宗의 歷史를 不汚ᄒᆞᆯ지어ᄂᆞᆯ, 惜乎라, 彼 庸君悍臣[114]이 墻內의 權利로 相鬪ᄒᆞ다가 各各 虎를 引ᄒᆞ야 自衛코자 ᄒᆞ야 門을 開ᄒᆞ고 賊을 延ᄒᆞ며,[115] 北邊保障으로 蒙古를 屢破ᄒᆞᆫ 朴犀,[116] 崔椿命[117] 等은 此를 反히 罪에 陷ᄒᆞ야 我 扶餘族에 排外精神을 永滅코ᄌᆞ ᄒᆞ니, 嗚呼라, 彼 惡魔輩의 作孼이여. 至今ᄭᆞ지 讀史者의 憤哭을 발케 ᄒᆞᄂᆞᆫ도다.

此ᄂᆞᆫ 檀君 三十六世紀頃이오, 高麗 元宗 在位 年間이라. 魔輩의 奴性은 愈長ᄒᆞ고 外族의 氣燄을 愈熾ᄒᆞ야[118] 我國의 地獄이 日深ᄒᆞᆫ지라.

忠烈王[119] 以後로ᄂᆞᆫ 所謂 君主 及 政府ᄂᆞᆫ 敵國의 傀儡가 되야 生殺予奪[120]이 其手에 在ᄒᆞ며 西北 一帶의 土地ᄂᆞᆫ 割奪[121]을 屢被ᄒᆞ고 金帛珠玉이 虜廷[122]에 日走ᄒᆞ니, 嗟我 扶餘族이여 累千載 相傳의 獨立心이 如此히 銷沉코[123] 已乎며, 累千載 相傳의 愛國性이 如此히 泯滅코 已乎아. 國亾民死ᄒᆞ고 天愁地慘[124]ᄒᆞ도다.

局勢가 三十七世紀頃 忠定[125] 恭愍[126] 在位 年間에 至ᄒᆞᄆᆡ 尤 令人 失驚

---

112 말ᄒᆞ야: 번역에서는 '먹여'로 되어 있음.
113 先등禦敵: 先登禦敵. 맨 먼저 올라 적을 물리침.
114 庸君悍臣: 용렬한 군주와 사나운 신하.
115 延ᄒᆞ며: 불러들이고.
116 朴犀: 고려 고종 때의 무신. 1231년(고종 18) 서북면병마사로 있을 때, 귀주(龜州)로 쳐들어온 살리타의 몽고군을 격퇴하였다. 생몰 연대 미상.
117 崔椿命(?~1250): 고려 고종 때의 무신·충신. 최충의 후손으로 1231년에 자주 부사(慈州副使)가 되어 몽고군이 포위한 성을 왕이 항복을 권하였음에도 끝까지 고수하였다. 그를 처형하려 하였으나 몽고 측이 도리어 사면을 주선하였다.
118 愈熾ᄒᆞ야: 더욱 번성하여.
119 忠烈王: 왕거(王昛, 1236~1308). 고려 제25대 왕. 원나라에 굴복하여 세조의 공주를 아내로 맞이하였으며, 그 풍습과 문물 제도를 받아들이고 원나라의 간섭을 심하게 받았다. 1298년 정치에 염증을 느껴 상왕(上王)이 되었으나, 물러난 지 7개월 만에 다시 왕위에 올랐다. 재위 기간은 1274~1308년이다.
120 生殺予奪: 살리고 죽이거나, 주고 빼앗는 행위를 일컬음.
121 割奪: 영토를 빼앗음. 할거하여 뺏음.
122 虜廷: 오랑캐 조정.
123 銷沉코: 消沈코. 기세가 사그라지거나 가라앉고.
124 天愁地慘: 몹시 비참함.
125 忠定: 왕저(王胝, 1337~1352). 고려 제30대 왕. 충혜왕의 서자(庶子)로 12세에 즉위하였으나, 외척

홀[127] 事가 有ᄒᆞ니, 彼 蒙古(卽 元朝)의 氣燄이 將衰ᄒᆞ나 其 强노의 末이 愈愈히 我國을 壓勒코자[128] ᄒᆞ며 又 支那南方에 革命英雄이 蜂起ᄒᆞᄂᆞᄃᆡ, 每每其 新銳의 鋒을 磨ᄒᆞ야 我國을 先呑코ᄌᆞ ᄒᆞ며, 又 彼 日本의 北朝[129]가 統一의 功을 新奏ᄒᆞᄆᆡ 前代의 宿耻를 報코ᄌᆞ ᄒᆞ야 我의 邊境을 累犯ᄒᆞ니, 東西의 敵氛ᄂᆞᆫ 天日을 蔽ᄒᆞ고 我東國의 存亡絶續이 一髮을 爭ᄒᆞᄂᆞᆫ도다.

一切 國民이 個個 大哀音을 발ᄒᆞ야 英雄의 産出을 祈禱ᄒᆞ더니, 絶對巨傑愛國偉人 崔都統이 作ᄒᆞ야 我 扶餘族의 苦痛을 救ᄒᆞ니라.

第三章 崔都統의 前半生

崔都統의 名은 瑩이라. 檀君 三千六百四十五年 高麗 忠肅 二年에 生ᄒᆞ니, 本國이 蒙古에게 見敗ᄒᆞ야 城下盟을 結ᄒᆞᆫ 後 八十三年이오, 蒙古 世祖 忽必烈[130]이 支那ᄅᆞᆯ 統一ᄒᆞᆫ 後 三十五年이오, 日本은 金上洛[131]의 一歧島를 陷落ᄒᆞᆫ 以來로 憤恨를 不勝ᄒᆞ야 恒常 海上에 出沒ᄒᆞ며 我邊民에게 肆毒ᄒᆞ던[132] 時러라.

崔都統의 先世ᄂᆞᆫ 儒門이라. 文學으로 相傳ᄒᆞ고, 父의 名은 元直이니, 官이 司憲糾正에 至ᄒᆞ야 淸直으로 著名ᄒᆞ더라.

崔都統 幼時에 元直이 일즉 膝上에 抱ᄒᆞ고 其名을 呼ᄒᆞ야 祝曰,

「瑩아 汝ᄂᆞᆫ 國을 家와 如히 愛ᄒᆞ라. 國勢가 日로 夷홈[133]은 擧世人[134]이

의 전횡과 왜구의 침입으로 폐위되었다. 재위 기간은 1349~1351년이다.

126 恭愍: 왕전(王顓, 1330~1374). 고려 제31대 왕. 왕위에 오른 뒤 중국 원나라를 배척하고 친원파인 기씨(奇氏) 일족을 제거하였다. 쌍성총관부를 폐지하였으며, 빼앗긴 영토를 수복하여 국위를 떨쳤으나 나중에 최만생(崔萬生)과 홍윤(洪倫)에게 살해되었다. 재위 기간은 1351~1374년이다.

127 失驚홀: 깜짝 놀랄.

128 壓勒코자: 억지로 굴레를 씌우고자. 강제로 누르고자.

129 北朝: 남북조(南北朝) 시대에 족리씨(足利氏)가 경도(京都)에 옹립한 5대에 걸친 조정(1331~1392).

130 忽必烈(1215~1294): 몽고 제국의 제5대 황제로 중국 원나라의 시조. 묘호(廟號)는 세조. 칭기즈칸의 손자로, 일본·중앙아시아·유럽에까지 원정하여 대제국을 건설하였다. 중앙 집권 체제를 확립하고 몽고인의 우월성을 강조하였다.

131 金上洛: 상락군(上洛君) 김방경(金方慶, 1212~1300). 고려 시대의 명장. 삼별초의 난을 평정하고 원나라가 일본을 정벌할 때 참전했으나 두 번 다 태풍과 전염병으로 실패하고 돌아왔다.

132 肆毒ᄒᆞ던: 독한 성미를 함부로 부리던.

家만 知ᄒᆞᄂᆞᆫ 故니라. 瑩아 汝ᄂᆞᆫ 黃金을 石과 如히 視하라. 國事가 日로 非ᄒᆞᆷ[135]은 擧世人이 黃金만 愛ᄒᆞᄂᆞᆫ 故니라. 瑩아 汝ᄂᆞᆫ 戰藝를 學ᄒᆞ라. 國恥가 此에 至ᄒᆞ되 一矢를 拔ᄒᆞ야 賊에게 向치 못ᄒᆞ니, 汝父가 書生됨을 至恨ᄒᆞ노라. 汝ᄂᆞᆫ 戰藝를 必學ᄒᆞ라.」

ᄒᆞ야 其 淸淨無垢의 頭腦에 愛國心 尙武心을 注入ᄒᆞ니, 嗚呼라, 崔都統의 崔都統됨이 固其天姿의 英卓을 由ᄒᆞᆷ이나 抑亦 家庭敎育의 効力이 아닌가. 且 崔都統이 儒門 子孫으로 儒業을 棄ᄒᆞ고 戰術에 從事ᄒᆞᆷ도 父의 遺敎러라.

忠烈王이 元에 被拘ᄒᆞᆫ[136] 慘報가 來ᄒᆞᄆᆡ 市井이 皆 廛을 撤閉ᄒᆞ더니, 崔都統이 時方 十餘歲 幼兒로 街上에 出遊ᄒᆞ다가 此를 恠問ᄒᆞᆫᄃᆡ 一街兒가 戱答曰,「蒙古王이 汝의 君을 拘留ᄒᆞᆷ으로 商民이 吊禮를 表ᄒᆞ나니라.」云ᄒᆞ더라.

此 數句語가 彼將來 救國偉人의 腦際를 如何히 激刺ᄒᆞ엿던지, 翌朝에 其 鄕里 小兒 數十名을 驅ᄒᆞ야 軍隊樣으로 編成ᄒᆞ고, 담髮垂垂[137] 十歲 妙齡의 小公子가 八道兵馬都統使라 自稱ᄒᆞ고 儼然히[138] 其中에 立ᄒᆞ야 三申五令[139]ᄒᆞ며 北方으로 進ᄒᆞ거날, 或이 其故를 問ᄒᆞᆫᄃᆡ, 昂然히[140] 答曰,

「我가 燕京에 驅入ᄒᆞ야 元主를 擒ᄒᆞ야 國威를 揚코ᄌᆞ ᄒᆞᆫ다.」ᄒᆞ더라.

年稍長에 倭寇가 我海陲에 攔入ᄒᆞ야[141] 剽掠[142]이 無常ᄒᆞ니, 列邑이 風을 望ᄒᆞ고 奔走ᄒᆞ며 守令이 戰守를 議ᄒᆞᄂᆞᆫ 者ㅣ 無ᄒᆞ거ᄂᆞᆯ, 獨히 憤慨을 抱ᄒᆞ고 鄕中 子弟를 募集ᄒᆞ야 屢屢히 倭寇의 來路를 遮截ᄒᆞ야[143] 無數히 擒斬ᄒᆞ니,[144] 於是에 崔公子의 勇名이 遠近에 振ᄒᆞᄂᆞᆫ지라, 楊廣道[145]都巡問使[146]가

---

133 夷ᄒᆞᆷ: 쇠멸함. 번역에서는 '결단이 나는 것'으로 제시.
134 擧世人: 온 세상 사람들.
135 非ᄒᆞᆷ: 그릇됨. 잘못됨.
136 被拘ᄒᆞᆫ: 잡혀간. 볼모가 된.
137 담髮垂垂: 髧髮垂垂. 더펄머리가 늘어진. 단재 전집에서는 '斷髮垂垂'로 잘못 수정했다. 번역에서는 '머리털이 다팔다팔하는'으로 했다.
138 儼然히: 장엄하게. 엄숙하게.
139 三申五令: 세 번 신칙(申飭)을 하고 다섯 번 훈령을 내림. 곧 거듭 명령을 내려 지휘함.
140 昂然히: 밝게. 의기양양하게.
141 攔入ᄒᆞ야: 허가 없이 함부로 뛰어들어.
142 剽掠: 남을 협박하여 빼앗음.
143 遮截ᄒᆞ야: 차단하여.
144 擒斬ᄒᆞ니: 사로잡아 죽이니.

禮로 招ᄒᆞ야 麾下에 置ᄒᆞ야 弓達赤(官名)을 補ᄒᆞ니라.

救國保民의 策을 懷ᄒᆞ고 上으로 廟堂에 謁ᄒᆞ며 下으로 同志를 糾호ᄃᆡ, 佛經이 牛耳에 豈入ᄒᆞ리오. 鹽坂의 驥蹄[147]ᄂᆞᆫ 未展ᄒᆞ고 無情ᄒᆞᆫ 歲月이 丈夫의 頭髮만 催白ᄒᆞᄂᆞᆫ도다. 桓桓將軍[148]이 一道巡問使 幕下로 淹留ᄒᆞ야 十餘星霜을 擲送[149]ᄒᆞ다가 恭愍王 元年에 賊臣 趙日용[150]이 元國의 勢를 依ᄒᆞ야 王位를 易置코ᄌᆞ[151] ᄒᆞ거ᄂᆞᆯ, 崔都統이 安祐 等과 協力ᄒᆞ야 擒誅ᄒᆞ고[152] 功으로 護軍[153]을 授ᄒᆞ니 其年이 已三十六年이러라.

此 三十六年은 卽 崔都統의 前半生 時代인ᄃᆡ, 其 歷史가 何其簡單ᄒᆞ며 何其寂寞ᄒᆞᆫ가. 從古로 英雄의 事業은 早年에 基礎ᄒᆞᄂᆞᆫ 故로 大祚榮[154]이 句麗 殘兵을 聚ᄒᆞ야 唐寇 李勣을 擊破ᄒᆞ던 時에 其年을 問ᄒᆞ면 二十에 不過ᄒᆞ며, 김庾信이 中岳의 祈禱를 畢ᄒᆞ고 三國史에 出現ᄒᆞ던 時에 其年을 問ᄒᆞ면 十七八에 不過ᄒᆞ고, 卽 拿破倫[155] 大彼得[156]의 一國 政權을 掌握ᄒᆞ던 時가 皆 소年時代어ᄂᆞᆯ, 崔道統의 前半生 歷史ᄂᆞᆫ 何其簡單ᄒᆞ며 何其寂寞ᄒᆞᆫ가? 曰 嗚呼라, 大抵 英雄을 論ᄒᆞᆷ에 不可不 其所遇[157]의 時勢와 所處의 社會를 觀ᄒᆞᆯ지라. 其 時世社會가 英雄의 懷抱를 發展키 難ᄒᆞᆫ 時世社會도 有

145 楊廣道: 고려시대 지방행정 구획인 5도(道)의 하나. 도내의 양주(楊州)와 광주(廣州)에서 비롯된 명칭으로, 지금의 경기도 남부지역과 강원도 일부, 그리고 충청남북도의 거의 대부분 지역이 해당한다.

146 都巡問使: 고려시대의 외관직. 군사관계의 임무를 띠고 재추(宰樞)로서 임명되어 지방에 파견되던 임시관직이었으나, 양계(兩界)에 있어서는 공민왕 후년까지 그 지방장관의 임무를 맡고 있던 존무사(存撫使)의 민사적 업무까지 흡수하여 군사·민사를 모두 관장하는 지방장관이 되었다.

147 鹽坂의 驥蹄: 말이 소금 수레를 끄는 일을 말함.

148 桓桓將軍: 용맹스런 장군.

149 擲送: 흘려보냄.

150 趙日용: '趙日新(?~1352)'의 잘못. 고려 말기의 역신(逆臣). 초명은 홍문(興門). 공민왕이 세자였을 때 원나라에 시종했던 일을 내세워 공민왕 원년 '조일신의 난'을 일으켰다. 왕을 위협하여 전횡을 일삼다가, 뒤에 왕의 밀령을 받은 이인복(李仁復) 등에게 살해되었다.

151 易置코ᄌᆞ: 바꾸고자.

152 擒誅ᄒᆞ고: 사로잡아 베고.

153 護軍: 공민왕 때 와서 장군을 고친 이름.

154 大祚榮(?~719): 발해의 시조. 시호는 고왕(高王). 고구려의 유민으로, 698년에 진(震)을 세워 왕이 되고, 713년에 고구려의 옛 영토를 회복하여 국호를 발해로 고쳤다. 재위 기간은 698~719년이다.

155 拿破倫: 나폴레옹.

156 大彼得: 표트르 대제.

157 其所遇: 그 만남. 그 상봉.

ᄒᆞ며 發展키 易ᄒᆞᆫ 時世社會도 有ᄒᆞ나니, 國民의 尙武精神이 勃勃ᄒᆞᆫ 三國末葉에 生ᄒᆞ야 大祚榮과 金庾信되며, 列國의 革命風潮가 滔滔ᄒᆞᆫ 西歐 近世에 生ᄒᆞ야 拿破倫과 大彼得됨이야 何難ᄒᆞ리오만은, 崔都統의 遭遇ᄒᆞᆫ 時代ᄂᆞᆫ 全國 人心이 腐敗卑劣의 極度에 達ᄒᆞᆫ 時代라.

他國이 君主를 拘ᄒᆞ면 其方法이 「嗚呼痛哭」 四字쌴이며, 他國이 土地를 割ᄒᆞ면 其 政策이 哀呼乞憐 一端쌴이라. 此等方法 此等政策이 幾乎 一國의 人心을 支配ᄒᆞ야 苟生苟活로 歲月을 撑過[158]ᄒᆞᄂᆞᆫᄃᆡ, 其中에 비록 驚天動地의 英雄이 出ᄒᆞ야 獨立! 獨立! 大叫ᄒᆞᆫ달 엇지 容易히 其耳를 傾ᄒᆞ리오.

是以로 十歲 幼齡부터 支那에 驅入ᄒᆞ야 元主를 擒ᄒᆞ고 國威를 揚코ᄌᆞᄒᆞ던 崔道統의 懷抱로 其 三十六年의 長日月間에 其成就ᄒᆞᆫ 功業이 (一) 倭頭 幾百級을 斬홈과 (二) 趙日新의 亂을 討平홈에 止ᄒᆞ니, 嗚呼라, 然이나 屈者ᄂᆞᆫ 伸의 基오 濳者ᄂᆞᆫ 躍의 本이라. 英雄이 將奮에 坎軻[159]가 必先홈은 其才를 鍊하며 其志를 養홈이니, 前三十餘年 支離困頓의 崔都統이 若無ᄒᆞ면 後三十餘年 突兀壯快[160]의 崔都統이 豈有ᄒᆞ리오.

讀者에 囑하노니, 此 簡單寂寞ᄒᆞᆫ 崔都統의 前半生 歷史에 着眼홀지어다.

第四章 支那의 風雲과 崔都統의 北行

(一) 元의 內亂[161]

風雨가 不大ᄒᆞ면 池中에 神龍이 엇지 活躍의 機를 得하리오. 彼 蒙古 一

---

158 撑過: 견디며 보냄. 보냄.
159 坎軻: 길이 험하여 수레로 가기 힘듦. 즉 고생한다는 말로, 때를 만나지 못하여 불우한 처지에 있음을 비유함.
160 突兀壯快: 뜻밖에 장쾌함. 두드러지게 장쾌함.
161 (一) 元의 內亂: 『大韓每日申報』에는 이 부분에 '(一) 元의 內亂, (二) 元의 徵兵, (三) 崔都統의 獻議, (四) 我 壯士의 赴征, (五) 崔都統과 僧 玄麟의 會合, (六) 崔都統과 元朝' 등의 소목차가 한꺼번에 제시되었지만, 단재 전집에서는 이를 각기 나누어 제시했다. 여기에서는 전집을 따라 (一) 元의 內亂~(六)崔都統과 元朝까지의 소제목을 나눠 배치했다.

蠻族이 支那 朔北[162]에셔 突起ᄒᆞ야 支那를 並呑ᄒᆞ며, 其餘鋒이 東國에 及ᄒᆞ야 此 神聖國體를 汚辱홈이 百年에 至ᄒᆞᆷ이, 我 扶餘族이 淚를 集하여 血을 結하고 憤痛을 藏畜하야[163] 地中에 埋ᄒᆞᆫ 爆彈이 將裂홀 日이 必有하나 但 事機가 嵯跎ᄒᆞ고[164] 波瀾이 뎡츅ᄒᆞ야[165] 支離ᄒᆞᆫ 刼運[166]이 後世 讀史者의 腦를 鬱痛[167]케 하더니, 及 恭愍王時에 至ᄒᆞᆷ이 彼 蒙古가 我에 對ᄒᆞᆫ 羈絆[168]이 愈酷ᄒᆞ야 苦痛煩悶의 藥이 我東 武士의 精神을 漸蘇케 하며, 又 彼所謂 大元皇帝 大元丞相이 皆 庸懦貪虐ᄒᆞ야 政治가 紋亂ᄒᆞᆷ이, 支那 久屈의[169] 人民도 刀를 磨ᄒᆞ고 風雲의 機會를 待하ᄂᆞᆫ 者ㅣ 益衆하더라.

恭愍王 二年(元順帝 至正 十年) 以後로 支那 全幅의 局面이 益變ᄒᆞ야 風雨가 交作ᄒᆞ고 血腥이 四聞ᄒᆞᄂᆞᆫ도다.

第一次 方國珍[170]이 台州(今 淸 浙江省 台州府)에 起ᄒᆞ며,

第二次 劉福통[171]이 永平(今 淸 直隷省 永平府)에 起ᄒᆞ며,

第三次 李二[172]가 徐州(今 淸 江蘇省 徐州府)에 起하며,

第四次 郭子興[173] 朱元璋[174](卽 明太祖)이 濠州(今 淸 安徽省 鳳陽府)에셔

162 朔北: 북방의 국경 부근.
163 藏畜하야: 간직해두고. 숨겨두고. 번역에서는 '쌓고 쌓아'로 함.
164 嵯跎ᄒᆞ고: 무너지고 자빠지고.
165 뎡츅ᄒᆞ야: 渟滀하여. 흐르지 않고 흥건하게 괴어. 정체되어. 번역에서는 '일어나지 아니하여'로 함.
166 刼運: 劫運. 재앙이 낀 운수.
167 鬱痛: 우울증, 답답증.
168 羈絆: 굴레.
169 久屈의: 오래 굴종하던.
170 方國珍(1319~1374): 황암(黃巖: 浙江省黃岩縣) 출생. 원래 소금 행상이었으나, 1348년 해적(海賊)의 난(亂)에 편승, 형제와 더불어 해상에서 반란을 일으켜 운조선(運漕船)을 약탈하였다. 어떤 때는 원나라에 반항하고 어떤 때는 귀순(歸順)하는 등 변덕을 부렸으나, 식량의 해상 수송에 종사한 일도 있어 원나라에서 높은 벼슬을 얻어 세력을 유지하였다.
171 劉福통(?~1363): 劉福通. 원나라 말기 영주(潁州) 사람. 홍건적의 우두머리였고, 1351년 한산동(韓山童)과 함께 군사를 일으켰다. 영주를 거점으로 군사를 일으켜 여녕(汝寧)과 광주(光州), 식주(息州) 등을 연파했다. 1358년 변량(汴梁)을 함락시키고 소명왕을 맞아 변주(汴州)에 이르러 도성을 세웠다. 홍건군이 한 차례 대도(大都) 인근까지 진출하면서 위세를 크게 떨쳤다. 1363년 장사성(張士誠)이 여진(呂珍)과 함께 안풍을 공격했을 때 전사했다.
172 李二: 비주(邳州) 출신으로 원조 정부의 잔혹함을 목격하고 조균용(趙均用), 팽대(彭大) 등과 함께 거사를 도모하기로 일으키기로 하였다. 1351년 8월 서주에 당도하여 한밤중에 불을 내어 서주성을 아수라장으로 만들고 그 틈을 타서 지키고 있던 원군의 무기를 탈취하는 데 성공했다. 아울러 혼란을 이용해 원군을 남살하였으며, 기치를 세워 봉기군을 모집하였는데, 이들의 모습을 보고 수많은 백성들이 참가했다고 한다.

起ᄒᆞ야,

第五次 徐壽輝[175] 陳友諒[176]이 羅田(今 淸 湖北省 黃州府)에 起ᄒᆞ며,

第六次 張士誠[177]이 高郵(今 淸 江蘇省 楊州府)에 起ᄒᆞ며,

第七次 明玉珍[178]이 四川 雲南에 起ᄒᆞ며[179]

各自 土地를 擁ᄒᆞ며 官吏를 置ᄒᆞ고 王이라 稱ᄒᆞ며 帝라 稱ᄒᆞᄂᆞᆫ 者ㅣ 紛然ᄒᆞ더라.[180]

---

173 郭子興(?~1355): 원나라 말기 호주(濠州) 정원(定遠) 사람. 홍건도(紅巾徒)로서 군사를 일으켜 호주를 빼앗아 장악한 뒤 원수(元帥)를 자칭했다. 이때 주원장(朱元璋)이 그의 부하로 들어와 공을 세우자, 그의 의녀(義女) 마씨(馬氏)를 아내로 시집보냈다. 주원장의 협력으로 여러 차례 원군(元軍)을 격파하고 저주(滁州)와 화주(和州)를 탈취했다. 화주에서 병으로 죽었다.

174 朱元璋(1328~1398): 중국 명나라 초대 황제(재위: 1368~1398). 호주(안휘성 봉양현)의 빈농 출신으로, 홍건적의 난에 가담해 원나라의 강남 지역 거점인 남경을 점령했다. 그후 각지의 군웅들을 모두 굴복시켜 몽고족 왕조인 원나라를 무너뜨리고 명나라를 세웠다. 강력한 황권(皇權)을 앞세운 중앙집권적 독재체제를 확립했다. 그러나 그가 세운 황제 중심의 독재체제는 공포정치에 의해 유지되었기 때문에, 말년에는 고독하게 살다 병으로 사망했다.

175 徐壽輝(?~1360): 원래는 면포 판매를 업으로 하였으나, 원말에 요승(妖僧)인 팽형옥(彭瑩玉) 등과 반란을 일으켰다. 홍건(紅巾)을 호(號)로 삼고, 1351년에 호북성(湖北省)을 함락시켜 황제라 칭하고 국호를 천완(天完), 치평(治平)이라 건원(建元)하였다. 호남, 호북, 강서의 각지를 함락시켜 한때는 그 세력을 크게 떨쳤으나, 후에 부장(部將)인 진우량(陳友諒)에게 피살되었다.

176 陳友諒(1316~1363): 서수휘(徐壽輝)가 반란을 일으키자 그 휘하에 들어갔고, 1358년 안휘성 남부에 기반을 굳혔다. 이어 1359년에는 황제 서수휘를 죽이고 스스로 황제라 부르며 국호를 '대한(大漢)'이라고 하였다. 강주(江州: 江西省 九江)에 도읍하고 한때 강서, 호남, 호북을 세력 아래 두고 주원장(朱元璋)과 빈번히 싸웠으나, 1363년 파양호(鄱陽湖)의 결전에서 패하여 전사하였다.

177 張士誠(1321~1367): 본래 태주(泰州: 江蘇省 泰縣)의 염전인 백구장(白駒場)에 적을 둔 소금 중개인이었다. 1353년 염정(鹽丁)을 모아 난을 일으키고, 태주와 고우(高郵)를 점령하고 그곳을 근거지로 하여 '성왕(誠王)'이라 칭하고 국호를 '대주(大周)'로 정하였다. 1356년 강소성 소주를 함락시키고 '오국(吳國)'이라 칭하였다. 세력이 강소성에서 절강성 일대에 미쳤으나, 1367년 서달(徐達) 등이 이끄는 명나라 군의 총공격에 대패, 포로가 되자 자결하였다.

178 明玉珍(1331~1366): 1362년에 '촉왕(蜀王)'이라 칭하고 대하(大夏)를 세웠다. 나라를 8도(道)로 나누고, 주제(周制)를 본받아 관제(官制)를 두었으며, 세금을 경감하고 과거를 시행하는 등 선정(善政)을 베풀려고 애썼으나, 재위 5년 만에 병으로 죽었다.

179 신문 원문에는 '제1차 방국진, 제2차 유복통, 제3차 이이, 제5차 서수휘 진우량, 제6차 장사성, 제7차 명옥진, 제4차 곽자흥 주원장' 순으로 나오는데, 아마도 교정 과정에서 식자 오류인 것 같다. 단재 전집에서는 이를 순서대로 '제1차 방국진, 제2차 유복통, 제3차 이이, 제4차 서수휘 진우량, 제5차 장사성, 제6차 명옥진, 제7차 곽자흥 주원장'으로 바꾸었다. 그런데 각 사건의 거병 연도로 보면, 제1차 방국진(1348), 제2차 유복통(1351), 제3차 이이(1351)는 순서대로 제시되었으나, 제4차 곽자흥 주원장(1352)과 제5차 서수휘 진우량(1351)은 순서가 잘못 제시되었으며, 제6차 장사성(1353), 제7차 명옥진(1362)은 제대로 제시되었다. 그래서 여기에서는 순서대로 제4차를 서수휘 진우량으로, 제5차를 곽자흥 주원장으로 바로잡아 제시했음을 밝혀둔다.

180 紛然ᄒᆞ더라: 뒤섞여서 어지럽더라.

(二) 元의 徵兵

此時에 我邦 政治界에 其人이 有하면 元의 關係를 絶하고 進하야 遼東을 據ᄒᆞ야 大陸의 時機를 攫取ᄒᆞᆯ[181] 日이어ᄂᆞᆯ, 嗚呼라, 擧朝가 鼾睡[182]에 江山이 如夢ᄒᆞ고 墻亂[183]이 頻煩[184]에 蝸角이 欲裂[185]ᄒᆞ니, 門外에 可收ᄒᆞᆯ 蚌鷸[186]이 雖多ᄒᆞ나 其誰가 此를 過問ᄒᆞ리오.[187] 只是 彼 隣家 漁父의 成功에 讓ᄒᆞᄂᆞ도다.

元政府가 各地의 騷亂[188]을 削平코ᄌᆞ 하야 丞相 脫脫[189]로 元帥를 拜ᄒᆞ야 往征ᄒᆞᆯᄉᆡ, 彼가 尙且 儼然히 大元 皇帝詔를 下하야, 我에게 兵을 徵ᄒᆞ고 兼하야 我國 將相 十五人을 召ᄒᆞ야 此를 助勦ᄒᆞ라[190] 하ᄂᆞᆫ듸, 嗚呼라. 此 滔滔廷臣은 太半 奴隷孼種이라. 百年 以來 皮幣珠玉의 深耻를 不思ᄒᆞ며, 彼 朝露[191]의 命을 僅保ᄒᆞᄂᆞᆫ 元政府를 虎ᄀᆞᆺ치 畏ᄒᆞ야 惶惶히 彼 一薄紙上의 命令을 服從ᄒᆞᆯᄉᆡ, 相國 柳濯[192]을 遣ᄒᆞ야 兵을 率하고 高郵[193]에 赴戰ᄒᆞ라 ᄒᆞ거날,

---

181 攫取ᄒᆞᆯ: 홱 후리쳐 빼앗아 가질.
182 鼾睡: 코를 골며 잠을 잠.
183 墻亂: 내란.
184 頻煩: 자못 번거로움.
185 蝸角이 欲裂: 달팽이 뿔로 서로 찢으려 하는 싸움을 말함. 작고 쓸데없는 일로 싸움 또는 작은 나라끼리 싸움을 뜻함.
186 蚌鷸: 조개와 도요새를 아울러 이르는 말. 둘의 싸움으로 제3자인 어부가 이익을 얻음.
187 過問ᄒᆞ리오: 물으리오..
188 騷亂: 『大韓每日申報』 원문에 '亂' 글자가 제대로 식자되지 않았지만, 번역에서는 '소란'으로 쓰고 있다. 단재 전집 역시 '騷亂'으로 복원해 놓았다.
189 脫脫(1314~1355): 원나라 몽고 사람. 1352년 병사를 이끌고 서주(徐州)의 홍건군(紅巾軍)을 진압하고, 1354년 장사성(張士誠)을 고우(高郵)에서 포위했다. 합마(哈麻)의 참언을 받아 탄핵되어 삭직(削職)되었다. 회안(淮安)에 안치되었다가 얼마 뒤 대리(大理)로 유배를 갔고, 합마가 조서(詔書)를 고쳐 보낸 사신에 의해 짐살(鴆殺)당했다.
190 助勦ᄒᆞ라: 도와서 소멸하라. 도와서 무찔러라.
191 朝露: 해를 보면 곧 스러지는 아침 이슬. 덧없는 인생을 비유.
192 柳濯(1311~1371): 고려 말기의 대신. 자는 춘경(春卿). 공민왕 초에 전라도 만호로서 해적의 출몰을 막는 한편 「장생포(長生浦)」를 지어 악부(樂府)에 올리기도 하였다. 또 홍건적의 침입을 잘 막아 일등 공신이 되었으나 1371년에 신돈이 죽자 그의 일당으로 몰려 처형되었다.
193 高郵: 중국 강소성(江蘇省) 중서부의 도시.

(三) 崔都統의 獻議

都統이 獨爭 曰,

「不可ᄒᆞ다. 元朝의 政令이 已衰ᄒᆞ야 亾日이 不遠하니 我의 救가 無益이오. 設令 我의 救를 由ᄒᆞ야 彼의 亾을 可興ᄒᆞᆯ지라도 我가 不救ᄒᆞᆷ이 可ᄒᆞ니 何也오. 盖彼ᄂᆞᆫ 我의 讐敵이라. 高宗 元宗이 彼에 屈ᄒᆞ야 城下盟을 結ᄒᆞᆷ이 엇지 其心의 樂爲ᄒᆞᄂᆞᆫ 바리오. 但 力屈ᄒᆞᆫ[194] 故며, 百年來의 卑辭厚幣로 彼를 結ᄒᆞᆷ이 엇지 眞誠에 出ᄒᆞᆷ이리오. 亦 力屈ᄒᆞᆫ 故니, 今 彼의 衰亂을 我가 何故로 救ᄒᆞ리오. 但 我의 可擾ᄒᆞᆯ 事ᄂᆞᆫ 別有ᄒᆞ니, 卽 元朝가 衰亾ᄒᆞᆫ 後에 又 一强者가 彼 數萬里 大國 土地를 擁ᄒᆞ야 蒙古가 我에게 加ᄒᆞ던 바를 再加ᄒᆞᆷ이 是라. 故로 瑩은 以爲호ᄃᆡ,[195] 今日 我國이 此機를 善應ᄒᆞ면 七可賀가 有ᄒᆞ고 此機를 善應치 못ᄒᆞ면 五可吊[196]가 有ᄒᆞ다 ᄒᆞ노니, 七可賀[197]가 何이뇨.

兵을 養ᄒᆞ며 穀을 貯하야 進ᄒᆞᆷ에 攻取ᄒᆞᆯ 力이 足ᄒᆞ며 退ᄒᆞᆷ에 保守ᄒᆞᆯ 力이 足ᄒᆞ거던 於是乎, 大兵 或 輕兵을 발ᄒᆞ야 第一 遼東을 取하며 第二 瀋陽을 取ᄒᆞ야 高句麗와 渤海의 舊疆을 收復하리니 可賀오, 然後에 醫巫閭山[198]의 險을 據ᄒᆞ야 我 訓練節制의 師로 彼 草創烏合[199]의 衆을 擊ᄒᆞ며, 我 屯田貯蓄의 穀으로 彼 喪亂流離[200]의 民을 收하면 國威를 可揚이요 中國을 可取니 可賀오, 蒙古를 絶ᄒᆞ야 齊襄公[201] 九世의 讐를 復ᄒᆞ니 可賀오, 如此하면 我國도 亦 大國되리니 可賀오, 如此ᄒᆞ면 此後 中國人이 敢히 正眼으로 我를 窺치 못ᄒᆞ리니 可賀오, 昔 我太祖 神聖大王이 契丹使를 絶ᄒᆞᆷ[202]은 釁

---

194 力屈ᄒᆞᆫ: 힘이 꺾인. 굴복한.
195 以爲호ᄃᆡ: 생각하되.
196 五可吊: 5가지 조상할 일.
197 七可賀: 7가지 축하할 일.
198 醫巫閭山: 만주에서 중국 본토로 가는 길인 요하(遼河)의 서쪽 북방의 산.
199 草創烏合: 처음 시작할 때 까마귀를 모아 놓은 듯한 군사. 오합지졸.
200 喪亂流離: 죽음 재앙으로 떠돎.
201 齊襄公(?~BC 686): 춘추 시대 제나라의 임금.
202 契丹使를 絶ᄒᆞᆷ: 942년 거란에서 사신을 보내와 낙타 50필을 바친 적이 있는데, 태조는 거란이

端[203]을 故生ᄒᆞ야 彼를 征服하고 渤海 舊地를 收코ᄌᆞ 홈인ᄃᆡ 不幸히 天이 聖壽를 不假ᄒᆞ야 中道崩殂ᄒᆞ엿스니, 此ᄂᆞᆫ 四百年 臣子의 至恨이라. 今에 先王의 志를 繼ᄒᆞ야 大業을 成ᄒᆞ리니 可賀오, 高句麗가 恒常 中國을 幷呑코ᄌᆞ ᄒᆞ다가 不能ᄒᆞ더니, 今에 我朝가 此를 成ᄒᆞ면 千古 史冊에 有光ᄒᆞ리니 可賀니 此를 曰 七可賀오.

五可吊ᄂᆞᆫ 何이뇨. 萬一 此에 反ᄒᆞ야 彼 元朝의 徵兵을 應ᄒᆞ면 此ᄂᆞᆫ 讐敵을 助ᄒᆞ야 先王의 恥를 忘홈이라 可吊오, 將亾의 國을 爲ᄒᆞ야 忠을 效ᄒᆞ면 智者의 事가 아니라 可吊오, 我有限의 兵餉으로 彼 無厭의 徵求[204]를 應ᄒᆞ면 國內의 大亂을 釀成홀지라 可吊오, 今者에 國力을 養ᄒᆞ야 元國 將亂의 機를 乘ᄒᆞ야 我武를 揚ᄒᆞ지 못ᄒᆞ고 徒히 他人의 指揮를 隨ᄒᆞ야 左右하면 是ᄂᆞᆫ 我國으로 하야금 萬古의 弱國을 作케 홈이라 可吊오, 我東이 自古로 强武著名ᄒᆞᆫ 國이러니, 我朝에 入ᄒᆞᆫ 以後로 自守만 爲主ᄒᆞ고 進取를 不圖ᄒᆞ다가 如此ᄒᆞᆫ 弱國이 되엿ᄂᆞᆫᄃᆡ, 今 此好時機를 又失ᄒᆞ면 엇지 可痛홀 ᄇᆡ 아닌가 可吊니, 此를 曰 五可吊라. 未知케라, 諸公이 彼 七可賀를 行ᄒᆞ랴ᄂᆞᆫ지, 此 五可吊에 就ᄒᆞ랴ᄂᆞᆫ지, 神을 留ᄒᆞ야[205] 試擇ᄒᆞ소셔. 瑩은 區區切祝ᄒᆞ노라.」

此獻議ᄂᆞᆫ 崔都統의 一生 懷抱를 瀉出ᄒᆞᆫ 語라. 其 發論의 際에 眼光이 四射ᄒᆞ며 長髥이 森立ᄒᆞ고 淚가 聲句[206]를 隨ᄒᆞ야 俱下[207]ᄒᆞᄂᆞᆫ지라. 彼 癡人劣兒도 箇箇 其本來 面目을 快覺ᄒᆞ야 相顧讚歎하며 讞部典書 趙珪[208]와 密直副使 宋光美[209]ᄂᆞᆫ 慨然히[210] 涕를 揮ᄒᆞ여 曰

발해를 까닭 없이 멸한 무도한 나라이므로 교빙할 수 없다며 거란 사신 30명을 유배시키고 낙타는 굶어죽게 하였다. 이로 인해 양국의 국교가 단절되었다.

203 釁端: 싸움의 원인. 다툼의 발단.

204 徵求: 돈이나 곡식 따위를 내놓으라고 요구함.

205 神을 留ᄒᆞ야: 정신을 차리어.

206 聲句: 구절.

207 俱下: 같이 내려옴.

208 趙珪: 고려 후기 무신. 1388년에 응양군상호군(鷹揚軍上護軍)으로 밀직부사가 되었다. 그해 이성계(李成桂)가 위화도에서 회군하여 남산(南山)에 진을 치고 휘하를 보내어 궁궐을 침범하고 최영(崔瑩)을 잡을 때, 찬성사 송광미(宋光美), 평리(評理) 안소(安沼) 등과 더불어 도주하였다가 뒤에 체포할 때, 각산(角山)에 귀양갔다. 1392년 다시 밀직부사가 되었다. 생몰 연대 미상.

209 宋光美(?~1388): 1369년(공민왕 18) 대장군을 지냈다. 1388년 요동정벌에 나섰던 우군도통사(右軍都統使) 이성계(李成桂)와 좌군도통사 조민수(曺敏修)가 위화도에서 회군하여 국내로 진격해 오자

「吾儕는 腐儒라 夢想도 此에 不及ᄒᆞ엿더니, 今에 崔護軍(崔都統이 時에 護軍을 任ᄒᆞᆷ)의 言을 聞ᄒᆞᄆᆡ 我心의 慼慼[211]ᄒᆞᆷ을 不覺ᄒᆞ노라.」

하더라. 然이나 當時 高麗政府를 觀ᄒᆞ라, 此議가 得行될가. 當時 政府의 無限權力을 擁ᄒᆞᆫ 者는 君主인ᄃᆡ 君主則 恭愍王의 傭愚[212]오, 其次는 寵臣인ᄃᆡ 寵臣則 金鏞[213]의 悖譎[214]이오. 又 其次는 侍中인ᄃᆡ 侍中이 誰오 ᄒᆞ면 曰 林堅味[215]의 庸迷[216]오, 且 其下臣僚는 蠢蠢然[217] 奴隷頭顱이니, 崔都統의 熱性이 비록 一時 諸臣의 耳朶는 暫震ᄒᆞ엿스나, 然이나 天使의 暫宣ᄒᆞᆫ 福音으로 엇지 彼 滿地惡魔의 大地獄이 遽破되리오.

無何에[218] 公山君 李子松이 崔瑩을 駁ᄒᆞ야 曰,

「萬一 元의 請兵을 不應ᄒᆞ다가 彼가 怒를 發ᄒᆞ야 來侵ᄒᆞ면 將何로써 應코ᄌᆞ ᄒᆞ나뇨?」

崔都統이 奮曰, 「拒戰ᄒᆞᆯ지니라.」

李子松[219]曰 「拒戰ᄒᆞ면 可히 得勝ᄒᆞ깃나뇨?」

崔都統 曰 「隋양帝가 其全盛의 國力을 藉ᄒᆞ며 累百萬의 大兵을 擧ᄒᆞ야

찬성사로 승진하여 최영(崔瑩)과 함께 개경을 지켰다. 그러나 중과부적으로 최영과 함께 사로잡혀 최영은 고봉현(高峰縣: 高陽)으로 유배되었다가 죽임을 당하였고, 송광미는 원주(原州)로 유배되었다가 역시 살해되었다.

210 慨然히: 시원시원하게. 흔쾌히.

211 慼慼: 슬퍼하고 근심하는 모습.

212 傭愚: 어리석은 것.

213 金鏞(?~1363): 고려 말기의 신하이며 자신의 권세를 위해 온갖 패륜을 저질렀다. 공민왕을 시해하려다 발각되어 사지가 찢기는 극형을 받고 처형되었다.

214 悖譎: 패악하고 기만적임.

215 林堅味(?~1388): 고려 후기의 무신. 1370년 부원수로 이성계 등과 함께 동녕부(東寧府) 토벌에 참가하였으며, 이어 밀직부사를 거쳐 1374년 서북면도순문사가 되었다. 1384년 평원부원군(平原府院君)이 되어 문하시중에 올랐다. 그러나 그 후 이인임·지윤(池奫)·염흥방(廉興邦) 등과 함께 전횡을 일삼다가 1388년 최영·이성계에게 죽임을 당하였다.

216 庸迷: 어리석고 미혹함.

217 蠢蠢然: 어리석고 미련함.

218 無何에: 오래지 않아.

219 李子松(?~1363): 고려 후기의 문신. 1375년(우왕 1) 판밀직사사(判密直司事)로 서북면도순무사 겸 평양윤이 되었고, 1377년 삼사좌사(三司左使)로 사은사가 되어 북원(北元)에 가서 책명(冊命)을 내린 것을 사례하였다. 그 뒤 순위부상만호(巡衛府上萬戶)를 겸직했고, 1382년 수문하시중(守門下侍中)에 올랐다. 1388년 요동정벌에 반대하다가 임견미(林堅味) 일당으로 몰려 장류(杖流)에 처해졌고 곧 이어 죽임을 당하였다.

我國에 來寇ᄒᆞᆯ시, 乙支文德이 雍容[220]談笑의 暇에 彼를 大破ᄒᆞ야 隋家將相을 淸川江 漁腹에 葬ᄒᆞ엿거던, 況 今日에 彼 喘息將絶[221]의 元寇가 來ᄒᆞᆷ을 何畏리오.」

李子松 曰

「如此히 易言ᄒᆞᆷ이 不可ᄒᆞ니라. 高宗朝에셔ᄂᆞᆫ 何故로 彼에게 屈ᄒᆞ엿나뇨?」

崔都統 曰「當時 我國의 見屈ᄒᆞᆷ[222]은 兵力의 弱ᄒᆞᆷ에 由ᄒᆞᆫ ᄇᆡ 아니라, 但 奸臣이 政權을 攬ᄒᆞᆫ 故니 試思ᄒᆞ라. 崔椿命의 龜州 一城兵으로도 尙且 忽必烈의 驕膽을 碎치 아니하엿ᄂᆞᆫ가. 是故로 今日에도 朝廷의 紀綱을 整ᄒᆞ며 將帥될 者 其人을 擇ᄒᆞ면 蒙古 又 蒙古가 來ᄒᆞ더ᄅᆡ도 此를 一鼓에 可下ᄒᆞᆯ지니라.[223]」

崔都統이 此에 語及ᄒᆞᄆᆡ, 益益히 憤激心이 大發하야 政府의 無能을 罵ᄒᆞ며 子松의 겁劣[224]을 嘲ᄒᆞ야 忌諱에 觸犯ᄒᆞᄂᆞᆫ 句語가 多ᄒᆞ더라.

鄭道傳[225]이 首唱 曰,

「崔瑩은 狂人이로다. 小心으로[226] 大를 事ᄒᆞᆷ은 先王의 遺範이어ᄂᆞᆯ, 此를 不顧ᄒᆞ고 異論을 唱ᄒᆞᄂᆞᆫ도다.」

(四) 我 壯士의 赴征

崔瑩의 言은 皆非요, 李子松의 言은 皆是니라. 於是에 趙玤 宋光美 등 數人 外에ᄂᆞᆫ 滿廷諸臣이 皆 子松의 言을 附ᄒᆞ더라.

---

220 雍容: 마음이나 태도 따위가 화락하고 조용함.
221 喘息將絶: 호흡(목숨)이 장차 끊어지려 함.
222 見屈ᄒᆞᆷ: 남에게 굽힘을 당함.
223 可下ᄒᆞᆯ지니라: 물리칠 수 있느니라.
224 겁劣: 怯劣. 비겁함과 열등함.
225 鄭道傳(1342~1398): 고려 말기·조선 전기의 문인. 호는 삼봉(三峯). 이색의 문인으로, 조선 개국 일등 공신이 되었으며 성리학을 지도 이념으로 내세워 불교를 배척하였다. 전략, 외교, 법제, 행정에 밝았으며 시와 문장에 뛰어나 『고려사』 37권을 개수하고, 「납씨가」, 「신도가」 따위의 악장을 지었다. 저서에 『조선경국전』, 『경제육전』과 문집 『삼봉집』 등이 있다.
226 小心으로: '小國으로'의 오식일 듯. 번역에서는 '소국으로'로 썼다.

平原君 蔡阿中이 曰,

「瑩은 小臣이라 敢히 位에 出ᄒᆞ야 妄議를 發ᄒᆞ야 人心을 惑ᄒᆞ니, 此言이 元에 入ᄒᆞ면 國家의 大禍를 釀ᄒᆞᆯ지니 此를 宜罪니이다.」

於是에 朝議가 皆 附和ᄒᆞ야 崔道統을 竄殛코ᄌᆞ[227] ᄒᆞ야 王께 奏ᄒᆞ더라.

然이나 元順帝의 宣召ᄒᆞᆫ 我國將相 十五人 中에 崔都統의 名이 第十二에 居ᄒᆞ엿스니, 萬一 入援의 日에 崔都統의 名이 無ᄒᆞ면 元帝의 怒를 觸ᄒᆞᆯ가 可慮며, 且 此等 說이 流播되면 反히 元人이 我國을 疑케 ᄒᆞᆷ이라 ᄒᆞ야 議가 遂寢ᄒᆞ고[228] 援師를 發ᄒᆞᆯᄉᆡ, 柳濯[229]이 元帥되야 宿衛兵 ○千[230]과 西京 水軍 三百을 率ᄒᆞ고 燕京에 至ᄒᆞ야 本國人 居留者 二萬人을 收ᄒᆞ야 軍伍를 編ᄒᆞ니, 時에 崔都統은 大護軍을 拜ᄒᆞ야 此를 從ᄒᆞ엿더라.

(五) 崔都統과 僧 玄麟의 會合

釋 玄麟[231] 者ᄂᆞᆫ 江陵 五臺山 僧이라. 跡을 宗門에 托ᄒᆞ며 心을 雲水에 寄ᄒᆞ야 一笻一鉢[232]로 四海에 周遊ᄒᆞ니 不知者ᄂᆞᆫ 以爲호ᄃᆡ, 此人은 是 出世緇流[233]오 猿鶴友侶[234]라 ᄒᆞ나 然이나 其骨이 極雄ᄒᆞ고 其腸이 極熱ᄒᆞ야 獨히 救國主義를 抱ᄒᆞ고 人間에 彷徨ᄒᆞᄂᆞᆫ 者라. 是時에 支那 風雲消息이 其耳를 打ᄒᆞᄆᆡ 禪師의 慧眼으로 此를 一察코ᄌᆞ ᄒᆞ야 蕭蕭ᄒᆞᆫ 袈裟衣를 着ᄒᆞ고

---

227 竄殛코ᄌᆞ: 숨어서 죽이고자. 몰래 죽이고자.

228 遂寢ᄒᆞ고: 마침내 잠들고.

229 柳濯(1311~1371): 고려말의 문신. 공민왕 초 전라도 만호(全羅道萬戶)로 있을 때 왜구들을 침범치 못하게 했으며, 산하 군사들이 지은 『장생포곡(長生浦曲)』을 악부(樂部)에 올렸다. 그후 문하시랑동중서문하평장사(門下侍郎同中書門下平章事)가 되고, 홍건적이 침입하자 경상도 도순문사 겸 병마사(慶尙道都巡問使兼兵馬使)로서 적의 방어에 공을 세워 1등 공신이 되었으나 1371년 신돈(辛旽)이 주살(誅殺)될 때 일당으로 몰려 교수형을 당했다.

230 ○千: 『大韓每日申報』에는 " 千"으로 한 글자가 제대로 인쇄되지 못했다. 번역에서는 이를 "몇천명"으로 제시하였으며, 단재 전집에는 '一千'으로 제시하였다. 번역에 따르면 '數千'이 될 것이다.

231 玄麟: 고려 우왕 때의 승려. 1388년 내원당의 승려로 있으면서 요동정벌 때 승병을 출정시켜 이를 도왔다. 위화도 회군 때 최영을 도와 이성계 일파에 맞서 싸우다가 순군옥에 갇혔다. 생몰 연대 미상.

232 一笻一鉢: 지팡이 하나와 바리때 하나.

233 出世緇流: 중생을 제도하러 사바세계로 나온 승려의 무리.

234 猿鶴友侶: 원숭이와 학을 벗한 자.

無情ᄒᆞᆫ 阿彌陀佛을 때ᄒᆞ며, 支那 南部 永平 高郵 等地에 來寓ᄒᆞ야 彼 劉福通 張士誠 等의 布置를[235] 閱覽ᄒᆞ고 本國 山川의 寂寞홈을 恨ᄒᆞ더니, 今者 柳濯 等 赴征軍이 燕京에 來到ᄒᆞᆫ 報道를 接ᄒᆞ고 劍을 杖ᄒᆞ고 軍門에 來謁ᄒᆞ야 兵事를 縱談홀[236]시, 累累肉眼의 將相이 目을 回ᄒᆞᄂᆞᆫ 者ㅣ 殆無ᄒᆞ고,[237] 惟 崔都統이 頭를 頻頻히[238] 點ᄒᆞ더라.[239]

玄麟도 亦 崔都統의 爲人을 敬服ᄒᆞ야 將出하다가 獨語 曰, 「我가 諸將相을 觀ᄒᆞ건ᄃᆡ, 下則 身驅의 生還만 祝ᄒᆞᄂᆞᆫ 者오, 上則 敵國(卽 元朝)을 爲ᄒᆞ야 効力코ᄌᆞ ᄒᆞᄂᆞᆫ 者인ᄃᆡ 異哉라. 彼ᄂᆞᆫ 何人이완ᄃᆡ 容色이 悽愴ᄒᆞ나 脫身歸國을 圖ᄒᆞᄂᆞᆫ 者도 아니며, 意氣가 奮發ᄒᆞ나 爲敵平亂을 謀ᄒᆞᄂᆞᆫ 者도 아니니, 噫라. 是或 我國의 餘存ᄒᆞᆫ 英雄種子인가.」 ᄒᆞ더라.

是夜에 崔都統의 幕中에 詣ᄒᆞ야 百年來 國恥를 悲哭ᄒᆞ며 天下事를 放論하다가 酒半에[240] 都統의 手를 握ᄒᆞ며 曰,

「將軍이 何故로 此에 來ᄒᆞ엿나뇨. 將軍이 何故로 此에 來하엿나뇨. 劍을 帶ᄒᆞ고 兵間에 橫行홈은 固 丈夫의 第一快事이나 然이나 將軍의 此來ᄂᆞᆫ 本國을 爲ᄒᆞ야 來홈이 아니오 敵國을 爲ᄒᆞ야 來홈이니, 玄麟은 敢히 將軍을 吊ᄒᆞ노라.」

於是에 崔都統과 釋 玄麟이 相對坐ᄒᆞ야 涕泗가 橫流ᄒᆞ더라.

玄麟이 復曰,

「蒙古가 我의 讐敵됨은 將軍도 已知ᄒᆞᄂᆞᆫ 바인즉, 此戰에 軍을 擧ᄒᆞ야 彼 張士誠 등과 合ᄒᆞ야 元兵을 反擊홈이 上策이오, 逗遛觀望[241]ᄒᆞ야 全師東返[242]홈이 中策이오, 惟 彼 蒙古의 命令을 服從하야 彼가 左ᄒᆞ라 ᄒᆞ면 左ᄒᆞ

---

235 布置를: 배치를. 번역에서는 '배포한 것을'으로 함.
236 縱談홀: 생각나는 대로 이야기할.
237 殆無ᄒᆞ고: 거의 없고.
238 頻頻히: 빈번히.
239 點ᄒᆞ더라: 끄덕이더라. 點頭는 고개를 끄덕이다는 뜻.
240 酒半에: 술이 몇 순배 돌자.
241 逗遛觀望: 잠시 머물며 관망함.
242 全師東返: 전 군사가 동으로 돌아감.

며 右하라 ᄒᆞ면 右하야 舊日의 狀態를 恪守홈[243]이 下策인ᄃᆡ, 今에 將軍의 意를 微察ᄒᆞᆫ즉 下策에 出코ᄌᆞ ᄒᆞ니, 此가 玄麟의 未解ᄒᆞᄂᆞᆫ ᄇᆡ로라.」

都統 慨然 曰,

「癰[244]을 決홈이 雖快하나 生肉을 大壞ᄒᆞ면 身을 反害홈이오. 讐敵의 關係를 絶홈이 雖快ᄒᆞ나 時勢를 不解ᄒᆞ면 國을 反害ᄒᆞᆯ지니, 千古 英雄의 成敗가 皆 時勢 解不解에 係ᄒᆞᆫ ᄇᆡ 아닌가. 今에 瑩이 元朝의 情形을 察ᄒᆞ건ᄃᆡ, 奸臣이 廷에 充ᄒᆞ며 流寇가 野에 遍ᄒᆞ야 其亾滅이 非朝卽夕에 在ᄒᆞ니, 此가 我國을 爲ᄒᆞ야 可喜ᄒᆞᆯ ᄇᆡ나, 亦 我國을 爲하야 可憂ᄒᆞᆯ ᄇᆡ라. 可喜ᄂᆞᆫ 何오. 我國을 虐待ᄒᆞ던 强虜가 亾ᄒᆞ니 可喜며 可憂ᄂᆞᆫ 何오. 彼强虜가 旣亾ᄒᆞ면 其後는 繼起ᄒᆞᆯ 一强虜가 又有ᄒᆞ리니 可憂오. 本國이 此機를 乘ᄒᆞ야 自强을 圖ᄒᆞ면 將來에 國恥를 永湔ᄒᆞ리니[245] 可喜며, 萬一 悠悠閒坐ᄒᆞ야 進取도 不圖ᄒᆞ고 保守도 不思ᄒᆞ다가ᄂᆞᆫ 一强이 旣去에 一强이 又來ᄒᆞ야 我國을 再壓[246]ᄒᆞ리니 可憂라. 然이나 余가 本國에 在ᄒᆞᆯ 時에 人心을 察ᄒᆞᆫ즉, 此를 可喜라 ᄒᆞ야 喜ᄒᆞᄂᆞᆫ 者도 無ᄒᆞ며 此를 可憂라 ᄒᆞ야 憂ᄒᆞᄂᆞᆫ 者도 無ᄒᆞ고, 但只 苟且彌縫[247]으로 國是를 作ᄒᆞ며 優遊泄沓[248]으로 光陰을 擲ᄒᆞ다가[249] 及乎 時移事誤[250]ᄒᆞᆫ 後에 始 倉皇顚倒ᄒᆞ야 末流를 塞코ᄌᆞ ᄒᆞᄂᆞᆫ 者ᄲᅮᆫ이니, 엇지 可惜치 아닌가. 瑩이 來時에 愚策을 廟堂에 陳ᄒᆞ야 元의 請兵을 勿應ᄒᆞ고 自强의 道를 求홈이 可ᄒᆞ다 ᄒᆞ엿스나, 聽者가 藐藐ᄒᆞ야[251] 竟 不行ᄒᆞ엿슨즉, 事機가 此에 到ᄒᆞᄆᆡ 瑩은 極力ᄒᆞ야 元朝를 扶持코자 ᄒᆞ노니, 元朝를 極力扶持홈은 元朝를 愛홈이 아니라. 萬一 元朝가 卒覆ᄒᆞ면 中國의 統一됨이 速ᄒᆞ고 中國이 統一된 後에ᄂᆞᆫ 其勢가 又必 我國을 來壓ᄒᆞᆯ지며,[252]

---

243 恪守홈: 정성을 다하여 지킴.
244 癰: 악창. 고치기 힘든 부스럼.
245 永湔ᄒᆞ리니: 영구히 더럽히리니.
246 再壓: 다시 진압함.
247 苟且彌縫: 구차한 미봉책.
248 優遊泄沓: 편안하고 한가롭게 논에 물을 댐.
249 光陰을 擲ᄒᆞ다가: 세월을 보내다가. 세월을 허비하다가.
250 時移事誤: 시간이 흘러 일이 잘못됨.
251 藐藐ᄒᆞ야: 마음에 새겨 두지 않아. 아득하여.

元朝가 久延ᄒᆞ면 中國의 統一됨이 遲ᄒᆞ고 中國의 統一됨이 遲ᄒᆞ면 我國이 其間에 勢力을 收拾ᄒᆞ기 易ᄒᆞ리니, 所以로 瑩이 今者에 心力의 及ᄒᆞᄂᆞᆫ ᄃᆡ로 元朝에 謀忠코ᄌᆞ ᄒᆞ노라.」

ᄒᆞᆫᄃᆡ, 玄麟이 再拜 曰,

「此ᄂᆞᆫ 山僧이 未及ᄒᆞᆫ 바로라. 願 將軍은 自愛ᄒᆞ라.」

鷄旣鳴에 卽 告別ᄒᆞᆯᄉᆡ, 國事로 相勉ᄒᆞ더라.

(六) 崔都統과 元朝

崔都統이 用兵의 方略을 畫하야 元丞相 脫脫에게 投하니, 脫脫은 元의 良相이오 智謀人이라, 大喜ᄒᆞ야 此를 從ᄒᆞ고, 又 先鋒을 崔都統에게 與ᄒᆞ야 張士誠을 攻ᄒᆞᆯᄉᆡ, 前後 二十七戰에 皆克ᄒᆞ야 高郵城[253]을 進圍ᄒᆞ다가 脫脫이 讒을 被ᄒᆞ야 師罷하니, 元朝도 可히 與爲치[254] 못ᄒᆞᆯ너라.

然이나 崔都統은 期於히 元亂의 一部分을 救ᄒᆞᆫ 然後에 還國코ᄌᆞ ᄒᆞ야 書로 元主를 干하야 曰,

「今 諸賊中 朱元璋 張士誠이 最熾ᄒᆞ고 敵의 來衝은 准安路가 最要ᄒᆞ니, 瑩은 請컨ᄃᆡ 本國兵을 率ᄒᆞ고 此를 移防코ᄌᆞ 하노라.」

元主가 許ᄒᆞ거날, 都統이 드ᄃᆡ여 准安路에 移陣ᄒᆞ야 八里莊에셔 累戰ᄒᆞ더니 朱元璋이 戰艦 八千艘를 率ᄒᆞ고 來侵ᄒᆞ거날 都統이 血戰 六晝夜에 此를 却ᄒᆞ고 元璋이 兵 十萬을 擧ᄒᆞ야 再入하거ᄂᆞᆯ 都統이 登高遙望[255]ᄒᆞ니 敵船이 海를 蔽하엿더라. 都統이 笑曰,

「敵이 雖多나 其船이 不整ᄒᆞ니 此를 破ᄒᆞ기 易ᄒᆞ도다.」

ᄒᆞ고 輕兵을 先進ᄒᆞ며 大軍을 後繼ᄒᆞ야[256] 搏戰[257]ᄒᆞᆯᄉᆡ, 日出에 始ᄒᆞ야 日晡

---

252 來壓ᄒᆞᆯ지며: 와서 압제할지며.
253 高郵城: 현재 중국 강소성(江蘇省) 양주부(楊州府)에 있으며. 고려 공민왼 3년에 원의 구원에 응하여 유탁, 최영 등으로 하여금 원재상 탈탈과 합하여 장사성을 고우성에서 공격하여 격파하였다.
254 與爲치: 더불어 하지. 함께 하지.
255 登高遙望: 높은 곳에 올라 먼 데를 바라봄.

에[258] 至하니 敵兵의 屍血에 海가 盡赤ᄒᆞᆫ지라. 朱元璋은 單騎로 走ᄒᆞ고 崔都統도 身에 數創을 被ᄒᆞ엿더라.

是役에 崔都統이 아니러면 淮安이 陷ᄒᆞᆯ지며, 淮安이 陷ᄒᆞ면 北京이 覆ᄒᆞᆯ지니, 蓋 蒙古 末路에 其 十數年 殘喘을 尙保[259]ᄒᆞᆷ도 崔都統의 力이러라.

崔都統이 元에 留ᄒᆞ야 彼廷의 政治得失을 究ᄒᆞ며, 彼地의 山川 險夷를 察ᄒᆞ야 他日 破敵의 方法을 熟講ᄒᆞᆫ 後에 敵國을 辭ᄒᆞ고 故國에 歸ᄒᆞ니라.

第五章 崔都統 北伐政策의 始着手와 王의 反覆

腰間의 寶劍을 撫ᄒᆞ며 長歎을 발ᄒᆞ야 曰「崔瑩이 何時에ᄂᆞ 汝를 快試[260]ᄒᆞᆯ가.」ᄒᆞᆷ은 當日 崔都統의 苦心語[261]라. 支那 風雲이 將軍의 壯心을 挑發ᄒᆞᆫ지 已久ᄒᆞ나 上으로 人君이 昏弱ᄒᆞ며 下으로 廷臣이 卑劣ᄒᆞ야 千載難得[262]의 好機를 惡用ᄒᆞ더니, 檀君 三十七世紀 恭愍王 五年에 至ᄒᆞ야 其劍의 一試를 纔許ᄒᆞᄂᆞᆫ도다.

彼 滿洲 全幅과 遼東 一境은 三千年 我國의 相傳ᄒᆞ던 疆土로 渤海 亾後에 異國에 遂淪ᄒᆞᆫ[263] 者인ᄃᆡ, 高麗 四百餘年間에 不幸히 世世昏庸[264]ᄒᆞᆫ 主權者를 遇ᄒᆞ야 北伐 實行ᄒᆞ던 尹관[265]을 貶ᄒᆞ며, 北伐再唱ᄒᆞ던 王可道[266]를 竄

---

256 後繼ᄒᆞ야: 뒤를 이어.
257 搏戰: 격투. 서로 맞붙어 치고받으며 싸움.
258 日晡에: 오후 3시부터 5시 사이에.
259 尙保: 오히려 유지함.
260 快試: 즐겨 시험함.
261 苦心語: 고심하는 말.
262 千載難得: 천년에도 얻기 어려움.
263 遂淪ᄒᆞᆫ: 마침내 잠식된.
264 世世昏庸: 세세토록 우매함. 대대로 어리석음.
265 尹관(?~1111): 尹瓘. 고려 예종 때의 학자·장군. 어사대부·한림학사·이부상서 등을 지내고 예종 2년(1107)에 여진을 정벌하고 구성(九城)을 쌓았다. 1109년 여진이 계속 침입하여 9성의 반환을 요구하고 강화(講和)를 요구해 오자, 고려 조정에서는 이를 돌려주었다. 이에 일부에서 윤관이 명분없는 군사를 일으켜 패전하고 국가를 피폐하게 만들었다고 주장이 일자 조정에서는 윤관을 파면하고 공신호(功臣號)도 박탈했다.
266 王可道(?~1034): 고려 초기의 문신. 본명은 이자림(李子林). 현종 5년(1014)에 경군(京軍)의 영업전을 몰수한 데에 반발하여 난을 일으키고 정권을 잡은 무신들을 제거하여 무신 전권(武臣專權)의 폐를 없앴다. 1031년 거란의 성종(聖宗)이 죽고 성종의 부마 필제(匹梯)가 반란을 일으키자 거란을

ᄒᆞ고,[267] 我民族의 外競力을 裁抑ᄒᆞ야 一時 片夢도 此地에 不敢到케[268] ᄒᆞ더니, 末來 惡孼이 轉深ᄒᆞ야[269] 蒙古가 勃興ᄒᆞᄆᆡ, 我 黃海 咸鏡 兩道 半幅을 割去[270]홈에 至ᄒᆞ엿도다.

然이나 彼 百餘年間 人物들이 只是 一片紙上에 伏乞伏望 等字를 滿書하야 此를 求還코ᄌᆞ[271] ᄒᆞ고, 敢히 鐵血政略을 出ᄒᆞ야 此를 恢復코ᄌᆞ ᄒᆞᆫ 者ᄂᆞᆫ 一人도 無ᄒᆞ더니, 崔都統이 元에셔 歸ᄒᆞᄆᆡ, 卽 恭愍王을 說ᄒᆞ야 曰,

「國家疆土가 北虜의 物이 되ᄆᆡ 志士의 憤歎이 久矣라. 今에 虜運의 將衰를 乘ᄒᆞ야 北征의 師를 擧ᄒᆞ면 千載遺恨을 一朝 可雪ᄒᆞ리니 王이 其意가 無ᄒᆞᆫ가.」

ᄒᆞᆫᄃᆡ, 恭愍王이 雖庸이나 亦 元朝의 干涉에 積憤을 抱ᄒᆞᆫ 者라. 遽答 曰,

「朕도 此意가 有ᄒᆞ나 但 彼 强元을 誰가 敵ᄒᆞ리오?」

崔都統이 因ᄒᆞ야 元政府의 怯懦와 支那 全幅의 紛亂ᄒᆞᆫ[272] 現狀을 陳ᄒᆞ야 必勝의 道를 證明ᄒᆞ고 且曰,

「舊疆을 恢復홈에 敵의 大小强弱을 問홈이 不可ᄒᆞ니이다.」

王이 大悅ᄒᆞ야 印당[273]으로 西北面兵馬使를 拜ᄒᆞ고 崔瑩으로 副ᄒᆞ며 柳仁雨[274]로 東北面兵馬使를 拜ᄒᆞ고 黃川甫로 副ᄒᆞ야 馬步軍 萬二千人을 率

공격할 것을 주장하였으나 받아들여지지 않았다. 이에 왕가도는 벼슬을 내놓고 고향으로 돌아가 요양하다가 3년 뒤에 죽었다.

267 竄ᄒᆞ고: 내치고.

268 不敢到케: 감히 이르지 못하게.

269 轉深ᄒᆞ야: 점차 깊어져. 깊이 들어가.

270 割去: 한 지방을 점령하고 지킴. 베어 버림.

271 求還코ᄌᆞ: 돌려받기를 청구코자.

272 紛亂ᄒᆞᆫ: 어수선하고 소란스러운.

273 印당(?~1356): 1345년 밀직사(密直使)가 되었으며, 1351년 서북면영만호(西北面令萬戶) 때 자연도(紫燕島)·삼목도(三木島)에 침입한 왜구를 이권둔(李權屯)과 함께 서강(西江)에서 막았다. 1354년 석성부원군(碩城府院君)에 책봉되고 내란이 일어난 원(元)나라에 원군으로 갔다가 돌아와 전라도만호(全羅道萬戶)로서 왜구를 무찔렀다. 이듬해 정남만호(征南萬戶)로 원나라 군대와 홍건적(紅巾賊)을 격퇴하였다. 1356년 첨의평리가 되었으며, 이어서 서북면병마사 때 쌍성(雙城)을 수복하고 파사부(婆娑府) 3참(站)을 무찔러 참지정사가 되었다. 이때 원나라 황제가 고려의 국경 침입을 구실로 80만 대군으로 위협해 오자 이에 당황한 공민왕에 의해서 모든 죄를 뒤집어쓰고 처형되었다.

274 柳仁雨(?~1364): 고려 후기 무신. 1356년(공민왕 5) 1399년간이나 원나라에 빼앗겼던 쌍성총관부(雙城摠管府: 咸南 永興)를 탈환할 때 밀직부사로서 동북면병마사가 되어 나아가 싸웠다. 이자춘(李子春) 부자의 내응을 얻어 총관부를 함락하고 화등(和登), 장정(長定), 장예(長預), 고문(高文), 선주

하고 啓行흘식,[275] 崔都統이 潛師暗襲코즈 ᄒᆞ야 印당과 晝夜疾馳[276]하야 鴨綠江에 至ᄒᆞ니, 時에 朝廷 賊臣[277]이 敵國의 耳目된 者ㅣ 多ᄒᆞ야 師機[278]를 已通ᄒᆞᆫ 故로 元人이 數萬兵을 率하야 鴨綠을 據守ᄒᆞ더라.

崔都統이 壯士 善泅者[279] 二人을 募得ᄒᆞ야 夜半에 江을 渡ᄒᆞ야 元兵 陳後에 出ᄒᆞ야 火를 擧ᄒᆞ며 高麗兵이 已渡ᄒᆞ엿다고 大呼하니, 元兵이 遂驚潰라.[280] 印당이 崔都統과 江에 渡하야 元 戍兵[281] 三站을 破ᄒᆞ고 進ᄒᆞ야 婆娑府를 陷落하니, 遼地가 大震ᄒᆞ고 中外 人民이 皆 崔都統의 雄名을 慴ᄒᆞ야 虎頭將軍[282]이라 傳呼ᄒᆞ더라.

再進ᄒᆞ야 元 戍兵 五站을 破ᄒᆞ고 奉天府를 圍ᄒᆞ더니 邏者[283]가 一官人을 得ᄒᆞ니 卽 元廷使者니, 盖 元順帝[284]가 我兵 北伐의 報를 聞ᄒᆞ고 大驚ᄒᆞ야 發遣ᄒᆞᆫ 詰問使者러라. 崔都統 曰,

「此人을 亟斬흠[285]이 可ᄒᆞ니, 今에 主上의 志가 未固ᄒᆞᆫ딕, 萬一 此人이 來ᄒᆞ야 何許恐협[286]의 辭를 加ᄒᆞ면 主上의 心이 必也 中變ᄒᆞ야 北伐의 事가 遂壞[287]흘지니, 故로 瑩의 意ᄂᆞᆫ 此人을 軍前에 斬ᄒᆞ고 書를 元帝에게 投하야 相絶의 意를 示ᄒᆞ야 兩國 使臣의 來往이 無ᄒᆞ여야 大功을 可成이라 하노라.」

(宣州), 선덕(宣德), 원흥(元興), 영인(寧仁), 요덕(耀德), 정변(靜邊) 등지를 수복하였다. 1362년 찬성사로서 성절사(聖節使)가 되어 원나라에 다녀왔다.

275 啓行흘식: 앞장서서 인도하며.
276 晝夜疾馳: 주야로 급히 달림.
277 賊臣: 반역하거나 불충한 신하.
278 師機: 군사의 기회. 군대의 출동.
279 善泅者: 헤엄을 잘하는 사람.
280 遂驚潰라: 마침내 놀라 흩어졌다.
281 戍兵: 성곽, 요새를 지키는 병사.
282 虎頭將軍: 호랑이 모습을 한 장군, 곧 최영 장군을 지칭하는 말.
283 邏者: 순찰하는 사람.
284 元順帝: 타환첩목이(妥懽貼睦爾, 1320~1370). 원나라의 황제. 1333년 나이 13세에 황제에 즉위하고 연호를 원통(元統)이라 고쳤다. 1351년 홍건군(紅巾軍)의 대반란이 일어났다. 조정 내부에도 순제와 황태자가 정권을 다투는 내전(內戰)이 발발했다. 주원장(朱元璋)이 틈을 타 남방 지역을 손에 넣고 북벌(北伐)을 단행했다. 1368년 명나라 군대가 압박하자 북쪽 응창(應昌)으로 달아났다가 2년 뒤 병사했다.
285 亟斬흠: 빨리 목을 벰.
286 恐협: 恐脅. 위협 공갈함.
287 遂壞: 마침내 어지럽게 함.

印당이 猶豫未決ᄒᆞ다가 竟曰,

「兩國이 干戈로 相見ᄒᆞᄆᆡ 使臣은 其中間에 在하다 ᄒᆞ니, 我國이 用兵의 初에 엇지 可히 使臣을 殺ᄒᆞ야 後世의 笑를 貽ᄒᆞ리오.」

ᄒᆞ고, 此를 遂縱[288]ᄒᆞ거ᄂᆞᆯ, 崔都統이 大咄歎[289] 曰,

「豎子[290]가 大功을 壞ᄒᆞᄂᆞᆫ도다. 豎子가 大功을 壞ᄒᆞᄂᆞᆫ도다.」ᄒᆞ더라.

果然 元使가 國都에 至ᄒᆞ매, 王이 舊例을 依하야 出迎ᄒᆞᆫᄃᆡ, 元使가 發兵侵疆의 理由를 詰問하며 且曰,

「今 皇帝가 盛怒ᄒᆞ야 將軍 董壽를 命ᄒᆞ야 大兵 八十萬을 發ᄒᆞ야 不日에[291] 鴨綠을 渡ᄒᆞᆫ다.」

ᄒᆞ니, 此ᄂᆞᆫ 皆 虛聲恐喝[292]이오 實際가 아니라 時에 支那가 亂하야 元方이 來寇를 掃平ᄒᆞᆷ에도 其兵이 已少ᄒᆞ거던 奚暇에 八十萬兵을 發ᄒᆞ야 我國에 來ᄒᆞ리오. 此ᄂᆞᆫ 三尺童子라도 可料ᄒᆞᆯ 바어ᄂᆞᆯ,

惜乎라, 彼 性質愚怯ᄒᆞᆫ 國王과 積習卑劣ᄒᆞᆫ[293] 諸臣들은 此言에 喫怯ᄒᆞ야[294] 顏色을 失ᄒᆞ며 魂魄을 喪ᄒᆞ고 瞠황히[295] 相顧ᄒᆞ야, 彼 八十萬 大寇가 京城에 已逼[296]ᄒᆞᆷ과 如히 驚恐하니,[297] 其光景이 實로 可笑러라. 如此ᄒᆞᆫ 지 良久에 王이 一大奇策을 思得ᄒᆞ고 卽 大喜하야 元使에게 謂ᄒᆞ여 曰,

「此事ᄂᆞᆫ 果然 寡人이 不知ᄒᆞᄂᆞᆫ ᄇᆡ로라.」

元使曰,「엇지 國王으로 此事를 不知ᄒᆞᆫ다 ᄒᆞ나뇨?」

王이 答曰,「印당이 西北兵馬의 權을 操弄ᄒᆞ야 敢히 此 犯順[298]의 事를 行ᄒᆞᆷ이오, 寡人은 不知로라.」

---

288 遂縱: 마침내 석방함.
289 大咄歎: 크게 혀를 차며 탄식함.
290 豎子: 어린 놈. 어리석은 놈. 남을 경멸(輕蔑)하여 이르는 말.
291 不日에: 며칠 걸리지 아니하는 동안에.
292 虛聲恐喝: 헛소리로 으박지르며 을러댐.
293 積習卑劣ᄒᆞᆫ: 습관이 비루하고 용렬한.
294 喫怯ᄒᆞ야: 겁을 잔뜩 먹고.
295 瞠황히: 瞠慌히. 어리둥절하게.
296 已逼: 이미 닥침.
297 驚恐하니: 놀라 무서워하니.
298 犯順: 순리를 범함.

元使曰, 「然則 此人을 何故로 不罪ᄒᆞ나뇨?」

王曰, 「使者 已遣ᄒᆞ야 此人의 罪를 議ᄒᆞ노라.」

元使 曰, 「王은 好爲ᄒᆞ라. 不然이면 彼 八十萬 大兵이 朝暮間 貴國에 臨ᄒᆞ리니, 王이 何術로 禦코ᄌᆞ ᄒᆞ나뇨?」하고 卽謝去ᄒᆞ더라.

王이 於時에 善走者를 募하야 倍道疾馳ᄒᆞ야[299] 印당을 召還ᄒᆞᆯᄉᆡ 使者(以下 使者ᄂᆞᆫ 恭愍王의 使者)ㅣ 至하니, 印당이 召命을 受ᄒᆞ고 喟然曰,

「今에 大功이 垂成[300]이거날 何故로 我를 遽召[301]ᄒᆞ나뇨?」

ᄒᆞ며, 嗟嘆良久ᄒᆞ더라. 盖 是時에 奉天府 戍兵이 單弱ᄒᆞ야 城陷이 朝夕에 在ᄒᆞ며, 遼東 數十州가 王師의 威信을 聞ᄒᆞ고 靡然히[302] 歸向하고,[303] 元廷은 南方 流寇[304]에 專力ᄒᆞᆷ으로 東顧를 未遑ᄒᆞᆫ즉,[305] 此가 我國의 渤海 舊疆을 恢復ᄒᆞᆯ 大機會어날 惜乎라, 彼 孱王庸臣[306]이 元使의 一恐喝에 驚怯ᄒᆞ야 垂成의 功을 棄ᄒᆞ고 將軍을 召還ᄒᆞ니, 印당의 發歎이 固宜하도다.[307] 然이나 向者에 崔都統의 言을 用ᄒᆞ엿스면 엇지 此境에 至ᄒᆞ리오. 是時에 柳仁雨도 東北 八州五鎭을 恢復ᄒᆞ고 更히 北進ᄒᆞ다가 亦 召還ᄒᆞ니라.

「가면 가고, 말면 말지, 嶺南의 薄情郎[308]을 ᄶᅡ러갈가.」

此 一句ᄂᆞᆫ 千古 傷心人의 語라. 薄情의 郎君을 隨하면 絶代佳人도 踈棄[309]를 被ᄒᆞ며, 反覆無信의 人君과 共事ᄒᆞ면 盖世英雄도 狼狽를 遭ᄒᆞ나니, 此言을 不信커던 恭愍王에 觀ᄒᆞᆯ지어다.

此時에 北征諸將이 設或 朝廷에 奏聞[310]이 無ᄒᆞ고 自意로 兵을 擧ᄒᆞ엿슬

---

299 倍道疾馳ᄒᆞ야: 서둘러 길을 재촉하여 달려가서.
300 垂成: 거의 이루어짐. 거의 성취됨.
301 遽召: 급히 부름.
302 靡然히: 순순히.
303 歸向하고: 번역에서는 '귀순하며'로 함.
304 流寇: 떠돌이 도적.
305 未遑ᄒᆞᆫ즉: …할 겨를이 없은즉.
306 孱王庸臣: 우둔한 왕과 용렬한 신하.
307 固宜하도다: 진실로 마땅하도다.
308 薄情郎: 야박한 남자. 무정한 남자.
309 踈棄: 소원함과 버림.
310 奏聞: 임금에게 아뢰던 일.

지라도 舊疆을 恢復ᄒᆞ야 祖宗의 遺恨을 雪ᄒᆞ엿스니, 此를 義라 ᄒᆞ야 褒ᄒᆞ며[311] 功이라 ᄒᆞ야 賞홈이 可ᄒᆞ거던, 况 王命으로 出師ᄒᆞ야[312] 王命으로 返師ᄒᆞ며[313] 功이 有하고 罪가 無ᄒᆞᆫ 西北兵馬使 印당이 何故로 死ᄒᆞᄂᆞ뇨. 師가 平壤에 還하ᄆᆡ, 使者ㅣ 王勅이라 稱ᄒᆞ고 印당을 拿下ᄒᆞ거ᄂᆞᆯ, 其罪를 問ᄒᆞ니 曰, 「王命을 不受ᄒᆞ고 兵馬를 擅動홈이 其一이오, 大國을 侵犯ᄒᆞ야 邊釁[314]을 妄生홈이 其二라.」 ᄒᆞ고 遂 斬刑에 處ᄒᆞ니, 六軍이 皆 悲淚를 灑ᄒᆞ더라.[315]

大盖 恭愍王이 元使의 협喝[316]에 墜하야 官軍을 召還홈은 崔都統의 及料ᄒᆞᆫ ᄇᆡ어니와, 印당을 斬ᄒᆞ야 元에 謝罪홈은 崔都統의 及料치 못ᄒᆞᆫ ᄇᆡ라. 嗚呼라, 矯矯兩將이 幷轡同出[317]ᄒᆞ야 馬首風雲[318]에 國事를 共謀ᄒᆞ다가 彼ᄂᆞᆫ 慘死ᄒᆞ고 我ᄂᆞᆫ 獨生하니, 崔都統의 心事가 果然 何如ᄒᆞᆯ깃ᄂᆞᆫ가. 且 印당이 敵劍에 死ᄒᆞ엿거나 罪犯에 死ᄒᆞ엿스면 猶可어니와, 今 不然하야 功으로 死ᄒᆞ엿스니, 崔都統의 心事가 果然 何如하깃ᄂᆞᆫ가.

崔都統이 王의 反覆을 恨ᄒᆞ며 印당의 悲辜受斬[319]을 吊ᄒᆞ고 人天을 俯仰하니, 塵間事業[320]이 念頭에 削盡[321]ᄒᆞᄂᆞᆫ지라. 疏를 繕ᄒᆞ야 爵祿을 朝廷에 還ᄒᆞ고 斗印[322]을 解ᄒᆞ야 使者에 付ᄒᆞ니, 昨日 西北兵馬使가 居然 城南 一布衣로다.

時事를 不顧ᄒᆞ고 尋山問水[323]의 閒生涯를 做코ᄌᆞ ᄒᆞ야 一笻一瓢[324]로 翛

---

311 褒ᄒᆞ며: 기리며. 칭찬하며.
312 出師ᄒᆞ야: 출병하여.
313 返師ᄒᆞ며: 군사를 돌이키며.
314 邊釁: 국경 지역에서 이웃 나라와 일어나는 다툼.
315 灑ᄒᆞ더라: 흘리더라.
316 협喝: 脅喝. 위협과 공갈.
317 幷轡同出: 고삐를 나란히 하고 함께 나아감.
318 馬首風雲: 말머리에 풍운. 여기에서 풍운은 風雲之會로 구름과 용이 만나고, 바람과 범이 만나듯이 밝은 임금과 어진 재상(宰相)이 서로 만남을 이르는 말 또는 용이 풍운의 힘을 입어 천지간을 날아가는 것처럼 영웅이 때를 만나 큰 공을 세움을 이르는 말.
319 悲辜受斬: 서러운 죄로 참형을 받음.
320 塵間事業: 속세 간 사업.
321 削盡: 깎아 없애버림. 사라짐.
322 斗印: 큰 도장. 곧 관인(官印)을 말함.
323 尋山問水: 단재 전집에는 '尋山間水'로 제시함. 산수를 찾아다님.

然獨往[325]ᄒ더라.

第六章 敵國의 交侵과 崔都統의 再起

崔都統의 去職ᄒᆞᆫ 時ᄂᆞᆫ 恭愍王 五年 秋 七月이라. 猛士가 遠去ᄒ니, 國家가 豈安ᄒᆞᆯ가. 倭寇가 肆行ᄒ야 沿海 各邊을 朝夕迭侵ᄒ며 支那 南部의 紅巾賊[326]이 大熾ᄒ야 日로 我國에 入寇ᄒᆞᆫ다 聲言ᄒ니,[327] 麗朝 君臣의 寢食이 不安ᄒ더라. 恭愍王이 羣臣을 朝ᄒ다가 嘆曰,

「國危가 如此호ᄃᆡ 可倚ᄒᆞᆯ 良將이 一人도 無ᄒ도다.」

待臣 鄭熙啓[328]ㅣ 進曰,

「陛下가 不用이언뎡 用ᄒ면 엇지 其人이 無ᄒ리오.」

王曰, 「其人이 有ᄒ면 朕이 엇지 不用ᄒ리오. 且 其人이 爲誰오 試言ᄒ라.」

熙啓 曰 「臣의 意로ᄂᆞᆫ 前西北兵馬副使 崔瑩이 家世忠孝ᄒ여 中外知名ᄒ니, 是가 其人이니이다.」

王曰 「瑩의 忠智ᄂᆞᆫ 朕도 洞知ᄒᄂᆞᆫ[329] 비이나, 但 其人이 朕을 棄ᄒ고 怏怏遠去[330]ᄒ엿스니 엇지 再來를 肯ᄒ리오.」

熙啓 曰 「臣이 일즉 瑩의 爲人을 觀ᄒ니 每樣 國難이 有ᄒᆞᆷ이 腕를 扼ᄒ며 齒를 嚼ᄒ야[331] 必報을 期하거던, 况 今日 東西警報가 稠疊[332]ᄒᆞᆫᄃᆡ, 王이 命召ᄒ시면 必也 踴躍應召[333]ᄒ리라 ᄒ노이다.」

---

324 一節一瓢: 지팡이 하나와 표주박 하나.
325 翛然獨往: 쓸쓸히 홀로 감.
326 紅巾賊: 중국 원나라 말기에, 하북(河北)에서 한산동(韓山童)을 두목으로 하던 도둑의 무리. 머리에 붉은 수건을 쓴 까닭에 이렇게 이르며, 두 차례에 걸쳐 고려에까지 침범하였다.
327 聲言ᄒ니: 공포하니. 알리니.
328 鄭熙啓(?~1396): 고려말 조선초 문신. 개성 부판사를 거쳐 응양위상호군을 겸임, 이성계를 도와 조선 개국에 참여하여 개국 공신 1등으로 문하부참찬사·팔위상장군에 올라 계림군에 봉해졌다. 이어 팔위판사·좌참찬·한성부판사를 지냈다.
329 洞知ᄒᄂᆞᆫ: 속까지 잘 아는.
330 怏怏遠去: 야속하게 멀리 감.
331 嚼ᄒ야: 갈며. 씹으며.
332 稠疊: 연달아 거듭됨.
333 踴躍應召: 즐거이 소집에 응함.

王曰「然ᄒᆞ다. 當 今人은 崔瑩의 右에 出ᄒᆞᆯ 者ㅣ 無ᄒᆞ다.」

ᄒᆞ고, 崔都統으로 西海平壤泥城江界體覆使를 拜ᄒᆞ야 命召ᄒᆞ다.

此時에 崔都統은 安在런가. 去職後에 國內 名山水에 周遊ᄒᆞᆯᄉᆡ, 石多山에 登하야 乙支文德의 遺墟를 吊ᄒᆞ며, 鴨綠江에 臨ᄒᆞ야 泉蓋蘇文의 壯蹟을 仰ᄒᆞ며, 西으로 遼野를 望ᄒᆞ야 愚溫達의 雄略을 想ᄒᆞ며, 北으로 읍婁[334]를 憑ᄒᆞ야 大祚榮의 芳躅[335]을 慕ᄒᆞ고, 髀肉을 捫하야 英雄不遇의 身世를 哭ᄒᆞ더니, 光陰이 電飜하야 去國後 十六朔을 已過ᄒᆞ고 恭愍王 六年 冬十月을 當ᄒᆞᆫ지라. 崔都統이 浪跡[336]으로 西北山水를 遍踏하다가 又 無聊히 平壤에 還ᄒᆞ야 昨年 印당의 受斬ᄒᆞᆫ 舊墟에 吊ᄒᆞ고 楊柳雨雪[337]의 時序를 感ᄒᆞ야 城中에 閒行ᄒᆞ니, 衣冠이 憔悴ᄒᆞ고 狀貌가 龍鍾ᄒᆞ야[338] 一般居民이 當年 虎頭將軍의 面目을 記憶ᄒᆞᄂᆞᆫ 者ㅣ 無ᄒᆞ더라. 信步로[339] 永明寺[340]에 登ᄒᆞ야 壁殿[341]을 周覽ᄒᆞ고 一歌를 製ᄒᆞ야 欄에 依하야 獨唱ᄒᆞ니, 歌에 曰,

> 가마귀 눈비 마ᄌᆞ, 희ᄂᆞᆫ 듯 검노매라.
> 夜光明月이, 밤인들 어두으랴.
> 님 向ᄒᆞᆫ, 一片丹心이야, 가실 줄이 잇스랴.[342]

歌未終에 一少年僧이 出曰

「異哉라, 山門寂莫ᄒᆞᆫᄃᆡ, 誰가 塵世音調를 奏ᄒᆞ나뇨?」

---

334 읍婁: 挹婁. 고조선 때에, 연해주 방면에서 흑룡강(黑龍江) 하류나 송화강(松花江) 유역에 걸쳐서 활약하던 부족. 순(純) 퉁구스 족이라고도 하고 고(古)아시아계 종족이라고도 한다.

335 芳躅: 옛 사람의 훌륭한 행적.

336 浪跡: 정처 없이 떠돌아다닌 자취.

337 楊柳雨雪: 『시경』의 "昔我往矣 楊柳依依 今我來思 雨雪霏霏"라는 구절을 인유한 것인데, 옛날 내가 떠날 때는 버드나무가 하늘거렸는데, 지금 돌아오니 눈비가 부슬부슬 내린다는 의미로 세월이 덧없이 흐르는 것을 말함.

338 龍鍾ᄒᆞ야: 초라하고 꾀죄죄하야.

339 信步로: 발길 닿는 대로 정처 없이 거닐다가.

340 永明寺: 평양 금수산(錦繡山)에 있는 절. 고구려 광개토왕이 지은 아홉 절의 하나라고 한다.

341 壁殿: 성곽과 전각.

342 박팽년의 시조로 알려져 있다.

崔都統이 首를 回ᄒᆞ니, 依依히 舊日 相識者인 듯ᄒᆞ도다. 僧이 諦視[343]默想ᄒᆞ더니 遽迎拜ᄒᆞ며 手를 前執ᄒᆞ여 曰,

「將軍乎여, 何로 從ᄒᆞ야 來到ᄒᆞ엿나뇨? 小僧은 高郵戰役에 拜謁ᄒᆞ던 玄麟이 是니다.」

長槍匹馬로 風塵에 驅馳ᄒᆞ던 往跡을 專忘ᄒᆞ엿더니, 今에 汝를 逢ᄒᆞᄆᆡ 突然히[344] 感觸되ᄂᆞᆫ도다. 今에 汝를 逢ᄒᆞᄆᆡ 突然히 感觸되ᄂᆞᆫ도다. 外貌ᄂᆞᆫ 僧俗이 判異ᄒᆞ나 衷情은 肝膽이 相接[345]이라, 崔都統이 玄麟의 背를 撫ᄒᆞ고 時事를 論ᄒᆞ며 經歷을 叙ᄒᆞ며 自己 去國[346]ᄒᆞᆫ 理由를 說ᄒᆞᆯᄉᆡ, 涕泗가 頤에[347] 連ᄒᆞ더라. 玄麟이 大責 曰,

「余도 當時에 閭巷의 傳說을 因ᄒᆞ야 此事를 畧聞ᄒᆞ엿거니와 將軍의 오陋ᄒᆞᆷ이 此에 至ᄒᆞᆷ은 實로 意外로라. 將軍이 一君王의 仁弱ᄒᆞᆷ을 由하야 一國事의 板蕩을 不顧ᄒᆞ며 一朝僚의 反覆을 由ᄒᆞ야 一國民의 塗炭을 不顧ᄒᆞᆷ이 何意오?」

崔都統이 首를 俛ᄒᆞ고[348] 不言ᄒᆞ더라.

玄麟이 又曰,

「天이 將軍을 生ᄒᆞᆷ은 許多ᄒᆞᆫ 軋轢과 許多ᄒᆞᆫ 險阻와 許多ᄒᆞᆫ 艱難荊棘[349]과 許多ᄒᆞᆫ 悲慘怨憤을 戰勝ᄒᆞ야 我國家를 重建케 ᄒᆞᆷ이오. 只此 些小不平ᄒᆞᆫ 境遇를 遭ᄒᆞ거던 悻悻히[350] 退出ᄒᆞ야 山野에셔 老ᄒᆞ라 ᄒᆞᆷ이 아니니라.」

崔都統이 猶 默然하더라.[351]

玄麟이 乃太息 曰,

---

343 諦視: 충분히 살펴봄. 샅샅이 살핌.
344 突然히: 갑작스럽게.
345 肝膽이 相接: 肝膽相照. 서로 마음을 터놓고 친밀히 사귐.
346 去國: 이는 나라를 떠나다는 의미도 있지만, 도성(國都)을 떠나다는 의미도 있다. 후자는 곧 벼슬을 그만두다는 의미이다. 그래서 번역에서는 '벼슬을 하직하고'로 함.
347 頤에: 턱에. 번역에서는 "눈물이 옷깃에 적시더라." 하여 '옷깃에'로 썼다.
348 俛ᄒᆞ고: 숙이고.
349 艱難荊棘: 험난한 가시밭.
350 悻悻히: 발끈하며. 화를 내며.
351 默然ᄒᆞ더라: 입을 다문 채 잠잠하더라.

「近者에 朝報를 聞훈즉 倭寇가 迭侵하며 紅巾이 又窺후야 國亾이 在卽후니, 他日에 將軍은 亾國大夫가 되며 小僧은 亾國僧侶가 되야 如此히 夕陽 孤寺에 相對후면 其心懷가 當復何如[352]홀는지.」

崔都統이 於是에 泫然히[353] 淚를 揮후야 曰,

「然哉 然哉ㄴ져. 此는 鎣의 及思치[354] 못훈 빅러니, 今에 高論를 聞후믹 余心의 慼慼[355]홈을 不覺후노라.」

드듸여 下山의 意를 決후고 平壤城에 留하더니, 卽 西海平壤泥城江界體覆使의 拜命을 承후야 入京후니라.

肅拜훌식, 王曰

「卿을 不見훈 지가 僅僅 一週年인딕 卿의 鬢髮이 加白[356]후얏도다.」

崔都統이 對曰,

「臣髮은 雖白이나 臣心은 猶赤후니 賤을 勿憂후소셔. 然이나 臣이 至痛이 在中후와 今에 死를 冒후고 此를 言후노이다. 本朝 三百餘 年來로 朝廷에 一定훈 國是가 有후니 小賊이 來후면 逃走후며 大賊이 來후면 迎降[357]홈이 是라, 是故로 蕞爾훈[358] 島倭만 入寇후야도 數郡이 空虛후며, 北方에 一强國만 起후면 金帛을 日輸후고 敢히 一步도 抗鬪홈을 思치 못후니 是는, 雖生이나 猶死며 雖存이나 猶亾이라. 忠烈王 以後로 國君이 三執후며 疆土가 半缺후고[359] 陛下 卽位後에도 强隣의 협待[360]를 累遭후니, 陛下는 試思후라 無事時에는 曰 「君王」이라 후며 曰 「聖主」라 후며, 曰 「陛下」라 후야 一號令을 발후믹, 臣民이 趨走僕僕[361]후니 果然 一國 人君의 威嚴이라 훌지

---

352 當復何如: 마땅히 다시 어떠하다.
353 泫然히: 눈물이 줄줄 흘러 있는 상태로. 또는 눈물을 흘리며 운 상태로. '泫然히 淚를 揮후야'는 '눈물을 줄줄 흘리며'라는 뜻.
354 及思치: 생각이 미치지.
355 慼慼: 근심함. 애태움.
356 加白: 흰머리가 더함.
357 迎降: 맞아서 항복함.
358 蕞爾훈: 아주 작은.
359 半缺후고: 반이나 사라지고.
360 협待: 脅待. 협박.
361 趨走僕僕: 윗사람 앞을 지날 때에 허리를 굽히고 빨리 걸으며 '저는' '저는' 함.

나, 一朝에 北方使臣이 出ᄒᆞ면 擧國이 震驚하야 彼가 又何를 求ᄒᆞᄂᆞᆫ가, 彼가 又何를 索ᄒᆞᄂᆞᆫ가, 彼가 又 何處로 王을 拘去ᄒᆞᄂᆞᆫ가 ᄒᆞ야, 君子ᄂᆞᆫ 屋을 仰하야 凄淚만 流ᄒᆞ며 小人은 機를 乘ᄒᆞ야 禍亂을 煽하니 陛下의 人君됨이 亦 奚樂이리오. 臣愚가 此를 悲憤ᄒᆞ야 中夜에 枕을 撫ᄒᆞ야 强國覆寇[362]의 道를 思호니, 第一은 政令을 整肅[363]홈이 是오, 第二ᄂᆞᆫ 疆土를 開拓홈이 是라. 政令에 至ᄒᆞ야ᄂᆞᆫ 臣이 武人으로 妄論홈이 不可ᄒᆞ거니와, 疆土開拓의 方策은 臣이 往昔에 廟堂에 累獻ᄒᆞ며, 又 昨年에 印당과 共히 着手ᄒᆞ던 者라. 印당이 不死러면 彼 元朝 多事의 時를 乘ᄒᆞ야 長驅北入[364]ᄒᆞ야 遼藩을 據하고,[365] 元兵의 來路를 塞ᄒᆞᆫ 後에 時機를 瞰ᄒᆞ야 燕雲을 席捲ᄒᆞ면 我國 威令이 天下에 震ᄒᆞ야 蒙古가 斂手ᄒᆞ고,[366] 倭寇가 屛跡ᄒᆞ야[367] 四方蠻夷가 不戰皆屈ᄒᆞ리니, 此ᄂᆞᆫ 千載一時의 機어ᄂᆞᆯ 惜乎라. 朝臣이 庸懦ᄒᆞ야[368] 元使 一喝의 下에 恐懼를 不勝ᄒᆞ야 已拓ᄒᆞᆫ 疆土를 還擲ᄒᆞ며[369] 有功ᄒᆞᆫ 元帥를 斬殺ᄒᆞ니 嗚乎라. 本國의 微弱이 已久ᄒᆞ엿거ᄂᆞᆯ, 又 其傍에 從하야 戰士의 氣를 如此히 摧折ᄒᆞ니,[370] 將且 擧國이 相率ᄒᆞ야 忠勇을 戒ᄒᆞ며 戰功을 笑ᄒᆞ리니 賊이 有ᄒᆞᆫ들 誰가 肯禦ᄒᆞ리오.[371] 伏願 陛下ᄂᆞᆫ 加察ᄒᆞ샤 印당의 死를 恤ᄒᆞ시며 忠義의 人을 賞ᄒᆞ소셔. 臣은 忠孝遺裔라 엇지 爲國一死를 惜ᄒᆞ리오만은, 印당의 覆轍[372]을 再蹈홈은 臣이 不願ᄒᆞ노이다.」

王이 起立傾聽ᄒᆞ더니, 其出에 目으로 送ᄒᆞ야 曰,

「此公이 木强ᄒᆞ나[373] 實로 忠直이오, 無他라.」

---

362 覆寇: 적을 무너뜨림.
363 整肅: 바르고 엄숙하게 함.
364 長驅北入: 계속 몰아쳐 북으로 들어가서. 번역에서는 '승승장구하여 북으로 들어가'로 함.
365 據하고: 웅거하고.
366 斂手ᄒᆞ고: 손을 거두고. 손을 거둔다는 것은 다만 바라만 볼 뿐이라는 뜻이다. 번역에서는 '(몽고는) 손을 묶어 항복하고'로 함.
367 屛跡ᄒᆞ야: 자취를 감추어버려. 번역에서는 '(왜적은) 자취를 감추어 감히 발호치 못하고'로 함.
368 庸懦ᄒᆞ야: 재주가 평범하고 기력이 나약하여.
369 還擲ᄒᆞ며: 도리어 내던지며. 도로 내버리며.
370 摧折ᄒᆞ니: 억눌러서 제어하니.
371 肯禦ᄒᆞ리오: 제어를 수긍하리오.
372 覆轍: 엎어진 수레바퀴라는 뜻으로, 앞서 가던 사람이 실패한 자취를 이르는 말.
373 木强ᄒᆞ나: 강직하나. 남에게 호락호락하게 굽히지 아니하나.

ᄒᆞ고 有司를 命하야 印당의 家를 厚恤ᄒᆞ더라. 崔都統이 任所에 赴ᄒᆞᄆᆡ 倭盤 數百艘가 吾乂浦에 入寇ᄒᆞ거ᄂᆞᆯ[374] 伏를[375] 設ᄒᆞ고, 險阻에 誘入ᄒᆞ야 此를 盡殺ᄒᆞ고 兵을 鍊ᄒᆞ야 禦敵의 道를 請ᄒᆞ나 朝廷의 掣肘[376]가 多ᄒᆞ야 其志를 盡行치 못하고 遞還[377]하니라.

第七章 兩次 紅賊變亂의 崔都統

崔都統의 恒言ᄒᆞᆫ 바 ᄀᆞᆺ치 北方에 强虜가 起ᄒᆞᄆᆡ, 我國을 必壓ᄒᆞᆷ은 卽 我國 歷史上에 累見ᄒᆞᆫ 成例[378]라. 余가 此를 二種類에 分ᄒᆞ야 觀察ᄒᆞ니, 隋양帝[379] 唐太宗[380]과 如히 支那 全幅을 統合ᄒᆞᆫ 後에 好大喜功[381]의 心으로 我國에 入寇ᄒᆞᄂᆞᆫ 者ㅣ 此是 第一種類오, 遼聖宗[382] 淸太宗[383]과 如히 支那 統一하기 前에 南顧[384]의 憂를 絶코ᄌᆞ 하야 我國에 入寇하ᄂᆞᆫ 者ㅣ 此是 第二種類라.

紅巾賊이란 者ᄂᆞᆫ 固是 第二種類에 屬ᄒᆞᆫ 者나 其 勢力의 强大ᄒᆞᆷ은 幾乎第一種類로 觀ᄒᆞᆯ 者라. 當時 支那 革命派 中에 張士誠은 一個 自守虜에 不

---

374 入寇ᄒᆞ거ᄂᆞᆯ: 침입하거늘. 쳐들어오거늘.
375 伏를: 복병을.
376 掣肘: 팔굽을 당긴다는 뜻으로, 간섭하여 마음대로 하지 못하게 함을 비유적으로 이르는 말.
377 遞還: 체임(遞任)되어 교대하고 돌아옴.
378 成例: 이미 되어 있는 규례.
379 隋양帝: 楊廣(569~618). 중국 수나라의 제2대 황제. 대운하(大運河)를 비롯한 토목 공사를 크게 일으켰고, 대군을 보내어 고구려를 침입하였다가 을지문덕에게 패배하였다. 재위 기간은 604~618년이다.
380 唐太宗: 이세민(李世民, 598~649). 중국 당나라의 제2대 황제. 삼성 육부와 조용조 따위의 제도를 정비하였고, 외부 정벌을 통해 나라의 기초를 쌓았다. 재위 기간은 626~649년이다.
381 好大喜功: 큰일을 하거나 공을 세우기 좋아함.
382 遼聖宗: 야율융서(耶律隆緖, 971~1031). 요나라 임금. 982년 즉위하여, 어머니 숙태후(肅太后)가 대신 국정을 처리했다. 나라 이름을 '거란'이라 고쳤다. 986년 송나라의 북벌(北伐) 군대를 격파했다. 1004년 소태후를 따라 송나라를 공격해 단연(澶淵)에 이르러 '단연지맹(澶淵之盟)'을 맺고 우호 관계로 돌아갔다. 1031년 병으로 죽었다. 재위 기간은 982~1031년이다.
383 淸太宗: 애신각라황태극(愛新覺羅皇太極, 1592~1643). 중국 청나라의 제2대 황제. 태조(太祖) 누르하치(奴兒哈赤)의 여덟째 아들로, 몽골 등을 복속시키고 나라의 기틀을 세웠다. 재위 기간은 1626~1643년이다.
384 南顧: 남쪽을 돌아봄. 번역에서는 '뒤에'로 함.

過ᄒᆞ며, 陳友諒은 尙且弱植됨을 未免하며 元政府ᄂᆞᆫ 其氣息이 奄奄ᄒᆞᆫᄃᆡ,[385] 獨 紅巾 一派 劉福通 等이 氣鋭魄盛하야 支那 中部에셔 虎視ᄒᆞᆯ[386]식, 國號를 曰 「明」이라 ᄒᆞ며 年號를 曰 「龍鳳」이라 ᄒᆞ고 全軍이 紅巾으로 頭를 과ᄒᆞ야[387] 識別ᄒᆞᄂᆞᆫ 故로 世人이 稱曰 「紅巾賊」이라. 彼가 累次 使臣을 遣ᄒᆞ야 虛實을 探ᄒᆞ며 文咨[388]를 移ᄒᆞ고 禮物을 餽ᄒᆞ야[389] 親信의 意를 佯表하더니,[390] 末乃 孤注一擲[391]의 力을 盡ᄒᆞ야 我國에 入寇ᄒᆞ더라.

然이나 紅賊은 彼 歷代 北寇와 大異ᄒᆞᆫ 點이 有하니, 盖 歷代 北寇의 第一着은 城下盟을 結ᄒᆞ야 兄弟의 義를 證ᄒᆞ고ᄂᆞᆫ 倐然히[392] 飛去ᄒᆞ야 自家의 威力만 示ᄒᆞᆯ ᄲᅮᆫ이나 紅賊의 心事ᄂᆞᆫ 專혀 不然ᄒᆞ야 我國을 夷ᄒᆞ야 郡縣을 作하고 自家人民을 移植코ᄌᆞ ᄒᆞ니, 其性質이 壬辰倭寇와 無異ᄒᆞ도다. 萬一 崔都統 及 三元帥가 아니러면 我國이 國됨을 豈得ᄒᆞ엿스리오, 請컨ᄃᆡ 左(下)[393]에 此를 詳論ᄒᆞ리라.

第一次 西京戰役

崔都統이 西北 保障[394]의 任에[395] 居ᄒᆞᆯ 時에 孜孜히[396] 禦賊의 備를 講究ᄒᆞ야 一年間의 短日月로 其成効를 著有[397]ᄒᆞᆷ이 已多ᄒᆞ니, 崔都統이 是任에

---

385 奄奄ᄒᆞᆫᄃᆡ: 곧 끊어지려는 것처럼 약한데.
386 虎視ᄒᆞᆯ: 범과 같이 날카로운 눈초리로 사방(四方)을 둘러볼.
387 과ᄒᆞ야: 裹하여. 싸서.
388 文咨: 내용상 공문(咨文)으로 보임. 자문은 조선 시대에, 중국과 외교적인 교섭·통보·조회할 일이 있을 때에 주고받던 공식적인 외교 문서이다.
389 餽ᄒᆞ야: 보내어.
390 佯表ᄒᆞ더니: 거짓으로 표하더니.
391 孤注一擲: 노름꾼이 남은 돈을 한 번에 다 걸고 마지막 승패를 겨룬다는 뜻으로, 모든 힘을 기울여 어떤 일에 모험을 거는 것을 비유한 말.
392 倐然히: 홀연히.
393 左(下): 당시 신문이 세로쓰기여서 원문에는 "左"로 표기했지만, 오늘날 가로쓰기의 경우 "아래(下)"이므로 '左(下)'로 표기했다. 그리고 '右'은 '右(上)'으로 표기했다. 이하도 마찬가지이다.
394 保障: 적의 접근을 막기 위하여 돌이나 흙 등으로 만든 견고한 성이나 요새.
395 任에: 임지에. 번역에서는 '임소에'로 함.
396 孜孜히: 부지런히.
397 著有: 드러냄이 있음.

稍久ᄒᆞ엿거나 否則 後繼者가 其約束을 一遵[398]하엿스면 紅賊의 來에 戰ᄒᆞ면 可勝이오 退ᄒᆞ면 可守이거ᄂᆞᆯ 惜乎라. 麗政府의 短慮[399]여 一則 崔都統이 未一年에[400] 遽遞[401]ᄒᆞ엿스며, 二則 後繼者가 皆 貪庸無能[402]의 徒이니 其敗가 固宜로다. 崔都統이 還朝하던 翌日에 累累히 章을 上하야 西北重鎭에 其人을 擇任ᄒᆞᆷ이 可ᄒᆞ다 ᄒᆞ나 滿廷이 皆漠漠히 耳를 掩ᄒᆞ더니, 恭愍王 八年에 紅賊이 文을 移ᄒᆞ야 曰,

「慨念生民久陷於胡 倡義擧兵 恢復中原 東踰齊魯 西出函秦 南過閩廣 北抵幽燕 悉皆款附 如飢者之得膏梁 病者之遇藥石 今令諸將戒嚴 無得擾民 民之歸化者撫之 執迷旅拒者罪之」[403]

라 云ᄒᆞ고, 賊의 丞相 毛居敬[404]이 衆四萬을 率ᄒᆞ고 氷을 鴨綠江에 渡ᄒᆞ야 義州를 陷ᄒᆞ고 副使 朱永世를 殺하며 靜麟二州를 陷ᄒᆞ고 都指揮使 金元鳳을 殺ᄒᆞ거ᄂᆞᆯ, 西京軍民萬戶 安祐와 兵馬裨將 李芳實의 兵 千人으로 逆戰ᄒᆞ다가 衆寡不敵ᄒᆞ야 敗還ᄒᆞ니, 西京이 遂陷ᄒᆞ고 京師가 大震이라. 毛居敬이 西京에 入ᄒᆞ야 城門을 周觀ᄒᆞ고 歎曰,

「如此江山에 吾來가 太晩이라.」

ᄒᆞ고 一邊으로 兵을 進ᄒᆞ야 各郡을 連陷ᄒᆞ며 一邊으로 麾下 將卒로 其侵得ᄒᆞᆫ 郡縣을 戌守ᄒᆞ더라.[405]

明年 正月에 王이 崔瑩으로 西北面兵馬使를 拜ᄒᆞ며, 安祐[406]로 安州軍民

---

398 一遵: 한번 지킴.

399 短慮: 짧은 생각.

400 未一年에: 1년이 아니 되어.

401 遽遞: 갑자기 갈림.

402 貪庸無能: 욕심이 많고 용렬하며 무능함.

403 "백성들이 오랫동안 오랑캐에게 함몰된 것을 개탄하여, 의병을 일으켜서 중원을 회복하여, 동으로 제(齊)와 노(魯)를 넘어서고, 서쪽으로는 함진(函秦: 함곡관(函谷關)을 넘어 옛 진나라 지역)으로 나가며, 남으로는 민광(閩廣: 복건(福建)·광동(廣東)·광서지역)을 지나고, 북으로는 유주(幽州)와 연지(燕地)에 도달하니, 마치 배고픈 자가 맛있는 음식을 얻은 듯이 백성들이 기꺼이 와서 붙고, 병든 자가 약을 얻은 듯하다. 이제 여러 장수들에게 군사들을 엄격히 다스리게 하여 조금도 백성들을 침노하지 못하게 해서, 귀화해 오는 백성은 무휼(撫恤)하고, 거역하는 자들은 죄주려 한다."(고전번역원)

404 毛居敬: 하남성(河南省)에서 일어난 홍건적의 대장. 고려 때 4만 명 부하를 거느리고 침략해 온 일이 있다.

405 戌守ᄒᆞ더라: 수비하더라. 지키더라.

都萬戶를 拜ᄒᆞ며, 李芳實[407]로 上萬戶를 拜하야 賊을 進擊ᄒᆞᆯᄉᆡ, 崔瑩이 命을 受ᄒᆞ고 倍道疾馳ᄒᆞ야 鐵化驛에 至ᄒᆞ니, 時에 天甚寒ᄒᆞ고 軍粮이 又少ᄒᆞ야 士卒이 顚仆悲泣[408]ᄒᆞ며 休憩를 乞ᄒᆞ거날, 瑩이 泣諭 曰,

「今 巨賊의 猖狂[409]이 如此ᄒᆞ야 西北人士의 慘殺을 遭ᄒᆞᆫ 者ㅣ 數萬이 될지며 道路에 流離ᄒᆞᆫ 者ㅣ 數十萬이 될지오. 又 賊이 一步를 更進ᄒᆞ면 京師가 咫尺이라. 萬一 不幸ᄒᆞ면 禍가 社稷에 及ᄒᆞ고 吾儕의 父母 家屬[410]도 賊手에 死하리니, 엇지 一時인들 安坐ᄒᆞ야 賊을 坐大케 ᄒᆞ리오.[411] 汝等은 飢寒을 且忍ᄒᆞ고 余의 馬尾를 隨ᄒᆞ라.」

ᄒᆞ고 馬을 策ᄒᆞ야 前進ᄒᆞ니, 兵士가 皆淚를 灑ᄒᆞ고 願從ᄒᆞ더라.[412]

西京에 進ᄒᆞ야 兵을 少出하야 賊을 試ᄒᆞᆫᄃᆡ 賊이 出城爭逐[413]ᄒᆞ거날, 遂盡兵突擊ᄒᆞ야[414] 此를 大破ᄒᆞ고 西京을 收復ᄒᆞ니, 東北面千戶 丁臣桂[415]와 中郎將 柳塘[416]이 適至하야 力을 幷하야 進勦[417]ᄒᆞᆯᄉᆡ, 咸從에 追及하야 賊 二萬級을 斬ᄒᆞ고 賊의 元帥를 擒ᄒᆞ니, 賊이 走ᄒᆞ야 鴨綠江에 至ᄒᆞ거ᄂᆞᆯ, 李芳實이 蓐食ᄒᆞ고[418] 此를 追ᄒᆞ다가 人馬가 困憊ᄒᆞᆷ으로 止하엿스나, 此役에 賊이 大創ᄒᆞ야[419] 安鐵數州의 間에 死屍가 相枕[420]ᄒᆞ엿더라.

---

406 安祐(?~1362): 고려 후기 무신. 1352년 군부판서로서 최영 등과 함께 조일신의 난을 평정하였다. 1361년 정세운·이성계·최영·안우경 등과 함께 적을 추격하여 압록강까지 몰아냈다. 김용(金鏞)의 계략에 속아 정세운에 술을 먹이고 부하를 시켜 살해했다. 하지만 자신은 김용(金鏞)의 부하에게 철퇴로 맞아 죽었다.

407 李芳實(?~1362): 고려의 장군. 대호군으로 선성에서 다루가치 노연상 부자를 진압했고 압록·서경 사이와 풍주에서 홍건적을 물리쳤다. 1361년 홍건적에 패하여 개경을 빼앗겼으나 수복하고 많은 적을 도륙했다. 간신 김용의 간계로 말미암아 정세운 이하 대공을 세운 장군들과 함께 피살되었다.

408 顚仆悲泣: 엎드려 슬피 욺.

409 猖狂: 미친 듯이 사납게 날뜀.

410 家屬: 식솔. 아내.

411 坐大케 ᄒᆞ리오: 앉아서 커지게 기다리리오.

412 願從ᄒᆞ더라: 뒤따르더라.

413 出城爭逐: 성을 나와 다투어 좇음.

414 遂盡兵突擊ᄒᆞ야: 마침내 모든 군사가 돌격하여.

415 丁臣桂: 공민왕 때 동북면천호(東北面千戶), 병마판관 등을 하였다. 공민왕은 정신계를 파견하여 이성계의 아버지 이자춘(李子春)에게 내응을 촉구했다. 생몰 연대 미상.

416 柳塘: 1359년 중랑장(中郎將)으로 정주에서 홍건적을 격퇴하는 데 공을 세웠다. 생몰 연대 미상.

417 進勦: 진격하여 무찌름.

418 蓐食ᄒᆞ고: 아침 일찍 떠나게 되어, 잠자리 속에서 아침을 먹고.

419 大創ᄒᆞ야: 크게 다쳐, 크게 혼이 나서.

師還論功홀ᄉᆡ, 祐ᄂᆞᆫ 平章政事를 拜하며, 瑩은 左散騎常侍[421]를 拜ᄒᆞ며, 芳實은 樞密院副使를 拜ᄒᆞ니라. 紅賊이 又 戰艦 七十艘를 率ᄒᆞ고 西海道를 犯하거날, 芳實이 邀擊ᄒᆞ야 三千級을 斬ᄒᆞ니 賊이 遁去[422]하니라.

第二次 松京戰役

外寇가 日劇ᄒᆞᆫᄃᆡ 義慈宮[423]의 醉夢이 正深ᄒᆞ고 海內가 雲擾ᄒᆞᄂᆞᆫᄃᆡ 鮑石亭[424]의 妓樂이 方張ᄒᆞ니, 自古로 亾國亾家의 君은 一轍이 相承ᄒᆞᄂᆞᆫ도다. 紅賊이 旣退ᄒᆞᄆᆡ 王이 以爲호ᄃᆡ, 自家의 福祿이 長遠ᄒᆞᆫ 故로 此를 致하엿다 ᄒᆞ야 遊戲가 無度ᄒᆞ며, 羣臣이 或 進諫ᄒᆞ면 一切 此를 斥罷ᄒᆞ며 兵備를 裁減ᄒᆞ야[425] 曰, 此ᄂᆞᆫ 亂階[426]라 ᄒᆞ더니, 翌二年 卽 恭愍王 十年에 賊이 再犯ᄒᆞ니 實數ᄂᆞᆫ 不可知나 賊이 自號 曰 百一十萬이라. 鴨綠江을 渡ᄒᆞ야 朔州에 寇ᄒᆞ거ᄂᆞᆯ 倉卒히[427] 兵을 募하야 安祐로 上元帥를 拜ᄒᆞ며, 李芳實로 都兵馬使를 拜하야 進禦홀ᄉᆡ[428] 祐 芳實이 雖勇이나 此 新募未鍊[429]의 師로 엇지 方張의 寇를 能禦하리오.

安州邑에셔 一敗ᄒᆞ며 巴山嶺柵에셔 再敗ᄒᆞ니 警報가 京師에 達하ᄂᆞᆫ지라. 崔瑩이 總兵官 金鏞과 共히 金郊역에 出屯ᄒᆞ엿다가 賊勢의 急홈을 探知ᄒᆞ고 走還ᄒᆞ야 宿衛兵으로 赴征ᄒᆞ기를 奏請ᄒᆞ니, 王이 大驚 曰,

「賊鋒이 已近乎아.」

---

420 相枕: 서로 베개를 삼아 벰.
421 左散騎常侍: 고려 시대에, 내사문하성에 속한 정삼품 낭사 벼슬. 목종 때 설치하였으며, 뒤에 좌상시 등으로 몇 차례 고쳤다.
422 遁去: 도망감.
423 義慈宮: 의자왕의 궁전. 의자왕이 궁녀들에 휩싸여 방탕한 생활을 한 것을 비유.
424 鮑石亭: 경상북도 경주시 배동에 있는 통일 신라 때의 연회 장소. 왕과 신하들이 전복 모양으로 생긴 돌 홈의 유상곡수(流觴曲水)에 술잔을 띄우고서 시를 읊으며 놀이를 하던 곳이다. 신라 경애왕이 후백제가 쳐들어 온다는 것을 알고도 포석정에서 술잔치를 벌인 일을 비유.
425 裁減ᄒᆞ야: 남의 처지를 미리 헤아려서 부담을 덜어줘. 감축하여.
426 亂階: 소란이나 화란(禍亂)을 일으키는 실마리. 차례를 지키지 아니하고 거르거나 건너뜀.
427 倉卒히: 갑작스럽게. 미처 어찌할 사이 없이 매우 급작스럽게.
428 進禦홀ᄉᆡ: 방어할새.
429 新募未鍊: 새로 모집하여 훈련되지 않음.

ᄒᆞ고, 宰相과 百官을 召ᄒᆞ야 避亂을 謀하고 城中의 老弱과 婦女를 先出ᄒᆞ라 ᄒᆞ니, 人心이 恟恟ᄒᆞ더라.

王이 出커날, 瑩이 駕前에 立ᄒᆞ야 大叫 諫曰,

「陛下아, 且少留ᄒᆞ야 丁壯을 募ᄒᆞ야 國都를 守ᄒᆞ소셔.」

王 及 宰相이 皆 默然不應ᄒᆞ더라. 旣而오, 安祐 李芳實 等이 ᄯᅩᄒᆞᆫ 京城을 守코ᄌᆞ ᄒᆞ야 馳至ᄒᆞ더니, 都人이 已散ᄒᆞ야 招集ᄒᆞ지 못ᄒᆞ고 各郡에 分出ᄒᆞ야 義兵을 募ᄒᆞ더라.

王이 드ᄃᆡ여 南走ᄒᆞᆯᄉᆡ, 崇仁門에 出ᄒᆞ니 老幼가 顚仆ᄒᆞ며 子母가 相棄ᄒᆞ고 哭聲이 野에 遍ᄒᆞ야 天日이 愁慘ᄒᆞ더라.

賊이 城에 入ᄒᆞ더니, 元帥 朱元璋(卽 明太祖)이 令曰,

「如此樂士를 再得키 難하니, 汝等은 善守ᄒᆞ라.」

ᄒᆞ고 牛馬皮를 城에 張ᄒᆞ고 水를 灌ᄒᆞ야 氷을 成하니, 人이 緣上치[430] 못ᄒᆞᆯ너라.

王이 福州로 幸ᄒᆞ야 鄭世雲으로 總兵官을 拜ᄒᆞ야 諸軍을 督케 ᄒᆞ더니, 恭愍王 十一年에 世雲이 安祐 李芳實 崔瑩 金得培[431] 李餘慶[432] 黃裳[433] 韓方信[434] 安遇慶[435] 李龜壽[436] 等으로 二十萬軍을 率ᄒᆞ고 進ᄒᆞ야 京城을 收復ᄒᆞᆯ

---

430 緣上치: 올라가지. 오르지.

431 金得培(1312~1362): 고려 후기의 문신. 강릉대군(공민왕)을 따라 원나라에 갔고 홍건적 침입으로 의주·정주·인주 등이 함락되자 이를 방어했다. 서경을 탈환하여 적을 압록강 밖으로 격퇴했으며 홍건적이 다시 침입하자 개경을 수복했다. 하지만 김용의 계략에 속은 안우와 이방실이 정세운을 살해한 죄목으로 처형되자 그도 체포되어 상주에서 억울하게 효수(梟首)되고 말았다.

432 李餘慶: 고려 후기 관인. 1362년 총병관 정세운, 도원수 안우의 지휘로 개경을 수복할 때 이방실·김득배·최영 등과 함께 참전하여 숭인문(崇仁門)에서 적을 크게 무찔렀다. 생몰 연대 미상.

433 黃裳: 고려 시대의 무신. 홍건적의 침입으로 왕이 피난할 때 왕을 호종하였으며, 덕흥군(德興君) 혜(譓)를 왕으로 추대 후 원나라에서 침입해온 최유(崔濡)를 이성계와 함께 무찌르고, 서강(西江) 도원수가 되어 왜구를 방어하는 데 공을 세웠다. 무예, 특히 궁술에 뛰어났다. 생몰 연대 미상.

434 韓方信: 고려 공민왕 때 문신. 공민왕 때 추밀원 직학사(樞密院直學士)가 되었고, 장수로서의 지략이 있어 동북면병마사로서 홍건적의 난에 안우 등과 함께 서울을 회복하였다. 또 여진(女眞)을 쳐 서원군(西原君)에 봉해졌으나 아들 안(安)이 공민왕을 살해하여 유배당했다가 형벌을 받아 죽음을 당했다. 생몰 연대 미상.

435 安遇慶(?~1372): 1359년(공민왕 8) 홍건적의 침입 때 안우(安祐) 등과 함께 이를 격퇴했고, 1361년 재침입 때도 개경(開京) 탈환전에 참여, 적을 섬멸하였으며, 이듬해 공민왕을 죽이려던 김용(金鏞) 일당을 최영(崔瑩) 등과 함께 진압했다. 또 왜구 방어에도 큰 공을 세웠으며, 1365년 오인택(吳仁澤) 등과 신돈(辛旽)을 제거하려다가 발각되어 남원에 귀양갔다. 1371년 신돈의 사형 후 서경도만호(西

싀, 時에 雨雪이 滂타[437]ᄒᆞ거ᄂᆞᆯ, 諸將이 皆曰,

「士卒이 寒凍ᄒᆞ야. 進戰키 難ᄒᆞ니 少休가 可ᄒᆞ니이다.」

崔瑩 曰, 「不然ᄒᆞ다. 我軍이 寒凍하ᄆᆡ 賊軍이 亦寒凍하엿슬지니, 能히 此寒凍을 忍ᄒᆞᄂᆞᆫ 者ㅣ 得勝ᄒᆞ리니 何憂리오?」

ᄒᆞᆫᄃᆡ, 李餘慶 麾下 護軍 權僖[438]가 此를 贊ᄒᆞ야 曰,

「常侍의 言이 是ᄒᆞ다.」 하고, 又曰,

「賊의 精銳가 皆 東城에 聚홈을 余가 형知[439]ᄒᆞ엿스니, 其不意에 出ᄒᆞ야 此를 攻ᄒᆞ면 可克이라.」 ᄒᆞ더라.

翌日 昧爽에[440] 僖가 數十騎를 率ᄒᆞ고 鼓譟突入하며 諸將이 其後를 急擊ᄒᆞ야 日暮토록 血戰ᄒᆞ야 賊의 丞相元帥 沙劉關 先生을 斬ᄒᆞ고 賊首 十餘萬級을 獲ᄒᆞ니, 僵尸가 城에 滿하며, 元帝 玉璽 一, 金寶 一, 玉印 三, 金銀銅印牌와 其他 車騎輜重[441]을 捕得홈이 無算이라. 崇仁, 炭峴 二門을 開ᄒᆞ고 餘賊을 走케 ᄒᆞ니, 彼 肅肅ᄒᆞᆫ 敗鱗殘甲[442]이 尙且 數百里를 連亙ᄒᆞ야[443] 馬蹄의 聲과 槍戟相摩[444]의 聲이 終夜不絶ᄒᆞ더라.

崔瑩이 總兵官 鄭世雲을 說ᄒᆞ야 曰,

「紅賊은 北國(卽 支那) 諸虜의 最强ᄒᆞᆫ 者라. 今者에 死力을 出하야 累 數百萬의 兵餉[445]를 費ᄒᆞ야 一敗塗地[446]의 慘을 遭하엿스ᄆᆡ, 今 我國이 萬一

京都萬戶)가 되어 북원(北原)의 오로산성(五老山城)을 쳐서 함락시키고 원나라의 추밀원부사(樞密院副使) 합라불화(哈剌不花)를 사로잡았다.

436 李龜壽(?~1366): 1362년 정세운 휘하의 최영·안우 등과 홍건적을 물리쳐서 서울을 탈환했고, 후에 밀직부사로서 전라도진변사가 되어 왜적을 막았다. 1364년 최영·이성계 등과 1만의 최유 군대를 압록강에서 격파하였다. 1365년 강화 교동(喬桐)에 침입한 왜적을 안우경(安遇慶) 등과 격퇴하여, 공을 세웠으나 신돈에 의해 숙청되어 송광사(松廣寺)에 있다가 신돈이 보낸 자객에게 살해되었다.

437 滂타: 滂沱. 좍좍 쏟아짐. 끊임없이 흘러내림.

438 權僖(1319~1405): 고려 말에서 조선 초까지 문신. 홍주도병마사 등 여러 벼슬을 거쳐 문하찬성사에 이르러 영가군에 봉해졌다. 조선 개국 후인 검교문하시중으로 개국원종공신이 되었다.

439 형知: 詗知.=探知. 가만히 엿보아 알아냄.

440 昧爽에: 먼동이 틀 무렵에.

441 車騎輜重: 수레와 말 및 군에 수송되는 보급품 전반.

442 敗鱗殘甲: 떨어진 비늘 찢긴 갑옷. 패잔한 갑옷.

443 連亙ᄒᆞ야: 연접하여 서로 잇닿아.

444 槍戟相摩: 창이 서로 부딪침.

445 兵餉: 군사의 양식.

戰勝의 餘威를 乘ᄒᆞ야 兵을 驅ᄒᆞ야 北進ᄒᆞ면 賊의 근據ᄒᆞᆫ 燕齊[447] 全幅이 震駭ᄒᆞ야[448] 破竹이 刃을 迎홈과 如ᄒᆞᆯ지며, 燕齊의 地를 旣得ᄒᆞ거던 此를 憑藉ᄒᆞ야 建령의 勢로 北國 全土를 臨ᄒᆞ면 彼 北國 諸虜가 一時 慴伏[449]ᄒᆞ야 敢히 來抗치 못ᄒᆞ리니, 檄을 一傳ᄒᆞᄆᆡ 天下를 可定이니, 總兵의 意가 何如ᄒᆞ뇨?」

世雲이 方飮ᄒᆞ다가 喜色이 顔에 動ᄒᆞ야 曰,

「然哉라, 常侍의 言이여. 余도 此意를 抱ᄒᆞ고 胷算으로 獨籌호ᄃᆡ 同志ㅣ 無홈을 是恨ᄒᆞ더니, 今에 公의 言을 聞ᄒᆞᄆᆡ 我懷가 豁然ᄒᆞ도다.[450]」

於是에 兩將軍이 議合ᄒᆞ야 密히 北伐을 謀ᄒᆞᆯᄉᆡ, 鄭世雲 曰,

「治疏[451]ᄒᆞᆫ 然後에 발兵홈이 可乎아?」

崔瑩 曰,

「如此則 往返이 遷延ᄒᆞ고[452] 事機가 拖慢ᄒᆞ야[453] 賊은 餘燼을 收拾ᄒᆞ며, 我ᄂᆞᆫ 銳氣가 停沮ᄒᆞ야 成事가 甚難ᄒᆞ리니, 今에 計컨ᄃᆡ 兵을 催ᄒᆞ야 北渡ᄒᆞ야 醫巫閭의 險을 據ᄒᆞ고 遼東의 粮을 因하야 大勢가 旣定ᄒᆞᆫ 然後에 上奏하면 朝廷이 不許코ᄌᆞ ᄒᆞ야도 不能이니, 此가 上策이니라.」

世雲이 崔瑩의 手를 握ᄒᆞ고 其偉見을 歎服ᄒᆞ더라.

崔瑩이 又曰,

「今 西僧統攝 玄麟이 僧軍 三百을 率ᄒᆞ고 擊賊次로[454] 近畿에 留ᄒᆞᆫ바, 此人이 甚大胆[455]이오 謀略에 又善ᄒᆞ니, 召問홈[456]이 可ᄒᆞ다.」

---

446 一敗塗地: 싸움에 한 번 패하여 간과 뇌가 땅바닥에 으깨어진다는 뜻으로, 여지없이 패하여 다시 일어날 수 없게 되는 지경에 이름을 이르는 말. 한 고조 유방의 말로서 『사기』에 나오는 말이다.
447 燕齊: 춘추 시대 산동반도에 있던 연나라 제나라의 이름으로 산동반도 일대를 가리킨다.
448 震駭ᄒᆞ야: 몸을 벌벌 떨며 놀라.
449 慴伏: 세력에 눌려서 복종함. 두려워서 엎드림.
450 豁然ᄒᆞ도다: 환해지도다.
451 治疏: 왕께 글을 올림, 곧 상소함. 번역에서는 '글을 올려 왕께 고도 연 (후에)'로 함.
452 遷延ᄒᆞ고: 지연하고. 질질 끌고.
453 拖慢ᄒᆞ야: 느슨해져. 해이해져.
454 擊賊次로: 적을 공격할 차로.
455 甚大胆: 담력이 매우 큼. 배짱이 아주 큼.
456 召問홈: 불러서 물음.

ᄒᆞᄃᆡ 世雲이 許諾ᄒᆞ고 軍令으로 玄麟을 招하다.

身에 塵埃不染[457]ᄒᆞᆫ 古袈裟를 着ᄒᆞ며 頭에 雲鶴同潔[458]ᄒᆞᆫ 新白衲를 戴하고 飄然히 一錫杖[459]으로 軍門을 來叩ᄒᆞ니, 容貌를 看ᄒᆞ면 彼가 世事에 無關ᄒᆞᆫ 一箇 山中老僧이나 心事를 問ᄒᆞ면 便是[460] 當年 壯志를 抱하고 支那風雲을 觀察ᄒᆞ던 玄麟禪師니, 此人이 엇지 無心히 來하엿스리오. 門者ㅣ 入報ᄒᆞᄃᆡ 總兵官 鄭世雲이 座를 虛ᄒᆞ고 迎入ᄒᆞᆯᄉᆡ,

坐定에 左右를 俱屛ᄒᆞ니 帳外에ᄂᆞᆫ 喇叭聲만 相答ᄒᆞ고 帳內에ᄂᆞᆫ 一片戎燈이 自穗ᄒᆞᄂᆞᆫᄃᆡ,[461] 燈下에 對坐ᄒᆞᆫ 者ᄂᆞᆫ 天下英雄 我(鄭世雲) 爾(崔瑩) 彼(釋 玄麟) 三人ᄲᅮᆫ이러라.

鄭世雲 曰,

「師아, 今年에 入寇ᄒᆞᄂᆞᆫ 北賊을 破ᄒᆞ나 明年에 又 入寇ᄒᆞ며 明年에 入寇ᄒᆞᄂᆞᆫ 北賊을 破ᄒᆞ나 又 明年에 又 入寇ᄒᆞ야 譬컨ᄃᆡ, 春田의 草를 日日 其芽를 ᄊᆡᄒᆞᄆᆡ 日日 其孼[462]이 生ᄒᆞᆷ과 如ᄒᆞ니 萬一 其根을 不拔ᄒᆞ고 枝葉에 從事ᄒᆞ면 是ᄂᆞᆫ 徒勞無益[463]ᄒᆞᆷ이라. 今 余가 崔公과 議ᄒᆞ야 賊의 巢窟을 蕩覆ᄒᆞ랴[464] ᄒᆞ나 必勝의 策을 未得ᄒᆞᆫ 故로 師의 高見을 叩ᄒᆞ노라.」

玄麟 曰,

「唯라, 元帥의 言이 誠然하도다. 本朝가 敵國을 禦ᄒᆞᄆᆡ 唯一 方法이 有ᄒᆞ니 賊이 來ᄒᆞ면 此를 追하며 賊이 去ᄒᆞ면 此를 聽ᄒᆞ야 守만 有ᄒᆞ고 攻은 無하니 此ᄂᆞᆫ 自困의 道라. 故로 玄麟도 每此를 恨ᄒᆞᄂᆞᆫ 바어니와, 但 兵法에 勝敗의 道를 說하ᄆᆡ 必曰「主孰有道, 將孰有能」[465]이라 ᄒᆞ고, 又 古人이 曰

---

457 塵埃不染: 속세에 오염되지 않음.
458 雲鶴同潔: 구름과 학처럼 깨끗함.
459 錫杖: 승려가 짚고 다니는 지팡이. 밑부분은 상아나 뿔로, 가운데 부분은 나무로 만들며, 윗부분은 주석으로 만든다.
460 便是: 다른 것이 아니라 곧.
461 自穗ᄒᆞᄂᆞᆫᄃᆡ: 비추는데.
462 其孼: 그 재앙.
463 徒勞無益: 헛수고로 무익함.
464 蕩覆ᄒᆞ랴: 소탕하여 뒤집으려.
465 어느 나라 군주가 도(道)를 갖추었는가? 어느 나라 장수가 더 유능한가? 『손자병법』에 나오는 구절로 7가지 계책 가운데 첫 번째와 두 번째 것이다. 손자는 “어느 나라 군주가 도(道)를 갖추었는

「未有奸臣在內而大將能成功於外者」[466]라 ᄒᆞ엿스니, 元帥ᄂᆞᆫ 今朝廷을 觀ᄒᆞ라. 君德이 何如ᄒᆞ며 臣道가 何如ᄒᆞᆫ가. 主上은 默默히 手를 拱ᄒᆞ엿ᄂᆞᆫᄃᆡ 賊臣 金鏞이 權勢를 自專ᄒᆞ니, 元帥의 功이 高ᄒᆞᆯᄉᆞ록 賊臣의 忌가 深ᄒᆞ야 搆擠[467]를 謀ᄒᆞᆯ지어날, 今 元帥가 外賊만 掃盡코ᄌᆞ ᄒᆞ고 一身의 禍及은 不計ᄒᆞ니 其心은 果忠하도다만은 試思ᄒᆞ라. 元帥 身死後에 誰가 更히 國家를 爲하야 出力ᄒᆞᆯ 者이뇨. 故로 玄麟의 意ᄂᆞᆫ 元帥가 此軍을 率ᄒᆞ야 君側의 惡을 淸ᄒᆞᆫ다 爲名ᄒᆞ고 戈를 倒ᄒᆞ야 彼 奸悖ᄒᆞᆫ 政府를 革ᄒᆞ야 內賊을 平定ᄒᆞᆫ後에 外賊을 出討ᄒᆞ면 事가 順ᄒᆞ고 功을 成ᄒᆞ기 易ᄒᆞᆯ지나, 今에 此와 反ᄒᆞ야 朝政의 敗壞[468]야 何境에 至ᄒᆞ던지 此ᄂᆞᆫ 不問ᄒᆞ고 外域에 向ᄒᆞ야 妖氛를 掃霽코ᄌᆞ[469] ᄒᆞ니, 是ᄂᆞᆫ 古語의 云ᄒᆞᆫ바 倒行逆施[470]라 長江을 未渡하야 狐狸가 成功을 妬ᄒᆞ며 鬼역이 大事를 沮ᄒᆞ리니, 元帥가 雖忠智나 將何術로 此를 備하리오. 北伐은 大計이나 內治가 尤急ᄒᆞ니 願 元帥ᄂᆞᆫ 留意ᄒᆞ야 先後의 序를 勿失ᄒᆞ소셔.」

嗚呼라, 從古 大聖哲 大英雄의 手段으로도 往往 其 遭遇ᄒᆞᆫ 社會의 習慣範圍를 一切 打破치 못ᄒᆞ야 自貽伊慼의 嘲[471]에 陷ᄒᆞᄂᆞᆫ도다. 卽 崔都統 鄭總兵은 並世雙生의 巨英雄이 아닌가만은, 高麗 當時의 오腐ᄒᆞᆫ 義理로 自縛하야 垂成[472]의 功을 未竟하고 國民의 厄을 未救ᄒᆞ엿도다. 玄麟이 山僧의 口로 如彼堂堂ᄒᆞᆫ 大論을 발하엿거ᄂᆞᆯ, 鄭公은 反히 大驚且怒ᄒᆞ야 曰,

「爾가 一個 和尙[473]으로 敢히 如此無道ᄒᆞᆫ 言을 出ᄒᆞᄂᆞᆫ다. 我匣中에 新磨

가? 어느 나라 장수가 더 유능한가? 어느 나라 천시(天時)와 지리(地利)가 더 유리한가? 어느 나라 법령이 더 철저하게 시행되고 있는가? 어느 나라 무기가 더 강한가? 어느 나라 병사들이 훈련이 더 잘 되어 있는가? 어느 나라 상벌이 분명하게 시행되고 있는가? 나는 이 일곱 가지로써 이기고 질 것을 알 수 있다."고 했다.

466 요사한 신하가 내부에 있으면 밖에서 대장이 성공하지 못한다.
467 搆擠: 헐뜯어 배척함.
468 敗壞: 부서지고 무너짐.
469 掃霽코ᄌᆞ: 깨끗이 제거하고자.
470 倒行逆施: 거꾸로 시행함.
471 自貽伊慼의 嘲: 스스로 재앙을 불러왔다는 조롱. 삼전도비의 내용을 말하는 듯.
472 垂成: 일이 거의 이루어짐.
473 和尙: 수행을 많이 한 승려. 여기에서는 그냥 '승려'(불교 수행자)를 높여 이르는 말이다.

훈 一大劍이 有하니 爾를 棄홈이 孤雛腐鼠[474]와 如홀지니라.」

玄麟이 冷笑를 作ᄒᆞ고 退出ᄒᆞ며, 崔公은 默默히 坐ᄒᆞ엿더라. 噫라, 此役의 前途도 可知홀지로다. 其君은 恭愍이 位에 在ᄒᆞ며 其臣은 金鏞이 權을 專하니 엇지 大功을 完홀 수 有ᄒᆞ리오. 噫라, 小國으로 大를 事ᄒᆞᆫ다ᄂᆞᆫ 오儒[475]의 謬義를 公이 旣 打破ᄒᆞ엿스며 戰事를 諱言ᄒᆞ던 時俗의 結習을 公이 旣 打破ᄒᆞ엿건만은 乃獨此一關(卽 君臣)은 尙且打破치 못ᄒᆞ야 九仞의 功을 一簣에 虧ᄒᆞ엿도다.[476]

按 玄麟은 聖賢中 豪傑이며 豪傑中 聖賢인져. 雲收雨霽[477]에 其去가 飄然ᄒᆞ고 時危事棘에 其來가 倏然ᄒᆞ니, 鳳耶아 鶴耶아 斯果何人고? 崔都統과 合傳홈이 實로 無愧하도다만은 惜乎라. 其歷史가 殘缺ᄒᆞ야 其人의 全體를 模寫홀 道가 無ᄒᆞ도다. 然이나 其 力量과 氣魄은 吾가 輕評을 下치 못ᄒᆞ거니와 內賊掃平의 一語를 觀ᄒᆞ건ᄃᆡ, 其 眼孔의 大ᄂᆞᆫ 崔都統에 或過ᄒᆞᆫ져.

翌日에 鄭世雲이 崔瑩과 諸營을 部勒ᄒᆞ야[478] 分路出兵의 事를 布畫ᄒᆞ더니,[479] 是夜에 金鏞이 密旨를 矯ᄒᆞ야[480] 諸將 安祐 李芳實 金得培 등으로 鄭世雲을 殺ᄒᆞ고 旣而오, 王ᄭᅴ 奏ᄒᆞ야 又 元戒을[481] 擅殺[482]ᄒᆞᆫ 罪로 祐 等 三人을 俱斬ᄒᆞ니, 高鳥가 未盡ᄒᆞ고 良弓이 遽藏[483]이로다. 惜哉라 一夜間에 如

---

474 孤雛腐鼠: 외로운 병아리와 썩은 쥐라는 뜻으로, 미천한 사람이나 천한 물건을 비유적으로 이르는 말.
475 오儒: 迂儒. 썩은 선비. 오활한 선비.
476 一簣에 虧ᄒᆞ엿도다: 구인(九仞)은 아홉 길 높이의 산을 의미함. 『서경(書經)』에 "구인의 산을 만드는 데에 완성 단계에서 한 삼태기의 흙이 모자라도 일을 다 이루지 못한다(爲山九仞之功虧一簣)"라고 한 데에서 인용한 말로, 끝마무리가 제대로 이루어지지 않으면 모든 일이 허사로 돌아간다는 뜻.
477 雲收雨霽: 구름이 걷히고 비가 갬.
478 部勒ᄒᆞ야: 부서를 정하여 인원을 배치하거나 혹은 부대를 나누어 인원수를 갖춤.
479 布畫ᄒᆞ더니: 계책을 펴더니. 계획을 세우더니.
480 矯ᄒᆞ야: 교정하여. 속이어.
481 元戒을: 내용상 '원나라 병사를' 뜻하는 '元戎을'의 오식으로 보인다. 단재 전집에는 '元戎을'로 제시되었다.
482 擅殺: 사람을 꺼리지 않고 함부로 죽임.
483 遽藏: 급히 감춤. 갑자기 숨김. 『삼략(三略)』에 "나는 새를 다 잡으면 좋은 활도 버린다."는 말을 이끌어와 나는 새를 잡기도 전에 좋은 활을 감춘다, 곧 공을 채 이루기도 전에 신하를 버린다는

此 大滄桑[484]을 經ᄒᆞ엿스니, 崔都統이 비록 幸生ᄒᆞ엿스나 何地에 向ᄒᆞ야 北伐을 謀ᄒᆞ리오.

是故로 泉蓋蘇文이 外敵을 伐ᄒᆞᆷ이, 庸君을 先黜하엿거날[485] 巨傑 崔都統의 眼으로 此點은 看及치 못ᄒᆞ엿도다. 今番 此擧ᄲᅮᆫ 아니라 卽 崔都統 全篇의 缺憾이 此가 아닌가 美玉의 瑕를 吾가 敢掩치 못ᄒᆞ노라.

鄭世雲은 第二의 印당을 旣作ᄒᆞᆷ이, 崔都統이 玄麟과 共히 大哀吊를 發ᄒᆞ고 一은 朝廷에 還ᄒᆞ며 一은 山門에 向ᄒᆞ니, 誰가 支那 風雲의 變態를 問ᄒᆞ리오. 紅賊이 我國 殘敗ᄒᆞᆫ 以來로 再起ᄒᆞᆯ 餘力이 無ᄒᆞ야 蒙古의 氣燄이 再熾하며, 又 紅賊의 部將 朱元璋이 鳳陽에셔 自立하야 漸漸强大ᄒᆞ더니, 此가 後來의 明太祖 皇帝가 되니라.

按 崔鄭 兩公이 玄麟의 言을 用ᄒᆞ야 政府를 改革ᄒᆞᆫ 後에 其鋒이 北指ᄒᆞ엿거나, 又 金鏞 矯旨의 禍가 不作ᄒᆞ야 崔鄭 兩公이 紅賊을 窮追ᄒᆞ야 勢力을 支那 南部에 植ᄒᆞ엿스면 朱元璋이 何處에셔 興ᄒᆞ리오. 嗚乎라, 功業의 成敗를 雖曰 人事나 其亦天運이 有ᄒᆞᆫ져.

第八章 崔都統의 禦蒙古策

麗朝와 蒙古의 關係는 第二 第三章에 畧說ᄒᆞᆫ 바어니와, 此 崔都統 第八章은 關係를 一刀로 斷絶ᄒᆞᄂᆞᆫ 場頭라. 已往의 事實을 詳列치[486] 아니ᄒᆞ면 崔都統의 霹靂 手段을 見ᄒᆞᆯ 수 無ᄒᆞᆫ 고로 著者가 淚墨을 和하야[487] 崔都統 以前 恥辱的 歷史를 寫ᄒᆞ며 長歌를 발ᄒᆞ야 崔都統 以後 名譽的 歷史를 說ᄒᆞ노니,

---

뜻으로 썼다.

484 大滄桑: 큰 변동. 滄桑은 뽕나무밭이 변하여 푸른 바다가 된다(桑田碧海)는 뜻으로, 세상일의 변천이 심함을 비유적으로 이르는 말.

485 先黜하엿거날: 연개소문은 642년 자신을 제거하려는 측의 기미가 보이자 영류왕을 죽이고 보장왕을 세워 자신은 대막리지가 되어 정권을 장악했다.

486 詳列치: 자세히 나열하지.

487 淚墨을 和하야: 눈물과 먹물을 섞어서. 먹물에 눈물을 보태어.

諦聽ᄒᆞ라[488] 讀者여. 大抵 高麗 元宗 以後 百餘年은 數十餘年은 我 東國의 主權이 安在며 疆土가 安在오, 外面은 依然히 高麗 王祖가 有ᄒᆞ며 三千里 土地가 有ᄒᆞ나 其內容을 察ᄒᆞᆫ즉, 所謂 國王은 敵國이 任意로 黜陟ᄒᆞᄂᆞᆫ[489] 바며, 所謂 國土ᄂᆞᆫ 敵國이 任意로 割奪ᄒᆞᄂᆞᆫ 바니, 此時에ᄂᆞᆫ 國家가 亾ᄒᆞᆫ 지 已久로다. 今에 其 旋割旋與[490]ᄒᆞᆫ 土地를 擧ᄒᆞ건ᄃᆡ 左(下)와 如ᄒᆞ니,

一 西海道(今 平壤 以北 一帶) 元宗時 割

二 咸吉道(今 咸鏡道 半幅) 忠烈王時 割

三 濟州 元宗時 割

又 敵國의 黜罷를 被ᄒᆞᆫ 君主를 擧ᄒᆞ건ᄃᆡ 左(下)와 如ᄒᆞ니,

一 忠烈王

二 忠宣王

三 忠惠王

四 忠肅王

五 忠穆王

右(上)表를 觀ᄒᆞ라. 當時 我 東國이 存ᄒᆞ엿ᄂᆞᆫ가 亾ᄒᆞ엿ᄂᆞᆫ가. 近世 國家 學者가 云호ᄃᆡ 國家된 要素가 三이 有ᄒᆞᆫᄃᆡ, (一) 土地 (二) 人民 (三) 政治 主權이라 ᄒᆞ엿ᄂᆞᆫᄃᆡ, 國土의 奪與가 人에 在ᄒᆞ니, 是ᄂᆞᆫ 土地가 無ᄒᆞᆷ이며 國君의 黜陟이 人에 在ᄒᆞ니, 是ᄂᆞᆫ 主權이 無ᄒᆞᆷ이오. 其 存餘ᄒᆞᆫ 者ᄂᆞᆫ 人民ᄲᅮᆫ이니 國家 形體가 破壞됨이 已久ᄒᆞᆯ ᄲᅮᆫ더러, 且此 無土地 無主權의 國에 生活ᄒᆞᄂᆞᆫ 人民은 手足만 有ᄒᆞ고 活動은 無ᄒᆞᆫ 人民이며 軆魄만 有ᄒᆞ고 靈魂은

488 諦聽ᄒᆞ라: 주의하여 자세히 들어라.
489 黜陟ᄒᆞᄂᆞᆫ: 못된 사람을 내쫓고 착한 사람을 올리어 쓰는.
490 旋割旋與: 돌아가면서 베어 줌.

無ᄒᆞᆫ 人民이니, 嗚乎라, 是를 尙且 檀君 子孫으로 視ᄒᆞᆷ이 可ᄒᆞᆯ가. 曰 檀君 子孫 아님은 아니나 是ᄂᆞᆫ 檀君 子孫의 已死ᄒᆞᆫ 骨이니라. 是를 尙且 扶餘種族으로 視ᄒᆞᆷ이 可ᄒᆞᆯ가. 曰 扶餘種族 아님은 아니나 是ᄂᆞᆫ 扶餘種族의 已冷ᄒᆞᆫ 血이니라. 其血이 已冷ᄒᆞ고 其骨이 已死ᄒᆞ야 數百年 塚中에 臥ᄒᆞᆫ 東國 人民이 何時에나 再甦ᄒᆞ랴ᄂᆞᆫ가. 此時 東國史를 讀ᄒᆞᆷ에 一葉이 淚 一掬이오 二葉에 淚 二掬이러니, 居然 其一點 靈魂이 崔都統을 依ᄒᆞ야 活躍ᄒᆞᄂᆞᆫ도다. 崔都統을 依ᄒᆞ야 活躍ᄒᆞᄂᆞᆫ도다.

然이나 百魔가 沮擾ᄒᆞ고[491] 萬劫이 堆積ᄒᆞ야 其突躍의 路를 障ᄒᆞ야 英雄의 髮을 空白케 ᄒᆞ다가 四十年을 經ᄒᆞ야 江西 八站[492]을 擊破ᄒᆞ야 土地를 恢復ᄒᆞ며 又 十餘年을 經ᄒᆞ야 北元寇를 擊退ᄒᆞ야 主權을 還完ᄒᆞ니, 於是乎 東國이 方纔 東國人의 東國이로다.

向者 江西 八站을 破ᄒᆞᆯ 時에 印당이 不死ᄒᆞ고 崔瑩이 不退러면 東國의 東國됨이 已早ᄒᆞ엿슬지, 且 東國이 東國될 ᄲᅮᆫ 아니라 檀君 舊疆이 多勿(故語에 疆土 恢復을 曰 多勿)의 慶을 收ᄒᆞ며 高麗 人民의 獨立의 光을 揮ᄒᆞᆷ이 無難ᄒᆞᆯ지어ᄂᆞᆯ, 惜乎라. 彼 庸主[493] 恭愍의 癡怯이 太甚ᄒᆞ야 虛喝에 魂飛ᄒᆞ며 薄紙에 膽寒ᄒᆞ야[494] 大將을 反斬ᄒᆞ고 好機를 遂失ᄒᆞᆷ으로 蹉陀歲月에 劫夢이 重重하도다. 四面狂敵이 皆 我國의 微弱을 輕視ᄒᆞ야 倭寇가 東入ᄒᆞ고 紅賊이 西來ᄒᆞ야 無端히 崔都統의 心籌[495]를 費ᄒᆞ엿도다.

雖然이나 恭愍王은 一個 昏童[496]이라, 印당의 賊殺[497]을 作孼[498]인 줄 不知ᄒᆞ고 善德으로 思ᄒᆞ며, 崔瑩의 召還을 失策인 줄 不知ᄒᆞ고 妙計로 思ᄒᆞᄂᆞᆫ도다. 彼 北元이 百年 猾虜[499]의 種子로 我國을 侮視ᄒᆞ다가 忽然 崔瑩 印당 兩

491 沮擾ᄒᆞ고: 기가 꺾여 마음이 산란하고.
492 江西 八站: 압록강 서쪽에 있던 원나라의 8개 병참기지.
493 庸主: 고용된 주인.
494 膽寒ᄒᆞ야: 간담이 서늘하도록 몹시 두려워하여.
495 心籌: 마음의 셈.
496 昏童: 바보.
497 賊殺: 해치고 죽이는 것.
498 作孼: 죄짓는 일. 또는 훼방을 놓음.
499 猾虜: 교활한 오랑캐.

元帥가 蕞爾[500] 小邦의 殘兵을 驅하야 敢히 大國을 來犯ᄒᆞ야 八站을 擊破ᄒᆞ고 帝居[501]를 震驚케 ᄒᆞ니, 此ᄂᆞᆫ 蒙古 北入 以來 刱覩[502]의 事라. 必也 狂憤狂怒가 一時 俱발ᄒᆞ야 直히 其 巨口를 張ᄒᆞ야 東國 山川을 一擧吞入치 못ᄒᆞᆷ을 恨ᄒᆞ리니, 엇지 恭愍王 一謝罪狀에 遽已ᄒᆞ엿스리오. 不過是[503] 流寇가 充斥ᄒᆞ고 風塵이 荏苒ᄒᆞ야[504] 國內 大問題가 頻煩ᄒᆞ거니 奚暇에 天涯 萬里 東方의 末에 向ᄒᆞ야 舊 是非를 理ᄒᆞ리오. 是以로 外面으로ᄂᆞᆫ 假託ᄒᆞ야 曰, 「爾가 印당을 斬ᄒᆞᆫ 故로 我가 爾罪를 赦하노라.」ᄒᆞ며, 「爾가 崔瑩을 召還ᄒᆞᆫ 故로 我가 爾罪를 赦하노라.」ᄒᆞ며, 「爾가 僕僕히 謝罪ᄒᆞᄂᆞᆫ 故로 我가 爾罪를 赦ᄒᆞ노라.」ᄒᆞᆷ이어니와, 萬一 其實狀을 推ᄒᆞ면 印당을 不斬ᄒᆞ야도 彼가 無奈며[505] 崔瑩을 不召ᄒᆞ야도 彼가 無奈며, 又 大兵을 擧ᄒᆞ야 燕京을 直屠[506]ᄒᆞ야도 彼가 無奈어ᄂᆞᆯ 無奈의 彼를 畏ᄒᆞ야 謝罪 鼠縮ᄒᆞᆫ[507] 恭愍王이여.

旣而오, 崔都統이 一劍으로 百萬 紅賊을 蕩平ᄒᆞ매, 彼 蒙古가 其間을 乘ᄒᆞ야 餘燼의 收拾ᄒᆞᆷ을 得ᄒᆞ엿스니, 엇지 晏然히[508] 坐하야 當年 八站의 遺恥를 肯忘ᄒᆞ리오. 彼의 來寇가 朝暮에 在ᄒᆞ거ᄂᆞᆯ, 此時에 又 健忘者ᄀᆞᆺ치 癡坐ᄒᆞᆫ[509] 恭愍王이여, 雖然이나 彼의 無奈의 時에ᄂᆞᆫ 謝罪ᄒᆞ고 彼의 有奈ᄂᆞᆫ 時에ᄂᆞᆫ 反히 癡坐ᄒᆞᆫ 者가 엇지 王 一人뿐인가. 卽 擧朝가 皆然이며[510] 抑又 擧國이 皆然ᄒᆞ니 國의 衰弱을 曷免하리오.[511] 唯 崔瑩 鄭世雲 僧 玄麟 三人이 此를 憂ᄒᆞ야 其 戰勝의 餘威로 北方을 壓ᄒᆞ야[512] 紅賊을 掃蕩ᄒᆞ고 北元에 且及하랴[513]ᄒᆞ다가 奸凶의 詐坑에 陷ᄒᆞ야 鄭世雲은 死ᄒᆞ고 僧 玄麟은 隱

---

500 蕞爾: 아주 작음.
501 帝居: 황제가 거처하는 곳.
502 刱覩: 처음 봄.
503 不過是: 기껏해야 이 정도로.
504 荏苒ᄒᆞ야: 차츰차츰 세월이 지나거나 일이 되어 가서.
505 無奈며: 어찌할 도리가 없으며.
506 直屠: 직접 무찌름. 즉시 무찌름.
507 鼠縮ᄒᆞᆫ: 쥐가 곡식을 먹어서 모자라거나 줄어든. 위축된. 움츠러든.
508 晏然히: 차분하고 침착하게.
509 癡坐ᄒᆞᆫ: 바보스럽게 앉은. 어리석게 다스리는.
510 皆然이며: 모두 그러하며.
511 曷免하리오: 어찌 면하리오.
512 壓ᄒᆞ야: 싫어하여.

ᄒᆞ고, 崔都統은 黙ᄒᆞ니 東國의 憂가 又大ᄒᆞ도다.

紅賊이 我國에셔 敗歸ᄒᆞᄆᆡ 兵餉[514]이 盡竭ᄒᆞ야[515] 비록 隣敵이 侵이 無ᄒᆞᆯ지라도 自存치 못ᄒᆞᆯ 일ᄉᆡ, 元丞相 伯顔[516]이 此機를 乘ᄒᆞ야 紅賊을 平ᄒᆞ고 南方을 定ᄒᆞ니 盖 元朝의 獲完[517]은 卽 我國이 賜ᄒᆞᆫ 恩이더라.

然이나 彼가 其恩을 不記ᄒᆞ고 其憤을 不忘ᄒᆞ야 百年 以來 舊號令으로 我國을 再壓코ᄌᆞ ᄒᆞᆯᄉᆡ, 其辭ᄂᆞᆫ 恭愍王이 奇轍[518]을 誅ᄒᆞᆷ에 託ᄒᆞ나 其實은 八站의 宿恥[519]를 雪ᄒᆞ랴 ᄒᆞᆷ이더라(以上은 上篇 終).

— 『大韓每日申報』, 1909.12.5.~1910.5.27.

---

513 且及하랴: 미치려. 도달하려.

514 兵餉: 군량.

515 盡竭ᄒᆞ야: 모두 소진하여.

516 伯顔(1295~1358): 원나라 재상. 원나라 순제(順帝) 4년(1344)에 경사(京師)에 왔고, 이후 한림대제(翰林待制)에 임명되어 『금사(金史)』 편찬에 종사했다. 1358년 하남 지역에 도적이 들끓자 백안은 향민들을 조직하여 자체적으로 방어에 나섰으나 감당하지 못해 자주(磁州: 지금의 하북(河北)성 자(磁)현)로 피난했다가 도적들의 포로가 되었다. 도적들의 회유를 거절하여 죽임을 당했다.

517 獲完: 완전함을 얻음. 곧 홍건적과 남방을 평정한 일을 말함.

518 奇轍(?~1356): 고려 공민왕 때의 권신. 누이동생이 원나라 순제(順帝)의 둘째 황후가 되어 태자를 낳아 덕성부원군(德成府院君)에 봉해졌는데, 횡포가 심해서 민폐가 많았다. 공민왕이 원나라를 배척하는 정책을 쓰자 반역하였으나 진압되어 죽임을 당했다.

519 宿恥: 해묵은 치욕.

◎ 해설

단재는 최영에 대해 높이 평가하였으며, 이전부터 최영전을 쓸 생각을 갖고 있었다. 최영은 왜구, 홍건적뿐만 아니라 중원의 신흥 제국이었던 명나라에 대항해 요동정벌까지 계획했던 장수이다. 단재가 최영전을 짓게 된 동기는 〈서론〉에 잘 드러나 있다. 최영은 '눈의 정기가 새벽별과 같이 번득이며, 수염은 낱낱이 하늘을 향하여 일어선 일개 웅위한 대장부'로서 '동서를 정벌'하고, 명나라를 물리치던 인물이다. 단재는 '최영의 역사가 오래 묻힌 것'을 슬퍼하다가 마침내 '조야에 기록들을 찾고 마을에 전하는 이야기를 모아서' 최도통전을 짓는다.

단재는 역사가의 입장에서 '7백년의 역사는 다만 우매한 노예의 완미한 정신으로 채운 역사'라고 규정했다. 700년 노예 역사의 시작은 대략 몽골의 침략과 그 궤를 같이 한다. 몽골의 침략으로 우리나라가 몽골에 복속되면서 노예 사상이 가득하게 되었다는 것이다. 단재는 그러한 상황에서 주체적 민족의식을 갖고 있었던 최영을 높이 평가했다. 최영은 사대주의에 물든 노예적 현실을 척결하고 민족의 주체적 사상을 이룩하려 했기 때문이다.

단재는 조정에 마귀 무리의 노예성이 더욱 커지고 타민족의 기세가 더욱 번성하여 우리나라의 지옥이 날로 더하지만, '이른바 임금과 정부가 적국의 괴뢰가 되어 생사여탈을 적국에 맡기고, 서북 일대의 토지는 여러 번 빼앗기고 금 비단 주옥이 오랑캐 조정에 나날이 분주한' 상황에서 '절대 영걸 애국 위인 최도통이 나서 우리 부여민족을 구하'였다고 썼다. 단재는 최영을 '동국의 큰 영웅'으로 자리매김하고 또한 현린을 통해 위난 극복에 앞장섰던 승군의 존재를 독자의 뇌리에 각인시켰다. 그래서 우리 민족의 불굴의 기상과 투쟁 의식이 면면히 이어져왔음을 보여주려 한 것이다.

비평

近今 國文小說 著者의 注意[1]

余가 嘗謂호대[2] 天下大事業은 乙支文德 泉蓋蘇文 ᄀᆞᆺᄒᆞᆫ 大英雄 大豪傑의 做ᄒᆞᄂᆞᆫ ᄇᆡ 아니라 婦孺走卒[3]의 做ᄒᆞᄂᆞᆫ[4] ᄇᆡ며, 社會 大趨向은 宗教 政治 法律 갓ᄒᆞᆫ 大哲理 大학問으로 正ᄒᆞᄂᆞᆫ ᄇᆡ 아니라 諺文小說[5]의 正ᄒᆞᄂᆞᆫ ᄇᆡ라 ᄒᆞ노니,

何故오 ᄒᆞ면 大抵 全國 國民의 腐敗가 極度에 達ᄒᆞ야 道德도 無하며 知識도 無ᄒᆞ고 丈夫ᄂᆞᆫ 蘇大成[6]의 春睡나 試ᄒᆞ야 永日을 消ᄒᆞ며 女子ᄂᆞᆫ 釋迦尊前에 叩頭ᄒᆞ고[7] 他生極樂이나 願ᄒᆞ야 奄奄 無進步的의 國民을 成ᄒᆞᆫ 以上에ᄂᆞᆫ 設或 其中에 何許 偉大ᄒᆞᆫ 人物이 有ᄒᆞ더ᄅᆡ도 壹事功을 成ᄒᆞ기 難하리니, 故로 曰「天下大事業은 婦孺走卒의 做ᄒᆞᄂᆞᆫ ᄇᆡ라.」ᄒᆞᆷ이며,

莊人正士[8]가 莊嚴ᄒᆞᆫ 皐比[9]에 臨ᄒᆞ야 天然 正大ᄒᆞᆫ 面目으로 心性事物의 奧理[10]를 談ᄒᆞ며 古今 興亡의 歷史를 說ᄒᆞᆷ에ᄂᆞᆫ 其傍에셔 環聽ᄒᆞᆯ[11] 者ㅣ 幾個 有文識者에 不過ᄒᆞᆯ ᄲᅮᆫ더러 且此로 由ᄒᆞ야[12] 多少間 知識은 啓ᄒᆞ드ᄅᆡ도

---

1 이 글은 1908년 7월 8일 『大韓每日申報』에 실린 무서명 논설이다. 같은 날 『대한매일신보』 국문판에 번역본 「근일 국문쇼셜을 져슐ᄒᆞᄂᆞᆫ 쟈의 주의ᄒᆞᆯ 일」이 실렸다.

2 嘗謂호대: 일찍이 일컫되. 번역판에서는 '항상 닐ᄋᆞ기를'로 함.

3 婦孺走卒: 부인과 아이, 그리고 심부름꾼. '주졸'은 衙役(관아에서 부리던 하인)이라는 뜻이 있으며, 천한 일을 하는 사람을 일컫는다.

4 做ᄒᆞᄂᆞᆫ: 만드는. 번역판에서는 '지어낸'으로 함.

5 諺文小說: 한글로 씌어진 소설.

6 蘇大成: 고전 소설 『소대성전』의 주인공 이름으로, 잠이 몹시 많은 사람을 비유적으로 이르는 말.

7 叩頭ᄒᆞ고: 공경하는 뜻으로 머리를 땅에 조아리고.

8 莊人正士: 엄격한 사람과 바른 선비. 고명하고 정직한 선비.

9 皐比: 장군(將軍)이나 유학자(儒學者), 스승의 좌석.

10 奧理: 심오한 이치.

11 環聽ᄒᆞᆯ: 둘러서서 들을. 옆에서 들을.

12 由ᄒᆞ야: 말미암아.

其氣質을 轉移ᄒᆞ야 惡者를 善케 ᄒᆞ고 凶者를 順케 ᄒᆞ기ᄂᆞᆫ 難ᄒᆞᆯ지오. 彼 俚談俗語[13]로 撰出ᄒᆞᆫ[14] 小說冊子ᄂᆞᆫ 不然하야 壹切 婦孺走卒의 酷嗜ᄒᆞᄂᆞᆫ[15] ᄇᆡ 인ᄃᆡ 萬壹 其思潮가 稍奇ᄒᆞ며 筆力이 稍雄ᄒᆞ면[16] 百人이 傍觀[17]에 百人이 喝采ᄒᆞ며 千人이 傍聽에 千人이 喝采ᄒᆞ되 甚至 其 精神魂魄이 紙上에 移하야 悲悽ᄒᆞᆫ[18] 事를 讀ᄒᆞᄆᆡ 淚의 滂타ᄅᆞᆯ[19] 不覺하며 壯快ᄒᆞᆫ 事를 讀ᄒᆞᄆᆡ 氣의 噴湧[20]을 不禁ᄒᆞ고[21] 其 薰陶浸染[22]의 旣久에[23] 自然 其德性도 感化ᄅᆞᆯ 被ᄒᆞ리니 故로 曰「社會의 大趨向은 國문小說의 正ᄒᆞᄂᆞᆫ ᄇᆡ라.」ᄒᆞᆷ이니라.

嗚呼라 英雄豪傑의 驅馳[24]ᄅᆞᆯ 助ᄒᆞ야 天下事業을 做ᄒᆞᄂᆞᆫ 者ᄂᆞᆫ 婦孺走卒等이 是오, 婦孺走卒 等 下等社會로 始ᄒᆞ야 人心 轉移ᄒᆞᄂᆞᆫ 能力을 具ᄒᆞᆫ 者ᄂᆞᆫ 小說이 是니 然則 小說을 是豈易視ᄒᆞᆯ[25] ᄇᆡ인가.

委靡淫蕩[26]的 小說이 多ᄒᆞ면 其國民도 此의 感化ᄅᆞᆯ 受ᄒᆞᆯ지며 俠情慷慨[27]

---

13 俚談俗語: 속된 이야기와 저속한 말. 상말과 속담.
14 撰出ᄒᆞᆫ: 지어 만든.
15 酷嗜ᄒᆞᄂᆞᆫ: 매우 좋아하는. 편벽되이 즐겨 보는.
16 稍雄ᄒᆞ면: 조금 웅장하면.
17 傍觀: 곁에서 봄.
18 悲悽ᄒᆞᆫ: 비참 처량한.
19 滂타ᄅᆞᆯ: 滂沱를. 눈물이 뚝뚝 떨어짐을.
20 噴湧: 세차게 뿜어 오름.
21 不禁ᄒᆞ고: 금할 수 없고.
22 薰陶浸染: 이 구절이 『단재신채호전집 보유』(형설출판사, 1975)에 편입되면서 "薰陶凌染"으로 오식된 이후 『개정판 단재신채호전집 하권』(형설출판사, 1977, 17면)과 『단재신채호전집 제6권 논설·사론』(독립기념관 독립운동사연구소, 2008, 639면)에도 여전히 오식되어 있다. 그래서 기존의 논자들은 이 구절을 "薰陶凌染"으로 옮기고, 그렇게 해석하는 오류를 범하고 말았다. 단재의 '훈도침염'은 양계초의 훈침(薰浸)과 관계가 깊은 것으로 논의되었다. 물론 '훈도침염'은 훈침을 포함하고 있으며, 단재의 주장은 양계초의 주장과 크게 다르지는 않다. '훈도침염'을 양계초처럼 훈(薰) 도(陶) 침(浸) 염(染)의 합성어로 살필 수 있다. 그럴 때 훈(薰)은 교화의 공간적 확대라는 양계초의 설명과 다를 바 없다. 또한 단재는 도(陶)를 제시했는데, 그는 주로 도(陶)를 주(鑄)와 붙여 도주(陶鑄)로 썼다. 그것은 완성된 형태를 만드는 것이다. 이는 문학을 통해 심리와 감정을 도야하는 것을 말한다. 침(浸)은 시간적인 것으로 스며들어서 녹는 것을 의미하는데 양계초의 설명과 다르지 않을 것이다. 그리고 염(染)은 색을 입히는 것, 바탕을 바꾸는 것으로 새로운 변화를 의미한다. 이를 다시 교화해서 훈육하는 '훈도'와 차츰차츰 물들게 하는 '침염'으로 설명할 수 있다. 그것은 교화해서 새로운 형태로 완성하고, 물들여서 바탕을 새롭게 한다는 의미를 띠고 있다. 양계초의 훈침자제가 교화와 자극이라는 과정을 중시했다면 단재의 훈도침염은 자극을 통한 변화라는 결과를 중시한 것으로 보인다. 번역에서는 "듣고 보는데 점점 자미가 들면"으로 함.
23 旣久에: 이미 오래됨에.
24 驅馳: 원래 의미는 '말을 타고 달린다'는 의미이지만, 여기서는 '일을 행함' 정도의 의미.
25 是豈易視ᄒᆞᆯ: 어찌 쉽게 볼. 어찌 가벼이 볼.
26 委靡淫蕩: 萎靡淫蕩. 나약하고 음탕함.

的 小說이 多ᄒᆞ면 其國民이 此의 感化를 受ᄒᆞᆯ지니 西儒[28]의 云ᄒᆞᆫ바 「小說은 國民의 魂」이라 ᄒᆞᆷ이 誠然ᄒᆞ도다.

韓國에 傳來ᄒᆞᄂᆞᆫ 小說이 太半 桑間박上[29]의 淫談[30]과 崇佛乞福[31]의 怪話라. 此亦 人心風俗을 敗壞케 하ᄂᆞᆫ 壹端이니 各種 新小說을 著出하야 此ᄅᆞᆯ 壹掃ᄒᆞᆷ이 亦 汲汲ᄒᆞ다[32] 云ᄒᆞᆯ지로다.

年前에 幾個 志士가 中樞院[33]에 獻議ᄒᆞ야 凡 壹般 坊間[34]에 發售되ᄂᆞᆫ[35] 舊小說의 買賣를 禁止ᄒᆞᆷ이 可ᄒᆞ다 ᄒᆞᆫ 者ㅣ 有ᄒᆞᆫᄃᆡ 余가 其意ᄂᆞᆫ 敬ᄒᆞ고 其方策은 反對ᄒᆞ노니,

綾羅[36]도 葛衣[37]를 換ᄒᆞ면 不應者가 無ᄒᆞ고 粱肉[38]으로 脫粟[39]을 易ᄒᆞ면 不樂者가 無ᄒᆞᆷ과 갓치 奇妙瑩潔[40]ᄒᆞᆫ 新小說만 多出ᄒᆞ면 舊小說은 自然 絶跡退藏[41]ᄒᆞᆯ지어ᄂᆞᆯ 何必 此等 强制的으로 民心을 逆ᄒᆞ야 難行[42]의 事를 行하리오.

然而 近今 新小說이라 云ᄒᆞᄂᆞᆫ 者ㅣ 刊出이 稀罕ᄒᆞᆯ 샏더러 又 刊出者를

---

27 俠情慷慨: 호협한 정과 불의를 보고 의기가 북받쳐 원통하고 슬퍼함.
28 西儒: 서양 학자. 단재 전집에는 '四儒'로 오식.
29 桑間박上: 桑間濮上. 『예기』「악기」에는 "정나라와 위나라의 음악은 세상을 어지럽히는 음악이고, 상간복상(桑間濮上)의 음악은 나라를 망하게 하는 음악이다. 그 나라의 정치는 산란하고, 백성들은 유랑하여 윗사람을 속이고 개인의 이익만을 도모하는 풍조를 그치게 할 수 없다(鄭衛之音, 亂世之音也, 比於慢矣. 桑間濮上之音, 亡國之音也, 其政散, 其民流, 誣上行私而不可止也)"라는 구절이 있다. 복수(濮水) 주변의 뽕나무 숲에서 나온 음란한 음악. 뽕나무밭이 남녀가 몰래 만나기 좋은 장소였기 때문에 나온 말로 망국의 음악을 이른다. 단재 전집에는 '桑園溥上'으로 제시함.
30 淫談: 음란한 이야기.
31 崇佛乞福: 불교를 숭상하고 복을 빔.
32 汲汲ᄒᆞ다: 매우 급하다.
33 中樞院: 대한 제국 때에, 의정부(議政府)에 속한 내각의 자문 기관.
34 坊間: 시정(市井).
35 發售되ᄂᆞᆫ: 발매되는.
36 綾羅: 무늬가 있는 두꺼운 비단(緋緞)과 얇은 비단(緋緞)
37 葛衣: 갈포(葛布)로 만든 옷.
38 粱肉: 쌀밥과 고기반찬(飯饌). 사치(奢侈)스러운 음식(飮食).
39 脫粟: 애벌 찧은 쌀. 脫粟飯은 현미밥 또는 변변치 못한 음식을 일컫는다. 단재전집에서는 '좁쌀밥'으로 제시.
40 奇妙瑩潔: 기기묘묘하고 정결함.
41 絶跡退藏: 절적은 발길을 끊고 왕래하지 않음을, 퇴장은 물러나서 자취를 감춤을 의미. 결국 자취없이 사라지는 것을 의미. 절종.
42 難行: 실제로 행하기 어려움.

觀호즉 只是 壹時牟利的[43]으로 艸艸撰出호야 舊小說에 比하ᄆᆡ 便是 百步五拾步의 間이라 足히 新思想을 輸入홀 者ㅣ 無호니 噫라.

余가 此를 慨호야[44] 管見[45]을 陳호야 小說 著者에게 警호노라.

—『大韓每日申報』, 1908.7.8.

---

43 壹時牟利的: 일시적으로 사리를 꾀하는.
44 慨호야: 개탄하여.
45 管見: 자기(自己)의 의견(意見)을 겸손(謙遜)하게 일컫는 말.

◎ 해설

「근금 국문소설 저자의 주의」는 『大韓每日申報』 1908년 7월 8일에 실린 무서명 논설이다. 일찍이 단재전집에 실려 단재의 글로 인정을 받았다. 이 작품은 제목에서 말하듯 당시 소설가들에게 주의를 당부한 내용이다. 그는 이 글에서 '사회의 큰 흐름(大趨向)은 종교, 정치, 법률 같은 큰 학문으로 바르게 하는 것이 아니라 언문소설로 바르게 하는 것'이라 하여 국문소설의 가치와 중요성을 강조했다. 소설은 '일체 우부우부와 아동주졸이 편벽되이 즐겨보는 것'이기 때문이다. 그러나 당시 신소설을 발간하는 자들이 '다만 한때의 이익이나 도모하는 사상으로 초초하게 지어'내고 있는 것에 대해 단재는 비판했다. "국민의 혼"이어야 할 신소설이 위미음탕하여 인심 풍속을 흐리게 했기 때문이다.

단재는 소설이 사람에게 '薰陶浸染'하는 기능을 가졌다고 했다. 그러므로 "협정 강개한 소설"을 지어 사람들을 잘 감화해야 한다는 것이다. 그는 고대 소설의 '태반이 모두 음란하고 호탕한 글이요 부처를 숭배하여 복을 비는 괴이한 말'이라고 비판하고, 신소설가 역시 이익만 추구하는 상업적 소설을 쓴다고 우려했다. 그리고 '나약하고 음탕한 소설이 많으면 그 국민이 이로써 감화를 받을 것이요, 호협하고 강개한 소설이 많으면 그 국민도 또한 이로써 감화를 받을 것'이라 주장했다. 그의 이러한 소설관은 「소설가의 추세」로 이어진다. 그리고 이후 단재의 문학론은 「천희당시화」에 잘 집약되어 있다.

劇界改良論[1]

記者가 엇지 韓國 劇界를 忍言ᄒᆞ며[2] 엇지 韓國 劇界를 忍言ᄒᆞ리오. 韓國의 劇界를 觀ᄒᆞᆫ즉[3] 只是 協律社[4] 團成社[5] 等의 劇場을 設ᄒᆞ야 許多 淫蕩의 演戲로 許多 青年 子弟를 引하야 其心志를 亂케 ᄒᆞ며 其意氣를 墮케[6] ᄒᆞ며 其思想을 迷케 ᄒᆞᆷ으로 學問에 留意ᄒᆞ던 者ㅣ 此에 往하면 其學問을 棄ᄒᆞ며 實業에 留意ᄒᆞ던 者ㅣ 此에 往ᄒᆞ면 其實業을 棄ᄒᆞ야 無數 人才를 皆此에셔 壞了케 ᄒᆞ니[7]

嗚乎라 韓國의 現今 所謂 劇場은 壹切 無疑打破[8]ᄒᆞᆯ 者어니와,

雖然이나[9] 此等 劇場은 人心을 蠧ᄒᆞ며 風俗을 壞하야 社會에 惡影響을 胎케 ᄒᆞᄂᆞᆫ 故로 打破無疑라[10] ᄒᆞᆷ이어니와 萬壹 人心 風俗에 有益ᄒᆞ야 社會에 好影響[11]을 胎ᄒᆞᆯ 劇場이 起ᄒᆞᆯ진ᄃᆡ 余가 此를 贊成ᄒᆞ며 此를 祝望ᄒᆞ나니,

---

1 이 글은 1908년 7월 12일 『大韓每日申報』에 발표된 무서명 논설이다. 같은 날 『대한매일신보』 국문판에 번역본 「연희쟝을 기량ᄒᆞᆯ 것」이 실렸다.

2 忍言ᄒᆞ며: 차마 말하며.

3 觀ᄒᆞᆫ즉: 본즉.

4 協律社: 협률사는 서울 정동(현 새문안교회 자리)에 있던 한국 최초의 국립극장이다. 최초의 서양식 사설극장 '원각사(圓覺社)'보다 6년 앞서 1902년 설립된 이 극장은 최초의 반(半)외국식 옥내극장이기도 했다. 고종 임금 즉위 40년을 경축하기 위해 로마식 원형극장을 본뜬 600여 석 규모의 큰 연회장을 짓고 현재의 극장 명칭에 해당하는 '희대(戲臺)'라는 이름을 붙였다.

5 團成社: 한국 최초의 본격적인 상설 영화관. 1907년에 주승희가 발의하고 안창묵과 이장선이 합자하여 2층 목조 건물로 세웠다. 1909년 이익우가 사장이었으나 한홍석으로 바뀌었고 1910년에는 일본인 장원웅태랑(藤原雄太郎)에게 넘어갔다. 주로 전통연희를 위한 공연장으로 사용되었다. 1910년 중반 광무대 경영자 박승필이 인수하여 상설 영화관으로 개축하였다.

6 墮케: 떨어지게.

7 壞了케 ᄒᆞ니: 망치게 하니.

8 無疑打破: 의심할 바 없이 타파.

9 雖然이나: 비록 그러하나.

10 打破無疑라: 타파함에 의심할 여지가 없음이라.

11 好影響: 좋은 영향.

盖 何如ᄒᆞᆫ 演劇이 人心風俗에 有益ᄒᆞᆫ 者인가? 曰 昔者에 拿破崙[12]이 恒常 劇場에 往ᄒᆞ야 演劇을 觀ᄒᆞ되 必也 悲劇이 아니면 不觀ᄒᆞ며 且 悲극의 功效[13]를 贊道ᄒᆞ야[14] 云하되 人物을 陶鑄[15]ᄒᆞᄂᆞᆫ 能力이 歷史보다 突過ᄒᆞᆫ다[16] ᄒᆞ얏스니 彼悲劇이 人心風俗에 有益ᄒᆞᆷ을 可想ᄒᆞᆯ지로다.

大抵 壹場에 悲극을 演ᄒᆞ야 英雄豪傑의 淋漓壯快[17]ᄒᆞᆫ 往蹟[18]을 觀ᄒᆞ면 비록 庸夫懦兒[19]라도 此에셔 感興ᄒᆞᆯ지며 忠臣烈士의 凄凉貞烈[20]ᄒᆞᆫ 遺標[21]를 觀ᄒᆞ면 비록 蠢奴劣僕[22]이라도 此에셔 奮起ᄒᆞᆯ지니, 歷史에 如何ᄒᆞᆫ 偉人을 傳ᄒᆞ던지 但只 其言行과 事實을 記록ᄒᆞ거니와 극에 至ᄒᆞ야ᄂᆞᆫ 不然ᄒᆞ야 千古 以上의 人物이라도 其容顔[23]을 接ᄒᆞᄂᆞᆫ듯 咳唾[24]를 聽ᄒᆞᄂᆞᆫ 듯ᄒᆞ야 十分精神에 七分을 可得이라. 今에 假令 成忠[25] 階伯[26] 朴堤上[27] 諸公을 演ᄒᆞ면 其瑩潔ᄒᆞᆫ[28] 狀態가 腦에 印하며, 崔瑩[29] 尹관[30] 鄭夢周[31] 諸賢을 演ᄒᆞ면 其忠

---

12 拿破崙: 나폴레옹.
13 功效: 공들인 보람.
14 贊道ᄒᆞ야: 칭찬하여.
15 陶鑄: 도공(陶工)이 옹기를 만들고 단공(鍛工)이 금속을 녹여 부어 그릇을 만든다는 뜻으로, 인재를 양성함을 이르는 말.
16 突過ᄒᆞᆫ다: 훨씬 낫다. 훨씬 뛰어나다.
17 淋漓壯快: 통쾌하고 장쾌함.
18 往蹟: 지나간 자취.
19 庸夫懦兒: 평범한 사내와 겁쟁이 아이.
20 凄凉貞烈: 처참하고, 정조 굳고 행실 바름.
21 遺標: 남긴 자취.
22 蠢奴劣僕: 어리석고 용렬한 종.
23 容顔: 얼굴.
24 咳唾: 기침과 침. 목소리.
25 成忠(?~656): 백제 의자왕 때의 충신. 좌평(佐平)으로 있으면서 왕의 방탕을 여러 번 간하다가 투옥되자, 옥에서 외적의 침입을 예언하면서 육로는 탄현(炭峴)에서, 수로는 기벌포(伎伐浦)에서 적을 막으라는 말을 남기고 죽었다.
26 階伯(?~660): 백제 말기의 장군. 의자왕 20년(660)에 나당(羅唐) 연합군이 백제로 쳐들어오자, 결사대 오천을 이끌고 황산벌에서 신라 장수 김유신과 네 차례 싸운 끝에 전사하였다.
27 朴堤上: 신라 눌지왕 때의 충신. 고구려에 볼모로 가 있던 왕제(王弟) 복호(卜好)를 데려왔으며, 왜(倭)에 볼모로 간 왕제 미사흔(未斯欣)을 돌려보내고 자신은 체포되었는데, 왜의 협박과 회유에도 굴하지 않고 충절을 지키다가 피살되었다. 부인은 그를 기다리다 망부석이 되었다는 전설이 있다. 생몰 연대 미상.
28 瑩潔ᄒᆞᆫ: 정결한. 번역에서는 '조촐한'으로 함.
29 崔瑩(1316~1388): 고려 말기의 명장. 1388년에 팔도(八道) 도통사가 되어 명나라를 치러 출정하였으나 이성계의 회군으로 실패하고 후에 그에게 피살되었다.
30 尹관(?~1111): 고려 예종 때의 학자·장군. 어사대부·한림학사·이부상서 등을 지내고 예종 2년(1107)에 여진 정벌을 하고 구성(九城)을 쌓았다.

壯ᄒᆞᆫ[32] 實跡이 眼에 照ᄒᆞ야 畢竟 心往神移[33]ᄒᆞ야 高尙 純潔ᄒᆞᆫ 心思가 自生ᄒᆞᆯ지니 所以로[34] 극을 可貴라 ᄒᆞᆷ이어ᄂᆞᆯ,

乃者[35] 今日 國內에 存在ᄒᆞᆫ 극은 只是 有害無益의 극이오, 壹個 可觀의[36] 극이 無하니 此亦 人民의 恥로다.

然이나 今後에 苟或 극界改良에 留意ᄒᆞᄂᆞᆫ 者ㅣ 有ᄒᆞ거던 惟彼 悲극에 從事하야 國民의 心理와 感情을 陶鑄ᄒᆞᆯ지어다.

—『大韓每日申報』, 1908.7.12.

---

31 鄭夢周(1337~1392): 고려 말기의 충신·유학자. 호는 포은(圃隱). 오부 학당과 향교를 세워 후진을 가르치고, 유학을 진흥하여 성리학의 기초를 닦았다. 명나라를 배척하고 원나라와 가깝게 지내자는 정책에 반대하고, 끝까지 고려를 받들었다. 문집에 『포은집』이 있다.

32 忠壯ᄒᆞᆫ: 충성스럽고 씩씩한.

33 心往神移: 마음과 정신이 변화됨.

34 所以로: 그래서.

35 乃者: 이전에.

36 可觀의: 볼만한.

◎ 해설

「극계개량론」은 1908년 7월 12일 『大韓每日申報』에 발표된 무서명 논설이다. 제목처럼 극의 개량을 주장한 글이다. 그 저자를 알 수 없어 제대로 논의되지 못했는데, 필자가 저자를 단재로 확정하였다. 단재는 『황성신문』에서도 「협률사를 보는 사람들에게 경고함(警告協律社觀者)」(『황성신문』, 1906.4.18.), 「이미 임금의 칙령이 내렸는데 협률사는 왜 혁파하지 않는가(詔勅已下而協律社何不革罷)」(『황성신문』, 1906.4.30.) 등을 통해 연극의 폐해를 지적하였다. 그는 『시경』의 구절을 빌려 "무릇 애원하는 노래(哀怨之音)는 원래 망국의 유풍(亡國之遺風)이요, 음탕한 놀이(淫蕩之戲)는 사람을 그르치는 지름길(誤人之捷徑)"(「警告律社觀者」, 『황성신문』, 1906.4.18.)이라고 했다. 그리고 협률사가 '치안을 방해'하고 '풍속을 괴란'하기 때문에 이를 철폐해야 한다고 역설했다.

단재는 「극계개량론」에서 '협률사 단성사 등을 설시하여 음탕한 연희로 허다한 청년자제를 유인하여 그 심사를 산란케 하며 그 지기를 손상케 하며 그 사상을 미혹케'한다고 비판했다. 이전에는 협률사를 혁파해야 한다고 주장했다면, 이 시기에 들어와서는 극계 개량에 무게를 둔다. 그는 연희의 중요성을 인정하고, 그것을 통해 국민들을 계몽하려고 했다. 그는 '영웅호걸의 장쾌한 사적'과 '충신열사의 처량한 표적'의 공연을 내세웠다. 곧 성충, 계백, 박제상, 최영, 윤관, 정몽주 등의 유표나 행적을 담은 계몽극을 공연할 것을 주장한 것이다. 이러한 그의 주장은 문학계 전반으로 확대된다.

文法을 宜統一[1]

漢文은 漢文 文法이 有ᄒᆞ며 英文은 英文 文法이 有ᄒᆞ고 其他 俄法德伊[2] 等 文이 莫不其文法이 自有하니, 目今[3] 世界 現行 ᄀᆞᆨ 文에 엇지 無法의 文이 豈有ᄒᆞ리오[4]마ᄂᆞᆫ 然이나 今 韓國의 國漢字交用文[5]은 尙且其法이 無ᄒᆞ도다.

韓國이 自來로 自國 國文이 非無언마ᄂᆞᆫ[6] 此ᄂᆞᆫ 壹閣置ᄒᆞ야[7] 女子及 勞働界에만 行用되고 上等社會에ᄂᆞᆫ 漢文만 尊尙ᄒᆞ야[8] 讀習ᄒᆞᄂᆞᆫ 바도 此에 在ᄒᆞ며 著作하ᄂᆞᆫ 바를 此로 以하더니,

居然[9] 時代의 思潮가 壹變ᄒᆞ야 彼 佶屈聱牙[10]ᄒᆞᆫ 漢文으로ᄂᆞᆫ 國民知識 均啓ᄒᆞᆷ[11]이 難ᄒᆞᆷ을 大覺ᄒᆞ며 又 自國 國文을 無視ᄒᆞ고 他國文만 尊尙ᄒᆞᆷ이 不可ᄒᆞᆷ을 不悟하고 於是乎[12] 國文을 純用코ᄌᆞ ᄒᆞ나 但 累百年 慣習ᄒᆞ던 漢文을 壹朝에 全棄ᄒᆞᆷ이 時義와 時勢에 均是不合[13]ᄒᆞᆫ지라. 所以로[14] 國漢字交用의 議가 起ᄒᆞ야 十餘年來 新聞 雜志에 此道를 遵用ᄒᆞᆷ[15]이 已久ᄒᆞᄂᆞ,

然이나 其文法을 觀ᄒᆞ건대 或 漢文 文法에 國文吐만 加ᄒᆞᄂᆞᆫ 者도 有ᄒᆞ

---

1 이 글은 『大韓每日申報』(1908.11.7.)와 『기호흥학회월보』(1908.12.)에 실렸다. 같은 날 『대한매일신보』 국문판에 번역본 「문법을 맛당히 통일ᄒᆞᆯ 일」이 실렸다.
2 俄法德伊: 러시아, 프랑스, 독일, 이태리.
3 目今: 지금, 현재.
4 豈有ᄒᆞ리오: 어찌 있으리오.
5 國漢字交用文: 국문과 한자를 함께 사용한 글.
6 非無언마ᄂᆞᆫ: 없지 않건마는.
7 壹閣置ᄒᆞ야: 한 군데 제쳐놓고.
8 尊尙ᄒᆞ야: 尊崇하여. 높이 받들어 숭배하여.
9 居然: 문득.
10 佶屈聱牙: 꼬불꼬불함과 삐져나옴. 낡고 쓰기 어려움.
11 均啓ᄒᆞᆷ: 균등하게 계발함.
12 於是乎: 이제야. 이에 있어서.
13 均是不合: 균형이 맞지 않음.
14 所以로: 그래서.
15 遵用ᄒᆞᆷ: 준수하여 씀.

며 (壹) 或 國문 문勢로 下ᄒᆞ다가 突然히[16] 漢문 문法을 用ᄒᆞ고 或 漢文 文勢로 下ᄒᆞ다가 突然히 國文 文法을 用하ᄂᆞᆫ 者도 有ᄒᆞ야

(二) 譬컨대 「學而時習之不亦悅乎」[17] 壹句를 譯ᄒᆞᆷ에 或曰 「學而時習之면 不亦悅乎아」ᄒᆞ니 此ᄂᆞᆫ 壹에 屬ᄒᆞᆫ 者오, 或曰 「學ᄒᆞ야 此를 時習ᄒᆞ면 不亦悅乎아」ᄒᆞ니 此ᄂᆞᆫ 二에 屬ᄒᆞᆫ 者라.

同壹ᄒᆞᆫ 事實, 同壹ᄒᆞᆫ 句語를 五人이 敍述ᄒᆞᆷ에 五人이 不同하며 拾人이 敍述ᄒᆞᆷ에 拾人이 不同ᄒᆞ야 文法의 離奇ᄒᆞᆷ[18]이 名狀[19]키 難ᄒᆞ니,

噫라, 此가 비록 細事인 듯ᄒᆞᄂᆞ 其實은 著者가 此ᄅᆞᆯ 由ᄒᆞ야 其心이 荒ᄒᆞ며[20] 讀者가 此를 由ᄒᆞ야 其腦가 眩ᄒᆞ고[21] 抑 彼青年學文者ᄂᆞᆫ 筆을 操ᄒᆞᄆᆡ[22] 所從의 途[23]ᄅᆞᆯ 莫知ᄒᆞ리니[24] 其害가 豈小ᄒᆞ리오.

故로 今日에 문法 統壹이 卽亦 壹大 急務라. 此를 統壹하여야 학生의 精神을 統壹ᄒᆞ며 國民의 知識을 普啓[25]ᄒᆞᆯ지어날,

乃者 如此不規則無條理[26]의 문으로 教科를 編하야 國人 子弟를 教授ᄒᆞ며 書籍을 著ᄒᆞ야 有志同胞에 供覽ᄒᆞ니[27] 是가 奚可며[28] 是가 奚可리오. 故로 記者ᄂᆞᆫ 此 「문法統壹」 四字를 擧ᄒᆞ야 各學校의 문學科를 設ᄒᆞᄂᆞᆫ 諸君子에게 深祝ᄒᆞᄂᆞᆫ[29] 바로라.

然이나 此가 奚獨學校에 祝ᄒᆞᆯ ᄇᆡ리오. 卽 吾輩報館[30] 記者도 共勉ᄒᆞᆯ[31] ᄇᆡ라 ᄒᆞ노라.

—『大韓每日申報』 1908.11.7.

---

16 突然히: 갑작스러이, 갑자기.
17 배우고 때때로 익히면 또한 즐겁지 아니한가. 『논어(論語)』 〈학이편〉의 첫 번째 구절.
18 離奇ᄒᆞᆷ: 기이함, 불가사의함.
19 名狀: 형상을 말로 나타냄. 형용함.
20 荒ᄒᆞ며: 어지럽고.
21 眩ᄒᆞ고: 혼란스럽고.
22 操ᄒᆞᄆᆡ: 잡으매.
23 所從의 途: 따라야 할 방도.
24 莫知ᄒᆞ리니: 알지 못하리니.
25 普啓: 널리 계발함.
26 如此不規則無條理: 이처럼 불규칙하고 조리없음.
27 供覽ᄒᆞ니: 보게 하니.
28 奚可며: 어찌 옳으며.
29 深祝ᄒᆞᄂᆞᆫ: 깊이 바라는. 번역에서는 '깊이 권면하는'으로 함.
30 報館: 신문사.
31 共勉ᄒᆞᆯ: 함께 힘씀. 권면할.

◎ 해설

「文法을 宜統一」은 1908년 11월 7일 『大韓每日申報』 논설란에 무서명으로 실렸다. 이후 『기호흥학회월보』(1908.12.)에 '신채호'의 이름으로 다시 실은 것은 그 중요성 때문일 것이다. 단재가 이 글을 쓴 까닭은 당시 신문이나 잡지마다 그 문체가 달라 매우 혼란스러웠기 때문이다. 특히 당시에 가장 널리 사용되었던 국한문체는 사람에 따라 달리 쓰였다. 단재는 동일한 한문 구절을 두고도 각양각색의 국한문체 번역이 나와 혼란스러운 상황에 대해 우려를 표명하고, 문법 통일을 거론했다.

특히 신문에서 일반 독자들에게 통일된 문체를 제시할 필요가 있었고, 아울러 기호흥학회 저술원들에게도 그러한 사실을 상기시킴으로써 표준 문체를 마련하기 위해 다시 수록했을 것이다. 그는 비록 한학을 공부하여 한문을 자유자재로 구사하는 유생이었지만, 한글 사용을 주장하는 혁신적인 모습도 보여주었다. 그는 개신 유학자 가운데 누구보다 분명한 언어 의식을 갖고 있었고, 실제 창작에 있어서도 그러한 모습을 보여주었다. 그의 언어 민족주의는 민족 주체의식의 산물로 근대 언어민족주의와 통한다고 하겠다.

國文硏究會 委員 諸氏에게 勸告흠[1]

神聖흔 國文을 파籬邊[2]에 棄置ᄒᆞ야[3] 高僧 了義[4]가 此를 著作흔 以後 千餘年에 只是 勞働界 婦孺界에만 供用ᄒᆞ고[5] 壹個 博學士[6]가 此에 過問흠[7]을 不肯흠[8]으로 幾乎 廢止埋沒[9]의 境에 達ᄒᆞ얏다가 幸者[10] 本朝 中葉에 天縱ᄒᆞ신[11] 世宗聖祖가 作ᄒᆞ샤 此를 改良ᄒᆞ셧스나 其後에도 壹般 國民이 尙且「重野鶩輕家鷄」[12]의 習이 有ᄒᆞ야 冊子도 惟漢文으로 以ᄒᆞ며 書牘[13]도 惟漢文으로 以ᄒᆞ고 國文 功德을 賴흔 者ᄂᆞᆫ 僅 五倫行實[14] 七經諺解[15] 及 閨閤問安札[16]에 不過ᄒᆞ더니, 今日에 至ᄒᆞ야 國文硏究會[17]가 始有ᄒᆞ며[18] 國文硏究委員

---

1 이 글은 1908년 11월 14일『大韓每日申報』에 발표된 무서명 논설이다. 같은 날『대한매일신보』국문판에 번역본「국문연구회 위원 졔씨에게 권고흠」이 실렸다. 이 작품 역시 단재전집편찬위원회에 발굴되어 단재전집에 실렸다.

2 파籬邊: 울타릿가. 울타리 옆.

3 棄置ᄒᆞ야: 버려두고.

4 了義: 서역의 승려로 알려져 있다.

5 供用ᄒᆞ고: 함께 쓰고.

6 博學士: 박식한 사람.

7 過問흠: 참견함. 관여함. 따져 물음.

8 不肯흠: 긍정하지 않음. 즐거이 하지 않음.

9 廢止埋沒: 폐지하여 묻어버림.

10 幸者: 다행히.

11 天縱ᄒᆞ신: 하늘에서 내린.

12 重野鶩輕家鷄: 야생 오리는 중히 여기고 집닭은 가볍게 여김. 번역에서는 "들에 쒱은 즁히 녁이고 집에 ᄃᆞᆰ을 가ᄇᆡ야이 녁이ᄂᆞᆫ"으로 제시되었다. 곧 한자는 중히 여기고, 국문은 소홀히 다룸을 언급.

13 書牘: 편지.

14 五倫行實: 친애, 의리, 분별, 차서, 신의 등 사람이 지켜야 할 다섯 가지의 떳떳한 도리와 행실.

15 七經諺解: 칠경은 일곱 가지 주요 경서(經書)로『시경』,『서경』,『예기』,『악기(樂記)』,『역경』,『춘추』,『논어』또는『시경』,『서경』,『역경』,『예기』,『춘추』,『주례』,『의례』또는『시경』,『서경』,『춘추』,『의례』,『주례』,『예기』,『논어』또는『시경』,『서경』,『의례』,『주례』,『예기』,『공양전』,『논어』를 이른다. 이를 국문으로 번역한 것을 '칠경언해'라 한다.

16 閨閤問安札: 아녀자의 문안하는 편지.

17 國文硏究會: 국문연구회는 국문 연구 및 국문법 제정 등을 위해 1907년 만든 모임이다. 이 모임의 취지서가『大韓每日申報』1907년 1월 30일 31일 양일간에 실렸다. 1907년 2월 1일에 국문연구회를

이 始有ᄒᆞ니 吾輩가 該會ᄅᆞᆯ 讚美ᄒᆞ며 ᄒᆡ委員을 依望ᄒᆞᆷ[19]이 果然 何如ᄒᆞ리오마ᄂᆞᆫ,

然이나 ᄒᆡ會ᄅᆞᆯ 設始ᄒᆞᆫ 지 長長 壹周年의 日月을 經토록 其研究 所得이 果然 何件인가.

吾輩ᄂᆞᆫ 諸公이 國文을 研究ᄒᆞ야 壹部 辭書[20] 或 字典[21]을 著成[22]하ᄂᆞᆫ가 ᄒᆞ엿더니,

今也에 不然하야[23] 其研究하ᄂᆞᆫ 바를 聞ᄒᆞᆫ즉 往往 實用에 無益ᄒᆞ고 時宜[24]에 無關ᄒᆞᆫ 事라. 壹人은 曰 國文은 新羅時 創造ᄒᆞᆫ ᄇᆡ라 ᄒᆞ며, 壹人은 曰 國文은 高句麗時 創造ᄒᆞᆫ ᄇᆡ라 ᄒᆞ며, 壹人은 勝朝[25]時 創造ᄒᆞᆫ ᄇᆡ라 ᄒᆞ고, 壹人은 國文 音義를 龍飛御天歌[26]로 爲主하며, 壹人은 國문 音義를 奎韻玉篇[27]으로 爲主ᄒᆞ야 支離張皇[28]에 光陰을 虛度[29]ᄒᆞᄂᆞᆫ도다.

大抵 言語ᄂᆞᆫ 文字의 根本이로ᄃᆡ 古言 今言이 不同ᄒᆞ야 卽彼 羅代[30] 麗代[31]의 流傳ᄒᆞᄂᆞᆫ 片詞短語[32]도 今日 韓人의 耳로 聞ᄒᆞᄆᆡ 解得ᄒᆞ지 못ᄒᆞᆯ 者ㅣ 甚多ᄒᆞ거ᄂᆞᆯ, 萬壹 時宜ᄂᆞᆫ 不知하고 壹切 古言만 是遵ᄒᆞᆫ다 ᄒᆞᆯ진ᄃᆡ 邑內

개회하고, 회장에 尹孝定, 총무에 池錫永, 연구원은 周時經, 朴殷植, 李能和, 柳一宣, 李鍾一, 全龍圭, 鄭雲復, 沈宜性, 梁起鐸, 劉秉珌 등을 선정하였다. 그리고 같은 해 7월 8일 학부안에 다시 국문연구소가 설립되는데, 이 역시 국문연구회로 불리었다. 위원장은 尹致旿이며, 위원은 魚允迪, 李能和, 權輔相, 李億, 尹敦求, 周時經, 玄櫽, 宋綺用, 張憲植, 李鍾一, 柳苾根, 李敏應, 上村正己, 池錫永 등이었다. 이것은 일종의 관립단체의 성격을 띤 것으로 보이는데, 상당수 위원이 국문연구회와 겹치고 있다.

18 始有ᄒᆞ며: 비로소 있으며.

19 依望ᄒᆞᆷ: 의지하고 바람.

20 辭書: 사전.

21 字典: 옥편. 많은 한자(漢字)를 모아 낱낱이 그 뜻을 풀어놓은 책.

22 著成: 저술하여 이룸.

23 不然하야: 그렇지 아니하여.

24 時宜: 그때의 사정에 알맞음. 번역에서는 '時宜에 無關ᄒᆞᆫ'을 '시셰에 뎍당치 못ᄒᆞᆫ'으로 함.

25 勝朝: 전대의 왕조. 고려 시대.

26 龍飛御天歌: 조선 세종 때 선조인 목조(穆祖)에서 태종(太宗)에 이르는 여섯 대의 행적을 노래한 서사시.

27 奎韻玉篇: 奎章全韻과 全韻玉篇. 전자는 조선 후기 이덕무(李德懋) 등이 편찬한 한자 운서(韻書)이며, 후자는 조선 정조 때 강희자전을 본떠서 만든 한자 자전을 일컫는다.

28 支離張皇: 지루하고 장황함.

29 虛度: 虛送. 헛되이 보냄.

30 羅代: 신라 시대.

31 麗代: 고려 시대.

32 片詞短語: 짧은 가사와 간단한 말.

를 改ᄒᆞ야 탁評[33]이라 稱ᄒᆞ며 京城을 變하야 徐羅伐이라 云ᄒᆞ며 拾三道ᄅᆞᆯ 更하야[34] 六部大人 五拾餘 酋長을 設ᄒᆞ고 其他 人名 地名 草名 木名과 器皿釜鼎[35] 等 屬名[36]을 壹壹 檀君[37] 扶餘[38] 三國 勝朝의 用語로 遵行코ᄌᆞ ᄒᆞ면 其正不正[39]은 姑舍ᄒᆞ고 實是行不得[40]의 事니 卽 文字도 此와 奚異ᄒᆞ리오.[41]

乃者[42] 諸公은 或은「ㅈㅊㅋㅌㅍㅎ」等字ᄅᆞᆯ 擧ᄒᆞ야 終聲에 添入ᄒᆞ며[43]「잇으니밪을」等語ᄅᆞᆯ 述하야 文字ᄅᆞᆯ 反正케 ᄒᆞᆫ다[44] ᄒᆞ니 此ᄂᆞᆫ 終聲을 復用初聲[45]이라ᄂᆞᆫ 句語만 是遵[46]ᄒᆞᆯ ᄲᅮᆫ 아니라 英文에「바왈과 콘손엔트」[47] 音義를 取用ᄒᆞᆷ이나 初聲을 終聲에 復用ᄒᆞᆷ[48]은 猶可說이어니와 假使[49] 잇으니밪을노 論之면 으字ᄂᆞᆫ 卽 初中聲 合音이어ᄂᆞᆯ 以바왈用之[50]가 可乎ㅣ며 或은 ㆍ를 廢ᄒᆞ고 ᅟᆖ를 添用[51]ᄒᆞᄌᆞᄂᆞᆫ 오論[52]이 有ᄒᆞ다 ᄒᆞ니, 此ᄂᆞᆫ 當初에 制字의 本意ᄅᆞᆯ 不知ᄒᆞᄂᆞᆫ 者ㅣ니 不足論也[53]로다.

設令 此音此語가 十分 的當ᄒᆞᆯ지도 徒히[54] 讀者의 腦際[55]만 昏亂케 할 而

---

33 탁評: 啄評. 『양서(梁書)』 신라전에는 6세기 전반경 신라의 행정구역을 설명하여, "내읍(內邑)을 탁평이라 하는데 여섯 탁평이 있고, 외읍(外邑)을 읍륵(邑勒)이라 하는데 52읍륵이 있다."라고 하였다.

34 更하야: 고쳐서.

35 器皿釜鼎: 그릇과 가마솥.

36 屬名: 본래 이름이나, 생물에 대한 학문상의 이름 외에 일반적으로 널리 부르는 이름.

37 檀君: 고조선을 건국한 임금.

38 扶餘: 기원전 1세기 무렵에 퉁구스계의 부여족이 세웠던 부족 국가. 346년에 연나라에게 망했으며, 고구려에 편입되었다.

39 其正不正: 바르고 바르지 아니함.

40 實是行不得: 실제로 행할 수 없음.

41 奚異ᄒᆞ리오: 어찌 다르리오.

42 乃者: 이전. 먼젓번.

43 添入ᄒᆞ며: 첨가하며. 더 들어가며, 더 넣으며.

44 反正케 ᄒᆞᆫ다: 바르게 돌이킨다.

45 復用初聲: 終聲復用初聲. 종성은 다시 초성을 사용한다는 말. 이 말은 삼성(三聲)인 초성·중성·종성 중에서 종성 글자는 따로 만들지 않고 초성 글자를 그대로 사용한다는 규정임.

46 是遵: 따름. 존중함.

47 바왈과 콘손엔트: vowel과 consonant. 모음과 자음.

48 復用ᄒᆞᆷ: 다시 사용함.

49 假使: 가령.

50 以바왈用之: 모음으로 그것을 사용하면.

51 添用: 첨가해서 씀. 함께 씀.

52 오論: 迂論. 사리에 어둡고 실제와 거리가 있는 논의. 오활한 논의.

53 不足論也: 족히 논의할 바 없다.

54 徒히: 한갓, 공연히.

已오[56] 壹毫도 民知發達에 利益이 無홀지어날 況音韻에도 不適ᄒᆞ고 時宜에도 不適ᄒᆞᆫ 者ㅣ리오. 諸公의 不憚煩[57]이 엇지 如此히 甚ᄒᆞ뇨. 諸公은 此等 汗漫,[58] 오怪,[59] 煩鬧,[60] 胡亂,[61] 無益의 事ᄂᆞᆫ 姑閣ᄒᆞ고[62] 民智發達에 有益ᄒᆞᆫ 辭書 或 字典의 編撰에 從事ᄒᆞᄃᆡ 字樣을[63] 簡易케 ᄒᆞ고[64] 音韻을[65] 均壹케 ᄒᆞ야[66] 讀者로 掌을 示홈[67]과 如히 홈을 望ᄒᆞ노라.

—『大韓每日申報』 1908.11.14.

---

55 腦際: 뇌 언저리. 머리끝.
56 而已오: 뿐이오.
57 不憚煩: 번거로움을 꺼리지 않음.
58 汗漫: 탐탁하지 않고 등한(等閑)함.
59 오怪: 迂怪. 물정에 어둡고 괴상함.
60 煩鬧: 시끄럽고 번잡함.
61 胡亂: 한데 뒤섞여 어수선하고 분간하기 어려움.
62 姑閣ᄒᆞ고: 잠시 놓고. 덮어두고.
63 字樣을: 글자 모양을.
64 簡易케 ᄒᆞ고: 간단하고 쉽게 하고.
65 音韻을: 음가를. 음의 목소리를.
66 均壹케 ᄒᆞ야: 한결같게 하여.
67 掌을 示홈: 손바닥을 펴보임.

◎ 해설

「국문연구회 위원 제씨에게 권고함」은 『大韓每日申報』 1908년 11월 14일 발표된 무서명 논설이다. 이 글 역시 일찍부터 단재의 전집에 포함되어 단재의 글로 인정받았다. 단재는 1907년 학부에서 '국문연구회'가 만들어지자 그들의 활동에 기대를 하였다. 그러나 그들이 국문 창제 시기, 표기법 등에 대해 왈가왈부하면서 1년이 다 되도록 뚜렷한 성과가 없자 실망을 드러냈다.

단재는 국문연구회 위원들에게 실용성과 시의성에 부합하는 연구를 주문했다. 이를테면 민지 발달을 위해 사서나 자전 편찬 같은 일에 종사하고, 글자의 모양을 간단히 하고 음운을 균일하게 하는 등 국민들의 언어생활을 쉽고 편리하게 만들어주길 바란 것이다. 한편 단재는 몇몇 글에서 국문을 창제한 사람이 고승 요의라고 주장을 하였지만 그 설은 이후 폐기된다. 『진언집』을 얼핏 보고 주장한 것이겠지만, 그 책을 제대로 검토하지는 못한 것으로 보인다. 1910년대 이후 역사 연구의 일환으로 언어에 대한 연구가 깊어지자 그는 국문의 세종 창제설로 돌아서고 만다.

天喜堂詩話[1]

虎頭將軍[2] 崔瑩[3]氏가 累次 支那[4] 日本 等 外寇를 鏖退ᄒᆞ고[5] 其 百戰百勝의 餘威[6]를 席ᄒᆞ야[7] 大兵으로 遼瀋[8]에 驅入ᄒᆞ야[9] 高句麗 舊疆[10]을 恢复ᄒᆞ랴ᄒᆞ다가 時運이 不幸ᄒᆞ야 大志를 未成ᄒᆞ고[11] 反히[12] 刑戮에 就ᄒᆞᆷ이 至今ᄭᆞ지

---

1 이 작품은 1909년 11월 9일부터 12월 4일까지 17회 걸쳐 『大韓每日申報』 〈문단〉란에 연재되었다. 단재는 이전에도 〈문단〉란에 「독사신론」(1908.8.27.~12.13.)을 연재한 적이 있다. 이 작품은 신수범이 찾아내어, 임중빈이 고증하고 평석을 달아 『한국문학』(1977.9.)에 게재하였다. 이후 『개정판 단재신채호전집-별집』(1977)에 실었다. 한편 이 작품의 저자를 신채호 또는 윤상현으로 보는 경우, 그리고 저자를 유보하는 경우 등 저자 논란이 많았다. 김주현은 「국문 창제 요의설(了義說)을 통한 '천희당시화'의 저자 규명」(『어문학』 87, 한국어문학회, 2005.3.), 「'천희당시화'의 저자 문제」(『우리말글』 33, 우리말글학회, 2005.4.)를 통해서 이 작품의 저자를 신채호로 확정하였다. 주석에는 임중빈의 평석 내용을 참조했다.

2 虎頭將軍: 최영을 일컫는 말. '호두장군'은 『고려사』, 『고려사절요』, 『동국통감』, 『동사강목』, 『대동야승』, 『해동잡록』, 『해동명장전』 등에 보이지 않는다. 아래 인용 시조 "가마귀 눈비 마자…", "눈마자 휘엿노라…" 모두 가람본 『청구영언』에 崔瑩의 시조로 소개되었으며, 후자에서는 저자가 "虎頭將軍 崔瑩"으로 소개되었다. 단재는 "朝野의 ᄉᆞ乘을 搜ᄒᆞ며 閭巷의 口碑를 採ᄒᆞ야"(『大韓每日申報』1909.12.16.) 「최도통전」을 기술했다고 밝혔다. 그는 「최도통전」에서도 두 군데(1910.4.7, 1910.4.24.) 걸쳐 "호두장군"을 언급했다. "호두장군 최영"이라는 말은 매우 희귀한데, 그것의 전거는 가람본 『청구영언』일 가능성이 있다.

3 崔瑩(1316~1388): 양광도도순문사 휘하에서 수차 왜구를 토벌하고, 1352년 趙日新의 난을 평정했다. 1354년 大護軍 때 원나라의 요청으로 중국에서 張士誠의 난군을 토벌하고 귀국, 西北面兵馬副使가 되어 원나라에 속했던 압록강 서쪽의 8참(站)을 수복했다. 1388년 수문하시중이 되었는데, 요동정벌을 계획, 팔도도통사가 되어 정벌군을 이끌고 출정했으나, 이성계 등의 위화도 회군으로 좌절되었다. 후에 이성계 군대가 개성에 난입하자 이를 맞아 싸우다가 체포되어 고봉(高峰: 高陽) 등지에 유배되었다가 개경에서 참형되었다. 단재는 「천희당시화」의 연재가 끝난 다음날부터 「東國巨傑 崔都統」(1909.12.5.~1910.5.27., 미완)을 연재했다.

4 支那: China, 중국.

5 鏖退ᄒᆞ고: 싸워 물리치고.

6 餘威: 나머지 위엄, 남은 위엄.

7 席ᄒᆞ야: 의뢰하여, 믿고 의지하여.

8 遼瀋: 遼河의 東西. 요양과 심양, 곧 요동 일대.

9 驅入ᄒᆞ야: 말 달려 들어가.

10 舊疆: 옛 강역. 고토.

11 虎頭將軍……未成ᄒᆞ고: 이에 대해 단재는 「최도통전」(『大韓每日申報』, 1909.12.5.~1910.5.27.)에서 자세히 기술했다.

將軍의 事를 談ᄒᆞᄂᆞᆫ 者ㅣ 慷慨의 涙를 不灑ᄒᆞᄂᆞᆫ[13] 者ㅣ 無ᄒᆞ니라. 頃者에[14] 一友人이 將軍의 詩 二首를 錄送[15]ᄒᆞ엿ᄂᆞᆫᄃᆡ 其語가 莊潔ᄒᆞ고[16] 其調가 激烈ᄒᆞ고 其意가 雄渾ᄒᆞ야[17] 足히 將軍의 人格을 想像ᄒᆞᆯ너라.

其一 曰

가마귀 눈비 마자, 희ᄂᆞᆫ 듯 검노매라.

夜光明月이, 밤인들 어두으랴.

님 向ᄒᆞᆫ 一片단心, 가실 줄이 잇스랴.[18]

其二ᄂᆞᆫ 曰

눈마자 휘엿노라,[19] 굽은 솔 웃지 마라.[20]

春풍에 픠인 쏫이, 每樣에 고을소냐.

풍飄飄 雪紛紛ᄒᆞᆯ제, 네야 나를 부르리라.

聲音[21]의 道가 人을 感ᄒᆞᆷ이 深ᄒᆞ도다. 往年에 朴齊純[22] 李址鎔[23] 等이 其政權을 旣失ᄒᆞ고 心火[24]鬱鬱ᄒᆞᆫ[25] 中에 消日ᄒᆞ기 爲ᄒᆞ야 琴주[26]를 携ᄒᆞ고 龍

---

12 反히: 도리어, 반대로.

13 不灑ᄒᆞᄂᆞᆫ: 뿌리지 않는.

14 頃者에: 요즈음에, 요사이에.

15 錄送: 써서 보냄.

16 莊潔ᄒᆞ고: 씩씩하고 깨끗하고.

17 雄渾ᄒᆞ야: 웅대하고 거침이 없어.

18 종장 마지막 구절 "變할줄이 이시랴"로 된 시조는 박팽년의 작품으로 알려져 있다. 그 외에도 이개 등 死六臣의 작품 또는 무명씨의 작품으로 알려져 있으나 유일하게 가람본 『청구영언』에서는 최영의 작품으로 소개되었다. 단재는 「동국거걸 최도통전」에서도 "가마귀 눈비마ᄌᆞ, 희ᄂᆞᆫ듯 검노매라. 夜光明月이, 밤인들 어두으랴, 님向ᄒᆞᆫ, 一片丹心이야, 가실줄이 잇스랴."(『大韓每日申報』, 1910.4.24., 위인유적)고 하여 이 시조를 다시 언급했다.

19 휘엿노라: 원문이 '희엿노라'에 가깝지만, '휘엿노라'가 옳기에 그렇게 옮김. '희엿노라'는 '희게 되었노라'로 이해하기 쉽다.

20 『청구영언』 가람본에서는 이 시조의 저자를 "호두장군 최영"이라 밝히고 있다. 초장 첫 구절이 "바람에 휘엿노라"로 된 시조는 인평대군의 작품으로 알려져 있다. 한편 "綠耳霜蹄 술지게 먹여 시ᄂᆡ물에 씨셔 타고 / 龍泉雪鍔 들게 ᄀᆞ라 다시 ᄲᅢ혀 두러 메고 / 丈夫의 爲國忠節을 젹셔볼가 하노라"라는 시조의 저자는 『가곡원류』 육당본, 동양문고본 등에 "고려 호두장군"으로 기록되어 있다.

21 聲音: 목소리, 여기에서는 '시가'의 뜻.

22 朴齊純(1858~1916): 조선 고종 때의 문신. 이완용 내각의 내무대신을 지내면서 을사조약에 서명하여 을사오적의 한 사람으로 불린다. 1910년에는 한일 강제 합병조약에 서명하였다.

23 李址鎔(1870~?): 조선 시대의 대신. 을사오적의 한 사람으로, 1904년 외무대신 서리로서 한일의정서에 찬성 조인하였으며, 이듬해 내무대신으로 을사조약에 조인하였다.

山江경[27]에 伴往[28]ᄒᆞ더니 時에 秋葉이 正황ᄒᆞ야[29] 四山[30]이 蕭瑟ᄒᆞ고[31] 夕陽이 江면에 倒暎ᄒᆞ야[32] 琉璃世界를 作ᄒᆞ니 失意者의 感懷를 助ᄒᆞᆯ지라. 쥬數巡[33]에 纛島[34]날탕牌[35] 數人을 招ᄒᆞ야 歌 一曲을 奏케 ᄒᆞ더니 其歌에 有云ᄒᆞ되

處子 죽은 鬼신은, 道令의 房으로 모라 너코,
道令 죽은 귀신은, 處子의 房으로 모라 너코,
우리 죽은 귀신은, 민忠正[36] 大監 넉을 ᄯᅡ러라.

ᄒᆞ엿더라. 齊純이 此를 聽ᄒᆞ더니 愀然히[37] 節을 격ᄒᆞ며[38] 曰

「人生이 誰가 一死가 無ᄒᆞ리오만은 彼와 如히[39] 死所를 得ᄒᆞᆫ 者ㅣ 능히 幾人인고?」

ᄒᆞ고 手中의 쥬盃[40]를 擲下ᄒᆞ엿다[41] 云ᄒᆞ니, 噫라 彼 朴氏가 萬一 五條約[42] 以前에 此等歌를 早聞ᄒᆞ엿스면 민忠正의 넉을 隨ᄒᆞ엿슬ᄂᆞᆫ지.[43]

---

24 心火: 마음속에서 북받쳐 일어나는 화.
25 鬱鬱ᄒᆞᆫ: 마음이 상쾌하지 않고 매우 답답한.
26 琴쥬: 琴酒, 거문고와 술.
27 龍山江경: 龍山江亭, 용산강가에 있던 정자. 1906년부터 1910년까지 이지용의 소유로 있었던 듯하며, 이지용은 관료 및 기생을 초청하여 각종 연회를 열었다. 1910년 6월 6일 義親王도 "中樞顧問李址鎔氏의 龍山江亭에 出往消暢"하였다(『황성신문』, 1910.6.8.).
28 伴往: 동반해 감, 동행해 감.
29 正황ᄒᆞ야: 正恍ᄒᆞ야, 바야흐로 어렴풋하여. 또는 正黃ᄒᆞ야, 즉 한창 누렇게 되어, 바야흐로 단풍이 들어.
30 四山: 사면. 산.
31 蕭瑟ᄒᆞ고: 으스스하고 쓸쓸하고.
32 倒暎ᄒᆞ야: 거꾸로 비치어, 거꾸로 반사되어.
33 쥬數巡: 酒數巡, 술 여러 순배.
34 纛島: 뚝섬, 즉 오늘날 서울특별시 성동구 성수동 일대의 땅을 가리킴.
35 날탕牌: "허풍을 치거나 듣기 좋은 말로 남을 속이거나, 할 일 없이 소일하는 사람들"을 뜻함. "뛰노는 것을 업으로 삼는 패"로 다른 말은 '짠지패(牌)'.
36 민忠正: 민영환(1861~1905). 조선 고종 때의 문신. 특명 전권 공사로 러시아 황제의 대관식에 특파되었고, 을사조약이 체결되자 조약의 폐기를 상소하였으나 뜻을 이루지 못하자 국민과 각국 공사에게 고하는 유서를 남기고 자결하였다.
37 愀然히: 얼굴에 근심스러운 빛이 있게.
38 격ᄒᆞ며: 擊ᄒᆞ며, '擊節하며'라는 것은 '박자에 맞추어'라는 뜻이지만, 여기에서는 '무릎을 치면서'라는 의미.
39 如히: 같이.
40 쥬盃: 酒盃, 술잔.
41 擲下ᄒᆞ엿다: 내려놓았다.

詩란 者ᄂᆞᆫ 國民言語의 精華라. 故로 强武ᄒᆞᆫ 國民은 其詩부터 强武ᄒᆞ며 文弱ᄒᆞᆫ 國民은 其詩부터 文弱ᄒᆞ나니 一國의 盛衰治亂은 大抵 其國詩에셔 可驗ᄒᆞᆯ지오. 又 其國의 文弱을 回ᄒᆞ야 强武에 入코ᄌᆞ ᄒᆞᆯ진ᄃᆡ 不可不 其文弱ᄒᆞᆫ 國詩부터 改良ᄒᆞᆯ지라. 余가 近世 我國에 流行ᄒᆞᄂᆞᆫ 詩歌를 觀ᄒᆞ건ᄃᆡ 太半 流靡淫蕩[44]ᄒᆞ야 風俗의 腐敗만 釀ᄒᆞᆯ지니 世道에 關心ᄒᆞᄂᆞᆫ 者가 汲汲히 其改良을 謀ᄒᆞᆷ이 可ᄒᆞ며[45] 又 其中에셔 特히 民俗에 有益ᄒᆞᆯ 만ᄒᆞᆫ 詩歌를 蒐集ᄒᆞ야 詩界의 國粹를 保全ᄒᆞᆷ[46]이 可ᄒᆞᆯ지나 但 古ᄉᆞ가 殘缺[47]ᄒᆞ야 三國時代에 眞正 强武ᄒᆞᆫ 詩歌ᄂᆞᆫ 得見키[48] 難ᄒᆞ니 惜哉로다.

往者에 雩崗[49]이 風騷續選[50] 一卷을 寄送[51]ᄒᆞᆫ바 此를 開讀ᄒᆞᆫ즉[52] 是本朝

---

42 五條約: 1905년 일제가 외교권을 박탈한 을사늑약을 일컬음.

43 隨ᄒᆞ엿슬ᄂᆞᆫ지: 따랐을는지? 좇았을는지?

44 流靡淫蕩: 委(=萎)靡淫蕩의 오류인 듯. '위미'는 '시들고 쇠함'을 의미. 단재는 「近今 國文小說 著者의 注意」(『大韓每日申報』 1908.7.8.)에서도 "委靡淫蕩的 小說이 多ᄒᆞ면 其國民도 此의 感化ᄅᆞᆯ 受ᄒᆞᆯ지며 俠情慷慨的 小說이 多ᄒᆞ면 其國民이 此의 感化를 受ᄒᆞᆯ지니 西儒의 云ᄒᆞᆫ바 「小說은 國民의 魂」이라 ᄒᆞᆷ이 誠然ᄒᆞ도다"라고 하여 동일한 논리를 내세우고 있다.

45 我國에 流行ᄒᆞᄂᆞᆫ 詩歌를……其改良을 謀ᄒᆞᆷ이 可ᄒᆞ며: 단재는 「論學校用歌」(大韓每日申報, 1908.7.11.)에서 시가개량론을 주장하였다.

46 國粹를 保全ᄒᆞᆷ: 단재는 「국수」(〈담총〉란)라는 글에서 "國粹란 者ᄂᆞᆫ 自國의 傳來 宗教 風俗 言語 歷史 習慣上 一切 粹美ᄒᆞᆫ 遺範을 指稱ᄒᆞᆫ 것이라. 國性이 國粹를 待ᄒᆞ야 保ᄒᆞ며 國魂이 國粹를 得ᄒᆞ야 立ᄒᆞ나니"라고 했다. 그리고 무서명으로 발표된 논설 「國粹保全說」(『大韓每日申報』, 1908.8.12.)에서 "重哉라 國粹의 保全이며 急哉라 國粹의 保全이여"라고 하였다. 「국한문의 경중」에서도 "國粹保存의 大主義"를, 「滿洲問題에 就ᄒᆞ야 再論ᄒᆞᆷ」(『大韓每日申報』, 1910.1.19.)에서도 "國粹의 保全"을 강조했다.

47 古ᄉᆞ가 殘缺: 단재는 "我國의 舊史가 許多 殘缺ᄒᆞ며", "我 古代史의 殘缺을 補ᄒᆞ며"(「독사신론」)라고 했다. "乙支文德 歷史의 殘缺"(『을지문덕』), "乙支文德 金庾信諸公 歷ᄉᆞ의 殘缺"(『大韓每日申報』 1909.12.14.), "文獻殘缺"(『동아일보』, 1924.1.1.), "古史가 殘缺하야"(『조선일보』, 1928.1.1.)에서 고사 잔결을 슬퍼했다. 그 밖에 역사서 기술에서도 역사 잔결을 누누이 언급했다.

48 得見키: 얻어 보기.

49 雩崗: 양기탁(梁起鐸, 1871~1938)의 호. 당시 그는 대한매일신보 총무를 하였으며, 신채호를 주필로 천거한 것으로 알려져 있다.

50 박승임이 성현의 『풍속궤범』을 토대로 하여 『풍소선』을 편한 것이 있다. 그러나 『풍속궤범』은 한위 시대에서 원말까지의 고체시(自漢魏至于元季古體詩) 가운데 모범이 될 만한 것을 선한 것이며, 『풍소선』은 『풍속궤범』 중 두보, 한유, 소식 등의 3대가 및 『고문진보』 소재 시를 제외하고 그 나머지에서 택한 것이다(朴嘯皐就成俔所選風騷前後集 除杜韓蘇三大家及眞寶所載外 擇其鋪長委曲語意平穩無奇簡僻澁之疑者 得若干首 目曰風騷選.)(『해동문헌목록』, 562면). 그러므로 『풍소선』은 한시선이며, 단재가 주장하는 내용과는 거리가 있다. 과연 박승임이 속집까지 묶었는지, 다른 누군가가 박승임의 선집에 대한 속집으로 우리 시를 뽑아 『풍소속선』을 묶었는지, 아니면 단재의 주장처럼 아예 우리 시만 묶은 『풍소선』과 『풍소속선』이 따로 있었는지는 알 수 없다. 『풍소선』의 국내 유일본이 취암문고에 있는 것으로 알려져 있으나 실체를 확인할 수 없고 또한 『풍소속선』도 현재 존재 유무가 불확실하다.

51 寄送: 인편에 보냄.

以來 帝王 將相 名儒 達士의 詩歌를 載힛더라. 其名이 旣是 續選인즉 其前篇이 必有홀지며 是篇이 又是 本朝 初葉으로 爲始ᄒᆞ엿슨즉[53] 其前篇은 必是 三國 勝朝時代[54]를 錄ᄒᆞ엿슬지니 然則 其中에 或 愚溫達[55] 乙支文德[56] 諸公의 出軍歌도 載有홀지며[57] 又或 陽山歌(新羅人이 名將 歆運[58]의 戰死를 慰ᄒᆞᆫ 歌) 會蘇歌[59](新羅人의 勸農歌) 等도 載有홀지라. 此書가 若出ᄒᆞ면 我國 詩界의 一大 紀念이 될 섇더러 又 古사의 缺文을 補홀 자ㅣ 甚多홀리니 엇지 余의 夢寐渴求ᄒᆞᄂᆞᆫ 비 아니리오만은 우강家에 所存은 只是 此續篇섇이라 ᄒᆞ며 又 其他 藏書家들은 凡一般 셔籍을 忠州 잘은고비[60]의 錢米를 吝惜홈과 如ᄒᆞ니 何處에 從ᄒᆞ야 此를 得見ᄒᆞ리오.

今에 我國人다려 問曰

「我國詩가 何時에 始ᄒᆞ엿나뇨?」 ᄒᆞ면

或曰「類利王의 黃鳥詩[61]가 是라.」 ᄒᆞ며

---

52 開讀ᄒᆞᆫ즉: 펼쳐 읽은즉.

53 爲始ᄒᆞ엿슨즉: 시작하였은즉, 비롯되었은즉.

54 勝朝時代: 바로 전대의 왕조, 즉 고려 시대. 단재는 「여우인절교서」, 「독사신론」 등 수많은 글에서 고려를 '勝朝'로 표기했다.

55 愚溫達: 고구려 25대 평원왕(平原王) 때의 장수. 평강 공주와 결혼하여 무예를 닦아 해마다 3월 3일에 낙랑에서 열리는 사냥 대회에서 두각을 나타내고, 후주의 무제(武帝)가 요동을 침입하자 고구려군의 선봉에서 공을 세워 대형(大兄)이 되었다. 590년(영양왕 1)년 신라에게 빼앗긴 한북(漢北)의 옛 땅을 회복하고자 출정, 아차성 싸움에서 전사했다. 생몰 연대 미상. 단재는 「조선사」에서 "愚溫達의 戰死"로 쓰고, "바버 溫達"이라 했다.

56 乙支文德: 고구려 영양왕 때의 장군. 612년(영양왕 23)에 중국 수나라 양제가 고구려에 대군을 이끌고 쳐들어오자 이를 살수에서 물리쳤다. 지략과 무용에 뛰어났으며 시문에도 능하였다. 살수 대첩에서 적장 우중문에게 전한 「遺于仲文詩」가 전한다. 생몰 연대 미상.

57 載有홀지며: 실려있을지며.

58 歆運(?~655): 일명 흠운(欽運). 655년 고구려와 백제의 동맹군이 변방 33성을 빼앗자, 태종무열왕의 명을 받아 郎幢大監으로 출전하여, 백제 땅 陽山에 진을 치고 조천성(助川城: 沃川)을 공략하려다가 백제군의 내습으로 전사하였다. 흠운이 전사하자 대감 穢破와 소감 狄得 및 步騎幢主 寶用那는 각각 적진으로 뛰어들어 분전하였으나 모두 전사하였다. 왕은 그 소식을 듣고 애통해 하였으며, 흠운에게 一吉飡을 추증하였다. 세인들은 「陽山歌」를 지어 그 넋을 위로하였다. 원문에는 '韻蓮'으로 오식.

59 會蘇歌: 신라 유리왕 9년 이후의 작품으로 추정되는 작자 미상의 노래. 가사는 전하지 않으며, 『삼국사기』 유리왕 9년조에 관련 설화가 전한다. 신라에서는 두 패로 나뉘어 길쌈놀이를 하였는데, 진 편에서 한 여자가 춤을 추면서 '會蘇會蘇'라 하였고, 그 소리가 구슬프면서도 아담하였으므로 뒷사람이 노래를 지어 '회소곡'이라 이름하였다고 한다.

60 잘은고비: 구두쇠. 조선 인조 때 태어난 조륵(趙肋)의 묘가 신니면 대화리 화치마을에 있다. 조륵은 현재의 행정구역으로는 음성군에서 출생했다고 하나 전에는 그곳이 충주목에 속해 있어 충주의 '자린고비'라 한다. 그는 재물을 절약하여 어진 인심을 베풀었으므로 자인고(資仁考)라 하며, 그의 묘소에는 자인고비(資仁考碑)의 비석이 있다.

或曰「乙支文德의 遺于仲文詩[62]가 是라.」 ᄒᆞ나

是ᄂᆞᆫ 皆漢詩오 國詩가 아니라. 五百年來 文學家 案上에 但只 漢詩만 堆積ᄒᆞ야[63] 馬上寒食途中暮春[64]이 童孺의 初等 小學이 되며 洛城一別胡騎長驅[65]가 教塾[66]의 專門教科가 되고 國詩에 至ᄒᆞ야ᄂᆞᆫ 笆籬邊[67]에 閑棄[68]ᄒᆞᆫ 지 幾百年이니 嗚乎라 此亦 國粹衰落의 一原因인져.

余의 見ᄒᆞᄂᆞᆫ바 國詩 中에 其流傳[69] 最舊ᄒᆞᆫ 者를 擧ᄒᆞ면 高僧 了義[70]가 國文을 始創ᄒᆞ고[71] 佛教를 讚美ᄒᆞᆫ 眞言[72]이 是라 ᄒᆞᆯ지나 然이나 此ᄂᆞᆫ 梵詩[73]를

---

61 黃鳥詩: 瑠璃王의 「黃鳥歌」. 翩翩黃鳥, 雌雄相依, 念我之獨, 誰其與歸 펄펄 나는 저 꾀꼬리, 암수 서로 정답구나, 외로울사 이내 몸은, 뉘와 함께 돌아가리. 한편 '瑠璃王'을 『삼국사절요』, 『성호사설』, 『서우』 등에서 모두 瑠璃王 또는 瑠璃明王으로 표기하였지만, 단재는 類利王으로 표기하였다. 그는 『조선사』에서 "儒留는 本紀의 琉璃明王 類利니, 儒留 琉璃 類利는 다 『누리』로 讀할 것"이라 했다.

62 遺于仲文詩: 「與隋將于仲文詩」로 5언절구 "神策究天文, 妙算窮地理, 戰勝功旣高, 知足願云止 신기한 책략은 천문을 궁구했고, 묘한 지혜는 지리를 다했다. 전승의 공이 이미 높았으니, 족함을 알고 그만둠이 어떠하뇨?"이다. 신채호는 이 시를 『을지문덕』에서 소개하였다.

63 堆積ᄒᆞ야: 많이 겹쳐 쌓아.

64 당나라 시인 宋之問(656~712)의 「途中寒食」. 馬上逢寒食, 途中屬暮春, 可憐江浦望, 不見洛橋人 말 위에서 한식을 만나니, 고향 가는 도중에 늦봄 되었네. 가련하다, 강 포구를 바라보니, 낙교 위에 고향 사람들 보이지 않네.

65 당나라 시인 杜甫(712~770)의 「恨別」. 洛城一別四千里 胡騎長驅五六年, 草木變衰行劍外 兵戈阻絕老江邊, 思家步月清宵立 憶弟看雲白日眠, 聞道河陽近乘勝 司徒急為破幽燕 낙양성 이별하여 사천리, 오랑캐 말 몰아 오육년, 초목이 쇠할 때 검각성 밖을 다니며 싸움으로 길 막혀 강변에서 늙고 있네. 집 생각에 달을 보며 맑은 밤에 섰고 아우를 생각하여 구름을 쳐다보며 밝은 날에 조노느니, 하양에 근래 싸움 연승한다 듣노니 사도는 빨리 유연을 물리쳐다오.

66 教塾: 學塾, 서당, 사숙, 글방.

67 笆籬邊: 울타릿가.

68 閑棄: 한가하게 버려둠.

69 流傳: 세상에 널리 퍼져 전함. 널리 전파함.

70 了義: 胡僧, 서역에서 중국으로 온 승려. 참고로 신채호는 '요의'에 대해 다음과 같이 언급했다. "古者에 高僧 了義가 國文을 始製ᄒᆞ야"(「국문학교의 일증」, 『大韓每日申報』, 1908.1.26, 논설), "此雖內國이나 高僧 了義 創造ᄒᆞᆫ 以後"(「국한문의 경중」, 『大韓每日申報』, 1908.3.17, 논설), "神聖ᄒᆞᆫ 國文을 파離邊에 棄置ᄒᆞ야 高僧 了義가 此를 著作ᄒᆞᆫ 以後"(「國文研究會 委員 諸氏에게 勸告함」, 『大韓每日申報』, 1908.11.14, 논설), "國文의 起源을 說ᄒᆞᆫ 一段이 有ᄒᆞᆫᄃᆡ 倡造ᄒᆞᆫ 人氏ᄂᆞᆫ 高僧 了義라 ᄒᆞ엿스니 了義가 何時人인지 不知ᄒᆞ나 世宗 以前人 됨은 無疑ᄒᆞ더라"(「국문의 기원」, 『大韓每日申報』, 1909.12.29, 담총) 등.

71 高僧 了義가 國文을 始創ᄒᆞ고: 한글의 요의 창제설은 이후 다른 사람들에게도 영향을 미친다. "眞言集(佛家文字), 言高僧了義, 刱出國文"(황현, 『매천야록』), "或曰 國文 自本邦上世已有之 高麗僧了義 傳而記之 至王演成云"(김택영, 『한사경』), "吾國國文 新羅僧 窈熙創之 而不得普及於世 乃至廢而不行矣"(박은식, 『한국통사』)

72 眞言: 석가의 가르침의 정요(精要)로서, 신비한 힘을 가진 것으로 믿어지는 주문(呪文).

73 梵詩: 梵語(산스크리트 언어)로 된 시.

音譯ᄒᆞᆫ 者라 國詩로 冒稱[74]홈이 不可ᄒᆞ고 其次ᄂᆞᆫ 崔都統 鄭圃隱의 단心歌[75]가 될지라. 崔都統의 詩ᄂᆞᆫ 前段에 已錄ᄒᆞᆫ지라, 今에 圃隱[76] 시 全篇을 錄지 ᄒᆞ노라. 시曰

죽어죽어 一百番 다시 죽어,
白骨은 塵土 되고 넉시야 잇던업던
님 向ᄒᆞᆫ 一片단心 가실 줄이 잇스랴.[77]

古代에ᄂᆞᆫ 人君으로 國家의 中心點을 삼은 故로 崔都統 鄭圃隱의 단心歌[78]가 其終章에ᄂᆞᆫ 皆 (님 向ᄒᆞᆫ 一片단心)이란 語로 結ᄒᆞ엿스니 (님)은 人君을 謂홈이니라.

漢詩ᄂᆞᆫ 漢文과 共히 我國에 輸入ᄒᆞ야 一種 文學을 成ᄒᆞᆫ 者라. 箕聖[79]이 傳敎ᄒᆞᆯ 時에 必也 殷周[80]에 行用ᄒᆞᄂᆞᆫ 풍雅頌[81] 等으로 國人을 敎ᄒᆞᆫ 事가 有

---

74 冒稱: 거짓으로 꾸며냄.

75 단재의 지우였던 변영만은 「단재전」(『山康齋文鈔』, 龍溪書堂, 1957)에서 "丹生其自號也始慕鄭圃隱先生之歌中語稱一片丹生後嫌其冗乃云"이라 하였다. 단재 필명 일편단생이 정몽주뿐만 아니라 최영의 단심가와도 관련됨은 「천희당시화」뿐만 아니라 「최도통전」을 통해서도 알 수 있다.

76 圃隱: 정몽주(1337~1392), 고려 말기 문신 겸 학자. 문집에 『圃隱集』이 있음.

77 신채호는 정몽주의 「단심가」를 여러 군데 언급했는데, 모두 첫 구절 '이 몸이'를 생략했다. 『죽어죽어 一百番 다시 죽어 白骨이 塵土되고 넉시야 잇던업던 님 向한 一片丹心 가실 줄 잇스랴』(「조선 고래의 문자와 시가의 변천」). "죽어죽어 一百番 다시죽어 白骨이 塵土되고 넉시야 잇던업던 님向한 一片丹心 가슬줄이 잇스랴"(「조선사」).

78 단心歌: '일편단심'을 맹세했기 때문에 그렇게 부른다. 변영만에 따르면, 단재는 이들의 "一片丹心"을 가져와 '一片丹生'이라는 호를 삼았다. 그가 최영과 정몽주를 대단히 흠앙했음을 보여준다.

79 箕聖: 기자(箕子)를 높여서 부르는 말. 신채호가 '聖'자를 붙여 인물을 드높인 경우는 적지 않다. 東方聖僧으로 尊ᄒᆞ던 元曉 義相(「국수보전설」), 東明聖帝(「대아와 소아」), 世宗聖祖(「국문연구회 위원 제씨에게 권고홈」), 檀聖(「만주문제에 就ᄒᆞ야 재론홈」) 등이 있다. 그는 맹자, 석가, 예수 등 동서양의 성인뿐만 아니라 한국의 수많은 인물들을 성인으로 서술했다. 특히 단군을 '단성'이라 언급하였는데, 이는 기자를 '기성'이라고 한 조어방식과 동일하다. 그는 「독사신론」에서 "箕子ᄂᆞᆫ 聖人"이라는 말을 그대로 옮겼고, 이를 긍정하였다. 그는 특히 "虞舜의 聖도 箕子에 不下ᄒᆞ나"(1908.9.12.)라고 하였는데, 순(虞舜)은 요(堯) 임금과 더불어 성군(聖君)의 대명사로 일컬어지지 않던가. 요순의 성스러움이 기자에 모자라지 않는다는 것이야 말로 '기자가 성인'이라는 사실을 잘 말해주고 있다. 단재는 기자가 비록 성인이었지만, 우리의 왕조를 이은 것은 아니라고 강조했다. 또한 단재는 「조선상고문화사」에서도 "殷室의 大聖, 箕子 微子", "箕子 같은 大聖"이라 언급했는데, 이를 간단히 줄이면 '箕聖'이 된다.

80 殷周: 중국 고대 은나라 주나라.

81 풍雅頌: 風雅頌. 국풍(國風)과 대아(大雅)·소아(小雅), 송(頌)이라는 뜻으로, 『詩經』을 이르는 말.

홀지나 古사에 可徵홀[82] 處가 無ᄒᆞ며 或 麥秀歌[83]를 箕聖의 作ᄒᆞᆫ 빅라 ᄒᆞ나 此ᄂᆞᆫ 張谿谷[84]이 微子詩로 昭哲히[85] 辨正[86]ᄒᆞᆫ 빅[87]라 再次 置疑홀[88] 餘地가 無ᄒᆞ니 我東의 漢詩 鼻祖ᄂᆞᆫ 不得不 類利王 黃鳥詩로 推홀지나 其詩旨가 自家 夫婦間 缺感[89]을 叙述홈에 不過ᄒᆞ니 足히 稱道[90]홀 빅 無ᄒᆞ고 其後에 乙支文德이 平壤城下 兵馬공惚[91]의 際에 五言 一首를 著ᄒᆞ야 于仲文을 欺弄ᄒᆞ엿스니 其臨陣[92]閑雅[93]의 풍度[94]를 足히 想見홀지나 將軍의 詩라 詩人의

---

82 可徵홀: 증거로 삼을, 근거로 내세울.

83 麥秀歌: 기자가 멸망한 그의 조국 은나라의 도읍지를 지나면서 읊었다는 노래로 『사기』 〈미자세가〉에 실려 있다. 그 내용은 "麥秀漸漸兮, 禾黍油油兮, 彼狡童兮, 不與我好兮 보리 이삭은 점점 자라고, 벼와 기장 기름지기도 해라, 저 교활한 아이는, 나와는 사이가 좋지를 않네."이다.

84 張谿谷: 장유(1587~1638). 조선 중기 문신. 문집 『계곡집』 외에 『계곡만필』, 『陰符經註解』가 전해짐. 단재는 「조선사」에서 "昔者에 張維가 史記 『武王封箕子于朝鮮』을 辨正"(「조선일보」 1931.6.18.) 하였다고 하는 등 장유의 기자봉작 변정설을 여러 군데 언급했다.

85 昭哲히: 밝고 분명하게.

86 辨正: 옳고 그른 것을 따지고, 분명히 바로잡음.

87 麥秀歌를……微子詩로 昭哲히 辨正ᄒᆞᆫ 빅: 「독사신론」에 "東史綱目의 論載ᄒᆞᆫ 「遼地太半 皆기子提封」 九字ᄂᆞᆫ 筆下의 臆推(「독사신론」, 『대매』, 1908.9.13.)"이라 하여 기자봉작설이 나온다. 단재가 '기자'와 관련 내용을 안정복의 『동사강목』에서 가져왔음을 보여주는 대목이다. 『동사강목』 제1상에서는 〈기묘년 조선 기자 원년〉에서 기자봉작설이 나오며, 이에 대한 변정은 『동사강목』 부록 상권 상에 나온다. 부록 상권의 첫 번째 변정 글 「기자의 피지조선과 수봉조선에 대한 분별」에 장유가 〈기자봉작설〉을 변정한 내용이 실려 있다. 『동사강목』 제1상 두 번째 글 〈임오년 기자 4년〉에 「맥수가」 원문과 더불어 "『尙書』 大傳에는 '맥수가는 미자(微子)가 지은 것'이라 하여, 『사기』와 같지 않으니, 이것에 관해서는 확실히 알 수 없으나 『竹書紀年』에 '무왕 16년에 기자가 주에 조빙하였다' 하였으니 기자가 주에 조빙한 것은 확실하다"라 하여 「맥수가」의 미자 창작설이 나온다. 그것은 또한 장유의 변정(「箕子避地朝鮮與受封朝鮮之別」) 다음 페이지 「箕子來周」에서 "竹書紀年 武王十六年 壬午 箕子來朝 綱鑑等諸書皆從之 今取錄焉 朝周事 竹書史記皆箕子事 而獨尙書大傳 以麥穗歌爲微子事 後人引此及罔爲臣僕語 謂箕子必不朝周 此說不是"에서도 제시된다. 그렇다면 장유의 '「맥수가」의 미자시 변정'은 어디에 근거하는가? 그것은 위 예문에 숨어 있다. 장유는 기자 봉작설의 사실 무근을 "절대로 신하가 되지 않겠다는 말(罔爲臣僕語)"을 통해 '변정'하였다. 그런데 안정복은 "후인이 '麥穗歌爲微子事'와 '罔爲臣僕語'를 근거로 기자가 주나라에 조회했을 리가 없다고 하는데 이는 잘못이다(後人引此(麥穗歌爲微子事)及罔爲臣僕語 謂箕子必不朝周 此說不是)"라고 언급했던 것이다. 여기에서 '후인'은 앞장에서 언급한 장유가 포함된다. 즉 장유(후인)가 '罔爲臣僕語'를 들어 기자봉작설(箕子受封朝鮮)을 부인하지 않았던가. '我罔爲臣僕語'와 '麥穗歌爲微子事'는 『사기』의 "箕子受封朝鮮", "箕子來周"설을 부정하는 근거가 된다. 그러므로 저자는 "我罔爲臣僕"을 거론한 장유가 "麥穗歌爲微子"까지 변정했을 것으로 생각할 여지가 충분하다. 한편 「천희당시화」에는 이익의 "星湖ᄉᆞ說"(1909.12.3.)이 언급되었는데, 『성호사설』 「회남왕전」에는 "又云 微子過故國而悲於是作麥秀之歌 與箕子作歌者不同"이라 하여 미자가 「맥수가」를 지었다는 말이 있다 하였다. 이익, 『국역성호사설』 X, 민족문화추진회, 1997, 원문 74면.

88 置疑홀: 의심할.

89 缺感: 모자라거나 충분하지 못한 느낌.

90 稱道: 칭찬하여 말함.

91 공惚: 倥偬, 이것저것 일이 많아 매우 바쁨.

92 臨陣: 전쟁 마당에 나섬.

詩가 아니며 又 一時 誘敵의 語라 任情率意[95]의 作이 아니니 足히 諷詠홀 비 無ᄒᆞ고 其後에 許多 詩學士가 輩出ᄒᆞ엿스나 皆 李 杜 韓 蘇[96]의 唾餘[97]를 拾ᄒᆞ야[98] 戰事를 悲觀ᄒᆞ고 苟安[99]을 謳歌ᄒᆞ야[100] 事大主義만 鼓吹[101]홀 ᄲᅮᆫ이오 能히 眼光을 大放ᄒᆞ야 東國[102] 尙武的 精神[103]을 發揮ᄒᆞᆫ 者ㅣ 無ᄒᆞ니, 嗚乎라 外語 外文의 國魂을 移奪홀 魔力이 果然 如此ᄒᆞᆫ지. 余가 勝朝 及 本朝 千餘年間 漢詩家 人物을 歷數ᄒᆞᄆᆡ[104] 欷歔[105]를 不堪ᄒᆞᄂᆞᆫ[106] ᄇᆡ로라. 故로 余ᄂᆞᆫ 嘗謂호ᄃᆡ[107] 我國의 流傳ᄒᆞᄂᆞᆫ 漢詩ᄂᆞᆫ 南怡[108]詩

白頭山石磨刀盡, 豆滿江波飮馬無, 男兒二十未平敵, 後世誰稱大丈夫.[109]

---

93 閑雅: 여유롭고 우아함, 조용하고 품위 있음.
94 풍度: 風度. 풍채와 태도.
95 任情率意: 제멋대로, 제 마음대로.
96 李 杜 韓 蘇: 이백(701~762), 두보(712~770), 한유(768~824), 소동파(1037~1101).
97 唾餘: 단재전집 및 임중빈은 '睡餘'로 썼다. 신문의 상태로 확인이 어렵지만 "잠에서 깬 뒤 睡餘"라는 내용보다는 '唾餘' 곧 '남은 침', 곧 남긴 말을 뜻한다.
98 拾ᄒᆞ야: 수습하여, 거두어 모아.
99 苟安: 일시적인 안락을 꾀함.
100 苟安을 謳歌ᄒᆞ야: 단재는 "오직 苟安만 탐하며"(「꿈하늘」), "苟安自卑之故"(「여우인절교서」), "苟安政策"(「외교문제에 관하여」), "文藝運動之苟安論"(「제3회 삼일절 보고동포」) 등 여러 군데에서 '구안'을 비판했다.
101 事大主義만 鼓吹: 단재는 "事大主義를 鼓吹"(담총란, 『大韓每日申報』 1909.12.5.), "事大主義에 被縛"(「국사의 일사」), "事大主義에 沉醉"(「20세기 신국민」) 등에서 사용하였다.
102 東國: 동쪽 나라 곧 한국을 일컬음. 단재는 「東國巨傑崔都統」, 「東國古代仙敎考」 등 수많은 표현을 썼다.
103 尙武的 精神: 단재는 "尙武精神이 勃勃", "尙武心"(「최도통전」), "尙武精神"(「꿈하늘」) 등에서 상무정신을 강조했다.
104 歷數ᄒᆞᄆᆡ: 차례로 헤아리매.
105 欷歔: 흐느껴 욺, 탄식.
106 不堪ᄒᆞᄂᆞᆫ: 견딜 수 없는.
107 嘗謂호ᄃᆡ: 일찍이 일컫되.
108 南怡(1441~1468): 조선 전기의 무신. 도적떼를 토벌하였고, 이시애의 난 때 우대장으로 이를 진압하였다. 서북변의 건주위 여진을 정벌했다. 공신의 대우를 받았고 병조판서에까지 올랐으나, 역모의 의심을 받아 처형되어 젊은 나이에 생을 마쳤다.
109 단재는 「수군 제일위인 이순신」에서도 "白頭산石磨刀盡, 豆滿江波飮馬無, 男兒二十未平賊, 後世誰稱大丈夫 백두산에 돌을 칼을 갈아 다하고, 두만강의 물을 말을 먹여 없애니 남아 이십에 적을 토평하지 못하면 후세 누가 대장부라 일컬으리오"(『大韓每日申報』, 1908.5.6.)라 하여 이 시를 언급했다. 그리고 그는 「백세 노승의 미인담」에서 "두만강물에 말을 씻고 백두산 돌에 칼을 갈어 적군을 토평하리라"(『신채호문학유고선집』, 69면), 「고고편」 말미에서도 "白頭山石磨刀盡 豆滿江水飮馬無"『천고』, 1921.3.)라 하여 남이의 시를 인용하였다. 원래 전구(轉句)는 "男兒二十未平國"으로 알려져 있는데 단재는 '國'을 '敵 또는 賊'으로 바꾼 것이다. 허균의 「학산초담」(『惺所覆瓿藁』, 1611)에는 전구 끝 글자가 '北'으로 되어 있지만, 이수광의 『지봉유설』 권13(1614) 이래 대부분 '國'으로 되어 있다.

一首와 崔瑩詩

三尺劍頭安社稷, 一條鞭末整乾坤.[110]

一句만 存錄ᄒᆞ고 其餘ᄂᆞᆫ 一切 火炬에[111] 付코ᄌᆞ ᄒᆞ노니, 嗚乎라 此言이 비록 過激ᄒᆞᆫ 듯ᄒᆞ나 抑亦 有志者의 同認ᄒᆞᆯ 바가 아닌가. 雖然이나 彼千餘年來 漢詩家가 腦를 腐ᄒᆞ며 血을 嘔ᄒᆞ야 螢窓雪案[112]間 蕭條[113]生涯로 其死後 姓名 三字를 傳코ᄌᆞ ᄒᆞ던 者가 今日 九原下에셔[114] 此言을 聞ᄒᆞ면 齒를 切ᄒᆞ고 哀哭ᄒᆞᆯ 者ㅣ 果然 幾人이나 될ᄂᆞᆫ지.

往者에 金允植[115]氏가 前統監 願留次로[116] 日本에 渡往ᄒᆞ더니 彼中 漢詩家들이 金을 富士山[117]下에 邀宴[118]ᄒᆞᆯ식 金이 該山으로 爲題ᄒᆞ고 一詩를 成ᄒᆞ엿ᄂᆞᆫᄃᆡ

怪怪奇奇摠不同, 化工於此技應窮, 森沉劍戟皆兵氣, 羅列兒孫盡父風.[119]

---

110 성현의 『慵齋叢話』(1525) 3권에 "太祖爲侍中 嘗占聯云 三尺釰頭安社稷 一時文士皆未對 公遽曰 一條鞭末定乾坤 人皆嘆服"이라 나온다. 태조가 시중이 되어 일찍이 점연하기를 "석 자 되는 칼로 사직을 편안히 한다."라고 했다. 당시 문사들이 모두 대구를 짓지 못하였는데, 공(崔瑩)이 갑자기 짓기를 "한 가닥 채찍으로 천지를 평정한다." 하니, 사람들이 다 탄복하였다. 『해동잡록』, 『연려실기술』, 『오주연문장전산고』 등에도 전한다. 『연려실기술』에는 "『북로능침지(北路陵寢志)』 태조 영정(影幀) 후면에 쓴 글에, 靑龍白虎左右邊, 山虎石上如踞蹲, 公侯富貴榮華出, 世世統領大將軍, 雷振名譽天下遍, 四海無防車書通, 三尺劍頭安社稷, 一條鞭末定乾坤이라 하였다. 모두 56자이다. 『여지승람』"으로 기록되었다 한다. 한편, 『이재유고』에는 "旣成命鄭麟趾奉太祖御容 而幀背有七言散韻八句 不知誰題曰 靑龍白虎左右邊 山虎石上如蹲踞 公侯富貴榮華世 出世統領大將軍 雷震名譽天下徧 四海無防車書通 三尺劒頭安社稷 一條鞭末定乾坤 其末二句 列聖御製引成俔慵齋叢話 以爲太祖倡上句 崔瑩聯下句云"으로 기록했다.

111 火炬에: 횃불에.

112 螢窓雪案: 반딧불이 비치는 창과 눈에 비치는 책상(冊床)이라는 뜻으로, 어려운 가운데서도 학문에 힘씀을 비유한 말. 그러나 이 문맥은 학문에만 전념하는 것을 부정적으로 보고 실천적 인식을 강조했다.

113 蕭條: 매우 쓸쓸함, 고요하고 조용함.

114 九原下에셔: 九天下에서, 저승에서.

115 金允植(1835~1922): 구한말의 관료, 문장가.

116 願留次로: 전임(轉任)되어 가는 관리의 유임(留任)을 그 지방 사람들이 상부에 청원할 목적으로.

117 富士山: 일본 시즈오카현[靜岡縣] 북동부와 야마나시현[山梨縣] 남부에 걸쳐 있는 산. 높이 3,776m.

118 邀宴: 연회를 베풂.

119 이는 모두 7언율시의 전반부로 원래 시는 "恠恠奇奇各不同, 化工於此技應窮, 森嚴戈戟皆兵氣, 羅列兒孫盡父風 기기괴괴한 것이 모두 한결같지 않으니, 조화옹의 기교가 여기에서 극에 다다랐구나. 삼엄한 창 같은 바위산은 모두 병사들의 사기요, 늘어선 산맥은 자손인 듯 모두 아버지의 풍모를 다했구나"(末松謙澄 纂, 『芝城山館納凉唱和集 輕妙唱和集合本』, 東京: 秀英舍, 1908, 85~86면)로 차이를 보인다. 후반부는 "撲地雲煙八州合, 撐天石壁四門通, 精英應産人魁傑, 淑氣扶輿鎭日東"이며, 『雲養集』(1917) 詩 卷之六, 23면에 「靑萍에게 다시 次韻함(又次靑萍韻)」이라는 제하에 실려 있다. 靑萍은 일본인 末松謙澄을 일컫는다.

이라 云云 ᄒᆞ엿더라. 噫라, 彼의 外國 崇拜ᄒᆞᄂᆞᆫ 劣性이 何如是오?[120] 外國人物을 崇拜홀 ᄲᅮᆫ 아니라 外國山川ᄭᆞ지 崇拜ᄒᆞ엿도다, 噫라.

詩歌ᄂᆞᆫ 人의 感情을 陶融홈[121]으로 目的ᄒᆞ나니 宜乎[122] 國字를 多用ᄒᆞ고 國語로 成句ᄒᆞ야 婦人 幼兒도 一讀에 皆曉ᄒᆞ도록 注意ᄒᆞ여야 國民 智識 普及에 效力이 乃有홀지어날 近日에 各學校用歌를 聞ᄒᆞᆫ즉 漢字를 雜用홈이 太多ᄒᆞ야[123] 唱ᄒᆞᄂᆞᆫ 學童이 其趣味를 不悟ᄒᆞ며 聽ᄒᆞᄂᆞᆫ 行人이 其語意를 不知ᄒᆞ니 是가 何等 効益이 有ᄒᆞ리오? 是亦 教育界의 欠點이라 可云홀지로다. 一友人이 일즉 其著ᄒᆞᆫ 바 愛國吟 丈夫吟 各 一首를 余에 誦傳[124]ᄒᆞᄂᆞᆫᄃᆡ 國語로 爲主ᄒᆞ고 漢子ᄂᆞᆫ 若干 助入ᄒᆞ야[125] 老嫗도 可解라. 余ㅣ 此를 愛ᄒᆞ야 左에 錄ᄒᆞ노라.

愛國吟曰
제 몸은 ᄉᆞ랑컨만, 나라ᄉᆞ랑 왜 못ᄒᆞ노,
國家疆土 업셔지면, 몸 둘 곳이 어ᄃᆡ ᄆᆡ뇨,
찰아리 몸은 죽더ᄅᆡ도, 이 나라ᄂᆞᆫ,[126]

丈夫吟曰
長劒을 놉히 들고, 宇宙間에 徘徊ᄒᆞ니,
萬古興亾은 胷中에 歷歷ᄒᆞ고,[127] 六大部洲ᄂᆞᆫ 眼中에 恢恢ᄒᆞ다,[128]
아마도 丈夫의 得意秋[129]ᄂᆞᆫ, 이ᄯᅢ인 듯.[130]

---

120 何如是오: 어찌 이와 같으리오.
121 陶融홈: 陶는 빚어내다, 만들다는 의미이며, 融은 녹이다, 융합하다는 의미이다. 도융은 일종의 조어로 도야하고 융합하다는 뜻이다. 시가 감정의 도융을 목적으로 한다는 것은 재도지기(載道之器)의 효용론적 시관을 잘 보여준다.
122 宜乎: 마땅히.
123 各學校用歌를 聞ᄒᆞᆫ즉 漢字를 雜用홈이 太多ᄒᆞ야: 단재는 학교용가가 "한字를 多用하고 國字로 補助ᄒᆞ며 俗語ᄂᆞᆫ 抹殺ᄒᆞ고 雅語만 趨重하"(「論學校用歌」, 1908.7.11.)였다고 비판했다.
124 誦傳: 외워주다, 전해주다.
125 助入ᄒᆞ야: 보조로 들여와.
126 이 가사는 「愛國調」(『大韓每日申報』, 1908.12.5.)를 인용한 것이다.
127 歷歷ᄒᆞ고: 모든 것이 환히 알 수 있게 똑똑하고.
128 恢恢ᄒᆞ다: 넓고 크다.
129 得意秋: 뜻을 이룰 때, 뜻을 얻을 때.
130 이 가사는 「장부음」(『大韓每日申報』, 1908.12.3. 사조란)을 인용한 것이다. 그 내용은 전반부는

帝國新聞에 일즉 國字韻 (날발갈, 닝징싱 等)을 懸ᄒᆞ고[131] 國文 七字詩를 購賞ᄒᆞ엿스니[132] 此七字詩도 或 一種 新國詩體가 될가?

曰 否라. 不可ᄒᆞ다. 英國詩ᄂᆞᆫ 英國詩의 音節이 自有ᄒᆞ며, 俄國詩ᄂᆞᆫ 俄國詩의 音節이 自有ᄒᆞ며 其他 各國詩가 皆然ᄒᆞ나니 萬一 甲國의 詩로 乙國의 音節을 效ᄒᆞ면 是ᄂᆞᆫ 鶴膝을 鳧脚[133]으로 換ᄒᆞ며 狗尾를 黃貂[134]로 續ᄒᆞᆷ이니 其孰長孰短 孰善孰惡은 姑舍ᄒᆞ고 狀態의 不類[135]가 엇지 可笑치 아니리오. 試ᄒᆞ야 此國文七字詩를 一讀ᄒᆞ라. 其艱삽ᄒᆞᆷ[136]이 果然 何如ᄒᆞ뇨? 且堂堂 獨립ᄒᆞᆫ 國詩가 自有ᄒᆞ거ᄂᆞᆯ 何必 支那律體를 依倣ᄒᆞ야[137] 龍鍾[138]崎嶇[139]의 態를 作ᄒᆞ리오. 又或 近日 各學校에셔 日本音節을 效ᄒᆞ야[140] 十一字歌를 製ᄒᆞᄂᆞᆫ 者ㅣ 間有ᄒᆞ니[141] 此亦 國文七字詩를 製ᄒᆞᄂᆞᆫ 類인져. 余도 일즉 某校 學生의 託을 爲ᄒᆞ야 此十一字歌를 製給ᄒᆞᆫ[142]바 追後에 此를 悔悟ᄒᆞ엿스나 往事라 可追ᄒᆞᆯ ᄇᆡ 아니로다. 萬一 該校 學生이 余에게 改製를 求ᄒᆞ면 余가 補過[143]ᄒᆞ기 爲ᄒᆞ야 此를 不辭ᄒᆞ깃노라.

甲午東學의 諸魁首ᄂᆞᆫ 皆 一時 妖鬼에 不過ᄒᆞ나 獨 彼 古阜首擾者 全봉準[144]은 革命家의 精神이 饒有ᄒᆞ고[145] 兵略이 神速ᄒᆞ야[146] 彼 日本人의 崇拜

같지만, 후반부는 원래 "六大部州ᄂᆞᆫ 眼下에 平平ᄒᆞ다, 아마도 大丈夫 大事業은 이 時代인가"였다.

131 제국신문사에서는 1907년 12월 18일부터 "날 발 갈"을 운자로 한 국문풍월 현상모집을 하였으며, 1908년 1월 1일 신문 제1면에 당선작을 발표하였다.

132 購賞ᄒᆞ엿스니: 상을 내걸었으니, 현상공모 하였으니.

133 鳧脚: 오리 다리.

134 黃貂: 노랑 담비.

135 不類: 어울리지 못함, 닮지 않았다는 뜻으로, 매우 못나고 어리석음을 뜻함.

136 艱삽ᄒᆞᆷ: 艱澁함. 매끄럽지 못하고 껄끄러움.

137 依倣ᄒᆞ야: 모방하여, 흉내내어.

138 龍鍾: 늙어서 부자유스러움. 늙어서 지척거림.

139 崎嶇: 순탄하지 못하고 가탈이 많음.

140 效ᄒᆞ야: 본받아서, 배워서.

141 間有ᄒᆞ니: 간혹 있으니.

142 製給ᄒᆞᆫ: 지어준.

143 補過: 지난 날의 과오나 허물을 바로 잡아 보상(補償)함.

144 全봉準(1855~1895): 全琫準, 조선 말기 동학농민운동 지도자. 당시 전봉준을 높이 평가하였다는 것은 저자의 혁명적 사상을 보여준다. 단재는 전봉준, 홍경래와 더불어 정인홍, 정여립, 김옥균 등의 혁명가도 높이 평가했다. 그래서 『鄭仁弘公略傳』을 쓰려 했으나 옥사로 인해 물거품이 되고 말았다.

145 饒有ᄒᆞ고: 넉넉하고, 풍부하게 있고.

를 大受ᄒᆞᄂᆞᆫ 者라. 봉準의 起事ᄒᆞ던[147] 時에 一歌가 湖南에 流行ᄒᆞ야 曰

식야식야 八王(全字 破字)식[148]야, 네가 어이 나왓너냐,
솔닙ᄃᆡ닙 포롯포롯, 幸혀 봄쳘인가 나왓더니,
白雪이 폴폴 헌날인다,[149] 뎌 건너 蒼松綠竹이 ᄂᆞᆯ 쇽엿다.

嗚乎라. 봉準의 才略으로 萬一 稍後히[150] 出現ᄒᆞ야 世界의 風潮를 觀察ᄒᆞ고 時機를 利用ᄒᆞ엿더면 後來 其可觀의 成就가 必有ᄒᆞᆷ은 尙論家[151]의 並認ᄒᆞᆯ[152] ᄇᆡ니 此歌가 果然 明白히 道破ᄒᆞ엿도다.[153] 未知케라. 其作者가 何人歟아.

客이 漢詩 數首를 携ᄒᆞ고 余를 示ᄒᆞᄂᆞᆫᄃᆡ 句句에 新名詞를 참入[154]ᄒᆞ야 成ᄒᆞᆫ지라. 其中

滿壑芳菲平等秀. 격林禽鳥自由鳴.[155]

이라 云ᄒᆞᆫ 一聯을 指ᄒᆞ여 曰

「此 兩句ᄂᆞᆫ 東國詩界革命[156]이라 可稱ᄒᆞᆯ ᄇᆡ라.」

ᄒᆞ고, 怡然히[157] 自得[158]의 色이 有ᄒᆞ거ᄂᆞᆯ 余ㅣ 曰

「吾子[159]의 用心이 良苦ᄒᆞ도다[160]만은 此로 支那詩界의 革命이라 ᄒᆞᆷ은 可

---

146 神速ᄒᆞ야: 신기할 정도로 몹시 빨라.
147 起事ᄒᆞ던: 군대를 일으키던, 무장 투쟁을 일으키던.
148 八王(全字 破字)식: '全'은 곧 동학혁명의 수장 전봉준을 일컬음. 한편 동학을 노래한 가사는 일반적으로 "새야새야 파랑새야 / 녹두밭에 앉지 마라 / 녹두꽃이 떨어지면 / 청포장수 울고 간다."로 되어 있다. 그리고 여기에서 파랑새는 푸른 군복을 입은 일본군을, 녹두밭은 녹두장군 곧 전봉준을, 청포장수는 백성을 상징하는 것으로 본다.
149 헌날인다: 흩날린다.
150 稍後히: 얼마 뒤에.
151 尙論家: 고인의 일을 평론하는 사람.
152 並認ᄒᆞᆯ: 모두 인정할.
153 道破ᄒᆞ엿도다: 끝까지 다 말하였도다. 또는 딱 잘라 말하였도다.
154 참入: 參入, 섞어 넣음. 집어 넣음.
155 모든 골짜기에 화초향기는 평등하게 솟아나고, 고요한 수풀(闃林)에 새짐승은 자유로이 우짖네.
156 東國詩界革命: '한국 시단의 혁명'을 뜻함. 양계초는 「음빙실시화」(1907)에서 '지나시계혁명'을 주창하였는데, '동국시계혁명'은 그것과 대비해서 붙인 명칭이다.
157 怡然히: 기쁘게.
158 自得: 스스로 깨달아 얻음, 스스로 만족하게 여겨 뽐내며 우쭐거림.
159 吾子: 그대.
160 良苦ᄒᆞ도다: 매우 힘들이다, 대단히 고생하다. "用心良苦"는 매우 고심하고 애쓰다는 뜻.

커니와 東國詩界의 革命이라 云홈은 不可ᄒᆞ니 盖 東國詩가 何오 ᄒᆞ면 東國言, 東國文, 東國音으로 製ᄒᆞᆫ 者가 是오, 東國詩革命家가 誰오 ᄒᆞ면 東國詩中에 新手眼[161]을 放ᄒᆞᄂᆞᆫ 者가 是라 홀지어날 今에 子가 漢字詩를 作ᄒᆞ고 貿然히[162] 自信ᄒᆞ여 曰 我가 東國詩界革命家라 ᄒᆞ니 抑亦愚悖홈[163]이 아닌가. 吾子가 萬一 詩界革命者가 되고져 홀진ᄃᆡ 彼 阿羅郎[164] 寧邊東臺[165] 等 國歌界에 向ᄒᆞ야 其頑陋[166]를 改革ᄒᆞ고 新思想을 輸入홀지어다. 如此ᄒᆞ여야 婦女가 皆 吾子의 詩를 讀ᄒᆞ며 兒童이 皆 吾子의 詩를 誦ᄒᆞ야 全國의 感情과 風俗이 丕變되야[167] 吾子가 詩界革命家 始祖가 되려니와 苟或[168] 漢字詩를 將ᄒᆞ야[169] 此로 國人의 感念을 興起코ᄌᆞ ᄒᆞ랴다가ᄂᆞᆫ 비록 索士比亞[170](英國大詩人)의 神筆을 揮홀지라도 是ᄂᆞᆫ 幾個人의 閒坐諷詠[171]홈에 供홀 而已니 何故로 云然고[172] ᄒᆞ면 卽 彼가 東國語 東國文으로 組織ᄒᆞᆫ 東國詩가 아닌 故니 吾子의 用心은 良苦하도다만은 其計가 實誤로다.」

ᄒᆞᆫᄃᆡ 客이 憮然[173]良久[174]에 退曰

「先生의 言이 果然ᄒᆞ다.」[175]

---

161 新手眼: 새로운 손과 눈, 즉 새로운 수단, 새 수법.
162 貿然히: 거칠게, 덤벙거리며.
163 愚悖홈: 어리석고 패악함.
164 阿羅郎: 아리랑. 우리나라 남녀 노소 사이에서 가장 널리 애창되던 구전 민요.
165 寧邊東臺: 평안북도 지방의 대표적 민요 「영변가」를 칭하는 듯. 「영변가」는 “영변에 약산에 동대로다”라는 구절이 있어 그것에서 “약산동대”라고 한 듯하다. 그 중의 한 대목은 다음과 같다. “노자에 노자 노자 아하 아하 젊어서 노잔다 / 나이 많아 병이나 들며는 못 노리로다 / 영변에 약산에 동대로다 아하 아하 아하 아하 / 부디 편안히 너 잘 있거라 / 나도 명년 양춘은 가절이로다 또 다시 보자 / 오동의 복판이로다 아하 아하 아하 아하 거문고로구나 / 둥당실 슬기둥 소리가 저절로 난다 / 달아 에헤 달아 달아 아하 아하 아하/허공 중천에 둥당실 걸리신 달아 / 임에나 창전이로구나 비치신 달아.”
166 頑陋: 낡은 사상이나 풍속에 젖은 채로 고집이 세고 융통성이 없음.
167 丕變되야: 종래에 내려오던 나쁜 풍습이 깨뜨려져.
168 苟或: 혹시라도 진실로.
169 將ᄒᆞ야: 취하여, 받들어.
170 索士比亞(1564~1616): 세익스피어. 영국이 낳은 세계 최고 시인 겸 극작가.
171 閒坐諷詠: 한가히 앉아 (시가 등을) 읊조림.
172 云然고: 그러한가, 그렇다고 말할 수 있는가.
173 憮然: 크게 낙심하여 허탈해하거나 멍함.
174 良久: 꽤 오래.
175 果然ᄒᆞ다: 정말이다. 과연 그러하다.

ᄒᆞ더라.

彼無知妄[176]青年들이 往往 叫唱[177]曰

「我國을 亾케 ᄒᆞᆫ 者ᄂᆞᆫ 詩라.」

ᄒᆞ니 嗚呼라, 其不思ᄒᆞᆷ이 엇지 此에 至ᄒᆞ뇨. 今에 姑且[178]至近의[179] 理로 喩ᄒᆞ리니 大抵 吾輩가 喜가 有ᄒᆞᄆᆡ 歡呼가 無코ᄌᆞ ᄒᆞᆫ들 得乎[180]며 怒가 有ᄒᆞᄆᆡ 憤叫[181]가 無코ᄌᆞ ᄒᆞᆫ들 得乎며 哀怨이 有ᄒᆞᄆᆡ 凄凉[182]灑泣[183]이 無코ᄌᆞ ᄒᆞᆫ들 得乎며, 苦痛이 有ᄒᆞᄆᆡ 呻吟狂啼[184]가 無코ᄌᆞ ᄒᆞᆫ들 得乎아.[185]

大凡[186] 詩란 者ᄂᆞᆫ 即 此歡呼, 憤叫, 凄凉灑泣, 呻吟狂啼 等의 情態로 結成ᄒᆞᆫ 文言이니 詩를 廢코ᄌᆞ ᄒᆞ면 是ᄂᆞᆫ 國民의 喉를 閉ᄒᆞ며 腦를 破ᄒᆞᆷ이니 此ㅣ 엇지 可ᄒᆞ며 此ㅣ 엇지 可ᄒᆞ리오. 故로 余ᄂᆞᆫ 嘗言호ᄃᆡ

「詩가 盛ᄒᆞ면 國도 亦盛ᄒᆞ며 詩가 衰ᄒᆞ면 國도 亦衰ᄒᆞ며 詩가 存ᄒᆞ면 國도 亦存ᄒᆞ며 詩가 亾ᄒᆞ면 國도 亦亾ᄒᆞᆫ다.」 ᄒᆞ노라. 或曰

「然則 本朝 五百年來에 有名ᄒᆞᆫ 詩人은 前代보담 多ᄒᆞ엿스나 其國民은 前代에 不及ᄒᆞ야 壬辰[187]에 倭의 八道가 챵攘ᄒᆞ며[188] 丙子[189]에 胡의 京城이 不守ᄒᆞ야

天心錯莫臨江水, 廟算凄凉對落暉.[190]

---

176 無知妄: 무지하고 망령됨.
177 叫唱: 부르짖음.
178 姑且: 잠시, 우선.
179 至近의: 몹시 가까운.
180 得乎: 그럴 수가 있는가. 가능하겠는가.
181 憤叫: 원통하여 부르짖음.
182 凄凉: 마음이 구슬퍼질 만큼 쓸쓸함, 서글프고 구슬픔.
183 灑泣: 눈물을 뿌리며 우는 것.
184 狂啼: 미친 듯이 소리내어 울부짖음.
185 哀怨이 有ᄒᆞᄆᆡ 凄凉灑泣이 無코ᄌᆞ ᄒᆞᆫ들 得乎며, 苦痛이 有ᄒᆞᄆᆡ 呻吟狂啼가 無코ᄌᆞ ᄒᆞᆫ들 得乎아: 동일한 문체가 단재의 다른 글 "高尙ᄒᆞᆫ 洪範의 道로 其民을 化코ᄌᆞ ᄒᆞᆫ들 得乎며, 支離ᄒᆞᆫ 禮樂의 教로 其民을 服코ᄌᆞ ᄒᆞᆫ들 得乎아"(「독사신론」, 1908.9.15.)에 나온다.
186 大凡: 무릇, 대체로.
187 壬辰: 壬辰倭亂, 조선 선조 25년 임진년(1592)에 일본이 우리나라에 침입한 싸움. 1598년까지 2차에 걸쳐서 싸움이 진행되었다.
188 챵攘ᄒᆞ며: 搶攘하여, 몹시 혼란스럽고 어수선하여.
189 丙子: 丙子胡亂, 조선 인조 14년 병자년(1636)에 청나라가 침입한 난리. 청나라에서 군신 관계를 요구한 것을 조선이 물리치자 청나라 태종이 20만 대군을 거느리고 침략하였다. 이에 인조는 삼전도에서 항복하고 청나라에 대하여 신하의 예를 행하기로 한 굴욕적인 화약을 맺었다.

의 句에 君臣의 血淚만 灑ᄒᆞ엿스며[191]

回思丙子年間事, 幾斷王孫塞外魂.[192]

의 語가 後人의 遺恨만 胎ᄒᆞ엿스니[193] 詩의 功이 何에 在ᄒᆞᆫ가?」

曰「噫라. 本朝 以來로 果然 詩學이 盛ᄒᆞ엿스며 詩學이 盛ᄒᆞᆫ 後에 果然 國恥가 頻來ᄒᆞ엿스니[194] 子가 詩를 咎ᄒᆞᆷ이[195] 亦宜로다만은 但 子가 詩의 何物됨을 不知ᄒᆞ고 詩를 妄論ᄒᆞᄂᆞᆫ도다.

今에 余가 爲先 詩의 能力을 說明ᄒᆞ고 其次 詩道와 國家의 關係를 詳論ᄒᆞ리니, 子ᄂᆞᆫ 且頭腦를 冷靜ᄒᆞ고 此를 聽ᄒᆞᆯ지어다. 卽今 吾儕가 漠然[196]閒坐라가 金節齊[197]의 朔風歌

朔풍[198]은 나무 ᄭᅳᆺᄐᆡ 불고, 明月은 눈속에 찬ᄃᆡ,

萬里邊城에 一長劍 집고 셔셔,

쉬파람[199] ᄒᆞᆫ 소ᄅᆡ에[200] 것칠[201] 것시 업셔라.

---

190 임금은 착잡한 마음으로 강을 내려다보고 조정 대신들은 처량하게 석양만 보고 있네. 『호곡시화』에, "이오봉(李五峯 李好閔)은 뛰어난 재주가 세상을 울렸는데, 만년에는 재주가 다했다는 탄식이 있었다. 그러나 '天心錯莫臨江水 廟算凄凉對夕暉'라는 등의 시어는 한때 제우(儕友)들이 감히 바라지 못했다 한다."라고 하였다. 7언 율시 전구이며, 시 전체 내용은 다음과 같이 『五峯集』(이호민의 문집)에 실려 있다. 干戈誰着老萊衣 萬事人間意漸微 地勢已從蘭子盡 行人不見漢陽歸 天心錯漠臨江水 廟筭凄凉對夕暉 聞道南兵近乘勝 幾時三捷復王畿.

191 灑ᄒᆞ엿스며: 흘렸으며, 뿌렸으며.

192 병자 연간의 일을 생각하니 어찌 변경의 왕손을 슬퍼하지 않을 수 있겠는가? "公之平日慷慨之意時發於吟哦之間 於江華城樓之詩可見 其 詩曰一帶長江擁石門 天敎形勝護東藩 追思丙子年間事 幾斷王孫塞上魂 此日高樓休進酒 當時大將好傾樽 書生袖裡鳴三尺 欲向崆峒雪舊寃"『遜齋先生文集卷之八』察訪金公行狀에 기록됨. 조선 중기 문인 이겸(李謙)이 김시서(金時瑞)의 행장을 기록하면서 이 한시를 언급하였다.

193 胎ᄒᆞ엿스니: 잉태하였으니. 낳았으니.

194 頻來ᄒᆞ엿스니: 자주 왔으니, 빈번하게 왔으니.

195 咎ᄒᆞᆷ이: 허물함이. 비난함이.

196 漠然: 갈피를 잡을 수 없을 정도로 아득하게.

197 金節齊: 김종서(1383~1453), 조선 전기 문신.

198 朔풍: 朔風. 겨울철에 북쪽에서 불어오는 찬 바람.

199 쉬파람: 휘파람, 혀끝으로 입김을 불어서 내는 소리.

200 쉬파람 ᄒᆞᆫ 소ᄅᆡ에: 이 작품은 김종서의 시조로, 대부분의 시조집에서 종장은 "긴 파람 큰 한 소래에"로 되어 있다.

201 것칠: 거칠. 무엇에 걸리거나 막힐.

를 朗吟ᄒᆞ미[202] 忽然 肝膽이 斗大ᄒᆞ며,[203] 쇼然[204] 疲臥라가[205] 南將軍[206]의 長劍曲

長劍을 ᄲᅢ여 들고 白頭에 올나보니,
大東天地에 腥塵[207]이[208] ᄌᆞ겨셔라,
언졔나 南北풍塵[209]을 헷쳐 볼까 ᄒᆞ노라.

를 快讀ᄒᆞ미[210] 突然 頭발이 上指ᄒᆞ며,[211] 沉憂[212]鬱鬱[213]ᄒᆞ다가
어와 뎌 白鷗![214]
一章을 漫誦ᄒᆞ미 心神이 怡然ᄒᆞ며,[215] 情事[216]悠悠[217]ᄒᆞ다가
子規야 우지 마라.[218]
一句를 微諷ᄒᆞ미[219] 感淚가 潸然ᄒᆞ야[220] 詩가 人情을 感發홈에 如此히 不可思議의 能力이 有ᄒᆞᆫ지라.

---

202 朗吟ᄒᆞ미: 읊으매, 읊조리매.
203 斗大ᄒᆞ며: 한 말만큼이나 커지며.
204 쇼然: 蕭然, 호젓하고 쓸쓸히.
205 疲臥라가: '疲臥타가'의 오식인 듯. 지쳐 누웠다가.
206 南將軍: 남이(1441~1468) 장군. 각주 108번 참조.
207 腥塵: 비린내가 나는 먼지라는 뜻으로, 어지러운 세상을 이르는 말.
208 大東天地에 腥塵이: 대부분의 시조집에서 중장은 "大東天地에 腥塵이"(『청구영언 가람본』에는 "一葉鯤ᄊᆡ이 胡越에)"가 "大明天地에 腥塵이"로 알려져 있다. 남이의 시조.
209 풍塵: 風塵, 싸움터에서 일어나는 티끌이라는 뜻으로, 전쟁으로 인하여 어수선하고 어지러운 분위기 또는 그런 전쟁통을 이르는 말.
210 快讀ᄒᆞ미: 기쁘게 읽으매, 시원하게 읽으매.
211 上指ᄒᆞ며: 위를 가리키며, 즉 (머리카락이) 일어서며.
212 沉憂: 깊은 근심, 우울에 잠김.
213 鬱鬱: 마음이 갑갑하고 답답함.
214 김광욱(1580~1656) 「栗里遺曲」 17수 중 6번째 시조. 어화 저 백구(白鷗)야 무슨 수고 하나슨다 / 갈숲으로 바자니며 고기 엿기 하는고야 / 나같이 군마음 없이 잠만 들면 어떠리.
215 怡然ᄒᆞ며: 기쁘고 좋으며.
216 情事: 남녀 사이의 사랑에 관한 일.
217 悠悠: 움직임이 한가하고 여유가 있고 느림, 아득하게 멀거나 오래됨.
218 조선 후기 문신 이유(李渘)의 시조. 자규(子規)야 우지 마라 울어도 속절없다 / 울거든 너만 우지 나는 어이 울리는다 / 아마도 네 소리 들을제면 가슴 아파 하노라.
219 微諷ᄒᆞ미: 가늘게 읊으매.
220 潸然ᄒᆞ야: 잠잠하여. 조용하여. '感淚가 潸然ᄒᆞ야'는 '매우 감동하여 조용히 눈물 흘리며'라는 뜻이다.

是以로 其詩가 武烈ᄒᆞ면 全國이 武烈ᄒᆞᆯ지며 其詩가 淫蕩ᄒᆞ면 全國이 淫蕩ᄒᆞᆯ지며 其詩가 雄健[221]ᄒᆞ면 全國이 雄健ᄒᆞᆯ지며 其詩가 柔弱ᄒᆞ면 全國이 柔弱[222]ᄒᆞᆯ지며 其他 勇悍[223]猖狂[224] 猛奮[225]纖劣[226] 或善 或惡 或美 或醜가 無非[227]詩歌의 支配力을 受ᄒᆞᄂᆞᆫ 바인ᄃᆡ 試思ᄒᆞ라. 我國에 流行ᄒᆞᄂᆞᆫ 詩가 果然 何如ᄒᆞᆫ 詩이뇨.

國詩로 言ᄒᆞ면

南薰殿[228] 달 발근데 八元八凱[229] 거나리시고[230]

ᄒᆞᆫ 閑淡[231]의 詩ᄲᅮᆫ이며,

말 업ᄂᆞᆫ 靑山 態度 업ᄂᆞᆫ 流水[232]

란 放狂[233]의 詩ᄲᅮᆫ이며,

말은 가자고 네 굽을 ᄶᅡᆼᄶᅡᆼ 치ᄂᆞᆫᄃᆡ 님은 잡고 落淚ᄒᆞᆫ다[234]

ᄒᆞᆫ 淫蕩의 詩ᄲᅮᆫ이며,

風波에 놀낸 沙工 ᄇᆡ ᄑᆞ라 말을 사니[235]

---

221 雄健: 웅대하고 건전함.
222 柔弱: 여리고 약함.
223 勇悍: 날래고 사나움.
224 猖狂: 미친 것같이 사납게 날뜀.
225 猛奮: 맹렬히 힘씀.
226 纖劣: 가냘프고 열등함.
227 無非: 그러하지 않은 것이 없이 모두.
228 南薰殿: 신선하고 향기로운 정난풍(正南風)이 불어오는 궁전을 南薰殿이라고 함.
229 八元八凱: 고선씨(高辛氏)의 여덟 제자와 고양씨(高陽氏)의 여덟 제자. 즉 여덟 명의 선량한 사람과 여덟 명의 온화한 사람.
230 金商憲=金尙憲(1570~1652)의 시조. 南薰殿 달 밝은 밤에 八元八凱 데리시고 / 五絃琴 一聲에 解吾民之慍兮로다 / 우리도 聖主를 뫼오와 同樂太平 하리라.
231 閑淡: 여유 있고 담백함.
232 成渾(1535~1598)의 시조. 말 업슨 靑山이요 態 업슨 流水로다 / 갑 업슨 淸風이요 임자 업슨 明月이로다 / 이 듕에 일 업슨 ᄂᆡ 몸이 分別업시 늙그리라.
233 放狂: 이치에 벗어난 짓을 함부로 함.
234 임중빈은 "말은 가자 울고 님은 잡고 아니 놓네 / 석양은 재를 넘고 갈 길은 천리로다 / 저 님아 가는 날 잡지 말고 지는 해를 잡아라"를 언급. 그러나 보다 가까운 것은 "말은 가자 네 굽을 치고 님은 날 잡고 아니 놓네 / 석양은 재를 넘구요 나의 갈 길은 천리로다 / 저 님아 날 잡지 말고 지는 석양을 잡어 매렴"이 있다. 한편 「열녀수절춘향가」에는 "白馬欲去長嘶 靑娥惜別牽衣(백마는 떠나자고 길게 우는데 여인은 안타까운 이별에 옷을 이끄는구나)로다. 말은 가자고 네 굽을 치는데 춘향은 마루 아래 툭 떨어져 도련님 다리를 부여잡고, '날 죽이고 가면 가지 살리고는 못 가고 못 가느니.' 말 못하고 기절하니……"라는 구절이 있다.
235 張晩(1566~1629)의 시조. 風波에 놀란 沙工 배 파라 말을 사니 / 九折羊腸이 물도곤 어려왜라

혼 厭退[236]에 詩뿐이오. 又 幾百年 以來로 漢詩가 一船 社會間에 盛行ᄒᆞ엿스나 亦皆 此等語 此等意뿐이 아닌가. 落花芳艸[237]ᄂᆞᆫ 其心境이며 歎窮嗟卑[238]ᄂᆞᆫ 其趣旨며 對酒當歌 人生幾何[239]ᄂᆞᆫ 其情懷며 無可奈何[240] 不如歸去[241]ᄂᆞᆫ 其普通用語오. 此外에ᄂᆞᆫ 他境이 無ᄒᆞ며 此外에ᄂᆞᆫ 他情이 無ᄒᆞ니 此로 社會의 公德을 陶鑄홀ᄭᅡ 必不能이며 此로 軍國民[242]의 感情을 製造홀ᄭᅡ 必不能이로다. 仲尼[243]ㅣ 云

禮云禮云 玉帛云乎哉 樂云樂云 鐘鼓云乎哉아[244]

ᄒᆞ셧스니 詩云 詩云이여. 果然 此等詩를 云홈인가. 噫라, 外面으로 詩가 我國이 莫盛ᄒᆞ다[245] 홀지나 內容을 察ᄒᆞ면 我國의 詩가 亾ᄒᆞᆫ 지 已久라[246] 홀지라. 詩가 亾ᄒᆞ엿거니 國民의 思想이 何由로 高尙ᄒᆞ며 國民의 精神이 何由로 結合ᄒᆞ리오. 故로 我國 今日 現狀은 彼等 非詩의 詩로[247] 此를 致ᄒᆞ엿

/ 이後란 배도 말도 말고 밧갈기만 하리라.

236 厭退: 싫어해서 물러남.

237 落花芳艸: 떨어진 꽃과 아름다운 풀.

238 歎窮嗟卑: 가난을 한탄하며 비천함을 탄식함.

239 對酒當歌 人生幾何: 조조의 「단가행」의 구절. "對酒當歌 人生幾何? 譬如朝露 去日苦多, 慨當以慷 憂思難忘, 何以解憂 唯有杜康……. 술을 들며 노래한다. 인생살이 얼마든가? 아침이슬 같으리니, 지난날의 많은 고통, 슬퍼하며 탄식해도, 근심 잊기 어렵구나, 무엇으로 근심 풀까? 그건 오직 술뿐일세……"로 이어진다.

240 無可奈何: 가히 어찌할 수가 없다.

241 不如歸去: 돌아감만 못 하다. 한 편의 한시에서 "無可奈何… 不如歸去…"가 사용된 예는 흔히 볼 수 있다.

242 軍國民: 담총란에서 단재(검심)는 "大抵 此 時代에 國ᄒᆞᆫ 者ㅣ 其國民에게 軍國民教育을 不施ᄒᆞ고ᄂᆞᆫ 决코 其脚을 立치 못ᄒᆞ거ᄂᆞᆯ 乃 彼 國民의 敵愾心을 百刀로 抹殺ᄒᆞᄂᆞᆫ 惨教育을 試思컨ᄃᆡ 夢中에도 悲淚의 縱横을 不禁홀네라"(「棄子山」, 『大韓每日申報』 1910.1.5.)는 내용이 나온다. 군국민으로서 스파르타인을 들었고, 일본을 예로 들었지만, 오래 전 고구려에도 있었음을 강조한 것이다. 단재는 「20세기 신국민에서」에서 "尙武教育 卽 軍國民教育을 振興ᄒᆞᄂᆞᆫ 故로 彼와 如히 福利를 獲得 又 擴張ᄒᆞ나니 嗚乎라 尙武教育이 아니고ᄂᆞᆫ 决코 國家精神, 民族主義, 文明主義를 維持 發揮치 못홀지며, 又况 韓國과 如히 武力의 衰頽ᄒᆞᆫ 國으로 尙武教育이 아니고ᄂᆞᆫ 决코 回天의 道를 望키 難ᄒᆞ리니 國民同胞ᄂᆞᆫ 반다시 尙武教育을 擴張ᄒᆞ야 軍國民의 精神을 條養ᄒᆞ며 軍國民의 能力을 俱備케 홀지어다"(『대매』, 1910.3.3.)라고 하여 군국민, 군국민교육을 강조하였다.

243 仲尼: 공자(孔子, BC 551~BC 479)의 이름. 중국 춘추 시대의 사상가·학자.

244 『논어』 〈양화편〉의 내용. 子曰 禮云禮云 玉帛云乎哉 樂云樂云 鐘鼓云乎哉 공자 가라사대 예라 예라 하지만 어찌 옥과 비단과 같은 것을 말하리요, 악이라 악이라 하지만 어찌 종과 북과 같은 악기를 말하는 것이리오.

245 莫盛ᄒᆞ다: 몹시 성하다, 대단히 풍성하다.

246 已久라: 이미 오래된지라.

247 非詩의 詩로: 시 아닌 시로.

다 홈도 亦可ᄒᆞ도다. 切望ᄒᆞ노니[248] 今日 國家 前途에 留意ᄒᆞᄂᆞᆫ 志士여, 不可不 詩道를 振興홈에 留意홀지니라.」

申震澤 光河[249]氏ᄂᆞᆫ 科詩[250]로 鳴ᄒᆞᆫ[251] 者나 然이나 其實은 氏가 科詩에 長홀[252] ᄲᅮᆫ 아니라 漢文과 漢詩에 尤長ᄒᆞ며 又詩에 長홀 ᄲᅮᆫ 아니라 卽 其卓犖ᄒᆞᆫ[253] 奇氣가 一世의 傑人이라 可稱홀지라. 性이 旅行을 喜ᄒᆞ야 八域의 山河를 閱覽ᄒᆞ며 其老年에 北遊ᄒᆞ야 白頭山에 登ᄒᆞ야

兩岸蒼崖三百里 女眞黃葉落朝鮮[254]

의 句를 吟ᄒᆞ고 旣歸ᄋᆡ 朝廷에 奏ᄒᆞ야 兵을 養ᄒᆞ야 鴨綠江 以西 並呑홈[255]을 主張ᄒᆞ나 時人이 皆 狂士로 目ᄒᆞ야[256] 其言을 不用ᄒᆞ엿스니 後來 志士의 同憾홀[257] ᄇᆡ로다. 嗚呼라, 氏ᄂᆞᆫ 엇지 五百年 蕭條오怍[258]ᄒᆞᆫ 詩人과 並稱홀 者리오.[259]

南園綠草[260] 봄 白菜[261]ᄂᆞᆫ 밤 이슬 오기만 기다리고

---

248 切望ᄒᆞ노니: 간절히 바라노니.

249 光河: 신광하(1729~1796). 조선 후기의 문신. 그는 일생 동안 시문(詩文)을 좋아하여 삼천리 강산을 유람하며 지은 시를 『南遊錄』·『四郡錄』·『東遊錄』·『北遊錄』·『白頭錄』·『楓岳錄』·『西遊錄』 등에서 2,000여 수의 주옥같은 시를 남겼다. 신광하는 단재와 같은 고령 신씨 문중이었다. 단재는 문중 집안에서 『진택선생문집』을 쉽게 볼 수 있었을 것이다.

250 科詩: 科擧詩, 과거를 볼 때 짓는 시.

251 鳴ᄒᆞᆫ: 이름난.

252 長홀: 뛰어날, 으뜸일.

253 卓犖ᄒᆞᆫ: 뛰어나고 밝은. 탁월한. 단재는 "卓犖ᄒᆞᆫ 奇氣"를 아주 중시했는데, 「近今 國文小說 著者의 注意」에서도 "奇妙犖潔ᄒᆞᆫ 新小說만 多出ᄒᆞ면 舊小說은 自然 絶跡退藏홀지어ᄂᆞᆯ"이라 했다.

254 兩岸蒼崖三百里 女眞黃葉落朝鮮: 양쪽 언덕에 아주 높은 절벽이 삼백척(里는 尺의 오류)이요, 여진의 황엽이 조선에 떨어진다. 신광하의 한시 「臨江臺 其二」는 "土門江水疾於箭, 江口合流西北川, 蒼壁兩邊三百尺, 女眞黃葉落朝鮮 토문강 강물은 화살보다 빠르고 강입구는 서북천에서 합류하네. 아주 높은 절벽이 양쪽 편에 삼백자요 여진의 황엽이 조선에 떨어진다."라는 7언 절구이다. 신광하가 백두산을 답사하고 쓴 「白頭錄」(震澤先生文集 卷之六 六-四, 『震澤先生文集(1)』, 경인문화사, 1994, 434면)에 실려 있다. 한 구절 "蒼壁兩邊三百尺"이 "兩岸蒼崖三百里"로 잘못 옮겨졌다.

255 並呑홈: 영토를 강제로 한데 아울러서 아주 제 것으로 만들어 버림.

256 目ᄒᆞ야: 지목하여, 가리켜.

257 同憾홀: 함께 슬퍼할, 같이 한탄할.

258 蕭條오怍: 蕭條迂怪, '소조'는 분위기가 매우 쓸쓸함을, '迂怪'는 물정에 어둡고 괴상함을 뜻한다.

259 並稱홀 者리오: 함께 일컬을 수 있는 자이리오? 즉 비교할 수 없는 사람, 예외적인 사람이라는 뜻.

260 南園綠草: 남쪽 동산의 푸른 풀.

261 白菜: 배추.

우리 蒼生[262]萬빅셩은 大院位 大監 도로오시기만 기다린다.

此는 大院君[263]이 淸國에 被拘[264]ᄒᆞ엿슬 時에 各地에 流行ᄒᆞ던 鄕歌니, 當時 人心이 大院王에게 繫흠은 可히 推想흘 빅라. 王이 비록 梟悍흠이[265] 過ᄒᆞ야[266] 往往 誤國[267]의 事를 作ᄒᆞᆫ 것이 多ᄒᆞ나 能히 猛斷ᄒᆞ며[268] 能히 鷙擊ᄒᆞ야[269] 弊政[270]을 除흠이 不一ᄒᆞ야 百餘年來 政治界에 第一指를 可屈흘지니[271] 斯民[272]의 如斯히[273] 謳歌想望[274]흠이 亦宜ᄒᆞ도다.

洪景來[275] 年 十餘에 鄕塾에 就ᄒᆞ야 遊學ᄒᆞ더니 一日은 其師가 危欄[276]에 跨ᄒᆞ엿거늘[277] 景來가 手로 擠ᄒᆞᄂᆞᆫ지라.[278] 師가 大驚 回顧ᄒᆞᆫ즉[279] 笑曰

「時勢가 하도 조아 辜負[280]ᄒᆞ기 不可ᄒᆞᆫ 故니이다.」

ᄒᆞ더라 其童年에 著ᄒᆞᆫ 科詩 題曰 「送荊軻」[281] 一句가 人間에 流傳ᄒᆞᄂᆞᆫ딕 曰

秋風易水[282]壯士拳 白日阿房秦皇頭[283]

---

262 蒼生: 국민, 백성.
263 大院君: 흥선대원군 이하응(李昰應, 1820~1898). 고종의 아버지로 고종이 즉위하자 실권을 휘둘렀다.
264 被拘: 구금되다, 잡혀가다. 대원군은 임오군란 직후 청국 군대에 의해 중국으로 잡혀가 보정부(하북성)에 구금되었다.
265 梟悍흠이: 날래고 사나움이.
266 過ᄒᆞ야: 지나쳐, 넘쳐.
267 誤國: 나라를 그르침, 나라를 그릇되게 함.
268 猛斷ᄒᆞ며: 사납게 결단하며.
269 鷙擊ᄒᆞ야: 들입다 공격하여.
270 弊政: 폐해가 많은 정치. 악폐의 정치. 악정(惡政).
271 第一指를 可屈흘지니: 첫손가락을 꼽을지니.
272 斯民: 이 백성. 또는 일반 백성.
273 如斯히: 이렇게, 이와 같이.
274 謳歌想望: 노래 부르고 사모하여 우러러 봄.
275 洪景來(1771~1812): 1811년(순조 11) 평안도 일대에서 정권 타도와 지역차별 철폐를 내세우며 저항의 기치를 올렸으나 관군에 의해 제압되어 사살되었다.
276 危欄: 위험한 난간. 높은 난간.
277 跨ᄒᆞ엿거늘: 걸터앉았거늘.
278 擠ᄒᆞᄂᆞᆫ지라: 밀어제치는지라.
279 回顧ᄒᆞᆫ즉: 돌아다보니.
280 辜負: 罪負, 죄지음. 단재전집 및 임종국 평석에는 "辜負"로 표현. '辜負'는 저버리다, 헛되게 하다는 뜻이다. 내용상 '辜負'는 '辜負'의 오식으로 보인다. 그러면 "시세가 하도 좋아 그냥 (헛되이) 보내기가 불가한 까닭이다"라는 의미이다.
281 荊軻(?~BC 227): 중국 전국 시대의 자객. 연(燕)나라 태자 단의 식객이 되어 진(秦)이 침략한 땅을 되찾아 주거나 진왕 정(始皇帝)을 죽여 달라는 단의 부탁을 받고 진왕을 알현하고 죽이려 했으나 실패했다.

라 ᄒᆞ엿스니 其詩가 政히[284] 其人과 酷肖ᄒᆞ도다.[285]

古代에ᄂᆞᆫ 儒賢長者[286]가 皆 國詩와 鄉歌를 喜ᄒᆞ야 典重[287]活潑ᄒᆞᆫ 著作이 多ᄒᆞ며 又 花朝月夕 朋儕會集[288]의 際에 往往 長吟短唱[289]으로 遺興ᄒᆞ야[290] 其풍流를 可想인ᄃᆡ 邇來 百餘年間은 此一道가 但只 蕩子淫妓에 歸ᄒᆞᆯ 섇이오. 萬一 上等社會 調修ᄒᆞᄂᆞᆫ[291] 士子이면 國詩 一句를 能製치 못ᄒᆞ며 鄉歌 一節을 解吟치 못ᄒᆞᆷ으로 詩歌ᄂᆞᆫ 愈愈히[292] 淫靡[293]의 方에[294] 츄ᄒᆞ고[295] 人士ᄂᆞᆫ 愈愈히 愉快의 道가 絶ᄒᆞ니 國民萎敗[296]의 故가 비록 多端ᄒᆞ나[297] 此도 ᄯᅩᄒᆞᆫ 一端이 될진져. 今에 先賢의 短歌[298] 數節을 錄ᄒᆞ노라.

退溪[299] 詩曰

雷霆이 破山ᄒᆞ나[300] 聾者ᄂᆞᆫ 못 듯나니

白日이 中天ᄒᆞ야도 瞽者ᄂᆞᆫ 못 보나니

---

282 易水: 중국 하북성에 있는 강 이름.

283 가을바람에 역수 장사의 주먹이요, 대낮에 아방궁 진시황의 머리이라. 한문소설 「홍경래전」에는 홍경래가 12세에 "秋風易水壯士拳 白日咸陽天子頭"라는 시를 지었다고 한다. 이를 서당 훈장이 "秋風易水壯士拳이요, 白日咸陽天子頭라"고 읽자, 홍경래는 그렇게 읽는 것이 아니라고 하며 "秋風易水壯士拳으로 白日咸陽天子頭를"하며 주먹을 쥐어 방바닥을 내리쳤다고 한다. 곧 가을바람에 역수 장사(형가)의 주먹으로 대낮에 함양 중국 천자의 머리를 부숴버리겠다는 말이다. 뒷 구절은 단재가 언급한 구절과 표현이 다르지만 그 내용은 다르지 않다.

284 政히: 확실히, 틀림없이, 정말로.

285 酷肖ᄒᆞ도다: 몹시 닮았도다.

286 儒賢長者: '유현'은 유학에 정통하고 언행이 바른 사람, '장자'는 덕행이 뛰어나고 나이가 지긋한 사람을 일컬음.

287 典重: 언행이 법도에 맞고 점잖음.

288 朋儕會集: 벗들의 모임.

289 長吟短唱: 길게 읊고 짧게 부름. 장단(가락)을 소리 내어 읊음.

290 遺興ᄒᆞ야: 흥을 풀어, 흥취를 남겨.

291 調修ᄒᆞᄂᆞᆫ: 조정하고 다스리는.

292 愈愈히: 더욱더, 점점.

293 淫靡: 음란하고 사치함. 단재는 '萎靡淫蕩'이라는 표현을 썼는데, '淫靡'는 그 줄임말로 볼 수 있다. 그러면 곧 '음탕하고 나약하다'는 의미이다.

294 方에: 곳에, 방향에.

295 츄ᄒᆞ고: 墜하고, 떨어지고.

296 萎敗: 시들고 쇠락함.

297 多端ᄒᆞ나: 일이 갈래나 가닥이 많으나 또는 일이 흐트러져 복잡하나.

298 短歌: 짧은 형식의 시가. 흔히 시조를 일컬었음.

299 退溪: 이황(1501~1570). 조선 중기의 문신이자 유학자. 시조 「도산12곡」을 남김.

300 破山ᄒᆞ나: 일반적으로 시조집에서 원문은 "破山ᄒᆞ여(도), 破山ᄒᆞ되"이다.

우리ᄂᆞᆫ 耳目聰明 男子로 聾瞽ᄀᆞᆺ치 말으리라

金裕器[301] 詩曰
春풍桃李花들아 고은 빗을 ᄌᆞ랑마라.
長松綠竹을[302] 歲寒[303]에 보려무나
亭亭코[304] 落落ᄒᆞᆫ[305] 節을 고칠 줄이 잇스랴

尹善道[306] 詩曰
松間石室에 가셔 曉月을 보려 ᄒᆞ니
空山落葉에 길을 어이 차져가리.
어ᄃᆡ셔 白雲이 조차 오니 女蘿衣[307]가 무거워라.

西河先生 林椿[308]은 前朝에 大詩人이라. 蒙古亂[309] 後에 國恥를 雪코ᄌᆞ ᄒᆞ야 海內에 奔走ᄒᆞ면셔 時調, 雜歌, 漢詩 等을 作ᄒᆞ야 惓惓히[310] 一禿筆[311]로 國魂을 ᄠᅵᄒᆞ며[312] 民氣를 鼓ᄒᆞ나 時勢가 不利ᄒᆞ야 마참ᄂᆡ 孤憤을 抱ᄒᆞ고 道塗에셔[313] 老死ᄒᆞᆷᄋᆡ 至今ᄭᆞ지 論者가 其志를 悲ᄒᆞᄂᆞᆫ ᄇᆡ라. 然이나 先生의 死後에 遺音을 繼ᄒᆞᆫ[314] 者가 無ᄒᆞ고 又 其文集이 兵火에 泯沒ᄒᆞ야[315] 一葉도

---

301 金裕器: 조선 숙종 때의 가인. 김천택이 그를 일러 "세상에 명창으로 이름이 알려졌다"고 말한 바와 같이 당대를 대표하는 창곡의 명인이다. 생몰 연대 미상.
302 長松綠竹을: 이 구절보다 "蒼松綠竹을"로 된 시조집도 적지 않으며, 대구상(對句上) 후자가 더 적당할 듯.
303 歲寒: 매우 심한 한겨울의 추위를 이르는 말.
304 亭亭코: 우뚝 솟고, 우람하고.
305 落落ᄒᆞᆫ: 가지 따위가 아래로 축 늘어진.
306 尹善道(1587~1671): 조선 중기 문신, 시인. 저서에 『孤山遺稿』가 있음.
307 女蘿衣: 女蘿衣는 나무에 붙어사는 이끼이지만, 여기에서는 '걸친 옷' 정도로 해석됨.
308 林椿: 고려 무신정권 시기의 문인. 저서에 『麴醉傳』, 『孔方傳』 등이 있음. 생몰 연대 미상.
309 蒙古亂: 1231년부터 1259년까지 28년에 걸쳐 총 9차례 침입.
310 惓惓히: 간절하게.
311 一禿筆: 끝이 거의 다 닳은 붓 한 자루, 몽당붓 하나.
312 ᄠᅵᄒᆞ며: 부르짖으며, 외치며.
313 道塗에셔: 길거리에서.
314 繼ᄒᆞᆫ: 계승한, 이어받은.
315 泯沒ᄒᆞ야: 민멸하여. 자취나 흔적이 아주 없어져.

傳後되지[316] 못ᄒᆞ엿스니 嗚呼라 엇지 可惜지 아닌가. 余가 일즉 先生으로써 伊太利 詩人 단데[317]의게 比ᄒᆞ나 然이나 단데ᄂᆞᆫ 其一寸의 筆下에 能히 瑪志尼[318]를 產出ᄒᆞ야 舊羅馬[319]의 榮光을 挽回ᄒᆞ엿거ᄂᆞᆯ[320] 先生은 死後 六七百年에 國은 依舊히[321] 弱ᄒᆞ고 民은 依舊히 劣ᄒᆞ니 先生의 目이 將且 地下에셔 不瞑ᄒᆞᆯ진져.[322]

余가 東文選[323] 及 東詩選을 閱ᄒᆞᄆᆡ 林西河 先生의 詩文 揭ᄌᆡ된 者가 間有ᄒᆞ나[324] 其詩가 平平ᄒᆞ야[325] 氣力이 絶無ᄒᆞᆯ[326] ᄲᅮᆫ더러 且 一字一句도 民國의 憂에 及ᄒᆞᆫ 者가 無ᄒᆞ야 ᄉᆞ에[327] 稱ᄒᆞᆫ 先生의 遺跡과 較ᄒᆞᄆᆡ 氣味가 一毫도 不近ᄒᆞᆫ지라. 是以로 ᄆᆡ양 此에 疑를 置ᄒᆞ엿더니[328] 밋 星湖ᄉᆞ說[329]을 讀ᄒᆞᆫ즉 此ᄂᆞᆫ 本朝 肅廟時[330]에 淸道僧 某가 石窟中에셔 發見ᄒᆞᆫ 者라 ᄒᆞ엿ᄂᆞᆫ지라.[331] 噫라, 此가 엇지 先生의 詩리오. 其人의 贋造[332]됨이 無疑ᄒᆞ도다.[333] 然

---

316 傳後되지: 후세에 전해지지.

317 단데: 단테(1265~1321). 『신곡』의 저자. 단재는 『이태리건국삼걸전』, 「동양이태리」 등 여러 글에서 단테를 높이 평가했다.

318 瑪志尼: 마치니(1805~1872). 이탈리아의 혁명가·통일 운동 지도자.

319 舊羅馬: 옛 로마. 로마제국.

320 挽回ᄒᆞ엿거ᄂᆞᆯ: 바로잡아 회복하였거늘.

321 依舊히: 옛날과 그대로 변함없이.

322 不瞑ᄒᆞᆯ진져: 잠들지 못할진저.

323 東文選: 1478년(성종 9) 성종의 명으로 서거정(徐居正) 등이 중심이 되어 편찬한 우리나라 역대 시문선집.

324 間有ᄒᆞ나: 간간히 있으나, 간혹 있으나.

325 平平ᄒᆞ야: 예사롭고 평범하여.

326 絶無ᄒᆞᆯ: 절대로 없을, 전혀 없을.

327 ᄉᆞ에: 史에. 역사에 또는 史書에.

328 置ᄒᆞ엿더니: 두었더니, 하였더니.

329 星湖ᄉᆞ說: 조선 후기의 학자 성호 이익(李瀷)의 대표적 저술. 평소에 기록해 둔 글과 제자들의 질문에 답한 내용을 1740년경에 집안 조카들이 정리한 것으로, 30권 30책의 규장각 소장본 등 여러 필사본으로 전해오다가 수차례 영인본으로 간행되었고 민족문화추진회에 의해 한글 완역본도 간행되었다.

330 肅廟時: 조선 제19대 왕 숙종 재위 시절(1674~1720).

331 崔錫鼎이 쓴 「西河集重刊序」(1713)에는 "乃者 野僧掘地江岸 得銅尊一枚 中有西河集印本 詩文六卷合爲一冊 後爲靑道人所有 西河之後孫再茂 訪求而得之"(279면)라고 하였으며, 李敦相은 "遺集有六通繡于梓 付書肆廣布 經兵燹遺逸 有異僧澹印 盛以銅盎 藏若耶溪傍 至肅廟時 雲門寺僧印澹 得異夢掘寺之近麓 而澹印所藏者出 奇哉 豈偶然也乎 爲藝林所神異 其時 相國崔公 東平尉鄭公 相與校正繕寫此皆國史乘所記載"(277면, 석당전통문화연구원, 『譯註西河集』, 동아대학교출판부, 1985)라 기록하고 있다. 단재는 다만 이것이 "其詩가 平平ᄒᆞ야 氣力이 絶無ᄒᆞᆯ ᄲᅮᆫ더러 且 一字一句도 民國의 憂에 及ᄒᆞᆫ 者가 無ᄒᆞ야 ᄉᆞ에 稱ᄒᆞᆫ 先生의 遺跡과 較ᄒᆞᄆᆡ 氣味가 一毫도 不近"하여 청도승 모(印澹)의 위작이라 하였다.

이나 先生 眞作의 詩는 尙今ᄭᅡ지[334] 得見ᄒᆞᆫ 處가 無ᄒᆞ고, 但 于山文抄에 先生文 一首를 ᄌᆡᄒᆞ엿ᄂᆞᆫᄃᆡ,[335] 其中 一節에 云ᄒᆞ엿스되 「國無大小係于民 時無利鈍係于才 苟能導民以勇 養才有法何畏乎 强敵何畏乎 劉徹楊廣忽必烈이리오.」[336] ᄒᆞ엿더라. 其辭를 執ᄒᆞ야[337] 推求ᄒᆞ건ᄃᆡ 此ᄂᆞᆫ 先生의 文됨이 無疑ᄒᆞ도다. 然이나 先生의 忠憤義烈이 如彼ᄒᆞ지만 其傳後된 者ㅣ 此 一首ᄲᅮᆫ이니 可히 勝歎ᄒᆞᆯᄭᅡ.[338] 雖然이나 我國 奴隷文學의 社會에 此 一首의 得傳ᄒᆞᆷ이[339] ᄯᅩᄒᆞᆫ 天幸인져

自來[340] 泰東人[341]은 詩人의 地位를 低看ᄒᆞ야[342] 詩가 風化[343]에 無關ᄒᆞ며 政教[344]에 無關ᄒᆞ고 但只 黃葉 村席門中[345]에셔 虫鳴蛙띠[346]ᄒᆞᄂᆞᆫ 一個 世外棄物[347]로 知ᄒᆞ니 嗚呼라, 此ᄂᆞᆫ 誤解의 大誤解로다.

大詩人이 卽 大英雄이며 大詩人이 卽 大偉人이며 大詩人이 卽 歷ᄉᆞ上의 一巨物이라. 故로 亞寇馬 陶淵明[348]輩가 비록 山林에 居ᄒᆞ야 足跡이 世에 不出ᄒᆞ엿스나 其著ᄒᆞᆫ 바 詩集이 一世를 風動ᄒᆞ야[349] 人心을 支配ᄒᆞᆷ에 至ᄒᆞ니 大抵 변士[350]의 舌과 俠士[351]의 劍과 政客[352]의 手腕[353]과 詩人의 筆端이

---

332 贗造: 僞造. 진짜처럼 꾸며 만듦.
333 無疑ᄒᆞ도다: 의심할 바 없도다.
334 尙今ᄭᅡ지: 지금까지, 이제까지.
335 ᄌᆡᄒᆞ엿ᄂᆞᆫᄃᆡ: 載ᄒᆞ엿ᄂᆞᆫᄃᆡ. 실었는데, 게재하였는데.
336 나라는 크고 작은 것이 없이 백성에 달렸고, 시세는 날카롭고 무딤 없이 재주에 달렸는데, 진실로 백성을 용감으로 이끌고 재주를 양성할 방법이 있다면 무엇이 두려우랴? 강적이 어찌 두려우랴? 한 무제 유철(漢武帝 劉徹) 수 양제 양광(隋煬帝 楊廣)과 원 세조 쿠빌라이(元世祖 忽必烈)가 두려우랴?
337 執ᄒᆞ야: 가지고.
338 勝歎ᄒᆞᆯᄭᅡ: 크게 탄식할까.
339 得傳ᄒᆞᆷ이: 얻어 전함이, 전래됨이.
340 自來: 예로부터.
341 泰東人: 동양사람들.
342 低看ᄒᆞ야: 얕잡아 보아, 깔보아, 경시하여.
343 風化: 교육이나 정치의 힘으로 풍습을 잘 교화하는 일. 교화.
344 政教: 정치와 종교 또는 정치와 교육.
345 村席門中: 시골 마을, 가까운 집안.
346 虫鳴蛙띠: 벌레가 울고 개구리가 울어 댐.
347 世外棄物: 세상 밖에 버려진 물건.
348 陶淵明(365~427): 중국의 대표적 시인.
349 風動ᄒᆞ야: 바람에 불려 물건이 움직이듯 쏠리게 하여. 감화하여, 風化하여.
350 변士: 辯士, 말솜씨가 아주 능란한 사람. 연사.

其效用의 遲速[354]은 異ᄒᆞ나 世界를 陶鑄ᄒᆞᄂᆞᆫ 能力은 一이라. 故로 大宗教家가 教를 布ᄒᆞᆷ에 爲先 詩歌에 從事ᄒᆞ야 此로써 人心을 移改ᄒᆞ나니[355] 三國時代 佛教徒의 鄉歌[356]와 支那 六朝[357]時 達摩[358] 慧能[359]의 喝句[360]와 舊約經[361]中의 詩歌가 皆 詩니 詩의 功用[362]을 此에 可知ᄒᆞᆯ진져.

—『大韓每日申報』, 1909.11.9.~12.4.

---

351 俠士: 협객, 호방하고 의협심이 있는 사람.
352 政客: 정치 활동을 하는 사람. 정치가.
353 手腕: 일을 처리하는 능력. 재간.
354 遲速: 느리고 빠름. 더디고 신속함.
355 移改ᄒᆞ나니: 옮겨 바꾸나니. 옮겨가나니.
356 鄉歌: 신라 향가를 뜻함. 현재 『삼국유사』에 14수, 『균여전』에 11수 등이 전한다.
357 六朝: 중국에서, 후한(後漢)이 멸망한 뒤 수나라가 통일할 때까지 양자강 남쪽에 있었던 여섯 왕조. 오(吳), 동진(東晉), 송(宋), 제(齊), 양(梁), 진(陳)을 이른다.
358 達摩: 중국 선종의 시조. 남인도 향지국(香至國)의 셋째 왕자. 중국 위(魏)나라로 가서 숭산 소림사에서 9년 동안 벽을 향하고 좌선하여 도를 깨달았다고 함.
359 慧能(638~713): 중국 선종의 제6조로서, 육조대사라고도 한다. 神秀와 더불어 홍인 문하의 2대 선사로 南宗禪의 시조가 되었다. 그의 설법을 기록한 『六祖壇經』이 전해진다.
360 喝句: 수행자가 질문을 할 때 질문을 받은 조사 스님들이 외마디 고함으로 상대방을 꾸짖는 소리를 할(喝)이라 하는데, 그런 구절을 일컬음. 주로 깨달음을 노래한 게송(偈頌)을 말하는 것으로 보인다.
361 舊約經: 舊約聖經.
362 功用: 功效. 공을 들인 보람이나 효과.

◎ 해설

「천희당시화」는 『大韓每日申報』(1909.11.9.~12.4.)에 발표된 시화이다. 그것은 시화이자 비평이며 또한 시학이라고 할 만하다. 「천희당시화」는 단재전집에 수록된 이래 저자에 관한 많은 논란이 있어왔다. 필자는 「천희당시화」의 저자가 신채호임을 여러 가지 근거를 통해 밝혀내고 단재의 시화로 확정하였다.

단재는 이 시화에서 "세도(世道)에 관심이 있는 자가 급급히 그 개량을 도모함이 옳으며 또한 그 가운데에서 특히 민속에 유익할 만한 시가를 모집"하자고 하였는데, 이는 풍속을 위해 시가 수집의 필요성을 주장한 것이다. 그는 「아리랑」, 「영변가」 등 시가의 교화력에 대해 깊은 관심을 가졌고, 날탕패의 노래나 동학가사인 「파랑새요」, 대원군이 중국에 잡혀갔을 때 불려진 '향가', 심지어 세간에 유전하는 홍경래의 과거시 「送荊軻」를 채록하였다. 이는 우리 시가에 대한 깊은 애정에서 비롯되었다.

단재는 「천희당시화」에서 양계초의 문학개혁론을 수용하지만, 자신만의 독특한 문학론을 이룩했다. 그는 문학의 성격을 강무/문약, 성/쇠, 치/란, 존/망, 무열/음탕, 웅건/유약, 용한/창광, 맹분/섬열, 선/악, 미/추, 상무정신/무비음탕, 국수보전/풍속부패 등으로 나누고, 전자를 지향할 것을 적극 권했다. 그가 남이나 최영의 시를 높이 산 것이나 「애국음」, 「장부음」을 당대의 좋은 시로 인용한 것은 애국정신과 상무정신, 현실에 대한 개혁의지 때문이다. 특히 인용한 시에 '백두산', '검'이 많이 등장하는 것도 그러한 의식의 산물이다.

「천희당시화」에서 "시가는 사람의 감정을 도융(陶融)함으로 목적을 삼"으며, "시란 것은 즉 환희(歡呼) 분규(憤叫) 처량(凄凉) 쇄읍(灑泣) 신음(呻吟) 광제(狂啼) 등의 정태(情態)로 결성한 문언(文言)"(1909.11.23.)이라 말했다. 단재는 시도와 국가의 관계를 주창하고 시를 통한 교화를 주장했지만, 국가주의나 공식주의에 입각하거나 복속된 시를 내세운 것이 아니라 개인 서정의 가치를 높이 평가하고 있다. 그것은 을지문덕의 「유우중문시」에 대한 평에서도 잘 드러난다. 을지문덕의 시는 국시가 아니라 '한시'일 뿐이며, 풍도는 갖췄지만 정의를 표현(任情率意)한 작품이 아니어서 풍영할 바 없다는 것이다. 그러므로 우리의 시가는 우리말로 되어야 하고 또한 풍도를 지녀야 하고 정의를 읊은 것이어야 한다. 단재의 동국시론은 새로운 국풍과 서정을 진작하는 시 개혁론인 것이다.

朝鮮 古來의 文字와 詩歌의 變遷[1]

우리가 우리의 上古史를 읽을 쌔에 싸라서 생기는 問題가 第(一)은 언제부터 傳說時代[2]를 지나 記錄이 잇섯던가?며 第(二)는 記錄이 잇섯다면 무삼 文字로 되엿던가?라.

엇던 이들은 수두(蘇塗)時代[3]에 우리 글이 잇섯다 하나 이는 아즉 一種의 疑問쑨이오 아모 證據가 업스니 그 有無를 臆斷할[4] 수 업거니와 史冊[5]에 보인 바로써 말하자면 우리의 쓰는 文字의 變遷을 三時期에 난울 수 잇스니 第一期의 吏讀文[6] 第二期의 口訣文[7] 第三期의 諺文[8]이라. 三期 文字의 字形이 左(下)[9]와 갓흐니

(一) 吏讀文은

『進賜 白是 爲良結 望良白去乎 敎是臥乎在亦 岐等如使內如乎』의 等이

---

1 이 작품은 1924년 1월 1일 『동아일보』에 발표되었다.

2 傳說時代: 여기에서는 구전 시대를 말함. 말이 전해지던 시대, 곧 문자로 기록되기 이전의 시대.

3 蘇塗時代: 수두 시대. 삼한 때에, 천신에게 제사를 지내던 성지. 여기에 신단을 설치하고, 그 앞에 방울과 북을 단 큰 나무를 세워 제사를 올렸다. 한편 단재는 "百濟는 壯年의 武士을 사랑하야 수두라 일홈하니 三國史記에 젹힌바 蘇塗가 그 音 번역"이라 했다. 이로 볼 때, '수두 시대'는 삼국 시대를 뜻하는 것으로 보임.

4 臆斷할: 근거 없이 판단할.

5 史冊: 삼국사기, 삼국유사 등의 역사서.

6 吏讀文: 이두로 쓴 문장. 이두란 한자의 음과 뜻을 빌려 우리말을 적은 표기법을 말한다. 신라 때에 발달한 것으로, 넓은 의미로는 향찰, 구결 및 삼국 시대의 고유 명사 표기 따위의 한자 차용 표기법들을 통틀어 이르는 말로 쓰나, 일반적으로는 한자를 국어의 문장 구성법에 따라 고치고 이에 토를 붙인 것을 이른다.

7 口訣文: 구결로 쓴 문장. 구결이란 한문을 읽을 때 그 뜻이나 독송(讀誦)을 위하여 각 구절 아래에 달아 쓰던 문법적 요소를 통틀어 이르는 말이다. '隱(은, 는)', '伊(이)' 따위와 같이 한자를 쓰기도 하였지만, '亻(伊의 한 부)', '厂(厓의 한 부)' 따위와 같이 한자의 일부를 떼어 쓰기도 하였다.

8 諺文: 상말을 적는 문자라는 뜻으로, '한글'을 속되게 이르던 말.

9 左(下): 당시 신문이 세로쓰기여서 원문에는 "左"로 표기했지만, 오늘날 가로쓰기의 경우 "아래(下)"이므로 '左(下)'로 표기했다. 이하도 마찬가지이다.

니 이는 儒胥必知 吏讀彙編[10]에 揭載한바 그 讀法은 이러하저 『(一)나아리 (二)삶이 (三)하올아저 (四)바라올거온 (五)이시누온견이여 (六)가로려바라다온』이러라.

(二) 口訣은

『ソフソ糸 ㇏ヌ夕 尸飞 乎ㄱ木乙ス ㇏尸了馬ㄱ』의 等이니 『ソフ』는 『爲也』, 『ソ糸』는 『爲於』 『㇏ヌ夕』는 『伊奴多』, 『㇏尸飞』은 『伊厓飛』 乎ㄱ木乙ス는 『乎隱等乙奴』 『尸了馬ㄱ』는 『伊厓馬隱』의 減畫이러라.

(三) 諺文은

『ㅏㅑㅓㅕㅗㅛㅜㅠㅡㅣ丶, ㄱㄴㄷㄹㅁㅂㅅㅇㅈㅊㅋㅌㅍㅎ』의 等이니 上 十一字는 母音이오 下 十一字[11]는 子音이라. 諺文은 李朝 世宗大王의 著作[12]으로 今日에 쓰는 글이라 本編의 範圍가 아님으로 이는 後日에 讓하고 이제 吏讀과 口訣을 論하노라.

우리 文字가 이가치 三期의 變遷이 잇스나 그러나 國文이 난 뒤에 口訣이 廢止되고 口訣이 난 뒤에 吏讀文이 廢止된 것이 아니라 距今[13] 不過 三十年前까지 吏讀와 口訣이 幷存하야 論語나 孟子나 其他 漢文冊에 토를 달으랴면 口訣을 쓰고 官府에 올니는 呈訴文字[14]에는 또한 吏讀를 석던 바라. 今人이 薛聰[15]이 吏讀文을 지엇다 하나 이는 完全한 妄說이라. 楊州 北漢山上에 선 眞興太王巡狩碑[16]에 吏讀文으로 쓴 글월이 잇스니 眞興太王은 薛

---

10 儒胥必知 吏讀彙編: 『유서필지(儒胥必知)』는 한문의 각종 서식을 실은 서리(胥吏)들의 서식 대전(書式大全)을 말한다. 이두문을 읽고 쓰는 법, 주석과 작례(作例) 따위를 수록하고 있다. 부록인 『이두휘편(吏讀彙編)』은 이두의 어휘를 1자류(字類)에서 7자류까지로 분류하여, 1자류 3어, 2자류 96어, 3자류 52어, 4자류 48어, 5자류 25어, 6자류 5어, 7자류 4어와 그밖에 드물게 사용되는 자류 11어를 따로 들어 모두 244어를 싣고 있어, 이두 연구에 귀중한 자료이다.

11 十一字: '14자'가 되어야 한다.

12 世宗大王의 著作: 단재는 애국계몽기 한글의 '요의(了義) 창제설'을 주장하기도 했으나 역사연구와 더불어 언어연구가 깊어지면서 세종대왕 저작설로 옮겨오기에 이른다. 이 역시 단재로 볼 때 심습의 오류에 해당한다.

13 距今: 지금으로부터.

14 呈訴文字: 관청에서 소장을 낼 때 쓰는 문자.

15 薛聰: 신라 경덕왕 때의 학자(655~?). 국학(國學)에서 학생들을 가르쳐 유학의 발전에 공헌하였으며, 이두(吏讀)를 정리하고 집대성하였다.

16 眞興太王巡狩碑: 신라 진흥대왕이 국토를 넓힌 후 사방의 국경을 순수(巡狩)하고 세운 비. 창녕비,

聰보담 百餘年 以前의 사람인즉 吏讀文이 薛聰에서 비롯하지 안함을 可證할지라. 三國史記 薛聰傳에 갈오대『聰以方言讀(音두) 九經訓導後生 至今學者宗之』[17]라 하고 朴世采[18]가 갈오대『經書口訣釋義……始發於薛聰 成於鄭夢周 權近』[19]이라 하니 薛聰은 口訣로써 九經[20]을 讀한 者요 吏讀으로써 한 者가 아니니라. 그러나 口訣을 곳 薛聰의 作이라 함은 마치 廣開土大王碑[21]의『躬率水軍』[22]에 據하야 水軍이 곳 廣開土王 創設이라 하며 蓋鹵太王本紀의『作稻田』[23]에 據하야 稻田이 곳 蓋鹵의 始作이라 함 갓흔 速斷이라. 薛聰이 口訣로써 九經을 讀함이오 口訣을 作함이 아이나 如何間 口訣이 薛聰의 쌔에 이미 存在함은 確證[24]할지니라. 그러면 吏讀와 口訣의 作者가 何時 何人이뇨? 대개 무삼 創作이던지 後人이 그 利를 享하고 그 本을 忘하야 作者의 姓名을 傳치 안한 것이 古史上에 許多하니 今日에 吏讀와 口訣의 作者가 누구임을 알 길이 업스나 그러나 吏讀文은 漢字의 音 或 義를 假하야 國字로 맨들어 쓴 者니 이것이 新羅에만 잇는 것이 아니오, 三韓과 三國이 다 行用한 者라. 三韓傳[25]이나 三國史記[26]나 三國遺事[27]에 보인 人名 官

북한산비, 마운령비, 황초령비의 4개가 있다. 이 비석들은 광개토대왕비의 다음 가는 귀중한 금석문(金石文)으로 유명하다.

17 "설총이 이두로 구경(九經)을 해독하여 후생을 훈도하였으므로, 지금까지 학자들이 종주로 삼고 있다."

18 朴世采(1631~1695): 조선 후기 문신 겸 성리학자. 성리학 이론에 밝았으며, 예학에도 해박하여『남계예설(南溪禮說)』,『삼례의(三禮儀)』,『육례의집(六禮疑輯)』등 많은 예학서를 저술하였다. 문집에『남계집』이 있다.

19 "경서 구결의 뜻은……설총에서 비롯되어 정인지, 권근에 이르러 완성되었다."

20 九經: 아홉 가지 경서.『주역(周易)』,『시전(詩傳)』,『서전(書傳)』,『예기(禮記)』,『춘추(春秋)』,『효경(孝經)』,『논어(論語)』,『맹자(孟子)』,『주례(周禮)』등.

21 廣開土大王碑: 중국 길림성 집안현(輯安縣)에 있는 고구려 19대 광개토대왕의 비석이다. 호태왕비라고도 한다. 광개토대왕(재위 391~412)의 위업을 찬양해서 왕 사후의 2년 뒤, 장수왕 2년(414)에 건립되었다. 비신은 방주상(方柱狀)의 자연석으로 높이는 6.34m, 기저부 각변의 길이는 1.5~2m이고, 사면에 1800여 자를 새겼다.

22 '몸소 수군을 거느렸다.'

23 '도전을 만들었다.'

24 確證: 확실한 증거.

25 三韓傳: 중국의 사서 가운데『삼국지』,『후한서 』등에「삼한전」이 있다. 여기에서는『삼국지』에는 부여, 고구려, 동옥저, 읍루, 예, 마한, 진한, 변한 등의 전이 있는데, 마한, 진한, 변한의 전을 삼한전이라 일컫는다.

26 三國史記: 고려 인종 23년(1145)에 김부식이 왕명에 따라 펴낸 역사책. 신라, 고구려, 백제 세 나라의 역사를 기전체로 적었다. 본기(本紀)·연표(年表)·지류(志類) 및 열전(列傳)으로 되어 있으

名 地名을 보면 吏讀의 使用함이 已久함[28]을 볼지니 『毗處』 『壬乞』 『異斯夫』 『居柒夫』 等은 漢字의 音譯이어니와 『炤智』 『王斤』 『苔宗』 『荒宗』 等은 그 吏讀이니 現諺文으로 쓰면 『비치』 『님건』 『잇우』 『거칠우』이며 舒發翰(舒弗邯) 『臣遺智』 『破彌干』 等은 漢字의 音譯이어니와 『角干』 『太太兄』(鎭大兄 頭大兄 等同) 『波珍干』 等은 그 吏讀이니 現諺文으로 쓰면 『쇠불한』 『신건치』 『바며한』이며 地名의 『達』은 『대』니 山의 稱이오, 『達乙』은 『달』이니 高의 稱이오, 『波衣』는 바위니 巖의 稱이오, 『耶』 『那』 『壤』 『良』 『奴』 『羅』는 다 『래』니 川의 稱이오, 『伐』 『火』 『卑離』 『夫里』 『不』 『發』은 다 『불』 或 『벌』이니 野의 稱이니 三國 初葉 中葉에 吏讀文으로 온갓 것을 다 記錄할 수 잇게 된 證據라.

吏讀文은 後世에 胥吏[29]들이 씀으로 稱한 者니 新羅에서는 鄕書라 하고 百濟에서는 或 假名[30]이라 稱하얏던 듯하도다. 日人이 或(本年 北京大學에서 講演한 今西龍[31] 갓흔 者) 『漢字에서 假借하야 지은 日本의 假名이 元來 女眞으로부터 朝鮮에 渡하고 朝鮮으로부터 日本에 渡하얏다』 하나 『朝鮮으로부터 日本에 渡』함은 確實하거니와 『女眞으로부터 朝鮮에 渡』하얏다 함은 그 祖孫을 倒換하는[32] 者라. 女眞字[33]는 金史[34] 列傳에 갈오대 『女眞初 無文

며, 『삼국유사』와 더불어 우리나라에서 현존하는 가장 오래된 역사책이다. 50권 10책.

27 三國遺事: 고려 충렬왕 7년(1281)에 승려 일연이 쓴 역사책. 단군·기자·대방·부여의 사적(史跡)과 신라·고구려·백제의 역사를 기록하고, 불교에 관한 기사·신화·전설·시가 따위를 풍부하게 수록하였다. 『삼국사기』와 더불어 우리나라에서 현존하는 가장 오래된 역사책이나, 오늘날 원판(原版)은 전하지 않고 완질본으로는 조선 중종 7년(1512)에 재간(再刊)된 것이 전한다. 5권 3책.

28 已久함: 이미 오래됨.

29 胥吏: 관아에 속하여 말단 행정 실무에 종사하던 구실아치. 고려 시대에는 중앙의 각 관아에 속한 말단 행정 요원만을 가리켰으나, 조선 시대에는 경향(京鄕)의 모든 이직(吏職) 관리를 뜻하였다.

30 假名: 한자의 음과 훈(訓)을 따서 만든 음절 문자. 한편 일본의 고유 음절(音節)의 문자로서 한자(漢字)의 일부를 빌어 그 일부분을 생략하거나 극도로 초서화(草書化)하여 만든 문자로 가타가나(片假名)와 히라가나(平假名)가 있다.

31 今西龍(1875~1932): 일본의 한국사 학자. 기후현(岐阜縣) 출생. 도쿄 대학 사학과를 졸업하고 이어 동 대학원에서 한국사를 전공, 교토대학 교수를 거쳐 1926년 경성대학 교수로 있으면서 한국사를 강의, 조선고사(朝鮮古史)의 연구로 문학박사의 학위를 받았다.

32 倒換하는: 거꾸로 바꾸는.

33 女眞字: 여진의 글자.

34 金史: 중국 원나라 때, 탁극탁(托克托) 등이 왕명에 따라 모아 엮은 금나라의 사서(史書). 이십오사(二十五史)의 하나로 『본기(本紀)』 19권, 『지(志)』 39권, 『표(表)』 4권, 『열전(列傳)』 74권으로 이루어져

字 及破遼獲契丹 漢人始通契丹漢字……完顔希尹 乃倣契丹字 製女眞字』[35] 라 하니 完顔希尹[36]은 金太宗 떄의 人인즉 女眞字의 製作이 薛聰의 口訣 釋義보다도 三四百年 後인즉 吏讀보다 더욱 뒤됨을 可知니 엇지 『女眞으로부터 朝鮮에 渡』하얏다 하리오. 策府統略에 據하면 『歷代(中國만을 指함) 帝王이 漢字 以外에 싸로 文字를 지은 者가 遼金元淸 四代니 淸은 元에 倣하고 元은 金에 倣하고 金은 遼에 倣하얏다.』 하나 그러나 이것이 一系가 아니오 兩系니 (甲)遼의 契丹字와 金의 女眞字가 一系요 (乙)元의 蒙古字(高麗史에 畏吾兒字[37])와 淸의 滿洲字[38]가 쏘 一系니 淸의 滿洲字는 元의 蒙古字에 依倣하얏거니와 蒙古字는 元世祖 忽必烈[39]의 帝師 八思巴[40]가 西藏字를 依倣하야[41] 지은 것이오 金의 女眞字와는 아모 關係가 업스며, 女眞字는 前述한 金史에 보인 바가치 契丹字[42]를 依倣한 것인대, 西藏字[43]는 梵字에서 나온 것이오, 契丹字는 漢字의 音을 假借한 것이니 甲乙 兩系의 字가 다 音字이나 그 出處의 淵源이 이가치 懸殊[44]하니라. 當時 契丹과 女眞은 牧畜의 蠻族이엇나니 女眞은 契丹의 音字를 보고 그 字形의 大略이나 改變하야 女

있으며, 「고려전(高麗傳)」이 수록되어 있어 고려사 연구에 좋은 자료가 된다. 1344(순제 12)년에 간행되었다.

35 "여진은 처음에 문자가 없었는데 요 나라를 격파하고 거란을 얻음에 이르러 한(漢) 나라 사람이 비로소 거란과 한자로 통했는데…… 완언희윤이 이에 거란 문자를 모방하여 여진 글자를 만들었다."

36 完颜希尹(?~1140): 본명은 곡신(本名)이며, 여진족 완안부(完颜部) 사람이다. 금나라의 재상이자 여진족의 문자를 창작한 사람이다. 그는 금태조 완안민(完颜旻)을 따라 군사를 일으켜 요 나라를 토벌하고, 국가를 건설하는 등 큰일에 참여했다. 그는 거란족 문자와 한자에 의거하여 새로운 문자를 만들어서 여진언어를 표기했다. 1119년에 완성을 했으며, 금나라의 공식적인 통용 문자로 규정되었는데, '여진대자'라고 했다.

37 畏吾兒字: 위구르 문자.

38 滿洲字: 만주족의 글자.

39 忽心烈: 쿠빌라이(1215~1294). 몽고 제5대 왕 세조.

40 八思巴(1235~1280): 중국, 원대의 티베트인 승려. 파스파라고도 한다. 10세 때 백부 사캬 판디타에 따라서 중국에 와서 몽고 왕조에 봉사했다. 쿠빌라이칸의 즉위와 함께 중원법주(中原法主)에 임명되고, 국사로서 종교상의 도사가 되었다. 한때 귀국한 후에 쿠빌라이칸의 명령을 받아서 '몽교신자'(파스파 문자)를 만들고(1269), 그 공로에 의해서 제사(帝師)로 승임해서 대보법왕의 칭호를 받았다. 사캬파의 시조로서, 티베트불교 융성의 길을 열었다.

41 依倣하야: 그대로 본떠.

42 契丹字: 거란의 글자.

43 西藏字: 티베트 문자.

44 懸殊: 현격(懸隔)하게 다름.

眞의 語音에 마추어 쓰기가 좀 容易하얏스련이와 契丹은 엇더케 그리 神速하게 支那의 形字를 契丹의 音字로 만드럿느뇨? 明人 陶宗儀[45] 書史要會[46]에는 契丹이 漢人을 만히 取用하며[47] 漢人이 隸書[48]의 字의 半片을 씨여 契丹字를 製하얏다 하나, 이는 後人이 契丹의 字形을 보고 想像으로 推斷함이오 아모 證據가 업는 말이라. 按컨대[49] 薛聰은 新羅 文武 兩大王[50]의 때인대 이때가 渤海太祖 大祚榮의 同時이니 新羅가 이때에 吏讀가 變하야 口訣이 되엿슨즉 渤海도 또한 同一한 階段에 잇슬지라. 大祚榮[51] 以後 二百餘年 渤海의 文明이 날로 進步하야 그 文物制度가 燦爛하얏슴으로 契丹 太祖가 渤海를 滅하고 이를 世讎로 排斥하얏스나 그 官制를 倣하야 吾京 官制가 거의 渤海의 것을 模本하얏슨즉 그 所謂 契丹字도 또한 渤海의 口訣을 依倣함이 無疑하도다.

契丹字와 女眞字가 다 滅亡하얏스나 淸의 薩英額[52]의 吉林外紀[53]에 보인 得勝陀頌[54]의 女眞字가 一百二十五字요 遼史拾遺[55]에 보인 契丹字가 五字니 左(下)에 揭載하노라.

---

45 陶宗儀(?~1369): 중국 원나라말 명나라 초의 학자. 절강성 출생. 젊어서 진사 시험을 치렀으나 실패하였다. 저서 『철경록(輟耕錄)』에는 원나라 시대의 법령제도 및 지정(至正: 1341~1370) 말년의 동남(東南) 병란에 관한 일들이 자세히 기록되어 있다. 『서사회요(書史會要)』 『남촌시집(南村詩集)』 등 저서도 남겼고, 『설부(說郛)』(120권)의 편찬자로도 알려져 있다.

46 書史要會: 도종의가 저술한 책.

47 取用하며: 취해 쓰며. 채택하며.

48 隸書: 한자(漢字) 서체의 하나. 전서(篆書)의 번잡함을 생략하여 만들었음. 노예와 같이 천한 일을 하는 사람도 이해하기 쉽도록 한 글씨라는 뜻에서 붙은 이름.

49 按컨대: 살피건대.

50 文武 兩大王: '文武 神文 兩大王'에서 神文이 빠진 듯.

51 大祚榮(?~719): 발해의 시조. 시호는 고왕(高王). 고구려의 유민으로, 698년에 진(震)을 세워 왕이 되고, 713년에 고구려의 옛 영토를 회복하여 국호를 발해로 고쳤다. 재위 기간은 698~719년이다.

52 薩英額: 청나라 사람. 『길림외기』를 씀.

53 吉林外紀: 청나라 때 지리에 관한 저작이다. 십 권. 도광(道光) 연간(1821~1850) 살영액(薩英額)이 썼다. 내용은 산천의 형세로부터 백도눌(伯都訥: 역참), 둔전 등에 이르기까지 모두 27편이다.

54 得勝陀頌: 「大金得胜陀颂碑」에는 정면에 한자 비문 815자를 새겨져 있고, 뒷면에 여진자 비문 1,500여 글자가 새겨져 있다고 한다.

55 遼史拾遺: 청나라 여악(厲鶚, 1692~1752)이 쓴 저서.

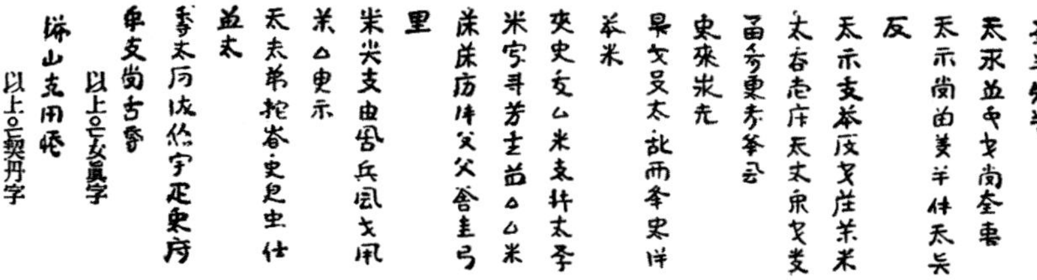

우리의 口訣은 오즉 近世에 漢文冊에 달어온 토만 남고 獨立으로 쓰던 글은 한아도 後世에 傳한 것이 업스나 前述한『ソフ ソロ 采乙又』等이 그 遺型[56]됨이 明白하니 三國 東北國 時代에 이것으로 文化의 利器를 삼아 東으로 日本을 導하며 西으로 契丹에 傳하야 女眞에게까지 相續됨을 想像할지니라.

吏讀와 口訣의 發達 又 傳布된 歷史는 前記와 갓거니와 이것으로써 著述한 것이 무엇 무엇이뇨? 三國遺事에 新羅의 詩歌(吏讀로 記한 者)를 替하야 갈오대『永才가 歌를 作하야 賊을 化하며 盲兒가 歌를 作하야 眼을 得하며 信忠이 歌를 粘하야 栢樹를 枯하며 處容이 歌를 秦하야 疫神을 退하얏다』『往往 天地와 鬼神을 感動하얏다.』하야 그 詩歌에 對한 讚歎은 이가트나 다만 그 적은 詩歌가 겨우 十餘首(三國遺事를 본 지가 오래임으로 그 實數를 記憶하지 못함) 섄이오 十餘首도 數百年來 吏讀文(儒胥必知에 보인 漢文토로 쓴 吏讀文은 除하고)의 解讀者가 업서 그 詩歌의 意義를 모르는 同時에 그 內容의 價値 如何를 거의 알 길이 끈어젓스니 엇지 千萬遺憾이 아니뇨. 著者가 三國遺事와 樂學軌範[57]에 參考하야 解釋한 吏讀文으로 記한 處容歌[58] 一首를 玆에 紹介하리라.

三國遺事에 處容의 事跡과 그 歌를 記하야 갈오대 新羅 第四十九世 憲康

56 遺型: 남겨진 형태.

57 樂學軌範: 조선 성종 24년(1493)에 성현(成俔) 등이 왕명에 따라 펴낸 음악책. 음악의 원리·악기 배열·무용 절차·악기에 관하여 서술되어 있으며, 궁중 의식에서 연주하던 음악이 그림으로 풀이되어 있고, 백제 가요「정읍사」와 고려 가요「동동」따위가 실려 있다. 9권 3책의 목판본.

58 處容歌: 1. 신라 헌강왕 때 처용이 지은 향가. 아내와 동침하던 역신을 물리친 노래로, 8구체로 되어 있으며『삼국유사』에 실려 있다. 2. 고려 가요의 하나. 신라 때의「처용가」를 계승한 것으로, 처용이 역신을 쫓아내는 내용이다.『악학궤범』에 실려 있으며, 처용무를 추면서 함께 불렀다 한다.

大王 째에 京師로부터 海內에 至하기까지 墻과 屋이 連比하얏스되 一家도 草屋이 업스며 笙歌[59]가 道路에 不絶하고 風雨가 四時에 調順한지라. 이에 大王이 開雲浦(蔚山郡에 잇슴)에 遊幸하야 장차 還駕하랴[60] 할새 忽然 雲霧가 자옥하야 咫尺을 분간할 수 업슴으로 大王이 驚怪하야 日官에게 무른즉 『이는 東海龍의 짓이니 勝事[61]를 行함이 可하다.』 하거날 이에 令을 下하야 佛寺를 創하니 雲霧가 開霽하며 龍의 七子가 駕前에 現하야 德을 讚하며 樂을 奏하더라. 大王이 그 一子를 率하고 京師에 入하야 王政을 輔佐케 하고 名을 處容이라 賜하며 美女로써 妻하더니 疫神이 그 妻의 美를 愛하야 人形으로 變하야 밤에 그 家에 入하야 同宿하거늘 處容이 들어와 보고 춤추며 노래하며 나아오는데 그 노래가 左(下)와 갓흐니

東京明期月良 夜入伊遊行如可 入良沙寢矣見昆 脚烏伊四是良羅 二肹隱 吾下於叱古 二肹隱誰支下焉古 本矣吾下是如馬隱[62] 奪叱良乙何如爲理古[63]

樂學軌範에 揭載된 處容歌는 이와 달을 섇더러 그 句節도 이보다 만하 左(下)와 갓흐니

(前腔) 新羅盛代昭盛代 天下太平羅候德 處容아바 以是人生애 相不語하시란대 (附葉) 三災八難이 一時 消滅하샷다 (中葉) 어와 아버지이여 處容 아버즈이여 (附葉) 滿頭插花 계우샤 기우러신 머리에 (小葉) 아으 壽命命長遠하사 넙거신 니마에 (後腔) 山象 이슷깅어신 눈섭에 愛人相見하사 오알어신 누네 (附葉) 風入盈庭하사 우그러인 귀에 (中葉) 紅桃

---

59 笙歌: 생황(笙簧)을 연주하며 노래하는 것.
60 還駕하랴: (경주에 돌아오려) 가마를 돌려.
61 勝事: 뛰어난 사적(事跡). 또는 훌륭한 일.
62 本矣吾下是如馬隱: 이 구절에는 한 글자 '於'가 빠져 있다. 『삼국유사』에는 이 구절이 "本矣吾下是如馬於隱"으로 되어 있다.
63 이 시가는 「처용가」로 불리며, 신라 헌강왕 때 처용이 지었다는 8구체 향가이다. 『삼국유사』 권2 〈처용랑망해사조(處容郞望海寺條)〉에 관련 설화와 더불어 원문이 실려 있다.

花가티 붉거신 모야혜 (附葉) 五香 마타 샤웅긔어신 고해 (小葉) 아으 千金 머그샤 어으어신 이베 (大葉) 白玉琉璃가티 해여신 닛바래 人讚福盛하샤 머마거신[64] 탁에 七寶 겨우샤 숙거신 억개에 吉慶 게우샤 늘의어신 사맷길혜 (附葉) 설믜 모다와 有德하신 가사매 (中葉) 福智具足하샤 브드거신[65] 바에[66] 紅鞓 계우샤 굽거신 허리에 (附葉) 同樂太平하샤 길이신[67] 허튀예 (小葉) 아으 界面 도라샤 넙거신 바래 (前腔) 누구 지어 세니요 누구 지어 세니요 바늘도 실도 업서 바늘도 실도 업서 (附葉) 處容아비를 누구 지어 세니오 (中葉) 마아만 마아만 하니여 (附葉) 十二諸國 모다 지이 시온[68] (小葉) 아으 處容아비를 마아만 하니여 (後腔) 머자 외야자 綠李여 쌜니 나 내여싯고할[69] 매여라 (附葉) 아니 옷 매시면 나리어다머즌 말 (附葉) 東京 발간 다래 새도록 노니다가 (附葉) 드러내 자리를 보니 가랄리 너희로새라 (小葉) 아으 둘흔 내 해어니와 둘흔 뉘 해어니오 (大葉) 이런 저긔 處容아비 옷 보시면 熱病神이아 膾ㅅ가시로다 千金을 주리여 處容아비 七寶를 주리여 處容아비 (附葉) 千金七寶도 말오 熱病神을 날 자바 주소서 (中葉) 山이여 매이여 千里外에 (附葉) 處容아비를 어여려 거저 (小葉) 아으 熱病大神의 發願이삿다[70]

上述한 三國遺事와 樂學軌範에 보인 兩 處容歌가 處容歌란 歌名은 갓흐나 그 內容은 갓지 안하니, 前者는 處容이 그 妻가 奸夫와 奸通함을 目擊하고 지은 노래니 그 疫神이라 함은 奸夫의 詐裝[71]이거나 或 後人의 傳會談[72]

64 머마거신: 『악학궤범』 원문에는 '미나거신'이다. '내미신'이란 뜻.
65 브드거신: 『악학궤범』 원문에는 '브르거신'이다. '불룩한'이란 뜻.
66 바에: 『악학궤범』 원문에는 '비예'이다. 배에.
67 길이신: 『악학궤범』 원문에는 '길어신'이다. '길어진'이란 뜻.
68 十二諸國 모다 지이 시온: 『악학궤범』 원문에는 '十二諸國이 모다 지어 셰온'이다. '12제국이 모두 지어 세운'이란 뜻.
69 내여싯고할: 『악학궤범』 원문에는 '내 신고흘'이다. '내 신코를'이란 뜻.
70 단재는 인용을 하면서 『악학궤범』 원문을 1920년대 당시 표기체로 바꾸어 제시했다. 그런데 마지막 '(小葉)'이 빠졌고, 몇 군데 오식도 있다.
71 詐裝: 꾸며낸 행장.
72 傳會談: 전회되는 이야기.

이니 本歌와는 關係가 업는 者이오. 後者는 곳 處容의 莊嚴한 얼과 偉大한 힘을 讚歎하야 疫神을 쫏는 巫歌이니, 前者는 處容의 自作이오 後者는 後人의 演作[73]이니 後者가 前者에 比하면 勿論 價値가 업스나 다만 그 가운대 處容의 本歌를 飜譯한 여섯짝이 잇스니 卽 『東京 발근 다래』는 『東京明期月良』의 譯이오 『새도록 노니다가』는 『夜入伊遊行如可』의 譯이오 『가라히 너히세라』는 『脚烏伊四是良羅』의 譯이오 『둘흔내해언이와』는 『二肹隱吾下於叱古』의 譯이오 『둘흔누해어니요』는 『二肹隱誰支下焉古』의 譯이라. 『月良』 『다래』 等은 다 古人이 上音의 下蒙[74]한 者를 區分치 못한 까닭이니라. 다만 本歌의 『明期』와 『月良』의 間에 『隱』字가 빠아진 듯하며 樂學軌範의 『새도록』이 『夜入伊』의 直譯이 아니며 『너히로써라』가 『四是良羅』의 直譯이 아니며 『내해언이와』와 『뉘해어니오』가 『吾下於叱古』나 『誰支下焉古』의 直譯이 아니오, 最後 二句의 『本矣吾下是如馬隱』과 『奪叱良乙何如爲理古』는 譯이 업스니, 이는 原來 後歌-곳 樂學軌範의 處容歌가 本歌-곳 三國遺事의 處容歌를 譯한 者가 아니오. 다만 處容을 讚頌하는 同時에 偶然히 本歌의 上六句를 演述한 故로 同異와 加減이 잇습이라. 이제 鄙意[75]로써 本歌를 直譯하며 그 下二句까지 添譯한 것이 左(下)와 갓흐니

東京 밝은 다래 / 밤들이 노니다가 / 드러서 자리에 보니 / 가라이 너이러라 / 둘흔 내 해엇고 / 둘흔 누치 해언고 / 本듸 내 해언만 / 빼앗긴 것을 엇지할고

『奪叱』과 『良乙』의 間에 一二字가 잇서야 『빼앗긴 것을』이 될지나 이는

73 演作: 부연해서 지은 작품.

74 上音의 下蒙: 上音下蒙. 앞의 음 일부가 다음의 것과 합쳐지는 현상. 단재는 상음하몽의 이치를 명확히 정해놓지 않아서, '달이'를 '月伊'로 쓰지 않고 '月利'라 써서 '달이'로 읽고, '바람이'를 '風伊'로 쓰지 않고 '風末'라 써서 '바람이'로 읽음으로써 언어의 근간과 지엽(枝葉)이 서로 뒤죽박죽이 되었다는 점을 들었다.

75 鄙意: 비루한 뜻.

古今 言語의 變遷이거나 或 本文의 闕字[76]가 잇슴이니라. 如何間 本歌 一首의 意義는 完全히 알 수 잇게 되얏스니 쏘한 奇幸[77]이라 할지로다. 만일 더 研究할 暇隙[78]이 잇스면 다른 吏讀 記述의 詩歌도 그 意義를 案出하야[79] 古朝鮮 思想의 一班을 紹介할가 하노라.

三國遺事는 佛敎의 源流를 적은 글월인 故로 게우 佛敎에 關係잇는 詩歌만 적은 것인즉 그 十餘首는 九牛의 一毛[80]일지며 쏘는 新羅의 것만 적고 高句麗와 渤海의 것은 一首도 업고 百濟의 것은 薯童(武王의 小名)大王의 短歌 一首가 傳하얏스나 이는 新羅 善花公主의 關係로 쓴 것이오 百濟의 것으로 쓴 것이 아니로다. 그러나 高麗史樂志[81]에 據하면[82] 高句麗의 詩歌는『來遠城』『延陽』『溟州』三首가 잇고, 百濟는『禪雲山』『無等山』『智異山』三首가 잇스나 그 詞를 俚語(吏讀文으로 記한 故로 俚語라 함)라 하야 揭載하지 안하얏스니 쏘한 可惜하건이와 來遠城은 本註에『靜州(義州) 水中의 地인대 狄人[83]이 來投함으로 此城을 築하고 歌를 作하얏다.』하나 靜州로 來遠城의 遺墟라 함은 羅麗 文弱時代에 北方의 古蹟을 옴길 째에 僞

76 闕字: 빠진 글자.
77 奇幸: 기이한 행운.
78 暇隙: 겨를, 틈.
79 案出하야: 생각해내어.
80 九牛의 一毛: 아홉 마리의 소 가운데 박힌 하나의 털이란 뜻으로, 매우 많은 것 가운데 극히 적은 수를 이르는 말.
81 高麗史樂志: 조선 세종 때 왕명으로 정인지(鄭麟趾)·김종서(金宗瑞) 등이 편찬한『고려사(高麗史)』의 가요편(歌謠篇).『고려사』제70권과 71권에 해당되며「악지」에는 삼국 시대와 고려 시대의 가요에 관계되는 기록이 실려 있어 국문학 연구에 중요한 자료가 되고 있다. 특히 실전(失傳)하고 없는 신라·백제·고구려·고려의 시가들에 대한 제목과 유래가 기록되어 있다.「악지」에 곡명과 유래가 전하는 삼국 시대의 가요 중 신라 가요로는『동경곡(東京曲)』·『이견대가(利見臺歌)』·『목주가(木州歌)』·『여나산(餘那山)』·『장한성(長漢城)』·『방등산곡(方等山曲)』등이며, 백제 가요로는『선운산가(禪雲山歌)』·『무등산가(無等山歌)』·『지리산가(智異山歌)』, 고구려 가요로는『내원성가(來遠城歌)』·『연양가(延陽歌)』·『명주가(溟州歌)』등이고, 고려가요 중 한역가(漢譯歌)로『오관산(五冠山)』·『거사련(居士戀)』·『처용가(處容歌)』·『사리화(沙里花)』·『장암(長巖)』『제위보(濟危寶)』·『정과정(鄭瓜亭)』·『한송정(寒松亭)』·『사룡(蛇龍)』등이 수록되어 있으며, 가명과 유래만 전하는 고려 가요는『무애(無㝵)』·『서경(西京)』·『대동강(大同江)』·『양주(楊州)』·『월정화(月精花)』·『장단(長湍)』·『정산(定山)』·『벌곡조(伐谷鳥)』·『원흥(元興)』·『금강성(金剛城)』·『장생포(長生浦』·『총석정(叢石亭)』·『안동자청(安東紫靑)』·『송산(松山)』·『예성강(禮成江)』·『동백목(冬柏木)』등이 있다.
82 據하면: 따르면.
83 狄人: 중국 북쪽의 야만족.

作한 바라. 高句麗가 隋와 唐과 對峙할 때에 隋와 唐은 廣寧縣 或 山海關[84] 內에 懷遠鎭을 두어 高句麗人을 招降하며[85] 高句麗는 遼東 或 遼西 等地에 來遠城을 두어 隋唐人을 招降하얏스니 遼史 東京 道內의 來遠城이 곳 遺墟라. 만일 來遠城歌[86]가 流傳하얏스면 文藝의 方面뿐 아니라 곳 歷史上 다른 事實에도 參照가 될지어늘 이제 高麗史에는 그 詞를 빼고 三國遺事에는 그 名까지 빼엿스니 더욱 可惜하도다. 百濟 成忠[87]과 高句麗 乙巴素[88]의 詩名 一首가 『大東風雅』[89]에 揭載된바 이는 近世의 諺文으로 적히고 그 冊子의 來歷이 明白하지 안하야 本人의 詩인 確證이 不足하나 쏘한 바리기도 악가움으로 拙著 朝鮮史[90]에 採入하니라.

渤海 一代에는 禮樂文物의 彬彬함이 外人의 欽慕를 밧앗슬 뿐더러 盛京通志[91]에 中京 鏡泊湖[92]를 記하야 가로대 『長白山에서 나려오는 群流가 注集하야 鏡泊湖가 되니 廣이 五六里오 長이 七十餘里라. 湖의 中央에 牛汞河克善 阿莫賀帛阿의 三山이 잇스며 牛汞 阿克善의 兩山 새이에 白巖이 잇스며 湖의 西南에 呼客兎의 高厓가 잇서 그 高厓로부터 虎兒哈河가 湖로

84 山海關: 산해관은 만리장성의 동쪽 끝에 자리하고 있는 중요한 관문의 하나이다. 명대 이후 북경이 수도가 되면서 인근한 산해관의 군사적 중요성이 더욱 강조되어 북방 이민족의 침입을 방어하는 중요한 군사적 요충지가 되었다.

85 招降하며: 투항을 권유하며. 적을 타일러서 항복하도록 하며.

86 來遠城歌: 고구려 가요의 하나. 오랑캐를 포로로 하여 내원성에 두어 성을 쌓고 부른 노래라고 하며, 작자·연대·가사 모두 미상(未詳)임.

87 成忠(?~656): 백제 의자왕 때의 충신. 좌평으로 있으면서 왕의 방탕을 여러 번 간하다가 투옥되자, 옥에서 외적의 침입을 예언하면서 육로는 탄현(炭峴)에서, 수로는 기벌포(伎伐浦)에서 적을 막으라는 말을 남기고 죽었다.

88 乙巴素(?~203): 고구려의 재상. 191년(고국천왕 13) 국상(國相)으로 추대되어, 농민 구제책인 진대법을 실시하였다.

89 大東風雅: 1908년에 김교헌이 편찬한 시조집. 상하 두 권으로 되어 상권에는 작자를 아는 작품 163수, 하권에는 작자 미상의 것 158수를 실었음.

90 朝鮮史: 신채호의 「조선사」.

91 盛京通志: 중국 요령성(遼寧省: 瀋陽)의 지리지(地理誌). 『고려사(高麗史)』에 보이는 소설적인 내용과 연행일기(燕行日記) 및 일본기행(日本記行)에서 베낀 것이다. 내용을 보면, 조각 종이에 '고구려현여흥경 상증처견 성경지자(高句麗縣與興京相證處見盛京志者)'라는 제목을 붙이고 그 다음에 『성경통지』 48권 21책의 내용을 전부(田賦)·과세(課稅)·풍속 등의 항목별로 요약하여 싣고 끝에 『성경통지』의 저자와 목록을 적어 놓았다.

92 鏡泊湖: 중국 동북 지방 북부 흑룡강성(黑龍江省) 남동부에 있는 호수. 목단강(牡丹江) 상류에 있으며, 옛 이름은 홀한해(忽汗海)이다. 화산의 분출물이 강의 물길을 막아 형성된 언색호(堰塞湖)이다.

들어올새 飛瀑가 空中에 灑하며 奔浪이 巨雷를 作하야 그 소리가 累十里外에까지 들님으로 響水라 名하며 매양 三四月頃이면 朝日이 처음 돗을 때에 日色의 紅과 水光의 綠이 서로 비추어 五色의 霞彩를 일우며 崖下의 奇花와 異草가 爛熳하야 그곳을 發庫라 名한다 하고, 그 附近 石頭甸子의 萬山 深岩中에 『海眼』이라 名하는 湖가 잇스니, 方圓이 八十餘里오 每日 三次의 湖水가 噴出하야 海와 相應하는 故로 海眼의 名을 得한 바라. 仲夏에 日暖하면 丈餘의 巨魚가 出沒하야 飛鳥가 그 위로 지나지 못한다.』 하며, 松漠記聞[93]에 渤海人의 生活의 一班을 記하야 갈오대 『富厚의 家에는 牧丹을 三四百本을 심으는대, 다 燕地에는 업는 貴種이라.』 하얏스니 이가치 東西南北에서 주서온 一二의 記錄으로도 渤海 盛時 詩人 文士의 風流를 想像할 수 잇스나 그러나 그 國詩와 漢詩의 一首가 後世에 傳한 것이 업도다.

玉塵叢談[94]에나 今古奇觀[95]에 同一한 記錄이 잇스되 그 大略이 下와 갓흐니 唐의 天寶年間[96]에 渤海의 國書가 唐에 일으매 唐의 擧朝에 그 文字를 解하는 이 업서 唐玄宗이 매우 걱정하다가 祕書監 賀知章이 李太白을 薦하야 金鑾殿에 들어와 이 글을 解讀하고 그 答書를 草할새 高力士가 靴를 脫하고 楊貴妃가 墨을 磨하엿다 하니, 이는 아마 渤海의 國書가 吏讀 或 口訣의 渤海字로 되얏슴으로 唐人이 이를 解讀하지 못함이오, 李太白의 答書도 渤海字로 한 것인 故로 그 글월이 李太白集에 揭載되지 못함이라. 或曰 右의 事實이 新舊 兩唐書에 보이지 안코 오즉 小說 中에 보일 쑨이니 엇지 遵信하리오? 하나 어느 때는 小說이 或 史冊보다 遵信할 價値가 잇는 것이

---

93 松漠記聞: 송홍호(宋洪皓, 1088~1155)가 썼다. 그의 자는 광필(光弼)이고 파양(鄱陽) 출신이다. 송 휘종 때 사람이다. 그는 금나라에 15년 정도 머물렀는데, 그의 사적은 『송사』 본전에 구비되어 있다. 이 책은 금나라의 잡일들을 기록하였는데, 금나라에 머물 때부터 기록해 왔다. 그러나 돌아올 때 금나라 사람에게 빼앗길까봐 모두 불태웠다. 귀양을 가서 하나 둘 회상하며 기록하여 『송막기문』이라 했다. 소흥 말기 그의 장자가 교정하여 정, 속 2권을 정리했다. 또한 건도(乾道) 연간(1165~1173)에 둘째 아들 준은 부친이 남긴 11가지 사건을 다시 보완했다.

94 玉塵叢談: 『이태백전서』에 〈옥진총담〉이 있음.

95 今古奇觀: 편자는 소주(蘇州)의 포옹노인(抱甕老人)이라는 것 외에는 분명치 않다. 이 책에 앞서 편찬된 단편소설의 총집 『삼언이박(三言二拍)』 속에서 비교적 우수한 것 40편을 골라 편찬하였다. 이 책은 『사대기서(四大奇書)』나 『홍루몽(紅樓夢)』 등의 장편소설과 함께 청조 일대를 통해 유행하였다.

96 天寶年間: 당(唐) 나라 현종(玄宗)의 후기(後期) 시대. 곧 741~756년을 말함.

라. 李太白全集에 據하면 樂史의 李翰林別集 序에 갈오대『唐玄宗이 李太白을 召하야 和蕃書를 草할새 思懸河와 갓핫다.』하며 秦建의 李君碣記에는『玄宗이 李白을 翰林待詔로 召하야 和蕃書를 草하얏다.』하며 范國正의 序文에도『李太白이 答蕃書를 草할새 辯이 懸河와 갓핫다.』하얏스니 그 稱한바 和蕃書와 答蕃書는 다 渤海에 答한 國書를 指한 것이라. 무릇 李太白 平生의 得意가 이 國書答章의 作이어늘 엇지하야 新舊 兩唐書에는 李太白을 召하야 楊貴妃를 讚한 淸平詞를 지엇다 할 섄이오. 渤海에 答한 國書의 一件에는 말도 업스며? 李太白全集에는 그 答書한 事實만 記하고 쏘한 그 答書는 記치 안하얏스며? 唐文苑英華[97]나 全唐文抄[98] 等 名書에는 李太白의 尋常한 詩와 文까지 收錄하면서 도리혀 그 得意作인 渤海에 答한 書를 쌔앗느뇨? 唐玄宗의 天寶 年間은 渤海 武帝의 後요 文宗의 初라. 武帝의 째에 海軍大將 張文休를 보내여 山東省에 들어가 唐의 登州刺史 韋俊을 죽이고 遼東 等地에서 唐將 高偘 等의 大兵을 陷落하야 渤海의 國威가 唐을 壓한 故로 渤海가 드대여 前例를 破하고 渤海字로 쓴 國書를 唐에 보내매 唐玄宗의 君臣이 卒然히 그 글을 解讀할 이가 업서 걱정하다가 마참 渤海字의 學者 李太白을 어더 이를 草答하야 當時에 外交의 難題를 解決하게 되얏스나, 그러나 支那 古代에 남의 글로 國際에 往來한 일이 업다가 이제 渤海에 對하야 新例를 開한 것이 無限의 羞恥인 故로 唐書에는 그 事實을 쌔앗스며, 李太白全集에는 그 事實은 糢糊하게 썻스나 그 文字는 揭載치 안함인가 하노라.

高麗 四百七十餘年間에 文字와 詩歌의 發達된 痕迹은 文獻의 缺乏으로

---

97 唐文苑英華: 『문원영화』는 태평흥국 7년(982)에 이방(李昉), 송백(宋白) 등이 칙명을 받아 편찬했으며, 총 1,000권이다. 남조의 양나라로부터 당에 이르기까지 시문 1만 9,102편을 모아 수록했다. 작자가 2,200명이나 되는데 당대 인물이 절대 다수를 차지하고 있다. 분류방식은 『문선(文選)』과 대략 같다. 뒤에 나온 『고시기(古詩紀)』, 『전당시(全唐詩)』, 『전당문(全唐文)』 등의 총집은 이 책에 수록되어 있는 시문에서 취재한 것이다. 단재가 '당문원영화'라고 한 것은 『문원영화』의 대부분이 당나라 시문이기 때문이거나, 『문원영화』 가운데 당나라 시문편을 말하기 위한 것으로 보인다.

98 全唐文抄: 『전당문』은 청나라 가경제(嘉慶帝)의 칙명으로, 동고(董誥), 완원(阮元) 등이 편찬하여 1814년에 완성했다. 당대의 산문과 변려문을 망라하고 있으나, 소설은 제외시켰다. 작가 3,042명, 문장 1만 8,488편이 수록되어 있어 당대의 역사·문화 연구에 참고가 된다. '전당문초'란 『전당문』에서 중요하거나 필요한 작품을 뽑아서 엮은 책을 의미하는 것으로 보인다.

알 수 업스나 그러나 瓜亭 鄭敍[99]의 詩歌가 다행히 傳한바 그 글월이 左(下)와 갓흐니

『前腔』 내 님을 그리와 우니다니 『中腔』 山접동새는 이슷하요이다 『後腔』 아니시며 거츠르신들 아으 『附葉』 殘月曉星이 아르시리다 『大葉』 넉시라도 님은 한대 녀저라 아으 『附葉』 過도 허물도 千萬 업소이다 『三葉』 말힛마러신뎌 『四葉』 살읏보뎌 아으 『附葉』 니미 나를 하마 니자시니잇가 『五葉』 님하 도람 드르사 괴오소서 아으

이 글월은 樂學軌範에는 處容歌의 下에 收錄한 故로 世人이 매양 이를 處容歌로 誤認하나 그러나 高麗史樂志에 載한 李齊賢의 漢詩로 讀解한 瓜亭歌에 갈오대 『憶君無日不沾衣 正似春山蜀子規 爲是爲非人莫問 曉星殘月也應知』라 한바 『憶君無日不沾衣』는 『내 님을 그리와 우니다니』의 譯이오 『正似春山蜀子規』는 『山접동새는 이슷하요이다』의 譯이오 『爲是爲非人莫問』은 『아니시며 거츠르신들』의 譯이오 『曉星殘月也應知』는 『殘月曉星이 아르시리다』의 譯이오 『넉시라도 님은 한대 너저라』의 以下는 비록 李氏의 譯에 入하지 안하얏스나 그 下文임이 또한 明白하니라. 高麗史에 갈오대 이 노래를 듯는 者는 淚를 下한다 하얏스니 當時의 名作됨을 可知로다. 이 노래의 가운대 古語가 만히 流傳하얏슬 쁜더러 末句 第五葉에 남(他人)을 『람』이라 하얏스니 우리 先祖의 言語에는 첫소리에 『라』의 發音이 잇슴을 볼지니라.

三國史記 著者 金富軾이나 高麗史 著者 鄭麟趾(或은 高麗史가 實은 金宗瑞의 著라 하니 再考를 俟)[100]가 다 吏讀文으로 적은 文字를 賤待하야 兩史의 樂志에 漢詩만 記載하고 吏讀로 쓴 國歌와 國詩는 刪棄[101]하얏스니 이

---

99 鄭敍: 고려 시대의 문인. 호는 과정(瓜亭). 문재가 뛰어났으며 묵죽화(墨竹畫)에도 능하였다. 임금을 그리워하는 정을 읊은 「정과정」으로 유명하다. 저서에 『과정잡서(瓜亭雜書)』가 있다. 생몰 연대 미상.

100 俟: 기다림.

101 刪棄: 잘라버림.

는 朝鮮 記錄上에 千古의 遺憾이 아니라 할 수 업도다. 그러나 三國時代의 國歌와 國詩는 다행이 三國遺事의 收集한 新羅詩歌가 잇서 그 缺漏의 萬一을 補하얏거니와 高麗의 詩歌는 이미 高麗史에 闕하고 그 모든 材料되는 記錄은 모다 壬辰亂의 兵火에 燒失하야 아모 參考할 곳이 업시 되얏스니 上述한 鄭瓜亭의 詩歌 가튼 것은 곳 考古者의 難得할 秘寶가 아니냐? 高麗와 李朝의 交替時代의 著作인 牧隱 冶隱 圃隱의 母子, 李朝 太宗 等의 詩調 몟 마듸가 大東風雅錄에 보인바 그 中에 圃隱의

『죽어죽어 一百番 다시 죽어 白骨이 塵土되고 넉시야 잇던 업던 님 向한 一片丹心 가실 줄 잇스랴』[102]의 一首는 辭意가 激昂하고[103] 太宗의 『이러하면 엇더하며 저러하면 엇더하리 天王堂 압뒤들이 문어진들 엇더하며 萬壽山 두렁츩이 엉커진들 엇더하리 우리도 이와 가치 太平長醉』[104]는 奇氣가 橫溢하야 비록 兩首의 短詩歌나 前者는 丹心이 鐵石 가튼 高麗 忠臣 一派의 心理를 代表하며, 後者는 時勢를 趨赴하야[105] 富貴를 圖得하랴는 李朝 創業 諸臣 一派의 心理를 代表한 者니라. 대개 吏讀文은 三國, 東北國, 高麗 等 歷代의 國文이라. 當時에 이로써 人名, 地名, 官名과 各種 詩歌를 記述할 뿐 아니라 歷史나 小說이나 其他 各種 文藝의 作品도 거의 吏讀文의 記述이 만엇슬지나 하나도 流傳되지 못하엿스니 또한 奇怪한 일이 아니냐? 傳說에 據하면 朝鮮 文獻이 (一)北扶餘가 慕容廆[106]에게 亡할 째 (二)高句麗 平壤이 李勣[107]에게 陷落할 째 (三)甄氏[108]가 完山에서 敗亡할 째 (四)李朝의

102 정몽주의 「단심가」 초장은 '이 몸이 죽어죽어 일백 번 고쳐 죽어'로 위의 것과는 차이가 있다.

103 激昂하고: 격렬하게 높아지고.

104 일반적으로 알려진 태종 이방원의 「하여가」에는 위의 2행이 없고, 1행(초장) 3행(중장)에 이어 마지막 장은 '우리도 이같이 얽어져 백 년까지 누리리라'로 되어 있어 위의 내용과는 조금 차이가 있다.

105 趨赴하야: 아부하여 좇아다녀.

106 慕容廆(269~333): 중국 5호 16국 시대 전연(前燕)의 시조. 금주지방을 근거로 중국인 인재 등용, 예제 정비로 유목적 생활양식과 문화가 중국화하였다. 선비의 단부·우문부 및 고구려를 치고, 전연 건국의 기초를 마련했다.

107 李勣(594~669): 중국 당나라의 무장. 이정(李靖)과 함께 태종을 도와 당나라의 국내 통일에 힘썼다. 이후 동돌궐을 정복하고 644년과 666년의 두 차례에 걸쳐 고구려에 침입, 668년 보장왕의 항복을 받아 고구려를 멸망시켰다.

108 甄氏: 甄萱(867~936). 후백제의 초대 왕. 관제 정비, 중국과의 국교를 맺고, 궁예의 후고구려와

漢陽宮闕이 壬辰倭亂에 被燒할 째에 燒燼하야 可考할 材料가 업서젓다 하니 이것이 事實的 傳說이라. 그러나 余는 儒佛 兩思想의 交遞時代가 가장 文獻殘缺의 大厄會라 하노라. 佛의 輸入에도 一次 朝鮮 蘇塗의 固有思想과 衝突된 적이 잇스나 다만 佛은 排他性이 少함으로 不久에 서로 融和되엿고, 儒는 程朱[109] 以來로 排他가 激烈한대 朝鮮이 高麗末부터 程朱의 影響을 바더 佛과 蘇塗를 一齊히 排斥함으로 李朝 太宗이 即位 後에 古代의 秘詞 秘錄 等을 만히 燒火하며 그 餘存한 者도 民間에 傳布함을 不許하고 오즉 內閣에 藏置하얏다가 壬辰亂에 다 燒滅하매 이로부터 朝鮮 古文獻이 아조 沒字碑[110]가 되니라.

世宗大王의 正音字母는 吏讀에 比하면 그 音과 形이 完美할 뿐더러 그 學習이 더옥 便利하야 우리 文學의 勃興할 利器를 주엇스나 다만 漢文學의 征服을 바더 各種 글월을 모다 漢文으로 記하고 漢文만 文字로 알아 國文學 發達의 前路를 막엇섯스며, 元昊[111] 鄭澈[112] 尹善道[113] 諸公이 間或 時調의 名作이 잇스나, 그러나 그 才力을 모다 漢詩의 著作에 팔아먹고 時調는 餘事[114]로 作하얏슴으로 모다 作家라 稱하기 不足하며 小說은 諺文으로 著한 者가 만흐나 그러나 文學 名士들은 此等의 諺文小說을 著하지 안할 뿐 아니라 쏘한 讀하지도 안함으로 다만 無賴의 閑人이 이를 지며 冊肆의 商人이

충돌하며 세력 확장에 힘썼다. 후에 고려 왕건에게 투항했다. 왕건에게 신검 토벌을 요청, 후백제를 멸망시켰다. 재위 기간은 900~935년이다.

109 程朱: 정자와 주자.

110 沒字碑: 글자가 모두 마모되어 버린 비석.

111 元昊: 조선 초기 생육신(生六臣)의 한 사람(?~?). 단종 즉위 후, 수양 대군의 세력이 강해지자 벼슬을 버리고 은거했다.

112 鄭澈(1536~1593): 조선 명종·선조 때의 문신. 호는 송강(松江). 가사 문학의 대가로 국문학사상 중요한 「관동별곡」, 「사미인곡」 따위의 가사 작품과 시조 작품을 남겼다. 저서에 『송강집』과 『송강가사』가 있다.

113 尹善道(1587~1671): 조선 중기의 문신. 호는 고산(孤山). 치열한 당쟁으로 일생을 거의 벽지의 유배지에서 보냈으나, 경사(經史)·의약·복서(卜筮)·음양지리에 해박하고, 특히 시조에 뛰어났다. 가사 문학의 대가인 정철과 더불어 시조 문학의 대가로서 특히 자연을 시로써 승화시킨 뛰어난 시인이었다. 문집 『고산유고』에 시조 77수와 한시문 외에 2책의 가첩(歌帖)이 전한다. 작품으로 「견회요」, 「우후요」, 「산중신곡」, 「산중속신곡」, 「어부사시사」 따위가 있다.

114 餘事: 그다지 중요하지 않은 일.

이를 박아 閭巷의 農人에게나 閨中의 婦에게 팔아 幾分의 薄利를 어덧슬 쑨이라. 그럼으로 發達이라 稱할 것이 업도다. 일을터면 五百年來의 諺文小說中 좀 나흔 作物을 春香傳[115] 놀보傳[116] 토기傳[117] 等을 數하나, 그러나 春香傳은 高句麗의 韓珠[118]를 演述한 것이오, 놀보傳은 新羅의 房色[119]을 演述한 것이오, 토기傳은 高句麗의 龜兎談[120]을 演述[121]한 것이니 다 創作 아님이 明白하며, 만일 名文傑作을 차즈면 漢文作家에는 或 幾篇이 잇다 하련이와 諺文에는 絶無하니 世宗大王의 制作한 恩德을 辜負[122]함이 쏘한 甚하도다, 아으.

最近에 와서 一般 朝鮮文法의 學者들이 우리글의 發達을 絶叫하나 그러나 各國 文學의 進步는 매양 多數한 作家가 나서 全社會를 鼓舞할 만한 詩나 小說이나 劇本이나 其他 各種 文藝作品이 만하 이로써 울고 웃고 노래하고 춤추어 飢者의 粮이 되며 病者의 藥이 되야 自家文學의 獨立國을 建設할 만한 然後의 일이니 近日에 作家로 칠 作者가 몟치이냐? 아으.

附言

本編의 前半은 著者가 去月[123]에 草한 바 『朝鮮史』 가온대 三國 東北

---

115 春香傳: 조선 시대의 판소리계 소설. 주인공 성춘향과 이몽룡의 사랑 이야기를 중심으로, 당시 사회적 특권 계급의 횡포를 고발하고 춘향의 정절을 찬양하면서, 천민의 신분 상승 욕구도 나타내었다. 작가와 연대는 알 수 없다.

116 놀보傳: 조선 후기의 판소리계 소설. 흥부와 놀부라는 두 인물을 통하여 형제간의 우애와 선악의 문제를 다루었다. 작가와 연대는 알 수 없다.

117 토기傳: 별주부전. 조선 후기의 판소리계 소설. 토끼의 간을 먹어야 병이 낫는 용왕을 위하여 육지로 나간 별주부 곧 자라가 토끼를 용궁에 데려오는 데는 성공하지만, 토끼가 간을 빼놓고 다닌다는 말로 잔꾀를 부려 죽음의 위기에서 벗어나 도망친다는 내용이다

118 韓珠: 백제의 미인. 고구려 안장왕(22대 왕 재위(在位) 519~531)과 신분을 초월한 사랑을 나누었다는 이야기가 있다.

119 房色: 방이설화. 신이담(神異譚) 중 응보담(應報譚)과 주보담(呪寶譚)에 속하는 설화. 착한 방이는 보물 방망이를 얻어 잘되고, 악한 동생은 형을 따라하다 망했다는 이야기로 '잘될 만한데 못 되기'로 분류할 수도 있다. 9세기 중국 문헌인 단성식(段成式)의 『유양잡조(酉陽雜俎)』에 신라의 이야기로 소개되어 전하며, 그 뒤 『유양잡조속집(酉陽雜俎續集)』권1, 『태평어람(太平御覽)』권481 등에 거듭 수록되었고, 우리 문헌으로는 안정복(安鼎福)의 『동사강목(東史綱目)』에 인용되어 있다.

120 龜兎談: 구토지설. 『삼국사기』 출전.

121 演述: 부연해서 서술.

122 辜負: 배반함, 저버림.

123 去月: 지난 달.

國 兩時代의 文字와 詩歌의 變遷에 關한 史論의 一部分이오, 後半은 東亞日報社의 辱託에 依하야 續成한 者라. 初意는 『世宗大王의 지은 諺文의 吏讀文에 對한 關係』와 『李朝 五百年來 時調 雜歌 等의 變遷하여온 源流』를 詳論하랴 하얏더니 (一)은 客橐[124]中에 近世史에 關한 參考書類가 不足하며 (二)는 著者가 寒을 畏함이 甚하야 近日에 筆을 操하기 困難하야 다 如意하게 쓰지 못함으로 後半은 너무 草草하니 讀者의 雅恕[125]함을 바라노라.

그러나 吏讀文으로 지은 處容本歌의 意義를 發見하며 史冊에 漏落된 鄭瓜亭의 國詩를 按出함[126]은 著者의 此編부터 始라 할지니 或 日後 朝鮮文學史 編撰者의 採擇이 될가 하노라.

前半에도 (一)吏讀文 制作의 前에 蘇塗의 神壇에서 臣智[127]가 口傳하여온 不文의 歌史[128]를 闕하얏스며[129] (二)吏讀文 時代에 盛行한 花郎의 풍월[130]을 論치 못하얏도다. 他日 다시 機會를 어더 補充하랴 하노라.

—『東亞日報』 1924.1.1.

124 客橐: 나그네 짐 보따리.
125 雅恕: 우아한 용서. 너그러운 용서.
126 按出함: 만들어냄.
127 臣智: 삼한의 여러 부족 국가 가운데 큰 읍락의 군장(君長).
128 歌史: 노래(歌)와 역사(史)를 의미하는 듯. 단재 전집에는 '歌詞'로 제시함.
129 闕하얏스며: 빠트렸으며.
130 풍월: 음풍농월. 여기에서는 시가 또는 가사라는 의미.

◎ 해설

「조선 고래의 문자와 시가의 변천」은 『동아일보』 1924년 1월 1일에 발표된 단재의 글이다. 단재는 역사를 연구하면서 한편으론 문자와 문학에도 깊은 관심을 갖고 있었다. 단재는 〈부언〉에서 원래 「세종대왕의 지은 언문의 이두문에 대한 관계」와 「이조 오백년래 시조 잡가 등의 변천하여온 원류」 등 2편을 기술하려 하였지만, "근세사에 관한 참고서류가 부족하며, 저자가 추위(寒)을 두려워함이 심하여 근일에 붓을 잡기 곤란하여 다 여의하게 쓰지 못"했다고 밝혔다, 특히 '후반은 너무 초초하니 독자의 너그러운 용서'를 바란다고 했는데, 문학 부분을 제대로 못 다룬 것이 아쉽다. 당시 중국에서 자료의 부족으로 글을 쓰기가 어려웠기 때문으로 보인다.

단재는 한문학이 국문학 발달을 저해했으며 문인들이 한시 제작에 몰두하였지만, 시조는 여사로 짓고 국문소설을 짓지 않았음을 아쉬워했다. 그러한 입장은 「천희당시화」에서도 드러난다. 그런데 이 글을 애국계몽기의 글과 비교해보면 우리 문자에 대한 탐구가 더욱 깊어진 것을 확인할 수 있다. 단재는 우리의 문자를 이두, 구결, 언문으로 나누고, 설총의 이두 제작을 부정하는가 하면, 여진자가 우리의 이두에 영향을 받은 것으로 밝히고, 여진자, 거란자, 몽고자, 서장자(파스파 문자)의 계통을 세우려고 했다. 이러한 것은 역사 연구를 진행하면서 언어에 대한 이해가 깊어졌기에 가능한 것이었다.

아울러 『삼국유사』에 실린 향가를 분석하고, 『고려사악지』에 언급된 고구려와 백제의 시가가 이름만 전하고 있음을 안타깝게 여겼다. 특히 「처용가」를 통해 향가를 해석하고 있다는 점은 대단히 선진적인 것으로 평가된다. 그리고 고려 가요 「정과정곡」, 여말 시조 「단심가」, 「하여가」를 소개 및 분석하는가 하면, 「춘향전」, 「놀보전」, 「토끼전」 등을 언급하였다. 그는 이 글에서 "전 사회를 고무할 시나 소설이나 극본이나 기타 각종 문예 작품"이 많아져서 우리 문학의 독립이 오기를 바랐지만, 국내 문단에 작가로 칠 만한 작가가 나오지 않음을 한탄했다. 이 글은 우리말과 우리 문학에 대한 단재의 입장을 잘 드러낸다는 측면에서 중요한 의미가 있다.

浪客의 新年漫筆[1]

新年의 漫筆이 무엇이냐? 新年의 年賀狀을 올니랴 하나 時刻 大變의 病者에게 萬壽無疆의 祝辭을 들임과 갓고 新年의 感想談이나 쓰랴 하나 雲遊의 浪客이 너무 名士의 口吻[2]을 배움이 주제넘운지라 신 것, 매운 것, 단 것, 쓴 것 생각나는 대로 쓴 글인 故로 『新年의 亂筆』[3]이라 題하노라.

一. 道德과 主義의 標準

舊時의 道德이나 今日의 主義란 것이 그 標準이 어대서 난느냐? 利害에서 난느냐? 是非에서 난느냐? 만일 是非의 標準에서 낫다하면 靑丘俚談集에 보인 것과 가치 나무의 그늘에서 三夏[4]의 더위를 避하고는 겨울에 그 나무를 벼여 불을 째는 人類며, 소를 부리어 農事를 짓고는 그 소를 잡아먹는 人類며, 朴燕巖의 虎叱文[5]에 말한 것가치 벌과 황충이의 粮食을 쌔앗는 人類니 人類보다 더 罪惡 만흔 動物이 업슨즉 먼저 銃으로 爆彈으로 大砲로 世界를 襲擊하야 人類의 種子를 絶滅하여야 할 것이 아니냐? 그럼으로 人類는 利害問題쑨이다. 利害問題를 爲하야 釋迦도 나고 孔子도 나고 예수도 나고 맑쓰[6]도 나고 크로포트킨[7]도 낫다. 時代와 境遇가 갓지 안함으로 그들

---

1 이 글은 1925년 1월 2일 『동아일보』에 발표되었다.
2 口吻: 말투.
3 亂筆: 함부로 어지럽게 쓴 글 또는 자기의 글을 낮춰 이르는 말이다. 제목에는 '漫筆'이지만, 단재 스스로 '亂筆'로 칭한 것으로 보인다.
4 三夏: 여름의 석 달.
5 虎叱文: 박지원이 쓴 소설 「호질」.
6 맑쓰: 마르크스(1818~1883). 독일의 사회학자, 공산주의자, 경제학자, 정치학자이다. 그는 본 대학

의 感情의 衝動도 갓지 안하야 그 利害標準의 大小廣狹은 잇슬망정 利害는 利害이다. 그의 弟子들도 本師의 精義를 잘 理解하야 自家의 利를 求함으로 中國의 釋迦가 印度와 달으며 日本의 孔子가 中國과 달으며 맑쓰도 카우쓰키[8]의 맑쓰와 렌닌[9]의 맑쓰와 中國이나 日本의 맑쓰가 다 달음이다. 우리 朝鮮 사람은 매양 利害 以外에서 眞理를 차지랴 함으로 釋迦가 들어오면 朝鮮의 釋迦가 되지 안코 釋迦의 朝鮮이 되며, 孔子가 들어오면 朝鮮의 孔子가 되지 안코 孔子의 朝鮮이 되며, 무삼 主義가 들어와도 朝鮮의 主義가 되지 안코 主義의 朝鮮이 되랴 한다. 그리하야 道德과 主義를 爲하는 朝鮮은 잇고 朝鮮을 爲하는 道德과 主義는 업다.

아! 이것이 朝鮮의 特色이냐. 特色이라면 特色이나 奴隷의 特色이다. 나는 朝鮮의 道德과 朝鮮의 主義를 爲하야 哭하랴 한다.

二. 利害와 權衡[10]

道德과 主義가 人類의 利害의 標準에서 생기엇다 하면 우리가 害를 避하고 利만 取함이 可할지니, 그러면 나라를 팔아 一身一家의 溫飽[11]를 求함도

에 입학하여 법학을 공부하다가 베를린 대학교로 옮겨 역사와 철학을 공부하였다. 1848년 엥겔스와 공동으로 근대 사회주의의 맹아인 '공산당 선언'을 발표하였다. 그 후 마르크스는 남은 생애의 대부분을 가난과 싸우며 런던에서 저술 활동을 했다. 『철학의 빈곤』, 『공산당 선언』, 『자본론』 등의 저서로 널리 알려졌다.

7 크로포트찐: 크로포트킨(1842~1921). 무정부주의자, 지리학자, 탐험가. 지리학·동물학·사회학·역사학 등 다양한 분야에서 명성을 얻었지만 세속적인 출세의 길을 버리고 혁명가의 삶을 택했다. 무정부주의자 바쿠닌의 그룹에 참가하여 나로드니키로서 활동 중 투옥되었다가 탈출하여 외국에 망명했다. 자서전 외에 『러시아 문학의 이상과 현실』(1905), 『상호부조론』(1902), 『청년에게 호소함』 등이 있다.

8 카우쓰키: 카우츠키(1854~1938). 독일의 경제학자·역사가·정치가. 독일 사회 민주당 및 제2 인터내셔널의 지도자. 엥겔스의 사후 최대의 마르크스주의자였으나 러시아 혁명을 비판하여 레닌으로부터 배교자라는 낙인이 찍혔다. 1934년 체코슬로바키아 시민권을 얻고, 빈에서 오스트리아 사회민주당을 지도하다가 독일군이 침공하자 체코를 거쳐 암스테르담으로 도망가 거기서 빈곤 중에 사망했다. 저서에 『프롤레타리아트독재』, 『유물사관』 등이 있다.

9 렌닌: 레닌(1870~1924). 러시아의 혁명가·정치가. 소련 최초의 국가 원수. 러시아 11월 혁명(볼셰비키혁명, 구력 10월)의 중심인물로서 러시아파 마르크스주의를 발전시킨 혁명이론가이자 사상가이다. 무장봉기로 과도정부를 전복하고 이른바 프롤레타리아 독재를 표방하는 혁명정권을 수립한 다음 코민테른을 결성하였다.

10 權衡: 저울추와 저울대라는 의미로, 곧 사물의 경중(輕重)을 재는 척도나 기준.

可할가? 韓圭卨[12]과 가치 伊藤[13]의 號令에 小孩처름 울고 逃走하야 財産의 文書를 안고 一生을 愛妾의 품에서 보냄도 可할가? 一進會 가치 合併을 宣言하야 奴隷의 苟生을 取함도 可할가? 參政權 가튼 것이라도 運動함이 可할가? 이러한 短視眼[14]의 利害는 利害가 안이다. 口腹을 充할 수 잇슬지라도 人身이 狗彘[15]로 墮落된다 하면 利가 안이라 害뿐이며, 一身의 安樂을 어들지라도 父母 兄弟 姊妹 親戚 目前의 同胞 未來의 子孫을 奴籍에 올닐진대 利가 안이라 害뿐이니, 그럼으로 個人이 되야서는 李完用이나 韓圭卨이 되지 안코 閔泳煥이 됨이며, 團體가 되야는 一進會가 되지 안코 解散 逮捕 等을 當하는 團體가 됨이며, 社會를 爲하야는 美國 保護의 善政을 밧는 이보다 차라리 獨立自由의 苛政下에서 生活함을 조와한다는 필립빈[16] 某志士의 言論이 잇스니 이는 다 消極的 方面에서 打算한 利害요 或은 民族의 自由를 爲하야 或은 階級의 平等을 爲하야 目前에 流血千里 伏尸百萬[17]의 慘害가 잇슴을 不顧하고 未來의 實際上 或 精神上의 엇던 한 利益을 取하나니 그럼으로 成功한 露西亞[18]의 共産黨이나 失敗한 愛爾蘭[19]의 싱픈黨[20]이 가치 人類의 敎訓을 끼침이니 이는 積極的 方面에서 打算한 利害이다. 매양 目前의 利害만 打算하야 『人口 減少의 禍만 잇스랴』고 甲의 行動을 非難하

---

11 溫飽: 따뜻하게 입고 배부르게 먹는다는 뜻으로, 옷과 밥이 넉넉함.

12 韓圭卨(1848~1930): 구한말의 무신. 1905년 의정부 참정(參政)이 되어 내각을 조직하였으나 을사조약에 반대하여 파면당하였다. 뒤에 중추원 고문 따위를 역임하였고 국권 강탈 후 일본이 준 남작 작위를 거절하였다.

13 伊藤: 伊藤博文(1841~1909). 일본의 정치가. 막부 정권 타도에 앞장섰으며, 총리대신과 추밀원 의장을 지냈다. 주한 특파 대사로서 을사조약을 강제로 체결하였으며, 1905년에 초대 조선 통감으로서 우리나라 국권 강탈을 준비하던 중, 1909년에 하얼빈에서 안중근 의사에게 피살되었다.

14 短視眼: 근시안. 눈앞의 일에만 사로잡혀 먼 앞날의 일을 짐작하는 지혜가 없음을 비유적으로 이르는 말.

15 狗彘: 개돼지.

16 필립빈: 필리핀.

17 伏尸百萬: 널브러진 시체 백만.

18 露西亞: 러시아.

19 愛爾蘭: 아일랜드.

20 싱픈黨: 신페인(Sinn Fein)당. 1919~1922년에 걸쳐 독립혁명을 지도하였으며, 1905년경 A.그리피스의 지도로 탄생하였다. 명칭은 '우리들 자신'이라는 뜻으로, 정치·경제·사회·문화 등 각 분야에서 구체적인 자립정책을 내세워 독립을 지향하였다. 1919년 1월 아일랜드 의회를 창설, 독립을 선언하였다. 1922년 아일랜드 자유국의 승인을 받게 되었다.

며『經濟 損失의 害만 잇스랴』고 乙의 主張을 嘲笑하는 者가 만흠으로 已故한[21] 某公이 말하되『나는 學者를 보기가 실흡니다. 누구의 무삼 經營에던지 學者들은 大小强弱의 數字的 比較의 眼目으로 必敗의 斷案을 나립니다. 必敗必亡할지라도 안이할 수 업는 일이 잇는 줄은 요새 學者의 몰으는 일임니다.』하엿다. 아! 目下에만 보이는 大小多寡의 差나 比較하는 短視眼의 學者야 무삼 學者이냐. 우리의 境遇는 아모리 必成必興의 合理的 宿命的의 運動이라도 最近의 短距離 以內에서는 失敗뿐 死亡뿐일 것이 明白하다. 學者나 主義者나 運動者나 그 가튼 淺近한 言論行動을 바리어라. 그리하야 某公의 泉臺[22]英魂의 回嗔[23]을 밧지 말지어다.

三. 病을 짜라 藥을 쓰자

우리 朝鮮이 古代부터 固定한 階級制가 잇서 高句麗의 五部, 百濟의 八姓, 新羅의 三骨이 모다 貴와 富를 所有한 者의 別名이다. 美川王[24]이 幼時에 傭奴[25]가 되야 主人의 安眠하기를 爲하야 門압 못 속에 우는 개고리를 禁止하노라고 밤을 새우며, 金庾信[26]의 大功으로도 王京貴族들이 한 자리에 안찌 안하랴 한 모든 歷史가 그 生活의 懸殊[27]와 差別의 嚴絶[28]을 말한다. 우리 先民들이 이것을 打破하야 社會問題를 解決하랴 하야 叛逆革命의 踪跡이 그 模糊不備한 歷史의 記錄 속에도 자조 出沒하엿스나 唐의 外寇가 麗濟 兩國을 蹂躪하매 그 萠芽가 摧折되며 高麗 一代에 더욱 兩班 對 君主

---

21 已故한: 이미 고인이 된. 이미 작고한.
22 泉臺: 저승. 사람이 죽은 뒤에 산다고 하는 세상.
23 回嗔: 성을 냄.
24 美川王: 고우불(高憂弗, ?~331). 고구려 제15대 왕. 현도군(玄菟郡)을 공격하고 낙랑군을 점령하는 등 고구려의 영토 확장에 큰 공을 세웠다. 재위 기간은 300~331년이다. 호양왕.
25 傭奴: 품팔이꾼. 품을 파는 노예.
26 金庾信(595~673): 신라의 명장. 가야국의 시조 수로왕의 12대손으로, 태종 무열왕 7년(660)에 당나라의 소정방과 함께 백제를 멸망시키고, 문무왕 8년(668)에 고구려를 정벌한 후 당나라 군사를 축출하는 데 힘써 삼국 통일의 기반을 다졌다.
27 懸殊: 현격하게 다름. 현격한 차이.
28 嚴絶: 매우 엄격함.

의 爭鬪, 奴隷 雜類(雜類는 商工階級의 總稱인 듯) 對 兩班의 爭鬪에 累次의 流血이 잇섯스나 蒙古의 外寇가 侵入하야 그 影響이 沉寂[29]하엿스며, 李太祖가 高麗代의 四制遺弊를 改革하야 貧富의 調和를 도모하엿스나 그 貴賤의 階級이 存在함으로 未久에 다시 그 罅隙[30]이 爆裂하야 少年稧 劍稧 兩班殺戮稧 等 祕密革命團體가 紛起하더니 또한 壬辰亂의 八年 兵火로 말미아마 八道가 瘡殘하매[31] 드대여 그 種子까지 滅絶되엿다. 이와 가치 社會進化의 經路를 開拓하랴는 革命이 매양 反革命的 外寇 때문에 崩壞됨을 보면 이제 송곳모흐로[32] 박을 쌍도 업시 他人에게 빼앗기고 少數의 小商業家들은 先進國 生産品의 輸入을 紹介하는 中間에서 써러지는 밥풀을 주서 먹게 되고 警察과 軍隊가 쓴임업시 威壓을 주는 판에서 社會의 組織부터 改革하랴 함은 너무 愚擧가 안인가 한다. 오즉 小作人의 運動 가튼 것은 地主의 殘惡을 抵制하야 一時의 急迫한 同胞의 窮民을 救하는 惟一 方法이니 이는 時代潮流의 餘澤[33]이 안이라 할 수 업다.

四. 有産者보다 나흔 無産者의 存在를 닛지마라

年前 上海에서 『民衆』이란 週日新聞에 엇던 文士가 이러한 論文을 썻다. 『朝鮮人 中에도 有産者는 勢力 잇는 日本人과 갓고 日本人 中에도 無産者는 可憐한 朝鮮人과 한가지니 우리 運動을 民族으로 난울 것이 안이오 有無産으로 난울 것이라.』고. 有産階級의 朝鮮人이 日本人과 갓다 함은 우리도 承認하는 바어니와 無産階級의 日本人을 朝鮮人으로 본다 함은 沒常識한 言論인가 하니 日本人이 아모리 無産者일지라도 그래도 그뒤에 日本帝國이 잇서 危險이 잇슬가 保護하며 災害에 걸리면 補助하며 子女가 나면 教育으

29 沉寂: 고요함. 적막함.
30 罅隙: 틈, 틈새.
31 瘡殘하매: 몸이 헐어 쇠약하매.
32 송곳모흐로: 송곳못으로.
33 餘澤: 끼치고 남은 혜택.

로 知識을 주도록 하야 朝鮮의 有産者보다 豪强한 生活을 누릴 뿐더러 하물며 朝鮮에 移殖한[34] 者는 朝鮮人의 生活을 威嚇하는[35] 殖民의 先鋒이니 無産者의 日人을 歡迎함이 곳 殖民의 先鋒을 歡迎함이 아니냐. 累百年 卑劣한 外交下에서 生長한 殖民들인 까닭에 무엇보다도 外交를 重視하야 매양 危急滅亡의 際를 當하면 第三者에 對한 外交는 勿論이어니와 곳 危急滅亡의 禍를 加하랴는 相對者에 對한 外交까지도 汲汲하야 甲辰 乙巳의 間에 日本 政府에 올린 長書가 날노 날듯하며[36] 日本人 統監 伊藤에게 바치는 公函[37]이 비쌀치듯 하며 五條約[38] 締結할 때의 新聞紙에 五賊을 베이는 筆劒이 森嚴하지만 日本 大使 伊藤侯에게는 哀乞의 뜻을 表하며 獨立自强으로 主義삼는다는 大韓自强會[39]에 日本人 挾雜輩의 大垣丈夫[40]를 어른으로 모시더니 오날에 와서 主義를 불우고 强權을 反對하지만 其實은 政府가 民衆으

---

34 移殖한: 옮겨 심은. 이주시킨.

35 威嚇하는: 위협하는.

36 날노 날듯하며: 나날이 증가하며.

37 公函: 공무에 관하여 주고받는 편지. 공찰(公札).

38 五條約: 을사늑약. 대한 제국 광무 9년(1905)에 일본이 한국의 외교권을 빼앗고 조선을 병탄하기 위해 5개조의 조약을 만들고 강제적으로 맺은 조약이다. 내용은 아래와 같다.
제1조. 일본국 정부는 재동경 외무성을 경유하여 금후 한국의 외국에 대한 관계 및 사무를 감리, 지휘할 것이며 일본국의 외교 대표자 및 영사는 외국에 재류하는 한국의 신민 및 이익을 보호할 것이다.
제2조. 일본국정부는 한국과 타국과의 사이에 현존하는 조약의 실행을 완수할 임무가 있으며, 한국정부는 금후 일본국 정부의 중계를 거치지 않고는 국제적 성질을 가진 아무런 조약이나 또는 약속을 하지 않기를 상약한다.
제3조. 일본국정부는 그 대표자로 하여금 한국 황제폐하의 궐하에 1명의 통감을 두고 통감은 오로지 외교에 관한 사항을 관리하기 위하여 경성에 주재하고 친히 황제폐하에게 알현하는 권리를 가진다. 일본국 정부는 또한 한국의 각 개항장 및 일본국 정부가 필요하다고 인정하는 지역에 이사관을 둘 권리를 가지되, 이사관은 통감의 지휘하에 종래 재한국 일본영사에게 속하던 일체의 직권을 집행하고, 아울러 본 협약의 조관을 완전히 실행하기 위하여 필요로 하는 일체의 사무를 장리할 것이다.
제4조. 일본국과 한국과의 사이에 현존하는 조약 및 약속은 본 협약에 저촉되지 않는 한 모두다 그 효력을 계속하는 것으로 한다.
제5조. 일본국정부는 한국 황실의 안녕과 존엄을 유지하기를 보증한다.

39 大韓自强會: 1906년 3월 대한제국 경성부에서 결성된 애국계몽 운동 계열의 정치 단체이다. 장지연, 윤효정, 윤치호 등이 주도하였다. 1906년부터 1907년까지 자강운동을 주도한 단체이다. 대한자강회는 일본인 고문을 추대하고 온건한 실력양성론을 펴는 등 개량적인 성격도 보였으나, 대한제국 고종의 강제 퇴위를 반대하였다가 통감부에 의해 1907년 8월 21일에 강제로 해산당했다.

40 大垣丈夫(1862~1929): 명치 시대의 지사, 아시아주의자, 대륙 낭인, 기자. 한국에서 '대한협회' '대한자강회' 등에 관여하고 『대한민보』를 창간에도 조력하여 한일 합방에 반대했다.

로 變할 쎈이며 執政大臣이 日本 無産者로 變할 쎈이며 統監 伊藤博文 軍司令 長谷川[41]이 片山潛[42] 堺利彦[43]으로 變할 쎈이니, 變하는 者는 그 名詞 쎈이오 精神은 依舊하다. 그러나 民衆의 外交도 매양 生活의 利害로 落着되나니 日本 無産者를 朝鮮人으로 본다 함이 强族에게 納諂[44]하는 못난 卑劣이 안이면 鍾路 거지가 都承旨[45]를 불상타는 지나친 仁厚가 될 쎈이다.

五. 新青年도 도로 舊青年이 아니냐

『四十 以上은 다 죽이여야 되겟다.』는 소리가 新青年의 입에 올으나린 지 오래이다. 멧 마듸 條理 업는 演說로 一時에 先生의 尊稱[46]을 어든 二十年 前의 舊青年 四十 以上들은 마치 價値 업는 物件이 意外의 時勢로 暴騰하다가 그 時勢가 지나가면 다시 暴落하듯시 아조 時勢를 일코 죽은 사람들이니 더 죽일 것도 업거니와 三十 以下의 新青年들은 산 것이 무엇이냐? 過去를 否認하지만 玉塔도 부시며 寶塔도 부시여라 하는 露國[47] 虛無黨[48] 時代의 否認이 아니라, 다만 消極的 否認쎈이며 時代에 落伍者가 되지 말자 불우짓지만 熱血과 勇氣가 업슴으로 다만 時代에 阿容하는 奴隷가 될 쎈이

---

41 長谷川: 長谷川好道(1850~1924). 일본의 육군 군인. 1904년 조선 주재 사령관에 취임하고, 1916년 사내정의(寺內正毅)의 후임으로 조선 총독에 취임. 총독 재임 중 토지조사 사업을 완료했지만, 조선에서 일어난 3·1 독립 운동에 군대를 동원해 진압한 것 등이 무단정치로 비판을 받아 3년 만에 재등실(齋藤實)로 교체되었다.

42 片山潛(1859~1933): 일본의 노동운동 지도자. 직공의용회(職工義勇會)를 조직하여 일본에서의 근대적 노동조합운동을 이끌었다. 도쿄 시전(市電) 파업의 배후인물로 지목되어 체포되었다가, 미국으로 망명 후 러시아혁명 성공의 영향을 받아 공산주의자가 되었다. 아시아 여러 민족의 공산주의 운동과 일본공산당의 결성을 지도하였다.

43 堺利彦(1871~1933): 일본의 사회주의자·사상가·역사·저술가·소설가. 1920년 일본사회주의동맹 결성하고 1922년 일본공산당 결성에 참여하였다.

44 納諂: 아첨하다.

45 都承旨: 조선 시대에 둔, 승정원의 으뜸 벼슬. 왕명을 전달하거나 신하들이 왕에게 올리는 글을 상달하는 일을 맡아보았다.

46 尊稱: 남을 공경하는 뜻으로 높여 부름. 또는 그 칭호.

47 露國: 러시아.

48 虛無黨: 1860년대 제정 러시아에서 체르니솁스키를 지도자로 하여 결성된 혁명적 민주주의자의 당파 또는 암살 따위의 수단에 의하여 사회 변혁을 꾀하던 1870~1880년대의 혁명가를 이르는 말. 허무주의를 신봉하여 일체의 권위를 인정하지 않고 사회의 기성 도덕과 제도를 파괴하여 자유로운 사회를 이룩하려고 시도하였다.

며, 西間島의 十萬名 養兵과 美國의 一億萬元 借欵을 壯談하던 舊青年의 誇大狂妄도 밉지만 二三百名 留學生의 社會에서 每朔 三四元의 費用을 듸리어 刋行하는 十餘張의 速刷版 雜誌는 더욱 可憐하며, 新舊書籍間 一卷의 冊子도 보지 안코 다만 禮拜堂의 讚美와 무쇠주먹 돌근육의 狂歌로 生活하던 舊青年의 擧動도 讃許할 수 업지만 政治的 經濟的 現實의 苦痛에서 逃脫하야 新詩 新小說의 避亂生涯로 一生을 마추랴는 新青年의 心理야 참말 哀惜할 만하다. 이 가튼 頹敗한[49] 志氣로는 設或 學業을 成就할지라도 學校의 教師가 되거나 或 外國人의 會社의 職員이나 되야 自己의 糊口나 할 섄이오, 設或 海軍 陸軍 飛行隊의 將校가 될지라도 그 所得의 月俸[50]으로써 自家의 溫飽나 經營하며 貧窮의 同胞나 傲視하리니 뜻업는 者의 知識이 쓸데 잇스랴. 마치 閔泳徽[51]의 金錢이 公共運動에 쓸데 업슴과 一般일 것이다. 아아 크로포트킨의 『青年에게 告하노라』[52]란 論文의 洗禮를 밧자. 이 글이 가장 病에 맛는 藥方이 될가 한다.

六. 痛斥할 社會의 兩大惡魔

우리의 痛斥할 바는 (一)은 形式化니 三綱五倫이 至今에는 崩壞하지 안할 수 업는 道德이 되얏지만 趙靜庵[53] 金冲庵[54] 等 己卯[55] 先賢의 往來한 書札과 그들의 行事를 보면 數千年 舊俗을 掃蕩하고 孔子 教化의 理想國을 建

---

49 頹敗한: 쇠퇴하여 무너지는.

50 月俸: 월급.

51 閔泳徽: 조선 고종 때의 문신(1852~1935). 갑신정변을 진압하였고, 국권 강탈 후 일본 정부의 자작(子爵)이 되었으며, 천일은행(天一銀行)과 휘문학교를 설립하였다.

52 青年에게 告하노라: 크로포트킨이 1880년에 청년에게 호소하기 위해 쓴 글.

53 趙靜庵: 이름은 광조, 조선 중기의 문신으로 왕도정치를 실현하다가 훈구파의 시기를 입어 1519년 기묘사화(己卯士禍) 때 사사(賜死)되었다.

54 金冲庵: 이름은 정(淨). 조선 전기의 문신으로 기묘사화 때에 제주에 안치되었다가 뒤에 사사되었다.

55 己卯: 己卯士禍. 1519년(중종 14) 남곤·홍경주 등의 훈구파에 의해 조광조 등의 신진 사류(新進士類)들이 숙청된 사건. 조광조는 능주(綾州)로 귀양가서 한달만에 사사되고, 김정·기준·한충·김식 등은 귀양갔다가 사형되었다. 김구 등 수십 명도 역시 유배되고, 이들을 두둔한 김안국·김정국 등은 파직되었다.

設하랴던 眞誠과 勢力을 欽服할 만하다. 그러나 歲月이 오래이매 그 精神은 업서지고 形式만 남아 何 마누라의 喪事인지 不知하고 痛哭하는 忠婢도 잇섯다 하거니와 눈물 한 방울도 업시 三年 侍墓하는 孝子도 업지 안하엿다. 그리하야 漢城 末年 家家孝子 人人忠臣의 社會가 마참내 少數의 賊臣을 誅滅하지 못하얏슴은 精神 업는 形式이 人世에 戰爭하는 武器가 아닌 까닭이다. 오늘날에 主義의 看板을 부치며 自由 改造 革命의 名詞 외우는 形式的 人物의 만흠보다 主義대로 名詞대로 血戰하는 精神的 人物이 한아라도 잇서야 할 것이며, (二)避亂의 心理니 왼 朝鮮 사람이야 다 죽던 말던 나 한 몸 한 家族이나 살면 고만이라고 鄭堪錄[56]의 十勝地를 차저단이는 癡人은 今日에 거의 絶種되엿겟지만 그러나 그 心理는 依舊하다. 不平等한 이 世界를 한 번 뒤집어 모든 동포가 더 幸福을 누리자는 心理가 안이오, 오즉 한 몸 한 집을 살자는 생각으로 차저가면 各 科學의 知識을 엇는 中學校 大學校…… 모든 學校도 鄭堪錄의 靑鶴洞이며 詩와 小說을 짓는 文壇이나 論說, 記事 等을 編輯하는 新聞社도 鄭堪錄의 鐵甕城이다. 亂을 討平할 人物은 만히 나지 안코 亂을 避하는 人士만 잇스면 그 亂은 救하지 못할 것이니 우리가 모다 避難心理의 大賊을 討滅하여야 할 것이다. 右(上)의 兩大戰에 成功하면 그 다음 爲善爲惡[57]은 오히려 問題가 안이니 善과 惡은 絶對的이 안이오 相對的인 故로, 惡이 업스면 善도 업는 까닭에 社會를 爲하야 功을 못 이루거던 차라리 罪라도 지어라 할 것이다.

七. 文藝運動의 弊害

浪漫主義[58] 自然主義[59] 新浪漫主義[60] 等의 區別도 잘 못하는 者도 現代에

---

56 鄭堪錄: 鄭鑑錄. 조선 중기 이후 백성들 속에 유포된, 나라의 운명과 백성의 앞날에 대한 예언서. 풍수지리상으로 본 조선 왕조 후 역대의 변천 따위를 예언한 것으로, 이심(李沁)과 정감(鄭鑑)의 문답을 기록한 책이라 하나 이본이 많아 확실한 것은 알 수 없다. 1책.

57 爲善爲惡: 선이 되고 악이 되는 것.

58 浪漫主義: 꿈이나 공상의 세계를 동경하고 감상적인 정서를 중시하는 창작 태도.

가장 流行하는 轟轟한[61] 西方 文藝家들의 有名한 小說이나 劇本 等을 거의 눈에 대여보지 못한 完全히 文藝의 門外漢이 게다가 十餘年 海外에 안저 朝鮮 文壇의 消息이 隔絶하야[62] 무삼 作品이 잇는지 얼마나 낫는지 엇던 것이 歡迎을 밧는지 알지 못하니 엇지 朝鮮 現在 文藝에 對하야 可否를 말하랴. 다만 三一運動 以來 가장 顯著히 發達된 者는 文藝運動이라 할 수 잇다. 經濟壓迫이 아모리 甚하다 하나 餓鬼의 金剛山 구경 가튼 文藝作品의 讀者는 업지 안하며 京城의 新聞紙에 씌여오는 冊肆 廣告를 보면 다른 書籍은 거의 十五年 前 그때의 한 갈이나 詩人과 小說先生의 作物은 比較的 多數인 듯하다. 그래서 나의 亂筆이 文藝에 對한 妄論을 한 마듸 하랴 하나 아材料가 업서 남의 말이나 紹介하고 모으랴 한다. 일즉 中國 廣東의 『響導』란 雜誌에 그 號數가 몟재던지 作者가 누구이던지를 지금에 다 記憶하지 못하는 中國 新文藝에 對한 彈劾의 論文이 낫섯는데 그 大意를 말하면,

『中國 年來에 第一革命 第二革命 五四運動 五七運動……等이 모다 學生이 中心이엇다. 그러더니 近日에 와서는 學生社會가 웨? 이러케 寂寞하냐 하면 一般 學生들이 新文藝의 魔醉劑를 먹은 後로 革命의 칼을 던지고 文藝의 붓을 잡으며 犧牲流血의 觀念을 바리고 新詩 新小說의 著作에 苦心하야 文藝의 桃源[63]으로 安樂國을 삼는 까닭이다. 몟 句의 詩나 몟 줄의 小說을 지으면 이를 팔아 그 生活費가 넉넉히 될 뿐더러 또한 讀者의 歡迎을 바더 詩家라 小說家라 하는 名譽의 月桂冠을 쓰며, 戀愛에 關한 小說을 잘 지으면 어엽분 女學生이 그 뒤를 짤아 無限한 艶福[64]을 누리게 됨으로 革命이나 다른 運動가치 逮囚[65]와 砲殺의 危險은 업고 名譽와 安樂을 어드며 戀愛의

---

59 自然主義: 인간의 삶과 사회의 문제를 있는 그대로 묘사하는 것에 중점을 둔 문예 사조. 19세기 말 프랑스를 중심으로 하여 일어났다.

60 新浪漫主義: 20세기 초에 독일을 중심으로 일어나 유럽에서 유행하던 새로운 문예 사조. 자연주의를 극복하고 상징주의 속의 낭만파의 전통을 되살리려는 운동으로 주체적·자발적 심정의 복권을 주장하였다.

61 轟轟한: 소리가 몹시 요란한.

62 隔絶하야: 사이가 동떨어져 연락이 끊겨.

63 桃源: 武陵桃源.

64 艶福: 아름다운 여자가 잘 따르는 복.

단삼을 일우게 됨으로 文藝의 作者가 만허질사록 革命黨이 적어지며 文藝品의 讀者가 만흘사록 運動家가 업서진다.』 하엿다.

나는 이 글을 읽을 때에 三一運動 以後에 沉寂하여진[66] 우리 學生社會를 聯想하엿다. 中國은 廣大 沉黑한[67] 大陸인 고로 한 가지의 風潮로써 全國을 멍석말이 할 수 업는 나라어니와 朝鮮은 淸明 狹長한 半島인 고로 한 가지의 運動으로 全社會를 곡감 쏫치[68] 꿰이듯 할 수 잇는 社會니 卽 三一運動 以後 新詩 新小說의 盛行이 다른 運動을 剿滅함이 안인가 하엿다.

八. 藝術主義의 文藝와 人道主義의 文藝에 엇던 것이 올흔가

前述과 가치 設或 新詩와 新小說이 盛行하는 까닭에 社會의 모든 運動이 沉寂하다 할지라도 만일 純藝術主義者다려 말하면 『貧妻의 단속것[69]은 팔아서라도 훌륭한 멧 싹의 新詩를 삼이 可하며, 疆土의 全部[70]를 주고라도 자미잇는 멧 줄의 新小說을 박굼이 可하다.』 하리니 그까짓 運動의 沉寂 與否야 누가 알겟느냐? 하리라. 尊華主義[71]를 爲하야 朝鮮이 存在하며 三綱五倫[72]을 爲하야 人民이 存在하며 勸善懲惡[73]을 爲하야 歷史와 小說이 存在하며 其他 모든 것이 自의 存在할 目的이 업시 他의 무엇을 爲하야 存在한 줄로 斷定한[74] 累百年來 奴隷思想에 對한 反感으로는 現世界에 人道主義의 文藝[75]가 藝術主義의 文藝[76]를 대신하랴 함에 不拘하고 나는 곳 藝術至上主

---

65 逮囚: 체포되어 갇힘.
66 沉寂하여진: 고요하여진, 적막하여진.
67 沉黑한: 어둠에 잠긴, 흑암에 빠진.
68 곡감 쏫치: 곶감 꼬치. 곶감 꼬챙이.
69 단속것: 단속곳. 조선 시대에 여성들이 치마 바로 밑에 입던 속옷을 가리킨다. 단속곳은 오늘날의 속치마와 같은 구실을 하였다
70 疆土의 全部: 나라땅의 전부.
71 尊華主義: 중국을 존중하는 사상. 다른 말로 拜華主義, 慕華主義가 있다.
72 三綱五倫: 유교의 도덕에서 기본이 되는 세 가지의 강령과 지켜야 할 다섯 가지의 도리. 군위신강, 부위자강, 부위부강, 부자유친, 군신유의, 부부유별, 장유유서, 붕우유신을 통틀어 이른다.
73 勸善懲惡: 선을 권하고 악을 징계함.
74 斷定한: 딱 잘라서 판단하고 결정한.
75 人道主義의 文藝: 인간의 삶의 유익을 추구하는 데 목적을 둔 문예.

義[77]도 贊成하랴고 하얏다. 그러나 藝術도 高尙하여야 藝術이 될지어늘 紈袴浪子[78]의 肉奴가 되랴는 自殺鬼의 康明花[79]도 烈女되는 文藝가 무삼 藝術이냐. 累百萬의 餓鬼를 겨테다 두고 一圓 乃至 五圓의 小說冊이나 팔아 一飽를 求하랴는 文藝家들이 무삼 藝術家이냐. 金剛의 景[80]이 아모리 조흘지라도 飢兒[81]의 눈에는 一匙의 飯[82]만 못하며 率居[83]의 畫松이 아모리 名作이라 할지라도 溺水者의 눈에는 一片의 木板만 못하며 살도 죽도 못하게 된 朝鮮 民衆의 귀에는 모든 美麗한 歌劇과 小說의 니야기가 白頭山 속의 迷信鬼[84]인 趙先生의 降神筆[85]만 못하리니 一圓이면 一家 人口의 몃칠 生活할 民衆의 눈에 들어갈 수도 업는 二圓 三圓의 高價되는 小說을 지어노코 民衆文藝라 呼號함[86]도 얄미운 짓이어니와 民衆生活과 接觸이 업는 上流社會 富貴男女의 戀愛事情을 그리으로[87] 爲主하는 奬淫文字[88]는 더욱 文壇의 羞恥이다. 藝術主義의 文藝라 하면 現 朝鮮을 그리는 藝術이 되여야 할 것이며 人道主義의 文藝라 하면 朝鮮을 救하는 人道가 되여야 할 것이니 只今에 民衆에 關係가 업시 다만 間接의 害를 끼치는 社會의 모든 運動을 消滅하

---

76 藝術主義의 文藝: 예술을 위한 예술, 곧 심미성 추구에 목적을 둔 문예.

77 藝術至上主義: 예술 자체를 최고의 목적으로 여기는 사상이나 태도. 19세기 유럽 문학에서 나타난 사상으로, 정치·종교·과학 따위를 예술과 분리하고 오직 예술의 미적 창조만을 최고의 목적으로 한다.

78 紈袴浪子: 곱고 흰 비단 바지를 입은 낭인. 곧 돈 많은 방탕한 사람을 뜻함.

79 康明花: 명월관 기생 강명화는 자신의 연인이던 경북 칠곡의 부호 장길상의 아들 장병천과 결혼하려 했지만 장병천 집안의 반대로 좌절되었다. 이에 1923년 6월 온양온천에서 그녀는 음독자살을 하였다. 장병천 역시 그의 뒤를 따라 자살하였다. 이해조는 그녀의 사랑을 다룬 『강명화실기』(회동서관, 1926)를 썼다. 『동아일보』(1926.3.4.)에는 "천추에 원한을 품고 신성한 연애에 희생이 된 절대가인 그 다정다한한 정경, 비절 참절한 하소연 어쨌든 한번 보시오"라는 소설 광고가 실려 있다.

80 金剛의 景: 금강산의 경치. '금강산 구경도 식후경'에서 나온 말이다.

81 飢兒: 배고픈 아이.

82 一匙의 飯: 한 술의 밥.

83 率居: 신라 진흥왕 때의 화가(?~?). 황룡사의 벽화 「노송도」와 분황사의 「관음보살」, 진주 단속사의 「유마거사상」 따위를 그렸으나 지금은 전하지 않는다.

84 迷信鬼: 망령된 믿음을 가진 귀신. '鬼'는 '狂'처럼 나쁜 습성에 빠진 편집증적 인간을 뜻하는 듯.

85 降神筆: 제사, 기도 등에 신을 불러 내리는 주문 따위의 글.

86 呼號함: 부르짖음. 선전함.

87 그리으로: '그리므로'의 오식인 듯. 그려냄으로.

88 奬淫文字: 음란함을 부추기는 글.

는 文藝는 우리의 取할 바가 안이다. 歐洲 各國에는 매양 文藝의 作物이 革命의 先驅가 되엿다 하나 이는 그 歷史와 環境이 달은 까닭이니 朝鮮의 現在에 比할 것이 안이다.

—『東亞日報』 1925.1.2.

◎ 해설

「낭객의 신년만필」은 『동아일보』 1925년 1월 2일에 실린 단재의 글이다. 신년을 맞아 국내에 있는 동포들에게 전하고 싶은 말을 자유로운 형식으로 적은 글이다. 단재는 이 글에서 "아아 크로포트킨의 『청년에게 고하노라』란 논문의 세례를 받자."라고 했다. 당시 크로포트킨의 사상을 깊이 받아들이고 있음을 알 수 있다. 그리고 당대의 문단에 대해 "정치적 경제적 현실의 고통에서 도탈(逃脫)하여 신시, 신소설의 피란생애로 일생을 마치려는 신청년의 심리야 참말 애석"하며, 아울러 "시와 소설을 짓는 문단이나 논설 기사 등을 편집하는 신문사도 정감록(鄭堪錄)의 철옹성"이라 비판했다.

「낭객의 신년만필」에서 눈에 띄는 대목은 단재의 문예관이다. 단재는 '예술주의의 문예라 하면 현 조선을 그리는 예술이 되어야 할 것이며 인도주의의 문예라 하면 조선을 구하는 인도가 되어야 할 것'이라고 강조했다. 궁극적으로 예술주의 문예, 인도주의 문예라고 하는 것이 중요한 것이 아니라 '조선의 현실'을 그린 문학, '조선의 민중'을 구하는 문예가 중요하다는 것이다. 단재는 "민중에 관계가 없이 다만 간접의 해를 끼치는 사회의 모든 운동을 소멸하는 문예는 우리의 취할 바가 아니다"라고 하여 바람직한 문예는 조선의 민중들을 위한 문학임을 강조했다. 이 글은 단재의 민중적 문예관, 사실주의적 예술관이 잘 제시되어 있다는 점에서 의미가 있다.

논설 기타

大韓의 希望

歷史와 愛國心의 關係

大我와 小我

조선혁명선언

豫言家가 본 戊辰

大韓의 希望[1]

嗚呼[2] 今日 我大韓에 何가 有한가. 國家난 有하건마난 國權이 無ᄒᆞᆫ 國이며 人民은 有하건마난 自由가 無한 民이며 貨幣난 有하건마난 鑄造權이 無有하며[3] 法律은 有하건마난 司法權이 無有며 森林이 有하건마난 我의 有가 아니며 鑛山이 有하건마난 我의 有가 아니며 郵電이 有하건마난 我의 有가 아니며 鐵道가 有하건마난 我의 有가 아니니, 然則 教育에 熱心하야 未來 人物을 製造할 大教育家가 有한가 此도 無有며 然則 識見이 優越하야 全國 民智를 啓發할 大新聞家가 有한가 此도 無有며 大哲學家 大文學家도 無有며 大理想家 大冒險家도 無有라. 空空無存[4]의 國에 倀倀無適[5]의 人이 되야 其慘淡의 光景은 小兒 飢啼[6]에 瓶粟[7]이 已整한 貧戶의 窮冬이며 其悽惻[8]의 情狀은 征夫遠戍[9]에 孤枕獨處[10]한 思婦[11]의 長夜오, 其生活은 塗炭水火가 方深한 日이며 其產業은 支離破碎[12]가 已極한 後니 今日 我韓國民의 所有가 何라 云할고. 嗚呼라, 我膺을 捫하고 徘徊三思컨대 一長物[13]이 尙有ᄒᆞ니[14] 長物維何오[15] 曰 希望이 是已로다.

---

1 이 글은 『대한협회회보』 창간호(1908.4.)에 실렸다.
2 嗚呼: 이 글 원문에는 '嗚呼'가 모두 '嗚呼'로 오식되어 있어서 '嗚呼'로 바로잡았다.
3 無有하며: 없으며.
4 空空無存: 비어서 아무것도 존재하지 않는.
5 倀倀無適: 창창하여 적당하지 않음.
6 飢啼: 굶주려 울.
7 瓶粟: 단지 속 좁쌀.
8 悽惻: 처량하고 측은함.
9 征夫遠戍: 전쟁터로 떠난 남편이 멀리서 국경을 지킴.
10 孤枕獨處: 혼자 자며 외로이 생활함.
11 思婦: 멀리 떠나는 남편을 그리워하는 부인.
12 支離破碎: 지리멸렬함. 산산이 흩어짐.
13 一長物: 그럴듯한 하나의 물건.

希望이란 者난 萬有[16]의 主人이라. 華[17]가 有함애 實이 有하며 根이 有흠애 幹이 有함갓치 希望이 有하면 事實이 必有하나니, 上帝의 希望으로 世界가 卽有하며 民衆의 希望으로 國家가 卽有하며 父祖의 希望으로 子孫이 卽有하며 同類의 希望으로 朋友가 卽有하며, 野蠻이 希望하야 文明을 有하며 頑固가 希望하야 革新을 有하며 微弱이 希望하야 强力을 有하며 孱劣[18]이 希望하야 優勢을 有하며, 柔者가 剛하랴면 剛을 希望하며 衰者가 盛ᄒᆞ랴면 盛을 希望하나니, 大하다 希望이며 美하다 希望이여. 農夫의 千倉萬箱[19]이 一土耜[20]의 用力이며 漁者의 五湖三江이 一魚網의 成功이며 人生의 百年事業이 一希望의 結果하난 배니라.

事實이 希望에서 起한다 함은 固然한[21] 理어니와 抑亦 希望이 事實로 緣生[22]하나니 諺에 云함과 갓치 牛도 可憑의 岸이 有한 然後에야 起한다 ᄒᆞ고 希望도 可爲의[23] 道가 有한 然後에 生할지어날 試思하라, 今日 我韓이 可爲의 道가 有타 할가.

時局이 日幻하고 朝政이 日非하야[24] 舟中天地에 擧目皆敵[25]이오 門前荊棘에 移足恐觸[26]이라. 腹心이 俱病하고 百骸가 皆痛하니 비록 大英雄 大政治家 其人이 起하더래도 活動할 餘地가 何處인가. 是故로 希望의 反對者 卽 絶望이 常至하야 山林雌伏者[27]가 頑夢을 稍醒하야 新事業에 留心하랴하다가 驀然히[28] 悲淚을 淒灑하고[29] 故時代를 回仰하니[30] 壯하다 新羅 高句

---

14 尙有ᄒᆞ니: 오히려 있으니.
15 長物維何오: 그럴듯한 물건이 무엇이뇨.
16 萬有: 우주에 존재하는 모든 것. 만물.
17 華: 화려함, 영화. 여기에서는 꽃의 화려함을 의미.
18 孱劣: 가냘프고 변변하지 못함.
19 千倉萬箱: 천 개의 창고에 만 개의 상자.
20 一土耜: 하나의 보습.
21 固然한: 진실로 그러한.
22 緣生: 세상의 모든 사물은 인연에 의하여 생겨남.
23 可爲의: 할 수 있는.
24 日非하야: 날로 그릇되어.
25 舟中天地에 擧目皆敵: 한 배를 탄 상황에 눈을 들어보니 모두가 적.
26 門前荊棘에 移足恐觸: 문앞 가시밭에 발을 옮기려니 찔릴까 걱정.
27 山林雌伏者: 세상일에서 물러나 산림에 숨어 사는 사람.
28 驀然히: 언뜻. 갑자기.

麗의 武略이여, 日本을 東禦하며 支那을 西征하고 契丹을 擊破하며 女眞을 驅逐하얏스니 當年 豪傑을 今日에 再得할 수 有한가. 盛하다 列朝列宗이여, 道德에난 趙靜庵[31] 李退溪[32]며, 經世에난 丁茶山[33] 柳磻溪[34]며, 將略에난 李忠武[35] 郭忘憂[36]며, 文章에난 崔簡易[37] 柳於于[38]니 如此 盛運[39]을 今日에 再挽할[40] 수 有한가. 嗚呼 衰矣 今日 我韓이여 하며

海外 留學者가 銳氣方壯하야 新舞臺에 活演하랴 하다가 猛然히 眼孔을 擡着하고[41] 列强國을 周察하니[42] 美하다 城邑이며 多하다 軍艦이여. 金宮玉殿에 人目이 眩耀하며 水雷 鐵甲은 海上에 羅列하얏스니 我韓은 幾百年 後에나 如此하랴난지 强하다 國力이며 富하다 民産이여. 某國 國旗에난 太陽

---

29 凄灑하고: 처량하게 뿌리고.

30 回仰하니: 돌이켜 바라보니.

31 趙靜庵: 조광조(1482~1519). 조선 중기의 문신. 호는 정암(靜菴). 부제학, 대사헌을 지냈다. 김종직의 학통을 이은 사림파의 영수로서, 급진적인 개혁을 추진하다가 훈구파 남곤 일파가 일으킨 기묘사화 때에 죽임을 당하였다. 저서에 『정암집』이 있다.

32 李退溪: 이황(1501~1570). 조선 시대의 유학자. 호는 퇴계(退溪). 벼슬은 예조 판서, 양관 대제학 따위를 지냈다. 정주(程朱)의 성리학 체계를 집대성하여 이기이원론(理氣二元論), 사칠론(四七論)을 주장하였다. 작품에 시조 「도산십이곡(陶山十二曲)」, 저서에 『퇴계전서(退溪全書)』 따위가 있다.

33 丁茶山: 정약용(1762~1836). 조선 후기의 학자. 호는 다산(茶山). 문장과 경학(經學)에 뛰어난 학자로, 유형원과 이익 등의 실학을 계승하고 집대성하였다. 신유사옥 때 전라남도 강진으로 귀양갔다가 19년 만에 풀려났다. 저서에 『목민심서』, 『흠흠신서』, 『경세유표』 따위가 있다.

34 柳磻溪: 류형원(1622~1673). 조선 효종 때의 실학자. 호는 반계(磻溪). 진사시에 합격하였으나 벼슬에 뜻이 없어 오로지 학문 연구에만 전념하였다. 중농 사상을 기본으로 한 토지 개혁론을 주장하였다. 저서로 『반계수록』 따위가 있다.

35 李忠武: 이순신(1545~1598). 조선 선조 때의 무신. 시호는 충무(忠武). 32세에 무과에 급제한 후에 전라좌도 수군절도사가 되어 거북선을 제작하는 등 군비 확충에 힘썼다. 임진왜란이 일어나자 한산도에서 적선 70여 척을 무찌르는 등 공을 세워 삼도 수군통제사가 되었다. 노량해전에서 적의 유탄에 맞아 전사하였다. 저서에 『난중일기』가 있다.

36 郭忘憂: 곽재우(1552~1617). 조선 중기의 의병장. 호는 망우당(忘憂堂). 임진왜란 때 의령에서 의병을 일으켜 큰 공을 세웠고, 정유재란 때 다시 의병장으로 출전하였다. 그 뒤 진주 목사, 함경도 관찰사 따위를 지냈다.

37 崔簡易: 최립(1539~1612). 조선 중기의 문신. 선조조에 나온 많은 문사들 가운데 제일가는 문장가로서 꼽혔으며 서예에도 뛰어났다. 명나라와의 외교문서를 많이 작성하였는데, 특히 임진왜란 중 명나라에 보내는 문서를 맡아 명성을 날렸다.

38 柳於于: 유몽인(1559~1623). 조선 중기의 문장가. 호는 어우당(於于堂). 설화 문학의 대가였으며, 글씨에도 뛰어났다. 인조반정으로 벼슬을 내놓고 전전하다가 역모 혐의로 몰려 사형당하였다. 저서로는 『어우야담』, 『어우집』 따위가 있다.

39 盛運: 잘되어 가는 운수.

40 再挽할: 다시 만회할.

41 擡着하고: 들고.

42 周察하니: 두루 살피니.

이 不沒한다[43] 하며 某國 金力은 世界에 無兩하다난대 我韓은 幾千年後난 如此하랴난지 嗚呼 難矣라 我韓今日이여 하야

三反五覆하야도 絶望만 愈深하나니 傷哉라 絶望이며 哀哉라 絶望이여. 無告窮民이 苦痛을 忍抑하고 一縷의 生命을 苟保함은 尙此 希望 二字가 有한 所以니 希望이 旣絶이면 雖生이나 何爲리요. 是故로 炭峴[44]이 失險하고,[45] 白江[46]이 不守하야 敵騎가 長驅에 舊都가 顚覆함[47]에 君王 恩寵에 朝夕 歌舞하야 憂患愁苦가 何物인지 不知하던 百濟 王宮의 愛姬로도 落花巖[48]上에 香魂[49]을 斷送[50]하얏스며, 弓裔[51]가 肆虐하고[52] 甄萱[53]이 繼起하야 寇氛[54]이 漲天[55]에 興復[56]이 無策함에 龍樓[57]左右에 儼然[58] 侍立하야[59] 將來富貴가 惟我의 所有라 하던 新羅 貴族에 公子로도 智異山[60]中에 僧髮을 自祝하얏스니 哀哉 絶望이며 傷哉라 絶望이여. 聖希連拿[61]의 一孤島에 身世가

---

43 某國 國旗에난 太陽이 不沒한다: '영국에는 해가 지지 않는다'는 것을 의미.

44 炭峴: 沈峴. 현재 대전광역시 동구와 충청북도 옥천군 군서면의 경계에 위치한 식장산(食藏山)에 있는 고개이다.

45 失險하고: 위험에 빠지고.

46 白江: 伎伐浦. 지금의 금강 하구.

47 顚覆함: 뒤집어엎음.

48 落花巖: 충청남도 부여군 부여읍 백마강변의 부소산에 있는 바위. 『삼국유사』에 인용된 백제고기(百濟古記)에 의하면 부여성 북쪽 모퉁이에 큰 바위가 있어 아래로는 강물에 임하는데, 모든 궁녀들이 굴욕을 면하지 못할 것을 알고 차라리 죽을지언정 남의 손에 죽지 않겠다고 하고, 서로 이끌고 이곳에 와서 강에 빠져 죽었다고 한다.

49 香魂: 여자의 넋.

50 斷送: 허송. 헛되이 보냄.

51 弓裔(?~918): 후고구려의 건국자. 송도에 도읍을 정하고, 901년에 스스로 왕이 되어 국호를 후고구려라고 하였다. 뒤에 왕건에게 폐위되었다. 재위 기간은 901~918년이다.

52 肆虐하고: 사나운 짓을 제 멋대로 함부로 하고.

53 甄萱: 후백제의 시조(867~936). 본성은 이(李). 900년 완산에 도읍하고 후백제를 세웠다. 929년 고창(古昌)에서 왕건의 군사에게 크게 패한 뒤 차츰 형세가 기울자 935년에 고려에 항복하였다.

54 寇氛: 도적의 기운.

55 漲天: 하늘에 퍼져 가득함.

56 興復: 부흥. 쇠퇴하였던 것이 다시 일어남.

57 龍樓: 용의 누각. 황궁이나 세자궁을 칭함.

58 儼然: 점잖고 의젓하게. 뚜렷하게.

59 侍立하야: 모시고 서서.

60 智異山: 경상남도, 전라남도, 전라북도에 걸쳐 있는 산. 소백산맥 남쪽에 있는 산으로 청학동(靑鶴洞), 칠불암(七佛菴) 따위가 유명하다.

61 聖希連拿: 세인트헬레나(Saint Helena). 앙골라 서쪽 해안으로부터 2,800km 떨어진 남대서양 가운데에 있다. 영국의 해외 영토인 세인트헬레나 어센션 트리스탄다쿠냐에 속하며, 수도는 제임스타운이다. 나폴레옹이 유배되었던 섬으로 유명하다.

幽囚되니[62] 當年 匹馬로 歐洲에 橫行하던 拿破崙[63]도 悲歌나 唱할지며, 大彼得堡[64]의 獄中鬼로 天日을 不見하니 向日[65] 義로 波蘭[66]을 恢復하랴던 高壽斯古[67]도 慘血이나 吐할지니 哀哉라 絶望이며 傷哉라 絶望이여. 蓋[68] 來頭[69]의 禍福은 當場 成敗에 不在하고 希望 有無에 在한 故로 麗祖의 桐藪[70]가 羅王의 鮑石[71]보다 危하나 希望이 不墜한 故로 危만 有하고 亡은 無하얏스며, 句踐[72]의 稽山이 夫差[73]의 甬東[74]보다 慘酷하나 希望이 不缺한 故로 慘은 有하되 滅은 無하얏스니 今日 我韓이 果然 希望이 尙有한 時代ㄴ가. 曰 今日 我韓이 富난 他國만 不如하나 富의 希望은 他國보다 大하며 强은 他國만 不如하나 强의 希望은 他國보다 深하며 文明은 他國의 不及하나 文明에 對한 希望은 他國보다 遠過하다[75] ᄒᆞ노니 大하다 我韓 今日의 希望이며, 美하다 我韓 今日의 希望이여. 大抵 希望의 萌芽가 恒常 苦痛時代에 在

---

62 幽囚되니: 잡히어 갇히니.
63 拿破崙: 나폴레옹.
64 大彼得堡: 페테르스부르그. 레닌그라드.
65 向日: 지난날.
66 波蘭: 폴란드.
67 高壽斯古: 코시치우쉬코(1746~1817) 장군. 18세기말 삼국 분할 점령 당시 폴란드 군을 이끌었던 장군.
68 蓋: 대개. 아마도.
69 來頭: 지금부터 다가오게 될. 다가올.
70 桐藪: 오동나무 숲이라는 의미로, 여기에서는 동화사를 뜻함. 태조는 신라에 사절을 파견하여 경애왕의 죽음을 조문하고 정기(精騎) 5,000명을 거느리고 내려와 대구 동남쪽에 위치한 공산 동수(桐藪: 동화사)에 대기하고 있다가 경주에서 철수하는 후백제와 전투를 벌이게 되었다. 이 공산전투에서 고려군은 크게 패하여 장군 김락(金樂)과 신숭겸(申崇謙) 등이 죽고, 많은 군사가 전사하였으며 태조도 간신히 몸을 피하였다.
71 鮑石: 경상북도 경주시 배동에 있는 통일신라 시대의 정원 시설물. 돌로 구불구불한 도랑을 타원형으로 만들고 그 도랑을 따라 물이 흐르게 만든 것으로서, 신라귀족들은 이 물줄기의 둘레에 둘러앉아 흐르는 물에 잔을 띄우고 시를 읊으며 화려한 연회를 벌였다. 927년 신라 경애왕이 이곳에서 화려한 연회를 벌이던 중 갑작스런 후백제군의 공격을 받아 잡혀죽었다고 전하는 곳이다.
72 句踐(?~BC 465): 중국 춘추 시대 말기의 월(越)나라의 임금. 오왕 부차(夫差)에게 패하여 회계산에서 항복한 후 명신인 범여와 와신상담하기를 20년, 마침내 부차를 죽여 회계의 치욕을 씻어 패자(覇者)가 되었다.
73 夫差(?~BC 473): 중국 춘추 시대 오(吳)나라 왕. 오패(五覇)의 한 사람으로 월왕 구천(久踐)을 회계에서 항복시키고 기원전(紀元前) 482년에 황지(潢池)에서 제후들과 회맹(會盟)했음. 이후 월(越)나라 구천에게 패하여 자살(自殺)하였다.
74 甬東: 회계(會稽)의 동쪽에 있는 조그만 섬이다. 오나라 왕 부차에게 패한 월나라 왕 구천은 와신상담한 끝에 다시 부차를 멸망시켰다. 그는 부차가 자신을 살려준 것 때문에 부차에게 용동에 가서 조용히 여생을 보내라고 하였으나 부차는 구천의 호의를 사양하고 자결했다.
75 遠過하다: 훨씬 뛰어나다.

하고 安樂時代에 不在하나니 歷史上의 已例을 擧하건ᄃᆡ 何國 何民이 不然한가. 路易[76]의 殘暴가 안이러면 今日 法國이 無할지며, 查理士[77]의 壓制가 안이러면 今日 英國이 無할지며, 英吉利[78]의 苛稅가 안이러면 今日 美國이 無할지며, 墺地利[79]의 慘壓이 안이러면 今日 伊太利國이 無할지며, 法蘭西[80]의 侮蔑이 안이러면 今日 德國이 無할지며, 今日 日本도 歐人의 慢壓[81]으로 由하야 勃興하얏스며, 今日 俄羅斯[82]도 戰敗의 餘憤으로 以하야 改革한다 하니 嗚呼라 茫茫 地球上에 强國이라 稱하난 國이 一度 苦痛이 無하고서 能興한 者ㅣ 或 有한가. 故로 曰「飢餓者ㅣ 福라 하며 逼迫者ㅣ 福」[83]이라 함은 蓋人의 希望이 厄境 中에서 始生함을 云함이니 我韓 歷史를 論하건ᄃᆡ 已往에 苦痛이 曾來[84]하얏던가. 國家가 幾百年 完全한 獨立權을 失한 지 已久라 하나 內政의 自主를 觀하야도 獨立이며 外交의 締約[85]을 觀하야도 獨立이며 官吏의 黜陟[86]을 觀하야도 獨立이며 貨幣의 自鑄을 觀하야도 獨立이니, 名義上 不獨立國으로 內容의 獨立 權利를 優持하고 間或 遠寇의 來侵과 內地의 騷擾[87]가 起하면 彼 所謂 大邦者를 招하야 曰「爾가 救我하라 하

---

76 路易: 루이. 루이 16세(1754~1793)를 말하는 것으로 보인다. 루이 16세는 1774년 즉위했다. 프랑스 대혁명이 발발하자 그는 혁명정부를 믿지 못한 가운데 프랑스를 탈출하려다 혁명군에 붙들려 프랑스 왕들 중에는 유일하게 재판을 받고 처형당하였다.

77 查理士: 찰스 1세(1600~1649)를 말하는 것으로 보인다. 찰스 1세는 1625년 제임스 1세 사후 스튜어트 왕가의 두 번째 왕으로 즉위했다. 찰스 1세는 전제적인 통치 방식 때문에 의회와 마찰을 빚었고, 그와 의회 사이의 정치적 갈등은 심화되어 국가 분열의 내전 상황을 초래했다. 결국 찰스 1세는 1649년 단두대에서 처형당했다. 1660년 왕정복고에 의해 망명 중이던 그의 장남이 찰스 2세로 즉위했다.

78 英吉利: 잉글랜드.

79 墺地利: 오스트리아.

80 法蘭西: 프랑스.

81 慢壓: 오만한 압박.

82 俄羅斯: 러시아.

83 굶주린 자에게 복이 있으며, 핍박받는 자에게 복이 있다. 『마태복음』에 제5장에 "심령이 가난한 자는 복이 있나니 천국이 저희 것임이요"(3절), "의에 주리고 목마른 자는 복이 있나니 저희가 배부를 것임이요"(6절), "의를 위하여 핍박을 받은 자는 복이 있나니 천국이 저희 것임이라"(10절)을 가리킨다. 다만 '심령이' 가난한 자 또는 '의에' 주린 자 등에서 '심령'과 '의'를 버리고 그냥 배고픈 사람으로 간주한 것, '의를 위하여'를 빼고 핍박받은 자로 규정함으로써 『성경』의 원래 의미와는 거리가 있게 되었다.

84 曾來: 일찍이 옴. 이미 옴.

85 締約: 계약이나 조약, 약속 따위를 맺음.

86 黜陟: 못된 사람을 내쫓고 착한 사람을 올리어 씀.

야 彼을 反히 奴隷갓치 使喚하얏스며 國民이 自來로 專制政治下에 蟄伏[88]하얏다.」하나 深山 中에서 隱居 獨樂하랴도 我의 自由며 城市間에 欺人騙財[89]하랴도 我의 自由며 詬酒雜技[90]로 平生을 誤送하랴도 我의 自由며 沿門持鉢에[91] 乞食으로 終身하랴도 我의 自由니, 理論上 不自由民으로 實際의 自由 身分을 快作하고 間或 豪族의 凌侮[92]로 侵奪을 當하더래도 傍蹊曲逕[93]만 善穿하면[94] 彼의게 反히 壓抑을 加하얏스니 비록 古者에 羈絆[95]이 甚又甚하고 虐燄[96]이 酷又酷한 時代라도 目下 二十世紀의 保護云 壓制云과난[97] 天壤[98]이 判異하되 又況 天産이 自足에 人力을 不待며 邊烽이 晏然[99]에 外寇가 不來한 故로 此國의 主人된 國民으로 主人의 事務를 忘却하고, 幾百年은 部落酋長에게 任하며 幾百年은 封建制度에게 任하고 幾百年은 寡人政治에게 任하고 幾百年은 世家貴族에게 任하야 彼가 善政을 行하던지 惡政을 施하던지 官爵을 賣하던지 法律을 弄하던지 都是[100] 不問하고 我난 涅槃淨土에 大自在함갓치 優遊無事하던 國民이니 設令 此時에 盧梭[101]의 慧竇[102]로 福祿特爾[103]의 筆을 借하며 瑪志尼[104]의 熱誠으로 拿破侖[105]의 舌을 兼하야 東奔西走하며 叫呼不已하더래도 畢竟 一個도 回頭할 者ㅣ 無하리니

---

87 騷擾: 소요. 혼란.
88 蟄伏: 자기 처소에 들어박혀 몸을 숨김.
89 欺人騙財: 사람을 속여 재물을 빼앗음.
90 詬酒雜技: 주색잡기.
91 沿門 持鉢에: 남의 집 문전에서 밥그릇을 들고.
92 凌侮: 오만한 태도로 남을 업신여기고 깔봄.
93 傍蹊曲逕: 旁谿曲逕. 굽은 길을 간다는 뜻인데, 일을 순리대로 정당한 방법으로 하지 않고 그릇된 수단으로 억지로 일을 도모함을 가리키는 말.
94 善穿하면: 잘 뚫으면. 잘 헤쳐 나가면.
95 羈絆: 굴레. 굴레를 씌운다는 뜻으로, 자유를 구속하거나 억압함을 이르는 말.
96 虐燄: 사나운 불꽃. 여기에서는 '학대' 정도의 의미.
97 壓制云과난: 압제라고 일컫는 것과는.
98 天壤: 하늘과 땅.
99 晏然: 마음이 편안하고 침착한 모양.
100 都是: 도무지, 전혀.
101 盧梭: 루소.
102 慧竇: 슬기가 생겨나는 원천. 지혜.
103 福祿特爾: 볼테르.
104 瑪志尼: 마치니.
105 拿破侖: 나폴레옹.

其故가 何故오. 苦痛이 少하야 希望이 淺한 故니 十餘年間 天上에서 落來한 獨立을 自壞함은 一般 志士가 嘔血 長慟하되[106] 實則 塞翁 失馬[107]에 付할 배라.

乃者 數年 以來로 天地가 飜覆하고 風雲이 慘淡하야 我 四千年來 神聖國家가 保護地位에 落在하야 一切 權利를 皆失함애 請囑[108]의 門도 盡塞하고[109] 仕宦의 路도 漸絶하니 彼 不生 不滅 不寒 不熱하던 人物들도 稍稍 回頭의 心이 有하리니 於是乎 大可爲[110]의 時機며,

再者 日淸의 戰도 我韓으로 由起하며 日俄의 戰도 我韓으로 由起하고 世界 萬目이 韓國 問題에 盡注함애 從來 東西 列强과 交涉이 無多하야 東亞 一方에 隱君子[111]갓치 獨樂하던 韓國이 列國 競爭의 中心點이 되니 於是乎 大可爲의 地位로다. 大可爲의 地位에 處하야 大可爲의 時機를 得하야도 大可爲의 國民이 안이면 大事業을 能成치 못하건이와 我가 我國 同胞을 觀하건대 大可爲의 品格이 具有하도다.[112] 昇平歲月[113]에 懶夢[114]이 正長하야 江湖烟雨에 白鷗을 招하다가도 忽然 旱地 霹靂에 壬辰亂 갓흔 刼運이 突來하면[115] 田間土鼓[116]을 擊破하고 禦敵의 策을 講究할새 臨場猝辦[117]으로도 試題을 善做하야 鐵砲을 創造한 朴晋[118]氏도 有하며 鐵甲船을 創造한 李舜臣

---

106 長慟하되: 길게 통곡하되.
107 塞翁 失馬: 塞翁은 옛날에, 중국의 북방 변새(邊塞)에 살았다는 노인. 그 늙은이가 말을 잃음. 塞翁之馬의 전설을 말함. 곧 인생의 길흉화복은 변화가 많아서 예측하기가 어렵다는 말. 轉禍爲福의 경우에 씀.
108 請囑: 청을 들어주기를 부탁함.
109 盡塞하고: 모두 막히고.
110 大可爲: 크게 해야 함. 크게 할 수 있음.
111 隱君子: 숨은 군자.
112 具有하도다: 갖추었도다.
113 昇平歲月: 나라가 안정되어 아무 걱정 없고 평안한 세월.
114 懶夢: 나태한 꿈.
115 突來하면: 갑자기 닥치면. 갑작스럽게 오면.
116 田間土鼓: 밭에 있는 또는 시골의 흙북(북통을 흙으로 구워 만든 북). 흙북은 흙을 구워 만든 북채로 가죽면을 쳐서 소리를 낸다.
117 臨場猝辦: 상황에 맞닥뜨려 갑작스럽게 처리함.
118 朴晋(?~1597): 조선 중기의 무신. 1592년 경상좌도병마절도사로 경주성을 공격하여 경주를 탈환하였고, 1593년에 독포사(督捕使)로 밀양·울산 등지에서 전과를 올렸다. 1594년 2월에 경상우도병마절도사, 같은 해 10월 순천부사, 이어서 전라도병마절도사, 1596년 11월 황해도병마절도사 겸

氏도 有하야 名譽的 紀念碑를 歷史上에 長竪하얏스니 彼 西歐에 强勁偉大로 見稱하는[119] 國人이라도 我 民族과 易地以處하면[120] 我가 彼보다 優過하고[121] 萬一 教育이나 稍進하야 智識이 漸開하면 現今 雄飛 各國과 幷駕齊驅[122]하기 不難할지니 彼가 我의게 不及한 處가 多有하도다. 嗚呼 我 國民이여 大可爲의 國民이 안인가. 大하다 我韓 今日의 希望이며 美하다 我韓 今日에 希望이여. 姜邯贊[123] 氏가 女眞에게 敗走하며 曰「今日之事康兆一人之咎當收兵練卒徐圖興復可也」[124]라 云하얏스니 女眞과 戰敗함은 康兆[125] 一人의 咎어니와 康兆 一人에게 政權을 專任함은 又 滿廷君臣[126]의 咎라 할지어날 姜公이 毅然이 此言을 出함은 何故인가. 蓋 康兆 一人의 敗績함은 全國이 皆敗인 줄노 思想하야 來頭興復이 無望이라 하난 庸人頑惱[127]를 喝破함이니, 今也에 幾十年 頑腐政黨의 誤國을 因하야 一般 國民을 均是無能力者[128]로 忖度하난[129] 者ㅣ 有한가. 我 且 一言으로 解嘲하야[130] 曰 已往은 朝廷 諸公의 咎오, 來頭난 全體 國民의 責이라 하노니,

嗟我國民이여, 今日부터 大希望으로 大進步하야 大國民을 作할지니라.

或曰 今日에 如此히 希望이 有하다 하니 此 希望으로 前進하면 幾年後에나 目的地에 到達할가. 曰 義務만 踐하면 權利가 自來ᄒᆞ며 責任만 酬하면

황주목사를 지내고 뒤에 참판에 올랐다.

119 見稱하는: 알려진. 이름이 난. 칭찬을 받는.

120 易地以處하면: 자리를 바꿔 처하면. 입장을 바꿔놓고 보면.

121 優過하고: 훨씬 우월하고.

122 幷駕齊驅: 어깨를 나란히 함.

123 姜邯贊(948~1031): 고려 초기의 명장. 1018년에 거란의 장수 소배압(蕭排押)이 쳐들어왔을 때에, 서북면 행영 도통사로서 상원수가 되어 홍화진에서 적군을 대파하였다. 또한 이듬해에는 회군하는 적을 귀주에서 크게 격파하여 추충협모안국공신의 호를 받았다.

124 금일의 일은 강조 1인의 허물이니 마땅히 병을 수습하고 군사를 훈련하여 차츰 부흥을 도모함이 옳습니다.

125 康兆(?~1010): 고려 시대의 무신. 1009년에 김치양이 난을 일으키자, 정변을 일으켜서 목종과 김치양 부자를 살해하고 현종을 임금으로 세워 세력을 떨쳤다. 그 뒤 요나라의 성종이 목종 살해 사건을 구실로 쳐들어오자 이에 맞서 싸우다가 동주(東州)에서 잡혀 살해되었다.

126 滿廷君臣: 온 조정의 임금과 신하.

127 庸人頑惱: 보통 사람들의 완고한 두뇌.

128 均是無能力者: 모두 하나같이 무능력자.

129 忖度하난: 미루어 헤아리는.

130 解嘲하야: 남의 조롱에 대하여 변명하여.

幸福이 自至하며 價値만 出하면 許多貨物을 皆得하나니 一日만에 此 義務 此 責任을 盡하면 明日에 此 權利 此 幸福을 應得할지며 一年만에 此 義務 此 責任을 盡하면 明年에 此 權利 此 幸福을 應得[131]할지며 十年만에 盡하면 十年後에 應得할지며 百年만에 盡하면 百年後에 應得할지며 千年 萬年이라도 此를 能盡치 못하면 權利 幸福은 姑捨하고 苦痛만 日深하야 爾의 希望하던 目的이 夢泡[132]를 作하리니, 故로 吾輩 今日에 義務 責任의 酬盡[133]함만 晝夜 勉勵할지요 權利 幸福의 何時 來난 問할 바도 안이며 究할 바도 안이니라.

或이 又曰 我韓이 如此히 希望이 有하다 하니 然則 幾十 幾百年 後일지라도 韓國은 終當 韓國人의 韓國이 되야 他國의 羈絆[134]을 不受할가. 曰 其國民이 其國을 自國으로 知하면 其國이 自國民의 國이 되며 其國民이 其國을 他國갓치 視하면 其國이 他國人의 國이 되나니 此는 難逃[135]의 公例라. 譬컨ᄃᆡ 千金 財産을 此에 寘하고 主人이 遊蕩不顧[136]ᄒᆞ면 其奸僕이 幾畝田을 占하며 其嬌客이 幾間屋을 潛有하며[137] 甚至 其隣家 酒婆ᄭᅡ지 其分錢尺布[138]에 流涎하야[139] 該 家의 主權이 他家로 離하려니와 但 其主人者가 奮發自勵하난 境遇에난 堂堂 所有權을 誰가 敢移하리요. 卽今 我韓이 中興하랴면 國民 人人이 自國事業에 發憤할 而已라. 波蘭 埃及[140]에도 義士가 不無며 越南 菲律賓[141]에도 忠臣이 亦有하건마난 畢竟 亡國의 慘狀을 呈現함은 此等 忠義난 小數에 居하고 其大部分 國民은 皆 蠢蠢 愚昧한 所致니 今日 吾輩가 國民의 知識과 實力이 未盡함만 是憂 是慮할 것이오. 此國의 羈絆

---

131 應得: 마땅히 얻음.
132 夢泡: 헛된 물거품.
133 酬盡: 극진히 갚음. 다함.
134 羈絆: 말이나 소 따위를 부리기 위하여 머리와 목에서 고삐에 걸쳐 얽어매는 줄.
135 難逃: 피하기 어려움.
136 遊蕩不顧: 방탕하여 돌아보지 아니함.
137 潛有하며: 몰래 소유하며.
138 分錢尺布: 몇 푼의 돈과 짧은 삼베조각.
139 流涎하야: 군침을 흘려. 매우 탐을 내어.
140 埃及: 이집트.
141 菲律賓: 필리핀.

脫免이 無計라난 妄想은 作함이 不可하니라. 曰 希望이 如此 大有한 今日 我韓으로 中路 退沮할[142] 理가 萬無하니 然則 吾輩의 進取하난 前途난 嘔心吐血[143]할 必要도 無하며 磨拳擦掌[144]할 必要도 無하고 但只 雍容談笑[145]로 循序以進[146]함이 足흘가, 嗚呼라 不可不可하다. 苦痛 中에 在한 者의 希望은 太奢하며 又 太急하야 失望이 每易하나니 비록 天下壯士 項羽[147]라도 酷病에 罹하야 苦苦求藥[148]하난디 何許 一庸醫가 附子丸[149] 十斤을 投하며 曰 此藥을 沒呑[150]하여야 汝病이 速差하리라[151] 하면 卽 擡頭 前仰[152]할지며 何許 一仇人이 鳥喙湯[153] 數貼을 換하여 曰 此藥을 盡服하여야[154] 汝病이 快袪[155]하리라 하면 卽 開口飮下하리니 不過 瞬息間에 一命이 嗚呼 了할지라 엇지 戒愼할 處 안인가. 目下 八域을 環顧하건디[156] 顒顒[157] 希望이 遠近 一般인디 不幸 魔類가 縱橫하야 或 外人依賴로 旗職을 豎하고[158] 麾之曰 來하라 來하라 汝가 此에 來하여야 福祿을 享하리라 하며 或 同胞 壓制로 手段을 作하난 者가 招之曰 來하라 來하라 汝가 此에 來하여야 利益을 得하리라 하며 或 心腸 全換한 者가 曰 來하라 來하라 하며 或 道德 墮壞한 者가 曰 來하라 來하라 하며 或 內凶外直한 者 或 因利忘義[159]하난 者 或 見機趁

142 退沮할: 쇠하여 꺾이고 말.
143 嘔心吐血: 심혈을 다 바침.
144 磨拳擦掌: 주먹을 문지르고 손을 비빔.
145 雍容談笑: 화락하고 조용하게 웃고 즐기는 이야기.
146 循序以進: 차례를 따라 나아감.
147 項羽(BC 232~BC 202): 중국 진(秦)나라 말기의 무장. 이름은 적(籍). 우는 자(字)이다. 숙부 항량(項梁)과 함께 군사를 일으켜 유방(劉邦)과 협력하여 진나라를 멸망시키고 스스로 서초(西楚)의 패왕(霸王)이 되었다. 그 후 유방과 패권을 다투다가 해하(垓下)에서 포위되어 자결하였다.
148 苦苦求藥: 고생 고생하며 약을 구함.
149 附子丸: 아침에 먹은 것을 저녁에 토하고, 저녁에 먹은 것을 아침에 토하는 증상에 쓰는 처방임.
150 沒呑: 남기지 않고 모두 먹음.
151 速差하리라: 속히 차도가 있으리라.
152 擡頭 前仰: 머리를 들어 우러러 봄.
153 鳥喙湯: 새의 뾰족한 부리로 만든 탕. 여기에서는 월왕의 인상을 "長頸鳥喙"라고 하였는데 조훼는 거기에서 유래한 것으로 보인다.
154 盡服하여야: 모두 복용하여야.
155 快袪: 빨리 떨어지다. 快癒, 快差 등을 의미.
156 環顧하건디: 둘러보건대.
157 顒顒: 온건하고 깊이 삼감. 물결이 높은 모양.
158 豎하고: 세우고.

附[160]하난 者 或 釣名偸譽[161]하난 者가 莫不 我同胞 耳朶에 向하야 來하라 來하다 大叫하나니 危險하다 今日이여. 彷徨 問路하난 同胞들이 其甘言을 迷信하야 褰裳往從[162]하난 日이면 荊棘 中으로 向할난지 水火 中으로 向할난지 此 皆 不知에 屬한 事니 新事業에 注意하난 諸君들아. 今日이 果然 何日인가. 此 國民에 此 希望을 成就케 하난 者도 諸君이며 失敗케 하난 者도 諸君이니 不可不 金庾信[163]氏가 石窟에 祈禱하난 精誠을 抱하며 崔春命[164]氏가 孤城을 獨守하던 氣槪을 仗하고 左手에 夏禹[165]氏가 龍門을 開鑿하던[166] 神斧와 右手에 魯陽[167]이 落日 倒揮하던 長戈을 荷하고 西楚霸王[168]의 沈船破釜甑[169]ᄒᆞ던 決心으로 大踏步 前進ᄒᆞ야 敎育을 提倡커던 其心에 其身도 無ᄒᆞ며 其家도 無ᄒᆞ고 敎育만 有ᄒᆞ며, 學問을 硏究커던 其心에 其身도 無ᄒᆞ며 其家도 無ᄒᆞ고 學問만 有ᄒᆞ며, 政客의 心에난 政治改善만 有ᄒᆞ며 實業者의 心에난 公益事業만 有하야 末乃 其忘身忘家의 所得者로 此國에 供獻ᄒᆞ되 荊棘이 此國의 前途을 塡塞[170]ᄒᆞ거든 萬劒이 齊奮ᄒᆞ며[171] 蛇豕[172]가 此國의 彊土를 荐食[173]커든 萬弩[174]가 齊發ᄒᆞ야 大國民의 意氣로 大

---

159 因利忘義: 이익으로 인해 의를 잊음.
160 見機趁附: 기회를 봐가며 아부함.
161 釣名偸譽: 거짓을 꾸며 명예를 훔침.
162 褰裳往從: 치마를 걷어 올리고 따라감.
163 金庾信(595~673): 신라의 명장. 가야국의 시조 수로왕의 12대손으로, 태종 무열왕 7년(660)에 당나라의 소정방과 함께 백제를 멸망시키고, 문무왕 8년(668)에 고구려를 정벌한 후 당나라 군사를 축출하는 데 힘써 삼국 통일의 기반을 다졌다.
164 崔春命(?~1250): 고려 고종 때의 무신·충신. 최충의 후손으로 1231년에 자주 부사(慈州副使)가 되어 몽고군이 포위한 성을 왕이 항복을 권하였음에도 끝까지 고수하였다. 그를 처형하려 하였으나 몽고 측이 도리어 사면을 주선하였다.
165 夏禹: 하(夏)나라의 개국군왕(開國君王). 처음에 하나라를 세우고 도읍을 양성(陽城)으로 삼았다가 뒤에 안읍(安邑), 평양(平陽), 진양(晉陽) 등지로 옮겼다. 생몰 연대 미상.
166 開鑿하던: 산을 뚫어서 길을 내거나 막힌 내를 파서 배가 지나 다닐 수 있도록 하던.
167 魯陽: 춘추 시대 노(魯)나라 양공(陽公)을 가리킨다. 그가 한구(韓搆)와 힘자랑을 하면서 날이 저물도록 창을 휘두르자, 지던 해가 백 리 동쪽으로 되돌아갔다고 한다. 생몰 연대 미상.
168 西楚霸王: 중국 진(秦)나라 말기의 무장 항우(項羽, BC 232~BC 202).
169 沈船破釜甑: 병사들을 태우고 온 배는 물 속에 가라 앉히고 가마솥과 시루를 부숴버린다.
170 塡塞: 채워서 막음.
171 齊奮ᄒᆞ며: 일제히 분발하며.
172 蛇豕: 뱀과 돼지처럼 욕심이 많고 포악(暴惡)한 사람을 비유하여 이르는 말.
173 荐食: 줄곧 먹어 들어감.
174 萬弩: 수많은 쇠뇌(여러 개의 화살이나 돌을 잇따라 쏘는 큰 활).

團體를 鞏結ᄒᆞ면[175] 胸中에 抱藏한[176] 希望이 眼前에 湧現할[177] 時機가 有ᄒᆞ리니

大ᄒᆞ다 我韓 今日의 希望이여

美ᄒᆞ다 我韓 今日의 希望이여

未久에 造物者가 世界 各 國民의 試驗 成績을 考鑒ᄒᆞ나니 我國民이 第一等의 資格이 有ᄒᆞ도다만은 万一 怠惰汗漫[178]ᄒᆞ야 競爭心이 無ᄒᆞ면 空을 得ᄒᆞ나니라.

嗚呼라 現在의 苦痛은 過去 無希望으로 遺한 孽業이오, 未來의 幸福은 現在 有希望으로 播할 種子니 勉할지어다, 我韓人아. 過去의 無希望은 過去 人物이 造한 刼夢이며 未來의 有希望은 未來 人物이 築할 土臺이니 勉할지어다 我韓人아. 過去의 無希望으로도 其苦痛이 此極에 已至ᄒᆞ얏거던 現在에도 無希望ᄒᆞ면 未來에 苦痛이 將 又 何境에 至ᄒᆞ리요. 勉할지어다 我韓人아. 我 且 一俚談으로 告ᄒᆞ야 曰 前冬의 凍餓를 思ᄒᆞ거든 今夏에 遊怠[179]를 無作ᄒᆞ며 先代의 產業을 顧ᄒᆞ거든 明日로난 蕩悖를 無再ᄒᆞ라 ᄒᆞ노니 我韓 今日이 果然 何日인가. 今日에도 希望이 尙薄[180]ᄒᆞ면 他日에난 希望ᄒᆞ랴도 希望할 餘地가 無ᄒᆞ리니 勉할지어다, 今日 我韓人아. 希望에서 願力이 生ᄒᆞ고 願力에서 熱心이 生ᄒᆞ고 熱心에서 事業이 生ᄒᆞ고 事業으로 國家가 生ᄒᆞ나니 勉할지어다, 我韓人아. 希望할지어다, 我韓人아.

—『大韓協會會報』1, 1908.4.

175 鞏結ᄒᆞ면: 굳게 맺으면. 혁고하게 결성하면.
176 抱藏한: 품어서 감춘. 안고 있는.
177 湧現할: 솟구쳐 나올.
178 怠惰汗漫: 몹시 게으르고 등한함.
179 遊怠: 방탕하고 태만함.
180 尙薄: 너무 엷음. 너무 희박함.

◎ 해설

「대한의 희망」은 『대한협회회보』 창간호에 실린 신채호의 글이다. 단재는 당시 국권이 침탈된 상황에서 희망을 노래했다. 대한에 국권이 없다고 절망에 빠지지 말고 희망을 통해 극복하라는 전언이다. "희망에서 원력(願力)이 생기고 원력에서 열심이 생기고 열심에서 사업이 생기고 사업으로 국가가 생"긴다는 것이다. 그래서 그는 어떠한 환경에서도 희망을 잃지 않기를 주문했다. 그는 단순히 희망을 갖고 앉아 기다리라는 것이 아니라 희망을 성취하기 위해 노력할 것을 강조했다.

단재가 희망을 주문하는 것은 조금 독특한 맥락이다. 그것은 무엇보다 당대의 어려운 현실에 실망과 좌절, 그리고 체념하는 것에 대한 경계이다. 비록 현재는 모든 상황이 극도로 나쁘지만 희망을 갖고 개척해가면 머지않아 그러한 어려움도 극복하리라는 것이다. 마치 판도라의 상자에 마지막 희망만 남았듯이 단재는 희망을 통해 조선을 건지려고 했다. 그는 희망을 '만유의 주인'이라 했는데, 곧 모든 것에는 희망이 있다는 것이다. 그는 "크도다, 우리 대한 금일의 희망이여! 아름답도다, 우리 대한 금일의 희망이여!"라고 부르짖었다. 곧 '희망'을 이야기함으로써 위기의 현실을 극복하고 희망의 미래를 건설하자고 전언한 것이다.

歷史와 愛國心의 關係[1]

嗚呼라, 若何ᄒᆞ면[2] 我二千萬의 耳에 恒常 愛國이란 一字가 鏗鏘[3]ᄒᆞ게 ᄒᆞᆯ가. 曰 惟 歷史로 以ᄒᆞᆯ지니라. 嗚呼라 若何ᄒᆞ면 我 二千萬의 眼에 恒常 國이란 一字가 徘徊ᄒᆞ게 ᄒᆞᆯ가. 曰 惟歷史로 以ᄒᆞᆯ지니라. 嗚呼라 若何ᄒᆞ면 我二千萬의 手가 恒常 國을 爲ᄒᆞ야 拮据케[4] ᄒᆞᆯ가. 曰 惟歷史로 以ᄒᆞᆯ지니라. 嗚呼라, 若何ᄒᆞ면 我二千萬의 脚이 恒常 國을 爲ᄒᆞ야 踴躍케[5] ᄒᆞᆯ가. 曰 惟歷史로 以ᄒᆞᆯ지니라. 嗚呼라, 若何ᄒᆞ면 我二千萬의 喉가 恒常 國을 謳歌케 ᄒᆞᆯ가. 曰 惟歷史로 以ᄒᆞᆯ지니라. 嗚呼라, 若何ᄒᆞ면 我二千萬의 腦가 恒常 國을 爲ᄒᆞ야 沈思케 ᄒᆞᆯ가. 曰 惟歷史로 以ᄒᆞᆯ지니라. 嗚呼라, 若何ᄒᆞ면 我二千萬의 毛毛髮髮[6]이 恒常 國을 爲ᄒᆞ야 森立케 ᄒᆞᆯ가. 曰 惟歷史로 以ᄒᆞᆯ지니라. 嗚呼라, 若何ᄒᆞ면 我二千萬의 血血淚淚[7]가 恒常 國을 爲ᄒᆞ야 熱滴케[8] ᄒᆞᆯ가. 曰 惟歷史로 以ᄒᆞᆯ지니라.

歷史가 何物이완ᄃᆡ 其功效의 神聖ᄒᆞᆷ이 若此ᄒᆞᆫ가. 曰 歷史者ᄂᆞᆫ 其國 國民의 變遷 消長ᄒᆞᆫ 實跡이니 歷史가 有ᄒᆞ면 其國이 必興ᄒᆞᄂᆞ니라. 國이 有ᄒᆞᆷᄋᆡ 歷史가 必有ᄒᆞ리니 强國ᄲᅮᆫ 아니라 弱國도 歷史가 有ᄒᆞᆯ지며 旺國ᄲᅮᆫ 아니라 衰國도 歷史가 有ᄒᆞᆯ지며 文明國ᄲᅮᆫ 아니라 野蠻國[9]도 歷史가 有ᄒᆞᆯ지

---

1 이 글은 『대한협회회보』 2·3호(1908.5.~6.)에 실렸다.
2 若何ᄒᆞ면: 만약 어찌하면.
3 鏗鏘: 금옥(金玉)의 소리. 악기의 소리. 주로 음악이나 시문(詩文)의 웅장한 지취를 표현할 때 쓰임.
4 拮据케: 쉴 새 없이 일하게.
5 踴躍케: 펄쩍 뛰어오르게. 열렬하게.
6 毛毛髮髮: 머리털마다.
7 血血淚淚: 피눈물.
8 熱滴케: 뜨겁게 흐르게.
9 野蠻國: 미개하여 문화 수준이 낮은 사람들이 사는 나라. 미개하여 문화 수준이 낮은 나라.

어늘 今에 言ᄒᆞ되 曰 歷史가 有ᄒᆞ면 其國이 必興이라 ᄒᆞᆷ은 何謂오. 曰 其國에 氏士[10] 갓ᄒᆞᆫ 雄主가 有ᄒᆞ야도 國民이 不知ᄒᆞ면 無와 一般이며 其國에 拿破侖[11] 갓ᄒᆞᆫ 健兒가 有ᄒᆞ야도 國民이 不知ᄒᆞ면 無와 一般이오. 歷史가 旣無ᄒᆞ면 亡國에 必至ᄒᆞ리니, 嗚呼라 茫茫 數千載 浩浩 六大洋에 星羅碁列[12]ᄒᆞᆫ 國이 不知其數언만 至今ᄭᆞ지 存在ᄒᆞ며 至今ᄭᆞ지 强大ᄒᆞ야 曰 某國 某國이라 ᄒᆞᄂᆞᆫ 國은 皆 歷史ᄅᆞᆯ 有ᄒᆞᆫ 國이니라.

邦國이 許多ᄒᆞᆷᄋᆡ 歷史도 許多ᄒᆞ야 英國史 俄國史[13] 等이 有ᄒᆞ지만은 然이나 外國史ᄅᆞᆯ 讀ᄒᆞᆷ은 知彼知己ᄒᆞ야 競爭을 資ᄒᆞᆯ 而已니 愛國心을 傍助ᄒᆞᆷ은 能ᄒᆞ나 愛國心을 主動ᄒᆞᆷ은 不能ᄒᆞᆯ지라. 故로 玆에 云ᄒᆞᆫ 歷史ᄂᆞᆫ 本國史만 指ᄒᆞᆷ이오, 萬象이 複雜ᄒᆞᆷᄋᆡ 歷史도 複雜ᄒᆞ야 宗敎史 文學史 等이 有ᄒᆞ지만은 此等 各史ᄂᆞᆫ 智識를 發達ᄒᆞ야 國家에 獻할 而已니 愛國心을 贊成ᄒᆞᆷ은 能ᄒᆞ나 愛國心을 孕造ᄒᆞᆷ[14]은 不能ᄒᆞᆯ지라. 故로 玆에 云ᄒᆞᆫ 歷史ᄂᆞᆫ 本國政治史만 指ᄒᆞᆷ이니

聖哉라 歷史며 偉哉라 歷史여. 七重八重의 華嚴樓閣[15]으로 一國 山河를 壯麗케 ᄒᆞᄂᆞᆫ 者ㅣ 歷史가 아닌가. 千回萬回의 衆香天飯[16]으로 一國 民族을 蘇醒케[17] ᄒᆞᄂᆞᆫ 者ㅣ 歷史가 아닌가. 我 且 一禿筆[18]을 擧ᄒᆞ아 歷史의 功德을 語ᄒᆞ리니 嗟 我全國 十三道 有情衆生아.

---

10 氏士: 카이사르(BC 100~BC 44). 영어식으로 발음하면 '시저'가 된다. 로마의 군인·정치가. 크라수스·폼페이우스와 더불어 제1차 삼두 정치를 수립하였으며, 갈리아와 브리타니아에 원정하여 토벌하였다. 크라수스가 죽은 뒤 폼페이우스마저 몰아내고 독재관이 되었으나, 공화 정치를 옹호한 카시우스롱기누스, 브루투스 등에게 암살되었다. 『갈리아 전기』, 『내란기(內亂記)』 따위의 사서(史書)를 남겼다.

11 拿破侖: 나폴레옹(1769~1821). 프랑스의 황제. 1804년에 황제의 자리에 올라 제일 제정을 수립하고 유럽 대륙을 정복하였으나 트라팔가르 해전에서 영국 해군에 패하고 러시아 원정에도 실패하여 퇴위하였다. 엘바 섬에 유배되었다가 탈출하여 이른바 '백일천하'를 실현하였으나 다시 세인트헬레나 섬으로 유배되어 그곳에서 죽었다. 재위 기간은 1804~1815년이다.

12 星羅碁列: 별과 바둑처럼 늘어서 있음.

13 俄國史: 러시아 역사.

14 孕造ᄒᆞᆷ: 잉태하여 만듦.

15 華嚴樓閣: 화려하고 장엄한 누각.

16 衆香天飯: 무수한 향과 쌀밥.

17 蘇醒케: 다시 깨어나게. 다시 회복하게.

18 一禿筆: 한 자루 닳은 붓.

歷史와 愛國心의 關係를 說明코자 ᄒᆞ야 今에 一比例[19]를 擧ᄒᆞ리니 自來我國에 士族爲名者[20]가 自家 山局 內에 他人의 偸葬[21]만 遭ᄒᆞ야도 此를 家門의 恥辱이라 ᄒᆞ야 傾庄破産[22]ᄒᆞ더ᄅᆡ도 此를 必掘ᄒᆞ랴 ᄒᆞ며 斷頭折臂[23]ᄒᆞ더ᄅᆡ도 此를 必報ᄒᆞ랴 ᄒᆞ야 生死 夷險[24]을 都是 不顧ᄒᆞ니, 此가 果然 何魔力을 仗ᄒᆞᆷ인가. 不過是 塵箱子裡에 一片蠹蝕ᄒᆞᆫ 家譜로 由出ᄒᆞᆷ이라. 我祖를 思ᄒᆞ건ᄃᆡ 翰林提學[25]의 華啣[26]이거ᄂᆞᆯ 我에 至ᄒᆞ야 此恥를 乃當ᄒᆞ얏도다[27] ᄒᆞ며 我 高曾[28]을 思ᄒᆞ건ᄃᆡ 文正武愍의 美謚[29]이거ᄂᆞᆯ 我에 至ᄒᆞ야 此辱을 大覯[30]ᄒᆞ얏도다 ᄒᆞ고 我의 一身이 漢江水에 投ᄒᆞ야 魚腹에 葬ᄒᆞᆯ지언정 엇지 此等 侮蔑을 受ᄒᆞ야 家聲을 墜ᄒᆞ리요 ᄒᆞ야 熱憤所激[31]에 鄕黨이 震恐[32]ᄒᆞ거니와 賤人이라 一稱ᄒᆞᄂᆞᆫ 者ᄂᆞᆫ 其背에 箠笞[33]가 不離ᄒᆞ며 其面에 唾罵[34]가 不絶ᄒᆞ고 甚則 某進賜宅庭下에[35] 全家 父兄 妻子가 一時에 無涇渭[36]의 大捧을 喫ᄒᆞ야도 一毫 對抗을 不敢ᄒᆞ며 一句 埋怨[37]을 不敢ᄒᆞ고 只是 手足이 換位토록[38] 伏伏哀乞ᄒᆞ야 呼牛ᄒᆞ면[39] 牛라 應ᄒᆞ며 呼馬ᄒᆞ면 馬라 應ᄒᆞ며 鞭來ᄒᆞ면[40] 鞭에 伏ᄒᆞ며 杖來ᄒᆞ면 杖에 伏ᄒᆞ야 祖가 是에 死ᄒᆞ며 父가 是에

---

19 一比例: 하나의 비유적 예.
20 士族爲名者: 사족으로 이름이 난 자.
21 偸葬: 남의 산이나 묏자리에 몰래 자기 집안의 묘를 쓰는 일.
22 傾庄破産: 전장(田莊)이 기울어 파산함.
23 斷頭折臂: 머리를 자르고 팔을 꺾음.
24 夷險: 평탄함과 험준함.
25 翰林提學: 유학자들과 고려 시대에, 예문춘추관·예문관·보문각·우문관·진현관에 둔 정삼품 벼슬아치.
26 華啣: 좋은 관직.
27 乃當ᄒᆞ얏도다: 이에 당하였도다.
28 高曾: 고조와 증조라는 말로, 가까운 조상을 이르는 말.
29 美謚: 美謚. 아름다운 시호. 곧 죽은 후에 임금이 내려준 호. '文正', '武愍'이라는 아름다운 시호.
30 大覯ᄒᆞ얏도다: 크게 만났도다.
31 熱憤所激: 북받치는 분노가 격동하는 바.
32 震恐: 떨면서 무서워함.
33 箠笞: 볼기를 칠 때 쓰던 형구.
34 唾罵: 아주 더럽게 생각하고 경멸히 여겨 욕함.
35 甚則 某進賜宅庭下에: 심하면 어떤 나으리댁의 정원 아래에.
36 無涇渭: 사리의 옳고 그름이나 이러하고 저러함에 대한 분별이 없음.
37 埋怨: 원망을 품음.
38 換位토록: 위치를 바꾸도록.
39 呼牛ᄒᆞ면: 소를 부르면.

死ᄒᆞ며 兄이 是에 死ᄒᆞ며 弟가 是에 死ᄒᆞ되 此를 常事로 認ᄒᆞ고 或이 告ᄒᆞ야 曰「爾도 發憤 修學ᄒᆞ고 報復을 血誓ᄒᆞ면 彼 巍巍者[41]와 對抗ᄒᆞᆯ 日이 必有ᄒᆞ리라.」ᄒᆞᆫ즉 彼且 駭然不信[42]曰「其然가 豈其然가.[43] 我家ᄂᆞᆫ 常漢級[44]에 落在ᄒᆞ야 此等 恥辱은 世世茶飯[45]이니 如此 妄想을 吾豈敢이며 如此僭懷[46]를 吾豈敢이리오.」ᄒᆞ야 頭를 鱉縮ᄒᆞ며[47] 身을 蝟伏ᄒᆞ야[48] 慘慘 地獄을 一步도 超出ᄒᆞ랴ᄂᆞᆫ 思想이 無ᄒᆞ니, 噫라. 同是人子로서 彼ᄂᆞᆫ 如彼 其高尙ᄒᆞᆫᄃᆡ 此ᄂᆞᆫ 如此 其卑賤ᄒᆞ고 彼ᄂᆞᆫ 如此 其强勁ᄒᆞᆫᄃᆡ 此ᄂᆞᆫ 如此 其孱劣ᄒᆞᆷ[49]은 何故오. 無他라, 彼家ᄂᆞᆫ 歷史(卽 譜牒[50])가 有ᄒᆞᆫ 故로 常自尊ᄒᆞ며 此家ᄂᆞᆫ 歷史가 無ᄒᆞᆫ 故로 常自卑ᄒᆞ고 自尊 故로 常自愛ᄒᆞ고 自卑 故로 常自侮ᄒᆞᄂᆞ니 嗟乎라, 人旣自侮ᄒᆞ면 何往에 不敗리요.

今夫國이란 者ᄂᆞᆫ 一家族의 結集體(西諺에 云 國家란 者ᄂᆞᆫ 家族 二字의 大書)며 歷史란 者ᄂᆞᆫ 一國民의 譜牒이라. 此 譜牒 中에 吾祖 吾宗의 功烈도 記ᄒᆞ며 恥辱도 記ᄒᆞ며 德業도 記ᄒᆞ며 壯蹟도 記ᄒᆞ며 傷心事도 記ᄒᆞ야, 善을 勸ᄒᆞ며 惡을 懲ᄒᆞ고 內를 尊ᄒᆞ며 外를 岐ᄒᆞ고[51] 民賊을 誅ᄒᆞ며 公仇[52]를 戮ᄒᆞ고 百世 以前을 昨日갓치 思ᄒᆞ며 萬載[53] 以後를 明朝갓치 視ᄒᆞ야 檀君始祖가 太白山[54]에 下ᄒᆞ사 荊棘을 剪ᄒᆞ고 後孫의 粒食을 謀ᄒᆞ던 遺蹟을 仰想커던 一飯에 不敢忘ᄒᆞ며 廣開土王[55]이 七千里 地를 闢ᄒᆞ야 他族을 逐ᄒᆞ

---

40 鞭來ᄒᆞ면: 채찍이 오면.
41 巍巍者: 인격이 높은 자. 우뚝한 자.
42 駭然不信: 몹시 이상해 믿지 않음.
43 豈其然가: 어찌 그러한가.
44 常漢級: 신분이 낮은 남자의 단계.
45 世世茶飯: 대대로 다반사(늘 있는 일)임.
46 如此僭懷: 이러한 어그러진 회포.
47 鱉縮ᄒᆞ며: 자라처럼 움츠리며.
48 蝟伏ᄒᆞ야: 고슴도치처럼 엎드리며.
49 孱劣ᄒᆞᆷ: 허약하고 옹졸함.
50 譜牒: 가첩. 족보.
51 岐ᄒᆞ고: 갈래짓고. 나누며.
52 公仇: 공공의 적.
53 萬載: 만세.
54 太白山: 백두산.
55 廣開土王: 고담덕(高談德, 374~412). 고구려 제19대 왕. 고국양왕의 태자로 18세에 왕위에 올랐다. 불교를 신봉하였고, 남북으로 영토를 크게 넓혀 만주와 한강 이북을 차지하는 등 고구려의 전성

고 吾家의 基地를 廣ᄒᆞ던 盛德을 回思커던 一息에 不敢懈ᄒᆞ고[56] 乙支文德[57] 蓋蘇文[58]이 隋唐 巨寇를 鏖退ᄒᆞ고[59] 轟轟烈烈ᄒᆞᆫ 名譽로 後人에 留貽ᄒᆞᆫ 傳記를 讀커던 拔劍起舞ᄒᆞ며 智蔡文[60] 姜邯贊[61]이 契丹 猾夷[62]를 斥逐ᄒᆞ고[63] 驕驕勃勃ᄒᆞᆫ[64] 雄略으로 邦土를 莊嚴케 ᄒᆞᆫ 事實을 繹ᄒᆞ거던[65] 擊壺長歌[66]ᄒᆞ고 六州城을 築ᄒᆞ야 武功을 揚ᄒᆞ던 尹瓘[67]을 念ᄒᆞ거던 膝을 屈ᄒᆞ야 再拜ᄒᆞ며, 滿洲에 殖民ᄒᆞ야 大帝國을 建ᄒᆞ던 金俊[68]을 夢ᄒᆞ거던 掌을 合ᄒᆞ야 三禮ᄒᆞ고 劉徹[69] 李世民[70]의 名이 聞ᄒᆞ거던 齒를 嚼碎ᄒᆞ며[71] 弓裔[72] 甄萱[73]의 事를

시대를 이룩하였다. 재위 기간은 391~412년이다.

56 不敢懈ᄒᆞ고: 감히 나태하지 않고.

57 乙支文德: 고구려 영양왕 때의 장군. 612년(영양왕 23)에 중국 수나라 양제가 고구려에 대군을 이끌고 쳐들어오자 이를 살수에서 물리쳤다. 지략과 무용에 뛰어났으며 시문에도 능하였다. 살수대첩에서 적장 우중문에게 전한 전략적인 오언 절구의 시 「유우중문시(遺于仲文詩)」가 전한다. 생몰 연대 미상.

58 蓋蘇文(?~665): 연개소문. 고구려의 정치가·장군. 대대로(大對盧)가 된 후 영류왕을 죽이고 보장왕을 추대하고 스스로 대막리지(大莫離支)가 되어 정권을 장악하였다. 645년(보장왕 4)에 당 태종의 17만 대군을 안시성에서 격파하였다.

59 鏖退ᄒᆞ고: 싸워 무찌르고.

60 智蔡文(?~1026): 고려 현종 때의 무신. 봉주(鳳州) 지씨의 시조로, 벼슬은 상장군 우복야에 이르렀다. 1010년 거란의 침입을 함흥에서 격퇴하고 서경(西京)을 끝까지 지켰으며, 뒤에 남으로 피란하는 왕을 호종하였다.

61 姜邯贊(948~1031): 고려 초기의 명장. 1018년(현종 9)에 거란의 장수 소배압(蕭排押)이 쳐들어왔을 때에, 서북면 행영 도통사로서 상원수가 되어 홍화진에서 적군을 대파하였다. 또한 이듬해에는 회군하는 적을 귀주에서 크게 격파하여 추충협모안국공신의 호를 받았다.

62 猾夷: 교활한 오랑캐.

63 斥逐ᄒᆞ고: 쫓아내고. 구축하고.

64 驕驕勃勃ᄒᆞᆫ: 날래고 사나우며 기세가 왕성한.

65 繹ᄒᆞ거던: 풀어내거든. 늘어놓거든.

66 擊壺長歌: 술병을 두드리며 길게 노래함.

67 尹瓘(?~1111): 고려 예종 때의 학자·장군. 어사대부·한림학사·이부상서 등을 지내고, 1107년에 여진 정벌을 하고 구성(九城)을 쌓았다.

68 金俊(1068~1123): 금나라의 황제. 여진(女眞) 완안부(完顔部) 사람. 본명은 아골타(阿骨打)인데, 민(旻)으로 고쳤다. 1115년 황제라 칭하고 국호를 금(金)이라 했으며, 도읍을 회녕(會寧)에 정한 뒤 숙구(收國)이라 연호를 정했다. 나중에 천보(天輔)로 고쳤다. 9년 동안 재위했다. 처음 기병(起兵)할 때 병사가 2,500명에 불과했지만 몇 년 사이에 영토가 연운(燕雲)까지 확대되었다.

69 劉徹(BC 156~BC 87): 한(漢) 무제(武帝). 재임 중에 중앙집권을 강화하기 위해 지방에 자사(刺史)를 임명하여 제후들의 세력을 약화시켰고, 당시의 많은 제자백가들을 축출하고, 유술(儒術)만을 숭상했다. 또한 대외적으로 이민족을 정벌했는데, 특히 흉노를 격파하고 서역과의 실크로드를 확보하는 등 중국의 영토를 확대시켰다.

70 李世民(599~649): 당나라의 제2대 황제(재위, 626~649). 시호는 태종(太宗)이다. 아버지는 이연(李淵)이고 어머니는 두(竇)씨다. 수나라 양제(煬帝)의 폭정으로 내란의 양상이 짙어지자 아버지를 설득하여 거병, 장안(長安)을 점령하고 당나라를 건립했다. 626년 아버지의 양위를 받아 즉위했다. 수양제의 실패를 거울삼아 백성을 불쌍히 여기는 지극히 공정한 정치를 하기에 힘썼다.

談ᄒ거던 腕을 爭扼ᄒ고[74] 某代의 風俗이 甚美ᄒ니 吾가 其躅을[75] 繼ᄒ리라 ᄒ며 某朝의 政治가 甚惡ᄒ니 吾가 其弊를 絶ᄒ리라 ᄒ고 某紀의 工藝가 稍振ᄒ얏스니 吾가 此를 師ᄒ리라 ᄒ며 某時의 文學이 甚靡ᄒ얏스니 吾가 此를 革ᄒ리라 ᄒ야 先烈을 張ᄒ고 後世를 警ᄒ며 太過를 損ᄒ고 不及를 補홈은 吾人의 性情이며 吾人의 天職이라. 然이나 歷史를 不藉ᄒ면 此 性情을 發揮홀 수 無ᄒ며 歷史를 不待ᄒ면 此 天職을 履行홀 수 無ᄒᄂ니, 偉哉라 歷史여. 我를 歌케 ᄒᄂᆞᆫ 者ㅣ 歷史며 我를 哭케 ᄒᄂᆞᆫ 者ㅣ 歷史며 我를 怒케 ᄒ며 躍케 ᄒᄂᆞᆫ 者ㅣ 歷史로다.

歷史의 功用이 如是ᄒᆞᆫ 故로 西歐 國民은 學語를 始홈의 其母가 膝上에 抱ᄒ고 開國名祖의 故蹟을 談話ᄒ며 學步를 始홈의 其父가 公園에 率往ᄒ야 建國 偉人의 銅像을 瞻拜ᄒ고[76] 學校 講義에 某戰場 凱旋ᄒ던 盛況을 說明ᄒ면 滿堂이 雀躍ᄒ며 演壇掛題에 某土 地割與ᄒ던 遺恥를 痛論ᄒ면 環聽이 雨泣ᄒ야 國의 一利一害를 胷에 抱ᄒ며 國의 一榮一辱을 腦에 刻ᄒᄂ니, 嗚呼라 歷史가 無ᄒ면 彼國의 國民인들 愛國心이 何處에서 生ᄒ리오.

我國民에 愛國心의 薄弱홈을 足怪홀 빅 無ᄒ도다. 彼 下等社會의 不識字者ᄂᆞᆫ 無論ᄒ고 卽 上等人士의 魚魯[77]를 稍解ᄒᄂᆞᆫ[78] 者ᄂᆞᆫ 盧兢[79] 金笠[80]의 行詩ᄂᆞᆫ 耳에 饜ᄒ나[81] 朝鮮 立國이 幾千載인지 不記ᄒ며 朴道翔[82] 柳東賓[83]

---

71 嚼碎ᄒ며: 씹어 부수며.

72 弓裔(?~918): 후고구려의 건국자·왕. 송도에 도읍을 정하고, 901년에 스스로 왕이 되어 국호를 후고구려라고 하였다. 뒤에 왕건에게 폐위되었다. 재위 기간은 901~918년이다.

73 甄萱(867~936): 후백제의 시조. 본성은 이(李). 900년에 완산에 도읍하고 후백제를 세웠다. 929년 고창(古昌)에서 왕건의 군사에게 크게 패한 뒤 차츰 형세가 기울자 935년에 고려에 항복하였다. 재위 기간은 900~935년이다.

74 爭扼ᄒ고: 다투어 쥐고. 불끈 쥐고.

75 其躅을: 그 자취를.

76 瞻拜ᄒ고: 우러러 절하고.

77 魚魯: 어(魚)와 노(魯)라는 글자. 이 두 글자를 분간하지 못한다는 것은 매우 무식하다는 것을 말함.

78 稍解ᄒᄂᆞᆫ: 겨우 조금 이해하는.

79 盧兢(1738~1790): 조선 시대의 문인. 과시(科詩)로써 명성을 떨쳤으며, 작품에 한문 소설 「화사(花史)」가 있다.

80 金笠(1807~1863): 조선 시대의 방랑 시인. 속칭은 김삿갓. 젊어서부터 전국을 떠돌아다니며 많은 즉흥시를 남겼는데, 세상을 개탄하고 조소하는 풍자시가 많다.

81 饜ᄒ나: 싫증이 나도록 들으나.

82 朴道翔(1728~?): 조선 후기의 문신. 1787년 장령으로 재직하면서 상소를 올려 그 무렵의 학문이

의 科表는 齒에 酸ᄒᆞ나[84] 東國通鑑[85]이 幾十卷인지 不知ᄒᆞ고 其或 毫末의 聞見이 有타 ᄒᆞ는 者를 觀ᄒᆞᆫ즉 其所聞이 老少南北[86]의 私鬪에 不過ᄒᆞ며 其所見이 文蔭[87]武逸[88]의 履歷에 不出ᄒᆞ니 是等 歷史가 我民族 盛衰에 何關이리오. 嗚呼라 我國民에 愛國心의 薄弱ᄒᆞᆷ을 足怪ᄒᆞᆯ ᄇᆡ 無ᄒᆞ도다. 壬辰의 浩劫[89]을 經ᄒᆞ고 居民이 還業ᄒᆞ던[90] 第二日에 詭誕難信[91]ᄒᆞᆫ 「太古天皇氏以木德王」[92] 一句로 其兒孫을 授ᄒᆞ며 丙子의 巨創[93]을 受ᄒᆞ고 和議告成ᄒᆞ던[94] 第三日에 痛癢無關[95]ᄒᆞᆫ 「初命晋大夫魏斯趙籍韓虔爲諸侯」[96] 一章으로 其弟子를 訓ᄒᆞ야 擧世가 醉生夢死에 滔滔ᄒᆞ고[97] 自家의 名譽와 恥辱은 先天에 付ᄒᆞ니, 嗚呼라 我國民에 愛國心의 薄弱ᄒᆞᆷ을 足怪ᄒᆞᆯ ᄇᆡ 無ᄒᆞ도다.

今日 我國民의 愛國心을 喚起코자 ᄒᆞ면 其術이 何에 出ᄒᆞᆯ가. 獨立館[98]에 進

심히 타락되고, 서원의 병폐가 극심한 것 등 9개조의 시폐(時弊)와 그 폐해를 구할 방법을 논하였다. 그는 시문에 능하였는데, 특히 변려문(騈儷文)과 제술(製述)에 뛰어난 재주를 가지고 있었다.

83 柳東賓(1720~?): 1754년 갑술(甲戌) 증광시(增廣試) 병과(丙科) 7위. 표(表)에 능했던 것으로 알려져 있다.

84 酸ᄒᆞ나: 새콤하나.

85 東國通鑑: 조선 성종 15년(1484)에 왕명에 따라 서거정, 정효항(鄭孝恒) 등이 편찬한 역사책. 중국 사마광의 『자치통감』을 참고하였으며, 신라 시조 박혁거세로부터 고구려, 백제를 거쳐 고려 공양왕에 이르기까지 1,400년 동안의 사실을 기록하였다. 단군·기자·위만의 고삼선(古三鮮) 및 한사군·이부(二府)·삼한(三韓) 따위에 대한 내용을 외기(外記)로 하여 책머리에 수록하였다.

86 老少南北: 조선 시대의 사색당파(四色黨派)를 일괄하여 이르는 말. 붕당정치는 처음에 동인(東人)·서인(西人)으로 분열한 데서 비롯하여, 뒤에 동인이 남인(南人)·북인(北人)으로 갈라지고, 서인은 다시 노론(老論)·소론(少論)으로 분열되었다. 여기서는 '사사로운 당파의 싸움' 정도를 뜻함.

87 文蔭: 문음은 문인들의 관직 세습제도. 문인 가운데 은사.

88 武逸: 무반 가운데 뛰어난 자. 숨은 무인.

89 浩劫: 큰 재난. 대참사. "壬辰의 浩劫"은 '임진왜란의 참사'를 말함.

90 還業ᄒᆞ던: 업으로 돌아오던.

91 詭誕難信: 황탄해서 믿기 어려움.

92 太古天皇氏以木德王: 『십팔사략(十八史略)』에 나오는 것으로 "태고 천황씨가 목덕으로 왕이 되었다"는 한 구절을 말함. 「춘향전」에는 이몽룡이 이 구절을 "태고라 천황씨는 이(以) 쑥떡으로 왕허시다"로 언어유희를 하였다.

93 巨創: '규모나 형태가 엄청나게 큼'을 의미. "丙子의 巨創"은 '엄청난 병자호란'을 말함.

94 和議告成ᄒᆞ던: 화의가 다 이루어짐을 알리던.

95 痛癢無關: 통양(가려움과 아픔)과 무관함.

96 初命晋大夫魏斯趙籍韓虔爲諸侯: 『자치통감(資治通鑑)』에 나오는 것으로 "처음 진나라 대부 위사 조적 한건을 명하여 제후로 삼았다"는 문장을 말함. 주나라의 제32대 위열왕(威烈王)은 기원전 403년에 한(韓)·조(趙)·위(魏)를 제후국으로 인정해 진(晉)의 대부들인 한건(韓虔)·조적(趙籍)·위사(魏斯)를 한후(韓侯)·조후(趙侯)·위후(魏侯)로 봉했는데, '삼가분진(三家分晋)'이라고 불리는 이 사건은 춘추 시대에서 전국 시대로 전환되는 분기점으로 인식된다.

97 滔滔ᄒᆞ고: 가득하고.

98 獨立館: 조선 고종 33년(1896)에 서재필, 윤치호 등이 모화관을 고쳐 세운 독립협회의 회관. 여기에

ᄒᆞ야 空前絶後[99]의 大演說을 開ᄒᆞ고 比牧丁具禮敦 갓흔 雄辯家ᄅᆞᆯ 邀ᄒᆞ야 愛國ᄒᆞ라 愛國ᄒᆞ라 ᄒᆞᄂᆞᆫ 聲에 喉를 裂盡ᄒᆞ면 其舌下에 幾十萬 愛國者ᄅᆞᆯ 可産ᄒᆞᆯ가. 余曰 必不能이니라. 皇城 中央에 向ᄒᆞ야 惟一無二의 大新聞을 創ᄒᆞ고 夏密敦[100] 索士皮亞[101] 갓흔 巨文豪를 聘ᄒᆞ야 愛國ᄒᆞ라 愛國ᄒᆞ라 ᄒᆞᄂᆞᆫ 語에 血을 嘔盡ᄒᆞ면 其筆下에 幾百萬 愛國者를 可造ᄒᆞᆯ가. 余 又曰 必不能이니라.

幾百年來로 一國民을 驅ᄒᆞ야 風月이나 坐談ᄒᆞ며 異國이나 崇拜ᄒᆞ야 父兄의 敎ᄒᆞ난 바 此며 師友의 論ᄒᆞ난 바 此며 耳에 薰ᄒᆞᆫ 바 此며 目에 染ᄒᆞᆫ 바 此라. 乳下[102]에 離ᄒᆞ난 幼齡으로 自ᄒᆞ야[103] 白髮이 飄零ᄒᆞ고[104] 齒牙가 脫落ᄒᆞ난 日에 至토록 思想을 此로 以ᄒᆞ며 夢寐를 此로 以ᄒᆞ야 國이란 一字난 腦際[105]에 暫照ᄒᆞᆫ[106] 時도 無ᄒᆞᆫ 斯人을 엇지 一寸舌 三寸筆의 能力으로 愛國心을 灌注ᄒᆞᆯ[107] 수 有ᄒᆞ리오. 嗚呼라 我가 國을 愛ᄒᆞ랴거던 歷史를 讀ᄒᆞᆯ지며 人으로 ᄒᆞ야금 國을 愛케 ᄒᆞ랴거던 歷史를 讀케 ᄒᆞᆯ지어다.

歷史를 讀ᄒᆞ되 幼時부터 讀ᄒᆞᆯ지며 歷史를 讀ᄒᆞ되 終老토록[108] 讀ᄒᆞᆯ지며 歷史ᄅᆞᆯ 讀케 ᄒᆞ되 男子ᄲᅮᆫ 안이라 女子도 讀케 ᄒᆞ며 歷史를 讀케 ᄒᆞ되 上等社會ᄲᅮᆫ 안이라 下等社會도 讀케 ᄒᆞᆯ지어다. 花柳繁華[109]의 色[110]에 其目이 旣奪ᄒᆞ며 絲竹哀怨[111]의 音에 其耳가 旣亂ᄒᆞ며 空門禪寂[112]의 味에 其心이 旣移ᄒᆞ며 曠野魔怪[113]의 戱에 其情이 旣轉ᄒᆞ며 小中華 三字에 其氣가 旣餒ᄒᆞ

서 국문 및 영문의 『독립신문』을 발행하여 자유, 민권, 독립을 선전하였다.

99 空前絶後: 이전에도 없고 이후에도 없음.
100 夏密敦: 해밀턴.
101 索士皮亞: 셰익스피어.
102 乳下: 젖먹이.
103 自ᄒᆞ야: 비롯하여. 말미암아.
104 飄零ᄒᆞ고: 흩날려 떨어지고.
105 腦際: 머리. 뇌수.
106 暫照ᄒᆞᆫ: 잠시 비친.
107 灌注ᄒᆞᆯ: 물을 댈. 주입할.
108 終老토록: 늙어죽도록.
109 花柳繁華: 유곽이 번화한.
110 色: 여색.
111 絲竹哀怨: 관현악기의 애원하는 곡.
112 空門禪寂: 불교와 좌선.
113 曠野魔怪: 광야의 마귀와 요괴.

며[114] 崇禎紀元[115] 四字에 其腦가 旣蠹ᄒᆞ면 비록 釋迦氏의 眞言[116]을 呪ᄒᆞ야 鬼其速出ᄒᆞ라 鬼其速出ᄒᆞ라 喝홀지라도 邪祟[117]가 已深이라, 可療의 術이 無홀지며 山重水複[118]에 其路가 忽迷ᄒᆞ며 雲冥雨暗[119]에 其門을 忽失ᄒᆞ며 中流行舟에 其檣이 忽墮ᄒᆞ며 千里歸鄕에 其轅이[120] 忽廻ᄒᆞ며[121] 歐坑美塹[122]에 其脚이 忽陷ᄒᆞ며 英鉤法戈[123]에 其神이 忽眩ᄒᆞ면 비록 宋玉[124]의 招魂歌를 製ᄒᆞ야 魂兮歸來ᄒᆞ라 魂兮歸來ᄒᆞ라 할지라도 精靈이 已散이라 可還의 方이 無홀지니 然則 國을 愛코자 ᄒᆞᆫ들 何로 從ᄒᆞ야 愛ᄒᆞ며 女子라고 歷史ᄅᆞᆯ 不讀케 ᄒᆞ면 是난 胎內의 論介[125]ᄅᆞᆯ 墮홈이며 襁褓 中의 羅蘭夫人[126]을 夭케 홈일 ᄲᅮᆫ더러, 抑又 二千萬人 中에 半數되ᄂᆞᆫ 女子ᄅᆞᆯ 壓殺ᄒᆞ야 國民됨을 不許홈이오. 下等社會라고 歷史ᄅᆞᆯ 不讀케 ᄒᆞ면 是난 乙巴素[127]ᄅᆞᆯ 樵採에[128] 老케 홈이며 加里波地[129]ᄅᆞᆯ 漁舟生涯에 葬케 홈일 ᄲᅮᆫ더러 抑又 二千萬

---

114 旣餒ᄒᆞ며: 이미 썩으며.

115 崇禎紀元: 명나라 마지막 황제인 의종(毅宗)의 즉위년인 1628년을 일컫는 말. 숭정(崇禎)은 중국 명나라의 마지막 황제 의종(毅宗) 때의 연호(1628~1644)이다. 명나라가 망한 뒤에도 조선은 청나라 연호를 쓰는 것을 꺼려 이 연호를 사용하였다.

116 眞言: 주(呪)·신주(神呪)·밀주(密呪)·밀언(密言) 등으로도 번역한다. '만트라'는 사고의 도구, 즉 언어를 의미하며, 나아가서는 신들에 대하여 부르는 신성하고 마력적(魔力的)인 어구를 가리키는 것으로 인도에서는 베다 시대부터 널리 행해졌다. 밀교에서는 신밀(身密)·어밀(語密)·의밀(意密)의 3밀 가운데 어밀에 해당하는데, 듣는 자로서는 심오하기 때문에 진언비밀이라고도 한다.

117 邪祟: 헛것을 숭상함.

118 山重水複: 산이 겹치고 물이 거듭됨. 갈길은 먼데 산과 물이 겹겹이 있어 어려움이 많은 상황을 말함.

119 雲冥雨暗: 비구름으로 어두컴컴함.

120 轅이: 수레가.

121 忽廻ᄒᆞ며: 홀연히 돌며. 홀연 방향을 바꾸며.

122 歐坑美塹: 서구와 미국이 전쟁을 위해 판 구덩이.

123 英鉤法戈: 영국의 갈고리와 프랑스의 창.

124 宋玉(?BC 290~?BC 222): 중국 춘추 전국 시대 초나라의 문인. 작품에 「구변(九辯)」, 「초혼(招魂)」, 「고당부(高唐賦)」 따위가 있다.

125 論介(?~1593): 조선 선조 때의 의기(義妓). 진주의 관기로, 임진왜란 때에 진주성이 함락되자 촉석루의 술자리에서 당시 왜장 모곡촌문조(毛谷村文助)를 껴안고 남강에 떨어져 죽었다.

126 羅蘭夫人: 롤랑 부인(1754~1793). 지롱드파의 중심이라고 일컬어진 프랑스 혁명기의 여걸. 리옹의 산업검찰관 장 마리와 결혼하여 남편의 일에 협력하였다. 혁명 후 정치운동에 참가하였고 루이 16세의 처형과 동시에 반산악파 입장을 표명하여 처형되었다.

127 乙巴素(?~203): 고구려의 재상. 고국천왕 13년 국상(國相)으로 추대되어, 농민 구제책인 진대법을 실시하였다.

128 樵採에: 땔나무를 채취함에.

129 加里波地: 가리발디(1807~1882). 이탈리아의 국가 통일과 독립운동에 일생을 바쳤다. 한때 공화주의자였으나 로마의 혁명 공화정부가 무너지자 사르데냐 왕국 중심의 통일운동으로 전환하였다. 1859년 알프스 의용대를 지휘하였고 이듬해에는 '붉은 셔츠대'를 조직, 시칠리아와 나폴리를 정복하

人 中에 最多數되난 丈夫를 寃埋ᄒᆞ야[130] 國民됨을 不聽ᄒᆞᆷ이니 然則 我가 國을 愛코자 ᄒᆞᆫ들 誰와 共히 愛ᄒᆞ리오.

英國의 大와 美國의 富를 火砲鐵艦에셔 出ᄒᆞᆷ이라 ᄒᆞ며 森林鑛山에셔 出ᄒᆞᆷ이라 ᄒᆞ난가. 曰 否라. 只是 其一篇 歷史에셔 出ᄒᆞᆷ이니라. 德國의 雄과 法國의 强을 商業工藝에셔 出ᄒᆞᆷ이라 ᄒᆞ며 經濟 法律에셔 出ᄒᆞᆷ이라 ᄒᆞ난가. 曰 否라. 只是 其一篇 歷史에셔 出ᄒᆞᆫ 배니 人人이 歷史를 讀ᄒᆞ야 人人이 國을 愛ᄒᆞ면 何國인들 彼에 不及ᄒᆞ리오.

淸國의 人口가 四億萬에 過ᄒᆞ니 百分一에서 愛國者만 有ᄒᆞ야도 日本과 並驅[131]ᄒᆞ련만은 歷史를 能讀ᄒᆞ난 者ㅣ 落落 幾個 儒生에 不過ᄒᆞ니 是난 四億萬이라 云ᄒᆞᆷ이 徒虛名也[132]며 印度의 人口가 二億萬에 至ᄒᆞ니 十分一의 愛國者만 有ᄒᆞ야도 英倫[133]과 抗禮ᄒᆞ련만은 歷史를 能讀ᄒᆞ난 者ㅣ 寥寥 幾個 僧徒에 不過ᄒᆞ니 是ᄂᆞᆫ 二億萬이라 ᄒᆞᆷ이 徒充數耳[134]로다. 彼 虛名充數의 人民으로 엇지 國家를 維持ᄒᆞ리오. 然이나 年代나 記ᄒᆞ며 人名 地名이나 列ᄒᆞ면 此가 歷史며 文華나 粧ᄒᆞ며 架談贅說[135]이나 附ᄒᆞ면 此가 歷史인가. 大抵 歷史란 者난 必也 向에 云ᄒᆞᆫ바 內를 尊ᄒᆞ며 外를 岐ᄒᆞ고 民賊[136]을 誅ᄒᆞ며 公仇[137]를 戮ᄒᆞᄂᆞᆫ 等 一定主義 一貫精神을 伏ᄒᆞ야 民族進化의 狀態를 敍ᄒᆞ며 國家治亂의 因果를 推ᄒᆞ야 懦者[138]ㅣ 立ᄒᆞ며 頑者[139]ㅣ 悟케 ᄒᆞ여야 於是乎 歷史라 可稱ᄒᆞᆯ지니, 噫라 我國의 果然 此等 價値ㅣ 有ᄒᆞᆫ 歷史가 有ᄒᆞᆫ가.

此等 價値난 姑舍ᄒᆞ고 往往 主客을 互換ᄒᆞ고 王賊을 倒置ᄒᆞ야 祖國叛奴

고 남이탈리아를 사르데냐 왕국에 바침으로써 통일에 결정적 기여를 했다.

130 寃埋ᄒᆞ야: 원통하게 매장하여.

131 並驅: 어깨를 나란히 함. 경쟁.

132 徒虛名也: 헛된 이름일 뿐이다. 빛 좋은 개살구, 유명무실이라는 뜻.

133 英倫: 잉글랜드.

134 徒充數耳: 헛되이 숫자만 채웠을 뿐이다.

135 架談贅說: 이야기를 얽어매고, 말을 꿰맴. 주로 소설처럼 쓰는 것을 의미.

136 民賊: 백성의 적. 국적(國賊).

137 公仇: 공공(公共)의 원수(怨讐).

138 懦者: 나약한 사람. 겁쟁이.

139 頑者: 완고한 사람.

로 李世民에게 投ᄒᆞ야 賊面을 擡ᄒᆞ고, 高句麗 陣을 突陷ᄒᆞ난[140] 狀을 寫ᄒᆞ미 讚揚의 辭가 紙에 溢ᄒᆞ며, 敗城老將으로 劉仁願[141]에게 歸ᄒᆞ야 侍衛大將軍의 職을 膺ᄒᆞ던[142] 事를 揭ᄒᆞ미 榮賀의 意가 筆에 逗ᄒᆞ고,[143] 嬰陽王[144]이 賢相을 任用ᄒᆞ야 雄隋를 抗ᄒᆞ야 薩水風雲[145]에 大勝利를 獲ᄒᆞ미 其 洋洋凱歌는 耳에 不入ᄒᆞ고 反히 敵國을 爲ᄒᆞ야 解嘲ᄒᆞ야[146] 曰「某將軍의 言을 不用ᄒᆞᆫ 故로 敗에 至ᄒᆞ얏다.」ᄒᆞ며 梁萬春[147]이 孤城을 死守ᄒᆞ야 强唐을 斥ᄒᆞ야 李世勣[148] 等 數十萬 巨賊이 大蹂躙을 遭ᄒᆞ미 其煌煌[149] 銘功碑난 眼에 不接ᄒᆞ고 反히 賊將을 爲ᄒᆞ야 納媚ᄒᆞ야[150] 曰「麾下 某가 指揮를 違ᄒᆞ야 濱退를[151] 致ᄒᆞ얏다.」ᄒᆞ며, 大祚榮[152]이 亡國을 恢復ᄒᆞ야 長白山 西에 大邦國을 建ᄒᆞ미 鼻笑[153]를 加ᄒᆞ여 曰「彼는 句麗 殘孼이라.」ᄒᆞ며 金庾信 文訓[154]이 唐師를 破ᄒᆞ고 麗濟 故地를 盡收ᄒᆞ야[155] 我 版圖가 重完ᄒᆞ미 股慄[156]을

---

140 突陷ᄒᆞ난: 갑자기 함락한.
141 劉仁願: 중국 당나라의 장군(?~?). 백제가 패망하고 난 후, 사비성에서 백제의 부흥군에게 포위 공격 당했으나, 나당 연합군을 이끌고 이를 물리쳤다.
142 膺ᄒᆞ던: 담당하던.
143 逗ᄒᆞ고: 머무르고.
144 嬰陽王: 고원(高元, ?~618). 고구려의 제26대 왕. 일명 평양왕(平陽王). 598년에 수나라 문제(文帝)의 30만 대군을 격퇴하였으며, 612년에는 수나라 양제(煬帝)가 침입하자 을지문덕을 시켜 이를 섬멸하게 하였다. 재위 기간은 590~618년이다.
145 薩水風雲: 살수대전. 612년 청천강에서 중국 수나라 군대를 고구려가 맞아 크게 격파한 싸움.
146 解嘲ᄒᆞ야: 남의 조롱에 대하여 변명하여.
147 梁萬春: 고구려의 명장. 645년 안시성에서 중국 당 태종의 30만 대군을 맞아 격전 끝에 이를 물리쳤다. 생몰 연대 미상.
148 李世勣(594~669): 처음에 수(隋)나라에서 우무후대장군(右武侯大將軍)을 지내다가 당고조 이연에게 투항하여 여양총관(黎陽總管)이 되었고, 영국공(英國公)에 봉해졌다. 그 후 행군총관(行軍總管), 병부상서(兵部尙書), 태상경(太常卿), 태자첨사(太子詹事), 사공(司空), 요동도행군총관(遼東道行軍總管) 등을 역임했다. 이세민을 따라 사방을 평정했고, 뒤에 당나라가 영토를 확장할 때에 큰 공을 세웠다.
149 煌煌: 번쩍번쩍 빛나는.
150 納媚ᄒᆞ야: 아첨하여.
151 濱退를: 바닷가로 물러나기를.
152 大祚榮(?~719): 발해의 시조. 시호는 고왕(高王). 고구려의 유민으로, 698년에 진(震)을 세워 왕이 되고, 713년에 고구려의 옛 영토를 회복하여 국호를 발해로 고쳤다. 재위 기간은 698~719년이다.
153 鼻笑: 코웃음.
154 文訓(?~ 667): 신라 중대의 장군. 661년 당이 고구려를 침공할 때 하서주총관(河西州摠管)이 되었다. 다음 해 중시(中侍)가 되었고, 675년 당장(唐將) 설인귀(薛仁貴)가 천성(泉城)을 공격할 때 싸워 이겼다.
155 盡收ᄒᆞ야: 다 거둬. 모두 수복하여.
156 股慄: 두려워서 다리가 떨림.

不覺ᄒᆞ여 曰「爾가 大國을 敢忤ᄒᆞᄂᆞᆫ가.[157]」ᄒᆞ고 其餘 蹈舞 讚美ᄒᆞ며 咨嗟[158] 敬仰ᄒᆞᆫ 者ᄂᆞᆫ 腐儒鯫生[159]이 안이면 妖人術士[160]며 庸奴乞兒[161]가 안이면 髥婦懦夫[162]오, 其紙面에 充塞ᄒᆞᆫ 者난 山崩日食[163]의 災怪며 其筆底에 亂評ᄒᆞᆫ 者난 上天下澤의 陳義오,[164] 國家와 朝廷의 區別은 尙矣라,[165] 自國과 他國의 界限도 不明ᄒᆞ니 歷史가 如此ᄒᆞ고 尙且 歷史라 云ᄒᆞ며 歷史라 云할가. 此等 歷史의 感化를 受ᄒᆞ면 賣國奴 亡國賊만 産할 而已며 此等 歷史의 感化를 受ᄒᆞ면 附外癖[166] 拜外熱[167]만 熾할 而已며 此等 歷史의 感化를 受ᄒᆞ면 何處에셔 華盛頓[168] 林肯[169]이 出ᄒᆞ며 此等 歷史의 感化를 受ᄒᆞ면 何處에셔 瑪志尼[170] 加里波地가 生ᄒᆞ리오. 故로 國家의 獨立基礎ᄅᆞᆯ 仆ᄒᆞ고 劣魔地獄[171]을 造ᄒᆞᄂᆞᆫ 者ᄂᆞᆫ 我國 歷史며 國民의 敵愾精神[172]을 奪ᄒᆞ고 文弱思想[173]을 與ᄒᆞᄂᆞᆫ 者난 我國 歷史니 歷史를 讀코자 ᄒᆞᆫ들 此等 歷史만 有ᄒᆞᆫ데 奈何ᄒᆞ리오.

---

157 敢忤ᄒᆞᄂᆞᆫ가: 감히 흘겨보는가.
158 咨嗟: 한숨쉬며 탄식함.
159 腐儒鯫生: 쓸모없는 유학자와 따라지 유생.
160 妖人術士: 요사한 사람과 술책을 잘 꾸미는 사람.
161 庸奴乞兒: 용렬한 놈과 거렁뱅이.
162 髥婦懦夫: 수염 난 아녀자와 비겁한 사내. '수염 난 아녀자'란 남자(髥)이면서도 의기나 기백이 없는 여자(婦)와 같은 사람을 칭하는 것으로 보인다. 이 역시 비겁한 사내를 뜻한다.
163 山崩日食: 산이 무너지고 해가 먹힘.
164 陳義오: 도리를 편 것이오.
165 尙矣라: 마땅하다, 좋다는 정도의 의미.
166 附外癖: 외국에 의지하는 나쁜 버릇.
167 拜外熱: 외국을 숭상하는 열기.
168 華盛頓: 워싱턴(1732~1799). 미국의 초대 대통령. 건국의 아버지로 불린다. 대통령 취임 후에는 연방 정부의 기초 확립에 노력하였고, 프랑스혁명에 따른 영불(英佛) 전쟁 때는 중립을 지켰다. 3선을 끝내 사양하고 은퇴하였다. 재임 기간은 1789~1797년이다.
169 林肯: 링컨(1809~1865). 미국의 제16대 대통령. 남북 전쟁에서 북군을 지도하여 1862년 민주주의의 전통과 연방제를 지키고 1863년 노예 해방을 선언하였다. 1864년 대통령에 재선되었으나 이듬해 암살당하였다. 게티즈버그에서 행한 연설 가운데 '국민의, 국민에 의한, 국민을 위한 정부'라는 말은 민주주의의 참모습을 보여 준 것으로 유명하다. 재임 기간은 1861~1865년이다.
170 瑪志尼(1805~1872): 마치니. 이탈리아의 혁명가·통일 운동 지도자. 1831년 망명지인 마르세유에서 청년 이탈리아당을 결성하여 이탈리아를 공화 정치로 통일할 것을 호소하고, 1849년에는 로마 공화국을 수립하였으나 프랑스군의 간섭으로 실패한 후 망명하였다.
171 劣魔地獄: 열등한 마귀의 지옥. 여기에서는 '비열한 놈들이 판치는 세상'을 뜻함.
172 敵愾精神: 적에 대해 미워하고 분개하는 정신.
173 文弱思想: 글만 받들어서 실천이나 무예에 나약한 사상.

雖然이나 歷史를 離ᄒᆞ야 愛國心을 求ᄒᆞ면 是난 目을 閉ᄒᆞ고 視를 求ᄒᆞᆷ이며 脚을 棄ᄒᆞ고 走를 求ᄒᆞᆷ이라 엇지 可得ᄒᆞ리오. 故로 國民의 愛國心을 喚起ᄒᆞ랴거던 完全ᄒᆞᆫ 歷史를 先授ᄒᆞᆯ지어다. 彼祖國을 唾棄ᄒᆞ고[174] 外倀을[175] 甘作ᄒᆞᄂᆞᆫ 者를 觀ᄒᆞᄆᆡ 余가 此를 歷史 不讀ᄒᆞᆫ 者로 信ᄒᆞ며, 同胞를 凌踏ᄒᆞ고[176] 他力만 藉恃ᄒᆞᄂᆞᆫ[177] 者를 觀ᄒᆞᄆᆡ 余가 此를 歷史 不讀ᄒᆞᆫ 者로 信ᄒᆞ며, 身의 禍福만 顧慮ᄒᆞ고 國家 興亡은 夢外에 付ᄒᆞᄂᆞᆫ 者를 觀ᄒᆞᄆᆡ 余가 此를 歷史 不讀ᄒᆞᆫ 者로 信ᄒᆞ노니, 嗚呼라 彼가 果然 四千載 吾祖 吾先이 其涕 其血로 此 國土를 擁護ᄒᆞ야 吾輩에게 遺傳ᄒᆞᆷ을 知ᄒᆞ며 二千萬 同胞가 卽 六大洲內 一神聖ᄒᆞᆫ 家族됨을 知ᄒᆞ며 三千里 山河가 卽萬代 子孫世守[178]의 彊土인 줄 知ᄒᆞ면 彼가 此國을 忘코져 ᄒᆞᆫ덜 엇지 忍忘ᄒᆞ며 彼가 此國을 棄코져 ᄒᆞᆫ덜 엇지 忍棄ᄒᆞ리오.

又 或者 天資의 超卓[179]과 公德心의 厚大ᄒᆞᆷ을 因ᄒᆞ야 歷史 一字를 不讀ᄒᆞ고도 能히 國事에 奮發ᄒᆞ야 國民的 責任을 進擔ᄒᆞᄂᆞᆫ 者ㅣ 有ᄒᆞ나 其 思想 營爲가 必也 國體에 不適ᄒᆞ며 國風에 不協ᄒᆞ야 愛國의 心으로 害國의 事를 做ᄒᆞ기 亦易ᄒᆞᆯ지라. 然則 愛國心이 無ᄒᆞᆫ 者도 歷史를 不可不讀이며 愛國心이 有ᄒᆞᆫ 者도 亦 不可不讀이어날 我國의 傳來ᄒᆞᄂᆞᆫ 歷史가 旣 如彼ᄒᆞ고 近日 新刊出ᄒᆞᄂᆞᆫ 者도 能히 天荒을 劈破ᄒᆞ야 足히 國民思想을 支配할 者ㅣ 寥寥ᄒᆞ니[180] 엇지 可歎ᄒᆞᆯ ᄇᆡ 안이리오.

—『大韓協會會報』2-3, 1908.5.~6.

---

174 唾棄ᄒᆞ고: 침을 뱉듯이 버린다는 뜻으로, 업신여기거나 돌아보지 않고.
175 外倀을: 바깥 창귀(범의 앞장을 서서 먹을 것을 찾아 준다는 못된 귀신)를.
176 凌踏ᄒᆞ고: 업신여기어 밟고.
177 藉恃ᄒᆞᄂᆞᆫ: 빌리고 의지하는.
178 子孫世守: 자손 대대로 지킴.
179 超卓: 지나치게 탁월함.
180 寥寥ᄒᆞ니: 매우 드무니. 적막하니.

◎ 해설

「역사와 애국심의 관계」는 『대한협회회보』 2·3호(1908.5.~6.)에 연속으로 실린 단재의 글이다. 단재는 "역사를 읽되 어릴 때부터 읽을지며 역사를 읽되 죽을 때(終老)까지 읽을지며 역사를 읽게 하되 남자뿐 아니라 여자도 읽게 하며 역사를 읽게 하되 상등사회뿐 아니라 하등 사회도 읽게 할지어다"라고 하여 역사 공부를 강조했다. 어릴 때부터 남녀노소 상관없이 역사를 읽음으로써 애국심을 발양할 수 있고, 그렇게 되면 독립 기초가 굳건하게 되리라는 것이다.

단재는 애국정신이 역사의식에서 비롯됨을 직시하고 우리 국민들이 역사를 제대로 알 것을 주문했다. 그는 역사가 있으면 국가는 흥하지만, 그렇지 못하면 나라가 망한다고 말했다. 그는 독자들에게 한 가족의 흥망성쇠가 곧 국가의 흥망성쇠와 다를 바 없으니 가족을 위하듯 국가를 위하라고 했다. 애국심은 민족애, 국가애를 뜻하며, 그것은 우리나라의 역사를 제대로 앎으로써 형성된다. 곧 애국심은 역사와 불가분의 관계로서 역사를 통해 애국심이 형성되며, 애국심을 통해서 다시 나라가 흥성해질 수 있다는 것이다.

단재는 애국계몽기 「독사신론」뿐만 아니라 『을지문덕』, 「이순신전」, 「최도통전」 등을 기술하였다. 이것은 바로 역사의식의 함양과 관련이 있다. 아울러 『이태리건국삼걸전』, 『월남망국사』의 번역과 『대동사천년사』의 서술을 통해서도 역사 인식을 촉구하고 있다. 국가 흥망의 역사를 통해 당대의 현실 위기를 극복하고 망국의 상황에서 애국심을 통해 국가 독립과 흥성의 계기를 마련하려 한 것이다. 그것은 역사를 바로 알고 배워서 우리 선조들이 눈물과 피로 지켜온 우리 국토를 우리들이 지켜서 후손에게 물려주는 것이다.

大我와 小我[1]

左一 右一에 橫竪[2]ᄒᆞᆫ 者를 曰 是我의 耳目이라 ᄒᆞ며 上二下二에 前垂ᄒᆞᆫ 者를 曰 是我의 手足이라 ᄒᆞ며 蚤虱[3]만 侵ᄒᆞ야도 癢을 不禁ᄒᆞᄂᆞᆫ 者를 曰 是我의 皮膚라 ᄒᆞ며 蛔蟲만 作ᄒᆞ야도 痛을 不已ᄒᆞᄂᆞᆫ 者를 曰 是我의 腸腑[4]라 ᄒᆞ며 視코자 ᄒᆞ야도 不見ᄒᆞᄂᆞᆫ 八萬四千의 黑根[5]을 曰 是我의 毛髮이라 ᄒᆞ며 算코자 ᄒᆞ야도 不得ᄒᆞᄂᆞᆫ 一刻 幾十番의 呼吸을 曰 是我의 聲息[6]이라 ᄒᆞ며 累累野塚에 烏鳶[7]이 啄殘ᄒᆞᆯ[8] 者를 曰 是我의 骨骸라 ᄒᆞ며 茫茫六宅에 螻蟻[9]가 嘬盡ᄒᆞᆯ[10] 者를 曰 是我의 血肉이라 ᄒᆞ며 是耳 是目 是手 是足 是皮膚 是腸腑 是毛髮 是聲息 是骨骸 是血肉을 曰 是我의 身體라 ᄒᆞ며 是身體를 指ᄒᆞ야 曰 是我라 ᄒᆞ니, 嗚呼라 我가 果然 如此히 微ᄒᆞ며 我가 果然 如此히 小ᄒᆞᆫ가. 如此則 一偶에 滯在ᄒᆞᆫ 我가 十方에 普現ᄒᆞᆷ[11]을 不得ᄒᆞᆯ지며 一時에 暫住ᄒᆞᆫ[12] 我가 萬古에 長存ᄒᆞᆷ을 不得ᄒᆞᆯ지니, 嗚呼라 我가 果然 如此히 微ᄒᆞ며 我가 果然 如此히 小ᄒᆞᆫ가. 如此則 我가 風과 갓치 馳ᄒᆞ며 我가 電과 갓치 翻ᄒᆞ며 我가 泡漚[13]와 갓치 幻ᄒᆞ며 我가 石火와 갓치 滅ᄒᆞ야 彼 空中

---

1 이 글은 『대한협회회보』 5호(1908.8)에 실렸던 단재의 글인데, 이후 1908년 9월 16일 17일 양일간 大韓每日申報에 실렸다. 같은 날 『대한매일신보』 국문판에 번역본 「큰 나와 적은 나」가 실렸다.
2 橫竪: 가로로 섬. 번역에서는 '가로 놓이고 세로 선'으로 함.
3 蚤虱: 벼룩과 이.
4 腸腑: 오장육부.
5 黑根: 검은 뿌리. 머리카락.
6 聲息: 숨.
7 烏鳶: 까막솔개.
8 啄殘ᄒᆞᆯ: 쪼아 먹고 남을.
9 螻蟻: 땅강아지와 개미.
10 嘬盡ᄒᆞᆯ: 깨물어 없앨. 빨아먹을.
11 普現ᄒᆞᆷ: 널리 드러남.
12 暫住ᄒᆞᆫ: 잠시 사는. 잠깐 있는.

에 耿耿ᄒᆞᄂᆞᆫ[14] 日月星辰은 古今 一樣이건만은 惟獨 我一個ᄂᆞᆫ 區區 數十寒暑를 纔過ᄒᆞ야[15] 形影이 俱滅ᄒᆞᄂᆞ니, 嗚呼라 我가 果然 如此히 微ᄒᆞ며 我가 果然 如此히 小ᄒᆞᆫ가. 我 果然 如此ᄒᆞᆯ진ᄃᆡ 我가 不得不 我를 爲ᄒᆞ야 悲觀ᄒᆞ며 我가 不得不 我를 爲ᄒᆞ야 大叫ᄒᆞ며 我가 不得不 我를 爲ᄒᆞ야 披髮狂歌[16]ᄒᆞ며 我가 不得不 我를 爲ᄒᆞ야 切齒哀哭[17]ᄒᆞ며 我가 不得不 我를 造ᄒᆞᆫ 上帝[18]를 怨ᄒᆞᆯ지니, 嗚呼라 我가 果然 如此ᄒᆞᆫ가. 曰 否라, 不然ᄒᆞ다. 彼ᄂᆞᆫ 精神的 我가 안이라 物質的 我며 彼ᄂᆞᆫ 靈魂的 我가 안이라 軀殼的 我며 彼ᄂᆞᆫ 眞我가 안이라 假我며 大我가 안이라 小我니,

萬一 物質的 軀殼的의 假我 小我를 我로 誤解ᄒᆞ면 是ᄂᆞᆫ 必死ᄒᆞᄂᆞᆫ 我라. 一歲에 不死ᄒᆞ면 十歲에 死ᄒᆞᆯ지며 十歲에 不死ᄒᆞ면 二十에 死ᄒᆞᆯ지며 二十에 不死ᄒᆞ면 三四十에 死ᄒᆞᆯ지며 三四十에 不死ᄒᆞ면 五六十에 死ᄒᆞᆯ지며 五六十에 不死ᄒᆞ면 六七十에 死ᄒᆞᆯ지니 上壽라도[19] 百歲를 過ᄒᆞ기 難ᄒᆞᆯ지니, 嗚呼라 此 地球 二千二百萬年(西國 哲學家가 推斷ᄒᆞᆫ 地球壽)間에 我의 生命을 百歲의 短期로 限ᄒᆞ야 百歲 以前에 我를 求ᄒᆞ야도 我가 無ᄒᆞ며 百歲 以後에 我를 索ᄒᆞ야도 我가 無ᄒᆞᆫᄃᆡ 於其中에셔 曰 富貴니 曰 貧賤이니 曰 功名이니 曰 禍厄이니 曰 道德家니 實業家니 曰 大統領이니 副統領이니 云云ᄒᆞ야 此ᄂᆞᆫ 吉이라 ᄒᆞ며 此ᄂᆞᆫ 凶이라 ᄒᆞ며 此ᄂᆞᆫ 憂라 ᄒᆞ며 此ᄂᆞᆫ 樂이라 ᄒᆞ니, 嗚呼哀哉라 我가 此에 語及ᄒᆞᆷ이 悲觀ᄒᆞᆷ도 可ᄒᆞ며 大叫ᄒᆞᆷ도 可ᄒᆞ며 狂歌哀哭[20]ᄒᆞᆷ도 可ᄒᆞ다 ᄒᆞᆯ지나,

今에 此 物質界 軀殼界를 一超ᄒᆞ야 精神的 靈魂的의 眞我 大我를 我로 快悟ᄒᆞ면[21] 一切 萬物이 不死ᄒᆞᄂᆞᆫ 者ㅣ 惟我라. 天地ᄂᆞᆫ 死ᄒᆞ야도 我ᄂᆞᆫ 不死

---

13 泡漚: 물거품.
14 耿耿ᄒᆞᄂᆞᆫ: 번쩍거리는.
15 纔過ᄒᆞ야: 겨우 보내고.
16 披髮狂歌: 머리를 풀어헤치고 맘껏 노래 부름.
17 切齒哀哭: 이를 갈며 슬피 욺.
18 上帝: 하늘을 다스리는 신.
19 上壽라도: 오래 살아도.
20 狂歌哀哭: 맘껏 노래 부르고 슬피 욺.
21 快悟ᄒᆞ면: 빨리 깨달으면.

ᄒᆞ며 日月은 死ᄒᆞ야도 我ᄂᆞᆫ 不死ᄒᆞ며 金石은 死ᄒᆞ야도 我ᄂᆞᆫ 不死ᄒᆞ며 草木은 死ᄒᆞ야도 我ᄂᆞᆫ 不死ᄒᆞ며 萬斛海底[22]에 我를 投ᄒᆞ더ᄅᆡ도 小我ᄂᆞᆫ 死ᄒᆞ나 大我ᄂᆞᆫ 不死ᄒᆞ며 千尋鼎钁[23]에 我를 下ᄒᆞ더ᄅᆡ도 小我ᄂᆞᆫ 死ᄒᆞ나 大我ᄂᆞᆫ 不死ᄒᆞ며 霜刃雨砲[24]가 我에 加ᄒᆞ더ᄅᆡ도 小我ᄂᆞᆫ 死ᄒᆞ나 大我ᄂᆞᆫ 不死ᄒᆞ며 毒疾惡疫[25]이 我에 侵ᄒᆞ더ᄅᆡ도 小我ᄂᆞᆫ 死ᄒᆞ나 大我ᄂᆞᆫ 不死ᄒᆞ야 天上天下에 惟我가 獨尊ᄒᆞ고[26] 三界四相[27]에 惟我가 不壞ᄒᆞ나니, 神聖ᄒᆞ다 我며 永遠ᄒᆞ다 我여. 我가 我를 爲ᄒᆞ야 大歡喜ᄒᆞ며 我가 我를 爲ᄒᆞ야 大勇躍ᄒᆞ며 我가 大謳歌 大讚美ᄒᆞᆷ이 可ᄒᆞ도다.

小我ᄂᆞᆫ 死ᄒᆞᄂᆞᆫᄃᆡ 大我ᄂᆞᆫ 何法으로 不死ᄒᆞ나뇨. 曰 小我를 論ᄒᆞᆯ진ᄃᆡ 我의 耳目이 是我며 手足이 是我니 一軀殼中에 被縛ᄒᆞᆫ 我라 視ᄒᆞᆷ에 一隔壁을 透치 못ᄒᆞ며 躍ᄒᆞᆷ에 一仞墻을 越치 못ᄒᆞ며 顯微鏡을 帶ᄒᆞ야도 大千微塵을 遍察치 못ᄒᆞ며 火輪車를 乘ᄒᆞ야도 一日千里를 過치 못ᄒᆞ거니와 大我ᄂᆞᆫ 何오. 卽我의 精神이 是며 我의 思想이 是며 我의 目的이 是며 我의 主義가 是니, 是ᄂᆞᆫ 無限自由自在의 我니 往코자 ᄒᆞᆷ에 必往ᄒᆞ야 遠近이 無ᄒᆞᆫ 者ㅣ 我며 行코저 ᄒᆞᆷ에 必達ᄒᆞ야 成敗가 無ᄒᆞᆫ 者ㅣ 我라. 輕氣球[28]를 不借ᄒᆞ야도 我가 空中에 能走ᄒᆞ며 旅行券을 不得ᄒᆞ야도 我가 外國에 能往ᄒᆞ며 歷史를 不憑ᄒᆞ야도 我가 千萬世 以前 千萬世 以後에 遍在ᄒᆞᄂᆞ니, 何人이 我를 能遏ᄒᆞ며 何物이 我를 能推ᄒᆞ리오.

我가 國家를 爲ᄒᆞ야 淚를 下ᄒᆞᆯ진ᄃᆡᆫ 下淚ᄒᆞᄂᆞᆫ 我眼만 我가 안이라 普天下[29]에 有心淚를 灑ᄒᆞᄂᆞᆫ 者가 皆是我며, 我가 社會를 爲ᄒᆞ야 血을 嘔ᄒᆞᆯ진ᄃᆡ

---

22 萬斛海底: 아주 넓은 바다 밑. 깊은 바다.
23 千尋鼎钁: 천길 되는 큰 솥. 钁=鑊. 鼎鑊은 죄인을 삶아 죽이던 큰 솥을 의미하며, 그래서 아주 큰 형벌을 뜻함.
24 霜刃雨砲: 서릿날 같은 칼날과 빗방울 같은 포.
25 毒疾惡疫: 악독한 질병.
26 獨尊ᄒᆞ고: 혼자만 높고 귀하며.
27 三界四相: 천지인의 세계와 생로병사의 4가지 모습.
28 輕氣球: 수소나 헬륨 따위의 공기보다 가벼운 기체를 넣어, 그 부양력으로 공중에 높이 올라가도록 만든 물건.
29 普天下: 전 세계.

嘔血ᄒᆞᄂᆞᆫ 我腔만 我가 안이라 普天下에 有價血을 滴ᄒᆞᄂᆞᆫ 者가 皆是我며 我가 徹骨極痛의 深讎[30]가 有ᄒᆞ면 普天下에 劍을 杖ᄒᆞ고 起ᄒᆞᄂᆞᆫ 者가 皆是我며, 我가 銘心難忘[31]의 巨恥가 有ᄒᆞ면 普天下에 砲를 帶ᄒᆞ고 集ᄒᆞᄂᆞᆫ 者가 皆是我며 我가 武功을 愛ᄒᆞ면 千百年前에 開國拓土ᄒᆞ던 東明聖帝(東明聖帝ᄂᆞᆫ 高朱蒙에 諡니 麗代에 東明聖帝祠ᄅᆞᆯ 立ᄒᆞᆷ), 扶芬奴,[32] 廣開土王,[33] 乙支文德, 泉蓋蘇文,[34] 大祚榮,[35] 崔瑩,[36] 李舜臣[37]이 皆是我며 我가 文學을 喜ᄒᆞᆯ진ᄃᆡ 千萬里外에 操紙下筆ᄒᆞ던 盧梭,[38] 懇討,[39] 福祿特異,[40] 索士比亞,[41] 戞密敦,[42] 瑪志尼, 達賓,[43] 斯辯士[44]가 皆是我며 我가 春光을 樂賞ᄒᆞ면 花間

---

30 徹骨極痛의 深讎: '뼈에 사무치는 고통을 주는 원수'라는 뜻.

31 銘心難忘: 마음에 새겨 잊기 어려움.

32 扶芬奴: 고구려 초기의 장군. BC 32년(동명왕 6) 오이(烏伊)와 함께 태백산(太白山: 白頭山) 남동쪽의 행인국(荇人國)을 정벌하여 그 곳을 성읍(城邑)으로 삼고, BC 9년(유리왕 11)에는 변방을 괴롭히는 선비족(鮮卑族)을 쳐서 항복을 받았다.

33 廣開土王: 고담덕(高談德, 374~412). 고구려 제19대 왕. 18세에 왕위에 올라 남북으로 영토를 크게 넓혀 만주와 한강 이북을 차지하는 등 고구려의 전성 시대를 이룩하였다. 재위 기간은 391~412년이다.

34 泉蓋蘇文(?~665): 淵蓋蘇文. 고구려의 정치가·장군. 대대로(大對盧)가 된 후 영류왕을 죽이고 보장왕을 추대하고 스스로 대막리지(大莫離支)가 되어 정권을 장악하였다. 645년(보장왕 4)에 당 태종의 17만 대군을 안시성에서 격파하였다.

35 大祚榮(?~719): 발해의 시조. 시호는 고왕(高王). 고구려의 유민으로, 698년에 진(震)을 세워 왕이 되고, 713년에 고구려의 옛 영토를 회복하여 국호를 발해로 고쳤다. 재위 기간은 698~719년이다.

36 崔瑩(1316~1388): 고려 말기의 명장·재상. 친원파(親元派)로서 1388년에 팔도(八道) 도통사가 되어 명나라를 치러 출정하였으나 이성계의 환군으로 실패하고 후에 그에게 피살되었다.

37 李舜臣(1545~1598): 조선 선조 때의 무신. 자는 여해(汝諧). 시호는 충무(忠武). 32세에 무과에 급제한 후에 전라좌도 수군절도사가 되어 거북선을 제작하는 등 군비 확충에 힘썼다. 임진왜란이 일어나자 한산도에서 적선 70여 척을 무찌르는 등 공을 세워 삼도 수군통제사가 되었다. 노량해전에서 적의 유탄에 맞아 전사하였다. 저서에 『난중일기』가 있다.

38 盧梭(1712~1778): 루소. 프랑스의 작가·사상가. 이성보다는 감성을 중요시하는 낭만주의의 기초를 마련하였으며 인위적인 문명사회의 타락을 비판하고 자연으로 돌아갈 것을 역설하였다. 저서에 『인간 불평등 기원론』, 『사회 계약론』 따위가 있다.

39 懇討(1724~1804): 칸트. 독일의 철학자. 경험주의와 합리주의를 통합하는 입장에서 인식의 성립 조건과 한계를 확정하고, 형이상학적 현실을 비판하여 비판 철학을 확립하였다. 저서에 『순수 이성 비판』, 『실천 이성 비판』, 『판단력 비판』 따위가 있다.

40 福祿特異(1694~1778): 볼테르. 프랑스 계몽기의 사상가. 일찍부터 풍자 시인으로 이름을 얻었으나, 뒤에 신앙과 언론의 자유를 추구하는 합리주의적인 계몽사상가로 활약하였다. 작품에 소설 『캉디드』, 저서에 논문집 『철학 사전』이 있다.

41 索士比亞(1564~1616): 셰익스피어. 영국의 극작가. 희극, 비극, 사극(史劇) 등 많은 명작을 남겼다. 작품에 『햄릿』, 『리어 왕』, 『맥베스』, 『오셀로』, 『베니스의 상인』, 『한여름 밤의 꿈』 따위가 있다.

42 戞密敦(1788~1856): 해밀턴을 가리키는 것으로 보인다. 영국의 철학자. 스코틀랜드 상식학파의 마지막 대표자로 불리며, 판단론을 두 개의 집합 사이의 양적 관계 이론으로 다룸으로써 근대 기호(記號) 논리학의 방향을 제시하였다. 저서에 『형이상학·논리학 강의』가 있다.

林際[45]에 歌且舞ᄒᆞᄂᆞᆫ 一蜂一蝶이 皆是我며 我가 江湖에 觴詠[46]ᄒᆞ면 蘋末草端[47]에 走且躍ᄒᆞᄂᆞᆫ 一魚一鼈이 皆是我라.

無量恆沙[48] 無量蓮花에 無量의 我가 在ᄒᆞ야 蓮花의 東에도 一我가 現ᄒᆞ며 蓮花의 西에도 一我가 現ᄒᆞ며 蓮花의 上에도 一我가 現ᄒᆞ며 蓮花의 下에도 一我가 現ᄒᆞ며 蓮花의 雌蘂[49]에도 一我가 現ᄒᆞ며 蓮花의 雄蘂[50]에도 一我가 現ᄒᆞ야 一我가 方死에 一我가 方生ᄒᆞ며 一我가 方滅에 一我가 方現ᄒᆞ며 一我가 方哭에 一我가 方歌ᄒᆞ며 一我가 方咷에[51] 一我가 方笑ᄒᆞ야 方生方死ᄒᆞ며 方死方生ᄒᆞ고 方歌方哭ᄒᆞ며 方哭方歌ᄒᆞ나니 蓋我의 眞面目이 本來 如是ᄒᆞ니라.

吁嗟乎라. 滔滔擧世가 何其自家의 眞面目을 不知ᄒᆞᄂᆞᆫ지 或 口腹이 是我라 ᄒᆞ야 津津膏粱[52]으로 此만 充코자 ᄒᆞ며 或 皮肉이 是我라 ᄒᆞ야 燦燦衣服으로 此만 煖코자 ᄒᆞ며 或 生命이 是我라 ᄒᆞ며 或 門戶가 是라 ᄒᆞ야 恥辱이 來ᄒᆞ던지 不自由가 來ᄒᆞ던지 此만 保全ᄒᆞ며 此만 莊嚴코자 ᄒᆞ다가 祖宗의 敗孫도 되며 國家의 罪人도 되며 同胞의 蠹賊[53]도 되며 人類의 惡魔도 되나니, 嗚呼라 自家의 眞面目 卽 我가 發現ᄒᆞ면 엇지 哀哭切齒ᄒᆞ지 아니리오.

來ᄒᆞ라 來ᄒᆞ라 余가 此 一筆로 天堂의 門을 開ᄒᆞ고 倀倀失路[54]의 人을 招ᄒᆞ나니, 來ᄒᆞ라 來ᄒᆞ라. 余 所謂 天堂은 宗教家 迷信的의 別界天堂이 아

---

43 達賓(1809~1882): 다윈. 영국의 생물학자. 남반구를 탐사하여 수집한 화석 및 생물을 연구하여 생물의 진화를 주장하고, 1858년에 자연 선택에 의하여 새로운 종이 기원한다는 자연 선택설을 발표하였다. 저서에 『종(種)의 기원』, 『가축 및 재배 식물의 변이』 따위가 있다.

44 斯辯士(1820~1903): 스펜서. 영국의 철학자·사회학자. 다윈의 진화론에 입각하여 생물학, 심리학, 윤리학을 종합한 철학 체계를 수립하였으며, 사회 유기체설을 주창하고 사회의 발전을 진화론적으로 설명하였다. 저서에 『종합 철학 체계』가 있다.

45 花間林際: 화간은 꽃과 꽃 사이를, 임제는 수풀의 가장자리, 숲속을 의미한다.

46 觴詠: 술을 마시면서 흥겹게 노래함.

47 蘋末草端: 수초의 끝과 풀끝.

48 恆沙: '항하(恒河: 갠지스강)의 모래'라는 뜻으로, 무한히 많은 수량을 일컬음.

49 雌蘂: 꽃의 암술.

50 雄蘂: 꽃의 수술.

51 方咷에: 바야흐로 울매.

52 津津膏粱: 끊임없이 넘쳐나는 기름진 고기와 차진 곡식.

53 蠹賊: 좀먹듯이 사물이나 일을 해침. 또는 그런 사람. 좀도적.

54 倀倀失路: 나아갈 길이 아득하여 길을 잃음.

니라, 我의 眞面目을 發現ᄒᆞᄂᆞᆫ 正覺[55]이 是니라.

此 眞面目만 發現ᄒᆞ면 卽 彼區區 七八尺은 聚ᄒᆞ야 烟됨도 可ᄒᆞ며 散ᄒᆞ야 雲됨도 可ᄒᆞ며 飛ᄒᆞ야 花됨도 可ᄒᆞ며 結ᄒᆞ야 實됨도 可ᄒᆞ며 鍊ᄒᆞ야 黃金됨도 可ᄒᆞ며 碎ᄒᆞ야 沙石됨도 可ᄒᆞ며 潛ᄒᆞ야 魚鱉됨도 可ᄒᆞ며 走ᄒᆞ야 虎豹됨도 可ᄒᆞ며 天에 昇홈도 可ᄒᆞ며 地에 入홈도 可ᄒᆞ며 火에 燒홈도 可ᄒᆞ며 水에 投홈도 可ᄒᆞ니 聖人의 云ᄒᆞ신바 無可無不可가 此어ᄂᆞᆯ

哀彼愚人들이여, 其目을 瞑ᄒᆞ면 曰 我가 死ᄒᆞ얏다 ᄒᆞ며 其脚을 僵ᄒᆞ면[56] 曰 我가 死ᄒᆞ얏다 ᄒᆞ고 必死의 我를 暫住코자 ᄒᆞ야 不死의 我를 辱ᄒᆞ며 必死의 我를 尊榮코자 ᄒᆞ야 不死의 我를 苦ᄒᆞ며 必死의 我를 歡樂코자 ᄒᆞ야 不死의 我를 惱ᄒᆞ며 必死의 我를 安泰코자 ᄒᆞ야 不死의 我를 墮落ᄒᆞ니, 嗚呼라 何其愚哉오.

今余가 人間에 旅行ᄒᆞᆫ 지 二十餘年에 斯人을 觀ᄒᆞᆫ즉 其誰가 此 必死의 我를 爲ᄒᆞ야 區區ᄒᆞᄂᆞᆫ 者ㅣ 안이리오. 是其人이 究竟에ᄂᆞᆫ 必死ᄒᆞ야 或 飢死ᄒᆞ며 或 飽死ᄒᆞ며 或 憂死ᄒᆞ며 或 樂死ᄒᆞ며 或 憔悴死[57] 發狂死하며 或 呻吟死 狼狽死ᄒᆞᄂᆞᆫ도다. 豈惟余의 眼前人만 如是死ᄒᆞ리오. 卽 過去人도 如是死ᄒᆞ며 又 未來人도 將如是死ᄒᆞᄂᆞ니,

悲夫라. 此 地球上 人類의 大略 統計가 千五萬萬名이 其中에 蓋世英雄[58]일지라도 知天聖人일지라도 紅粧佳人[59]일지라도 錦繡才子[60]일지라도 黃金如山의 富客일지라도 勢力掀天[61]ᄒᆞᆫ 貴人일지라도 虯髥崢嶸[62]ᄒᆞᆫ 高句麗 大莫離支[63]일지라도 獨眼崢嶸[64]ᄒᆞᆫ 泰封王 弓裔[65]일지라도 萬里長城을 築ᄒᆞᆫ 秦

---

55 正覺: 올바른 깨달음.
56 僵ᄒᆞ면: 굳어져 움직이지 않으면.
57 憔悴死: 말라 시들어서 죽음.
58 蓋世英雄: 기상이나 위력, 재능 따위가 세상을 뒤덮을 만큼 뛰어난 영웅.
59 紅粧佳人: 붉게 화장한 미인.
60 錦繡才子: 아름다운 비단을 두른 재주가 뛰어난 젊은 남자.
61 勢力掀天: 세력이 하늘을 치솟음.
62 虯髥崢嶸: 용눈썹이 한껏 솟아오름.
63 大莫離支: 삼국 시대 후기에 둔, 고구려의 으뜸 벼슬. 연개소문이 집권하고 나서 그의 벼슬을 기존의 막리지보다 한 등급 올려 부른 것이다.
64 獨眼崢嶸: 애꾸눈이 한껏 드러남.

始皇[66]일지라도 三角金字塔[67]을 建흔 埃及王[68]일지라도 其呱呱落地[69]흐던 日에 天定흔 死一字야 奈何흐리오. 亦惟 必死의 我를 戀치[70] 말고 不死의 我를 觀흘지어다.

必死의 我를 觀흐면 我가 終必死흐고 不死의 我를 觀흐면 我가 長不死흐나니라.

雖然이나 余의 此論이 엇지 哲學的 空想에 依흐야 厭世的 悲觀을 鼓吹흠이리오. 但 我家 有情 衆生을 喚흐야 本來의 面目을 猛省흐며 生死의 關을 看破흐고 快闊世界에 踊躍前進흐다가 彼我가 劍頭死[71]커든 此我는 其傍에셔 吊흐며 彼我가 丸頭死[72]커든 此我난 其前에셔 賀흐야 歡天喜地[73]에 我長在[74]를 祝흠이로다.

— 『大韓協會會報』 5, 1908.8.

---

65 弓裔(?~918): 후고구려의 건국자. 송도에 도읍을 정하고, 901년에 스스로 왕이 되어 국호를 후고구려라고 하였다. 뒤에 왕건에게 폐위되었다. 재위 기간은 901~918년이다.

66 秦始皇: 영정(嬴政, BC 259~BC 210). 중국 진(秦)나라의 제1대 황제. 기원전 221년에 중국을 통일하고 스스로 시황제라 칭하였다. 중앙 집권을 확립하고, 도량형과 화폐 통일, 만리장성의 증축, 아방궁의 축조, 분서갱유 따위로 위세를 떨쳤다. 재위 기간은 기원전 247~기원전 210년이다.

67 三角金字塔: 이집트의 피라미드.

68 埃及王: 이집트 왕.

69 呱呱落地: 응애거리며 태어남.

70 戀치: 연연하지.

71 劍頭死: 칼을 맞고 죽음.

72 丸頭死: 총을 맞고 죽음.

73 歡天喜地: 하늘도 즐거워하고 땅도 기뻐한다는 뜻으로, 아주 즐거워하고 기뻐함을 이르는 말.

74 我長在: 내가 오래도록 존재함.

◎ 해설

「대아와 소아」는 『대한협회회보』 5호(1908.8.)에 실렸던 단재의 글인데, 『大韓每日申報』(1908.9.16.~17.)에도 소개된다. 단재는 이 시기 대아 정신을 주창했다. 그는 '나'를 소아와 대아로 나눔으로써 사적 자아와 공적인 자아를 이원화했다. 그는 우리가 신체를 가진 소아적 존재이지만, 대아적 정신을 추구해야 한다고 했다. 비록 소아적 입장에서 살아왔을지라도 그러한 자신을 버리고 대아적 존재로 살라는 것이다. 그는 주체를 이원화시킴으로써 삶의 가치 지향을 분명히 했고, 개인적 주체를 국가적 공적 주체로 확장시키는 데 기여했다. 나보다는 민족을 생각하고, 현재의 고통을 역사적 차원에서 인식하여 위기를 극복할 수 있는 정신을 제시한 것이다. 그래서 개인보다는 단체를, 가족보다는 국가를 중시하는 사상을 보여준다.

이러한 대아 정신은 사적 주체에서 민족적 주체로 나아가는 사상적 토대를 제공한다. 단재는 애국계몽기 끊임없이 애국정신, 국가정신을 외치는데, 그것은 국가의 위기를 극복하고 독립국가로 나아가기 위한 노력의 일환이었다. 단재는 "부분노, 광개토왕, 을지문덕, 연개소문, 대조영, 최영, 이순신" 등을 대아로 내세웠다. 그가 대아로 지칭한 사람들이 역사 속 영웅이나 위인이라는 점에서 대아는 현실 극복의 주체로 탈바꿈한다. 그리고 이러한 인물들을 통해 대아를 추구해야 한다는 것은 역사의식의 발로이다. 단재는 『을지문덕』, 「이순신전」, 「최도통전」 등을 창작했다. 그리고 애국계몽기 전기뿐만 아니라 일제강점기 「꿈하늘」 등에서도 대아 정신을 강조했다.

조선혁명선언[1]

一

强盜 日本이 우리의 國號를 없이하며 우리의 政權을 빼앗으며 우리의 生存的 必要條件을 剝奪하엿다. 經濟의 生命인 山林·川澤·鐵道·鑛山·漁場……乃至 小工業 原料까지 다 빼앗어 一切의 生産機能을 칼로 버이며 독기로 끊고 土地稅·家屋稅·人口稅·家畜稅·百一稅[2]·地方稅·酒草稅[3]·肥料稅·種子稅·營業稅·淸潔稅[4]·所得稅……其他 各種 雜稅가 逐日 增加하야 血液은 있는대로 다 빨아가고 如干商業家들은 日本의 製造品을 朝鮮人에게 媒介하는 中間人이 되야 차차 資本 集中의 原則下에서 滅亡할 뿐이오, 大多數 人民 곳 一般 農民들은 피땀을 흘니어 土地를 갈아 그 終年 所得으로 一身과 妻子의 糊口거리[5]도 남기지 못하고 우리를 잡아 먹으랴는 日本 强盜에게 進供하야 그 살을 찌워주는 永世의 牛馬가 될 뿐이오, 乃終에는 그 牛馬의 生活도 못하게 日本 移民의 輸入이 年年 高度의 速率로 增加하야 『딸

---

1 이 글은 「의열단선언서」라고도 한다. 단재는 1922년 12월 의열단장 김원봉의 부탁을 받고 "1개월 넘어를 두고 심혈을 경주하여" 선언서를 완성하였다. 이는 무력을 통한 민중 직접 혁명의 완성을 주창한 선언서로 한국 근대 선언서 가운데 가장 혁명적이다. 선언서 원본은 독립기념관에서 소장하고 있으며, 박태원은 『약산과 의열단』(백양당, 1947)에 이 선언서의 전문을 수록하기도 했다.

2 百一稅: 각도의 감영(監營)이나 병영(兵營)에서 재정보용을 위해 포구수세(浦口收稅)하는 경우도 있었다. 경상우도 암행어사 이정래(李正來)의 별단에 의하면, 경상우도 병영에서 포군첨보조(砲軍添補條) 마련을 위해 각 포구에 일률적으로 백일세(百一稅)를 징수하기도 하였다. 1909년에 접어들면서 일제는 통감부령으로 시장세를 제정 공포하고 강제 징수에 나섰다. 그러자 1909년 4월 통감부의 시장세 제정에 반발해 이른바 백일세 사건이 일어난다.

3 酒草稅: 술과 담배에 매기는 세금.

4 淸潔稅: 도시의 청결을 위한다고 거둔 세금.

5 糊口거리: 입에 풀칠할 거리. 끼니를 이을 만한 일.

깍발이』[6] 등살에 우리 民族은 발 드딜 땅이 없어 山으로 물로 西間島로 北間島로 西比利亞의 荒野로 몰니어가 餓鬼[7]부터 流鬼[8]가 될 뿐이며,

强盜 日本이 憲兵政治·警察政治를 勵行하야 우리 民族이 寸步의 行動도 任意로 못하고 言論·出版·結社·集會의 一切 自由가 없어 苦痛과 憤恨이 있으면 벙어리의 가슴이나 만질 뿐[9]이오, 幸福과 自由의 世界에는 눈뜬 소경이 되고 子女가 나면『日語를 國語라 日文을 國文이라』하는 奴隷養成所-學校로 보내고, 朝鮮사람으로 或 朝鮮史를 읽게 된다 하면『檀君을 誣하여 素盞嗚尊[10]의 兄弟라』하며,『三韓時代 漢江 以南을 日本 領地라』한 日本놈들의 적은 대로 읽게 되며, 新聞이나 雜誌를 본다 하면 强盜政治를 讚美하는 半日本化한 奴隷的 文字뿐이며, 똑똑한 子弟가 난다 하면 環境의 壓迫에서 厭世絶望의 墮落者가 되거나 그렇지 않으면『陰謀事件』의 名稱下에 監獄에 拘留되야 周牢[11]·枷鎖[12]·단금질[13]·챗직질[14]·電氣질·바늘로 손톱 밑·발톱 밑을 쑤시는·手足을 달아매는·코구멍에 물 붓는·生殖器에 심지[15]를 박는 모든 惡刑 곧 野蠻專制國의 刑律辭典에도 없는 가진 惡刑을 다 당하고 죽거나 僥倖히 살아서 獄門에 나온대야 終身 不具의 廢疾者[16]가 될 뿐이라. 그렇지 않을지라도 發明創作의 本能은 生活의 困難에서 斷絶하며 進取活潑의 氣象은 境遇의 壓迫에서 消滅되야『찍도 짹도』못하게[17] 各方面의 束縛

---

6 딸깍발이: 일본 나막신(게다)을 신으면 걸어다닐 때, 딸깍딸깍 소리가 나는 데서 유래한 말. 게다를 신는 일본 사람을 낮잡아 이르는 말.
7 餓鬼: 굶주린 귀신.
8 流鬼: 유랑하는 귀신.
9 벙어리의 가슴이나 만질 뿐: 벙어리 냉가슴 앓는다는 뜻. 말도 못하고 혼자서 가슴만 답답하다.
10 素盞嗚尊: 일본 신화에서 伊奘諾尊의 아들. 天照大神의 동생. 흉폭하며,「아마노이와야도(天の岩屋戸)」사건을 일으킨 결과, 高天原로부터 추방되어, 出雲国에서 八岐大蛇를 베고 天叢雲劍를 얻어 天照大神에게 바쳤다. 또한 신라(新羅)로 건너가, 배를 만드는 재료가 되는 수목(樹木)을 가지고 돌아와, 식림(植林)의 방법을 가르쳤다고 한다.
11 周牢: 주리. 죄인의 두 다리를 묶고 그 틈에 두 개의 주릿대를 끼워 비틀던 형벌.
12 枷鎖: 죄인의 목에 칼을 씌우고, 발에 쇠사슬을 채움.
13 단금질: 단근질. 불에 달군 쇠로 몸을 지지는 일.
14 챗직질: 채찍으로 때림.
15 生殖器에 심지: 종이를 꼬아 심지를 만들어 남자의 성기(오줌 줄기)에다 끼우고 왕복하는 행위.
16 廢疾者: 불치의 병으로 폐인이 되는 병에 걸린 사람.
17 찍도 짹도 못하게: 아무 소리도 못하게.

·鞭笞[18]·驅迫·壓制를 받아 環海 三千里가 一個 大監獄이 되야 우리 民族은 아조 人類의 自覺을 잃을 뿐 아니라, 곳 自動的 本能까지 잃어 奴隷부터 機械가 되야 强盜 手中의 使用品이 되고 말 뿐이며,

强盜日本이 우리의 生命을 草芥로 보아 乙巳 以後 十三道의 義兵 나던 各地方에서 日本 軍隊의 行한 暴行도 이루 다 적을 수 없거니와 卽 最近 三一運動 以後 水原[19]·宣川[20]…… 等의 國內 各地부터 北間島·西間島·露領 沿海州 各處까지 到處에 居民을 屠戮한다 村落을 燒火한다 財産을 掠奪한다 婦女를 汚辱한다 목을 끊는다 산 채로 묻는다 불에 살은다 或 一身을 두 동가리 세 동가리에 내여 죽인다 兒童을 惡刑한다 婦女의 生殖器를 破壞[21]한다 하야 할 수 있는 대까지 慘酷한 手段을 쓰어서 恐怖와 戰慄로 우리 民族을 壓迫하야 人間의 『산송장』[22]을 맨들랴 하는도다.

以上의 事實에 據하야 우리는 日本强盜政治 곳 異族統治가 우리 朝鮮民族 生存의 敵임을 宣言하는 同時에 우리는 革命手段으로 우리 生存의 敵인 强盜日本을 殺伐함이 곳 우리의 正當한 手段임을 宣言하노라.

---

18 鞭笞: 채찍, 회초리.

19 水原: 수원에서 자행된 일제의 만행을 말하며, 대표적인 것이 제암리 사건이다. 3·1운동에 대한 보복 행위로 일본 군경은 수원군 향남면(지금의 경기도 화성시 향남읍) 제암리에서 민간인 23명을 학살하고 민가 30여 호를 불태웠다. 1919년 4월 15일 오후, 일본군 보병 중위 아리다[有田俊夫]가 이끄는 보병 11명과 순사 2명이 제암리에 도착하여, 강연이 있다고 속여 기독교와 천도교 남자 신자 20여 명을 기독교 교회당에 강제로 모이도록 하였다. 그런데 이들은 돌연 출입문과 창문을 잠그고, 사람들을 총칼로 학살한 뒤, 교회당에 불을 질렀다. 그리고 불속에서 뛰쳐나오거나 달아나는 사람에 대해 발포하거나 총검으로 찔러 죽였다.

20 宣川: 1919년 3월 1일 신성학교 학생 수백 명이 시위를 시작하였는데 女학생 20여명도 참가하였고 33명이 구속되고 수명이 부상당하였다. 3일에도 예수교와 천도교도 천오백 명이 시위에 참가, 30명이 구속되었고, 4,5일에도 6천여 명의 시위가 있었으며 16일 장날에도 수백 명이 시위하여 2명이 체포되었다. 3·1 운동 최초의 사망자가 3월 1일 평안북도 선천과 안주에서 발생하였다. 선천에서 발생한 총 사상자 수는 총독부 집계에 의하면 부상자 21명, 피검자 11명이 전부이다. 하지만 박은식의 『한국 독립운동지혈사』에서는 사망 3명, 부상 55명, 피검자 450명으로 집계되었다. 선천 지역에서는 삼일 운동 가담자 가운데 첫 사망자가 발생하였다.

21 婦女의 生殖器를 破壞: 「용과 용의 대격전」에서는 (여성) 생식기에 주리를 틀었다고 하였다.

22 산송장: 비록 목숨은 살아 있으나 죽은 것과 다름없는 상태를 말함.

二

內政獨立이나 參政權이나 自治를 運動하는 者ㅣ 누구이냐?

너희들이 『東洋平和』『韓國獨立保全』 等을 擔保한 盟約이 墨도 말으지 아니하야 三千里 疆土를 집어먹던 歷史를 잇엇느냐? 『朝鮮人民生命財産自由保護』『朝鮮人民幸福增進』 等을 申明한 宣言이 땅에 떠러지지 아니하야 二千萬의 生命이 地獄에 빠지던 實際를 못 보느냐? 三一運動 以後에 强盜日本이 또 우리의 獨立運動을 緩和식히랴고 宋秉畯[23]·閔元植[24] 等 一二 賣國奴를 식히어 이따위 狂論을 부름이니 이에 附和하는 者ㅣ 盲人이 아니면 어찌 奸賊이 아니냐?

設或 强盜日本이 果然 寬大한 度量이 있어 慨然히[25] 此等의 要求를 許諾한다 하자. 所謂 內政獨立을 찾고 各種 利權을 찾지 못하면 朝鮮 民族은 一般의 餓鬼가 될 뿐이 아니냐? 參政權을 獲得한다 하자. 自國의 無産階級의 血液까지 搾取하는 資本主義 强盜國의 植民地 人民이 되야 幾個 奴隷代義士의 選出로 어찌 餓死의 禍를 救하겟느냐? 自治를 얻는다 하자. 그 何種의 自治임을 勿問하고 日本이 그 强盜的 侵略主義의 招牌인 『帝國』이란 名稱이 存在한 以上에는 그 附屬下에 잇는 朝鮮 人民이 어찌 區區한 自治의 虛名으로써 民族的 生存을 維持하겟느냐?

設或 强盜日本이 突然히 佛菩薩이 되야 一朝에 總督府를 撤廢하고 各種 利權을 다 우리에게 還付하며, 內政外交를 다 우리의 自由에 맏기고 日本의 軍隊와 警察을 一時에 撤還하며,[26] 日本의 移主民을 一時에 召還하고 다만 虛名의 宗主權[27]만 갖인다 할지라도 우리가 萬一 過去의 記憶이 全滅하지

---

23 宋秉畯(1858~1925): 조선 고종 때의 친일 정치가. 이용구 등과 일진회를 조직하였고, 농상공부대신·내부대신을 지내면서 조선과 일본의 합방을 주장하였다.

24 閔元植(1886~1921): 한말의 친일파. 1908년 이지용과 함께 친일단체 대한실업협회, 1920년 신일본주의를 표방하는 국민협회를 조직했다. 『시사신문』을 발행, 사장으로 민족지 『동아일보』 등을 탄압했다. 도쿄에서 양근환에게 살해되었다.

25 慨然히: 흔쾌히.

26 撤還하며: 군사나 시설 따위를 거두어 가지고 돌아가며.

아니하얏다 하면 日本을 宗主國으로 奉戴한다[28] 함이 『恥辱』이란 名詞를 아는 人類로는 못할지니라.

日本 强盜治下에서 文化運動을 부르는 者ㅣ 누구이냐? 文化는 産業과 文物의 發達한 總積을 가르치는 名詞니 經濟掠奪의 制度下에서 生存權이 剝奪된 民族은 그 種族의 保全도 疑問이거든 하물며 文化發展의 可能이 있으랴? 衰亡한 印度族·猶太族도 文化가 있다 하지만 一은 金錢의 力으로 그 祖先의 宗教的 遺業을 繼續함이며, 一은 그 土地의 廣과 人口의 衆으로 上古의 自由發達한 餘澤[29]을 保守함이니, 어대 蚊蝱[30]같이 豺狼같이 人血을 팔다가 骨髓까지 깨무는 强盜 日本의 입에 물닌 朝鮮 같은 대서 文化를 發展或 保守한 前例가 있던냐? 檢閱·押收 모든 壓迫 中에 幾個 新聞雜誌를 갖이고 『文化運動』의 木鐸[31]으로 自鳴하며 强盜의 脾胃[32]에 거슬이지 아니할 만한 言論이나 主唱하야 이것을 文化發展의 過程으로 본다 하면 그 文化發展이 돌이어 朝鮮의 不幸인가 하노라.

以上의 理由에 據하야 우리는 우리의 生存의 敵인 强盜日本과 妥協하려는 者(內政獨立·自治·參政權 等 論者)나 强盜政治下에서 寄生하랴는 主義를 갖인 者(文化運動者)나 다 우리의 敵임을 宣言하노라.

三

强盜日本의 驅逐을 主張하는 가운데 또 如左한 論者들이 있으니,

第一은 外交論[33]이니 李朝 五百年 文弱政治가 『外交』로써 護國의 長策을 삼아 더욱 그 末世에 尤甚하여 甲申 以來 維新黨·守舊黨의 盛衰가 거의 外

27 宗主權: 한 나라가 국내법의 범위 안에서 다른 나라의 내정이나 외교를 지배하는 특수한 권력.
28 奉戴한다: 공경하여 높이 받든다.
29 餘澤: 끼치고 남은 혜택.
30 蚊蝱: 모기와 등에.
31 木鐸: 세상 사람을 깨우쳐 바르게 인도할 만한 대상을 비유적으로 이르는 말.
32 脾胃: 지라와 위를 통틀어 이르는 말.
33 外交論: 외교를 통해 독립을 이루자는 논의.

援의 有無에서 判決되며 爲政者의 政策은 오직 甲國을 引하야 乙國을 制함에 不過하얏고, 그 依賴의 習性이 一般 政治社會에 傳染되야 卽 甲午甲辰 兩戰役[34]에 日本이 累十万의 生命과 累億万의 財産을 犧牲하야 淸露 兩國을 물니고 朝鮮에 對하야 强盜的 侵略主義를 貫徹하랴 하는데 우리 朝鮮의 『祖國을 사랑한다 民族을 건지랴 한다』 하는 이들은 一劍一彈으로 昏庸貪暴[35]한 官吏나 國賊에게 던지지 못하고 公函[36]이나 列國公館에 던지며 長書[37]나 日本政府에 보내야 國勢의 孤弱을 哀訴하야 國家存亡·民族死活의 大問題를 外國人, 甚至於 敵國人의 處分으로 決定하기만 기다리엿도다. 그래서 『乙巳條約』『庚戌合併』 곳 『朝鮮』이란 일홈이 생긴 뒤 멧千年만의 처음 當하던 恥辱에 朝鮮民族의 憤怒的 表示가 겨우 哈爾濱의 총[38]·鍾峴의 칼[39]·山林儒生의 義兵이 되고 말엇도다. 아! 過去 數十年 歷史야 말로 勇者로 보면 唾罵할[40] 歷史가 될 뿐이며 仁者로 보면 傷心할 歷史가 될 뿐이다. 그리고도 國亡 以後 海外로 나아가는 某某 志士들의 思想이 무엇보다 먼저 『外交』가 그 第一章 第一條가 되며, 國內 人民의 獨立運動을 煽動하는 方法도 『未來의 日美戰爭·日露戰爭 等 機會』가 거의 千篇一律의 文章이엇섯고, 最近 三一運動에 一般人士의 『平和會議·國際聯盟』에 對한 過信의 宣傳이 돌이어 二千萬 民衆의 奮勇前進의 意氣를 打消하는[41] 媒介가 될 뿐이엇도다.

第二는 準備論[42]이니 乙巳條約의 當時에 列國公館에 비발 덧듯 하던[43] 조희쪽으로 넘어가는 國權을 붓잡지 못하야 丁未年의 海牙密使[44]도 獨立恢復

34 甲午甲辰 兩戰役: 갑오(1894)년의 청일전쟁과 갑진(1904)년의 러일전쟁.
35 昏庸貪暴: 우매하고 탐욕이 많고 포학함.
36 公函: 공무에 관해 주고받는 문서. 공식적인 문서.
37 長書: 아주 길게 적은 문서.
38 哈爾濱의 총: 1909년 10월 26일 하얼빈역에서 이토 히로부미를 총으로 암살한 안중근의 의거를 말함.
39 鍾峴의 칼: 1909년 12월 22일 종현의 천주교당에 갔다가 돌아가는 역적 이완용을 칼로 찔러 중상을 입힌 이재명의 거사를 말함.
40 唾罵할: 침을 뱉어가며 꾸짖을.
41 打消하는: 없애버리는.
42 準備論: 군사, 무기, 교육 등을 준비하여 독립운동을 펴자는 논의.
43 비발 덧듯 하던: 빗발 떨어지듯 하던. 빗발치듯 하던.
44 海牙密使: 헤이그 밀사. 1907년 고종이 네덜란드 헤이그에서 열리는 제2회 만국평화회의에 이준, 이상설, 이위종을 파견하였다.

의 福音을 안고 오지 못하매, 이에 차차 外交에 對하야 疑問이 되고 戰爭아니면 않되겠다는 判斷이 생기었다. 그렇나 軍人도 없고 武器도 없이 무엇으로써 戰爭하겟느냐? 山林儒生들은 春秋大義[45]에 成敗를 不計하고 義兵을 募集하야 峩冠大衣[46]로 指揮의 大將이 되며, 산양 砲手의 火繩隊를 몰아갖이고 朝日戰爭의 戰鬪線에 나섯지만, 新聞쪽이나 본 이들— 곳 時勢를 斟酌한다는 이들은 그리할 勇氣가 아니 난다. 이에 『今日 今時로 곳 日本과 戰爭한다는 것은 妄發이다. 총도 작만하고 돈도 작만하고 大砲도 작만하고 將官이나 士卒가음[47]까지라도 작만한 뒤에야 日本과 戰爭한다.』 함이니, 이것이 이른바 準備論 곳 獨立戰爭을 準備하자 함이다. 外勢의 侵入이 더할사록 우리의 不足한 것이 자꾸 感覺되야 그 準備論의 範圍가 戰爭 以外까지 擴張되야 教育도 振興하야겟다, 商工業도 發展하야겟다, 其他 무엇무엇 一切가 모다 準備論의 部分이 되얏섯다.

庚戌 以後 各志士들이 或 西北間島의 森林을 더듬으며 或 西比利亞[48]의 찬바람에 배부르며, 或 南北京으로 돌아단이며, 或 美洲나 『하와이』로 들어가며, 或 京鄉에 出沒하야 十餘星霜 內外 各地에서 목이 털일만치[49] 準備! 準備!를 불넛지만, 그 所得이 몇 개 不完全한 學校와 實力 없는 會뿐이엇섯다. 그렇나 그들의 誠力의 不足이 아니라 實은 그 主張의 錯誤이다. 强盜日本이 政治經濟 兩方面으로 驅迫을 주어 經濟가 날로 困難하고 生産機關이 全部 剝奪되야 衣食의 方策도 斷絶되는 때에 무엇으로? 어떻게? 實業을 發展하며? 教育을 擴張하며? 더구나 어대서? 얼마나? 軍人을 養成하며? 養成한들 日本 戰鬪力의 百分之一의 比較라도 되게 할 수 있느냐? 實로 一場의 잠고대가 될 뿐이로다.

以上의 理由에 依하여 우리는 『外交』 『準備』 等의 迷夢[50]을 바리고 民衆

---

45 春秋大義: 대의명분을 밝혀 세우는 큰 의리.
46 峩冠大衣: 큰 갓에 소매 넓은 도포.
47 士卒가음: 사졸감. 군사를 맡을 만한 능력이 있는 사람.
48 西比利亞: 시베리아.
49 털일만치: 터질 만큼.

直接革命의 手段을 取함을 宣言하노라.

四

朝鮮民族의 生存을 維持하자면 强盜日本을 驅逐[51]할지며 强盜日本을 驅逐하자면 오즉 革命으로써 할 뿐이니, 革命이 아니고는 强盜日本을 驅逐할 方法이 없는 바이다.

그렇나 우리가 革命에 從事하랴면 어느 方面부터 着手하겟나뇨?

舊時代의 革命으로 말하면 人民은 國家의 奴隸가 되고 그 以上에 人民을 支配하는 上典 곳 特殊勢力이 있어 그 所謂 革命이란 것은 特殊勢力의 名稱을 變更함에 不過하얏다. 다시 말하자면 곳『乙』의 特殊勢力으로『甲』의 特殊勢力을 變更함에 不過하얏다. 그렇므로 人民은 革命에 對하야 다만 甲乙 兩勢力 곳 新舊 兩上典의 孰仁, 孰暴, 孰善, 孰惡을 보아 그 向背를 定할 뿐이오 直接의 關係가 없엇다. 그리하야『誅其君而吊其民』[52]이 革命의 惟一宗旨가 되고『簞食壺漿以迎王師』[53]가 革命史의 惟一 美談이 되엿섯거니와 今日 革命으로 말하면 民衆이 곳 民衆 自己를 爲하야 하는 革命인 故로『民衆革命』이라『直接革命』이라 稱함이며, 民衆直接의 革命인 故로 그 沸騰澎漲[54]의 熱度[55]가 數字上 强弱 比較의 觀念을 打破하며 그 結果의 成敗가 매양 戰爭學上의 定軌에 逸出하여[56] 無錢無兵한 民衆으로 百萬의 軍隊와 億萬의 富力을 갖인 帝王도 打倒하며 外寇도 驅逐하나니, 그렇므로 우리 革命의 第一步는 民衆覺悟의 要求니라.

---

50 迷夢: 무엇에 홀린 듯 똑똑하지 못하고 얼떨떨한 정신 상태.
51 驅逐: 어떤 세력 따위를 몰아서 쫓아냄.
52 그 임금을 베고 나서 그 백성을 위로한다.『맹자』〈등문공 하〉 제5장에 나오는 이야기.
53 대나무로 만든 밥그릇에 담은 밥과 병에 넣은 마실 것, 즉 넉넉하지 못한 거친 음식으로 임금의 군사를 맞이한다.『맹자』〈양혜왕 하〉 제10장에 나오는 이야기.
54 沸騰澎漲: 물 끓듯 끓어오르고, 부풀어 커짐.
55 熱度: 열의 도수. 열심의 정도.
56 逸出하여: 피하여 빠져나와서. 벗어나서.

民衆이 어떻게 覺悟하느뇨?

民衆은 神人이나 聖人이나 어떤 英雄豪傑이 있어 『民衆을 覺悟』하도록 指導하는 대서 覺悟하는 것도 아니오, 『民衆아 覺悟하자 民衆이여 覺悟하여라』 그런 熱叫[57]의 소리에서 覺悟하는 것도 아니오,

오즉 民衆이 民衆을 爲하야 一切 不平 不自然 不合理한 民衆 向上의 障礙부터 먼저 打破함이 곧 『民衆을 覺悟케』 하는 惟一 方法이니, 다시 말하자면 곳 先覺한 民衆이 民衆의 全體를 爲하야 革命的 先驅가 됨이 民衆 覺悟의 第一路니라.

一般民衆이 飢, 寒, 困, 苦, 妻呼,[58] 兒啼,[59] 稅納의 督捧,[60] 私債의 催促,[61] 行動의 不自由 모든 壓迫에 졸니어 살랴니 살 수 없고 죽으려 하야도 죽을 바를 모르는 판에 萬一 그 壓迫의 主因되는 强盜政治의 施設者인 强盜들을 擊斃하고[62] 强盜의 一切 施設을 破壞하고 福音이 四海에 傳하며 萬衆이 同情의 눈물을 뿌리어 이에 人人이 그 『餓死』 以外에 오히려 革命이란 一路가 남아 있음을 깨달아 勇者는 그 義憤에 못 이기어 弱者는 그 苦痛에 못 견대어 모다 이 길로 모아들어 繼續的으로 進行하며 普遍的으로 傳染하야 擧國一致의 大革命이 되면 奸猾[63]殘暴[64]한 强盜日本이 必竟 驅逐되는 날이라. 그렇므로 우리의 民衆을 喚醒하야[65] 强盜의 統治를 打倒하고 우리 民族의 新生命을 開拓하자면 養兵 十万이 一擲의 炸彈[66]만 못하며 億千張 新聞雜誌가 一回의 暴動만 못할지니라.

民衆의 暴力的 革命이 發生치 아니하면 已어니와 이미 發生한 以上에는

57 熱叫: 절규. 있는 힘을 다해 애타게 부르짖음.
58 妻呼: 아내의 호소.
59 兒啼: 아이의 울음.
60 督捧: 조세 또는 빌려준 돈이나 물건을 독촉하여 거두어들임.
61 催促: 어서 빨리 할 것을 요구함.
62 擊斃하고: 사살하고.
63 奸猾: 간사하고 교활함.
64 殘暴: 잔인하고 포악함.
65 喚醒하야: 어리석은 사람을 깨우쳐. 깨닫게 하여.
66 一擲의 炸彈: 한번 던진 폭탄.

마치 懸崖[67]에서 굴니는 돍과 같하야 目的地에 到達하지 아니하면 停止하지 않는 것이라. 우리 已往의 經過로 말하면 甲申政變[68]은 特殊勢力이 特殊勢力과 싸우던 宮中 一時의 活劇이 될 뿐이며 庚戌 前後의 義兵들은 忠君愛國의 大義로 激起한[69] 讀書階級의 思想이며 安重根, 李在明 等 烈士의 暴力的 行動이 熱烈하얏지만 그 後面에는 民衆的 力量의 基礎가 없엇으며 三一運動의 萬歲소리에 民衆的 一致의 意氣가 瞥現[70]하엿지만도 한 暴力的 中心을 갖이지 못하엿도다.『民衆, 暴力』兩者의 其一만 빠지면 비록 轟烈[71]壯快한 擧動이라도 또한 雷電같이 收束하는도다.

朝鮮 안에 强盜 日本의 製造한 革命原因이 산같이 싸히엇다. 언제든지 民衆의 暴力的 革命이 開始되야『獨立을 못하면 살지 않으리라』『日本의 驅逐하지 못하면 물너서지 않으리라』는 口號를 갖이고 繼續 前進하면 目的을 貫徹하고 말지니 이는 警察의 칼이나 軍隊의 총이나 奸猾한[72] 政治家의 手段으로도 막지 못하리라.

革命의 記錄은 自然히 慘絶[73]壯絶한[74] 記錄이 되리라. 그렇나 물너서면 그 後面에는 墨暗한 陷穽이오 나아가면 그 前面에는 光明한 活路니 우리 朝鮮民族은 그 慘絶壯絶한 記錄을 그리면서 나아갈 뿐이니라.

이제 暴力－暗殺, 破壞, 暴動－의 目的物을 大略 列擧하건대

一. 朝鮮總督 及 各官公吏

二. 日本天皇 及 各官公吏

三. 偵探奴, 賣國賊

---

67 懸崖: 낭떠러지.
68 甲申政變: 1884년(고종 21)에 김옥균, 박영효 등의 개화당이 민씨 일파를 몰아내고 혁신적인 정부를 세우기 위하여 일으킨 정변. 거사 이틀 후에 민씨 등의 수구당과 청나라 군사의 반격을 받아 실패로 돌아갔다.
69 激起한: 몹시 흥분하여 힘차게 일어난.
70 瞥現: 잠깐 나타남. 언뜻 나타남.
71 轟烈: 몹시 사납고 세참.
72 奸猾한: 간사하고 교활한.
73 慘絶: 참혹(慘酷)하기 짝이 없음.
74 壯絶한: 장대하고 뛰어난.

四. 敵의 一切 施設物

此外에 各地方의 紳士나 富豪가 비록 現著이 革命 運動[75]을 妨害한 罪가 없을지라도 만일 言語 或 行動으로 우리의 運動을 緩和하고[76] 中傷하는[77] 者는 우리의 暴力으로써 對付할지니라. 日本人 移住民은 日本 强盜政治의 機械가 되야 朝鮮 民族의 生存을 威脅하는 先鋒이 되어 있은즉 또한 우리의 暴力으로 驅逐할지니라.[78]

五

革命의 길은 破壞부터 開拓할지니라. 그렇나 破壞만 하랴고 破壞하는 것이 아니라 建設하랴고 破壞하는 것이니 만일 建設할 줄을 모르면 破壞할 줄도 모를지며 破壞할 줄을 모르면 建設할 줄도 모를지니라. 建設과 破壞가 다만 形式上에서 보아 區別될 뿐이요 精神上에서는 破壞가 곳 建設[79]이니 이를테면 우리가 日本勢力을 破壞하랴는 것이 第一은 異族統治를 破壞하자 함이다. 웨?『朝鮮』이란 그 위에『日本』이란 異族 그것이 專制하야 있으니 異族專制의 밑에 있는 朝鮮은 固有的 朝鮮이 아니니 固有的 朝鮮을 發見하기 爲하야 異族統治를 破壞함이니라. 第二는 特權階級을 破壞하자 함이다. 웨?『朝鮮民衆』이란 그 위에 總督이니 무엇이니 하는 强盜團의 特權階級이 壓迫하야 있으니 特權階級의 壓迫 밑에 있는 朝鮮 民衆은 自由的 朝鮮民衆이 아니니 自由的 朝鮮民衆을 發見하기 爲하야 特權階級을 打破함이니라. 第三은 經濟 掠奪制度를 破壞하자 함이다. 웨? 掠奪制度 밑에 있는 經濟는 民衆 自己가 生活하기 爲하야 組織한 經濟가 아니오, 곳 民衆을 잡아먹으랴

75 運動: 크게 진동함.
76 緩和하고: 누그러뜨리고.
77 中傷하는: 헐뜯는.
78 驅逐할지니라: 몰아서 내쫓을지니라.
79 破壞가 곳 建設: 단재는 1910년대부터 파괴에 긍정적 의미를 부여했다. 파괴의 이면이 곧 건설이며, 파괴를 통한 건설을 주장한 것이다.

는 强盜의 살을 찌우기 爲하야 組織한 經濟니 民衆生活을 發展하기 爲하야 經濟掠奪制度를 破壞함이니라. 第四는 社會的 不平均을 破壞하자 함이다. 웨? 弱者 以上에 强者가 잇고 賤者 以上에 貴者가 잇어 모든 不平均을 갖인 社會는 서로 掠奪 서로 剝削[80] 서로 嫉妬仇視[81]하는 社會가 되야 처음에는 少數의 幸福을 爲하야 多數의 民衆을 殘害[82]하다가 末竟에는 또 少數끼리 서로 殘害하야 民衆 全體의 幸福이 畢竟 數字上의 空[83]이 되고 말 뿐이니, 民衆 全體의 幸福을 增進하기 爲하야 社會的 不平均을 破壞함이니라. 第五는 奴隸的 文化思想을 破壞하자 함이다. 웨? 遺來하던 文化思想의 宗敎, 倫理, 文學, 美術, 風俗, 習慣 그 어느 무엇이 强者가 製造하야 强者를 擁護하던 것이 아니더냐? 强者의 娛樂에 供給하던 諸具가 아니더냐? 一般民衆을 奴隸化케 하던 魔醉劑가 아니더냐? 少數階級은 强者가 되고 多數 民衆은 돌이어 弱者가 되야 不義의 壓制를 反抗치 못함은 專혀 奴隸的 文化思想의 束縛을 받은 까닭이니, 만일 民衆的 文化를 提倡하야 그 束縛을 끊지 아니하면 一般 民衆은 權利思想이 薄弱하며 自由向上의 興味가 缺乏하야 奴隸의 運命 속에서 輪廻할 뿐이라. 그렇므로 民衆文化를 提唱하기 爲하야 奴隸的 文化思想을 破壞함이니라. 다시 말하자면『固有的 朝鮮의』『自由的 朝鮮民衆의』『民衆的 經濟의』『民衆的 社會의』『民衆的 文化의』朝鮮을『建設』하기 爲하야『異族統治의』『掠奪制度의』[84]『社會的 不平均의』『奴隸的 文化思想의』現象을 打破함이니라. 그런즉 破壞的 精神이 곧 建設的 主張이라. 나아가면 破壞의『칼』이 되고 들어오면 建設의『旗』가 될지니 破壞할 氣魄은 없고 建設할 癡想[85]만 잇다 하면 五百年을 經過하여도 革命의 꿈도 꾸어 보지 못할지니라. 이제 破壞와 建設이 하나이오, 둘이 아닌 줄 알진대

---

80 剝削: 착취.
81 嫉妬仇視: 질투하고 원수로 봄.
82 殘害: 残人害物. 사람에게 인정이 없이 아주 모질게 굴고 사물을 해침.
83 數字上의 空: 숫자상의 0. 즉 제로를 뜻함.
84 『異族統治의』『掠奪制度의』: 내용이 제대로 완성되려면 둘 사이에『特權階級의』가 들어가야 한다. 원문에는 한 구절이 빠져 있는데,『異族統治의』『特權階級의』『掠奪制度의』로 되어야 한다.
85 癡想: 어리석은 생각.

民衆的 破壞 앞에는 반드시 民衆的 建設이 있는 줄 알진대 現在 朝鮮 民衆은 오직 民衆的 暴力으로 新朝鮮 建設의 障礙인 强盜 日本 勢力을 破壞할 것뿐인 줄을 알진대 朝鮮 民衆이 한편이 되고 日本 强盜가 한편이 되야 네가 亡하지 아니하면 내가 亡하게 된 『외나무다리 위』[86]에 선 줄을 알진대 우리 二千萬 民衆은 一致로 暴力 破壞의 길로 나아갈지니라.

民衆은 우리 革命의 大本營이다.

暴力은 우리 革命의 惟一武器이다.

우리는 民衆 속에 가서 民衆과 携手하야

不絶하는 暴力—暗殺, 破壞, 暴動으로써

强盜日本의 統治를 打倒하고

우리 生活에 不合理한 一切 制度를 改造하야

人類로써 人類를 壓迫지 못하며 社會로써 社會를 剝削지 못하는

理想的 朝鮮을 建設할지니라.

四千二百五十六年 一月

義烈團

86 외나무다리 위: 뒤로 물러날 수도, 양보할 수도 없는 공간을 말함. 오직 상대방을 물리고 나가는 방법밖에 없음을 드러냄.

◎ 해설

단재는 1922년 말 의열단장 김원봉의 부탁으로 의열단 선언문 「조선혁명선언」을 기초하였다. 단재는 이 선언서에서 '3.1운동의 만세소리에 민중적 일치의 의기'를 잠시 드러냈지만, 그러나 '폭력적 중심'을 갖지 못했다고 하여 그 한계를 지적했다. 그는 1919년 3월(음력 2월)에 조소앙이 기초한 「대한독립선언서」에 서명하였다. 그것은 "역천(逆天)의 마귀(魔)와 나라를 훔친(盜國)의 적을 한 손에 도결(屠決)하라"고 하는 행동적 강령이 포함되어 있다. 곧 '살신성인', '일가희생' 등 '육탄혈전'을 통한 독립의 완성을 부르짖었다. 단재는 1919년 「신대한 창간사」에서도 "2천만의 해골을 태백산같이 쌓을지라도 일본과 싸우자!"라며 무력 투쟁을 호소하였다.

단재의 「조선혁명선언」은 바로 「대한독립선언서」의 맥을 잇는 투쟁적 폭력적 독립 선언이다. 그것은 국내외 항일 단체의 정신적 결의이자 행동적 좌표가 되기도 했다. 민중이 중심되어 파괴와 폭력과 길로 나아가는 것, 그것이 「조선혁명선언」의 요체다. 거기에서 "민중은 우리 혁명의 대본영"이며, "폭력은 우리 혁명의 유일 무기"가 된다. 3.1운동에서 이룩하지 못했던 폭력적 중심을 확고히 천명한 것이다. 혁혁한 문체로 작성된 선언서에는 "왜적은 전율하며 공포하고 민중은 각성하며 분기"하는 힘이 들어 있었다. 그래서 최남선은 "단재의 글은 장강대해와 같은 힘을 가진 것"이라고 평했다고 한다.

신채호의 「조선혁명선언」은 최남선의 「기미독립선언서」, 한용운의 「조선독립의 서」와 함께 근대의 3대 선언서로 꼽힌다. 이 가운데 무력을 통한 실천과 혁명을 보여주는 것은 신채호의 선언서가 유일하다. 「조선혁명선언」은 민중들의 힘을 통한 혁명, 곧 민중 직접 혁명을 창도했다는 점에서 커다란 의미가 있다. 단재는 3·1운동을 통해 민중들의 힘을 보았다. 단재는 그들이 각성된 민중이었기에 일체된 중심을 통해 힘을 결집한다면, 마침내 독립을 이룰 수 있다는 가능성을 발견한 것이다. 의열단 선언서는 민중을 역사의 주체로 상정하고, 그들의 자각적인 혁명을 추구하였다는 점에서 민중 주체적 역사관을 보여주는 단재의 걸작이다.

豫言家가 본 戊辰[1]

一

우리는 아모 所有가 업다. 所有가 잇다면 오즉 苦痛 그것뿐이다. 苦痛의 人生도 죽기 前에는 이제나 나흘가 저제나 나흘가 하는 微望[2]이 잇슴으로 『迷信』이란 동무가 딸어단닌다. 나도 苦痛의 人生이다. 그래서 迷信을 동무하얏다. 남이야 나다려 頑固[3]라든지 非科學的이라 하든지 나는 이 동무를 바릴 수 업다. 이 동무가 往往 苦痛을 慰安하야 주는 까닭이다. 그런데 新年이 왓다. 戊辰이라 일홈하는 新年이 왓다. 무엇으로 新年을 마지할가? 나에게는 떡국도 업다. 딱총도 업다. 무엇으로 新年을 마지할가? 迷信의 동무야! 입 벌려라. 秘訣家의 豫言으로나 新年 戊辰을 마지하자.

二

戊辰 己巳 兩年은 歷來 朝鮮의 秘訣家가 朝鮮의 新運命을 開拓하는 吉年이라 하야 非常히 珍視하든[4] 해다. 이는 『辰巳聖人出』[5]이란 五字의 秘句가 古代부터 流傳하여온 까닭이다. 『辰巳聖人出』의 『辰巳』는 다른 甲子의 辰巳가 아니요 오즉 戊辰己巳로 認定하야온 까닭이다.

---

1 이 글은 1928년 1월 1일 『조선일보』에 실렸다. 부제로 "새해에 對한 側面觀－辰巳聖人出－明年世界大戰說－鄭鑑錄"이 제시되어 있다.

2 微望: 희미한 희망.

3 頑固: 융통성 없이 고집이 셈.

4 珍視하든: 귀중히 여기던. 소중하게 생각하던.

5 辰巳聖人出: 임진 기사년에 성인이 나온다.

檀君王儉[6]의 朝鮮建國이 戊辰 己巳에 始하엿다는 太古的 傳說에 原因함인지? 或 三國 東北國 以來 朝鮮民族의 紀念될 만한 事實이 매양 戊辰 己巳이엇섯슴에 原因함인지? 辰巳聖人出이란 秘句가 傳하야온 原因은 古史가 殘缺하야 말할 수 업스나 대개 新羅 末葉에 닐으러서는 『辰巳聖人出』이란 五字가 一般 人民이 未來를 占驗하든[7] 唯一한 聖經이 되어온 것은 事實이다. 弓裔가 戊辰에 起兵하야서 鐵原에 定都[8]하야 後高句麗를 建國(高麗史에 據함)하고 渤海를 驅逐하야 浿西 十三鎭을 定하고, 新羅와 後百濟를 擊破하야 南方 各地를 開拓하고, 辰巳聖人의 威靈[9]을 피웟섯다. 高麗 太祖 王建이 本來 弓裔의 臣으로 弓裔가 起兵하든 해에—戊辰에—松嶽太守가 되엇슴으로 쏘한 辰巳聖人으로 自處하고 王昌瑾鏡文[10]의 『辰巳年中二龍見 一則現形黑金東 一則藏身青木中』[11]에 依하야 黑金 곳 鐵原에 定都한[12] 弓裔는 僞辰巳聖人이요, 青木 곳 松嶽에 駐守한 王建 곳 自己가 眞辰巳聖人이라 하야 마츰내 弓裔를 逐하고 王位를 代하야 眞辰巳聖人이 되고 말엇다.

밋 高麗 末葉에 蒙古帝國—元朝의 壓迫에 國威가 地에 墮하고 內亂과 凶災가 그칠 날이 업서 人民이 塗炭에 들어 다시 辰巳聖人을 바라는 노래가 四方에서 닐매 妖僧 辛旽이 自己가 戊辰에 出山함으로 辰巳聖人으로 自處하야

---

6 檀君王儉: 단군을 단군왕검이라고도 한다. 천제 환인의 손자이고, 환웅의 아들이며, 어머니는 웅녀이다. 우리나라 국조신화인 「단군신화」의 주인공이다.

7 占驗하든: 점치던.

8 定都: 도읍을 정하다는 뜻.

9 威靈: 위엄과 높은 덕. 곧 위신(威信).

10 王昌瑾鏡文: 신라 경명왕 2년(918)에 중국 상인 왕창근이 태봉(泰封)의 왕성인 철원(鐵圓) 장터에서 산 거울 속에 적힌 참문(讖文)으로 신라의 멸망과 태봉의 붕괴, 고려의 흥기를 예언한 것. 거울에 적힌 글의 내용은 "상제가 아들을 진마(辰馬)에 내리시니 먼저 닭을 잡고, 뒤에 오리를 잡으리라. 사년(巳年) 중에 두 용이 나타나 하나는 몸을 청목(青木)속에 감추고, 하나는 모양을 흑금동(黑金東)에 나타냈다"였다. 왕창근이 이 거울을 궁예왕에게 바치니 궁예는 글 잘하는 송함홍(宋含弘), 백탁(白卓), 허원(許原) 등에게 명하여 해석케 하였다. 송함홍 등이 글을 풀어 서로 말하기를 "궁예왕이 철원에서 일어나서 곧 멸망할 것이요, 시중(侍中) 왕건(王建)이 먼저 신라를 얻고 뒤에 압록(鴨綠)을 취하여 거둔다는 뜻이다"라고 하였다. 그러나 왕의 포악 난잡함이 두려워 사실대로 보고하지 않고, 적당하게 꾸며대었다고 한다.

11 '진사년 가운데에 두 마리 용이 나타나는데, 한 마리는 흑금의 동쪽에 모습을 드러내고, 한 마리는 청목 가운데 몸을 숨긴다.'

12 定都한: 도읍을 정한.

逆을 謀하다가 誅死하고 그 뒤에 李太祖가 禑王의 命을 바더 北伐軍의 左都統이 되어 威化島에 出屯[13]할새 그 해가 또한 戊辰임으로 李太祖가 드듸어 『辰巳聖人出』『木子得國』『眞人出於海島之中』[14] 等 모든 秘句를 參酌하야 드듸어 回軍의 擧를 斷行하야 王氏를 伐하고 眞辰巳聖人이 됨에 닐으럿다.

李朝 五百年間에는 儒教倫理가 弘布된 까닭에 또 社會 文弱이 極度에 達한 까닭에 辰巳聖人의 野心을 가지엇든 者가 오즉 宣祖 當年에 誅死한 當時 有名한 博學者로서 또한 『忠臣不事二君』의 專制倫理를 反對한 鄭汝立[15]쑨이요 그 後에는 憔悴하야 辰巳聖人이 崛起[16]할 만한 戊辰年이 업지 안하얏지만은 한갓 三災八難[17] 內憂外患을 격그면서 一甲子 二甲子를 지내고 今年 戊辰까지 들맛게[18] 되엇다.

三

秘訣이란 可信할 것인가? 秘訣은 先知者[19]의 豫言을 적은 글월이라 하니 먼저 先知術의 可能與否를 決定한 뒤에야 秘訣의 可信與否를 말할 수 잇슬 것이다. 絶對的으로는 自然界나 人事의 未來를 先知할 수 업스나, 相對的으로는 經驗한 바에 依하야 未來의 일을 推知할 수 잇스니, 『蟻陣』『狗吐』『風勢의 方向』等의 經驗으로 未來의 雨晴을 先知할 수 잇는 것과 가티 『面相』『手掌』『音聲』等의 經驗으로 個人 將來의 壽夭吉凶을 先知할 수 잇는 것

---

13 出屯: 진을 침.

14 '진사년에 성인 출현', '목자(木子), 즉 이(李) 씨가 나라를 얻는다.' '진인이 바닷섬 가운데에서 나온다.'라는 뜻이다.

15 鄭汝立(1546~1589): 조선 중기의 신하. 수찬(修撰)을 지냈다. 정권을 잡으려는 야심으로 대동계(大同契)를 조직하고 참위설을 퍼뜨려 모반을 꾀하려다 탄로 나자 도주하여 자살하였다.

16 崛起: 불쑥 일어남.

17 三災八難: 삼재와 팔난이라는 뜻으로, 모든 재앙과 곤란을 이르는 말. 삼재는 도병(刀兵), 기근(饑饉), 질역(疾疫) 또는 화재, 수재 충재를 일컫고, 팔난은 재지옥(在地獄), 재아귀(在餓鬼), 재축생(在畜生), 재장수천(在長壽天), 재울단월(在鬱單越), 맹롱음아(盲聾瘖瘂), 세지변총(世智辯聰), 불전불후(佛前佛後) 또는 왕난(王難), 적난(賊難), 화난(火難), 수난(水難), 병난(病難), 인난(人難), 비인난(非人難), 독충난(毒蟲難)이나 어려움. 배고픔, 목마름, 추위, 더위, 물, 불, 칼, 병란(兵亂) 등을 일컫는다.

18 들맛게: 들어맞게.

19 先知者: 남보다 먼저 깨달아 아는 사람.

과 가티 『星相』『地理』『陰陽』等의 經驗으로 因하야 一國이나 一民族이나 或 全世界의 吉凶을 말할 수 잇는 것이다. 이제 星相에 關한 我見을 말하려고 한다. (一)假令 某甲星이 비치우는 分野에 某事件이 發生하든 것을 五回나 或 十回를 經驗하엿섯다면 이에 某甲星은 某事件에 關係되는 星으로 假定할 것이며 (二)星行의 度를 推算하야 某甲星이 三百年이나 或 五百年 後에 某國 分野에 비치울 것을 斷定할 것이며 (三)그래고는 곳 推算한바 某年에 某事件이 某國分野에서 發生하리라 豫言할 것이다. 一人의 壽가 百年을 넘지 못하는데 엇지 이가티 久遠한 經驗을 가질 수 잇스랴? 하지만 古代에는 東西 어느 나라를 勿論하고 天文學과 星相이 混雜하여 가지고 一家가 世世專門하야 變亂이 發生되는 때의 星相을 口口相傳하야 왓든 까닭에 星相에 依據하야 未來를 推定한 秘訣들을 아조 虛無하다고 할 수 업는 것이다. 今日의 人類들이 區區發達한 科學을 가지고 自然界를 征服하얏노라고 날뛰지만 其實 人類는 어대까지 大自然의 奴隷이다. 웨 世界 十六億萬人이 日出하면 動作하고 日沒하면 昏睡하느냐! 星相의 變動도 直接으로 氣候 或 風土에 關係되고 間接으로 人心에 影響도 주리니, 아즉 科學的의 說明을 加할 수 업다고 古人의 經驗說을 全部 否認할 수도 업슬 것이다.

辰巳聖人出은 弓裔 王建 李太祖 等 旣驗한 事實로 보면 漢字玉篇에 말한바 가튼 聖人이 戊辰 己巳 年間에 投胎[20] 或 誕生한다는 말이 아니라 곳 新運命을 開拓하는 中心事業이 戊辰 己巳로써 된단 말이니 이 말이 반듯이 古星相家 累代 經驗에서 나온 말인즉 나는 얼마큼 이 말을 信認하려[21] 한다.

四

내가 甲午年에 公州行을 하얏다가 該地 權氏 老人이 古秘訣中『聖歲秋八月時事可知黃槐滿庭之月 白楊無芽之日』[22]의 文句를 가지고『孔子가 庚

---

20 投胎: 이 세상에 다시 태어남.
21 信認하려: 믿고 인정하여 의심하지 아니하려.

戍生인 고로 庚戍을 聖歲라 한 것이니 本朝가 庚戍年에 亡하리라.』고 解釋함을 보앗더니 그때에 庚戍 合併[23]을 目擊하얏고, 甲寅年에 北京에서 友人 卞榮晩[24] 君에게 『波蘭이 一九一四年에 獨立을 恢復하리라는 該國 秘訣이 잇더니 今年一一九一四에 世界大戰이 發生되니 아마 秘訣이란 것이 조금식은 맛는가 보다.』라는 말을 들엇더니 그때 世界大戰의 結果로 波蘭[25]이 獨立한 報道를 接하얏다. 以上의 兩件의 니야기를 金奎植[26] 君에게 告한즉 君은 또 나에게 以下와 가티 니야기 하엿다.

『일즉 英字新聞에서 본즉 德國에는 一八八八年에 德帝國[27]이 亡한다.』는 秘訣이 잇섯다. 그래서 비록 科學이 發達된 德國으로도 이에 對한 迷信的 恐怖가 업지 못하더니 및 同年에 德帝 윌리암 三世가 即位하야는 『國의 興亡은 人事의 善否에 잇는 것이니 秘訣을 미들 것이 안이라.』고 告諭[28]한 文字를 보앗섯다. 그 뒤에 德帝가 賢明함으로 自稱하고 德國의 國勢가 날로 强盛하매 그 新聞을 보앗든 내가 德國의 秘訣을 밋지 안하엿슬 뿐 아니라 곳 全 德國의 人民이 그 秘訣을 니졋슬 것이다. 그러나 同年 곳 一八八八年에 即位한 윌리암 三世가 世界大戰의 倡首가 되어 마츰내 德帝國 崩壞의 禍를 맨들엇슨즉 『一八八八年에 德帝國이 亡한다.』는 秘訣이 마졋다 함도 可하다.』고.

舊年 丁卯 陽曆 十一月 十四日[29] 北京 順天時報[30]에 特號 大字로 『世界大

---

22 '성세 가을 8월 시절에 누른 괴나무가 정원에 가득하는 달, 백양이 싹 없는 날을 알지라.'

23 庚戍 合倂: 1910년 일제의 조선 강점(강제 합병)을 일컬음.

24 卞榮晩(1889~1954): 한문학자. 호는 산강재(山康齋). 대한 제국 말기에 법관 양성소에 들어가 법률을 공부한 후 판사가 되었으며, 그 후 중국에 망명하였다가 귀국하여 한문학·영문학을 연구하였다. 종래 고문의 법도에서 탈피하여 한국적 정서를 담은 문체를 개척하였다. 문집에 『산강재문초(山康齋文鈔)』가 있다.

25 波蘭: 폴란드.

26 金奎植(1881~1950): 독립운동가. 호는 우사(尤史). 1919년 4월 상해임시정부의 외무총장으로 파리 평화회의에 참석하였고, 이어 임시정부 학무총장, 부주석 등을 지냈다. 8·15 광복 후 신탁 통치와 남한의 단독 총선에 반대하고 김구와 함께 남북 협상을 시도하다가 정치에서 은퇴하였다. 6·25 전쟁 때 납북되었다.

27 德帝國: 독일 제국.

28 告諭: 어떤 사실을 널리 알려서 깨우쳐 줌.

29 丁卯 陽曆 十一月 十四日: 1927년 11월 14일.

30 順天時報: 1901년 10월에 창간된 중국 신문. 시초에 『연경시보』라고 했다. 일본 외무부가 북경에서

戰 明年 開始』라 題하고 그 次行에 다시 二號 活字로 『英國 星相家[31] 推測』이라 註한 記事가 잇섯다. 나는 眼疾로 二號字 以下는 自讀하지[32] 못하나 好奇心에 驅使한[33] 바 되어 在傍友人의 譯述을 求한즉 그 말이 左(下)[34]와 갓다.

『倫敦 一日 合衆電 英國人 스도-트氏는 有名한 埃及 星學者인데 氏가 本日에 英國 星相協會 年會에서 下와 가티 演說하엿다.

『自己는 이미 再次 世界大戰이 明年 五月 二十日에 起始하야 一九三六年 九月 十六日에 終息될 터인데 世界 各國이 將次 八年 동안 兵火를 격그리라』 하며 또 『前次 世界大戰의 以前에 自己가 곳 그 大戰이 一九一四年 八月 四日에 起始하리라 하엿더니 果然 그 時期에 닐으러 나의 豫言이 마졋다. 이 術法은 元來 어려운 것이 안이다. 埃及[35]의 金字塔[36]의 構造한 形勢가 星相學의 喉舌과 가타 世界의 重要한 歷史事實을 그 發生 前에 宣出할 수 잇다. 그 術法은 聖經 中 先知의 字句를 條條히 硏究하야 金字塔의 玄妙한 表示와 對照하면 世界 未來의 歷史를 손바닥 가티 들여다 볼 수 잇다』고 하며 또 下次 世界大戰은 人類의 相互殘殺 뿐 아니라 風災 水災 天崩 地震 等의 事가 踵至[37]하리라.』고.

世界大戰이 再起할 줄은 우리 一般이 다 豫知할 수 잇는바 그 時期는 確然치[38] 못하나 大槪 十年 或 二十年後가 되리라 하는 것인데 이제 彼 星相

출간한 한문 신문이다. 1901년 10월에 창간되었으며, 1930년에 정간되었다. 중도진웅(中島眞雄)이 편집인을 맡았고, 각 도시에 기자와 통신원을 파견했다. 발행 부수는 17,000부까지 이르렀고, 한동안 화북 지역에서 판매 1위에 올랐다.

31 星相家: 점성술사. 별의 빛이나 위치, 운행 따위를 보고 점을 치는 점술가.

32 自讀하지: 스스로 읽지. 돋보기에 의지하지 않고 읽어내지.

33 驅使한: 이끌린.

34 左(下): 당시 신문이 세로쓰기여서 원문에는 "左"로 표기했지만, 오늘날 가로쓰기의 경우 "아래(下)"이므로 '左(下)'로 표기했다. 이하도 마찬가지이다.

35 埃及: 이집트

36 金字塔: 피라미드.

37 踵至: 뒤따를 것이라는 뜻.

家[39] 스도-트氏는 넘우 突兀하게[40] 切近한 今年 五月 二十日로 斷定하얏다. 그 信驗與否[41]는 우리가 最近 未來에 明見하려니와 대개 人相이나 星相을 勿論하고 近世의 것이 古代의 것과 가티 맛는 것이 적음은 何故이냐? 或은 『科學이 發達할수록 人類가 豫言을 밋지 안는 고로 맛지도 잘 안는다.』하니 이것도 一理는 잇는 말이나, 그러나 古代人은 利慾에 끌리는 일이 적어서 매양 淸虛한[42] 마음으로 未來를 推斷하지만은 近世에 와서는 經濟的 鬪爭이 넘우 急迫하야 彼等의 人相 星相의 術士들도 옷걱정 밥걱정 집걱정 其他 모든 걱정에 돈 돈! 하는 心的 惡魔가 靈臺[43]를 擾亂하야[44] 未來의 人世를 靜察하는 靈能力[45]을 消失하며 또 或 金融家나 勢力家에게 利用한 바 되어 돈벌이만 잇스면 그 不驗을[46] 不拘하고 豫言을 發하는 故로 近世에도 豫言은 잇지마는 맛는 豫言을 볼 수 업는 것이다. 그럼으로 나는 古秘訣의 辰巳 聖人出은 밋지마는 英國人 星相家의 明年 世界大戰說은 밋지 안는다.

五

임의 秘訣 니야기를 하든 바이니 近世에 가장 流行되는 鄭鑑錄[47]이나 一論하고 끗을 막으려 한다. 傳說에 依하면 『鄭鑑錄은 元來에 李朝 皇宮의 秘藏이러니 壬辰亂이 나자 人心이 瓦解함으로 이를 慰安하기 爲하야 鄭鑑錄을 南大門에 내걸고 李朝 運命이 아즉 三百年이나 남어잇다고 告諭하얏다.

---

38 確然치: 아주 확실하지.
39 星相家: 별의 모습을 통해 인간 역사의 운명을 점치는 사람. 역술가.
40 突兀하게: 확실하게, 뜻밖에.
41 信驗與否: 믿음의 표징 여부.
42 淸虛한: 마음이 맑고 잡된 생각이 없어 깨끗한.
43 靈臺: 신령스러운 곳이라는 뜻으로, 마음을 이르는 말.
44 擾亂하야: 요란하여.
45 靈能力: 영적인 능력.
46 不驗을: 징험되지 않음을. 효험이 없음을. '不驗을 不拘하고'는 '징험되지 않음에도 불구하고'라는 뜻.
47 鄭鑑錄: 조선 중기 이후 백성들 속에 유포된, 나라의 운명과 백성의 앞날에 대한 예언서. 풍수지리상으로 본 조선 왕조 후 역대의 변천 따위를 예언한 것으로, 이심(李沁)과 정감(鄭鑑)의 문답을 기록한 책이라 하나 이본이 많아 확실한 것은 알 수 없다.

그쌔에 人民 中의 識字者들이 이를 抄錄하야 傳播한 까닭에 字句에 訛誤가 만타.』 하니 이것이 一說沁요,[48] 本錄 序文에 據하면『高麗末 忠臣으로 李太祖의 子 太宗에게 被害한 鄭夢周의 先祖 鄭鑑[49]은 李太祖의 先祖 李沁[50]과 親友이엇다. 兩人의 親友가 兩家 子孫의 運命과 互相殘殺할 일을 一問一答으로 豫言한 것이 곳 鄭鑑錄이라.』 하니 이것이 쏘한 一說이다. 그러나 李朝 朝 太宗은 秘訣을 篤信하든 太祖의 子임을 不拘하고, 秘訣에 李氏 運命을 겨우 五百年뿐이라 한 것을 痛惡하야『秘訣은 밋지 못할 妖書라.』고 그 子孫과 諸臣에게 諭告하고, 高麗 以來 皇宮에 秘藏하얏든 海東秘錄[51] 以下 모든 秘訣을 모다[52] 通衢,[53] 大路에서 萬人의 耳目 압헤서 燒火하야 바리엇는데 엇지 가장 李氏를 咀呪한 鄭鑑錄만을 남겨두엇스랴. 하물며 璿源譜畧[54]에 李沁이라 일홈한 사람이 업스니 兩說이 다 턱업는 妄說인 것이 쏘한 明白하다.

그러면 鄭鑑錄은 어대서 나왓느냐. 或者의 말을 據하면 太宗 消火 以後 杜門洞[55]의 遺臣들이 兩書를 지어 李朝를 呪罵한바 一은 趙雄傳[56]이니 傳中에 萬古逆賊 李斗秉[57]이란 것이 곳 李太祖를 暗指한 것이요, 쏘한 一은 鄭

---

48 一說沁요: 내용상 '一說이요'가 맞다. 한 글자가 오식되어 들어간 것 같다. 단재 전집에는 '一說이요'로 수정함.
49 鄭鑑: 계룡산에서 태어났다고 하며, 정몽주의 조상이라는 말이 있다.
50 李沁: 조선 왕실의 선조로 알려진 인물,
51 海東祕錄: 고려 시대에 김인존(金仁存) 등이 편찬한 도참서(圖讖書). 1책. 예종 원년(1106)에 김인존·최선(崔璿)·이덕우(李德羽)·이재(李載)·박승중(朴昇中) 등이 왕명을 받들어 당시에 유포되던 음양서(陰陽書)와 지리서(地理書) 가운데 중요 내용들을 뽑아 엮은 책. 책이 완성되자 예종이 책명을 『해동비록』이라고 하고, 정본은 왕실에 비치하게 하고 부본은 중서성(中書省)·사천대(司天臺)·태사국(太史局)에 보관하게 하였으나 현재 전하지 않는다.
52 모다: 모와 또는 모두.
53 通衢: 통행하는 길, 왕래가 잦은 거리.
54 璿源譜畧: 조선 왕실의 보첩인 『선원보첩(璿源譜牒)』을 간략하게 적은 책.
55 杜門洞: 경기도 개풍군 광덕면 광덕산 서쪽 기슭에 있는 역사적인 땅. 조선 시대 초에 새 왕조 섬기기를 부끄럽게 여긴 고려의 유신(遺臣) 72인이 두문동 깊숙이 들어가 살았다는 이야기가 전한다.
56 趙雄傳: 조선 시대의 대표적 군담 소설. 중국 송나라 문제 때를 배경으로, 간신 이두병(李斗柄)의 간계로 죽은 조 승상(丞相)의 아들 조웅이 태자와 더불어 후일을 기약하고 헤어져 방랑하다가 장 소저와 백년가약을 맺고, 위기에 처한 태자를 구출하고 수십만 대군으로 송나라를 구해낸다는 내용이다. 작가와 연대는 알 수 없다.
57 李斗秉: 『조웅전』에 나오는 인물을 일컬음.

鑑錄이니 錄中에 李氏를 亡케 할 者가 鄭氏라 함은 곳 李太祖가 鄭夢周를 죽인 것을 痛恨하야 假說로 報復한 것이라 하니, 이것이 가장 近理한 말이다. 이와 가티 鄭鑑錄은 報復的 心理로 造作한 것인 고로 秘訣될 價値가 적을 샏더러 其中에 中心되는 鷄龍定都說[58]이 三國遺事나 高麗史에 散見한 『平壤定都 列國來朝』[59]와 『若渡漢江帝京一席中分成兩國』[60] 等의 朝鮮古秘訣과 違反되어 信用할 수 업는 秘訣이다. 鄭鑑錄에도 『辰巳聖人出』의 一句가 記載되엇스나, 그러나 이 韻이 神誌秘詞[61]와 마할[62] 샏 아니라 또 同一한 五言詩이니 이는 秘詞의 句를 該錄[63]에서 紀錄한 것임이 明白하다. 그럼으로 나는 鄭鑑錄은 秘訣 外로 驅逐하고 古秘訣의 辰巳聖人出을 밋고저 한다.

結論

時運이 잇서도 또한 人物의 勞力을 要하나니 나는 戊辰年을 朝鮮의 聖年으로 밋는 同時에 더욱이 우리 朝鮮民衆의 一般 勞力을 빌고 말을 마친다.

北京 西城 客寓에서

—『朝鮮日報』 1928.1.1.

---

58 鷄龍定都說: 충남의 계룡산은 통일신라 시대부터 신성시했던 서악(西岳)이다. 바라보는 지점에 따라 '닭의 벼슬 같은 계관(鷄冠)으로, 비늘 달린 용처럼 각진 모습'으로 보이는 관계로, 이러한 땅 이름을 붙여왔다. 계룡산은 이성계가 도읍지의 후보로 선정하고, 현지조사에 임하여 정감록 비결과 연계된 승지(勝地)로 인정하면서 신비의 땅이 되었다.

59 '평양에 도읍을 정하면 여러 나라에서 사신이 찾아온다.' 여기에서 사실상 '來朝'는 '조공을 바치러 온다'는 뜻이므로 '평양에 도읍을 하면 여러 나라가 조공을 바치러 올 것'이라는 말이다.

60 '만일 한강을 건너면 도성(都城) 한 자리가 나뉘어 두 나라가 된다.'

61 神誌秘詞: 단군 시대 사관 신지가 썼다고 하는 비밀스런 문장. 여기에서는 『고려사』「김위제전」에 남아 전하는 "如秤錘極器, 秤幹扶疎樑, 錘者五德地, 極器百牙岡, 朝降七十國, 賴德護神精, 首尾均平位, 興邦保太平, 若廢三諭地, 王業有衰傾."이라는 구절을 가리킴.

62 마할: 맞을. 부합될.

63 該錄: 해당 록이니, 곧 『정감록』을 일컬음.

◎ 해설

「예언가가 본 무진」은 단재가 무진년을 맞아 쓴 글로 『조선일보』(1928.1.1.)에 발표되었다. 이 글은 1928년 단재의 활동을 이해하는 데 중요한 단서가 된다. 단재는 이 글에서 "진사성인출(辰巳聖人出)", "비결가의 예언으로나 신년 무진(戊辰)을 맞이하자"라고 말했다. 이 글은 일종의 예언이라는 점에서 매우 상징적이다. 그는 1928년 "무진년을 조선의 성년(聖年)으로 믿는 동시에 더욱이 우리 조선 민중의 일반 노력을 빌"고, 아울러 "시운(時運)이 있어도 또한 인물의 노력을 요"한다고 강조했다. 그는 시운을 믿고 조선의 독립을 위해 동방무정부주의연맹 활동에 나섰지만 일제에 의해 검거된다.

단재는 조선의 성년을 이룩하기 위해 노력했지만 무위로 돌아갔다. 그의 예언이 빗나가고 말았던 것이다. 이 글은 단재의 무정부주의 활동을 이해하는 데 하나의 암호로 작용하고 있다. 단재는 단군이나 궁예, 왕건, 이성계 등이 무진년을 맞아 새로운 국가를 탄생시켰듯 1928년도 그러한 조선 성년의 해가 될 것이라 여겼다. 그래서 그는 동방무정부주의 활동에 적극 가담하고 조국 해방을 위해 분투노력했다. 그의 말처럼 예언은 시운과 실천을 통해서 실현되는데, 그해의 시운은 더 이상 열리지 못하였고, 단재는 불행하게도 일제에 의해 붙잡힌다. 그리고 10년형을 언도받고 복역하던 중 그는 1936년 2월 21일 이역의 땅 여순감옥에서 옥사하였다.